Johann Maier

Hebräisch-aramäisches Glossar zum jüdischen Recht in der Antike

Johann Maier

Hebräisch-aramäisches Glossar zum jüdischen Recht in der Antike

Mit einer Einführung in das jüdische Recht der Antike und einem Quellenüberblick

DE GRUYTER

ISBN 978-3-11-064985-7
e-ISBN (PDF) 978-3-11-065032-7
e-ISBN (EPUB) 978-3-11-065010-5

Library of Congress Control Number: 2019933927

Bibliografische Information der Deutsche Nationalbibliothek
Die Deutsche Nationalbibliothek verzeichnet diese Publikation in der Deutschen Nationalbibliografie; detaillierte bibliografische Daten sind im Internet über http://dnb.dnb.de abrufbar.

Einbandabbildung: alefbet / iStock / Getty Images Plus
Satz/Datenkonvertierung: Dörlemann Satz, Lemförde
Druck und Bindung: CPI books GmbH, Leck

www.degruyter.com

Inhaltsverzeichnis

Jüdisches Recht in der Antike

1 **Vorbemerkung — 3**

2 **Offenbartes Recht — 5**
2.1 Torah und Pentateuch — **5**
2.2 Vorrabbinische Ansätze zu einem spezifisch „jüdischen" Recht — **10**

3 **Nichtbiblische Rechtstraditionen aus der Zeit des Zweiten Tempels — 12**
3.1 Kontinuität und Wandel — **12**
3.2 Elephantine — **13**
3.3 Die Papyri aus dem Wadi Daliyeh — **14**
3.4 Rechtstraditionen in den Schriften aus den Höhlen bei Qumran — **15**
3.5 Sadduzäer — **20**
3.6 Flavius Josephus — **21**
3.7 Urkundliche Zeugnisse aus der Wüste Juda vom 1./2. Jh. n. Chr. — **22**
3.8 Diaspora — **23**
3.9 Die pharisäisch-rabbinische Begründung des Rechts: das Prinzip der doppelten (schriftlichen und mündlichen) Torah — **25**

4 **Die rabbinische gesetzliche Tradition: Mischna und halachische Midraschim, Tosefta und Gemara — 28**
4.1 Die Mischna und das traditionelle Bild der Traditionsgeschichte — **28**
4.2 Halakische Midraschim — **29**
4.3 Tosefta — **30**
4.4 Die Gemara bzw. die Talmudim — **30**

5 **Institutionen — 31**

6 **Höchstinstanzen — 37**

7 **Ausblick — 40**

Quellen für die Geschichte des antiken jüdischen Rechts

1 **Die Torah und die hebräische Bibel. Tôrah (Pentateuch), *N^{e}bî'îm* (Propheten) und *K^{e}tûbîm* (Schriften): *TN"K*) — 45**
1.1 *Tôrah* — **45**

1.2 *Nᵉbîʾîm/Propheten* — 47
1.3 *Kᵉtûbîm/Schriften* — 47
1.4 Schriftlesung und abgestufte Wertung der Offenbarungsqualität — 47
1.5 Editionen des hebräischen (und aramäischen)Textes — 48
1.6 Zu den biblischen Qumran-Texten — 49
1.7 Literaturauswahl — 49
1.8 *Samaritanischer Pentateuch* — 50
1.9 Antike Übersetzungen — 51
1.10 Aramäische Übersetzungen/Targumim — 52

2 Aramäische und griechische Dokumente — 56
2.1 Textausgaben — 56
2.2 Sekundärliteratur — 57
2.3 Die Texte — 58

3 Samaria Papyri/Wadi Daliyeh — 61

4 Das Jubiläenbuch (2. Jh. v. Chr.) — 62

5 Philon von Alexandrien (1. Hälfte 1. Jh. n. Chr.) — 63
5.1 Editionen — 63
5.2 Hilfsmittel — 63
5.3 Sekundärliteratur (Auswahl) — 63
5.4 Die rechtsgeschichtlich relevanten Texte — 64

6 Die (nichtbiblischen) Qumran-Texte (Dead Sea Scrolls) — 67
6.1 Gesamtausgaben — 67
6.2 Übersetzungen — 68
6.3 Hilfsmittel — 68
6.4 Sekundärliteratur (Auswahl) — 68
6.5 Texte — 70

7 Josephus — 75
7.1 Ausgaben und Übersetzungen — 75
7.2 Hilfsmittel — 75
7.3 Sekundärliteratur (Auswahl) — 75
7.4 Rechtsgeschichtlich relevante Textstellen — 79

8 Funde in der Wüste Juda (70 – 138 n. Chr.) — 82
8.1 *Murabbaʿat* — 82
8.2 *Naḥal Ḥever/Seyyal* — 84
8.3 *Naḥal Tzeʾelim/Wadi Seyyal* — 86

8.4 *Naḥal Ḥever Pap.Yadin* — **87**
8.5 *Masada* — **92**
8.6 Sekundärliteratur — **92**

9 Rabbinische Quellen — 98
9.1 Sekundärliteratur — **98**
9.2 Mischna — **101**
9.3 Tosefta — **103**
9.4 Die Talmudim — **104**
9.5 Halachische Midraschim — **107**
9.6 *Fastenrolle. M^{e}gillat ta'anît* — **109**

10 Papyri und Inschriften — 110

11 Nichtjüdische Autoren — 111

Hebräisch-aramäisches Glossar zum jüdischen Recht der Antike

Abkürzungen — 115
Kritische Editionen und Wörterbücher — **115**
Rabbinische Texte — **116**
Ordnungen und Traktate — **116**

Hebräisch-aramäisches Glossar — 117

Vorwort

Mit diesem Band erhält die gelehrte Öffentlichkeit Johann Maiers *opus postumum*. Bei seinem Tod am 16. 3. 2019 im 85. Lebensjahr war es fertig, das Glossar sogar schon ein erstes Mal gesetzt; der Veröffentlichungsvertrag für die Weiterverwendung lag mit Unterschrift vom selben Tag auf seinem Tisch.

Entstanden sind die Bestandteile dieses Buches als Arbeitshilfe für die Erstellung und künftige Benutzung eines auf vier Bände angelegten *Rechtsgeschichtlichen Kommentars zum Neuen Testament,* zu dessen Miterarbeitung ich ihn eingeladen hatte. Von langer Krankheit langsam genesend, stellte er sein unerschöpfliches Wissen und seine ebenso unerschöpflichen Dateien in den Dienst des gemeinsamen Werkes. Dass sie nicht nur diesem dienen werden, sondern eine separate Veröffentlichung wert sind, ist nun auch die Meinung des Verlages.

Johann Maier zählte zu den wenigen Gelehrten, von denen man verlässlich erfahren konnte, was man aus Geschichte und Literatur des Judentums weiß und was man nicht weiß. Weitere Texte von ihm werden in den angekündigten Bänden erscheinen. Als unerlässliche Arbeitshilfe aber bewährte sich nun schon seit Jahren das Glossar, weltweit das erste seiner Art, dessen Herausgabe mir eine ehrenvolle Pflicht war. Es ist, wie man rasch sehen wird, zugleich ein Sachwörterbuch zum jüdischen Recht, sprachenübergreifend angelegt. Mir blieb nur, es von zahlreichen Flüchtigkeiten zu reinigen und satztechnisch zu vereinheitlichen. Für wichtige Hinweise hierzu danke ich meinem Amtsnachfolger am Institut, Prof. Dr. Lutz Doering.

Johann Maier wünschte dieses Glossar eingeleitet zu sehen mit einigen Abhandlungen, die er bereits zum *Kommentar* beigetragen hatte, die aber auch schon hier einladen sollen, tiefer einzudringen in Geist wie Buchstaben des jüdischen Rechts in biblischer Zeit.

Universität Münster
Institutum Judaicum Delitzschianum
im Juli 2019 Folker Siegert

https://doi.org/10.1515/9783110650327-001

Jüdisches Recht in der Antike

1 Vorbemerkung

Nach gängiger Vorstellung wurde das jüdische Leben des neutestamentlichen Zeitalters in hohem Maß durch „das Gesetz“ (die Torah) bestimmt, doch bei näherem Zusehen ergibt sich ein beträchtlicher Unterschied zwischen programmatischen Ansprüchen und rechtsgeschichtlicher Wirklichkeit, insbesondere in zivilrechtlicher Hinsicht. In kultisch-rituellen Belangen hatte „Torah“ allerdings eine dominante praktische Bedeutung, in erster Linie für das Kultpersonal (Priester und Leviten), aber auch für den Alltag der Laien, insbesondere im Rahmen des Abgabenwesens. Diese festgefügte Ordnung blieb bis zur Zerstörung des Tempels intakt und fußte auf der priesterlich-levitischen Konzeption einer „Torah“, die mit dem Willen Gottes und der Schöpfungs- und Kultordnung identisch ist. Gleichwohl hatten sich in auch kultisch-rituellen Fragen unterschiedliche Auffassungen und Praktiken ausgebildet, die mit Richtungs- und Machtkämpfen innerhalb des Kultpersonals zusammenhingen. Außerhalb begann sich auch eine Laienbewegung zu formieren, die das priesterlich-levitische Programm einer allumfassenden Torah aufgriff und mittels eigener gesetzesgelehrter Sachkompetenz für sich in Anspruch zu nehmen begann. In der Rechtswirklichkeit des Alltags waren aber noch andere Faktoren wirksam: einerseits althergebrachte örtlich-regionale Traditionen und andrerseits Normen und Praktiken, die sich aus den politisch administrativen Verhältnissen ergaben. Den Konzepten einer allumfassenden Torah steht folglich rechtsgeschichtlich ein alles andere als einheitlicher Befund gegenüber.

Innerhalb der Judenheit der damaligen Zeit war es zu tiefreichenden Differenzen gekommen und die einzelnen Richtungen hatten nicht nur programmatische Forderungen angemeldet, sondern auch eigene Traditionen und Institutionen entwickelt. Wann und wo erhaltene Rechtsquellen in Geltung waren oder nur programmatische Bedeutung hatten, ist aber oft nicht mehr feststellbar.[1] Mit der Niederlage im ersten jüdäisch-römischen Krieg 66–70 n. Chr. haben bislang im öffentlichen Leben maßgebliche Richtungen, vor allem die Sadduzäer, ihre Bedeutung weitgehend eingebüßt, und mit der Tempelzerstörung und dem Ende des Kultbetriebes verlor die Kultdienerschaft (Priester und Leviten) ihre bisherige beherrschende soziale und politische Funktion. Es waren die pharisäischen Gruppen, die ab 70 n. Chr. nach und nach in Palästina

---

1 Zur ersten Orientierung siehe: Kellermann, U., *Jüdisches Recht, in Neutestamentlicher Zeit*, in: Erlemann, K. u. a. (Hg.), *Neues Testament und Antike Kultur*, Bd. 1, Neukirchen 2004, 258–268. Mehr theologisch-auslegungsgeschichtlich als rechtsgeschichtlich orientiert. Sehr instruktiv ist: Schiffman, L. H., „The Maccabean Halakhah in the Dead Sea Scrolls and the Biblical Tradition“, Dead Sea Discoveries 13, 2006, 348–361.
Aus jüdisch-orthodoxer Sicht: Guttmann, A., Rabbinic *Judaism in the Making. The Halakhah from Ezra to Judah I*, 1970; Falk, Z. W., *Introduction to Jewish Law of the Second Commonwealth*, 2 Bde., Leiden 1972/78.

https://doi.org/10.1515/9783110650327-002

mit Gleichgesinnten das „rabbinische Judentum" schufen, das die antirömischen Aufstände von 115–117 und 132–135 n. Chr. als einzige funktionsfähige Kraft im palästinischen Judentum überstand und im Lauf des 3. Jh. unter den „Patriarchen" aus dem Haus Hillels auch römische Anerkennung erreichte.

Das Neue Testament spiegelt zwar mancherlei Sachverhalte und Vorgänge des Rechtslebens, seine Entstehung liegt aber zu einem guten Teil bereits außerhalb der eigentlichen jüdischen Lebensbereiche. Es ist außerdem durch die einsetzende christliche Auseinandersetzung mit der jeweiligen jüdischen Umgebung geprägt.[2] Das Christentum entstand in jener kritischen Phase, in der sich im Frühjudentum die Waagschale bereits zugunsten der pharisäisch-rabbinischen Richtung neigte, weshalb auch die christlich-jüdische Auseinandersetzung vor allem durch diese pharisäisch geprägte Torah-Konzeption bestimmt worden ist. Kaum ins Blickfeld kamen den Christen dabei spezifisch priesterliche, etwa zadokidische Rechtstraditionen, wie sie in Qumrantexten enthalten sind und bei Sadduzäern üblich waren, da sich diese Gruppen im Gegensatz zu den pharisäischen Zirkeln gegenüber dem Volk bewusst abgrenzten.

Die pharisäisch-rabbinische Richtung suchte für ihre Überlieferung eine Kontinuität von Mose bis zur eigenen Zeit zu behaupten, und dieses Anliegen erhielt im Lauf der talmudischen Zeit und des Mittelalters zusätzliches Gewicht durch die Opposition der Karäer, die nur der Bibel eine Offenbarungsqualität zuerkennen wollten und damit das rabbinische Establishment auszuhebeln versuchten. Bis heute wird daher bei den meisten jüdischen Autoren die Kontinuität der Tradition betont und auch versucht, Einzelheiten in der „Mündlichen Torah" auch von der „Schriftlichen Torah" her, also biblisch, zu untermauern. Diese Tendenz trifft sich mit einer christlichen, aber anders motivierten Tendenz, möglichst alles auf die Bibel bezogen zu betrachten. Demgemäß sind die auch Auffassungen vom Charakter und der Bedeutung des „jüdischen Rechts" unterschiedlich.[3] Auf christlicher Seite stehen insbesondere die ethischen und theologischen Aspekte des „Gesetzes" im Vordergrund, auf jüdischer Seite eher die praktisch-rechtlichen. Es empfiehlt sich daher auch für den Spezialisten der neutestamentlichen Zeitgeschichte, die Grundzüge des jüdischen Rechts in seiner Gesamtgeschichte und insbesondere das Funktionieren dieses Rechts mit ins Auge zu fassen.[4]

---

2 Dazu siehe zuletzt v. a.: Basser, H. W. (ed,), *Perush – Studies in Exegesis: Christian Critiques of Jewish Law and Rabbinic Responses 70–300 CE.*, Leiden 2000.

3 Richardson, P. etc. (eds.), *Law in Religious Communities in the Roman Period. The Debate over Torahh and Nomos in Post-Biblical Judaism and Early Christianity*, Leiden 1991.

4 Eine umfassende Darstellung der jüdischen Rechtsgeschichte und ihrer Quellen bietet Elon, M., *Jewish Law – History, Sources, Principles*, 3 Bde., 3. Aufl. 1997. Zum Überblick siehe Jacobs, L., „Halacha", TRE Bd. 14, 1985, 384–388; ferner: Hecht, N. S. etc. (eds.), *An Introduction to the History and Sources of Jewish Law*, 1996; Rakover, N., *The Multi-Language Bibliography of Jewish Law*, Jerusalem 1990. Siehe ferner: Schreiber, A. M., *Jewish Law and Decision-making. A study through time*, Philadelphia 1979. Gilat, Y. D., *Studies in the Development of the Halakhah*, Ramat Gan, 2. Aufl. 1994.

2 Offenbartes Recht

2.1 Torah und Pentateuch

Christen verstehen unter Torah „das Gesetz" im Pentateuch, das Dokument der Sinaioffenbarung. Rechtsgeschichtlich betrachtet ergibt sich jedoch ein weit komplizierterer Sachverhalt, der allerdings durch die weithin übliche Rückprojizierung der (eigentlich christlichen) Vorstellung von einem „Kanon" verdeckt wird.[1] Daher schreibt man dem „Gesetz" der Bibel von vornherein die Bedeutung eines allgemeinverbindlichen jüdischen Rechtssystems zu, obwohl die Begriffe Torah, Pentateuch (schriftliche Torah) und Recht in der jüdischen Tradition nicht in einem so einfachen Verhältnis zueinander stehen.

Anfangs war es wahrscheinlich nur die kultisch-rituelle, priesterlich-levitische Anweisung, die als *tôrah* bezeichnet wurde und als offenbartes Gottesrecht galt. Von thematisch geordneten kleinen Zusammenstellungen kultischer Vorschriften aus ging diese Wertung ging automatisch auf alles über, was mit rituellen Gegebenheiten zusammenhing oder der alleinigen Verfügungsgewalt der Gottheit zugeschrieben wurde; also vor allem alles, was mit Leben und Tod zu tun hat und was der Abgrenzung der Gruppe vom Fremdkult diente. In diesem Rahmen erhielten einige Sachverhalte auch strafrechtliche Relevanz, was die Verzahnung mit dem „weltlichen" Recht förderte. Götzendienst und Sabbatentweihung waren vor allem solche Delikte. Wenn darüber hinaus „weltliches" Recht als Torah klassifiziert wurde, dann mit konkurrierenden Absichten: entweder, um der königlich/staatlichen Gewalt höhere Autorität zu verleihen, oder, um die „weltliche" Gesetzgebung und Gerichtsbarkeit der priesterlichen zu unterwerfen. Der Ez 40–48 zeigt, wie konsequent man in der Jerusalemer Priesterschaft bereits im Exil die rituelle Einbindung der gesamten gesellschaftlichen Ordnung in ein System ritueller Heiligkeitsbereiche zu treiben gedachte. Die Konkurrenz zwischen priesterlich-levitischem und königlich-„weltlichem" Anspruch lief in persischer Zeit jedenfalls zugunsten der priesterlichen Seite aus; es waren folglich die Jerusalemer Kultinstitutionen, die bestimmten, was als offenbartes Gottesrecht bzw. „Torah des Mose" gelten sollte.[2] Das betraf einzelne Gesetze und thematisch geordnete kleinere Sammlungen bis zu Torahbüchern, z. B. die im Deuteronomium und in der Tempelrolle von Qumran (11Q19) verarbeitete Quellenschrift. Die Tempelrolle ist zudem neben Ez 40–48 ein eindrückliches Beispiel dafür, das das Konzept graduell unterschiedener, konzentrischer Heiligkeitsbereiche als Rahmen für eine Torah-Sammlung dienen konnte.[3] Eine endgültig abgeschlossene Torahsammlung konnte freilich erst zustande kommen, nachdem keine Möglichkeit mehr bestand, neue Torah zu offenbaren. Bei alledem

---

1 Maier, J., *Le Scritture prima della Bibbia*, Brescia 2003.

2 Vgl. Utzschneider, H., *Das Heiligtum und das Gesetz*, Göttingen 1988.

3 Maier, J., *Die Tempelrolle und das „Neue Jerusalem"*, München (UTB 829) 1997.

https://doi.org/10.1515/9783110650327-003

blieb Torah zum großen Teil in erster Linie auf Kult und Ritual bezogen, während zivil- und strafrechtliche Belange des Alltagslebens eher von Fall zu Fall behandelt wurden, nämlich dann, wenn eine Regelung durch die höhere Instanz erforderlich schien.

Der modernen Vorstellung von einem Gesetzbuch entsprechen die alten Sammlungen allerdings nicht. Am ehesten ist eine Tendenz zur Abdeckung einzelner Sachverhaltsbereiche durch Vorschriften im kultisch-rituellen Raum zu finden. Die ritual- bzw. kultrechtliche Torahtradition hat in alter Zeit ohnedies in erster Linie dem Kultpersonal gegolten. Erst im Sinne der Konzeption Israels als „Priesterherrschaft und heiliges Volk" (Ex 19,6) erweiterte sich der Geltungsbereich zahlreicher Vorschriften über die Levitenschaft hinaus auch auf Laienkreise, wobei allerdings die Grenzen zwischen Kultdienerschaft und Laienvolk (im Gegensatz zur christlichen Deutung des Verses auf ein „allgemeines Priestertum") nicht verwischt wurden.

Das bedeutete eine zunehmende rituelle „Heiligung" und Absonderung Israels insgesamt und zugleich eine entsprechende Regulierung und gesellschaftliche Kontrolle durch das Kultpersonal, verbunden mit einem kultischen Abgabenwesen, das sich in nachexilischer Zeit dank der Privilegierungen unter persischer und hellenistischer Herrschaft innerhalb der Provinzwirtschaft überdimensional entwickeln konnte. Mit den Abgaben an das Heiligtum sowie an Priester und Leviten waren Vorstellungen von heilig und profan, rein und unrein verbunden, die im (v. a. landwirtschaftlichen) Alltag eine erhebliche Rolle spielten. Die Konfrontation mit rituellen Vorschriften war darum für die Erfahrung dessen, was „Torah" bedeutet, maßgeblicher als die nur gelegentliche Wahrnehmung von Torah im Sinne des Straf- und Zivilrechts.

Bis zur Zerstörung des Tempels im Jahr 70 und dem damit verbundenen Zusammenbruch dieser priesterlich-levitisch bestimmten Gesellschaftsordnung blieb die eigentliche Verfügungsgewalt über die „Torah" in priesterlicher Hand, jedenfalls auf höherer Ebene. Im örtlich-regionalen Alltag hingegen hatten Priester weniger Einfluss, Leviten wahrscheinlich mehr, doch entscheidend war der Einfluss der gesellschaftlich-ökonomisch dominierenden Personen und Gruppen am Ort. In städtischen Siedlungen bildeten sich allerdings auch Laiengruppen, Vorläufer der Pharisäer, die das priesterlich-levitische Torah-Monopol vor Ort dadurch unterliefen, dass sie – wie später auch die Rabbinen – neben zivilrechtlichen Belangen gerade auch die ritualgesetzlichen Überlieferungen zum Gegenstand ihrer Sachkompetenz machten, und diese Vorschriften in ihrem Sinne adaptierten. In der Tat gelang es dieser Richtung in den letzten 150 Jahren des zweiten Tempels, auf allen Gebieten des Rechts eine Sachkompetenz zu erreichen, die mit der priesterlich-levitischen jedenfalls auf der untersten Ebene ernsthaft konkurrierte und nach der Tempelzerstörung die herkömmliche priesterliche Torah-Autorität überhaupt auf die Rabbinen übertragen konnte.[4]

---

4 Zum Verhältnis von Programm und Realität innerhalb dieser Entwicklungen siehe Oppenheimer, A., „The Status of the Sages in the Mishnaic Period. From Model Figures to National-Spiritual Leader-

In diesen Richtungskämpfen um die Torah-Autorität gewannen zusätzlich zu ohnehin vorhandenen Differenzen in der Auffassung von Torahgesetzen auch weitere, gruppenspezifische Traditionen und Praktiken zunehmend an Bedeutung. Dies auch innerpriesterlich, wie 4QMMT, der „halachische Brief" aus Qumran, illustriert.[5] Die Betonung bestimmter Traditionen war und blieb immer ein wirksames Mittel sowohl zur Abwehr von Ansprüchen anderer Gruppen wie zur Abgrenzung der eigenen Anhängerschaft.

Die Qumrantexte belegen, dass „Torah (des Mose)" innerhalb der priesterlichen Tradition noch in der frühhellenistischen Zeit eine unabgeschlossene Größe war und mehr umfasste, als die Gesetze im Pentateuch. Es scheint aber laut CD I schon zwischen 200–175 v. Chr., also nach dem Übergang von der ptolemäischen zur seleukidischen Herrschaft, zu einer innenpolitischen Krise gekommen zu sein,[6] in der das Amt des „Propheten wie Mose" (Dtn 18,18) dem aufflammenden Machtkampf zum Opfer fiel. Nur die Anhänger des *môreh ha-ṣädäq* („Lehrers bzw. Anweisers der Gerechtigkeit") an der alten Konzeption fest; die anderen hingegen standen vor der Notwendigkeit, den Umfang der schriftlich fixierten Torah zu definieren, und zwar auf eine möglichst unstrittige Weise. Dafür bot sich eine Lösung an, die im staatspolitischen Bereich bereits vorgegeben war.

Als Rechtsbasis der jüdischen Autonomie unter der fremden Oberherrschaft galt nämlich seit der spätpersischen Zeit der Pentateuch, unter den Ptolemäern und Seleukiden nicht nur in Judäa, sondern auch für die Diasporagemeinden. Vieles spricht dafür, dass in der jüdischen Diaspora früher als im Mutterland die Pentateuch-Torah als Einheit (*nomos* wird dafür in der Septuaginta nur im Singular verwendet) und auch als textlich festgelegt betrachtet wurde (siehe bereits Aristeas § 311). Ins Griechische übertragen, gewann der Pentateuch die Reputation des „*nomos* der Juden" schlechthin. Man wollte damit aber nicht vorhandene Gesetzessammlungen ersetzen oder ein Gesetzbuch schaffen. Die Einflechtung alter Rechtssammlungen innerhalb einer Geschichtskonstruktion hatte vor allem chronographische und apologetische Beweggründe, um eine fixierte und altersmäßig alles Konkurrierende überragende Tradition nachweisen zu können.[7] Und mit diesem Basisdokument waren zugleich

---

ship" (hebr.), in: Gafni, I. (Hg.), *Qehal Jiśra'el. Kehal Yisrael. Jewish Self-Rule Through the Ages*, Bd. 1, Jerusalem 2001, 85–101.

5 Qimron, E./Strugnell, J., *Qumran Cave 4.V: Miqṣat Ma'ase ha-Torah*, DJD X, Oxford 1994 (Einleitung); Kampen, J./Bernstein, M. J. (Hg.), *Reading 4QMMT. New Perspectives on Qumran Law and History*, Atlanta 1996.

6 Siehe dazu: Pfann, St. J., „Historical Implications of the Early Second Century Dating of the 4Q249–250 Cryptic A Corpus", in: Chazon, E. G./Satran, D.,/Clements, R. A. (Hg.), *Things Revealed: Studies in Early Jewish and Christian Literature in Honor of Michael E. Stone*, Leiden 2004, 171–186.

7 Pillhofer, P., *Presbyteron Kreitton. Der Altersbeweis der jüdischen und christlichen Apologeten und seine Vorgeschichte*, Tübingen 1990.

alle „Sitten und Bräuche" als Bestandteil der Autonomieregelung abgedeckt. In dieser Konstruktion liegt die Schwierigkeit für die rechtsgeschichtliche Forschung, denn die Präsentation eines geschriebenen Gesetzes bedeutet nicht unbedingt eine kongruente und einheitliche Anwendung im Rahmen dieses vage umrissenen Begriffs der „Traditionen" bzw. „Sitten der Väter", der einen weiten Spielraum für autonomes Handeln gewährleistete.[8]

Während der Pentateuch diese staatspolitische Karriere als *nomos* der Juden machte, verfiel die priesterlich-levitische Torahkompetenz. Die Makkabäer bzw. Hasmonäer haben die Institution des Torahpropheten „wie Mose" offenbar ignoriert und vorübergehend sogar eine Vereinigung aller drei Teilämter des Mose (politisch-militärische Führung, Hohepriesteramt und Torahprophetie) in ihrer Hand angestrebt, was freilich nur ansatzweise (vgl. die von Josephus, *Bell.* 1,69 verwendete Quelle) so nicht gelang. Die Folge war, dass das im Pentateuch niedergeschriebene Recht als abgeschlossene Torah gelten konnte, was aber weitere Gesetze und Bräuche von geringerer Dignität keineswegs ausschloss. So sahen es jedenfalls die pharisäischen Gruppen, deren Konzept einer abgeschlossenen schriftlichen Torah (im Pentateuch) und einer nicht näher definierten verbindlichen Überlieferung von Sitten und Bräuchen der Väter (Ant. 13, 296 f.) dem Konzept der jüdischen Autonomie-begründung entsprach, ein Umstand, der sich für die pharisäische Richtung auf längere Sicht als großer Vorteil erwies.

Auch die streng priesterlich orientierten Anhänger des „Anweisers bzw. Lehrers der Gerechtigkeit" der Qumrantexte haben nach dessen Tod (ca. 138 v. Chr.) beschlossen, sich für den Rest der Zeit bis zum Eschaton nach ihrer „letzten Niederschrift der Torah" zu richten. Das ergab zwar im Vergleich zu den anderen Richtungen immer noch einen Mehrbestand an geschriebener Torah, wertete aber gleichzeitig den gemeinjüdisch anerkannten Torahbestand im Pentateuch erheblich auf. Tatsächlich mehrten sich unter den Qumrantexten die Pentateuchmanuskripte im 1. Jh. v. und n. Chr. kontinuierlich, auch die literarische Bezugnahmen, und zugleich ist eine Standardisierung des Konsonantentextes im Sinne einer „prä-masoretischen" Gestalt zu beobachten. Offensichtlich hat der Pentateuch als ein zwischen den Gruppen unstrittiges Dokument im Lauf des 2.–1. Jh. v. Chr. in etwa die Funktion übernommen, die im Rechtswesen früher das Jerusalemer Höchstgericht mit seinem „Propheten wie Mose" erfüllt hat: Man rekurrierte nun im Zweifelsfall auf diese niedergeschriebene, auch von der fremden Macht anerkannte Überlieferung.

Neue Torah war somit nicht mehr zu erhalten, es war aber möglich, erforderliche Regelungen aus der festgeschriebenen Torah abzuleiten oder zumindest irgendwie zu begründen, was dem Text der Pentateuch-Torah eine bislang nicht da gewesene Be-

---

8 Diese praktische Bedeutung wird meist unterschätzt. Zum Begriff selbst s. Schröder, B., *Die „väterlichen" Gesetze. Flavius Josephus als Vermittler von Halacha an die Griechen und Römer*, Tübingen 1996.

deutung verlieh. Der Text des Jesajabuchs stand damals textlich schon längst ziemlich fest und war Gegenstand zahlreicher Ausdeutungen. Nun wurde auch Pentateuchgesetze zum Text, der aktualisierend ausgelegt werden musste. Doch da fällt ein hermeneutischer Unterschied ins Auge: Die Prophetentexte unterlagen einer geschichtstheologischen Ausdeutung, die in Qumran als *pešär* bezeichnet wird, was in Bezug auf eine gesetzlichen Text nie begegnet, während bei Gesetzen die Termini technici *l*ᵉ*-hôrôt* (als absolut verbindlich anweisen) und *lidrôš* (als gültig, als anwendbar deklarieren) auftauchen, die in früher Zeit nie auf nichtgesetzliche Texte angewendet worden sind. Erst im 3. Jh. n. Chr. gewannen das Verb *drš* und das Nomen *midraš* im Zusammenhang mit Texten auch die Bedeutung von „auslegen“ bzw. „Auslegung“, und dann sogar meist auf nichtgesetzliche Texte bezogen. Unter *midraš* verstand man in älterer Zeit eine (offizielle) Niederschrift, die LXX verwendete dafür folgerichtig *biblion* oder *graphê*.

Während die *pešär*-Auslegung eine Art zweiten, den wahren Sinn (auch entgegen dem Textsinn) erschließenden Offenbarungsvorgang darstellt, wurde für die juristische Auslegung von Pentateuchgesetzen und für die Ableitung neuer Regelungen von diesen her die Autorität der Mosefigur in Anspruch genommen. Die Auslegung von Gesetzen war selten ein erklärender Vorgang, in der Regel diente sie der Begründung einer bereits vorhandenen angewandten oder einer gewünschten Rechtsnorm. Nicht Pentateuchkommentare, sondern Handbücher des geltenden Rechts (der Halakah) wurden daher später für die Rechtspraxis maßgebend. Und für die Ableitung neuer Regelungen aus der Schriftlichen Torah wurden hermeneutische Regeln erstellt, die – teilweise wie in der antiken rhetorischen Praxis – eine gewisse Kontrollierbarkeit des Verfahrens gewährleisten sollten.[9]

Die Konzeption eines – jedenfalls auf der Ebene der Oberinstanzen – weitgehend priesterlich-levitisch kontrollierten Rechtswesens ebnete die vorhandenen Unterschiede und Rangstufen der als „Torah“ etikettierten Rechtstraditionen auf dem höchsten Autoritätsniveau ein: alles gilt als in hebräischer Sprache formulierte, direkter Offenbarung an Mose vom Sinai. Von da aus erklärt sich eine profunde Abneigung gegen eine Differenzierung und Klassifizierung rechtlicher Inhalte der Torah. Das entsprach jedoch nicht den tatsächlichen Bedürfnissen des Rechtslebens.

9 Zum Überblick siehe: Stemberger, G., Der Talmud, 2. Aufl. München 1987, 55 ff.

2.2 Vorrabbinische Ansätze zu einem spezifisch „jüdischen" Recht

Ein Vorrang juridischer Gesichtspunkte und Verfahrensweisen vor textgetreuer Wiedergabe des Überlieferten kam schon in der Art und Weise zum Tragen, wie man die im Pentateuch eingebauten gesetzlichen Traditionen systematisierend zusammenstellte. Eine in der Historiographie und in der Offenbarungsliteratur verwendete Phrase, nämlich „nichts hinzuzufügen und nichts wegzulassen", begegnet Dtn 4,2 und 13,1 auch in Bezug auf Torah-Gesetze. Spätere haben dies auf die Unveränderlichkeit des Wortlauts bezogen, doch in alter Zeit dachte man eher an die Wiedergabe des sachlichen Inhalts. Philo und Josephus waren jedenfalls dieser Meinung und haben die biblischen Gesetze gemäß ihrer besonderen Sichtweise nicht nur systematisierend geordnet, sondern auch im Sinne der zu ihrer Zeit vorherrschenden Rechtsauffassung umformuliert, ohne sich um exegetische Rechtfertigungen zu bemühen. Ein Bedürfnis nach Erklärung von Pentateuchgesetzen kam zwar schon früh auf, und zwar in der hellenistischen Diaspora und aus apologetischen Gründen. Ein Interesse aus „halachischen" (juristischen) Gründen ergab sich hingegen erst nach der Tempelzerstörung innerhalb der pharisäisch-rabbinischen Richtung. Bis dahin rekurrierte man in Auseinandersetzungen von Fall zu Fall auf Mose-Torah. Aber man argumentierte nicht auf Grund einer bestimmten Textgestalt und deren Exegese, man nützte sie vielmehr als Beleg für eine „richtige" Praxis (*ma*ʿ*ᵃśäh*), wie 4QMMT vor Augen führt, wobei das entsprechende Verständnis also vorausgesetzt und nicht zur Diskussion gestellt wurde.[10] Und die Differenzen beschränkten sich nicht auf Praktiken, die durch Mose-Torah begründet werden konnten. Die für heute aus kanontheologischen Gründen so gewichtige Unterscheidung zwischen biblischen und nichtbiblischen Normen hatte ja trotz der grundsätzlichen Verabsolutierung von Torah als offenbartem Recht keine entsprechende Bedeutung in der Praxis. Darum gab es auch noch keine gesonderten Schreibvorschriften für Pentateuch-Rollen, wie danach im rabbinischen Judentum für seine liturgische Lesepraxis.[11]

---

10 Anders Schremer, A., „‚[T]he[y] Did Not Read in the Book': Qumran and the Emergence of Torah Study in Ancient Judaism", in: Goodblatt, D./Pinnick, A./Schwartz, D. R. (Hg.), *Historical Perspectives; from the Hasmoneans to Bar Kokhba in Light of the Dead Sea Scrolls*, 2001, 105–126. Er sieht im Rekurs auf geschriebene Tradition in Qumran den eigentlichen Anstoß zur Begründung von Halakah aus der Schrift.

11 Auffällig ist jedoch, dass es kaum biblische Texte auf Papyrus gibt; die eventuell biblischen aus 7Q und ev. auch aus 6Q sind ihrer Herkunft nach fraglich. Andrerseits gibt es wichtige Qumrantexte auch auf Papyrus, aber im Unterschied zu den Funden in der Wüste Juda keine Dokumente des Rechtslebens. Der Charakter der Qumran-Sammlungen ist also ein völlig anderer als jener der Funde in der Wüste Juda. Siehe dazu Tov, E., „The Corpus of the Qumran Papyri" in: Schiffman, H. (Hg.), *Semitic Papyrology in Context*, Leiden 2003, 85–104.

Deutlich anders steht es bei Autoren wie Philo und Josephus, denn sie stellen die Pentateuch-Torah demonstrativ in den Vordergrund, lassen zwar erkennen, dass ihre Rechtsauffassungen da und dort einer aktuellen Praxis entsprechen, legten das angewandte Recht ihrer Zeit aber über die biblischen Gesetze hinaus nicht dar. Sie hielten so die Grenzen dessen, was „väterliche" Gesetze bzw. Sitten abdecken, bewusst offen, und nur in einzelnen Passagen ihrer Werke wird sichtbar, dass es über die biblischen Gesetze hinaus durchaus noch andere Normen gab. Während also in Bezug auf den Pentateuch als dem *nomos* der Juden ein Interesse bestand, seine rechtlichen Inhalte (mit bemerkenswerten Ausklammerungen) zu behandeln, begnügte man sich hinsichtlich der darüber hinausgehenden Normen mit ihrer Autorisierung als Sitten und Gesetze der Väter und vermied deren öffentliche Darlegung und Definition.

Systematisierende Darlegungen der biblischen Gesetze finden sich bei Philon, *De praemiis et poenis* 1–3 (Pentateuch-Inhalt); in *De specialibus legibus* und *De virtutibus* (65.82–124). Zeugnisse für sein Verständnis biblischer Einzelgesetze begegnen in fast allen seinen Werken.[12]

Josephus hat in CA 2,190–219 eine bemerkenswerte, aber apologetisch bestimmte Übersicht geboten, in Ant. 3,91–92 den Dekalog wiedergegeben, in Ant. 3,102–21 3 die Anweisungen für das Zeltheiligtum und die Kultgründung nacherzählt, und ebd. 122–286 und 4,196–303 einen Großteil der Pentateuchgesetze aufgeführt. In seinen Schriften finden sich darüber hinaus zahlreiche Hinweise auf Anwendung und Verständnis biblischer Normen im 1. Jh. n. Chr.

12 Goodenough, E. R., *Philo's Exposition of the Law and his* De vita Mosis, *Harvard Theological Review R* 26, 1933, 109–125.

3 Nichtbiblische Rechtstraditionen aus der Zeit des Zweiten Tempels

3.1 Kontinuität und Wandel

Die örtlichen Instanzen verfuhren sicher wie eh und je nach althergebrachten, aus langer Praxis erwachsenden Normen, die sich begreiflicherweise nicht sonderlich von jenen in der Nachbarschaft unterschieden. Aber auch infolge fremder Oberherrschaft heben sich langlebige Rechtstraditionen eingebürgert. So etwa Vertragsformulare, die nach neuassyrischen nach neubabylonische Mustern gestaltet wurden,[1] während ägyptische oder persische Traditionen sowohl aus sprachlichen wie kulturellen Gründen ferner standen. Diese altorientalischen Züge blieben in der rabbinischen Tradition auch weiterhin erhalten,[2] obwohl es unter der langen römischen Herrschaft in Weiterentwicklung der hellenistischen Grundlagen zu einer massiven Einwirkung auf Institutionen, Formulare und auf die Terminologie in aramäischer/hebräischer Sprache gekommen ist.[3] Urkunden des normalen Rechtslebens sind weithin die wichtigsten Quellen für angewandtes Recht.[4] Sie betreffen Bereiche des Geschäftslebens und familienrechtliche Angelegenheiten, Erbschaftsachen, Eherecht,[5] und dabei insbesondere Eheschließung,[6] Ehescheidung, wofür schon Dtn 24,1 die Ausstellung

1 Gropp, D. M., „The Wadi Daliyeh Documents Compared to the Elephantine Documents“, in: Schiffmann L. H. etc. (eds.) *The Dead Sea Scrolls Fifty Years after their Discovery*, Jerusalem 2000, 826–835.

2 Noch immer grundlegend: Gulak, A., *Das Urkundenwesen im Talmud im Lichte der griechisch.ägyptischen Papyri und des griechischen und römischen Rechts*, Jerusalem 1935.

3 Sperber, D., *A Dictionary of Greek and Latin Legal Terms in Rabbinic Literature*, Ramat Gan 1984.

4 Khoury, G. (Hg.), *Urkunden und Urkundenformulare im klassischen Altertum und in den orientalischen Kulturen*, Heidelberg 1999; Katzoff, R., „Contracts“, in: Schiffman L. H./VanderKam J. C. (Hg.), *Encyclopedia of the Dead Sea Scrolls*, Bd. 1, Oxford/New York 2000, 142–144; Nebe, G. W., „Deeds of Sale“, ebd. 186–189; Schiffman, L. H., „Witnesses and Signatures in the Hebrew and Aramaic Documents from the Bar Kokhba Caves“, in: Ders., (Hg.), *Semitic Papyrology in Context*, Jerusalem 2003, 165–186; Ders., „Reflections on the Deeds of Sale from the Judaean Desert in Light of Rabbinic Literature“, in: Katzoff (eds.), *Law in the Documents of the Judaean Desert*, Ramat Gan 2005, 185–203.

5 Epstein, L. M., *Marriage Laws in the Bible and the Talmud*, New York 1942; Piattelli, D., „The Marriage Contract and Bill of Divorce in Ancient Hebrew Law“, The Jewish Law Annual 4, 1981, 66–78; Collins, J. J., „Marriage, Divorce, and Family in Second Temple Period“, in: Perdue L. G. etc. (Hg.), *Families in Ancient Israel*, Louisville 1997, 104–162

6 Cohen, B., „Dowry in Jewish and Roman Law“, in: *Mélanges Isidore Levy*, Bruxelles 1955, 57–85; = in: Ders., Jewish and Roman Law, Bd. 1, Holmes Beach 2001 (Piscataway 2018), 348–376; Yaron, R., „Aramaic Marriage Contracts from Elephantine“, Journal of Jewish Studies 3/1,1958,1–39; Brewer, D. I., „Deuteronomy 24:1 and the Origin of the Jewish Divorce Certificate“, Journal of Jewish Studies 49, 1998, 240–233; Ders., „Jewish women divorcing their husbands in early Judaism; the background to Papyrus S^{e}'elim 13“, Harvard Theological Review 92, 1999, 349–357; Lewis, N. etc. (Hg.), „Papyrus Yadin 18. Text, Translation and Notes“, Israel Exploration Journal 37, 1987, 229–250; Wasserstein, A.,

https://doi.org/10.1515/9783110650327-004

einer Urkunde vorschreibt.[7] Urkunden wurden hauptsächlich in der jeweiligen Umgangssprache verfasst, also vor allem auf Aramäisch,[8] im hellenistischen Ägypten, wo man sich neben den griechischen Kolonisten etablierte, und in der westlichen Diaspora auch auf Griechisch.

Man möchte meinen, dass spezifisch jüdische Anliegen am ehesten in familienrechtlichen Belangen zum Tragen kamen, doch das ist nur in begrenztem Maß der Fall.[9] Die Qumrantexte erwähnen strittige familienrechtliche Fragen innerhalb der Priesterschaft, die Ausweitung der Regelungen auf die Laien blieb aber noch hinter den programmatischen Forderungen zurück.

3.2 Elephantine

Die aramäischen Papyri von Elephantine in Oberägypten aus dem späten 5. Jh. v. Chr. lassen nicht erkennen, dass „Torah" in einer jüdischen Militärkolonie mit eigenen Rechtsinstitutionen schon eine maßgebliche Größe war, und das trotz des bekannten Passah-Papyrus und der Hinweise auf Sabbat- und Reinheitspraktiken.[10] Die erhaltenen Urkunden belegen die üblichen Geschäfte und Abmachungen im rechtlichen Alltag und lassen trotz gewisser, auch in biblischen Texten erkennbarer priesterlich-

„A Marriage Contract from the Province of Arabia Nova. Notes on papyrus Yadin 18", Jewish Quarterly Review 80,1989/90, 93–130; Rabello, A. M., „Divorce of Jews in the Roman Empire", The Jewish Law Annual 4, 1981, 79–103; Friedman, M. A., „Babatha's Ketubba: Some Preliminary Observations", Israel Exploration Journal 46,1996,55–76; Brody, R., „Evidence for Divorce by Jewish Women?", Journal of Jewish Studies 50, 1999, 230–234; Katzoff, R., „Greek and Jewish Marriage Formulas", in: Ders. etc. (eds.), *Classical Studies in Honor of David Sohlberg*, Ramat Gan 1996, 223–234; Ders., „Oral Establishment of Dowry in Jewish and Roman Law, *dbrjm hnqnjn b'mjrh and dotis dictio*", in: Schiffman, L. H., (ed.), *Semitic Papyrology in Context*, Jerusalem 2003, 145–164.

7 Brewer, D., „*Divorce and Remarriage in the Bible. The Social and Literary Context*, Grand Rapids 2013; Cohen, B., „Concerning Divorce in Jewish and Roman Law", Proceedings of the American Academy of Jewish Research 21, 1952, 3–34; = in: ders., *Jewish and Roman Law*, Bd. 1, Holmes Beach 1966, 377–408; Vered, N., „Divorce in Qumran in Light of Eary Halakhah", Journal of Jewish Studies 56, 2005, 206–223; Fixner, Y./Eshel, H., „Tearing Divorce Documents in Light of the Documents from the Judean Desert", Sidra 22, 2007, 81–87; Katzoff, R., „Philo and Hillel on Violation of Betrothal in Alexandria", in: Gafni, I. I. etc. (eds.), *The Jews in the Hellenistic-Roman World. Ha-jehûdîm ba-ʿôlam ha-hellênîstî we-ha-rômî: Studies in Memory of Menahem Stern*, Jerusalem 1996, 39*-57*; Ders., „Donatio ante nuptias and Jewish dowry additions", in: Lewis, N. (ed.), *Papyrology*, Cambridge 1986, 231–244; Rabello, A. M., „Divorce of Jews in the Roman Empire", The Jewish Law Annual 4, 1981, 79–102; Feldblum, M. S., *Talmudic Law and Literature. Tractate Gittin. A comparative study of Mishnah, Tosephta, Babylonian and Palestinian Talmuds* (hebr.), New York 1969.

8 Gross, A., *Continuity and Innovation in the Aramaic Legal Tradition*, Leiden 2008.

9 Jackson, Bernard, „How Jewish is Jewish Family Law?", Journal of Jewish Studies 55, 2004, 201–229.

10 Für einen konzisen Überblick über die Bezüge zu biblischen Sachverhalten s. Porten B., „Elephantine and the Bible", in: Schiffman, L. H. (ed.), *Semitic Papyrology in Context*, Leiden 2003, 53–84.

levitischer Schreiberkonventionen kaum Ansätze zu einem speziellen „jüdischen Recht erkennen.[11] Bemerkenswert ist außer dem neuassyrischen Hintergrund für die Vertragsformulare, die man offensichtlich aus Palästina mitgebracht hatte, auch das noch wenig erforschte Verhältnis zum ägyptischen Hintergrund.[12]

Auch zahlreiche andere Papyri aus Ägypten demonstrieren im Vergleich mit den aus der Zeit nach der Tempelzerstörung stammenden Rechtsdokumenten aus der Wüste Juda, wie stark die Kontinuität der Rechtstraditionen vor allem im Bereich der Formulare war und wie bedeutend nichtbiblische Normen im Rechtsalltag gerade auch für Familien und insbesondere Frauen war[13]

3.3 Die Papyri aus dem Wadi Daliyeh

Die Papyrusfunde aus dem Wadi Daliyeh[14] ergänzen das Bild, das die Elephantinepapyri aus dem späten 5. Jh. für Ägypten vermitteln, für Samaria im 4. Jh. Auch hier zeigt sich deutlich der prägende Einfluss der aramäischsprachigen Administration des Perserreiches, unter der ältere Formulare adaptiert worden sind, z. T. auch regional etwas variierend. Leider sind die meisten der recht formelhaften Texte nur sehr fragmentarisch erhalten.[15]

Es handelt sich v. a. um Kaufverträge, in etwa der Hälfte geht es um Sklaven (Nr. 1–9. 11. 18. 19. ev. auch 26), den Namen (und Vaternamen!) nach meist „hebräische“ Sklaven, die wohl durch Verschuldung in diese Lage geraten waren; ein Papyrus (Nr. 13) betrifft eine Sklavenfreilassung. Nichts deutet auf eine Relevanz von Pentateuch-Gesetzen hin, im Gegenteil: entgegen Lev 25,39–47 wird der Verkauf auf unbegrenzte Dauer (*la-ʿalam*) vollzogen.

Aus der folgenden, hellenistischen Periode bis zu den Funden in der Wüste Juda sind bedauerlicherweise keine vergleichbaren Quellenbestände erhalten, doch belegen diese und auch die späteren rabbinischen Zeugnisse eine beachtliche Stabilität und Kontinuität der aus der Perserzeit ererbten Traditionen, aber auch diverse Rechtstraditionen.

---

11 Muffs, Y., *Studies in the Aramaic Legal Papyri from Elephantine*, New York 1973; Leiden 2003.

12 Botta, A., *The Aramaic and Egyptian Legal Traditions at Elephantine: An Egyptological Approach*, 2007.

13 Rabinowitz, J. J., *Studies in Legal History*, Jerusalem 1958; Cardellini, I., „Dalla legge alla Torahh. Una ipotesi di studio“, in: Ricerche Storico Bibliche 3, 1991, 57–81.

14 Gropp, D. M., „The Wadi Daliyeh Documents Compared to the Elephantine Documents“, in: Schiffman, L. H. etc. (Hg.), *The Dead Sea Scrolls Fifty Years after their Discovery*, Jerusalem 2000, 826–835.

15 Für eine konzise Beschreibung siehe die Einleitung von Gropp D. M., in: DJD XXVIII, 2001, 3 (5)-32.

3.4 Rechtstraditionen in den Schriften aus den Höhlen bei Qumran

3.4.1 Vorbemerkung

In den Qumrantexten findet man zahlreiche Zeugnisse für Interpretationen vorgegebener schriftlicher, insbesondere biblischer Normen.[16] Das muss aber nicht in jedem Fall auf einen Pentateuchtext zurück gehen. Die in der Forschung verbreitete Neigung, möglichst alles auf biblische Textvorlagen zurückzuführen, dürfte weder dem damaligen Interesse entsprechen noch rechtsgeschichtlich sinnvoll sein. Vor der Publikation der Texte aus den Höhlen 4 und 11 wurden v. a. die Ordnungen in 1QS und CD und deren Bezüge zu den antiken Essenerberichten behandelt. Seither ist angesichts zahlreicher Fragmente deutlich geworden, dass gesetzliche Inhalte einen beträchtlichen Teil der Qumrantexte ausmachten. Wieweit sie in einen systematischen Kontext gehören, und was davon als verbindlich galt oder nur programmatische Bedeutung hatte, ist allerdings nur bedingt zu beantworten.[17] Einiges davon präsentiert sich ausdrücklich als Torah, vieles stammt aus kultisch-rituellen Traditionen, manches gehört in den Rahmen von Disziplinarordnungen, und verhältnismäßig wenig entspricht dem, was wir heute unter Straf- und Zivilrecht einordnen. Es fehlen direkte Zeugnisse des Rechtslebens, Urkunden wurden in den Qumranhöhlen nicht gefunden; die publizierten einschlägigen Urkunden gehören nämlich offensichtlich zu den später zu datierenden Funden aus der Wüste Juda.[18]

Bis heute teilt man die Texte aus Qumran in der Regel in spezifische Qumranschriften („sectarian documents") und in vor- bzw. außerqumranische Schriften ein, wobei man von einer „Qumrangemeinde" ausgeht. Deren Existenz in dieser Form wird allerdings immer mehr in Frage gestellt. Tatsächlich verteilen sich die rechtlichen Zeugnisse auf drei Organisationsformen: 1. Gemeinschaften in Städten (CD), 2. Lagergemeinschaften und unbefestigte Ortschaften (CD), und 3. *jaḥad* (S-Texte).

Die Ordnungen für die drei Organisationsformen entsprechen tendenziell einer priesterlich-levitisch dominierten Überlieferung, die den Anspruch erhob, ganz Israel in ihrem Sinne zu gestalten und zu verwalten. Das Grundanliegen dieses Organisationsmodells für Israel besteht in der Wahrung der „Heiligkeit". Und zwar personell im Sinne der rang- und funktionsmäßigen Einteilung in Priester, Leviten und Laien, den jeweils ausgeübten Funktionen entsprechend, und räumlich in der vom Allerhei-

---

16 Bernstein, M. J./Koyfman, Sh. A., „The Interpretation of Biblical Law in the Dead Sea Scrolls: Forms and Methods", in: Henze, M. (Hg.), *Biblical Interpretation at Qumran*, Grand Rapids 2005, 61–87.

17 Amihay, A., Theory and Practice in Essene Law, New York/Oxford 2017.

18 Siehe unten 2.6.

ligsten ausgehenden, konzentrischen Stufenfolge der heiligen Bereiche.[19] In diesem komplizierten System ging es auch um handfeste Interessen (kultische Abgaben), um Prestige und um Macht, wobei Konflikte unter anderem auch mit der Verfechtung bestimmter ritueller Praktiken ausgetragen wurden. Innerpriesterliche Differenzen spielten daher im politisch-religiösen Leben der Tempelprovinz Judäa im 2. Jh. v. Chr. und bis in die ersten Jahrzehnte des 1. Jh. v. Chr. eine bedeutende Rolle. Das wird vor allem an der Auflistung von Differenzen in 4QMMT deutlich: so markierte die hinter den Qumrantexten stehende Richtung ihre Positionen und Ansprüche.

Angesichts der genannten Voraussetzungen können die rechtlichen Qumrantraditionen nicht als einheitliches Gruppenrecht einer „Qumrangemeinde" gewertet werden. Ein Teil der Traditionen stammt mit Sicherheit aus älterer Zeit und hatte seinen Sitz im Leben im Tempelkult und in den mit ihm verbundenen Institutionen.[20] Zeugnisse für das normale Straf- und Zivilrecht sind in diesen Traditionen folglich nur dort zu erwarten, wo es um Regelung des normalen Alltagslebens geht. Ansonsten handelt es sich, sieht man von der besonderen Ausformung des Königs- und Kriegsrecht ab, v. a. um Bestimmungen für Gemeinschaftsformen, deren Organisation weithin denselben praktischen Erfordernissen entspricht, die auch sonst bei vergleichbaren antiken Organisationen von örtlichen Gemeinschaften bis zum Vereinswesen hin wirksam waren.[21] Dieser Befund weist gegenüber den späteren, aus dem normalen Rechtsleben stammenden Dokumenten aus der Wüste Juda einen deutlich andersgearteten sozialen Hintergrund aus.

Auf dieser priesterlich-levitischen Linie wurden manche Rechtstraditionen ausdrücklich als direkte Offenbarung an Mose (als „Torah") formuliert. Diese Tatsache hat die herkömmliche Auffassung vom „Kanon" der hebräischen Bibel ins Wanken gebracht, die Frage nach der Funktion des Pentateuchs erneut in den Vordergrund gerückt und das Verhältnis von Torah und Recht wieder als Problem der Forschung bewusst gemacht.

3.4.2 Torah

Die sog. Tempelrolle (11Q19; 11Q20) enthält einen Tempelbauentwurf und eine nach den Heiligtumsbereichen systematisierte Rechtssammlung, zum größten Teil auf der Basis einer Quelle, die auch dem Deuteronomium zugrunde liegt. Das Ganze ist in Form direkter Gottesrede an Mose formuliert, galt folglich als Torah. Wieweit es

19 Harrington, H. K., „Holiness and Law in the Dead Sea Scrolls", Dead Sea Discoveries 8, 2001, 124–135.

20 Schiffman, L. H., „The Maccabean Halakhah in the Dead Sea Scrolls and the Biblical Tradition", Dead Sea Discoveries 13, 2006, 348–361.

21 Weinfeld, M., *The Organizational Pattern and the Penal Code of the Qumran Sect*, Fribourg/Göttingen 1986; Krauter, St., *Bürgerrecht und Kultteilnahme*, Berlin 2004 [Für den Penal Code s. S. 347 ff.].

sich um programmatische oder angewandte, zu einer bestimmten Zeit als allgemein verbindliche Normen oder nur um Gruppentradition handelt, wird kontrovers diskutiert. In jedem Fall handelt es sich um eine frühen Versuch, Normen unter einem bestimmten Gesichtspunkt, nämlich unter dem von konzentrischen Heiligkeitsbereichen, zu ordnen und zu adaptieren. Das geschah offensichtlich in einer Zeit, als es noch möglich war, neues Recht als Torah, als Offenbarung, zu deklarieren bzw. zu etikettieren. Aber ein konkretes Beispiel zeigt, dass auch solche Torahgesetze nicht unumstritten blieben. Die Todesstrafe, die wörtlich als „ans Holz hängen" bezeichnet wird, gilt in 11Q19 Kol. 54,6b–13 ausdrücklich und eindeutig als praktikabel und steht auf Volksverrat (vgl. 4Q270 Frg. 9 Kol. ii,12 f.).[22] König Alexander Jannaj ließ laut (vgl. 4Q169) zahlreiche Pharisäer wegen Volksverrats „ans Holz hängen". Der MT-Text von Dtn 21,22–23 hingegen ist nicht so eindeutig und wurde rabbinisch auch anders verstanden.[23] König Herodes ließ laut Ant 16,176 Hyrkan und laut Ant 16,394 seinen Sohn Alexander wegen Verrats strangulieren. Welcher Auffassung folgte man zu welcher Zeit im Jerusalemer Höchstgericht bzw. im Synhedrion? Die Frage wurde und wird im Zusammenhang mit dem Prozess Jesu intensiv diskutiert.

Ein anderer Fall betrifft das Eherecht. Die Tempelrolle verbietet Kol. 66,14–17 die Ehe mit Nichten strikt, was auch 4Q251 Frg. 7 und CD V,7–11 belegt ist und da kultrechtlich begründet wird;[24] aber von der pharisäisch-rabbinischen Seite wurde diese „zadokidische" Einschränkung so nicht aufrecht erhalten.[25]

Wie viel von den übrigen rechtlichen Qumrantraditionen ebenfalls als Torah gegolten hat, ist offen, da von den betreffenden Schriftrollen nur Bruchstücke erhalten geblieben sind. Bemerkenswert ist in diesem Zusammenhang 4Q251, weil für diesen Text allem Anschein nach das Bundesbuch (Ex 21,1 – 23,19) als Rahmen bzw. Kompositionsbasis benützt wurde.[26] Die erhaltenen Stücke von 4QOrdonnances (4Q159; 4Q513–4Q514;) behandeln wie andere, ursprünglich recht umfangreiche Schriftrollen, kultisch-rituelle Sachverhalte, deren Zusammenhang mit einschlägigen biblischen Torah- Inhalten evident ist. Doch das ist nicht einfach das Ergebnis exegetischer Vorgänge, sondern etwas wie Fortschreibung von Torah in einem weiteren Sinn als Pentateuch-Torah, nämlich als Produkt priesterlich-levitischer Torah-Kompetenz. Auch

---

22 Weinfeld, M., „High Treason in the Temple Scroll and in the Ancient Near Eastern Sources", in: Paul, S. M. etc. (Hg.), *Emanuel. Studies in the Hebrew Bible, Septuagint and Dead Sea Scrolls in honor of Emanuel Tov*, Leiden 2003, 827–883.

23 Puech, É., „Notes sur *11Q19* LXIV 6–13 et *4Q524* 14,2–4. À propos de la crucifixion dans le *Rouleau du Temple* et dans le Judaïsme ancien", Revue de Qumran 19 (69),1997,109–124.

24 Vgl. auch Le Moyne, J., Les Sadducéens, Paris 1972, 312 ff.

25 Schiffman, L. H., „Prohibited Marriages in the Dead Sea Scrolls and Rabbinic Literature", in: Fraade St. D. etc. (Hg.), *Rabbinic Perspectives. Rabbinic Literature and the Dead Sea Scrolls*, Leiden 2006, 113–125.

26 Shemesh, A., 4Q251: Midrash Mishpatim, Dead Sea Discoveries 12, 2005, 280–302.

4Q421 und 4Q264a gehören in eine solchen Kontext.[27] Zu 4Q159 finden sich zudem Entsprechungen in CD, was auf älteres Traditionsgut schließen lässt.[28] Auf der Rückseite von 4Q249 wurde als Titel *midraš sefär Mošäh* geschrieben, Das wird gemeinhin als „Auslegung" oder überhaupt „Midrasch des Buches Moses" übersetzt,[29] doch korrekt ist wohl: „Niederschrift des Buches Moses", was schwerlich den Pentateuch bezeichnet, sondern den Inhalt als Torah ausweist.

3.4.3 Örtliche Gemeinschaften

Rechtsnormen im engeren Sinn, etwa des Familienrechts, und Regelungen für das Gerichtswesen begegnen in erster Linie in CD IX–XII, 20a, im Rahmen der Ordnung für örtliche/städtische Gemeinschaften.[30] Frauen und Kinder sind daher selbstverständlich Teil solcher Gemeinschaften.[31] Und selbstverständlich wird auch das Verhältnis zur nichtjüdischen Umgebung berücksichtigt.

Die Einzelvorschriften sind aber auch hier in das priesterlich-levitische Konzept einer israelitischen Gesellschaft eingebunden. Sie wurden wahrscheinlich am ehesten in Ortschaften mit priesterlicher und levitischer Bevölkerung praktiziert, sie darüber hinaus durchzusetzen, ist offenbar nur begrenzt gelungen.

3.4.4 „Lager"

Die Lagerordnung in CD XII, 20bff. steht in einer doppelten Tradition. Die eine ist das *Militärlager* (vgl. 1QM + 4Q491–496).[32] Während das Kriegslager den wehrfähigen Männern vorbehalten ist, so wie das Heiligtum den kultfähigen Männern, stellt die ständige Einrichtung der *Militärkolonie* (wie jene auf Elephantine) auch eine örtliche Gemeinschaft dar.

27 Noam, V./Qimron, E., „A Qumran Composition on the Laws of the Sabbath and its Contribution to Early Halakhic History", Tarbiz 74, 2004/5, 511–546.

28 Hempel, Ch., „4QOrda (4Q159) and the Laws of the Damascus Document", in: Schiffmann L. H. etc. (Hg.), *The Dead Sea Scrolls Fifty Years after their Discovery*, Jerusalem 2000, 372–376.

29 Pfann, Steven J., „4Q249 *Midrash Sefer Moshe*", in: Bernstein, M. J. etc. (Hg.), *Legal Texts and Legal Issues, Cambridge* 1995, 11–18.

30 Baumgarten, J., „The Laws of the Damascus Document: Between the Bible and Mishnah", in: Ders. etc. (Hg.), *The Damascus Document; a Centennial of Discovery*, Leiden 2000, 17–26; Shemesh, A., „The Scriptural Background of the Penal Code in the Rule of the Community and Damascus Document", Dead Sea Discoveries 15, 2008, 191–224. Hier wird allerdings nicht das gesellschaftliche Modell, sondern ein angeblicher „scriptural background" behandelt.

31 Wassen, C., *Women in the Damascus Document*, Leiden 2005.

32 Batsch, Chr., *La guerre et les rites de guerre dans le judaïsme du deuxième Temple*, Leiden 2005.

Die zweite, kulttheologische, besteht im programmatischen priesterschriftlichen Modell Israels als *Lager der Wüstenzeit*. Jerusalem als „Stadt des Heiligtums" hat nach dieser Tradition den Heiligkeitsstatus des „Lagers" (*maḥ^{a}näh*).

Grundlegend waren Erfahrungen der Exilierungen am Ende der Königszeit, der Zug ins babylonische Exil und die folgenden Heimkehrwellen. Weil damals die Organisation durch das Kultpersonal bestimmt wurde, das den sozial kompaktesten Teil der Exilierten bildete, und die Exilierten sich als die Repräsentanten „Israels" schlechthin verstanden, wurden Lagerordnungen im Sinne priesterlich-levitischer Programmatik entworfen. Diese beiden Traditionen prägten auch die Ordnungen der Folgezeit, in der Militärlager, Militärkolonien und Exilierungssituationen ja von Fall zu Fall durchaus reale Gegebenheiten waren.

Die Vorschriften der Lagerordnung gelten aber auch für die unbefestigte Ortschaft im Unterschied zur umwallten Stadt, und für die Abfassungszeit von CD entsprach dies wohl den tatsächlichen Umständen.

3.4.5 *Jaḥad*

Unter dem *jaḥad* versteht man gemeinhin die eigentliche Qumrangemeinde, doch diese Annahme ist fragwürdig geworden.[33] Es handelt sich eigentlich nicht um eine Gruppenorganisationsform, sondern um eine Veranstaltung (*ʿ^{a}ṣat ha-jaḥad)* auf mehr oder minder begrenzte Zeit und unter bestimmten kultisch-rituellen Bedingungen. Sie hatte ihren eigentlichen Sitz im Leben wahrscheinlich in Institutionen innerhalb des Kultbetriebs, vor allem für die Organisation des Kultpersonals und teilweise auch für Heiligtumsbesucher. Dieses Veranstaltungsmodell wurde aus gegebenen Anlässen auch mit den Organisationsformen für örtliche Gemeinschaften und für Lagergemeinschaften verbunden, was einen engeren Kreis von Teilnahmeberechtigten aus den Gemeinschaftsmitgliedern voraussetzt. Aus diesem Grund variieren die einschlägigen Ordnungen (1QS, 4QS), deren „Sitz im Leben" offenbar sowohl zeitlich wie örtlich unterschiedlich anzusetzen und nicht als Bearbeitungen auf einer einlinigen Texttradition zu verstehen sind.[34]

Diese auf das Heiligtum und die Kultfähigkeit abgestimmten kultisch-rituellen Bedingungen erklären auch die angebliche Ehelosigkeit der *jaḥad*-Mitglieder[35] und die Unterstreichung ihrer Heiligkeit, die betonte Hervorhebung der Grenzen zwischen

33 Siehe auch Collins, J. J., „The Yahad and the Qumran Community", in: Hempel, Ch./Lieu, J. M., *Biblical Traditions in Transmission*, Leiden 2005, 81–96.

34 Schofield, A., „Rereading S: A New Model of Textual Development in Light of the Cave 4 Serekh Copies", Dead Sea Discoveries 15, 2008, 96–120.

35 Regev, E., „Cherchez les femmes: Were the *yahad* Celibates?", Dead Sea Discoveries 15, 2008, 253–284.

Priestern (allgemein: Aaroniden, darunter als spezielle Klasse die Zadokiden als eigentliche Tempelpriesterschaft), Leviten und Laien, und die Notwendigkeit regelmäßiger Überprüfung der Teilnahmeberechtigten und deren Rangfolge.

3.4.6 Der „Penal Code"

Als „Penal Code" bezeichnet man einen Überlieferungskomplex, der einen mehr oder minder festen Grundbestand aufweist, aber an die jeweilige Zweckbestimmung (innerhalb der drei Organisationsformen) adaptiert und zeitlich wie örtlich variiert wurde.[36] Es handelt sich weniger um Recht als um Disziplinarordnung. Er ist am umfangreichsten in 1QS VI,10-VII (und in den entsprechenden Passagen der 4QS-Fassungen) erhalten. Geregelt werden das Verhalten und die Ahndung von Verstößen im Rahmen des *jaḥad*, aber Entsprechungen in CD zeigen, dass manche Bestimmungen auch für Veranstaltungen (Versammlungen) in den beiden anderen Gemeinschaftsordnungen ihren Platz hatten, was der priesterlich-levitischen Tendenz dieser Tradition entspricht.

Eine Anzahl ursprünglich umfangreicher Texte rechtlichen Inhalts sind nur so fragmentarisch erhalten, dass es nicht möglich ist, Inhalt und Zweckbestimmung dieser damals offensichtlich recht wichtigen Schriften genauer zu bestimmen. Das gilt v.a für 4QOrdonnances = 4Q513–4Q514, 4Q264A = 4QHalakha^{b}, sowie 4Q265 = 4QSD bzw. 4QMiscellaneous Rules.

3.5 Sadduzäer

Rechtsauffassung und Rechtspraxis der Gruppe, die im NT und bei Josephus als „Sadduzäer" bezeichnet wird, folgten nach den Quellen einer strengen Linie.[37] Das gilt nicht nur für kultisch-rituell Belange, sondern auch im Straf- und Zivilrecht.[38]

Die strenge priesterliche Linie der Qumrantradition weist zahlreiche konkrete Entsprechungen zu dem auf, was den Sadduzäern bzw. rabbinisch den *ṣaddûqîm* zugeschrieben wird.[39] Man darf daraus aber kaum schließen, dass die Qumrantexte von

---

36 Pouilly, J., „L'Évolution de la législation pénale dans la communauté de Qumran", Revue Biblique 82, 1975, 522–551; Baumgarten, J. M, „The Cave 4 Versions of the Qumran Penal Code", Journal of Jewish Studies 43, 1992, 268–276; Hempel, Ch., „The Penal Code Reconsidered", in: Bernstein M. J. etc. (Hg.), *Legal Texts and Legal Issues, Cambridge* 1998, 141–148.

37 Le Moyne, J., *Les Sadducéens*, Paris 1972; Regev, E., *Ha-ṣaddûqîm wa-halakatam. The Sadducees und their Halakhah: Religion und Society in the Second Temple Period*, 2005.

38 Regev, E., *Ha-ṣaddûqîm*, 116–131.

39 Schiffman, L. H., „Miqṣat maʿaseh ha-Torah and the Temple Scroll", Revue de Quman 14 (55), 1989, 435–457.

den Sadduzäern stammen; aber es eine enge Verwandtschaft feststellbar, die auf gemeinsamen „zadokidischen" Traditionen beruht. Die Orientierungsgrenzen innerhalb der Priesterschaft waren freilich nicht so streng gezogen, denn der Priester Flavius Josephus, der sich eher den Pharisäern zurechnete, vertrat dann und wann Positionen, die als „zadokidisch" gelten können.

3.6 Flavius Josephus

Rechtsauffassungen, Institutionen und Vorgänge des Rechtslebens, die in den Werken des Josephus zu finden sind, entsprechen zeitlich jenen im Neuen Testament. Leider gilt für Josephus wie für Philo, dass das Interesse der Forschung an rechtsgeschichtlichen Fragestellungen bescheiden blieb. Sieht man von ein paar kleinen älteren Untersuchungen[40] und von einzelnen Bemerkungen zu Textpassagen oder im Rahmen von Publikationen thematisch anderer Art ab, wurde in der Regel fast nur das Verhältnis zu den biblischen Vorgaben untersucht, oder es wurden Angaben über Pharisäer und Sadduzäer verglichen, in letzter Zeit auch einige Qumrantexte.[41] Nur wenige konkrete Themen rechtlicher Art kamen ins Blickfeld, etwa das Bilderverbot[42] und die Ehescheidung.[43]

Die vorhandenen Forschungsansätze auf diesem Gebiet[44] gilt es noch über die auslegungsgeschichtlichen Fragestellungen und über die direkten Bezüge zu neutestamentlichen Inhalten hinaus konsequent auszuweiten.

---

40 Olitzki, M., „Der jüdische Sklave nach Josephus und der Halacha", Magazin für die Wissenschaft des Judentums 16, 1889, 73–83

Olitzki, M., *Josephus und die Halacha, I. Einleitung. Die Opfer*, 1885

Olitzki, M., „Josephus und die Halacha, II. Die Einkünfte der Leviten und Priester", Magazin für die Wissenschaft des Judentums 16,1889,169–182; Weyl, H., *Die jüdischen Strafgesetze bei Flavius Josephus in ihrem Verhältnis zu Schrift und Halacha. Mit einer Einleitung: Josephus über die jüdischen Gerichtshöfe und Richter*, Diss. Bern/Berlin 1900.

Olitzki, M., „Rituelle und judizielle Fälle bei Flavius Josephus", Israelitische Monatsschrift 1887, Nr.1,4,7.

41 Goldenberg, D., „The Halakhah in Josephus and in Tannaitic Literature", Jewish Quarterly Review 67, 1976/7, 30–43; Regev, Eyal/Nakman, David, „Josephus and the Halakhah of the Pharisees, the Sadducees and Qumran", Zion 67, 2002/3, 401–433.

42 Rabello A. M., „Divorce in Josephus", in: U. Rappaport (ed.), *Josephus Flavius*, 1982, 149–164.

43 Roth, Cecil, „An ordinance against images in Jerusalem A.D. 66", Harvard Theological Review 49, 1956, 169–177; Vogel, M., „Vita 64–69, das Bilderverbot und die Galiläapolitik des Josephus", JSJ 30, 1999, 65–79; Rosenthal, David," Ha-ʾomanût ba-halakah be-šalhê ha-bajit ha-šenî", in: J. Sussman/ D. Rosenthal (eds.), *Mäḥqerê talmûd 3, qôbäṣ mäḥqarîm be-Talmûd û-bigbûlîm gôbelîm le-zikrô šäl Prôf. ʾEfraim Urbach*, Bd. 2, 2005, 754–790.

44 Siehe Tomson, P., „Les systèmes de Halakha du *Contre Apion* et des *Antiquités*", in: F. Siegert/ J. U. Kalms (Hg.), *Internationales Josephus-Colloquium Paris 2001*, 2002, 194–196.

3.7 Urkundliche Zeugnisse aus der Wüste Juda vom 1./2. Jh. n. Chr.

In Höhlen der Wüste Juda ist eine beträchtliche Zahl von aramäischen und griechischen Rechtsurkunden aus der Zeit zwischen den beiden Aufständen gegen Rom gefunden worden. Dazu gehören auch einige als Qumrantexte publizierte Stücke. Im Unterschied zur elitären Qumranliteratur handelt es sich um Zeugnisse für Vorgänge aus dem damaligen Geschäfts- und Rechtsleben in den römischen Provinzen Palästina und Arabia. Rechtsgeschichtlich sind sie in mehrerer Hinsicht von Bedeutung.[45] Sie zeigen im Vergleich mit den urkundlichen Zeugnissen von Elephantine und aus dem Wadi el-Daliyyeh hinsichtlich der Formulare und vieler Details, in welchem Maß sich althergebrachte Konventionen gehalten haben, wie stark die Rechtspraxis in die hellenisierte orientalische Umgebung integriert war, und dass sich in römischer Zeit bestimmte regionale und gruppenspezifische Eigenheiten entfalten konnten, bis im Lauf des 2./3. Jh. die rabbinischen Richtung die vorhandenen Traditionen und Praktiken adaptierte und zu einem „jüdischen Recht" systematisierte.[46]

Aufsehen erregten v. a. zwei Dokumentensammlungen von Frauen, das Babata-Archiv[47] und das Archiv der Salome Komaise.[48] Die eherechtlichen Befugnisse und Möglichkeiten einer Frau in Bezug auf eine Ehescheidung und die einer Witwe im Verhältnis zu einem Vormund der Kinder haben viel Aufmerksamkeit auf sich gezogen.[49] Von besonderem Wert für rechtsvergleichende Studien sind manche dieser Texte aber auch, weil sie das Funktionieren und die Inanspruchnahme zeitgleicher Rechts-

45 Cotton, H., „Die Papyrusdokumente aus der judäischen Wüste und ihr Beitrag zur Erforschung der jüdischen Geschichte des 1. und 2. Jh.s n. Chr.", Zeitschrift des Deutschen Palästina-Vereins 115, 1999, 228–247; Lapin, Hayim, „Maintenance of wives and children in early rabbinic and documentary texts from Roman Palestine", in: C. Hezser (ed.), *Rabbinic Law in Its Roman and Near Eastern Context*, 2003, 177–198; Katzoff, R./Schaps, D. (eds.), *Law in the Documents of the Judaean Desert*, 2005.

46 Safrai, Z., „Halakhic Observance in the Judaean Desert Documents" ebd. 2005, 205–236. Das Verhältnis zur rabbinischen Halakah bedarf noch eingehenderer rechtsgeschichtlicher Untersuchungen.

47 Hanson, A. E., „The Widow Babatha and the Poor Orphan Boy", in: Katzoff R./Schaps, D. (eds.), *Law* ..., 85–103; Chiusi, T. J., „Babatha vs. The Guardians of her Son: A Struggle for Guardianship-Legal and Practical Aspects of P.Yadin 12–15, 27" , in: ebd. 105–132.

48 Cotton, H. M., „The archive of Salome Komaise, daughter of Levi: another archive from the Cave of Letters", Zeitschrift für Papyrologie und Epigraphik 105, 1995, 171–208; Eshel, H., „Another document from the archive of Salome Komaïse daughter of Levi", Scripta Classica Israelica 21, 2002, 169–171; Cotton, H. M., „Introduction to the Archive of Salome Komaise Daughter of Levi", DJD XXVII, 1997, 158–165; Katzoff, R., „On P.Yadin 37 = P.Hever 65", in: Katzoff R./Schaps, D. (eds.), *Law* ..., 133–44.

49 Ilan, T., „Women's Archives in the Judean Desert", in: Schiffmann, L. H. u. a. (eds.), *The Dead Sea Scrolls Fifty Years after their Discovery*, 2000, 755–760; Cotton, H. M., „Women and law in the documents from the Judaean Desert", Studia Hellenistica 37, 2002, 123–147; Yiftach-Firanco, U., „Judaean Desert Marriage Documents and Ekdosis in the Greek Law of the Roman Period", in: Katzoff, R./Schaps, D. (eds.), *Law* ..., 67–84.

ordnungen im Rahmen römischer Provinzverwaltungen erhellen.[50] Die Dokumente zeigen auf sehr anschauliche Weise, wie stark die Erfordernisse der Geschäfts-und Rechtspraxis das Zusammenleben von Angehörigen verschiedener ethnischer und religiöser Gruppen regulieren konnten.[51] Innerhalb dieser Konstellationen wurden vor allem die Familieninteressen gezielt gewahrt und dementsprechend auch erbrechtliche Regelungen wahrgenommen.[52]

Die Urkunden aus der Wüste Juda bieten einen Einblick in die Rechtswirklichkeit zwischen zwei konkurrierenden programmatischen Ansprüchen, die beide alle Lebensbereiche einer „vollkommenen Torah" unterwerfen und so alles Recht als Gottesrecht ausweisen wollten. Der eine war die priesterlich-levitische Torah-Konzeption, die in extremer (zadokidischer) Form in den Qumrantexten zutage tritt, die andere ihr laizistisch-pharisäisches Gegenstück, das seine volle Ausformung aber erst mit der Mischna bzw. mit dem rabbinischen Konzept einer Schriftlichen und Mündlichen Torah erreichte und damit die Zielsetzung einer alles umfassenden Torah in die Wirklichkeit umsetzen konnte. Die neutestamentlichen Befunde entsprechen diesem Spannungsfeld zwischen realen Verhältnissen und programmatischen Ansprüchen, wobei die zadokidische Programmatik auf Grund des ganz anderen soziologischen Hintergrunds jedoch kaum in Erscheinung tritt.

3.8 Diaspora

In den Werken des Philo von Alexandrien finden sich über die biblischen Gesetze hinaus allerlei rechtsgeschichtlich interessante Hinweise, aber deren Behandlung ist ein Stiefkind der Forschung.[53] Es wurde unter anderem versucht, sie in unmittel-

50 Cotton, Hannah M., „'Diplomatics' or External Aspects of the Legal Documents from the Judean Desert", in: Hezser C. (ed.), Rabbinic Law in its Roman and Near Eastern context, 2003, 49–61; Dies./ Eck, Werner, „Roman Officials in Judaea and Arabia and Civil Jurisdiction", in: Katzoff R./Schaps, D. (eds.), *Law*... 23–44; Mélèze Modrzejewski, Joseph, „What is Hellenistic Law? The Documents of the Judaean Desert in the Light of the Papyri from Egypt", ebd. 7–21; Oudshoorn, Jacobine G., *The Relationship between Roman and Local Law in the Babatha and Salome Komaise Archives. General Analysis and Three Case Studies on Law of Succession, Guardianship and Marriage*, 2007.

51 Levine, Baruch, „The Various Workings of the Aramaic Legal Tradition – Jews and Nabataeans in the Naḥal Ḥeber Archive, in: Schiffmann, L. H., u. a. (eds.), *The Dead Sea Scrolls Fifty Years after their Discovery*, 2000, 836–851.

52 Satlow, M. L., „Marriage Payments and Succession Strategies in the Documents from the Judaean Desert", in: Katzoff R./Schaps, D. (eds.), *Law* ..., 51–65; Rivlin, Yosef, „Gift and Inheritance Law in the Judaean Desert Documents", ebd., 165–183.

53 Immer noch grundlegend ist: Heinemann, I., *Philons griechische und jüdische Bildung*, 1932. ergänzte 2. Auflage Hildesheim 1962. S. auch Alon, G., *Jews, Judaism and the Classical World*, 1977, 89–137; Rokeah, D., „Fîlôn ha-'aleksandrônî, ha-midraš we-ha-halakah ha-qedûmah", Tarbiz 55, 1985/6, 433–439.

barem Zusammenhang mit den rabbinischen Traditionen zu verstehen,[54] doch diese Sicht konnte sich nicht durchsetzen. Näher liegt der Vergleich mit Nachrichten in den Werken des Josephus.[55] Seine Schrift *Legatio ad Gaium* lässt übrigens recht deutlich erkennen, welch heikles und für die jüdische Gemeinschaft existenziell wichtiges Anliegen die jüdische Rechtsautonomie darstellte.[56] Die Verhältnisse in der gut organisierten Judenheit Alexandriens sind freilich für die kleinen Gemeinden Ägypten und der Kyrenaika kaum vorauszusetzen, wirkten aber wohl als Vorbild auch über Ägypten hinaus.[57]

Über die vorrabbinischen Rechtsverhältnisse in den jüdischen Diasporagemeinden im Westen (außerhalb Ägyptens) ist nur wenig bekannt.[58] Tatsache ist, dass ihnen auf der Basis des Pentateuchs und der nicht näher definierten Traditionen der Väter Rechtsautonomie gewährt wurde. Aber welches Recht sie für die weiten, nicht von Pentateuchgesetzen abgedeckten Bereiche anwandten, ist offen, und als im 5.-8. Jh. n. Chr. die rabbinische Linie sich durchzusetzen begann, war in Byzanz das Monopol der staatlichen Zivilgerichtsbarkeit bereits etabliert.

Die dürftige Quellenlage für den Nachweis „jüdischen" Rechts erklärt sich teilweise aus dem Interesse, das angewandte Recht über den bei Christen sowieso vorhandenen Pentateuch hinaus nicht näher zu definieren, um Fremden keinen Einblick in Interna zu gewähren und so möglichst viel Spielraum zu behalten. Die Rabbinen haben ja auch die „Mündliche Torah" als spezifische Eigentümlichkeit Israels gewertet und es geradezu verpönt, Nichtjuden (mündliche) Torah zu lehren. Sofern in der Spätantike ein Interesse an einem Vergleich der Rechtstraditionen auftauchte, beschränkte sich

---

54 Belkin, S., *Philo and the Oral Law*, 1940; Glicksberg, A., „Zîqqatô šäl Fîlôn ha-'aleksandrônî la-halakah ha-'äräṣ-jiśre'elît, Moreshet 8, 1982/3, 51–63.

55 Ritter B., *Philo und die Halacha. Eine vergleichende Studie unter steter Berücksichtigung des Josephus*, 1879; Termini, C., „Taxonomy of Biblical Laws und *philotechnía* in Philo of Alexandria: A Comparison wich Josephus and Cicero", The Studia Philonica Annual 16, 2004, 1–29. Für den theologisch-theoretischen Bereich s. Weber, R., *Das „Gesetz" bei Philon von Alexandrien und Flavius Josephus. Studien zum Verständnis und zur Funktion der Thora bei den beiden Hauptzeugen des hellenistischen Judentums*, 2001.

56 Borgen, P., „Application of and Commitment to the Laws of Moses: Observations on Philo's Treatise *On the Embassy to Caius*", Studia Philonica Annual 13, 2001, 86–101; Martens, J. W., *One God, One Law: Philo of Alexandria on the Mosaic and Greco-Roman Law*, 2003.

57 Passoni Dell'Acqua, A., Alessandria e la Torah, Ricerche storico bibliche 16, 2004, 177–218.

58 Juster, J., *Les Juifs dans l'Empire Romain; leur condition juridique, économique et sociale*, Bd. 2, 1914 (reprint New York 1965), 127–215; Applebaum, S., „The Organisation of the Jewish Community in the Diaspora", in: S. Safrai /M. Stern (eds.), *The Jewish People in the First Century*, Bd. 1, 1974, 464–503; Bravo, B., „Sulân. Repressaille et justice privée entre des étrangers dans les cités grecques", Annali della Scuola Normale Superiore di Pisa 101, 1980, 675–987; Rabello, A. M., *The Jews in the Roman Empire. Legal problems from Herod to Justinian*, 2000.

dieser daher auf die schriftliche Torah, wie im Fall der *Collatio legum Mosaicarum et Romanarum.*[59]

3.9 Die pharisäisch-rabbinische Begründung des Rechts: das Prinzip der doppelten (schriftlichen und mündlichen) Torah

Josephus vermerkte Ant. 13,296 f. auch, dass die Pharisäer außer den Pentateuchgesetzen auch noch Vorschriften (*nomima*) aus der Tradition als verbindlich betrachteten, eine Gruppe von Gesetzen in einer Zwischenposition zwischen geschriebener Torah und profanen Gesetzen. Nicht lange danach sprachen die Rabbinen von einer Mündlichen Torah. Die pharisäische Erweiterung verbindlicher Tradition war ein Mittel, das Volk unter Kontrolle zu bringen und soweit als möglich der priesterlich-levitischen Bevormundung zu entziehen. Dem entsprach auch ein aus der Laienperspektive, also von außen nach innen und nicht konzentrisch von innen nach außen angelegte Konzeption der Heiligkeit. Nicht vom das Heiligtum aus und im Interesse der Kultdienerschaft, sondern von der Familie aus und im Rahmen rituell definierter Kreise „reiner" Personen wird eine Ordnung unter rabbinischer Ägide entworfen, die in Umdeutung der priesterschriftlichen Wüstengemeinde als Gesellschaftsmodell für ganz Israel dienen sollte.[60]

Wieviel von den frührabbinischen Traditionen in die Zeit zurückreicht, ist eine viel diskutierte Frage.[61] Gewisse Kontroversen, die in Qumrantexten sichtbar werden, weisen auf eine relativ frühe Auseinandersetzung früh-pharisäischer Kreise mit streng pries-

---

59 Siehe dazu: Liebs, D., „Römische Jurisprudenz und Christentum", Realenzyklopädie für Antike und Christentum 19, 2001, 604 – 638 (Abs. 5); Frakes, R., „The Religious Identity and Purpose of the Compiler of the Collatio Legum Mosaicarum et Romanarum or Lex Dei", in: Frakes R. M./DePalma D. (eds,), *Religious Identity in Late Antiquity*, 2006, 126–147; ders., „The Manuscript Tradition of the ‚Law of God' (Lex Dei or Collatio Legum Mosaicarum et Romanarum)", HThR 100, 2007, 425–441; Rabello, A. M., „Sul Decalogo ‚cristianizzato' e l'autore della Collatio legum Mosaicarum et Romanarum, Rassegna Mensile di Israel 55, 1989, 133–135; De Dominicis, M. A., „Ancora sulla Collatio legum Mosaicarum et Romanarum (a proposito di una recente critica)", Bolletino dell'Istituto di Diritto Romano ‚Vittorio Scialosa' 7, 1966, 337–342; Rabello, A. M., „Alcune note sulla ‚Collatio legum mosaicarum et romanarum' e sul suo luogo d'origine", in: *Scritti sull'ebraismo in memoria di Guido Bedarida*, 1966, 177–186; ders., „Sull'ebraicità dell'autore della *Collatio legum Mosaicarum et Romanarum*", Rassegna Mensile di Israel 33, 1967, 339–349; Pugliese, G., „A suggestion on the ‚Collatio'", Israel Law Review 29,1–2, 1995, 161–175.

60 Sivertsev, A., *Households, Sects and the Origin of Rabbinic Judaism*, 2005.

61 Siehe die umfangreiche Behandlung durch Neusner, J., *The Rabbinic Traditions about the Pharisees before 70 A.D.*, Bd. 1: The Masters, Bd. 2: The Houses, Bd. 3: Conclusions", 2. Aufl. 1999.

terlichen Auffassungen und Praktiken.[62] Aber allem Anschein nach waren es nicht die Normen des alltäglichen Rechtslebens, die im Vordergrund des Interesses standen, sondern kultisch-rituelle Belange, denn es galt, für diese priesterliche Domäne die rabbinische Kompetenz zu demonstrieren.

Das traditionelle Judentum unterscheidet die dem Mose am Sinai diktierte „Schriftliche Torah", genauer: die 613 Vorschriften (und 365 Verbote) im Pentateuch und eine dem Mose am Sinai gelehrte „Mündliche Torah". Die „mündliche" Torah sei dann über Josua etc. in einer ununterbrochenen Tradentenkette bis auf die Rabbinen der Mischna (die Tannaiten) und des Talmud (die Amoräer) weitergegeben worden, und zwar als eigentliches Proprium Israels. Auf dieser doppelten Torah fußt das ganze spätere jüdische Recht, die „Halakah".[63]

Oft wird die „mündliche Torah" zu einseitig als Produkt einer Auslegung der Schriftlichen Torah verstanden und dargestellt. Es trifft zwar zu, dass von Pentateuchgesetzen aus neue Regelungen abgeleitet worden sind, aber daneben enthält gerade die Mischna weit mehr Regelungen, die völlig unabhängig von Pentateuchgesetzen als Torah des Mose vom Sinai bzw. als Halakah deklariert wurden. Es handelt sich nicht um konkurrierende oder zeitlich irgendwie versetzte legislative Verfahrensweisen, sondern um sachbedingte. Bot sich für die Regelung einer Sachfrage ein Pentateuchgesetz als Quelle an, machte man davon natürlich Gebrauch, wenn nicht, suchte man eben eine nichtbiblische Lösung, die dann von Späteren freilich nicht selten noch irgendwie biblisch untermauert wurde. Ab prinzipiell gilt das, was im 4Esr14 klipp und klar dargelegt ist: Über die Pentateuch-Torah und die biblischen Schriften hinaus gibt es noch (70) Bücher, die gewissermaßen das Sondergut des Judentums darstellen.[64]

Erst durch die Tempelzerstörung und die dadurch bedingte Aushebelung der priesterlich-levitisch bestimmten Gesellschaftsstruktur der palästinischen Judenheit ergab sich die Nachfrage nach einer neuen, gesamtjüdischen Organisationsstruktur. Offenbar waren allein die pharisäischen bzw. frührabbinischen Zirkel in der Lage, auf längere Sicht ein geschlossenes Konzept zu entwerfen und eine ausreichende Unterstützung im Volk zu erreichen. Doch die Durchsetzung dieser neuen Ordnung war ein schwieriger und langwieriger Prozess, der gegen Ende der neutestamentlichen Zeit einsetzte und erst in den Jahrhunderten danach wirklich zum Zug kam. Bis dahin bestimmt die nicht rabbinisch orientierte Bevölkerung (der *ʿam ha-ʾaräṣ*) die Alltagspra-

62 Schiffman, L. A., „The Pharisees and their Legal Traditions according to the Dead Sea Scrolls, Dead Sea Discoveries 8, 2001, 262–277.

63 Wie *mišnah* das ganze Sammelwerk und die einzelne Regelung bezeichnen kann, so auch *hᵃlakah* die Gesamtheit des auf der Schriftlichen und Mündlichen Torah fußenden jüdischen Rechts und eine Einzelregelung.

64 Hogan, K. M., „The Meaning of *tôrâ* in 4 Ezra", Journal for the Study of Judaism 38, 2007, 530–552.

xis, und in den Anfängen leisteten noch die sogenannten mînîm Widerstand, antirabbinische und assimilationswillige Juden, die aber zu wenig Rückhalt im Volk hatten, um sich als Führungsschicht etablieren zu können.

Christen spielten bei alledem in Palästina und Mesopotamien nur eine Nebenrolle. In der westlichen Diaspora war die Konfrontation mit ihnen allerdings unausweichlich, wobei christlicherseits eine feindlich gegenüberstehende „Synagoge“ (in Analogie zu „Kirche“) und daher ein vereinfachtes Bild vom Judentum und seinem „Gesetz“ wahrgenommen wurden. Für die Praxis wie für die Programmatik weit wichtiger als das Verhältnis zum Christentum war die Rechtswirklichkeit in der jeweiligen Umwelt.[65]

65 Hezser, C. (ed.), *Rabbinic Law in its Roman and Near Eastern Context*, 2003.

4 Die rabbinische gesetzliche Tradition: Mischna und halachische Midraschim, Tosefta und Gemara[1]

4.1 Die Mischna und das traditionelle Bild der Traditionsgeschichte

Erstmals offiziell verschriftet wurde eine autoritative Auswahl dieser „Mündlichen Torah" gegen 220 n. Chr. in der sog. Mischna, also lange nach der Zeit des NT.

Dass sachlich zusammenhängende Vorschriften, z. B. über Eigentumsfragen und Körperverletzungen, in der Tradition schon früh zusammengestellt überliefert wurden, ist begreiflich und entsprach den praktischen Erfordernissen der Rechtsprechung. Als Richter tätige Personen hatten wahrscheinlich solch kleine Sammlungen zur Hand, was aber noch lange kein Gesetzbuch ergab. Aber ein Gesetzeswerk, das alle Lebensbereiche abdeckt, war in der Antike etwas Ungewöhnliches. Es setzt ein geradezu enzyklopädisches Programm voraus, nämlich den Willen, alles zu erfassen, zu klassifizieren und zu ordnen. Die Mischna war ein solch programmatisches Werk, freilich nur im Sinne einer groben Sachordnung konzipiert, in sechs „Ordnungen" unterteilt, diese wieder in Traktate und in die Einzel-*Mišnajôt*. Diese Einzel-*Mišnajot*, die Grundbausteine der Mündlichen Torah, begegnen hier oft schon thematisch gebündelt.

Die 1. Ordnung, *Zera'îm*, umfasst in 11 Traktaten im (ersten) Traktat *Berakôt* die Gebetsordnung, ansonsten Regelungen zur Abgabenordnung, v. a. im Zusammenhang mit landwirtschaftlichen Produkten.

Die 2. Ordnung, *Mô'ed*, behandelt in 12 Traktaten Feiertage und Feste.

Die 3. Ordnung, *Našîm*, umfasst 7 Traktate, und zwar zum Eherecht, zur Gelübdepraxis und zum Naziräat.

Die 4. Ordnung, *Nezîqîn* enthält mit 9 (10) Traktaten (der Trakat Avot ist sekundär) das, was üblicherweise als Recht gilt: Schadensrecht, Vermögensrecht u. a. zivilrechtliche Themen, im Traktat *Sanhedrîn* die Gerichtsordnung und das Verfahrensrecht. Weitere Traktate enthalten Strafrecht, Zeugenordnung, Regelungen im Zusammenhang mit Götzendienst.

Die 5. Ordnung. *Qodašîm*, behandelt in 11 Traktaten Kult und Opfergaben.

Die 6. Ordnung, *Toharôt*, gilt mit 12 Traktaten Themen der rituellen Reinheit bzw. Unreinheit.

---

1 Stemberger, G., *Einleitung in Talmud und Midrasch*, 9., völlig neubearb. Aufl. 2011; Stemberger, G., *Der Talmud. Einführung. Texte. Erläuterungen*, 2. Aufl. 1987.

https://doi.org/10.1515/9783110650327-005

Die Rabbinen erstrebten mit dieser ansatzweise systematischen Klassifizierung eine detaillierte Regulierung der Lebensbereiche und die Kontrolle über die jüdische Gesellschaft überhaupt, und das mit weit detaillierteren Vorschriften, als es im Rahmen der priesterlich-levitischen Vorstellung vom „heiligen Volk“ geschehen war.

In der Regel sind die alten Gesetzesüberlieferungen in der Mischna anonym überliefert. Viele dieser *Mišnajôt* wurden wie andere tannaitische Einzeltraditionen wahrscheinlich aus lebendiger Rechtspraxis übernommen und adaptiert, doch wie weit sie jeweils zurückreichen, ist nur selten belegbar. Ein beträchtlicher Teil davon wurde den Schulen des Hillel und des Schammai zugeschrieben, was aber in erster Linie einen Autoritätsgrad markieren sollte. Das gilt auch für Traditionen, die einzelnen Rabbinen zugeschrieben werden. Sie klassifizieren die Überlieferung vor allem nach den prominenten Schulhäuptern und Schulrichtungen und waren nicht speziell als biographische Angaben gedacht. Im Brief des Scherira Gaon wurde zwar der Versuch unternommen, die Rabbinen nach Generationen chronologisch einzuteilen, z. B. vier „Generationen“ von Tannaiten. Die Amoräer wurden ebenso schematisch geordnet. Diese – zum guten Teil apologetisch motivierte – Konstruktion wurde über den *Sefer Tanna'im wa-'amôra'îm* zu einer bis heute wirksamen Mittel zur Einschätzung und Datierung der einzelnen Autoritäten; v. a. die ältere „Spätjudentumsforschung“ übernahm die Schemata recht unkritisch und daher begegnet man in der Fachliteratur häufig ganz selbstverständlichen Datierungen dieser Art. Im Ergänzungsband zu Billerbecks *Kommentar zum NT aus Talmud und Midrasch* sind die diesbezüglichen Angaben übersichtlich dargelegt.[2] Da die Zuschreibungen selber nicht in erster Linie bio-bibliographisch gemeint waren und es zahlreiche Doppel- und Mehrfachzuschreibungen gibt, ist bei konkreten Datierungen Zurückhaltung am Platz.[3]

4.2 Halakische Midraschim

Die Formulierung als Mischnasätze und deren Zusammenstellung zu thematischen Gruppen war eine – juristisch naheliegende – Möglichkeit, das Traditionsmaterial zu ordnen. So in der Mischna. Eine andere Möglichkeit der Anordnung bestand darin, sich damit, Traditionsmaterial anhand inhaltlich entsprechender biblischer Passagen

2 (Strack, H. L.) und Billerbeck, P., *Kommentar zum Neuen Testament aus Talmud und Midrasch*, Bd. 5–6: Jeremias, J./Adolph, K., *Rabbinischer Index, Verzeichnis der Schriftgelehrten, geographisches Register*, 6. Aufl. 1986. Siehe ferner immer noch: Bacher, W., *Tradition und Tradenten in den Schulen Palästinas und Babylonien*, 1914 (Nachdruck Berlin) 1966.

3 Müller, K., „Zur Datierung rabbinischer Aussagen“, in: *Neues Testament und Ethik. FS R. Schnackenburg*, 1989, 551–587; Neusner, Jacob, „What Use Atributions? An open question in the study of rabbinic literature“, in: Avery-Peck, A. (ed.), *When Judaism and Christianity Began. Essays in Memory of Anthony J. Saldarini*, 2004, 441–460.

aufzuführen, nämlich in sog. halachischen Midraschim, die aber nicht nur als Auslegungen der betreffenden biblischen Texte zu lesen sind. Rechtsgeschichtlich von Interesse sind v. a. die Midraschim *Sifra'* zu Leviticus und *Sifrê* zu Numeri und zum Deuteronomium.

4.3 Tosefta

Die Mischna wurde aus den vom Patriarchen Jehuda ha-Naśî'(ca. 160–200) favorisierten Traditionen erstellt. Eine im Aufbau fast gleiche Sammlung, die *Tôsefta'*, stammt aus anderen Überlieferungssträngen, hat aber nicht die Bedeutung der Mischna als Inbegriff der „Mündlichen Torah" erreicht.

4.4 Die Gemara bzw. die Talmudim

Die Mischna diente in den folgenden drei Jahrhunderten in den rabbinischen Schulen als Grundlage für aktualisierende und erweiternde Behandlungen rechtlicher Fragen, und diese Erörterungen, oftmals von Redaktoren zusammengestellt ineinander verwoben, nennt man zusammengefasst *G^{e}mara'*. Die Rabbinen dieser Periode (ca. 22/220 – zum Abschluss des babylonischen Talmuds) heißen *'^{a}môra'îm*, Amoräer. In der Regel erscheint die Diskussion in einem thematisch in sich abgeschlossenen Abschnitt über Mischna-Passagen. in einer sog. *sûgjah*, zum Großteil in aramäischer Sprache, aber die Entscheidung über die geltende Halakah wurde in hebräischer Sprache formuliert. Dabei werden nicht selten auch alte, tannaitische Überlieferungen angeführt, die nicht in der Mischna zu finden sind; eine solche Tradition nennt man eine *baraita'*. Auch diesbezüglich ist Vorsicht am Platz, denn nicht in jedem Fall ist eine Baraita' wirklich alt, manchmal sollte durch die Etikettierung als Baraita' nur die besondere Bedeutung und Verbindlichkeit herausgestellt werden.

Für die ntl. Wissenschaft ist natürlich die palästinische Halakah von vorrangigem Interesse, also der *Talmud jerušalmi* (Talmud des Landes Israel) und die halachischen Midraschim. Aber einiges davon ist auch nur im Babylonischen Talmud vorzufinden. Es handelt sich auch dabei in erster Linie um Ergebnisse aus dem Schulbetrieb und nicht unbedingt um Belege für angewandtes Recht. Daher werden auch widersprüchliche Ansichten referiert. Was im Rahmen der oft recht umfangreichen und durch nichtgesetzliche Einschübe auch unübersichtlichen Debatten schließlich als Halakah gilt, wird nicht in jedem Fall klar. In der Folgeperiode kam daher zu einer Nachfrage nach handlichen Sammlungen der verbindlichen Vorschriften für bestimmte Themenbereiche und schließlich zu großen Kompendien, von denen freilich nur der *Mišneh tôrah* des Mose ben Maimon (gest. 1204) das gesamte jüdische Recht auf der Basis der Schriftlichen und Mündlichen Torah enthält.

5 Institutionen

Es gab in alter Zeit kein staatlich durchorganisiertes, flächendeckendes Rechtswesen im heutigen Sinne und auch kein entsprechendes Gesetzbuch im Sinne eines umfassenden Kodex. Die normale Gerichtsbarkeit oblag lokalen Autoritäten bzw. Sippenältesten und entsprach weithin eher schiedsgerichtlichen Verfahren, und dementsprechend war auch die Exekution von Urteilen im zivilrechtlichen Bereich vom Willen der Beteiligten und von der Effektivität des sozialen Drucks der Umgebung abhängig. Außerhalb geschlossener Gruppen bestand insofern auch die Möglichkeit der Wahl zwischen verschiedenen Rechtsordnungen. Einigten sich die Prozesspartner auf die Anrufung eines bestimmten Gerichts bzw. eines bestimmten Richters und auf die Anwendung eines bestimmten Rechts, so implizierte dies auch die Bereitschaft, das Urteil zu akzeptieren und zu vollziehen.

Auf Grund von Dtn 16,18 galt die Einsetzung von Richtern (*šôf^eṭîm*) und Amtsleuten (*šôṭ^erîm*) in den Städten der Stämme als verpflichtendes Torahgebot. Dazu tritt Dtn 17,8–13+18,9–19 eine höchstrichterliche Instanz am Heiligtum. Dahinter steht das deuteronomistische Konzept eines teils staatlich-königlichen, teils kultischen, zweistufigen Rechtswesens, das 2Chr 19,4–11 für eine angebliche Reform des Jehosafat voraussetzt. Kultische und königlich-staatliche Kompetenzen überschnitten sich v. a. im Bereich des Abgabenwesens und waren auch durch „Leviten" als Personal miteinander verbunden. Wieweit dies Programm war und blieb, ist unklar. Doch diente dieses System schon in der Perserzeit als Leitbild bei dem Bemühen der jüdischen Behörden, in der Tempelprovinz Juda die Kontrolle über das zentrale und städtische Rechtswesen zu gewinnen, um das Normensystem der Exilsheimkehrer-Gemeinschaft durchzusetzen. Das deuteronomische Modell dürfte also nach und nach in jenen Orten wirksam geworden sein, in denen sich ausreichend viele Exilsheimkehrer niedergelassen hatten, also abgesehen von Jerusalem v. a. in den Priester- und Leviten-Orten.

Die Verhältnisse auf dem flachen Land, in den dörflichen Gemeinschaften und Sippen, also auf der untersten Ebene des Rechtslebens, waren davon kaum betroffen und so blieb es offenbar auch weiterhin. In den kleinstädtischen und dörflichen Gemeinschaften hatten nämlich – wie in der Umwelt auch – lokale Notable, bzw. „Älteste" (*z^eqenîm, πρεσβύτεροι*) das Sagen, die auch Richterfunktionen ausübten.[1] Später wurden die „Ältesten" rückblickend als Mitglieder des örtlichen Gerichtshofs verstanden,[2] wie auch in bBQ 82a die örtlichen Gerichtshöfe auf die Reform unter Esra/Nehemia zurückgeführt werden. Gemäß der vorherrschenden patriarchalischen

1 Reviv, H., *The Elders in Ancient Israel. A study of a Biblical institution*, Jerusalem 1989; Buchholz, J., *Die Ältesten Israels im Deuteronomium*, 1988.

2 Dtn 21,19–20 und Dtn 22,16 verdeutlicht das Targum Onkelos durch einen Zusatz: „die Ältesten sind der örtliche *bêt dîn*" (Gerichtshof)".

https://doi.org/10.1515/9783110650327-006

Sippenstruktur wurde Vieles jedoch intern oder zwischen Sippenältesten geregelt. Und diese Sippenpatriarchen stellten auch wohl die meisten „Ältesten“ (Esr 10,16), die auf höherer Eben die Sippenverbände einer Region repräsentierten, zu unterscheiden von *śarîm*, den Funktionären der öffentlichen, flächendeckenden Verwaltung (vgl. Esr 9,1).[3] Die Rolle der „Ältesten“ blieb auch in Diasporagemeinden offensichtlich bis in die talmudische Zeit hinein stabil,[4] jedenfalls überall dort und solange, als die herkömmliche Sozialstruktur intakt blieb. Mit der massiven Urbanisierung in der herodianischen Zeit änderte sich dies in Palästina weithin, die städtischen und örtlichen Mittelschichten und Institutionen gewannen größeres Gewicht. Die Gerichtsbarkeit auf unterster Ebene sah sich nun flächendeckenden Verwaltungseinheiten gegenüber, wie sie v.a. unter Herodes konsequent eingeführt worden sind (Bell3, 54f.; Plinius, hist nat V,14,70: 11 bzw. 10 Toparchien bzw. Kleruchien). Gleichwohl dürfte das Beharrungsvermögen der örtlichen Traditionen auch durch solche Verwaltungsmaßnahmen ungebrochen geblieben sein.

Das Rechtswesen höherer Instanzen wurde vorrangig durch die politischen Herrschaftsverhältnisse bestimmt, durch Stammesrecht und durch staatliches bzw. königliches Recht, im Rahmen von Provinzverwaltungen und zentral an einem königlichen Hof, wobei das Ausmaß der geltenden Normen ebenso wie das von Neuerungen sehr unterschiedlich ausfallen konnte. Es versteht sich von selbst, dass es unter der hasmonäischen Herrschaft des 2./1. Jh. v. Chr., also im souveränen jüdischen Staat, auch ein angewandtes jüdisches Recht gegeben hat. Wie dieses praktiziert wurde, ist aus den vorhandenen Quellen leider nicht erhebbar. Schon unter Johannes Hyrkan (134–104 v. Chr.) soll es zu einer Anzahl von Rechtsverordnungen gekommen sein, die später von den Rabbinen als rechtsgeschichtlich markante Maßnahmen verzeichnet worden sind.[5] Unter der Hasmonäerkönigin Salome Alexandra (76–67 n. Chr..) gewann die pharisäische Richtung die Oberhand (*Bell* 1,110–111), und man darf wohl davon ausgehen, dass damals auch die aus dem Neuen Testament bekannte Institution des „Synhedrion“ seine Gestalt erhalten hat, und ferner, dass sich nach der Statthalterschaft des Gabinius ab 47 v. Chr. infolge der römischen Unterstützung für Hyrkan II. die pharisäischen Tendenzen festigen konnten.

Herodes d. Gr. (reg. 40–4 v. Chr.) war darauf bedacht, als König sowohl den Anliegen der Juden als auch der Nichtjuden seines Herrschaftsgebietes Rechnung zu tragen, anerkannte aber nicht die Autorität des Synhedrions, soweit es seine eigenen Machtansprüche betraf. Die Möglichkeit der gerichtlichen Durchsetzung von „Torah“ und pharisäischer Rechtstraditionen war insofern unter ihm begrenzt. Man kann vor-

---

3 Weyl, H., *Die jüdischen Strafgesetze bei Flavius Josephus in ihrem Verhältnis zu Schrift und Halacha. Mit einer Einleitung: Josephus über die jüdischen Gerichtshöfe und Richter*, Diss. Bern/Berlin 1900.

4 Klijn, A. F. J., „Scribes, Pharisees, Highpriests, and Elders in the New Testament“, Novum Testamentum 3, 1959, 259–267.

5 Ant. 13,296; mMaʿaśer šeni V,15; mSota IX,10. Liebermann, S., *Hellenism in Jewish Palestine*, 1950, 139ff.

aussetzen, dass seine flächendeckende Verwaltungsreform auch das örtliche Rechtswesen betraf, doch fehlen genauere Hinweise, v. a. für eine Darstellung der Rechtspraxis und für zivilrechtliche Belange. Vermutlich sind die bestehenden örtlichen Institutionen in Respektierung der althergebrachten Praxis so integriert worden, dass wenig Änderungen eintraten. Dass Herodes aber bestehende Gesetze aus gegebenen Anlässen auch geändert hat und somit legislative Macht in Anspruch nahm, berichtet Josephus in *Ant* 16,1–4.

Die Möglichkeit, in Streitfällen staatliche Instanzen anzurufen, war also nicht neu und blieb auch später unter römischer Provinzverwaltung möglich. Das zeigen Textfunde in der Wüste Juda für die Zeit vom 1. zum 2. Jh. n. Chr. Insbesondere die Dokumente des Babatha-Archivs illustrieren, wie eine selbstbewusste Frau ihre Familien- und Vermögensinteressen unter kluger Ausnutzung der provinziellen Rechtslage zu wahren vermochte.[6] In gemischt besiedelten Gebieten und vor allem im Falle der Beteiligung von Nichtjuden am Rechtsstreit war die Zuständigkeit der fremden Gerichte allerdings vorgegeben. Innerhalb geschlossener jüdischer Gemeinschaften war ihre Anrufung aber sicher nicht die Regel.

Einige der konkurrierenden jüdischen Gruppen verfügten offensichtlich über eigene Institutionen. Josephus nennt in BellII,145 für die Essener ein Gremium von 100 Mitgliedern. CD X,4–6 erwähnt Gerichtsgremien von zehn 25–60-jährigen Mitgliedern, sechs Israeliten (Laien) und vier aus Levi/Aaron, und setzt ihre Kenntnis des Buches *Hhgw* und der „Grundlagen des Bundes" voraus. In 4Q159 Frg. 2–4 ist von 12 Männern die Rede, davon 2 Priester, offenbar auch für Tötungsdelikte zuständig.

CD IX,16–23 fordert für Kapitalprozesse drei, bei geringeren Delikten 2 Zeugen als Voraussetzung, und schreibt dem Aufseher (*m^{e}baqqer*) der Gemeinschaft eine wichtige Rolle im disziplinarrechtlichen Vorfeld zu. 1QS V,226 – VI,1 enthält für den *Jachad* die Vorschrift der vorausgehenden Vermahnung und öffentlichen Zurechtweisung (vgl. Mt 18,15–17, rabbinisch: *hatra'ah*). In CD XV,1–5 wird die Eidesleistung behandelt; das Gremium wird nicht beschrieben, scheint aber aus der Gesamtheit der (örtlichen) Vollmitglieder zu bestehen. Diese Gremien sind jedoch nicht einer einheitlichen Gruppe, etwa einer „Qumrangemeinde" zuzuordnen, sie begegnen in Ordnungen, die zeitlich und wohl auch örtlich unterschiedlich anzusetzen sind, und zwar für städtische Gemeinschaften, Lagergemeinschaften, und für *jaḥad*-Gemeinschaften, wobei programmatische und tatsächlich angewandte Regelungen oft nicht getrennt werden können.

---

6 Cotton, H. M., „The Law of Succession in the Documents from the Judaean Desert again", Scripta Classica Israelica 17, 1998, 115–123; Chiusi, T. J., „Babatha vs. the Guardians of Her Son: A Struggle for Guardianship- Legal and Practical Aspects of P. Yadin", in: Katzoff R./Schaps, D. (eds.), *Law in the Documents of the Judaean Desert*, 2005, 105–132.

Die örtlichen Traditionen waren zählebig und haben während der hellenistisch-römischen Ober-herrschaft eher eine Verfestigung erfahren, weil sie den Gegebenheiten in der nichtjüdischen Umwelt weitgehend entsprachen. Josephus setzte z. B. in seiner Wiedergabe der einschlägigen deuteronomischen Vorschriften daher für städtische Orte eine *boulê* mit sieben Mitgliedern und 2 levitischen Bütteln (*hyperetai*) voraus (Ant 4,214–218), und er schließt unmittelbar daran seine Darlegung zum Gerichtswesen an. Das bedeutet offenbar, dass die *boulê* auch dafür zuständig war, zumal auch Josephus selber laut Bell 2,571 als Befehlshaber in Galiläa Gremien von 7 Mitgliedern eingesetzt hat. Wie diese Gremien funktionierten, beschrieb er aber nicht. Auch in talmudischen Quellen werden für ein städtisches Führungsgremium (sieben *ṭôbê ha-ʿîr*) vorausgesetzt (bMeg 26a).[7] Bis ins Mittelalter hinein hat diese Form städtischer Selbstverwaltung auch die Organisation der – ja in der Regel städtischen – jüdischen Diasporagemeinden geprägt.[8]

Selbstverwaltungsgremium und Gerichtshof waren aber wahrscheinlich nur in sehr kleinen Gemeinschaften identisch, auch wenn die Ortsgewaltigen beide Instanzen beherrschten. Dieses Problem haben die Rabbinen erst spät zu entschärfen vermocht, indem sie für Dreiergremien die Beteiligung eines rabbinisch Gebildeten durchsetzten.

Auch NT und Papyri bezeugen örtliche *presbyteroi*. Mt 5,22 setzt ein (wohl lokales/regionales?) *synhedrion* als höhere Gerichtsinstanz voraus, und auch Mk 13,9 /Mt 10,17 spricht von lokalen *synhedria*, dazu von Synagogen als Stätten des Strafvollzugs, was Diaspora-Gegebenheiten voraussetzt (vgl. 2 Kor 11,24). Die Terminologie wechselt und daher ist nicht immer klar, welche Institution tatsächlich dahinter steht.[9] Wo und durch wen über Paulus nach 2Kor 11,24 fünf Male die Prügelstrafe verhängt wurde, ist offen, doch dürfte das eher in der Diaspora als in Palästina gewesen sein. Innerhalb der Diaspora verfügte jedenfalls Alexandrien über ein fest ausgebautes jüdisches Gerichtswesen,[10] doch wie weit dessen Strukturen und Funktionen für andere Diaspo-

7 Zur Übersicht für die Antike s. Karlin, A. J., „Über die Mitgliederzahl der Gerichtshöfe zur Zeit des zweitenTempels", Monatsschrift für die Geschichte und Wissenschaft des Judentums 57, 1913, 24–31; Applebaum, S., „The Organisation of the Jewish Community in the Diaspora", in: S. Safrai /M. Stern (eds.), *The Jewish People in the First Century*, Bd. 1, 1974, 464–503. Umfassende Informationen findet man bei Claußen, C., *Versammlung, Gemeinde, Synagoge. Das hellenistisch-jüdische Umfeld der frühchristlichen Gemeinden*, 2002, v. a. S. 224–255 (Rechtslage und Rechtspraxis).

8 Siehe die Beiträge in: Gafni, I. (ed.), *Qᵉhal Jisraʾel. Kehal Yisrael. Jewish Self-Rule Through the Ages, I. Ha-ʿet ha-ʿattîqah*, 2001.

9 Rivkin, E., „Beth Din, Boulé, Sanhedrin: A Tragedy of Errors", Hebrew Union College Annual 45, 1975, 181–199.

10 Heinmann, I., „Jüdisch-hellenistische Gerichtshöfe in Alexandrien?", MGWJ 74, 1930, 363–369; Piattelli, D., „Intorno al problema dell'organizzazione giuridica e del diritto applicabile delle communità ebraiche viventi in Egitto nel periodo ellenistico e romano", in: Rivista Italiana per le Scienze Giuristiche 21, 1968, 309–326.

ragemeinden vorausgesetzt werden können ist eine offene Frage. Ein entscheidender Unterschied zwischen geschlossenen jüdischen Siedlungsbereichen und Diasporagemeinden ist zu beachten. Die Diasporagemeinde war in der Regel identisch mit einer Synagogengemeinde, verfügte als ethnisch-religiöse Einheit mit staatlich garantierter Autonomie über eine organisatorisch striktere Struktur. Politische, soziale, rechtliche, und religiöse Belange waren engstens verquickt. Die Gemeindeleitung entsprach ganz dem sozialen Gefüge: die Vermögenden, die für die Gemeinschaftsaufgaben aufkamen, hatten das Sagen. Der Gemeindeleitung fielen alle Kompetenzen zu, und es lag dabei in ihrem Ermessen, wie weit sie sich auf Experten stützen wollte. Sie verhängte jedenfalls Disziplinarstrafen, etwa die Prügelstrafe für unbotmäßige Mitglieder, und bestimmte für die Behandlung von Rechtsfällen die örtlichen Richter. Innerjüdische Belange wurden auch innerjüdisch erledigt. In einem Fall wurde z. B. in Sardis 50/49 v. Chr. von römischer Seite laut Ant XIV, 235 ausdrücklich darauf verwiesen, dass solche Rechtssachen intern *kata tous patrious nomous* zu erledigen waren.

Philo hob in Leg.spec 1,121–122 betont hervor, dass bei Gericht eine strenge Rangordnung der Beteiligten einzuhalten sei. In seinen Schriften finden sich mancherlei Hinweise auf das autonome jüdische Rechtswesen in Alexandrien, das offenbar straff organisiert war.[11]

Sieht man von einer im öffentlichen Interesse erfolgenden Verfolgung von Straftaten ab, stand es Streitparteien auf unterster Ebene grundsätzlich frei, sich einvernehmlich einen Richter zu wählen. Wie selbstverständlich dies war, illustriert eine ironische Erzählung in bSabb 116a, in der die Bestechlichkeit eines „Philosophen" (eine Person mit rhetorischer Ausbildung) durch Ausnützung der Diskrepanz zwischen dem Erbanspruch einer Tochter in biblisch-jüdischen und im römischen Recht getestet wird. Der „Philosoph" urteilt angesichts der jüdischen Prozessparteien zuerst nach biblisch-jüdischem Recht (kein Erbanspruch der Töchter), nach erfolgreicher Bestechung nach römischem.[12]

Der frühjüdische Pluralismus und Parteienstreit hat in Palästina die Ausbildung eines einheitlichen „jüdischen" Rechtswesens verhindert. In der Diaspora, vor allem in Babylonien und in Alexandrien, waren die organisatorischen Voraussetzungen dafür wegen der Identität von (jüdischer) Ortsgemeinde und „Synagogengemeinde" günstiger.

Diese Institutionen konnten auch nach dem Zusammenbruch des auf Jerusalem zentrierten priesterlich-levitisch beherrschten Tempelprovinzsystems ungeschoren

---

11 Goodenough, E. R., *The Jurisprudence of the Jewish Courts in Egypt* 1929 (reprint Amsterdam 1969); Belkin, S., *Philo and the Oral Law*, 1940, 179 ff.; Heinemann, I., *Philons griechische und jüdische Bildung*, 1932; ergänzte 2. Auflage Hildesheim 1962, 184 ff.

12 Maier, J., Jüdische *Auseinandersetzung mit dem Christentum in der Antike*, 1982, 78–93.

weiter funktionieren, während der Aufstieg der rabbinischen Richtung erst einsetzte. Im Rechtswesen haben darum die pharisäischen und dann rabbinischen Kreise gerade die traditionellen örtlichen Institutionen zu unterwandern versucht, mit dem Ziel, die Positionen der „Ältesten" durch rabbinische Gelehrte zubesetzen. Doch dies gelang zunächst nur ein den größeren Ortschaften, wo die Mittelschicht, aus denen sich die pharisäisch-rabbinischen Zirkel rekrutierten, entsprechend vertreten war. Auf dem Lande sah es anders aus, wie die zahlreichen negativen Aussagen über die *'ammê ha-'aräṣ*, die nicht rabbinisch orientierte Bevölkerung, zeigen.

Die traditionellen Institutionen der Städte und kleineren Orte blieben also erhalten, doch Richterstellen wurden nun nach Möglichkeit rabbinisch besetzt, unter den hillelitischen Patriarchen mit römischer Duldung sogar gezielt durch Ernennung von Richtern, die eine rabbinische *s*ᵉ*miḥah* aufzuweisen hatten. In der Mischna schrieb man dies als vollendetes System fest. Nicht nur die rabbinische Besetzung der traditionellen Institutionen wird in mSanh vorausgesetzt, sondern eine Reorganisation des gesamten Rechtswesens: ein zentrales Sanhedrin von 70+1 Mitgliedern dient als Höchstinstanz, dazu treten regionale „kleine Sanhedrin" – Gremien zu 23 Mitgliedern, sowie Gerichtshöfe mit einer Mindestzahl von 3 Richtern auf unterster Ebene. Das war ein Programm, das auf gewisse reale Gegebenheiten der regionalen und örtlichen Verwaltungsstrukturen zurückgreift (vgl. die Verwaltungsreform des Gabinius mit regionalen *synhedria* und unter Herodes mit den Tetrarchien sowie die Einteilung in Kleruchien oder Toparchien), aber als rabbinische Rechtsordnung nur in dem Maß durchgesetzt werden konnte, als Rabbinen auch die Kontrolle über die Ortsselbstverwaltung und die örtlichen Synagogen errangen, über die normalerweise die Ortsgewaltigen aus der sozialen Führungsschicht verfügten (vgl. bMeg 26a in Bezug auf den Verkauf einer Synagoge). Das war ein langwieriger Prozess, der sich bis ins 3.-6. Jh. hinzog. Eine vollständige Durchsetzung ist freilich nicht gelungen. Die Einzelgemeinden v. a. in der Diaspora verstanden sich als autonome Repräsentationen „Israels".

Für die örtlichen und städtischen Gerichtshöfe rezipierten die Rabbinen die von alters her bestehende Institutionen, deklarierten sie als Teil der mosaischen Ordnung im Sinne von Dtn 17. Es dauerte aber in der Praxis nach 70 n. Chr. noch Jahrhunderte, bis es dem Patriarchen gelang, durch Ernennung rabbinischer Richter das örtliche Gerichtswesen überall einigermaßen unter Kontrolle zu bringen. Sogar der konkurrierende priesterliche Anspruch (1 Priester unter drei Richtern) wurde teilweise weiterhin aufrechterhalten (mSanh I,3). Und selbst im Mittelalter blieb es bei einem rabbinisch gebildeten Mitglied der örtlichen Dreierkollegien, weil die Einzelgemeinde sich als autonome „heilige Gemeinde" und Repräsentantin Israels verstand und die Gemeindeführung nie bei den Rabbinen (und später Rabbinern) lag, sondern in den Händen der örtlichen Honoratioren. Daher hatten die Rabbinen (und später Rabbiner) auch in den Synagogen nicht das Sagen und der örtliche/regionale Brauch konnte sich sogar gegenüber der Halaka recht gut behaupten.

6 Höchstinstanzen

Unter Salome Alexandra (76–67 v. Chr.) kam die pharisäische Partei an die Macht und in der Folge wurde das höchste staatliche Gremium, der *ḥäbär ha-jehûdîm*, neu strukturiert und definiert. Von nun an sprach man, einen griechischen Terminus technicus wählend, vom *Synhedrion*. Auch dieses tagte unter dem Vorsitz des Hohenpriesters, doch damals war dies Hyrkan II., mit den Pharisäern verbündet und von Roms Gnaden eingesetzt. Die Sadduzäer hatten darin zwar dank bestimmter priesterlicher Ämter und durch sympathisierende Magnaten noch gewisse Positionen, aber offenbar keine Mehrheit. Es gibt leider keine Nachrichten über das Schicksal des Synhedrions unter der kurzen Herrschaft des mit den Sadduzäern liierten Königs Antigonus Matthatias (40–37), doch dürften die Mehrheitsverhältnisse drastisch verändert worden sein. Herodes d. Gr., der 40. v. Chr. durch den römischen Senat zum König ernannt worden war, musste der traditionell romfreundlichen pharisäischen Partei und der Anhängerschaft des romtreuen Hyrkan II. sicher Rechnung tragen. Aber der König, der schon als Statthalter in Galiläa die Zuständigkeit des Synhedrion als Höchstgericht demonstrativ in Frage gestellt hatte, ordnete sich keineswegs unter und bestellte auch bewusst häufig wechselnd zadokidisch-sadduzäische Hohepriester. Die römischen Statthalter haben diese Politik fortgesetzt. Das Synhedrion hat sich als Institution im Sinne des Höchstgerichts von Dtn 17 verstanden und war offenbar bemüht, seinen Einfluss (auch über Palästina hinaus, vgl. Apg 9,2) auszudehnen. Seine Möglichkeiten blieben jedoch durch die königlichen bzw. römischen Machtansprüche und durch die Sondertendenzen jüdischer Gruppen eingeschränkt. Unter direkter römischer Verwaltung ab 6 n. Chr. dürfte sich für das Synhedrion zwar wieder eine Kompetenzerweiterung ergeben haben, doch war man sich innerjüdisch alles andere als einig, und die Entscheidungen waren von den internen Macht- und Mehrheitsverhältnissen abhängig.

Im Synhedrion hatte sich mit der pharisäischen Richtung ein mit der priesterlichen Autorität konkurrierender Faktor eingestellt. Die pharisäischen Gesetzesgelehrten, die sich teilweise aus den Leviten der öffentlichen Verwaltung rekrutiert haben dürften, suchten zudem ihren Einfluss unter der breiten Masse geltend zu machen und damit eben auch in den örtlichen Institutionen. Das Schulwesen und Rechtswesen auf den unteren Ebenen wurde von keiner anderen Richtung so zielstrebig für die eigenen Zielsetzungen in Anspruch genommen, während der Gesichtswinkel der elitären Sadduzäer und auch jener der Essener auf die kultischen Belange fixiert blieb. Die Folge war ein populäres Renommee der Pharisäer als akribische Gesetzesexperten, wie Josephus bezeugt, und eine Verankerung in den Institutionen der unteren Administrationsebenen.

Das rabbinische Gerichtswesen ist im Traktat *Sanhedrin* der Mischna, der Tosefta und der Talmude festgelegt. Demnach sind örtliche Gerichtshöfe mit 3 Mitgliedern, regionale (städtische) mit 24, und ein oberster Gerichtshof, das Sanhedrin, mit 70 + 1 Mitgliedern (nach Num 11,16) vorgesehen.

https://doi.org/10.1515/9783110650327-007

Auf das Sanhedrin wurden wesentliche Kompetenzen des Synhedrions der Zeit vor 70 n. Chr. übertragen. Als höchstes rabbinisches Gelehrtengremium fungierte es als eine Art gesetzgebende Körperschaft, und weil es sich nach rabbinischer Tradition um eine seit Mose bestehende Institution handelt; daher wird diesem Gremium ohne Rücksicht auf die tatsächlichen politischen Verhältnisse und Beschränkungen programmatisch die volle Rechtskompetenz zugesprochen. Da dies der Realität nicht entsprach, formulierte man als bis zur messianischen Herrschaft geltende Kompromissformel *dîna' d^{e}-malkûta' dîna'* – „das Recht des herrschenden Staates ist gültiges Recht", was allerdings Delikte wie Götzendienst, Mord oder Unzucht ausschloss. Doch Derartiges war dank der den Juden gewährten Privilegien nur in Extremfällen (z. B. kurzfristig unter Caligula) aktuell).

Das *Sanhedrin* der rabbinischen Tradition hat jedoch erst im Lauf des späten 2. Jh. und des 3. Jh. eine Bedeutung erlangt, die an das alte Synhedrion erinnert, allerdings unter Ausschluss der hohepriesterlichen Position und als Repräsentationsorgan der rabbinischen Schulhäupter. In seiner politischen und „akademischen" Funktion unterstand es dem *Nasî'* bzw. „Patriarchen" mit dem Titel *Rabban*; in der Funktion als oberster Gerichtshof führte ein *'ab bêt dîn* den Vorsitz.

Zu ersten Ansätzen für dieses Gremium kam es nach 70 n. Chr. in Jabne/Jamnia unter „Rabban" Jochanan ben Zakkaj, dessen Lehrhaus für die weitere pharisäisch-frührabbinische Entwicklung maßgebliche Bedeutung gewann. Solche Schulen, deren Häupter als „Weise" mit dem Titel *Rabbî* (in Babylonien: *Rab*) haben sich bis gegen 100 lose zusammengeschlossen, um wichtige Entscheidungen zu koordinieren, die Ziele dieser Bewegung überregional durchzusetzen, gegenüber den römischen Behörden eine repräsentative Körperschaft auszubilden und damit nach und nach das Erbe des alten Synhedrions zu übernehmen. Aber erst nach dem Bar-Kochba – Aufstand 132–135), in der zweiten Hälfte des 2. Jh., erreichte das Sanhedrin eine so maßgebliche Bedeutung, dass auch Rom auf seine Kooperation setzte und das rabbinische Regiment des Patriarchen und des Sanhedrin als Vertretung der Juden in Palästina und dann darüber hinaus des ganzen römischen Reiches akzeptierte. Für die frühen Christen, die vor 70 n. Chr. ins Visier des Synhedrions geraten waren, blieb diese Institution bis zum Bar Kochba – Krieg relativ unerheblich, weil de facto nur für die rabbinisch orientierten Gruppen von Belang. Diese Situation änderte sich unter Bar Kochba für einige Jahre, und danach rückte das Judenchristentum für das palästinische Judentum an den Rand des Geschehens und das Heidenchristentum wurde nicht mehr als jüdische Richtung empfunden.

Die Rabbinen haben auf diese als „mosaisch" dargestellte Institution allerlei Entscheidungen zurückgeführt, die angeblich zwischen 70 – 132 n. Chr. getroffen wurden, und bestimmte Regelungen haben sie sogar der „Großen Versammlung" unter Esra/Nehemia zugeschrieben.

Der Patriarch errang trotz seiner Doppelfunktion nur einen Teil der Machtfülle des babylonischen Exilarchen, der sich direkter davidischer Abstammung rühmte. Mit der Aufsplitterung des zentralen Sanhedrin im Zuge der Reformen der römischen

Provinzverwaltung wurden die lokalen Instanzen in gewissem Sinne wieder gestärkt. Aber nach dem ersten Viertel des 5. Jh. wurde auch das Amt des Patriarchen überhaupt aufgelöst, und damit entfiel auch die an ihn zu entrichtende Steuer. Für die (westliche) Diaspora bedeutete dies eine erhebliche Schwächung der Beziehungen zum Mutterland, die Einzelgemeinden waren auf sich allein gestellt und verstanden sich als unabhängige „heilige" Repräsentationen ganz Israels. Trotzdem gelang es der rabbinischen Richtung, sich im Lauf des 6.-8. Jahrhunderts in der gesamten Diaspora durchzusetzen und mit dem nun voll ausgearbeiteten „jüdischen Recht" eine Einheit zu begründen, die sich bis zur Emanzipationszeit und in der Orthodoxie noch bis heute auch ohne zentrale Instanz als äußerst effektiv erwiesen hat.

7 Ausblick

Der Talmud war schon wegen seines Umfangs nicht als Gesetzbuch verwendbar, nur wenige konnten sich eine Talmudhandschrift leisten, eher schon einen einzelnen Traktat, weshalb Einzeltraktate dann auch für sich kopiert und schließlich auch gedruckt worden sind. Daher kam es für die Praxis des Rechtslebens zur Anfertigung von thematisch geordneten Handbüchlein, *Hilkôt-xy*, die in nachtalmudischer Zeit auch zu größeren Einheiten zusammengestellt wurden, so die *Hᵃlakôt gedôlôt*, *Hᵃlakôt qeṣûbôt*, und *Hᵃlakôt pᵉsûqôt*. Sogar eine aramäischsprachige halakische Sammlung, die *Šᵉʾiltôt dᵉ-Rab ʾAḥaj Gaʾôn*, wurde verfasst. Dem Bedürfnis nach systematischer Erfassung der verbindlichen Regelungen entsprach dergleichen aber noch nicht. So kam es zu Ansätzen einer Kodifizierung. Die *Hilkôt Rab ʾAlfas* des Isaak ben Jakob *Alfasi* (1013–1103 in Nordafrika) entsprachen noch weitgehend der talmudischen Textfolge. Aber Mose ben Maimon (1138–1204) schuf in Ägypten mit seinem *Mišneh tôrah* eine im Sinne einer Sachordnung in 14 Büchern gegliederte Gesamtdarstellung der schriftlichen wie mündlichen Torah, im Einzelnen nach den traditionellen *Hilkôt-xy* eingeteilt. Die folgenden Kompendien enthalten nur die seit der Tempelzerstörung anwendbaren Regelungen. Damit konkurrierte eine in 4 große Teile (*ṭûrîm*) gegliederte Zusammenstellung der *Hilkôt-xy* von Jakob ben Ascher (1270–1293), die *ʾArbaʿah ṭûrîm*, und diesem Schema folgte auch Josef ben Efraim Karo (1488–1575), der mit dem *Šûlḥan ʿarûk* das vierte dieser Kompendien schuf, gegen deren Konsens nichts entschieden werden sollte. Die weitere Rechtsgeschichte wird durch Kommentierungen dieser Kompendien, aber auch durch Sammlungen von Dezisionen und Responsen anerkannter Autoritäten bestimmt[1], zuletzt auch durch Beschlüsse von Rabbinerkon-

1 Rechtsgutachten und Responsen vermitteln einen Einblick in die praktischen Fragen, die das Alltagsleben der Juden bestimmten, und illustrieren die damit verbundenen rechtlichen Vorgänge sowie das Verhältnis zu den großen halakischen Kompendien. Siehe dazu H.-G. von Mutius, der eine Fülle einschlägigen Materials durch seine Übersetzungen in der Reihe „Judentum und Umwelt", Frankfurt a. M., erschlossen hat:

Rechtsentscheide rheinischer Rabbinen vor dem ersten Kreuzzug. Quellen über die sozialen und wirtschaftlichen Beziehungen zwischen Juden und Christen, 2 Bde. (JuU 13/1 und 13/2) 1984

Rechtsentscheide Raschis aus Troyes (1040–1105). Quellen über die sozialen und wirtschaftlichen Beziehungen zwischen Juden und Christen, 2 Bde. (JuU 15/1 und 15/2) 1986

Rechtsentscheide jüdischer Gesetzeslehrer aus dem maurischen Cordoba. Quellen zur Wirtschafts- und Sozialgeschichte der jüdischen Minderheit in Spanien und Nordafrika im 10. und 11. Jahrhundert (JuU 28) 1990

Rechtsentscheide Mordechai Kimchis aus Südfrankreich 13./14. Jahrhundert), übersetzt und erläutert (JuU 31) 1991

Rechtsentscheide Isaak Kimchis aus Südfrankreich. Übersetzt und erläutert. 2 Bde. (JuU 35 u.45) 1992–93

Jüdische Urkundenformulare aus Marseille in babylonisch-aramäischer Sprache (JuU 50) 1994

Rechtsentscheide mittelalterlicher englischer Rabbinen. Aus dem Hebräischen und Aramäischen übersetzt und erläutert (JuU 60) 1995

Jüdische Urkundenformulare aus Barcelona. Übersetzt und erläutert, Frankfurt a. M. (JuU 61) 1996

https://doi.org/10.1515/9783110650327-008

ferenzen und Gremien der einzelnen jüdischen Richtungen, und heutzutage natürlich durch das Oberrabbinat des Landes Israel, in ständiger Auseinandersetzung mit der Gesetzgebung und Rechtspraxis des Staates Israel.

Jüdische Urkundenformulare aus dem muslimischen Spanien, Frankfurt a. M. (JuU 64), 1997
Rechtsentscheide Abraham ben Davids von Posquières (JuU 70), 2001
Weitere Rechtsentscheide Abraham ben Davids von Posquières (JuU 73), 2001
Rechtsentscheide von Moses Nachmanides aus Gerona. Teil 1–3 (JuU 75–77), 2002–2004.

Quellen für die Geschichte des antiken jüdischen Rechts

1 Die Torah und die hebräische Bibel. *Tôrah* (Pentateuch), *N^ebî'îm* (Propheten) und *K^etûbîm* (Schriften): *TN"K*

1.1 *Tôrah*

Die jüdische Tradition zählt im Pentateuch als „schriftliche Torah" 613 Gesetze, davon 248 Gebote und 365 Verbote. Sie werden unten im Glossar nach der Zählung des Maimonides gekennzeichnet (+1 bis +248; –1 bis –365). Auch der Pentateuch als Ganzes wird als *tôrah* bezeichnet, als absolut verbindliche Offenbarung vom Sinai mit dem Namen des Mose verbunden, von ihm am Sinai niedergeschrieben. Die Einfügung der Gesetzessammlungen (Ex 20,22–23,33: Bundesbuch;[1] Lev 17–26: Heiligkeitsgesetz;[2] Dtn 12–25,23[3]) in den Kontext einer Art Universalgeschichte von der Schöpfung an hatte nicht den Zweck, ein Gesetzbuch zu schaffen; das wäre wenig praktikabel gewesen. Diese Sammlungen decken auch sicher nicht alles ab, was es zu ihrer Zeit an Regelungen gegeben hat. Ihre Einfügung diente vielmehr dem Nachweis des ehrwürdigen Alters der eigenen grundlegenden Traditionen, nicht zuletzt mit dem Mittel von Zeitrechnungsmodellen und der Konstruktion von Genealogien.

Eine einheitliche Fassung hat es jedoch nie gegeben, wie die Textfunde bei Qumran zeigen. Erst im letzten Jh. v. Chr. setzte eine Standardisierung ein, die in rabbinischer Zeit weitergeführt wurde und schließlich auf die sog. „masoretischen" Textformen hinauslief.[4]

---

1 Otto, E., *Rechtsgeschichte der Redaktionen im Kodex Eshnunna und und im „Bundesbuch"*. Freiburg/Schw.-Göttingen (OBO 85) 1989; Ders.: „Diachronie und Synchronie im Depositenrecht des ‚Bundesbuches'. Zur jüngsten literatur- und rechtshistorischen Diskussion von Ex 22,6–14, *Zeitschrift für Altorientalische und Biblische Rechtsgeschichte* 2, 1996, 76–85; ders.: „Das Bundesbuch und der der ‚Kodex Hammurapi: das biblische Recht zwischen positiver und subversiver Rezeption von Keilschriftrecht'", *Zeitschrift für Altorientalische und Biblische Rechtsgeschichte* 16, 2010, 1–26; Rothenbusch, R.: *Die kasuistische Rechtssammlung im „Bundesbuch" (Ex 21,2–11.18- 22,16) und ihr literarischer Kontext im Licht altorientalischer Parallen*, Münster (AOuAT 259), 2000; Schienhorst-Schönberger, L., *Das Bundesbuch* (Ex 20,22 – 23,23) (BZAW 188), Berlin 1990.

2 Ruwe, A., *„Heiligkeitsgesetz" und „Priesterschrift". Literaturgeschichtliche und rechtssystematische Untersuchungen zu Lev 17,1 – 26,2*, Tübingen (FzAT 26) 1999; Knohl, I.: *The Sanctuary of Silence The Priestley Torahh and the Holiness School*, Winona Lake 2007.

3 Kaiser, O.: „Das Deuteronomium und Platons nomoi", in: Kratz, R. G. (Hg.), *Liebe und Gebot. Studien zum Deuteronomium. Festschrift zum 70. Geburtstag von Lothar Perlitt*, Göttingen 2000, 60–79; Levinson, B. M., *Deuteronomy and the Hermeneutics of Legal Innovation*, NY-Oxford 1997; 2, Aufl. 2002; Veijola, T., „Deuteronomismusforschung zwischen Tradition und Innovation", *Theologische Rundschau* 67, 2002, 273–327. 391–424; 68, 2003, 1–44; Menken, M. J. J./Moyise, St. (Hg.), *Deuteronomy in the New Testament*, London 2007; Otto, E.: *Deuteronomium 12,1–23,25*, Freiburg i. Br. 2016.

4 Kreuzer, S., „Von der Vielfalt zur Einheitlichkeit – Wie kam es zur Vorherrschaft des Masoretischen

https://doi.org/10.1515/9783110650327-009

Seit der persischen Herrschaft wurde von der jeweiligen hellenistischen und dann auch römischen Oberherrschaft der Pentateuch als „Gesetz" (*nomos*) der Juden und als Basis für die gewährte Autonomie anerkannt, was der griechischen Übersetzung eine entsprechende Funktion verschaffte. Im 1. Jh. v. Chr. erhielt der Pentateuch im Rahmen der von Rom gewährten Privilegium eine so hohe Bedeutung, dass er auch im innerjüdisch religiösen Bereich andere Torah-Traditionen verdrängte und zum schriftlichen Offenbarungsdokument schlechthin wurde, allerdings in der hebräischen Textgestalt.

Aber als verbindliche Offenbarung galt auch die sog. „mündliche Torah", die dem Mose am Sinai gelehrt und danach bis zur Niederschrift in der Mischna etc. in der Zeit gegen ca. 200 n. Chr. mündlich tradiert worden sein soll. Diese mündliche Torah ist die Basis der „Halakah", des jeweils gängigen jüdischen Rechts. Der Umfang der absolut verbindlichen Offenbarung reicht also über die Grenzen des christlichen Bibelkanons hinaus und die drei Korpora der hebräischen Bibel sind nach Autorität und Verwendung deutlich voneinander abgesetzt.

Die Torah gilt ausschließlich dem Volk Israel. Von den Nichtjuden wird erwartet, dass sie letztendlich ihre angestammten Religionen aufgeben, den Gott Israels als einzigen Gott bekennen, die alles überragende Autorität der Torah grundsätzlich anerkennen, aber aus der Torah nur die sog. sieben „noachidischen Gebote" einhalten.

1.2 *N^{e}bî'îm/Propheten*

Das zweite Korpus biblischer Schriften bilden a) die „Frühen Propheten" von Josua bis einschließlich 2. Könige, und b) die „Späteren Propheten", die eigentlichen Prophetenbücher. Sie enthalten keine Torah-Offenbarung, doch in der Tradition wird v. a. auch in ethischer Hinsicht ein enger Bezug auf die Torah vorausgesetzt und in manchen Passagen sind auch Bezugnahmen auf Vorschriften und Vorgänge des Rechtslebens zu finden. Aus den „Propheten" wird zur wöchentlichen Torah-Leseperikope eine Auswahlperikope (*Hafṭarah*) gelesen (s. unten).

Die Rabbinen stellten wiederholt fest, dass einem Propheten keine Torahgebungs-Kompetenz zukommt[5]. Ausnahmsweise vorübergehende Aufhebung oder Änderung ener Torahvorschrift wird aber als Notverordnung (hôra'at šaʿah) gestattet.[6]

Textes?", in: Vonach, A./Fischer , G. (Hg.), *Horizonte biblischer Texte. Festschrift für Joseph M. Oesch zum 60. Geburtstag*, Freiburg/Schw./ Göttingen (OBO 196) 2003, 117–129; Lange, A., „The Qumran Library in Context: The Canonical History and Textual Standardization of the Hebrew Bible in Light of the Qumran Library", in: Crawford White, S./Wassen, C. (Hg.), *The Dead Sea Scrolls at Qumran and the Concept of a Library*, Leiden (STDJ 116) 2015, 259–279.

5 bMeg 2b–3a.14a/ Sifre Num § 78; bTem 16a; bJeb102a/bAZ 36a; bSabb 104a /bSanh 89a–90a/ bJoma 80; Sifra *bḥwqwtj* xiii zu Lev 28,34.

6 Sifre Dtn § 175.

Brin, G., „The Laws of the Prophets in the Sect of the Judaean Desert“, JPS 19, 1992, 19–51 = in: Charlesworth, J. H. (ed.), *Qumran Questions*, Sheffield 1995, 28–60
Limburg, J., „The Root RYB and the Prophetic Lawsuit Speeches“, JBL 88, 1969, 291–304
Rüterswörden, U., „Es gibt keinen Exegeten in einem gesetzlosen Land (Prov 29,18 LXX): Erwägungen zum Thema ‚Der Prophet und die Thora‘“, in: Liwak R./ Wagner, S.(Hg.), *Prophetie und geschichtliche Wirklichkeit im alten Israel; Festschrift für Siegfried Herrmann*, Stuttgart 1991, 326–347
Stemberger, G., „Propheten und Prophetie in der Tradition des nachbiblischen Judentums“, JBTh 14, 1999, 145–174
Urbach, E. E., „Halakah û-nebû‘ah“, Tarbiz 18, 1946/7, 1–27

1.3 *Keтûbîm/Schriften*

Das dritte biblische Korpus enthält die „übrigen Schriften“. Sie dienen der erbaulichen Lektüre, aus ihnen findet auch keine liturgische Lesung statt. Öffentlich verlesen werden aber die 5 Megillot (Schriftrollen), Hohelied, Rut, Kohelet zu den Wallfahrtsfesten, Klagelieder. zum 9. Ab (Tag der Tempelzerstörungen) und Ester zum Purimfest. Eine besondere Bedeutung kommt allerdings dem Psalter zu, da die Dichtungen Davids als inspiriert galten und viele einzelne Psalmen und ganze Psalterteile in der Liturgie Verwendung gefunden haben.

1.4 Schriftlesung und abgestufte Wertung der Offenbarungsqualität

Aus dem Pentateuch wird im Morgengottesdienst jeden Sabbat (und Donnerstag) sowie Festtag im Jahreslauf eine liturgische Schriftlesung zelebriert. Dafür wurde der Text in Palästina bis ins Mitelalter in Sedarîm eingeteilt, in Leseperikopen für Zyklen von 3–3 ½ Jahren, in Bablonien und seit dem Mittelalter allgemein für einen Jahrezyklus, eine Leseperikope heißt hier *parašah*. Die Schriftrollen, aus denen vorgelesen werden durfte, mussten bestimmten, nach den TN “K-Korpora abgestuften Vorschriften entsprechen und wurden als „heilig“ gewertet, galten daher als rituell verunreinigend und erforderten vor der Berührung einer rituellen Händewaschung.[7]

Im Lauf des 4./5. Jh. n. Chr.. setzte sich im rabbinischen Judentum eine Aufwertung der „Heiligen Schriften“, die insgesamt als *miqra’* („Schrift“) oder *talmûd* bezeichnet werden konnte. Einen formalen Kanonisierungprozess, wie er gleichzeitig im Christentum stattfand, hat es jedoch nicht gegeben.

7 Maier, J., „Schriftlesung in jüdischer Tradition“, in: Agnar, F. (Hg.), *Streit am Tisch des Wortes*, St. Ottilien 1997, 505–559.

Durch den Koran wurde das Judentum mit einer angeblich abschließenden Offenbarungsschrift konfrontiert, deren Wertung und textliche Überlieferung für Juden wie Christen weitreichende Anstöße darstellten. Insbesondere die Festlegung der Aussprache und damit auch oft der inhaltlichen Bedeutung hat diese Auseinandersetzung nach sich gezogen. Im Judentum selbst entstand in nachtalmudischer Zeit eine breite antirabbinische Bewegung, die der „mündlichen Torah" die Offenbarungsqualität aberkannte und nur die Bibel als verbindlich wertete.[8] Ihre sonstigen rechtlichen Normen wurden darum ohne Offenarungsanspruch formuliert.[9] Diese „Karäer" widmeten sich daher besonders intensiv der Pflege des Bibeltextes (Masorah). Vorläufer der Bewegung haben in der Wüste Juda in Höhlen Handschriften entdeckt und mitgenommen und praktizierten auch Traditionen, die uns erst durch die Qumranfunde wieder bekannt wurden.[10]

Die modernen Bibelausgaben basieren auf der tiberiensischen Textüberlieferung, berücksichtigen daher die babylonische und aschkenasischen Handschriften so gut wie nicht. Mittelalterliche Textzitierungen variieren darum gelegentlich von der „masoretischen" Texttradition ab.[11]

1.5 Editionen des hebräischen (und aramäischen)Textes

Erstdruck: Jakob ben Ḥajîm (Hg.), *Miqra᾽ôt gᵉdôlôt*, Venedig 1524–25 bei Daniel Bomberg. Text mit Kommentaren („Rabbinerbibel"). Dieser Text wurde immer wieder nachgedruckt und wurde zum „Textus receptus", auch für Christen.

1.5.1 Maßgebliche moderne Editionen

Biblia Hebraica Stuttgartensia, Torah, Nevi'im u-Khetuvim, quae antea cooperantibus
    A. Alt [et al.] ed. R. Kittel; textum Masoreticum curavit H. P. Rüger, Masoram elaboravit G. E. Weil, Stuttgart 3. Aufl. 1987
Ellinger, K./Rudolph, W./Rüger, H. P./Schenker, A., *Biblia Hebraica Stuttgartensia*, Stuttgart 2008 [1 CD-ROM + Beiheft]
Althann, R. et al., communiter ediderunt A. Schenker et al., *Torah nevi'im u-ketuvim: quinta editione cum apparatu critico*, Stuttgart 2004-

---

[8] Walfish, B. D./Kizilov, M., *Bibliographia Karaitica. An Annotated Bibliography of Karaites and Karaism.* Leiden (Études sur le Judaïsme Médiéval 43) 2011.
[9] Erdar, Y., *Dᵉrakîm ba-hᵃlakah ha-qᵉra᾽ît ha-qᵉdûmah*, Tel Aviv 2013.
[10] Wieder N., *The Judaean Scrolls and Karaism*, London 1962, 2. Aufl. Jerusalem 2005.
[11] Viele Varianten findet man in: Kennicott, B., *Vetus Testamentum Hebraicum cum variis lectionibus*, Oxford 1776–80, 2 Bde., Nachdruck Hildesheim 2003.

Dotan, A.: *Biblia Hebraica Leningradensia*, prepared according to the vocalization, accents, and masora of Aaron Ben Moses Ben Asher in the Leningrad Codex = Torah nevi'im u-ḵetuvim, Peabody, Mass. 2014
Cohen, M. (Hg.), *Miqra'ôt g^edôlôt ha-kätär'*, Ramat Gan/New York 1992ff [Textbasis: Aleppo Codex]

1.6 Zu den biblischen Qumran-Texten

Zahlreiche Fragmente fast aller biblischen Bücher und eine vollständige Jesajarolle bezeugen eine erstaunlich stabile Texttradition. Gleichwohl ist eine erhebliche Anzahl von Textxarianten festzustellen und noch kein einheitlicher Text erkennbar.

Abegg, M./Flint, P. /Ulrich, E. (Hg.), *The Dead Sea Scrolls Bible*, London 2004
Lange, A., *Handbuch der Textfunde vom Toten Meer*. Bd 1. *Die Handschriften biblischer Bücher von Qumran und den anderen Fundorten*, Tübingen 2009
Martone, C., *The Judaean Desert Bible. An index*, Torino 2001
Tov, E., „A Categorized List of all the ‚Biblical Texts' Found in the Judaean Desert", *Dead Sea Discoveries* 8, 2001, 67–84
Ulrich, E., *The Dead Sea Scrolls and the Origins of the Bible*, Grand Rapids 1999
Ulrich, E. C./Cross F. M., *The Biblical Qumran Scrolls: Transcriptions and Textual Variants*, 3 Bde. Leiden 2012

1.7 Literaturauswahl

Boecker, H. J., *Recht und Gesetz im Alten Testament und im Alten Orient*, Neukirchen (Neukirchener Studienbücher 10) 1976; engl.: *Law and the Administration of Justice in the Old Testament and Ancient East*, London 1980
Brin, G., *Studies in Biblical Law. From the Hebrew Bible to the Dead Sea Scrolls* (JSOT.S 176) 1994,104–164 (Chapter 5, Biblical laws in the Dead Sea Scrolls)
Crüseman, F., *Die Torah*, München 1992; engl.: *The Torah*, Edinburgh 1996
Daube, D., *Studies in Biblical Law*, Cambridge 1947; 2. Aufl. New York 1969
Geiger, A., *Urschrift und Übersetzungen der Bibel*, 2. Aufl. Frankfurt a. M. 1928
Lasserre, G., *Synopse des lois du Pentateuque*, Leiden 1994
Liss, H., *Tanach. Lehrbuch der jüdischen Bibel*, Heidelberg 2008; 3. Aufl. 2011; 4., völlig neu bearbeitete Auflage 2019
Otto, E., *Kontinuum und Proprium; Studien zur Sozial- und Rechtsgeschichte des Alten Orients und des Alten Testaments*, Wiesbaden 1996
Ders., *Die Torah des Mose. Die Geschichte der literarischen Vermittlung von Recht, Religion und Politik durch die Mosegestalt*, Göttingen 2001

Ders., „Das Recht der Hebräischen Bibel im Kontext der antiken Rechtsgeschichte, Literaturbericht 1994–2004“, *Theologische Rundschau* 71, 2006, 389–421
Ders., *Das Gesetz des Mose*, Darmstadt 2007
Rofé, A., *Introduction to the Literature of the Hebrew Bible*, Jerusalem 2009
Teeter, D. A., *Scribal Laws. Exegetical Variation in the Textual Transmission of Biblical Law in the Late Second Temple Period*, Tübingen 2014
Tov, E., *Textual Criticism of the Hebrew Bible*, Minneapolis 1992
Tov, E., *Textual Criticism of the Hebrew Bible, Qumran, Septuagint*, Bd. 3. Collected Essays, Leiden 2015
van der Toorn, K., *Scribal Culture and the Making of the Hebrew Bible*, Cambridge, Mass. 2007
Watts, J. W. (Hg.), *Persia and Torah. The Theory of Imperial Authorization of the Pentateuch*, Atlanta 2001
Wells, B., *The Law of Testimony in the Pentateuchal Codes*, Berlin/Wiesbaden 2004
White, E. J., *The Law in the Scriptures*, hg. A. A. Fischer, Holmes Beach 1990
Witte, M./Fögen, M. Th. (Hg.), *Kodifizierung und Legitimierung des Rechts in der Antike und im Alten Orient*, Wiesbaden 2005
Würthwein, E., *Der Text des Alten Testaments, Neubearbeitung der Einführung in die Biblia Hebraica*, hg. A. A. Fischer, Stuttgart 2009

1.8 *Samaritanischer Pentateuch*

Die Frühgeschichte der samaritanischen Textüberlieferungen ist wenig durchschaubar und daher bleibt auch das Verhältnis zu den jüdischen Zeugnissen umstritten. Trotz der späten Handschriften sind aber in zahlreichen Einzelpassagen alte Lesarten erhalten und deren Verhältnis zu den biblischen Qumrantexten ist Gegenstand intensiver Disskussionen.

Tal, A., *The Samaritan Pentateuch*, Edited According to MS 6 (C) of the Shekhem Synagogue, Tel Aviv (Texts and Studies in the Hebrew Language and Related Subjects 8) 1994 [Diplomatic edition of manuscript from 1204 C.E.).]
Tal, A./Florentin, M., *The Pentateuch: The Samaritan Version and the Masoretic Version*, Tel Aviv 2010 [Auch enthalten im Bibel-Programm *Accordance*]
Schorch, St. (Hg.), *The Samaritan Pentateuch*. A Critical Editio Maior, Bd. 3: Leviticus, Berlin 2018
Tsedaka, B./Sullivan, Sh. J., *The Israelite Samaritan Version of the Torah: First English Translation*. Compared with the Masoretic Version, Grand Rapids, Mich. 2013
Eshel, E./Eshel, H., „Dating the Samaritan Pentateuch's Compilation“, in: Paul, S. M. etc. (Hg.), *Emanuel. Studies in the Hebrew Bible, Septuagint and Dead Sea Scrolls in honor of Emanuel Tov*, Leiden 2003, 215–240

Lim, T. H., „The Emergence of the Samaritan Pentateuch“, in: Flint, P. W. etc. (Hg.), *Reading the Bible in Ancient Traditions and Modern Editions*, Atlanta 2017, 89–104
Pummer, R., „The Samaritans and Their Pentateuch“, in: Knoppers, G. N./Levinson, B. M. (Hg.), *The Pentateuch as Torah*, Winona Lake, IN 2007, 237–269
Schattner-Rieser, Ursula, „Der samaritanische Pentateuch im Lichte der präsamaritanischen Qumrantexte“, in: Becker, M./Frey, J. (Hg.), *Qumran und der biblische Kanon*, Neukirchen- 2009, 145–168
Schenker, A, “Textgeschichtliches zum Samaritanischen Pentateuch und Samareitikon: zur Textgeschichte des Pentateuchs im 2. Jh. v. Chr.“, in: Mor, M./Reiterer, F. V. (Hg.), *Samaritans – Past and Present; Current Studies*. Berlin 2010, 105–121
Schorch, St., „Der Pentateuch der Samaritaner: seine Erforschung und seine Bedeutung für das Verständnis des alttestamentlichen Bibeltextes“, in: Frey J./Schattner-Rieser, U./Schmid, K. (Hg.), *Die Samaritaner und die Bibel*, Berlin 2012, 5–29
Zahn, M. M., „Samaritan Pentateuch and the Scribal Culture of Second Temple Judaism“, Journal for the Study of Judaism 46. 2015, 295–313

1.9 Antike Übersetzungen

Tov, E., „The Origins, Development, and Characteristics of the Ancient Translations of the Hebrew Scripture“s, in: Perrin, A. B., *Reading the Bible in Ancient Traditions and Modern Editions*, Atlanta 2017, 35–64

1.9.1 *Griechische Übersetzungen*

Griechische Übersetzungen biblischer Bücher gab es, wie Qumrantexte belegen, bereits seit dem 3. Jh. v. Chr.[12] Dazu kommt seit dem 2. vorchristlichen Jahrhundert eine hellenistisch-jüdische Kommentierungstradition[13]. Die legendäre Schilderung der als „Septuaginta“ maßgeblich gewordenen griechischen Übersetzung im (Ps.-)Aristeas-Brief durch 70 Gelehrte wurde auch ür die Christen die Heilige Schrift schlechthin. Doch die Rabbinen verhielten sich eher ablehnend. Es kam zu rabbinisch revidierten Übersetzungen v. a. durch Aquila,[14] aber im Weiteren verlor sich das rabbinische Interesse an griechischen Übersetzungen fast völlig und im selben Maß blieben sie auch rechtsgeschichtlich irrlevant.

12 Fabry, H.-J., „Die griechischen Handschriften vom Toten Meer“, in: Fabry, H. J./Offerhaus, U. (Hg.), *Im Brennpunkt: Die Septuaginta* (BWANT VIII,13 (153), Stuttgart 2001, 131–153.
13 Walter N., *Fragmente jüdisch-hellenistischer Exegeten* (JSHRZ III/2), Neukirchen 1975.
14 Reider, J., *An Index to Aquila* (VT.S 12), Leiden 1966.

Brock, S./Fritsch, Ch./Jellicoe, S., *A Cassified Bibliography of the Septuagint*, Leiden 1973

Dogniez, C., *Bibliography of the Septuagint. Bibliographie de la Septante (1970–1993)*, Leiden 1995

Tov, E., *A Classified Bibliography of Lexical and Grammatical Studies on the Language of the Septuagint anf its Revisions*, Jerusalem 1982

Septuaginta: *Vetus Testamentum Graecum*/auctoritate Academiae Scientiarum Gottingensis editum, Bd. 1 *Genesis* 1974; Bd. 3/2 *Deuteronomium* 1977

Rahlfs, A. (Hg.), *Septuaginta, id est Vetus Testamentum Graece*, 2 Bde. Stuttgart 1935 und zahlreiche Nachdrucke, auch in 1 Band.]

Karrer, M./Kraus, W. (Hg.): *Septuaginta deutsch*, Stuttgart 2009

Dies., (Hg.): *Septuaginta deutsch. Erläuterungen und Kommentare*, 2 Bde. Stuttgart 2011

Barthélemy, D., *Étude d'histoire du texte de l'Ancien Testament*, Fribourg/Göttingen 1981

de Lange, N./Krivoruchko, J. G./Boyd-Taylor, C. (Hg.), *Jewish Reception of Greek Bible Versions; Studies in Their Use in Late Antiquity and the Middle Ages*, Tübingen 2009

Jobes, K./Moisés, S., *Invitation to the Septuagint*, Grand Rapids 2000

Levy, B. B., *Fixing God's Torah. The Accuracy of the Hebrew Bible Text in Jewish Law*, Oxford 2001

Rajak, Tessa, „The Greek Bible translations among Jews in the second century CE", in: Levine, L. I./Schwartz, D. R. (Hg.), *Jewish Identities in Antiquity*, Tübingen (Texts and Studies in Ancient Judaism 130) 2009, 321–332

Siegert, F., *Zwischen Hebräischer Bibel und Altem Testament. Eine Einführung in die Septuaginta, Münster* (MJSt 9), 2001; dazu: Ders., *Register zur „Einführung in die Septuaginta". Mit einem Kapitel zur Wirkungsgeschichte* (MJSt 13), 2003

Steyn, G. J., A Comparison of the Septuagint Textual Form in the Torah Quotations Common to Philo of Alexandria and the Gospels of Mark and Matthew, in: Peters, M. K. H. (Hg.), XIV Congress of the IOSCS, Helsinki, 2010, Atlanta 2010, 605–623

Tilly, M., „Griechische Bibelübersetzungen im antiken Judentum und im Urchristentum", in: Becker, M./Frey, J. (Hg.), *Qumran und der biblische Kanon*, Neukirchen 2009, 169–193

1.9.2 Aramäische Übersetzungen/Targumim

Das Alter der aram. Übersetzungen oder Targumim wird manchmal überschätzt. Tatsächlich besteht aber ein Zusammenhang mit der synagogalen Schriftlesepraxis, die für Palästina zur Zeit des 2. Tempels so noch nicht nachweisbar ist.

Biblia Polyglotta Matritensia series IV: *Targum Palestinense in Pentateuchum. Adduntur Targum Pseudo-Jonathan, Targum Onkelos et Targum Palestinensis hispanica versio*, I–V Madrid – 1965

The Aramaic Bible. The Targums, ed. M. McNamara, 19 Bde., Edinburgh/ Collegeville/ Wilmington 1988–1994

Sperber, A., (Hg.): *The Bible in Aramaic*, 4 Bde. Leiden 1959–1962), 2004

Le Déaut, R. (Übers.): *Targum du Pentateuque*, 5 Bde. Paris 1978–1981 [synoptische Präsentation der Texte]

Goshen-Gottstein M., *Fragments of Lost Targumim*, 2 Bde., Ramat Gan 1983,1989

Klein M., *Targumic Manuscripts in the Cambridge Genizah Collections*, Cambridge 1992

Albeck, Ch., „Apocryphal Halakah in the Palestinian Targums and the Aggadah", in: *B. M. Lewin Jubilee Volume*, Jerusalem 1940, 93–104 (hebr.)

Baumgarten, J. M., „Qumran und die Halakhah in the Aramaic Targumim", *IX WCJS Panel Session: Bible Studies*, Jerusalem 1988, 45–60

Flesher, P. V. M. (Hg.), *Targum and Scripture*: Studies in Aramaic Translations and Interpretation in Memory of Ernest G. Clarke, Leiden 2003

Joosten, J., „How Old is the Targumic Tradition? Traces of the Jewish Targum in the Second Temple Period, and Vice Versa", in: Piquer O. A./Torijano Morales, P. A. (Hg.), *The Text of the Hebrew Bible and Its Editions*, Leiden 2016, 143–159

Le Déaut, R., *Introduction à la littérature targumique*, Rome 1966

Nodet, E. , *La Bible de Josèphe*, Vol. 1: *Le Pentateuque*, Paris 1996

Olofsson, St., „The Septuagint and Earlier Jewish Interpretative Tradition, especially as reflected in the Targums", Journal of the Society of Old Testament Studies 10, 1996, 197–215

Sterling, G. E., „Interpreter of Moses: Philo of Alexandria and the Biblical Text", in: Henze, M. (Hg.), *A Companion to Biblical Interpretation in Early Judaism*. Grand Rapids 2012, 415–435

Targum Onkelos (TO)

Am meisten gebraucht und daher auch in vielen Bibelausgaben mit abgedruckt. Wortgetreue Übersetzung und Zeugnis für frühes babylonisches Verständnis vieler Passagen.

Bologna 1482; Sabionetta 1557

Berliner, A., *Targum Onkelos*, herausgegeben und erkäutert, 2 Bde. Berlin 1881–84; Nachdruck Jerusalem 1968; 1974

Berliner, A., *Die Massorah zum Targum Onkelos*, Leipzig 1877

Drazin, I. etc. (Hg.), *Onkelos to the Torah*, 5 Bde. Jerusalem 2007–2011

Cook, E. M., *A Glossary of Targum Onkelos According to Alexander Sperber's Edition*, Leiden (Studies in the Aramaic Interpretation of Scripture 6) 2008

Silverstone. A. E., *Aquilas and Onkelos*, Manchester 1931; Nachdruck Israel 1970

Singer, S., *Onkelos und das Verhältnis seines Targums zur Halakah*, Berlin 1881

Veltri, G., *Libraries, Translations, and ‚Canonic' Texts. The Septuagint, Aquila and Ben Sira in the Jewish and Christian Traditions*, Leiden 2006 [147–189: Deconstructing Translations: The Canonical Substitution Aquila/Onkelos.]

Zunz, L., *Die gottesdienstlichen Vorträge der Juden historisch entwickelt*, 2. Aufl. Frankfurt a. M. 1892; Nachdruck Hildesheim 1966

Targum Ps.-Jonatan (TPsJ)

Ginsburger, M., (Hg.), *Pseudo-Jonathan .Thargum Jonathan ben Usiel zum Pentateuch* (nach der Londoner Handschrift *27031*), Berlin 1903

Rieder, D., *Targum Jonathan ben Uzziel on the Pentateuch*. Copied from the London MS (BM add. 27031), Jerusalem 1974

Gronemann, S., *Die Jonathan'sche Pentateuch-Übersetzung in ihrem Verhältnisse zur Halacha*. Ein Beitrag zur Geschichte der ältesten Schriftexegese, Leipzig 1879

Jitzhaki, E., *Ha-hᵃlakah bᵉ-Targûm Jᵉrûšalmî I. The Halacha in Targum Yerushalmi I*, Ramat Gan 1979 [MA-Arbeit Bar Ilan Univ.]

Maori, Y., „The Relationship of Targum Pseudo-Jonathan to Halakhic Sources", in: Friedman, M. A. (Hg.), *Studies in Talmudic Literature*, Tel Aviv 1983, 235–250 (Hebr.)

Novick, Tz., Metaphorical Law in Pseudo-Jonathan and the Case for Targumic Midrash", Journal of Jewish Studies 58, 2007, 79–90

Palästinischer Targum

Klein, M. L., *Genizah Manuscripts of Palestinian Targum to the Pentateuch*, 2 Bde. Cincinnati 1986

Eisenberg, S., „An Anti-Sadducean Polemic in the Palestinian Targum Tradition", Harvard Theological Review 63, 1970, 433–444

Codex Neophyti 1

Diez Macho, A., *Neophyti 1. Targum Palaestinense ms de la Biblioteca vaticana*, 5 Bde., Madrid 1968–1978

Codex Vatican Neophyti 1: The Palestinian Targum to the Pentateuch. Limited facsimile edition, 2 Bde., Jerusalem 1970

Le Déaut, R., *Targum du pentateuque. Traduction des deux recensions palestiniennes complètes avec introduction, parallèles, notes et index*, 5 Bde. (Sources chrétiennes), Paris 1978–1981

Grossfeld, B., *Targum Neofiti 1: an exegetical commentary to Genesis*. Including full rabbinic parallels, complete text edited by L. H. Schiffman, New York 2000

Fragmenten-Targum

Ginsburger, M., *Das Fragmententargum*, Berlin 1899, Nachdruck Jerusalem 1968/9 [BN Paris, Ms 110]

Klein, M. L., *The Fragment-Targums of the Pentateuch according to their extAnt sources*. Bd.1: *Texts. indices and introductory essays*; Bd. 2: *Translation*, Rome 1980

2 Aramäische und griechische Dokumente

Die zumeist aramäischen Dokumente und Briefe aus Ägypten, vor allem aus der Militärkolonie auf Elephantine, bezeugen das Rechtsleben innerhalb von Gemeinschaften nordisraelitisch-samaritanischer und judäischer Herkunft, die noch nicht durch die exilisch-nachexilische Entwicklung in Judäa bestimmt wurden, sondern durch vorexilische Verhältnisse im Nordreich Israel/Samaria (unter assyrischem Einfluss) und dem Königreich Judah (unter babylonischem Einfluss). Mit der ptolemäischen Herrschaft gewann auch das Griechische an Bedeutung, die Diasporagemeinden in Ägypten/Kyrenaika verstanden sich wie die Mazedonier als Kolonisten und grenzten sich von der Landesbevölkerung demonstrativ ab. So kam es in Ägypten zu drei gleichzeitig gelteden Rechtssystemen, eines für die „Griechen", eines für die Juden, und eines für die Ägypter.

2.1 Textausgaben

Porten, D./Yardeni A., *Textbook of Aramaic Documents from Ancient Egypt*, Bd. 1, *Letters*, Bd. 2, *Contracts*, Bd. 3, *Literature*, *Accounts*, *Lists*, Bd. 4, *Ostraca and Assorted Inscriptions* (Bd. 2–4 jeweils mit Tafelband extra), 1986–1999 (TAD I–IV). Diese Gesamtedition der erhaltenen Dokumente ersetzt die bislang vorhandenen Teileditionen. Im Bibel-Programm „Accordance" auch als E-Book mit ausgezeichneter Suchfunktion angeboten.

2.1.1 Ältere Editionen

Sayce, A. H./Cowley, A. E., *Aramaic Papyri Discovered at Assuan*, London 1906; Nachdruck Osnabrück 1967 [TAD B.2,1–11]

Sachau, E., *Aramäische Papyrus und Ostraka aus einer jüdischen Militär-Kolonie zu Elephantine*. Leipzig 1911

Ungnad, A., *Aramäische Papyri aus Elephantine.*, Leipzig 1911 [Kleine Ausgabe unter Zugrundelegung von E. Sachau's Erstausgabe.]

Driver, G. R., *Aramaic Documents of the Fifth Century B.C.*, London1954; 2. Auflage 1965 [TAD A6.3–16; TAD D.6–1–14]

Kraeling, E. G., *The Brooklyn Museum Aramaic Papyri. New Documents of the Fifth Cent. B.C. from the Jewish Colony at Elephantine*, New Haven 1953; 2. Aufl. 1969

Grelot, P. (etc.), *Documents araméens d'Égypte*, Paris 1972

Porten, B./Farber, J. J./Martin, C. J. I./Vittman, E. T. C., *The Elephantine Papyri in English*, Leiden 1996 [123 Texte, mit Kommentar zu 52 aram. Texten]

https://doi.org/10.1515/9783110650327-010

2.2 Sekundärliteratur

Becking, B., Ezra, Nehemiah, and the Construction of Early Jewish Identity, Tübingen (Forschungen zum Alten Testament 80). 2011

Botta, A. F., *The Aramaic and Egyptian Legal Traditions at Elephantine. An Egyptological Approach*, London 2007

Gropp, D. M., „The Wadi Daliyeh Documents Compared to the Elephantine Documents", in: Schiffmann, L. H. etc. (Hg.), *The Dead Sea Scrolls Fifty Years after their Discovery*, Jerusalem 2000, 826–835

Gross, A., Continuity and Innovation in the Aramaic Legal Tradition, Leiden 2008

Joisten-Pruschke, A., *Das religiöse Leben der Juden von Elephantine in der Achämenidenzeit*, Wiesbaden (Göttinger Orientforschungen. Reihe 3, Iranica. Neue Folge 2) 2008

Kratz, R. G, „Between Elephantine and Qumran", in: Kratz, R. G. (Hg.), *Historical and Biblical Israel, The History, Tradition, and Archives of Israel and Judah*, Oxford 2016, 137–198

Meinhold, A., „Scheidungsrecht bei Frauen im Kontext der jüdischen Militärkolonie von Elephantine im. 5 Jh. v. Chr.", in: Hartenstein, F./Pietsch, M. (Hg.), *„Sieben Augen auf einem Stein" (Sach 3,9). Studien zur Literatur des Zweiten Tempels. Festschrift für Ina Willi-Plein zum 65. Geburtstag*, Neukirchen 2008, 247–259

Miller, M. L., *Performances of Ancient Jewish letters*, Göttingen 2015

Muffs, Y., *Studies in the Aramaic Legal Papyri from Elephantine*, Leiden 2002

Porten, B., *Archives from Elephantine. The Life of an Ancient Jewish Military Colony*, Los Angeles 1968

Ders, „The guarantor ['rb] at Elephantine-Syene", Journal of the American Oriental Society 89, 1969, 153–157

Ders,/Szubin H. Z., „Litigants in the Elephantine Contracts, The Development of Legal terminology", *Maarav* 4, 1987, 45–67

Ders, „Elephantine Aramaic Contracts and the Priestley Literature", in: Brettler M./ Fishbane, M. (Hg.), *Minḥah l^{e}-Naḥûm, Biblical and Other Studies Presented to Nahum M. Sarna in Honor of his 70th Birthday*, Sheffield 1993, 257–271

Ders, „The Status of the Jewish Woman at Elephantine" (hebr), in: Ahituv, Y. etc. (Hg.), *A Good Eye, Dialogue and Polemic in Jewish Culture. A Jubilee Book in Honor of Tova Ilan*, Tel Aviv 1999, 135–141

Ders, „The restoration of a dozen Elephantine Aramaic fragments from the beginning of contracts", in: Galil, G./Weinfeld, M. (Hg.), *Studies in Historical Geography and Biblical Historiography Presented to Zecharia Kallai*, Leiden 2000, 239–247

Ders./Szubin, H. Z., „The status of a repudiated spouse , a new interpretation of Kraeling 7 (TAD B3.8)", Israel Law Review 35, 2001, 46–78

Ders,/Lund, J. A., *Aramaic Documents from Egypt.-A Key Word in Context Concordance*, Winona Lake 2002

Ders., „Settlement of the Jews at Elephantine and the Arameans at Syene“, in: Lipshitz O./Blenkinsopp J. (Hg.), *Judah and the Judeans in the Neo-Babylonian Period*, Winona Lake 2003, 451–470

Ders., „Elephantine and the Bible“, in: Schiffman, Lawrence H, (Hg.), *Semite Papyrology in Context. A Climate of Creativity*, Leiden 2003, 53–84

Szubin, H. S./Porten, B., „Litigation concerning abaondoned property at Elephantine (Kraeling 1“); Journal of Near Eastern Studies 42, 1983, 279–284

Szubin, H. S./Porten, B., „Testamentary Succession at Elephantine“, Bulletin of the American Society of Oriental Research 252, 1983, 25–36

Verger, A., *Ricerche giuridiche sui papiri aramaici di Elefantine*, Roma 1965

Yaron, R., „Aramaic Marriage Contracts from Elephantine“, Journal of Jewish Studies 3, 1958,1–39

Yaron, R., *Ha-mišpaṭ šäl mismᵉkê Jeb. The Law of the Elephantine Documents*, Jerusalem 1961

2.3 Die Texte

Porten, D./Yardeni A., *Textbook of Aramaic Documents from Ancient Egypt*, Bd. 2, *Contracts*

B1.1 Feldverpachtung
B2.1 Cowley 5 (Sayce–Cowley A) Grant of a Built Wall
B2.2 Cowley 6 (Sayce–Cowley B). Withdrawal from Land
B2.3 Cowley 8 (Sayce–Cowley D). Bequest of House to Daughter
B2.4 Cowley 9 (Sayce–Cowley C). Grant of Usufruct to Son-in-law
B2.5 Cowley 48 (Sachau Plate 35). Betrothal Contract Fragment
B2.6 Cowley 15 (Sayce–Cowley G). Document of Wifehood
B2.7 Cowley 13 (Sayce–Cowley E). Grant of House to Daughter
B2.8 Cowley 14 (Sayce–Cowley F). Withdrawal from Goods
B2.9 Cowley 20 (Sayce–Cowley H). Withdrawal from Goods
B2.10 Cowley 25 (Sayce–Cowley J). Withdrawal from House
B2.11 Cowley 28 (Sayce–Cowley K). Apportionment of Slaves
B3.1 Cowley 10 (Sachau Plates 28, 29). Loan of Silver
B3.2 Kraeling 1 + 18/4. Withdrawal
B3.3 Kraeling 2. Document of Wifehood
B3.4 Kraeling 3. Sale of Abandoned Property
B3.5 Kraeling 4. Bequest of Apartment to Wife
B3.6 Kraeling 5. Testamentary Manumission
B3.7 Kraeling 5. A Life Estate of Usufruct
B3.8 Kraeling 7+15+18/1, 3, 8, 13, 18, 19, 22, 26, 30. Document of Wifehood
B3.9 Kraeling 8. Adoption
B3.10 Kraeling 9. Bequest in Contemplation of Death

B3.11 Kraeling 10. Dowry Addendum
B3.12 Kraeling 12. Sale of Apartment to Son-in-law
B3.13 Kraeling 11. Loan of Grain
B4.1 Verzichtserklärung
B4.2 Zinsgeschäft
B4.3 Anvertrautes
B4.4 Anvertrautes
B4.5 Forderung
B4.6 Forderung
B4.7 Anvertrautes. Zinsgeschäft
B5.1 Tauschgeschäft. Verzeichtserklärung
B5.2 Verzichtserklärung
B5.3 Verzichtserklärung
B5.4 Verzichtserklärung
B5.5 Verzichtserklärung
B5.6 Sklaven
B6.1 Brautwerbung
B6.3 Verzichtserklärung
B6.4 Verzichtserklärung
B7.1 Erklärung gegen Beschuldigung eines Diebstahls
B7.2 Erklärung gegen Beschuldigung einer Misshandlung der Ehedrau
B7.3 Erklärung gegen vorgebliches Miteigentums
B8.3 Diebstahl. Sklaven
B8.4 Hausfriedensbruch
B8.5 Gefangennahme und Freikauf
B8.6 Erklärung zu Forderungen
B8.7 Bericht über Anhörung/Verhör
B8.8 Bericht über Anhörung/Verhör
B8.9 Verzichtserklärung
B8.10 Bericht über Obligation und Anhörung

Porten, D./Yardeni A., *Textbook of Aramaic Documents from Ancient Egypt*, Volume I, Letters
A2.2 Geschäft
A2.3 Bezahlung. Bürgschaft
A2/6 Beauftragung
A3.3 Bezahlung
A3.8 Beauftragung. Geschäft
A3.10 Boot-Miteigentum
A4.1 Passah-Datierung
A4.2 Beschwerde
A4.3 Beschwerde wegen Inhaftierung

A4.4 Bericht über Gefangennahmen
A4.5 Beschwerde
A4.7–8 (Cowley 31–33; Sachau 4; Ungnad 4) Beschwerden wegen Aktionen gegen den Tempel

Porten, B., „The revised draft of the letter of Jedaniah to Bagavahya ("TAD" A4.8 = Cowley 31)", in: Lubetski, M., *Boundaries of the ancient Near Eastern world. A tribute to Cyrus H. Gordon*, Sheffield, 1998, 230–242
A5.2 Beschwerde
A6.2 Boot. Gemeinschafts-Erbmiete
A6.3 Sklaven
A6.4 Königliche Zuwendung
A6.7 Sklaven
A6.8 Mitteilung über Gehorsamsverweigerung einer Truppe
A6.9 Naturalien-Zuwendung
A6.10 Bericht über Arbeiten
A6.11 Bericht über Unruhen und betroffenen väterlichen Besitz
A6.12 Betrifft Bildhauer. Bestellung einer Reiterstatue
A6.13 Beschwerde über nicht abgelieferte Abgaben aus Verpachtung
A6.14 Beschwerde wegen einer unpassenden Liegenschaft
A6.15 Haushalt. Sklaven (Cilicier).

3 Samaria Papyri/Wadi Daliyeh

Gropp, D. M., *Wadi Daliyeh II. The Samaria Papyri from Wadi Daliyeh*. Bernstein, M. (u. a.): *Qumran Cave 4. xxviii: Miscellanea*, part 2, 2001

Dušek J., *Les manuscrits araméens du Wadi Daliyeh et la Samarie vers 450–332 av. J.-C.*, Leiden 2007 [Neuedition, Übersetzung und Kommentierung]

Porten, B., „Social, economic, and onomastic issues in the Aramaic ostraca of the fourth century B.C.E.", in: Lipshitz, O./Oeming M. (Hg.), *Judah and the Judeans in the Persian Period*, 2006, 457–488

(01)	WDSP 1 papDeed of Slave Sale A ar	DJD XXVIII, 32–44 19.03.335 v. Chr.
	Cross, M.: „Samaria Papyrus 1: An Aramaic Slave Conveyance of 335 B.C.E. Found in the Wâdi ed-Dâliyeh", Eretz lsrael 18, 1985, 7*–17*	
(02)	WDSP 1 papDeed of Slave Sale B ar	DJD XXVIII,45–55, Dez/Jan 352/351 v. Chr.
(03)	WDSP 3 papDeef of Slave Sale C ar	DJD XXVIII,57–64, 3. Šebat ?? v. Chr.
(04)	WDSP papDeed of Slave Sale D	DJD XXVIII,65–68
(05)	WDSP papDeed of Slave Sale E ar	DJD XXVIII,68–71
(06)	WDSP papDeed of Slave Sale F ar	DJD XXVIII,75 ff
(07)	WDSP papDeed of Slave Sale F ar	DJD XXVIII,79 ff, 4. März 354 vC
(08)	WDSP papDeed of Slave Sale F ar	DJD XXVIII,86 ff
(09)	WDSP papDeed of Slave Sale I ar	DJD XXVIII,93 ff
(10)	WDSP papDeed of Pledge of Slave A ar	DJD XXVIII,96–101
(15)	WDSP papDeed of House Sale ar	DJD XXVIII,103–112
(18)	WDSP papDeed of Pledge of Slave Sale K ar	DJD XXVIII,113 ff

https://doi.org/10.1515/9783110650327-011

4 Das Jubiläenbuch (2. Jh. v. Chr.)

Fragmente der hebr. Fassung aus Qumran:
1Q17–19; 2Q19 f; 3Q5; 4Q176a. b.216–228; 11Q12

Text der äthiop. Übersetzung mit engl. Übertragung]:
VanderKam, J. C., *The Book of Jubilees*, 2 Bde. Louvain 1989

Albeck, Ch., *Das Buch der Jubiläen und die Halacha*, Berlin (Beilage zum Jahresbericht der Hochschule für die Wissenschaft des Judentums) 1930
ders., „Sefär ha-jôbelôt we-ha-halakah", *Madda'ê ha-jahadût* 45, 2007/8, 3–48
Schiffman, L. H., „The Maccabean Halakhah in the Dead Sea Scrolls and the Biblical Tradition", *Dead Sea Discoveries* 13, 2006, 348–361
Segal, M., *The Book of Jubilees, Rewritten Bible, Redaction, Ideology and Theology*, Leiden 2006

https://doi.org/10.1515/9783110650327-012

5 Philon von Alexandrien (1. Hälfte 1. Jh. n. Chr.)

Rechtsgeschichtliche Fragestellungen haben in der Philo-Forschung selten Eingang gefunden. Das umfangreiche Schrifttum zu Philo enhthält dementsprechend wenig Einschlägiges.

5.1 Editionen

Cohn, L./Wendland, P., *Philonis Alexandrini Opera quae supersunt*. Editio maior, Berlin I–VII 1896–1930, 2. 1962; id., Editio minor, I–VI 1886–1915.

Heinemann, I./Adler, M./Theiler, W., *Philo von Alexandria. Die Werke in deutscher Übersetzung*, Berlin I–VI 1909–1938 (2. Aufl. 1962); Bd. VII 1964.

Colson, F. H./Whitaker, G. H./Marcus, R., *Philo. Works. Greek text and English translation*, London (Loeb Classical Library (Hg.), I–X (XII) 1929–1953

Arnaldez, R./Pouilloux, J./Mondésert, C. (Hg.), *Les oeuvres de Philon d'Alexandrie* (gr.-frz.), 36 Bde., Paris 1961–1992.

5.2 Hilfsmittel

Borgen, P./Fuglseth, K./Skarsten, R., *The Philo Index. A Complete Greek Word Index to the Wrtitings of Philo of Alexandria*, Grand Rapids 2000

5.3 Sekundärliteratur (Auswahl)

Belkin, S., *Philo and the Oral Law*, Cambridge/Mass. 1940

Berthelot, K., *Philanthropia judaica. Le débat autour de la „misanthropie" des lois juives dans l'Antiquité*, Leiden/Boston 2003

Borgen, P., *Philo of Alexandria, An Exegete for His Time*, Leiden 1997

Calabi, F., *God's Acting, Man's Acting, Tradition and Philosophy in Philo of Alexandria*, Leiden 2008

Feldman, L. H., *Philo's Portrayal of Moses in the Context of Ancient Judaism*. Notre Dame 2007

Gilat, Y. D., „The Sabbath and its laws in the world of Philo", in: Link-Salinger, Ruth (Hg.), Torah and Wisdom; Studies in Jewish Philosophy, Kabbalah and Halacha. Essays in *Honor of Arthur Hyman*, New York 1992, 61–73

Konradt, M., „Torah und Naturgesetz, Interpretario graeca und universaler Geltungsanspruch der MoseTorah bei Philo von Alexandrien", in: Konradt, M./Schwinges, R. Chr. (Hg.), *Juden in ihrer Umwelt – Akkulturation des Judentums in Antike und*

https://doi.org/10.1515/9783110650327-013

Mittelalter; Basel (Eine Publikation der Interfakultären Forschungsstelle für Judaistik der Universität Bern), 2009, 87–112

Leonhardt-Balzer, J., „Priests and priesthood in Philo, could he have done without them?“ in: Schwartz, D. R./Weiss, Z. (Hg.), *Was 70 CE a Watershed in Jewish History?* Leiden 2012, 127–153

Dies., *Jewish Worship in Philo of Alexandria*, Tübingen 2001

Niehoff, M., *Jewish Exegesis and Homeric Scholarship in Alexandria*, Cambridge/New York 2011

Pearce, S., „Philo of Alexandria on the second commandment“, in: Peace, S. (Hg.), The image and its prohibition in Jewish *antiquity*, Leiden 2013, 49–76

Regev, E./Nakman, D, „Josephus and the Halakhah of the Pharisees, the Sadducees and Qumran“, Zion 67, 2002/3, 401–433 (hebr.)

Ders., „From Qumran to Alexandria and Rome, Qumran Halakhah in Josephus and Philo“, in: Baumgarten, A. I. etc. (Hg.), *Halakha in Light of Epigraphy*, Göttingen 2011, 43–63

Rhodes, J. N., „Diet und Desire. The Logic of the Dietary Laws According to Philo“, Ephemerides Theologicae Lovanienses 79, 2003, 122–133

Seland, T., *Establishment Violence in Philo and Luke. A Study of Non-Conformity to the Torah and Jewish VigilAnt Reactions*, Leiden 1995

Termini, Cr., „Taxonomy of Biblical Laws und philotechnía in Philo of Alexandria, A Comparison wich Josephus and Cicero“, The Studia Philonica Annual 16, 2004, 1–29

Weber, R., *Das „Gesetz“ bei Philon von Alexandrien und Flavius Josephus. Studien zum Verständnis und zur Funktion der Thora bei den beiden Hauptzeugen des hellenistischen Judentums*, Frankfurt 2001

5.4 Die rechtsgeschichtlich relevanten Texte

(01) *De specialibus legibus*

Daniel, S., „La Halacha de Philon selon le premier livre des lois spéciales“, in: *Philon d'Alexandrie*, Bd. 1 Paris 1967, 221–240

1,136 Erstgeburt

Brin G., The Firstling of Unclean Animals, JQR 68,1977/8,1–15

2,63 f, Zwei Grundgebote

3,34–36 Sexualethik

Francis M., „Wasted Seed and Sins of Intent, Sexual Ethics in De Specialibus Legibus 3.34–36 in the Case of Infertile Marriage“, The Studia Philonica Annual 27, 2015, 27–52

4,90 ff zu Gen 2,16 f

4,94 f.155, Priesterabgaben; Torah und Natur

4,132–135, Dekalog – Einzelgesetze
4,136–142, Einprägung der Gerechtigkeit
4,140 f, Ehrfurcht vor dem „ungeschriebenen Gesetz"
4,143–149, Nicht Zufügen, nicht Wegnehmen
4,149 ff (nochmals,) das ungeschriebene Gesetz

(02) *Hypothetica* 7,1–9 (Gesetzesepitome)

In Fragmenten erhalten bei Eusebius Praep. 8,5,11–8,6,9; 8,7.1–8,8,20; 8,11,1–18

Sterling, G. E., „Was there a Common Ethic in Second Temple Judaism?", in: Collins, J. J./Sterling, G. E./Clements, R. A. (Hg.), *Sapiential Perspectives, Wisdom Literature in Light of the Dead Sea Scrolls*, Leiden 2004, 71–94

(03) *De virtutibus*

Wilson, Walter, *Philo of Alexandria, On Virtues, Introduction, Translation, and Commentary*, Leiden 2011, 1–50

Wilson, W. T., „Pious Soldiers, Gender Deviants, and the Ideology of Actium, Courage and Warfare in Philo's De Fortitudine", The Studia Philonica Annual 17, 2005, 1–32
51–174 Umweltverhältnis

Berthelot, K., *Philanthropia judaica*. 2003
82–87, Zins
88 Lohnarbeiter – Lohn
89 Gläubiger- Pfändung
90–94 Felldecken
93 f Kosmos
95 Priesterzehnt
96 Entlaufenes Vieh
97–100 Festkalender
102–104 Proselyten
105–108 Haltung zu Wirtsvölkern
109 Haltung gegen Feinde
110–115 Die schöne Kriegsgefangene
116–120 Esel eines Feindes
121–124 Dienstpersonal und Sklaven

(04) *De ebrietate*
34 Elterngebot
193–197 Recht und Sitte zur Vermeidung von Differenzen

(05) *De migratione Abrahami*

88 ff Gegen eine nur metaphorische Auffassung der Mosegesetze

(06) *De mutatione nominum*

26 ff Der „Mensch Gottes“ (Der Israelit als Repräsentant des Kosmos)

(07) *De praemiis et poenis/De exsecrationibus*

1–3 Pentateuch-Resümee

(08) *De somniis*

2,78 f Politische Philosophie

(09) *De vita Mosis*

Goodenough, E. R., „Philo's Exposition of the Law and his De vita Mosis“, Harvard Theological Review 26, 1933, 109–125

(10) *De Deo*

Siegert, F. (Hg., Übers., Komm.), *Philon von Alexandrien, Über die Gottesbezeichnung „wohltätig verzehrendes Feuer“* Tübingen 1988

(11) *De fortitudine*

Wilson, W. T., „Pious Soldiers, Gender Deviants, and the Ideology of Actium, Courage and Warfare in Philo's De Fortitudine“, The Studia Philonica Annual 17, 2005, 1–32

(12) *De decalogo*

Svebakken, H., *Philo of Alexandria's Exposition on the Tenth Commandment*, Atlanta 2012

Rogers, T. A, „Philo's Universalization of Sinai in De Decalogo 32–49“, Studia Philonica Annual 24, 2012, 85–106

6 Die (nichtbiblischen) Qumran-Texte (Dead Sea Scrolls)

In 11 Höhlen in der Umgebung der Khirbet Qumran wurden einige mehr oder weniger vollständige Schriftrollen und v. a. Fragmente von ursprünglich ca. 800 Rollen gefunden (1Q–11Q +Nummer), die meisten auf Leder geschrieben, wenigere auf Papyrus.

Rechtsgeschichtlich von Bedeutung ist ausser den biblischen Büchern (s. o. Nr. 1) eine Anzahl von Texten mit Vorschriften, denen offenbar hohe Autorität zugeschrieben wurde und die z. T. (11Q19 Tempelrolle) sogar explizit als offenbarte Torah an Mose etikettiert worden sind.[1]

6.1 Gesamtausgaben

Tov, E., *The Dead Sea Scrolls Electronic Library*. Incorporating *The Dead Sea Scrolls Reader*, 2006

The Dead Sea Scrolls Electronic Library, Vol. 2, *Biblical Scrolls*, hg. von Parry D. W./Skinner A. C., 2015 [Derzeit bestes Arbeitsmittel]

DJD: *Discoveries in the Judean Desert*, 1955 ff. Relevante Bände:

Bd. 1, Barthélemy D./Milik J. T., *Qumran Cave 1*, 1955; 2. Aufl. 1964

Bd. 3, Baillet, M./Milik, J. T./de Vaux R., *Les «Petites grottes» de Qumran*. Exploration de la falaise, les grottes 2Q, 3Q, 5Q, 6Q, 7Q à 10Q, le rouleau de cuivre, I–II, 1962

Bd. 7, Baillet, M., *Qumran grotte IV.3* (4Q 482–4Q 520), 1982

Bd. 13, Tov, E., *Qumran Cave 4 VIII, Parabiblical Texts*, Part 1, 1995

Bd. 19, Tov, E., *Qumran Cave 4 XIV, Parabiblical Texts*, Part 2, 1995

Bd. 28, Gropp, D. M., *Wadi Daliyeh II. The Samaria Papyri from Wadi Daliyeh*. Bernstein, M. (u. a.), *Qumran Cave 4. xxviii, Miscellanea*, part 2, 2001.

Bd. 31, Puech, É., *Qumrân grotte 4.xxii, Textes araméens*. Première partie. 4Q 529–549, 2001

Bd. 35, Baumgarten, J. M. etc., *Qumran Cave 4 xxv, Halakhic Texts*, 1999

Bd. 36, Pfann, St. J., Cryptic Texts. Alexander, Ph. Etc., *Miscellanea* part I, 2000

Bd. 38, Charlesworth, J. etc., *Miscellaneous Texts from the Judean Desert*, 2000

García Martinez, F./Tigchelaar, E. J. C. (Hg., Übers.), *The Dead Sea Scrolls*. Study Edition, 2 Bde., 1998; als Paperback mit Korrekturen, 1999

1 Alexander, Ph. S., „Textual authority and the problem of the biblical canon at Qumran“, in: Feldman, A./Hempel, Ch. (Hg.), *Is There a Text in this Cave? Studies in the Textuality of the Dead Sea Scrolls in Honour of George J. Brooke*. Leiden 2017, 42–68.

https://doi.org/10.1515/9783110650327-014

Lohse, E., *Die Texte aus Qumran*, hebräisch und deutsch, Göttingen 1964; Bd. 2: Steudel, A., *Die Texte aus Qumran. Hebräisch/Aramäisch und Deutsch*, 2001

6.2 Übersetzungen

Maier, J,, *Die Qumran-Essener, Die Texte vom Toten Meer*, München, Bd. 1: *Die Texte der Höhlen 1–3 und 5–11, 1995*; Bd. 2: *Die Texte der Höhle 4*, 1995; Bd. 3: *Zeitrechnung, Register und Bibliographie*, 1996

Parry, D. W./Tov, E., *The Dead Sea Scrolls Reader*, Bd. 1, *Texts Concerned with Religious Law*, 2004 [Auch in *The Dead Sea Scrolls Electronic Library*]

Wise, M. O./Abegg, M. G./Cook, *The Dead Sea Scrolls, A New Translation*. Revised and updated San Francisco 2005

6.3 Hilfsmittel

The Orion Center for the Study of the Dead Sea Scrolls http,//orion.mscc.huji.ac.il/ [umfangreiche Informationen und Bibliographie]

Abegg, M. u. a. (Hg.), *The Dead Sea Scrolls Concordance*, Leiden 2003; 2006; 2015

Lim, T. H./Collins, J. J., *The Oxford Handbook of the Dead Sea Scrolls*, Oxford 2010

Schiffman, L. H./VanderKam, J. C. (Hg.), *Encyclopedia of the Dead Sea Scrolls*, New York/Oxford, 2 Bde., 2000

6.4 Sekundärliteratur (Auswahl)

Baumgarten, J. M., „The Cave 4 Versions of the Qumran Penal Code“, Journal of Jewish Studies 43, 1992, 268–276

Bergmeier, R., *Die Qumran-Essener-Hypothese*, Neukirchen 2013

Crawford, S. White, „Interpreting the Pentateuch Through Scribal Processes, The Evidence from the Qumran Manuscripts“, in: Müller, R./Pakkala, J. (Hg.), *Insights into Editing in the Hebrew Bible and the Ancient Near East*, Leuven/Paris (Contributions to Biblical Exegesis & Theology 84) 2017, 58–80

Czajkowski, K., „Lost and Stolen Property at Qumran“, Journal for the Study of Judaism 47, 2016, 88–103

Furstenberg, Y., „Hilkôt šabbat b^{e}-Qûmra'n. Shabbat Laws in Qumran, Between Biblical Language and Legal Tradition“, Meghillot 13, 2014, 271–281

Harrington, H. K., „Holiness and Law in the Dead Sea Scrolls“, Dead Sea Discoveries 8, 2001, 124–135c

Hartog, P. B.,/Schofield, A./Thomas S. I. (Hg.), *The Dead Sea Scrolls and the Study of the Humanities. Method, Theory, Meaning*: Proceedings of the Eighth Meeting of

the International Organization for Qumran Studies (Munich, 4–7 August, 2013), Leiden 2018
Jassen, A. P., *Scripture and Law in the Dead Sea Scrolls*, New York 2014
Maier, J. „Der Lehrer der Gerechtigkeit", in: De Vos, J. C./Siegert, F. (Hg.), *Interesse am Judentum. Die Franz Delitzsch-Vorlesungen 1989–2008* (Münsteraner Judaistische Studien 23), Münster 2008, 72–103
Ders, „Systeme ritueller Reinheit im Rahmen sozialer Bindungen und Gruppenbildungen im Judentum des Zweiten Tempels", in: Konradt, Matthias/Steinert, Ulricke (Hg.), Ethos und Identität. Einheit und Vielfalt des Judentums in hellenistisch-römischer Zeit, 2002, 67–121
Ders., *Studien zur jüdischen Bibel und ihrer Geschichte*, Berlin 2004 [33–77: „Zur Frage des biblischen Kanons im Frühjudentum im Licht der Qumranfunde"; 79–110, „Biblical Interpretation in the Qumran Literature"; 111–124: „Pentateuch, Torah und Recht zwischen Qumran und Septuaginta".]
Ders., „Torah und Normensysteme in den Qumranschriften", in: Tiwald, M. (Hg.), *„Kein Jota vom Gesetz soll vergehen"* Zürich 2012, 35–59
Noam, V./Qimron, E., „A Qumran Composition on the Laws of the Sabbath and its Contribution to Early Halakhic History", Tarbiz 74, 2004/5, 511–546
Pouilly, Jean, „L'évolution de la législation pénale dans la communauté de Qumran", Revue Biblique 82, 1975, 522–551
Puech, Émile, „Notes sur 11Q19 lxiv 6–13 et 4Q524 14,2–4. À propos de la crucifixion dans le Rouleau du Temple et dans le Judaïsme ancien", Revue de Qumran 19 (69), 1997, 109–124
Schiffman, Lawrence H., „Miqsat maʿaseh ha-Torah and the Temple Scroll", Revue de Qumran 14 (55), 1989, 435–457
Ders., „The Pharisees and their Legal Traditions according to the Dead Sea Scrolls", Dead Sea Discoveries 8, 2001, 262–277
Ders., „The Maccabean Halakhah in the Dead Sea Scrolls and the Biblical Tradition", Dead Sera Discoveries 13, 2006, 348–361
Ders., u. a. (Hg.), The Dead Sea Scrolls Fifty Years after their Discovery, Jerusalem 2000
Schremer, A., „‚[T]he[y] Did Not Read in the Book', Qumran and the Emergence of Torah Study in Ancient Judaism", in: Goodblatt, D./Pinnick, A./Schwartz, D. R. (Hg.), *Historical Perspectives. From the Hasmoneans to Bar Kokhba in Light of the Dead Sea Scrolls*, Leiden 2001, 105–126
Shemesh, A., „The Scriptural Background of the Penal Code in the Rule of the Community and Damascus Document", Dead Sea Discoveries 15, 2008, 191–224
Stökl Ben Ezra, D., *Die Texte vom Toten Meer und das antike Judentum*, Tübingen 2016
Tervanotko, H., „Reading God's Will? Function and Status of Oracle Interpreters in Ancient Jewish and Greek Texts", Dead Sea Discoveries 24, 2017, 424–444
Wassen, C., *Women in the Damascus Document*, Leiden 2005
Weinfeld, M., *The Organizational Pattern and the Penal Code of the Qumran Sect*, Fribourg/Göttingen 1986

6.5 Texte

(01) Die Tempelrolle *11Q19;* 11Q 20 B; 4Q 524 = 4QRouleau du Temple].

Yadin, Y., *The Temple Scroll*, 3 Bde., 1983 [Erstedition]

Qimron, E., *The Temple Scroll. A Critical Edition with Extensive Reconstructions*, Beer Sheva 1996

Maier, J., *Die Tempelrolle vom Toten Meer und das „Neue Jerusalem“*, 3. Auflage, München 1997

Steudel, A., *Die Texte aus Qumran*, Bd. 2, Göttingen 2001, 1–157

(02) Damaskusschrift/Zadokite Document. CD + 4Q266–273 4Q512

Baumgarten, J. M., *Qumran Cave 4 XIII. The Damascus Document (4Q 266–273)* (DJD 18), 1996

Charlesworth, J. H. etc., *Damascus Document, War Scroll, and Related Documents*, Tübingen 1995

Charlesworth, J. H. etc., *Damascus Document II, Some Works of the Torah, and Related Documents*, Tübingen 2006

Hamidovič, D., „Le catalogue des transgressions dans ‚l’Écrit de Damas‘ comme définition d’une éthique dans le judaïsme ancien“ in: Durand, J.-M. etc. (Hg.), *Tabou et transgressions*, Fribourg 2015, 259–272

Hempel, Ch., „4QOrda (4Q159) and the Laws of the Damascus Document“, in: Schiffmann, L. H./Tov E. (u. a., Hg.), *The Dead Sea Scrolls Fifty Years after their Discovery*, Jerusalem 2000, 372–376

Dies., *The Qumran Rule Texts in Context. Collected Studies*, Tübingen 2013

Zahn, M. M., „’Torah for ‚The Age of Wickedness‘, The Authority the Damascus and Serekh Texts in Light of Biblical and Rewritten Traditions“, Dead Sea Discoveries 20, 2013, 410–432

(03) Rule of the Community. 1QSerek. 1QS
1QS + 4Q255–4Q264 = 4QSa-j + 5Q11 = 5QS

Alexander, Ph. S./Vermes, G., *Qumran Cave 4 XIX, Serekh ha-yaḥad and Two Related Texts*, Oxford (DJD 26) 1998

Charlesworth, J. H., *Rule of the Community and Related Documents*, Tübingen 1994

Grossman, M. L., „Community Rule or Community Rules“, in: Person R. F./Rezetko, R. (Hg.), *Empirical Models Challenging Biblical Criticism*, Atlanta 2016, 303–330

Hempel, Ch., *The Qumran Rule Texts in Context. Collected Studies*, Tübingen 2013

Leonhardt-Balzer, J., „Israel and the Community in Paul (Rom 9–11) and the Rule Texts from Qumran“, in: Rey, J.-S. (Hg.), *The Dead Sea Scrolls and Pauline Literature*. Leiden 2014, 277–294

Moynihan G., Y., *Civic Ideology, Organization, and Law in the Rule Scrolls. A Comparative Study o the Covenanters' Sect and Contemporary Voluntary Associations in Political Context*, 2011

Zahn, M. M., a. a. O. (s. o. 02: CD)

(04) 2Q25 = Juridical Text [Nur 2 Fragmente]

(05) 4QOrdonnances

4QOrda 4Q159 (DJD V,6–9); 4QOrdb 4Q513 (DJD 7, 287–295); 4QOrdc) 4Q514 (DJD 7, 295–298)

Schiffman, L. H., „4QOrdinancesa.b“, in: Charlesworth, J. H. (Hg.), *The Rule of the Community and Related Documents*, Tübingen 1994, 145–175

Hempel, Ch., „4QOrda (4Q159) and the Laws of the Damascus Document“, in: Schiffmann, L. H./Tov, E. (Hg.), *The Dead Sea Scrolls Fifty Years after their Discovery*, Jerusalem 2000, 372–376

(06) 4Q249 = 4Qpap cryptA Midrash Sefer Moshe. DJD 35, 1–24

Dead Sea Discoveries 21, 2014, 131–149

Pfann, St. J., „4Q 249 Midrash Sefer Moshe“, in: Bernstein M. J. (u. a.), *Legal Texts and Legal Issues*. FS Joseph M. Baumgarten, Leiden 1997, 11–18

Ders., „Historical Implications of the Early Second Century Dating of the 4Q249–250 Cryptic A Corpus“, in: Chazon, E. etc. (Hg.), *Things Revealed, Studies in Early Jewish and Christian Literature in Honor of Michael E. Stone*, Leiden 2004, 171–186

(07) 4Q251 = 4QHalakha[a]/ 4QMishpatim. DJD 35, 25–51

Charlesworth, J. H./Claussen, C., „Halakah A. 4Q251“, Tübingen 2006, 271–285

Doering, L., *Schabbat, Sabbathalacha und -praxis im antiken Judentum und Urchristentum*, Tübingen 2000, 215–255

Shemesh, A., „4Q251, Midrash Mishpatim“, Dead Sea Discoveries 12, 2005, 280–302

Ders., „The Laws of Incest in the Dead Sea Scrolls and the History of Halakhah“, Sidra 24–25, 2010, 441–457

(08) 4Q264A = 4QHalakhab Vgl. 4Q421. DJD 35, 53–56

Charlesworth, J. H./Claussen, C., „Halakah B. 4Q 264a“, in: J. H. Charlesworth, *The Dead Sea Scrolls*, Tübingen 2006, 286–289
Hidary, R., „Revisiting the Sabbath Laws in 4Q264a and Their Contribution to Early Halakha“ Dead Sea Discoveries 22, 2015, 68–92
Noam, V./Qimron, E., „A Qumran Composition on the Laws of the Sabbath and its Contribution to Early Halakhic History“, Tarbiz 74, 2004/5, 511–546 (hebr.)
Tigchelaar, E. J. C., „More on 4Q264A (4Qhalakha A or 4QWays of Righteousness)“, Revue de Qumran 19 (75), 2000, 453–456

(09) 4Q265 = 4QSD, 4QMiscellaneous Rules. DJD 35, 57–78

Baumgarten, J. M./Novakovic, L., „Miscellaneous Rules. 4Q265“, in: Charlesworth, J. H. (Hg.), *The Dead Sea Scrolls*, Tübingen 2006, 253–269
Metso, S., *The Serekh Texts*, London 2007, 51–62
Shemesh, A., „4Q265 and the Book of Jubilees“ Zion 73, 2008/9, 5–20 (hebr.),
Ders., „Scriptural Background of the Penal Code in the Rule of the Community and Damascus Document“, Dead Sea Discoveries 15, 2008, 191–224
Wertet, I., „A Scroll in One Hand and a Mattock in the Other, Latrines, Essenes, and Khirbet Qumran“ Revue de Qumran 23 (92), 2008, 475–489

(10) 4Q284a = 4QLeqet/4Q Harvesting. DJD 35, 131–133

Charlesworth, J. H./Claussen, C., *Harvesting. 4Q284,*Tübingen 2006, 295–297

(11) 4Q421 Sabbath laws. Vgl. 4Q264a. DJD 20, 183–202; Dead Sea Discoveries 35, 3–56

Doering, L., *Schabbat, Sabbathalacha und -praxis im antiken Judentum und Urchristentum*, Tübingen 2000, 215–255
Elgvin, T., „Wisdom and Apocalypticism in the Early Second Century BCE“, in: Schiffmann, L. etc. (Hg.), *The Dead Sea Scrolls Fifty Years after their Discovery*, Jerusalem 2000, 226–247

Goff, M. J., *Discerning Wisdom, The Sapiential Literature of the Dead Sea Scrolls*, Leiden 2007 (ch. 5–6)
Hamidovic, D., „4Q279, 4Qfour Lots, une interprétation du Psaume 135 appartenAnt à 4Q421, 4Qways of Righteousness“, Dead Sea Discoveries 9, 2002, 166–196
Noam, V., „A Qumran Composition of Sabbath Laws and Its Contribution to the Study of Early Halakah“, Dead Sea Discoveries 16, 2009, 55–96
Tigchelaar, E. J. C., „Sabbath Halakhah and Worship in 4Q421 11 and 13+2+8 Par 4Q264a 1–2“, Revue de Qumran 18 (71), 1998, 359–372

(12) 4Q477 = 4Q Rebukes Reported by the Overseer (früher 4QDec). DJD 36, 474–483

Eshel, E., „4Q477, The Rebukes by the Overseer“, Journal of Jewish Studies 45, 1994, 111–122

(13) 4Q502 = 4QpapRitMar. Rituel de mariage. DJD 7, 81–105

Grossman, M., „Reading for Gender in the Damascus Document“, Dead Sea Discoveries 11 ,2004, 212–239
Regev, E., „Cherchez les femmes. Were the yahad Celibates?“, Dead Sea Discoveries 15, 2008, 253–284

(14) 4QMMT [4Q394;-4Q399; 4Q313]

Qimron, E./Strugnell, J., *Qumran Cave 4.V, Miqṣat Maʿase ha-Torah*, Ocford (DJD 10) 1994
Qimron, E., *Some Works of the Torah. 4Q294–4Q299* (= 4QMMTa-f) and 4Q213, Tübingen 2006, 187–251 (234–251, Composite Text)
Sussman, Y., „The History of Halakhah and the Dead Sea Scrolls. Preliminary Observations on Miqsat Maʿase Ha-Torah (4QMMT)“ Tarbiz 59, 1989/90, 11–76 (hebr.),
Grabbe, L. L., „4QMMT and Second Temple Jewish Society“, in: Bernstein u. a., *Legal Texts* 89–108
Kampen, J./Bernstein, M. J. (Hg.), *Reading 4QMMT, New Perspectives on Qumran Law and History*, Atlanta 1996
Hempel, Ch., „The Laws of the Damascus Document and 4QMMT“, in: Baumgarten, J. M./Chazon, G. E./Pinnick, A. (Hg.), *The Damascus Document, Leiden* 2000, 69–84

Schwartz, D. R., „Law and Truth, On Qumran-Sadducean and Rabbinic Views of Law", in: Dimant, D./Rappaport U. (Hg.), *The Dead Sea Scrolls. Forty Years of Research*, Leiden 1992, 229–240

(15) 5Q13 = 5QRule. DJD 3, 181–183, 210–211

Kister, M., „5Q13 and the ʿAvodah, A Historical Survey and its Significance", Dead Sea Discoveries 8, 2001, 135–148
Metso, S., *The Serekh Texts*, London 2007 [61 f]

(16) Ostrakon 1 Schenkungs- oder Abtretungsurkunde. DJD 36, 497–507

Callaway, Ph. R., „A Second Look at Ostracon No. 1 from Khirbet Qumran", The Qumran Chronicle 7, 1997, 145–170
Cross, F. M./Eshel, E., „Ostraca from Khirbet Quman", Israel Exploration Journal 47, 1997, 17–28
Doudna, G., „Ostraca KhQ1 and KhQ2 from the Cemetary of Qumran. A New Edition", Journal of Hebrew Scriptures 5, 2004, Article 5 http://www.arts.ualberta.ca/JHS/Articles/article_35.htm (2004)
Yardeni, A., „A Draft of a Deed on an Ostracon from Khirbet Qumran", Israel Exploration Journal 47, 1997, 233–237

7 Josephus

7.1 Ausgaben und Übersetzungen

http,/www.perseus.tufts.edu
http,//www.earlychristianwritings.com/josephus.html

Niese, Benedikt, *Flavii Josephi Opera*, 6 Bde. Berlin 1888–1895

Josephus in Nine Volumes,, Cambridge, Mass (The Loeb Classical Library),

I	Thackeray H. St. J., *The Life. Against Apion*, 1956, 1976
II–III	Thackeray H. St. J., *The Jewish War*, Bd. 1: Books i–III; Bd 2: Books iv–vi, 1956; 1967
IV	Thackeray H. St. J., The *Jewish Antiquities* i–iv, 1930, 1957, 1961, 1967
V	Thackeray, H. St. J./Marcus, R., *The Jewish Antiquities* v–viii, 1934, 1956, 1958, 1966
VI	Thackeray, H. St. J./Marcus, R., *The Jewish Antiquities* ix–xi, 1966
VII	Marcus, R., *The Jewish Antiquities* xii–xiv, 1943, 1957, 1961, 1968
VIII	Marcus, R., *The Jewish Antiquities* xv–xvii, 1963, 1968
IX	Feldman, L. H., *The Jewish Antiquities* xviii–xx, 1965, 1969

7.2 Hilfsmittel

Schreckenberg, H., *Bibliographie zu Flavius Josephus*, Leiden (ALGJJ 1) 1968; Supplement mit Gesamtregister, Leiden 1979
Thackeray, H. St. J./Marcus, R., *A Lexicon to Josephus*, I–IV, Paris 1930–1955
Rengstorf, K. H. (Hg.), *A complete Concordance to Flavius Josephus*, 4 Bde., Leiden 1973–1983; Schalit A., *Namenbuch zu Flavius Josephus* 1968 (Nachdruck aller 5 Bände in 2, Leiden 2002)

7.3 Sekundärliteratur (Auswahl)

Altschuler, D.,“ On the Classification of Judaic Laws in the Antiquities of Josephus and the Temple Scroll of Qumran“, Association of Jewish Studies Review 7–8, 1983, 1–14
Amir, Y., „Josephus on the Mosaic ‚constitution‘“, in: Reventlow, Graf Henning/ Hoffman, Y./Uffenheimer, B. (Hg.), *Politics and Theopolitics in the Bible and Post-biblical Literature*, Sheffield 1994, 13–27
Avioz, M., „Minhagê mawät, qebûrah wa-ʾäbäl be-kitbê Jôsef bän Mattitjahû“, Qatedrah 152, 2013, 7–36

https://doi.org/10.1515/9783110650327-015

Barclay, J. M. G., „Snarling Sweetly, Josephus on Images and Idolatry“, in: Barton, Stephen C. (Hg), *Idolatry, False Worship in the Bible, Early Judaism and Christianity*, London 2007, 73–87

Bloch, R., “Moïse chez Flavius Josèphe, un exemple juif de littérature héroïque“, in: Borgeaud, Philippe etc. (Hg.), *Interprétations de Moïse, Égypte, Judée, Grèce et Rome*, Leiden 2010, 85–102

Castelli, S., „Josephan halakhah and the Temple Scroll, questions of sources and exegetic traditions in the laws of purity“, Henoch 24, 2002, 331–341

Damgaard, F., „Brothers in Arms, Josephus' Portrait of Moses in the ‚Jewish Antiquities‘ in the Light of His Own Self-Portrait in the ‚Jewish War‘ and the ‚Life‘“, Journal of Jewish Studies 59, 2008, 218–235

Daube, D., „Über die Umbildung biblischem Rechtsgutes“, in: *Symbolae Friburgenses in honorem Ottonis Lenel,* Leipzig 1933, 245–258

Ders., „Josephus on Suicide and Liability of Depositee“, Juridical Review 9, 1964, 212–224

Ders., „Three Legal Notes on Josephus After His Surrender“, Law Quarterly Review 93, 1977, 191–194

Feldman, L. H., „Use, Authority and Exegesis of Mikra in the Writings of Josephus“, in: Mulder, M. J. (Hg.), *Mikra*, Assen (CRINT) 1988, 455–518

Ders., „Josephus' Portrait of Moses“. Part I–III, in: Jewish Quarterly Review 82, 1991/2, 285–328; 83,1992/3, 7–50.301–330

Ders., „The Command, according to Philo, Pseudo-Philo, and Josephus, to Annihilate the Seven Nations of Canaan“, Andrews University Seminary Studies 41, 2003, 13–29

Ders., *‚Remember Amalek!‘. Vengeance, Zealotry, and Group Destruction in the Bible according to Philo, Pseudo Philo, and Josephus*, Cincinnati/New York 2004

Ders.,“ The Levites in Josephus“, Henoch 28,2, 2006, 91–101

Ders., „The Case of the Blasphemer (Lev. 24,10–16) according to Philo and Josephus“, in: LiDonnici, Lynn/Lieber, Andrea (Hg.), *Heavenly Tablets*, Leiden 2007, 213–222

Ders., „Josephus' View of the Amalekites“, in: Pomykala, Kenneth E. (Hg.), *Israel in the Wilderness, Interpretations of the Biblical Traditions in Jewish and Christian Narratives*, Leiden 2008, 89–115

Gibbs, J. G./Feldman, L. H., „Josephus' Vocabulary for Slavery“, Jewish Quarterly Review 76, 1985/6, 281–310

Goldenberg, D., „The Halakhah in Josephus and in Tannaitic Literature“, Jewish Quarterly Review 67, 1976/7, 30–43

Grimm, W., „Die Preisgabe eines Menschen zur Rettung des Volkes. Priesterliche Tradition bei Johannes und Josephus“, in: Betz, O. etc. (Hg.), *Josephus-Studien O. Michel zum 70. Geburtstag*, Göttingen 1974, 133–146

Grojnowski, D., „Can a Body Change? Josephus's Attitude to Circumcision and Conversion“, in: Taylor, J. E. (Hg.), *The Body*, London/Bloomsbury 2014, 165–183

Gussmann, O., *Das Priesterverständnis des Flavius Josephus*, Tübingen 2008

Hankoff, L. D., „The Theme of Suicide in the Works of Flavius Josephus", Clio Medica 11,1, 1975, 15–24

Hansen, D. U.„Nomothetes und Politeuma, Josephus' Präsentation des jüdischen Glaubens in Contra Apionem II 125–189", in: Böttrich, Chr./Herzer J. (Hg.), *Josephus und das Neue Testament*, Tübingen 2007, 527–533

Höffken, P., „Bekehrung von Nichtjuden als (Nicht-)Thema bei Flavius Josephus", Theologische Zeitschrift 57, 2001, 391–401

Inowlocki, S., „‚Neither Adding nor Omitting Anything'. Josephus' Promise not to Modify the Scriptures in Greek and Latin Context", Journal of Jewish Studies 56, 2005, 48–65

Kasher, A., „Josephus in Praise of Mosaic Laws on Marriage (Contra Apionem II,199–201)", in: Perani, M. (Hg.), *„The Word of the Wise Man's Mouth are Gracious" (Qoh 10,12). Festschrift for Günter Stemberger on the Occasion of his 65th Birthday*, Berlin 2005, 95–108

Kirner, G. O., *Strafgewalt und Provinzialherrschaft. Eine Untersuchung zur Strafgewaltspraxis der römischen Statthalter in Judäa (6–66 n. Chr.)*, Berlin 2004 [363 ff.: Liste der Josephus-Stellen.]

Krause, A. R., *Synagogues in the Works of Flavius Josephus. Rhetoric, Spatiality, and First-Century Jewish Institutions*, Leiden 2017

Lanfranchi, P., „Miainein ton naon, il motivo della contaminazione del tempio nella Guerra Giudaica di Flavio Giuseppe", Materia giudaica 6,2, 2001, 249- 257

Lebram, J. H. C., „Der Idealstaat der Juden", in: Betz, O. etc. (Hg.), (Hg.), Josephus-Studien O. Michel zum 70. Geburtstag, Göttingen 1974, 233–253

Leiman, S. Z., „Josephus and the Canon of the Bible", in: Feldman, L. H. – Hata, G. (Hg.), *Josephus, the Bible, and History*, Detroit 1989, 50–58

Maier, J., „Amalek in the Writings of Josephus", in: Parente, F./Sievers, J. (Hg.), *Josephus and the History of the Greco-Roman Period. Essays in Memory of Morton Smith*, Leiden 1994, 109–126

Mandel, P., „Scriptural exegesis and the Pharisees in Josephus", Journal of Jewish Studies 58, 2007, 19–32

Mason, St./Kraft, R. A. L, „Josephus on Canon and Scripture", in: Saeboe, M. (Hg.), *Hebrew Bible. Old Testament, Göttingen, Part 1, Antiquity*, Göttingen 1996, 217–223

Mason, St., „Josephus and his twenty-two book canon", in: McDonald, L. M./Sanders, J. A. (Hg.), *The Canon Debate*, Peabody, Mass. 2002, 110–127

Nakman, D., „Josephus and Halacha", in: Chapman, H. H./Rodgers, Z. (Hg.), *A Companion to Josephus*, Oxford 2016, 282–292

Nikiprowetzky, V.: „Quelques observations sur la répudiation de l'esclavage par les Thérapeutes et les Esséniens d'après les notices de Philon et de Flavius Josèphe", in: *L'interprétation rabbinique et ses méthodes. Mélanges à la mémoire de Marcel-Henri Prévost*, Paris 1982, 229–271

Noam, V., „Josephus and Early Halakhah, The Exclusion of Impure Persons from Holy Precinct", in: Maeir, A. M./Magness, J./Schiffman, L. H. (Hg.)_ ‚*Go Out and Study the Land' (Judges 18,2), Archaeological, Historical and Textual Studies in Honor of Hanan Eshel*, Leiden 2011, 133–146

Olitzki, M., „Der jüdische Sklave nach Josephus und der Halacha", Magazin für die Wissenschaft des Judentums 16,1889,73–83

Ders., „Rituelle und judizielle Fälle bei Flavius Josephus", Israelitische Monatsschrift 1887, nr.1,4,7

Ders., *Josephus und die Halacha, I. Einleitung. Die Opfer*, Berlin 1885,59 (Magazin für die Wissenschaft des Judentums 1889)

Ders., „Josephus und die Halacha II. Die Einkünfte der Leviten und Priester", Magazin für die Wissenschaft des Judentums 16,1889.169–182

Ossandón Widow, J. C., *The Origins of the Canon of the Hebrew Bible. An Analysis of Josephus and 4 Ezra*, Leiden 2018

Piatelli, D., Conzezioni giuridiche; metodi costruittivi dei giuristi orientali, Milano 1981,194

Pietrkowski, M. „Theokratie am Extrem, Die Auflösung der Formen jüdischer Staatlichkeit und die Genese der 4. Philosophie, Trumah 18, 2009, 228–237

Rabello, A. M., „Divorce in Josephus", in: Rappaport, U. (Hg.), *Josephus Flavius*, Jerusalem 1982, 149–164

Regev, E./Nakman, D., „Josephus and the Halakhah of the Pharisees, the Sadducees and Qumra'n", Zion 67, 2002/3, 401–433 (hebr.)

Ders., „From Qumran to Alexandria and Rome, Qumran Halakhah in Josephus and Philo", in: Baumgarten, A. I./Eshel, H./Katzoff, R./Tzoref, Sh. (Hg.), *Halakha in Light of Epigraphy,* Göttingen 2011, 43–63

Rhodes, J. N.,, Diet und Desire. The Logic of the Dietary Laws According to Philo", Ephemerides Theologicae Lovanienses 79, 2003, 122–133

Reinhartz, A., „Josephus on Children and Childhood", Studies in Religion"/Sciences Religieuses 41, 2012, 364–375

Rodgers, Z., „Josephus' ‚Theokratia' and Mosaic Discourse, The Actualization of the Revelation at Sina"i, in: Brooke, G. J./Najman, H./Stuckenbruck, L. T. (Hg.), *The Significance of Sinai*, Leiden 2008, 129–148

Schiffman, L. H., „Proselytism in the Writings of Josephus, Izates of Adiabene in Light of the Halakhah", in: Rappaport, U. (Hg)., *Josephus Flavius*, Jerusalem 1982, 247–265

Schröder, B., *Die „väterlichen" Gesetze. Flavius Josephus als Vermittler von Halacha an die Griechen und Römer*, Tübingen 1996

Schuller, E., „Flavius Josephus und die Entstehung des Kanons Heiliger Schriften", in: Becker, E.-M./Scholz, St. (Hg.*), Kanon in Konstruktion und Dekonstruktion*, Berlin 2011, 345–362

Schwartz, D. R.,, „Josephus on the Jewish Constitutions and Community", Scripta Clasica Israelica 7,1983/4, 30–52

Schwartz, J. J. „Are the ‚halachic Temple Mount' and the ‚outer court' of Josephus one and the same? , in: Cohen, Sh. J. D./ chwartz, J. J. (Hg.), *Studies in Josephus and the Varieties of Ancient Judaism*, Leiden 2007, 207–222

Sementchenko, L., „On the two conceptions of just war in the ‚Jewish Antiquities' of Flavius Josephus", Revue des Etudes Anciennes 103, 2001, 485–495
Siegert, F., „Das Passafest bei Josephus", in: Gärtner, Judith/Schmit, Barbara (Hg.), *Exodus*, Berlin 2016, 253–268
Sievers, J, "La Torah in Flavio Giuseppe", Ricerche storico bibliche 16, 2004, 231–244
Ders., J., „Josephus' Rendering of Latin Terminology in Greek", Journal of Jewish Studies 64, 2013, 1–18
Siggelkow-Berner, B., *Die jüdischen Feste im Bellum judaicum des Flavius Josephus*, Tübingen 2011
Swoboda, S., *Tod und Sterben im Krieg bei Josephus. Die Intentionen von Bellum und Antiquitates im Kontext griechisch-römischer Historiographie*, Tübingen 2014
Von Ehrenkrook, J,, „Sculpture, Space and the Poetics of Idolatry in Josephus' Bellum Judaicum", Journal for the Study of Judaism 39, 2008, 170–191
Weber, R., *Das „Gesetz" bei Philon von Alexandrien und Flavius Josephus. Studien zum Verständnis und zur Funktion der Thora bei den beiden Hauptzeugen des hellenistischen Judentums*, Frankfurt 2001
Weiss, H., „The Sabbath in the Writings of Josephus", Journal for the Study of Judaism 29, 1998, 363–390
Weitzman, St., „Josephus on Howe to Survive Martyrdom", Journal of Jewish Studies 55, 2004, 230–245
Wilker, J., „Noble Death and Dynasty, A Popular Tradition from the Hasmonean Period in Josephus", Journal for the Study of Judaism 48, 2017, 69–91
Weyl, H., *Die jüdischen Strafgesetze bei Flavius Josephus in ihrem Verhältnis zu Schrift und Halacha. Mit einer Einleitung, Josephus über die jüdischen Gerichtshöfe und Richter*, Diss. Bern/Berlin 1900,165
Winslow Strand, K., „Moses' Cushite marriage, Torah, Artapanus, and Josephus", in: Frevel, Christian (Hg.), *Mixed Marriages, Intermarriage and Group Identity in the Second Temple Period*, New York 2011, 280–302

7.4 Rechtsgeschichtlich relevante Textstellen

(1) *Antiquitates*

Mason, St. (Hg.), *Flavius Josephus. Translation and Commentary*, Leiden 2000 ff.
Feldman, L. H., *Flavius Josephus. Judean Antiquities 1–4*, 2000
Begg, Chr. T., *Flavius Josephus. Judean Antiquilies 5–7,* Leiden 2005
Ders., Christopher T./Spilsbury, Paul, *Flavius Josephus. Judean Antiquilies 8–10*, Leiden 2005
Mason, St., *Flavius Josephus. Judean Antiquities 11*, o. J.
van Henten, J. W., *Flavius Josephus. Judean Antiquities Book 15*, 2014

Flavius Josèphe, Les Antiquités juives. Introduction et texte. Traduction et notes, Paris
Vol. 1, Nodet, E., Livres I–III, 2 Bde. 1990
Vol. 2, Nodet, E., Livres IV et V, 1995
Vol. 3, Nodet, E., Livres VI et VII , 2001
Vol. 4, Nodet, E., Livres VIII–IX, 2005
Vol. 5, Nodet, E., Livres X–XI, 2010
Moraldi, L., *Antichità giudaiche di Giuseppe Flavio*, I–II Torino 1998,1328
Vara Donado, J., *Antegüedades judías. Flavio Josefo*, I–II Madrid 1997

Altschuler, D., „On the Classification of Judaic Laws in the Antiquities of Josephus and the Temple Scroll of Qumran", *Association of Jewish Studies Review* 7–8,1983, 1–14
Tomson, P., „Les systèmes de Halakha du Contre Apion et des Antiquités", in: Siegert, F./Kalms, J. U. (Hg.), *Internationales Josephus-Colloquium Paris 2001,* Münster 2002, 194–196

Vermes, G., „A Summary of Law by Flavius Josephus", Novum Testamentum 24, 1982, 289–303

1,182 Abrahams Grundstückskauf
3,81 Mose als Gesetzgeber
3,91–92 Dekalog
3,259 Speisegesetze
3,102–213 Anweisungen für das Zeltheiligtum und die Kultgründung,
3,224–286 und 4,196–303 Kompendien von Torahgesetzen
4,218 Höchstgericht
Pearce, S., „Josephus as Interpreter of Biblical Law, The Representation of the High Court of Deut. 17,8–12 according to Jewish Antiquities 4.218", Journal of Jewish Studies 46, 1995, 30–42
13,138 ff Privilegien, jüd. Recht ausserhalb des Pentateuchs
16,42 ff Israels mosaische Torah-Verfassug, vgl. CA 2,175

(2) *Contra Apionem*

Thackeray, H.St. J., *Josephus, The Life. Against Apion*, Cambridge (The Loeb Classical Library) 1926. Nachdrucke, 1956; 1961; 1966, 1976; 2004
Barclay, J. M. G., *Flavius Josephus, Against Apion*, Leiden (Flavius Josephus. Translation and Commentary Volume 10) Leiden 2007
Siegert, F., *Über die Ursprünglichkeit des Judentums, Contra Apionem*, 2 Bde., Göttingen 2008

Bons, E., „Das Gesetz als Maßstab für Israel und seine Bedeutung für die Völker bei Flavius Josephus, ‚Contra Apionem'", in: Irsigler, H. (Hg.), *Die Identität Israels; Entwicklungen und Kontroversen in alttestamentlicher Zeit,* Freiburg 2009, 157–170
Calabi, F., *Flavio Giuseppe, Contro Apione,* Venezia 1993
Kasher, A., *Josephus Flavius, Against Apion, A New Hebrew Translation with Introduction and Commentary,* 2 Bde. Jerusalem 1996
Tomson, P., „Le système de Halakha du Contre Apion et des Antiquités", in: Siegert, F./ Kalms, J. U. (Hg.), *Internationales Josephus-Colloquium Paris 2001,* Münster 2002, 194–196

2,190–219 (Epitome des Mosegesetzes):

Carras, G. P., „Dependence or common tradition in Philo's Hypothetica VIII 6.10–7.20 and Josephus, Conta Apionem 2.190–219", Studia Philonica Annual 5, 1993, 24–47
Kasher, A., „Josephus in Praise of Mosaic Laws on Marriage (Contra Apionem, II, 199–201)", in: Perani, M. (Hg.), *„The Word of the Wise Man's Mouth are Gracious" (Qoh 10,12). Festschrift for Günter Stemberger on the Occasion of his 65th Birthday,* Berlin 2005, 95–108

(3) *Vita*

Vogel, M., „Vita 64–69, das Bilderverbot und die Galiläapolitik des Josephus", Journal for the Study of Judaism 30, 1999, 65–79

8 Funde in der Wüste Juda (70 – 138 n. Chr.)

In Höhlen der Wüste Juda wurden bei mehreren Expeditionen auch Schriftzeugnisse gefunden, die aber danach z. T. nicht ihren Fundorten zugewiesen aufbewahrt und bearbeitet wurden. Einige landeten sogar unter den Qumrantexten. Im Folgenden werden die rechtsgeschichtlich relevanten Texte daher einfach nach ihren Publikationen aufgeführt. Die Texte gewähren authentischen Einblick in das Rechtsleben zur Zeit des Überganges von der Zeit des 2. Tempels bis zum Ende der Bar-Kokba-Herrschaft (70–135 n. Chr.) und der folgenden rabbinischen Periode.

8.1 *Murabba'at*

P. Benoit/J. T. Milik/R. de Vaux, *Les grottes de Murabba'at*, Bd. 1–2 Oxford (DJD II) 1961

Mur 7 Contrat (?) en hébreu DJD II,86–87

Mur 18 Reconnaissance de dette en araméen DJD II,100–104 Aram. Papyrus 55/56 n. Chr

Fitzmyer J. A. – Harrington D. J., *A Manual of Palestinian Aramaic Texts*, Rom 1978, no. 39

Mur 19 Acte de répudiation DJD II,104–109 Papyrus. Aramäisch 111 n. Chr.

Fitzmyer J. A. – Harrington D. J., *A Manual of Palestinian Aramaic Texts*, Rom 1978, no. 40

Rabello A. M., „Divorce in Josephus“, in: Rappoport U. (Hg.), *Josephus Flavius*, Jerusalem 1982, 149–184 [158 ff]

Goodblatt, David, „Dating Documents in Provincia Iudaea, A Note on Papyri Murabba'at 19 and 20“, Israel Exploration Journal 49, 1999, 249–259

Mur 20 Contrat de mariage DJD II,109–114 Papyrus. Aramäisch 117 n. Chr.?

Falk, Z., „The Ketubbah of Murabba'at“, Journal of Jewish Studies 15,1964,157

Fitzmyer J. A. – Harrington D. J., *A Manual of Palestinian Aramaic Texts*, Rom 1978, no. 41

Brewer D. I., Deuteronomy 24,1–4 and the Origin of the Jewish Divorce Certificate, Journal of Jewish Studies 49, 1998, 230–243

Goodblatt D., Dating Documents in Provincia Iudaea, A Note on Papyri Murabba'at 19 and 20, Israel Exploration Journal 9, 1999, 249–259

Mur 21 Contrat de mariage DJD II,114–117 Papyrus. Aramäisch

Fitzmyer J. A. – Harrington D. J., *A Manual of Palestinian Aramaic Texts*, Roma 1978, no. 42

Mur 22 Acte de vente de terrain DJD II,118–121 Papyrus. Hebräisch 131 n. Chr.

Mur 23 Acte de vente (?) DJD II,121–122 Papyrus. Aramäisch 132 n. Chr.?

Fitzmyer J. A. – Harrington D. J., *A Manual of Palestinian Aramaic Texts*, Rom 1978, no. 43

https://doi.org/10.1515/9783110650327-016

Mur 24 Contrats de fermage DJD II,122–134 Papyrus. Hebräisch 133 n. Chr.
Mur 25 Acte de vente de terrain DJD II,134–137 Papyrus. Aramäisch 133 n. Chr.
Fitzmyer J. A. – Harrington D. J., *A Manual of Palestinian Aramaic Texts*, Rom 1978, no. 44
Mur 26 Acte de vente DJD II,137–138 Papyrus. Aramäisch
Gehört zusammen mit XHev/Se papDeed of Sale H Nr.(+ Mur 26) a, r DJD XXVII, Nr. 50, S. 123–129
Mur 27 Acte de vente DJD II,138–138 Papyrus. Aramäisch
Fitzmyer J. A. – Harrington D. J., *A Manual of Palestinian Aramaic Texts*, Rom 1978, no. 46
Mur 28 Acte concernante une propriété
DJD II,139–140 Papyrus. Aramäisch
Fitzmyer J. A. – Harrington D. J., *A Manual of Palestinian Aramaic Texts*, Rom 1978, no. 47
Mur 29 Acte de vente DJD II,140–144 Papyrus. Hebräisch 133 n. Chr. Rückseite Griechisch
Fitzmyer J. A. – Harrington D. J., *A Manual of Palestinian Aramaic Texts*, Rom 1978, no. 45
Sijpesteijn P.-J., A Note on P. Murabbaʿat 29; Israel Exploration Journal 34,19184, 49–50
Mishor M., Some Linguistic Peculiarities of First Revolt Period Documents, Leshonenu 63, 2000/1, 327–332 [Murabbaʿat Nr.22, 39 und 30 = aus der Zeit des Krieges 66–70, nicht aus Bar Kochba-Zeit]
Mur 30 Acte de vente d'un terrain
DJD II,144–148 Papyrus. Hebräisch 134 n. Chr.
Mishor M., Some Linguistic Peculiarities of First Revolt Period Documents, *Leshonenu* 63,2000/1,327–332 [Murabbaʿat Nr.22, 39 und 30 = aus der Zeit des Krieges 66–70, nicht aus Bar Kochba-Zeit]
Mur 31 Fragments d'Actes de vente
DJD II,148–149 Aramäisch
Fitzmyer J. A. – Harrington D. J., *A Manual of Palestinian Aramaic Texts*, Rom 1978, no. 50
Mur 34 Fragment de contrat DJD II,151 Papyrus. Aramäisch
Fitzmyer J. A. – Harrington D. J., *A Manual of Palestinian Aramaic Texts*, Rom 1978, no. 50
Mur 35 Fragment de contrat DJD II,151 Papyrus. Aramäisch
Fitzmyer J. A. – Harrington D. J., *A Manual of Palestinian Aramaic Texts*, Rom 1978, no. 50
Mur 36 Fragment d'un contrat DJD II,152 Papyrus. Hebräisch
Mur 37 Reste de contrat DJD II,152–153 Papyrus. Aramäisch?
Mur 38 Reste de contrat DJD II,153 Papyrus. Aramäisch
Mur 39 Reste de contrat DJD II,153–154 Papyrus. Aramäisch

Mishor, M., „Some Linguistic Peculiarities of First Revolt Period Documents", Leshonenu 63,2000/1,327–332 [Murabbaʿat Nr.22, 39 und 30 = aus der Zeit des Krieges 66–70, nicht aus Bar Kochba-Zeit]

Mur 40 Reste de contrat
DJD II,154 Papyrus. Aramäisch

Mur 43 Lettre de Simon fils de Kosba a Yeshua fils de Galgula
DJD II,159–161

Mur 44 Lettre de Simon (fils de Kosba) a Yeshua fils de Galgula
DJD II,161–165

Mur 113 Actes d'un proces?
DJD II,239–240 Papyrus. Griechisch

Mur 114 Reconnaissance de dette
DJD II,240–243 Papyrus. Griechisch

Cotton H. M. – Eck W., P. „Murabbaʿat 114 und die Anwesenheit römischer Truppen in den Höhlen des Wadi Murabbaʿat nach dem Bar Kochba Aufstand", Zeitschrift für Papyrologie und Epigraphik 135, 2001, 173–183

Mur 115 Contrat de remariage
DJD II,243–254 Papyrus. Griechisch. 124 n. Chr.

Geiger G., „Papyrusfragmente, evtl. aus dem Wadi Murabbaʿat", Dead Sea Discoveries 19, 2012, 215–220 [Kleine Fragmente z. T. ungeklärter Herkunft. Eines gehört jedenfalls zu Mur 115 (rekonstruiert), eines zu Mur 133, zwei gehören zu Mur 174]

Mur 116 Contrat de mariage
DJD II,254–256 Papyrus. Griechisch

Mur 117 Extraits d'ordonnances officielles
DJD II,256–258 Papyrus. Griechisch. Ende 2. Jh. n. Chr.

Mur 170 Contrat d'achat DJD II,284–285 Papier. Arabisch

8.2 *Naḥal Ḥever/Seyyal*

Cotton, H./Yardeni, A., *Aramaic, Hebrew and Greek Documentary Textsfrom Naḥal Ḥever and Other Documents.* With an appendix containing alleged Qumran texts (DJD XVII), 1997. The Seyyal Collection

(7) XHev/Se Deed of Sale A ar (134 or 135 CE) (Fig. 1 and Pl. 1)
DJD XXVII, 19–25

Stammt vom Schreiber von Nr. 13 und PapYadin 47b

(8) XHev/Se papDeed of Sale B ar and hebr
DJD XXVII, 26–33 (135 cE) (Figs. 2–3 and Pl. II)

(8a) XHev/Se papDeed of Sale C ar
DJD XXVII, 35–37 (134 or 135 cE) (Figs. 4–5 34 and Pl. III)

(10) XHev/Se papReceipt for Payment of a Fine? ar (Fig. 9 54 and Pl. VII)c
DJD XXVII,54–56
(11) XHev/Se papMarriage Contract? ar (Fig. 9 and Pl. VII)
DJD XXVII, 57–59
(12) XHev/Se papReceipt for Dates ar 131 v. Chr.
DJD XXVII, 60–64. Vgl. Nr. 60.
(13) XHev/Se papWaiver of Claims? ar (134 or 135 CE) (Fig. 11 and Pls. VIII–IX)
DJD XXVII, 65–70 Vgl. Nr. 63. Derselbe Schreiber wie von No. 7 und P.Yadin 47b
(14) XHev/Se papFragment of a Deed ar? (Fig. 12 and Pl. X) 71
DJD XXVII, 71
(21) XHev/Se papDeed of Sale E ar (Figs. 12–13 and Pls. XI–XII) 76.
DJD XXVII, 76–83
(22) XHev/Se papDeed of Sale F? ar (Fig. 14 and Pl. XIII).
DJD XXVII, 84–86
(23) XHev/Se papDeed of Sale G ar (Fig. 15 and Pl. XIV).
DJD XXVII,87–88
(24) XHev/Se papDeed A ar (Fig. 15 and Pl. XV). DJD XXVII, 89–90
(24a) XHev/Se papDeed B ar (Fig. 15 and Pl. XVI). DJD XXVII, 91–92
(25) XHev/Se papDeed C ar (Fig. 16 and Pl. XVII). DJD XXVII, 93–94
(26) XHev/Se papDeed C ar (Fig. 16 and Pl. XVII). DJD XXVII, 95–96
(27) XHev/Se papDeed D ar (Fig. 16 and Pl. XVIII). DJD XXVII, 97–98
(31) XHev/Se papDeed E ar (Fig. 19 and Pl. XXI). DJD XXVII, 105
(32) XHev/Se papDeed F (+ 4Q347) ar. DJD XXVII, 106–107
(34) XHev/Se papDeed G ar. DJD XXVII, 109–110
(36) XHev/Se papUnclassified Fragment. DJD XXVII, 112
(37) XHev/Se papDeed H ar? DJD XXVII, 113–116
(49) XHev/Se Promissory Note DJD XXVII, 121–122 (Figs. 22–23 and Pl. XXVII)-121 133 n. Chr.

Broshi, M./Qimron, E., „Note from the Time of the Bar Kokhba Revolt“, Eretz Israel 20, 1989, 256–261 (hebr.)

(50) XHev/Se papDeed of Sale H (+ Mur 26) ar

Gehört zusammen mit DJD XXVII, 123–129 (Figs. 24–26 and–123, Pls. XXV I I I–XXX).

Stammt wohl aus Murabba'at.

(60–65) Aus dem Archiv der Salome Komaise bat Levi

Cotton H. M., The Archive of Salome Komaise Daughter of Levi, Another Archive from the „Cave of Letters“, Zeitschrift für Papyrologie und Epigraphik 105, 1995, 171–208

(60) XHev/Se papTax (or Rent) Receipt from Maḥoza gr. 125 n. Chr.

Aus dem Archiv der Salome Komaise bat Levi (Nr. 60–65) Formal weitgehend nach ägypt. Schema. Vgl. Nr. 12; P. Yadin 27, 43. Wie in Nr. 62 undifferenzierte Verwendung von *timê* und *phoros*.

(61) XHev/Se papConclusion to a Land Declaration gr.
DJD XXVII, 174–180
Doppelurkunde aus dem Archiv der Salome Komaise bat Levi (Nr. 60–65)

(62) XHev/Se papLand Declaration gr [früher, XHev/Se gr 7].
DJD XXVII, 181–/194
Doppelurkunde aus dem Archiv der Salome Komaise bat Levi (Nr. 60–65)

(63) XHev/Se papDeed of Renunciation of Claims gr
DJD XXVII, 195–202 (Pls. XXXI and XXXVIII). 31. Dez. 127 n. Chr..
Aus dem Archiv der Salome Komaise bat Levi (Nr. 60–65). Beispiel für aussergerichtliche Einigung im Sinne einer Art von *dialysis* (vgl. Nr. 13), mit Eid.

(64) XHev/Se papDeed of Gift gr. DJD XXVII, 203–223c
Doppelurkunde aus dem Archiv der Salome Komaise bat Levi (Nr. 60–65)

(65) XHev/Se papMarriage Contract gr. DJD XXVII, 224–237
Doppelurkunde aus dem Archiv der Salome Komaise bat Levi (Nr. 60–65)

(66) XHev/Se papLoan with Hypothec gr. DJD XXVII, 238–243

(68) XHev/Se papText Mentioning a Guardian gr.
DJD XXVII, 248–249

(69) XHev/Se papCancelled Marriage Contract gr.
DJD XXVII, 250–274

(70) Seyyal? 4Q348 4QDeed B heb? DJD XXVIII, 300–303. Spätherodianisch

Einige Fragmente, die wohl zu den Seyyal-Texten gehören, sind irrtümlich unter die Qumrantexte getraten und wurden in DJD XVII publiziert, darunter dieses Doppelvertragsfragment, auf dem einige Eigennamen – vielleicht von Priestern – lesbar sind. Auf dem Verso Zl. 1 scheint KWHN GDWL gestanden zu haben.

Eshel, H., „4Q348, 4Q343 and 4Q345, Three Economic Documents from Qumran Cave 4?“, Journal of Jewish Studies 52, 2001, 132–135

8.3 *Naḥal Tzeʾelim/Wadi Seyyal*

Yardeni, A., *Tᵉʿûdôt Naḥal Çäʾălîm. Nahal Seʾelim Documents*, Jerusalem (Ben Gurion University of the Negev/IESoc) 1995

Charlesworth J. etc. (Hg.), *Miscellaneous Texts from the Judean Desert*, DJD XXXVIII, 2000, 207–229

Lewis, N., *The Documents from the Bar Kokhba Period in the Cave of Letters, Greek papyry, Aramaic and Nabatean signatures*, edited by Yadin, Y./Greenfield, J. C., Jerusalem (Judaean Desert Studies) Jerusalem 19894

(3) 34Se papDeed ar DJD XXXVIII,211–214 12 kleine Fragmente

(4) 34Se papCensus List from Judaea or Arabia gr
DJD XXXVIII,217–226

(7) Kauf-Doppelurkunde. Aram 14. Ijjar, Jahr 3 der Freiheit Israels 135/6
Yardeni Ada, Teʿûdôt 31–40

(8) Kfar Baru Hausverkauf Jahr 3 der Freiheit Israels 135/6
Yardeni A., Teʿûdôt 95–100

(8a) Kfar Baru Hausverkauf 10./20. Adar des Jahres drei der Freiheit Israels
Yardeni A., Teʿûdôt 101–103

(9+9a) Kaufvertrag Aram.
Yardeni A., Teʿûdôt 12–30. Vielleicht nicht aus dem N. Tzeʾelim

(11) Ehevertrag ? Fragment einer Doppelurkunde
Yardeni A., Teʿûdôt 61–63

(12) Empfangsbestätigung (Dattellieferung) 15. Shebat 131 nC
Yardeni A., Teʿûdôt 64–70

(13) XHev/Se aram 13; s. Naḥal Ḥever/Seyal 13
Ketubbah 1 34/5 n. Chr. Aram.
Yardeni A., Teʿûdôt 55–60

8.4 *Naḥal Ḥever Pap.Yadin*

Lewis, N., *The Documents from the Bar Kokhba Period in the Cave of Letters, Greek Papyri*, Greenfield (Judaean Desert Studies) Jerusalem 1989

Yadin, Y./Greenfield, J./Yardeni, A./Yardeni B. A. Levine, *The Documents from the Bar Kokhba Period in the Cave of Letters. Hebrew, Aramaic and Nabatean-Aramaic Papyri*, Jerusalem 2002

(01) PapYadin 5/6Ḥev 1 Schuldschein Nabat. Yadin 2002, 170–208

(02) PapYadin Verkauf Nabat. Yadin 2002, 201–2004.205-

(03) PapYadin Verkauf. Empfangsbestätigung und Einverständniserklärung.
Nabat. Yadin 2002, 201–204

(04) PapYadin = 5/6/Ḥev 4 Bürgschaft Nabat. Yadin 2002,245

(05) 5/6Hev 5 Depositun Griech. Lewis 39–40

(06) PapYadin = 5/6Ḥev 6 Pacht Nabat. Yadin 2002, 257–267

(07) PapYadin Schenkung Yadin 2002, 73–108

(08) PapYadin Kauf Yadin 2002, 109–117

(09) PapYadin 5/6Ḥev 9 Verzichtserklärung (?) Nabat. Yadin 2002, 268–276

(10) PapYadin Ketubbah der Babata. Yadin 2002, 118–141
(11) = 5/6Hev 11 Hypothek Griech. Lewis 41–46
(12) = 5/6Hev 12 Protolollauszug Griech. Lewis 47–50

Chiusi, T. J., „Babatha vs. the Guardians of her Son, A Struggle for Guardianship-Legal and Practical Aspects of P.Yadin 12–15, 27“, Katzoff (Hg.), *Law in the Documents of the Judaean Desert*, Leiden 2005, 105–132 [Text, Übersetzung, Anmerkungen]

(13) Yadin = 5/6Hev 13 Petition an den Statthalter Griech. Lewis 51–53

Chiusi, T. J., A. a. O. (Nr. 12), 105–132 [Text, Übersetzung, Anmerkungen]

(14) = 5/6Hev 14 Vorladung Griech. Lewis 54–57

Chiusi, T. J., A. a. O. (Nr. 12) 105–132 [Text, Übersetzung, Anmerkungen]

(15) Yadin = 5/6Hev 15 Depositum Griech. Lewis 58–64

Chiusi, T. J., A. a. O. (Nr. 12), 105–132 [Text, Übersetzung, Anmerkungen]

(16) = 5/6Hev 16 Grundstücksregistrierung Griech. Lewis 65–70
(17) = 5/6Hev 17 Depositum Griech. Lewis 71–75
(18) = 5/6Hev 18 Ketubbah Griech. Lewis 76–82

Lewis, N./Katzoff R./Greenfield J. C., „Papyrus Yadin 18. Text, Translation and Notes“, *Israel Exploration Journal* 37, 1987, 229–250

Wasserstein, A., „A Marriage Contract from the Province of Arabia Nova, Notes on Papyrus Yadin 18“, Jewish Quarterly Review 80, 1989/90, 93–130

Ilan, T. J., „Crispina, daughter of Berenicianus, a Herodian princess in the Babataha archives. A case study in historical identification“, Jewish Quarterly Review 82, 1991/2, 361–381

Meshorer, Y., „The Black Silver Coins of the Babatha Papyri, a reevaluation“, Israel Museum Journal 10, 1992, 67–74

Broshi, M., „Agriculture and Economy in Roman Palestine. Seven notes on the Babatha archive“, Israel Exploration Journal 42, 1992, 230–240

Isaac, B. H., The Babatha Archive, a review article“, Israel Exploration Journal 42, 1992, 62–73

Ilan, T., „Premarital Cohabitation in Ancient Judea, The evidence of the Babatha archive and the Mishnah (Ketubbot 1.4), Harvard Theological Review 86,1993,247–264

Cotton, H. M., „The Guardianship of Jesus Son of Babatha, Roman and Local Law in the Province of Arabia“, Journal of Roman Studies 63, 1993, 94–108

Dies., „Babatha's Property and the Law of Succession in the Babatha Archive“, Zeitschrift für Papyrologie und Epigraphik 104, 1994, 211–224

Isaac, B. H., „Tax Collection in Roman Arabia, A new interpretation of the evidence from the Babatha archive“, Mediterranean Historical Review 9, 1994, 256–266

Yadin, Y., „Babatha's ketubba“, Israel Exploration Journal 44, 1994, 75–101

Nörr, D., „The ‚xenokritai' in Babatha's Archive (Pap. Yadin 28–30)", ILR 29, 1995, 128–132

Katzow, R., „Polygamy in P. Yadin?", Zeitschrift für Papyrologie und Epigraphik 109, 1995, 128–132

Friedman, M. A., „Babatha's Ketubba, Some Preliminary Observations", Israel Exploration Journal 46, 1996, 55–76

Cotton, H. M., „Deeds of Gifts and the Law of Succession in the Documents from the Judaean Desert", Archiv für Papyrusforschung Beiheft 3,1, 1997, 179–289

Dies., „The Law of Succession in the Documents from the Judaean Desert again", Scripta Classica Israelica 17, 1998, 115–123

Saldarini, A. J., „Babatha's Story", Biblical Archaeology Review 24.2, 1998, 28–37

Lewis, N., „In the World of P.Yadin", Scripta Classica Israelica 18, 1999, 28–37.72–73

Ilan, T., „Women's Archives in the Judaean Desert", in: Schiffman L. H. etc. (Hg.), *The Dead Sea Scrolls Fifty Years after their Discovery*, Jerusalem 2000,755–760

Dies., „Yohana bar Makoutha and other pagans bearing Jewish names", in: Demsky, A. (Hg.), *These are the Names*, 3. Bd. Jerusalem 2000, 109–119

(19) = 5/6Hev 19 Deed of Gift Griech. Lewis 83–87

Lim, T. H., „The Legal Nature of Papyrus Yadin 19 and Galatians 3,15", in: Avery-Peck, A. J. (Hg.), *When Judaism and Christianity Began. Essays in Memory of Anthony J. Saldarini*, Leiden 2004, 361–376

(20) = 5/6Hev20 Abtretung Griech. Lewis 88–93

(21) = 5/6Hev 21 Erwerb (Datteln) Griech. Lewis 94–97

Katzoff ,R., „P. Yadin 21 and Rabbinic Law an Widows' Rights", Jewish Quarterly Review 97, 2007/8, 545–575 [

Radzyner, A., „P. Yadin 21–22, Sale or Lease?", in: Katzoff (Hg.), *Law in the Documents of the Judaean Desert*, Leiden 2005, 145–63

(22) Yadin = 5/6Hev 22 Verkauf (Datteln) Griech. Lewis 98–101

Katzoff, R., „P. Yadin 21 and Rabbinic Law an Widows' Rights" Jewish Quarterly Review 97, 2007/8, 545–575

(23) = 5/6Hev 23 Vorladung Griech. Lewis 102–104

(24) = 5/6Hev 24 Depositum Griech. Lewis 105–107

(25) = 5/6Hev 25 Vorladungen Griech. Lewis 108–112

(26) = 5/6Hev 26 Vorladung Griech. Lewis 113–115

(27) = 5/6Hev 27 Empfangsbestätigung Griech. Lewis 116–117

Chiusi, T., A. a. O. (Nr. 12), 105–132

(28+29+30) = 5/6Hev 28 Griech. Formale Verfahrensweisen nach römischem Recht. Lewis 118–120

Wise. M. O., „Papyrus Hever 30 and the Bar Kokhba Revolt“, in: Davis, K. etc. (Hg.), *The War Scroll, Violence, War and Peace in the Dead Sea Scrolls and Related Literature. Essays in Honour of Martin G. Abegg on the Occasion of His 65th Birthday*, Leiden 2016, 364–389

(31) = 5/6Hev 31 Vertrag?	Griech. Lewis 121–122
(32) = 5/6Hev 32 Vertrag?	Griech. Lewis 123
(32a) = 5/6Hev 32a Vertrag?	Griech. Lewis 124
(33) = 5/6Hev 33 Petition	Griech. Lewis 125 f
(34) = 5/6Hev 34 Petition	Griech. Lewis 127–128
(35) = 5/6Hev 35 Vorladung	Griech. Lewis 129

(36) Yadin = 5/6Hev36 = xHev/Se Nab 1 Auslösung Nabat. Papyrus Starcky

Starcky, J., „Un contrat Nabatéen sur papyrus“, Revue Biblique 61, 1954, 161–182

Yardeni, A., „The decipherment and resTorahtion of legal texts from the Judaean Desert; a reexamination of ‚Papyrus Starcky‘ (‚P. Yadin‘ 36)“, Scripta Classica Israelica 20, 2001, 121–137

(37) Yadin = 5/6Hev 37 = XHev/Se gr 6 Ketubbah Griech. Lewis 130–133

Katzof,f R., „On P.Yadin 37 = P.Hever 65“, in: Katzoff, R./Schaps, D. (Hg.), *Law in the Documents of the Judaean Desert*, Leiden 2005, 133–44

(42) Yadin = 5/6Hev 42 Verpachtung 132n. Chr.. Aram.

Yadin, Y./Greenfield J./Yardeni, A. /Levine, B. A., *The Documents from the Bar Kokhba Period in the Cave of Letters. Hebrew, Aramaic and Nabatean-Aramaic Papyri*. Jerusalem 2002, 142–150

Eshel, H., „The Bar-Kokhba Era“, Cathedra 110, 2003, 29–42. 188–189 [

(44–46) Bar Kochba-Briefe. Yadin etc., A. a. O. (Nr. 42),139–141

(44) Yadin 2002, 42–54

(45) Yadin 2002,55–64

(46) Yadin 2002,65–70

(49) Yadin = 5/6Ḥev 49 Bar Kochba-Brief		Yadin 2002,279–286
(50) Yadin 50 = 5/6Ḥev 50 Bar Kochba-Brief		Yadin 2002, 287–292
(51) Yadin 51 =5/6Ḥev 51 Bar Kochba-Brief		Yadin 2002, 293–299
(52) Yadin Brief	Griech.	Yadin 2002, 351–362 (Hg von. H.M. Cotton)
(53) Yadin = 5/6Ḥev 53 Bar Kochba-Brief		Yadin 2002, 300–304
(54) Yadin = 5/6Ḥev 54 Bar Kochba-Brief		Yadin 2002,305–311
(55) Yadin = 4/6Ḥev 55 Bar Kochba-Brief		Yadin 2002, 312–316
(56) Yadin = 5/6Ḥev 56 Bar Kochba-Brief		Yadin 2002, 317–321
(57) Yadin 57 = 5/6Ḥev 57 Bar Kochba-Brief		Yadin 2002, 322–328. Yadin 2002, 329–332
(59) Yadin Brief	Griech.	Yadin 2002, 363–366 (Hg. von H.M. Cotton)

(60) Yadin = 5/6Ḥev 60	Bar Kochba-Brief (Fragment)	Yadin 2002, 333–336
(61) Yadin = 5/6Ḥev 61	Bar Kochba-Brief (Fragment)	Yadin 2002, 337–340
(63) Yadin 63 = 4/5Ḥev 63	Bar Kochba-Brief	Xadin 2002, 344–348

8.4.1 Das Babata-Archiv

Lewis, N., *The Documents from the Bar Kokhba Period in the Cave of Letters, Greek Papyri, Aramaic and Nabatean Signatures and subscriptions*, Jerusalem (Judean Desert Studies 2) 1989, 3–5. + Index p. 152

Yadin Y./ Greenfield, J./Yardeni, A./Levine, B. A., *The Documents from the Bar Kokhba Period in the Cave of Letters. Hebrew, Aramaic and Nabatean-Aramaic Papyri.* Jerusalem (Judaean Desert Studies 3) 2002

01 Mitgift-Vereinbarung (?)	22. Elul 94
02 Verkauf	3. Kislev 99
03 Verkauf	2. Tebet 99
04 Verkauf	2. (?) Tebet 99
05 Depositum	2.06.99
06 Grundstücksverpachtung (?)	119
07 Vermächtnis	24. Tammuz 120
08 Verkauf	122
09 Verkauf	122
10 Ketubbah	Zwischen 122 und 125
11 Hypothek	6.05.124
12 Protokollauszug	Zwischen 27.02. und 28.06.124
13 Petition an den Statthalter	124
14 Vorladung	11/12.10.125
15 Depositum	11/12.10.125
16 Grundstücks-Registrierung	2.-4.12.127
17 Depositum	21.02.128
18 Ketubbah	6.04.1928
19 Schenkung	16.04.128
20 Abtretung	19.06.130
21 Erwerb (Datteln)	11.09.130
22 Verkauf (Datteln)	11.09.130
23 Vorladung	17.11.131
24 Deposition	
25 Vorladungen	9.07.131
26. Vorladung und Antwort	9.07.131
27 Empfangsbestätigung	19.08.132
28–30 Verfahrensweisen nach röm. Recht	124–125

31 Vertragsfragment
32 Vertragsfragment
32aVertragsfragment
33 Petition
34 Petition
35 Vorladung (?)
36 Verkauf
37 Ketubbah 7.08.131

8.5 *Masada*

Talmon, Sh./Yadin Y.: *Masada VI. Hebrew Fragments from Masada*, Jerusalem 1999
Cotton, H. M./J. Geiger, J., *Masada*, Vol. II, *The Latin and Greek Documents*, Jerusalem 1989

8.6 Sekundärliteratur

Archer, J., *Her Price is Beyond Rubies, The Jewish Woman in Graeco-Roman Palestine*, Sheffield 1990

Ariel, H., "Šalôš qerî'ôt ḥadašôt ba-te'ûdôt midbar Jehûdah", Leshonenu 72,3, 2009/10, 337–341

Bar-Asher, S./Elitzur, A., „Balšanût û-fîlôlôgijah be-ḥeqär ha-ḥômär ha-ʾepîgrafî mi-midbar Jehûdah. Linguistics and Philology in the Study of the Epigraphic Finds from the Judean Desert", Leshonenu 78/3, 2016, 247–268

Katzoff, R. (Hg.), *Law in the Documents of the Judaean Desert* (JSJ.S 96) 2005: [23–44 Cotton, H. M., „Roman officials in Judaea and Arabia and civil jurisdiction". 51–65 Satlow, M. L., „Marriage payments and succession strategies in the documents from the Judaean desert". 67–84 Yiftach-Firanko, U., „Judaean desert marriage documents and „ekdosis" in the Greek law of the Roman period". 85–103 Hanson, E., „The widow Babatha and the poor orphan boy". 105–132 Chiusi, T. J., „Babatha vs. the guardians of her son, a struggle for guardianship – legal and practical aspects of P. Yadin 12–15, 27". 133–144 Katzoff, R., „On P. Yadin 37 = P. Hever 65". 145–163 Radzyner, A., „P. Yadin 21–22, sale or lease?" 165–183 Rivlin, Yosef, „Gift and inheritance law in the Judaean Desert documents". 85–203, Schiffman L. H., „Reflections on the deeds of sale from the Judaean Desert in light of rabbinic literature". 205–236 Safrai, Z., „Halakhic observance in the Judaean Desert documents"]

Broshi, M./Qimron, E., „A House Sale Deed from Kefar Baru from the Time of Bar Kokhba", Israel Exploration Journal 36, 1986, 201–214

Chiusi, T. J., „Babatha vs. the Guardians of her Son, A Struggle for Guardianship-Legal and Practical Aspects of P.Yadin 12–15, 27“, in: Katzow, R (Hg), *Law*..., 105–132 [Text, Übersetzung, Anmerkungen]

Cotton, H. M., „Fragments of a Declaration of Landed Property from the Province of Arabia“, Zeitschrift für Papyrologie und Epigraphik 85, 1991, 263–267

Dies., „Another Fragment of the Declaration of Landed Property from the Province of Arabia“, Zeitschrift für Papyrologie und Epigraphik 99, 1993, 115–121

Dies., „The Guardianship of Jesus Son of Babatha, Roman and Local Law in the Province of Arabia“, Journal of Roman Studies 83, 1993, 94–108

Dies., „Rent or Tax Receipt from Maoza“, Zeitschrift für Papyrologie und Epigraphik 100, 1994, 547–57

Dies., „A Cancelled Marriage Contract from the Judaean Desert (XHev/Se Gr. 2)“, Journal of Roman Studies 84, 1994, 64–86

Dies., „A cancelled marriage contract from the Judaean Desert (XHev-Se Gr. 2)“, Journal of Roman Studies 84, 1994, 64–86

Dies./Greenfield, J. C.,, „Babatha's Property and the Law of Succession in the Babatha Archive“, Zeitschrift für Papyrologie und Epigraphik 104, 1994, 211–224

Dies., „Loan with Hypothec, Another Papyrus from the Cave of Letters?“, Zeitschrift für Papyrologie und Epigraphik 101, 1994, 53–60

Dies., „Subscriptions and Signatures in the Papyri from the Judaean Desert“, Juristic Papyrology 25, 1995, 29–40

Dies., „The archive of Salome Komaise, daughter of Levi, another archive from the Cave of Letters, Zeitschrift für Papyrologie und Epigraphik 105, 1995, 171–208

Dies., „Deeds of Gift and the Law of Succession in Archives from the Judaean Desert“, Eretz lsrael 5, 1996, 410–15 (Hebr.)

Dies., „Land Tenure in the Documents from the Nabataean Kingdom and the Roman province of Arabia“, Zeitschrift für Papyrologie und Epigraphik 119, 1997, 255–265 [Papyri zw. 99 – 131 nC., P. Yadin 2,3 und 16; Xhev/Se gr 50,62,64; Xhev/Se ar 12]

Dies., „The Guardian (epitropos) of a Woman in the Documents from the Judaean Desert“, Zeitschrift für Papyrologie und Epigraphik 117, 997, 267–273

Dies., „The law of succession in the documents from the Judaean Desert again“, Scripta Classica Israelica 17, 1998, 115–123

Dies., „Die Papyrusdokumente aus der judäischen Wüste und ihr Beitrag zur Erforschung der jüdischen Geschichte des 1. und 2. Jh.s n. Chr.“, Zeitschrift des Deutschen Palästina-Vereins 115, 1999, 228–247

Dies., „The Language of the Legal and Administrative Documents from the Judaean Deser“t, Zeitschrift für Papyrologie und Epigraphik 25, 1999, 219–231

Dies., „Women and law in the documents from the Judaean Desert“, Studia Hellenistica 37, 2002, 123–147

Dies., Marriage contracts from the Judaean Desert, Materia Giudaica 6, 2000, 2–6

Dies., „Documentary texts from the Judaean Desert; a matter of nomenclature“, Scripta Classica Israelica 20, 2001, 113–119

Dies., „The Roman Census in the Papyri from the Judean Deseert and the Egyptian kat' oikían apographê", in: Schiffman, L. H. (Hg.), Semitic Papyrology in Context, 2003, 105–122

Dies., „‚Diplomatics' or external aspects of the legal documents from the Judaean Desert prolegomena, in: Hezser, C. (Hg.), *Rabbinic Law in Its Roman and Near Eastern Context,* Tübingen 2003, 49–61

Cross, M., „Samaria Papyrus 1, An Aramaic Slave Conveyance of 335 B.C.E. Found in the Wâdi ed-Dâliyeh", Eretz lsrael 18,1985, 7*-17*

Dobson, D., „Women as Property Owners in Roman Egypt", Transactions of the American Philological Association 113, 1983, 311–321

Dušek, J,, „Protection of Ownership in the Deeds of Sale, Deeds of Sale from the Judean Desert in Context", in: Lange, A./Tov, E./Weigold, M. (Hg.), *The Dead Sea Scrolls in Context* (VT.S 140) 2011, Bd. 2, 857–879

Eshel, E./Eshel, H./Yardeni, A., „Šeṭar mi-šenat ‚arba' le-hûrban bêt Jiśra'el. A Document from 'Year Four of the Destruction of the House of Israel", in: Eshel, H./ Porat, R. (Hg.), *Meʿarôt ha-miflaṭ mi-teqûfat märäd Bar-Kôkba' The Refuge Caves of the Bar Kokhba Revolt*, Vol. 2, Jerusalem 2009, 539–553

Eshel H./Amit D. (Hg.), Refuge Caves of the Bar Kokhba Revolt, Jerusalem 1998

Ders. „A Survey of the Refuge Caves and their Legal Documents", in: Baumgarten, A. I. etc. (Hg.), *Halakha in Light of Epigraphy,* Göttingen 2011, 103–153

Ders., „Another document from the archive of Salome Komaïse daughter of Levi", Scripta Classica Israelica 21, 2002, 169–171

Falk, Z., „The Inheritance of the Daughter and the Widow in the Bible and the Talmud", Tarbiz 23, 1952, 9–15 (Hebr.)

Fassbeck, G., „Fenster ins Leben, die Dokumente Shimon Bar-Kochbas, der Salome Komaïse, Babathas und des Eli'ezer Ben-Samuel aus der Wüste Juda", in: Zangenberg, J. (Hg.), *Das Tote Meer*; Mainz 2010, 137–148

Fixner, Y./Eshel, H., „Tearing Divorce Documents in Light of the Documents from the Judean Desert", Sidra 22, 2007, 81–87

Freund, R. A., *Secrets of the Cave of Letters, Rediscovering a Dead Sea Mystery*, Amherst, NY 2004

Friedman M. A., *Jewish Marriage in Palestine*, Tel Aviv 1980/1 [DJD Nr. 20.21.115.116. S. 126 f. 199.348 f. 352.366 ff.373.429 f. 437 f.452 f.481.484]

Friedman M. A., „Babatha's Ketubba, Some Preliminary Observations", Israel Exploration Journal 46, 1996, 55–76

Geiger, J., „A Note on P.Yadin 18". Zeitschrift für Papyrologie und Epigraphik 3, 1992, 67–68

Geller, M. J., „New Sources for the Origin of the Rabbinic Ketubah", Hebrew Union College Annual 49, 1978, 227–245

Goodman, M., „Babatha's Story", Journal of Roman Studies 81, 1991, 169–175

Greenfield, J. C./Cotton, H. M., „Babatha's Patria", Zeitschrift für Papyrologie und Epigraphik 107, 1995, 126–134

Greenfield, J. C., „The ‚Defension Clause in Some Documents from Nahal Hever and Nahal Se'elim'", Revue de Qumran 15, 1991, 467–471

Greenfield, J. C., „The Texts from Nahal Se'elim' (Wadi Seiyal)," in: Trebolle Barrera, J./Vegas Montaner, L. (Hg.), *The Madrid Qumran Congress*, Bd. 2, 1992, 661–665

Ilan, Tal,, „Notes and Observations on a Newly Published Divorce Bill from the Judaean Desert", Harvard Theological Review 89, 1996, 195–202

Dies., „Women's Archives in the Judean Desert, in: Schiffmann, L. H./Tov, E./VanderKam, J. C./Marquis, G. (Hg.), *The Dead Sea Scrolls Fifty Years after their Discovery*, Jerusalem 2000,755–760

Isaac, B., „The Babatha Archive", Israel Exploration Journal 42, 1992, 62–75

Katzoff, R., „P. Yadin 19, A Gift after Death from the Judaean Desert", in: *Proceedings of the Tenth World Congress of Jewish Studies*, Jerusalem 1989, Div. C, vol. 1, Jerusalem 1990, 1–8 (Hebr.)

Ders., „Papyrus Yadin 19 Again: A Rejoinder, Jewish Quarterly Review 82, 1991, 171–176

Ders., „An Interpretation of P. Yadin 19 etc., in: Bülow-Jacobsen, A. (Hg.), *Proceedings of the 20th International Congress of Papyrologists* Copenhagen, 23–29 August, 1992, Copenhagen, 1994, 562–565

Ders., „Polygamy in P. Yadin"?, Zeitschrift für Papyrologie und Epigraphik 109, 1995, 128–132

Ders., „Philo and Hillel on Violation of Betrothal in Alexandria". In: Oppenheimer, A./Gafni, I./Schwartz, D. (Hg.), *The Jews in the Hellenistic-Roman World. Studies in Memory of Menahem Stern*, 1996, 39*-57*

Ders., „Greek and Jewish Marriage Formulas", in: *Classical Studies in Honor of David Sohlberg*, Ramat Gan 1996, 223–234

Ders., "P. Yadin 21 and Rabbinic Law on Widows' Rights", Jewish Quarterly Review 97, 2006/7, 545–575

Ders. in: Katzow R. (Hg), *Law in the Documenis of the Judaean Desert*, Leiden 2005

Kloner, A./Eshel, E., „An Aramaic Ostracon of an Edomite Marriage Document from Maresha, dated 176 B.C.E.". Tarbiz 63, 1994, 485–502 (Hebr.)

Koffmann, E., *Die Doppelurkunden aus der Wüste Juda*, Leiden (STJD 5) 1968

Lapin, H., „Early Rabbinic Civil Law and the Literature of the Second Temple Period", Jewish Studies Quarterly 2, 1995, 149–183

Levine, B., „The Various Workings of the Aramaic Legal Tradition – Jews and Nabataeans in the Nahal Heber Archive, in: Schiffmann, L. H./Tov, E./VanderKam, J, C./Marquis, G. (Hg.), The *Dead Sea Scrolls Fifty Years after their Discovery*, Jerusalem 2000, 836–851

Lewis, N., „A Jewish Landowner from the Province of Arabia", Scripta Classica Israelica 8–9, 1985, 132–137

Lewis N./Katzoff R./Greenfield J. C., „Papyrus Yadin 18", Israel Exploration Journal 37, 1987, 229–520

Lewis N., A Jewish landowner in Provincia Arabia, Scripta Classica Israelica 8–9, 1985–1988, 132–137

Lewis N./Yadin Y./Greenfield J. C., *The Documents from the Bar Kokhba Period in the Cave of Letters* (Judean Desert Studies 2), Oxford 1989

Ders., „In the World of P. Yadin: Where did Judah's Wife Live?“ Israel Exploration Journal 46, 1996, 256–257

Lifshitz, B., „The Greek Documents from Nahal Seelim and Nahal Mishmar“, Israel Exploration Journal 11, 1961, 53–61

Ders., „Greek Documents from the Cave of Horror“, Israel Exploration Journal 12, 1962, 201–207

Ders., „Papyrus grecs du désert de Juda“. Aegyptus 42, 1962, 240–258

Lipiński, E., „Textes juridiques du Désert du Juda, Compte rendu et état de la question,“ The Qumran Chronicle 19/3–4, 2011, 141–158

Mayer, G., *Die jüdische Frau in der hellenistisch-römischen Antike*, Stuttgart 1987

Mélèze Modrzejewski, J., „Jewish Law and the Hellenistic Legal Practice in the Light of Greek Papyri from Egypt“, in: Hecht N. S. etc. (Hg.), *An Introduction to the History and Sources of Jewish Law,* Oxford 1996,75–99

Ders., „La Règle de droit dans l'Egypt ptolémaïque“, American Studies in Papyrology 1, 1966, 125–173

Ders., „La Structure juridique du mariage grec“, in: Bresciani, E. etc. (Hg.), *Scritti in Onore di O. Montevecchi*, 1981, pp. 231–68 [= in: Dimakis, P., *Symposium 1979, Vorträge zur griechischen und hellenistischen Rechtsgeschichte,* Köln/Wien 1983, 37–71]

Milik J. T., „Un contrat juif de l'an 134 après Jésus-Christ, Revue Biblique 61, 1954, 182–190

Ders,, „Note additionnelle sur le contrat juif de l'an 134 après J.-C.“ Revue Biblique 62, 1955, 253–254

Ders., „Deux documents inédits du désert de Juda“, Biblica 38, 1957, 245–268

Ders., „Acte de vente d'une maison, daté de 134 après J.C.“, Biblica 38, 1957, 264–268

Misgav, H.,, „Jewish Courts of Law as Reflectd in Documents from the Dead Sea“, Cathedra 82 (1996), 7–24 (Hebr).

Naveh J., „Marginalia on the Deeds from Kefar Baro“, in: Goshen-Gottstein. M./Morag, S./Kogut, S. (Hg.), *Studies in Hebrew and Other Semitic Languages Presented to Chaim Rabin*, Jerusalem 1990, 231–234 (Hebr.)

Newman, H. I. „Old and new in the documentary papyri from the Bar Kokhba period“, Scripta Classica Israelica 23, 2004, 239–254

Nörr, D., „The ‚Xenokritai' in Babatha's Archive (Pap. Yadin 2830)“, Israel Law Review 29,1995, 83–94

Oudshoorn, J. G., *The Relationship between Roman and Local Law in the Babatha and Salome Komaise Archives. General Analysis and Three Case Studies on Law of Succession, Guardianship and Marriage*, Leiden 2007

Packman, Z., „Still Further Notes on Papyrus Documents with the Imperial Oath“, Zeitschrift für Papyrologie und Epigraphik 100, 1994, 207–210

Polotsky, H. J., „The Greek Papyri from the Cave of the Letters“, Israel Exploration Journal 12, 1962, 258–263
Ders., „Three Greek Documents from the Family Archive of Babatha“, Eretz lsrael 8. 1967, 46–51
Schiffman, L. H, „Witnesses and Signatures in the Hebrew and Aramaic Documents from the Bar Kokhba Caves“, in: Ders. (Hg.), *Semitic Papyrology in Context*, Leiden 2003, 165–186
Sirat, C., *Les papyrus en caractères hébraïques, trouvés en Égypte*, Paris 1985
Dies./Cauderlier, P./Duka, M./Friedman, M. A., *La Ketouba de Cologne, Un contrat de mariage juif à Antinoopolis*, Opladen (Papyrologica Coloniensia 12.) 1986
Wasserstein, A., „A Marriage Contract from the Province of Arabia Nova, Notes on Papyrus Yadin 18“, Jewish Quarterly Review 80,1989, 93–130
Wolff, H. J., „Zur Geschichte der Sechszeugendoppelurkunde“, in: *Akten des XIII. Papyrologenkongresses, Marburg/Lahn, 2.-6. August 1971*, Münchener Beiträge zur Papyrusfor-schung und antiken Rechtsgeschichte 66, 1974, 469–479
Wolff, H. J., *Das Recht der griechischen Papyri Ägyptens in der Zeit der Ptolemaeer und des Prinzipat*. Vol. 2, *Organisation und Kontrolle des privaten Rechtsverkehrs*, München (Handbuch der Altertumswissenschaft X.5.2) 1978
Wolff, H. J., „Römisches Provinzialrecht in der Provinz Arabia“, Aufstieg und Niedergang des Römischen Weltreiches 13, Berlin 1980, 763–806
Yadin, Y./Broshi, M./Qimron, E., „Šäbär mi-mekîrat bajit bi-kefar Barû mi-jmê Bar Kôkba᾽,“ Cathedra 40, 1986, 201–213 (Hebr.)
Yadin, Y./Greenfield, J. C./Yardeni, A., „Babatha’s Ketubba“, Israel Exploration Journal 44, 1994, 75–99
Yadin, Y./Greenfield, J. C./Yardeni, „A Deed of Gift in Aramaic Found in Nabal Hever, Papyrus Yadin 7“, Eretz lsrael 25, 1996, 383–403 (Hebr.)
Yardeni, A., „New Jewish Aramaic Ostraca“, Israel Exploration Journal 40, 1990, 130–152
Yardeni, A./Greenfield J. C., „A Receipt for a Ketubba“, in: Oppenheimer, A. etc., *The Jews in the Hellenistic-Roman World, Studies in Memory of Menahem Stern*, Jerusalem, 1996, 197–208 (Hebr.)
Yardeni, A., „Notes on Two Unpublished Nabataean Deeds from Nahal Hever . P. Yadin 2 and 3“, in: Schiffmann, L. H. (Hg.), *The Dead Sea Scrolls Fifty Years after their Discovery*, Jerusalem 2000, 862–874 [mit Text]
Yaron, R., *Gifts in Contemplation of Death in Jewish and Roman Law*, Oxford, 1960
Ders., *Introduction to the Law of the Aramaic Papyri*, Oxford 1961
Ders., „The Mesadah Bill of Divorce“, in: *Studi in onore di E. Volterra* 6, 1971, 433–455
Ders., „Acts of Last Will in Jewish Law“, Recueils de la Société Jean Bodin pour l’Histoire Comparative des Institutions 59, 1992, 29–45

9 Rabbinische Quellen

Die etwa 200 n. Chr.. redigierte Mischna stellt innerhalb des Judentums den rechtsgeschichtlich ersten Versuch dar, alle Lebensbereiche zu regulieren, und zwar innerhalb einer groben Sacheinteilung in sechs Ordnungen (sedarîm) und in Traktaten (massäktôt). Diese werden in Kapitel und Einzel-Mischnajot eingeteilt. Die Mischna wurde als Inbegriff der „mündlichen Torah“ zur Basis für die weiteren Schultraditionen, für die „Gemara“ in den Talmudim, und wurde zumeist im Sinne des bTalmud rezipiert. Die Tosefta stellt eine Parallelfassung mit z. T. erheblichen Besonderheiten dar. Die Gemara der palästinischen Schulen, im 4. Jh. redigiert, deckt nur 39 Mischnatraktate ab und enthält zahlreiche Dubletten. Dieser Talmûd Jerušalmî oder Talmûd ʾäräṣ Jiśraʾel wird nach der Mischnaeinteilung und dazu auch meist mit der Folio-Zahl und Kolumnen a-d) der Standardedition (1866 u. ö.) zitiert, z. B. jSan. 1,1 17b), der Babylonische Talmud (Talmûd bablî) nach Traktat und Zahl des Folio der Standardedition (Wilna 1880–86 u. ö.) mit a für die Vorderseite, b für die Rückseite, z. B. bSan 2a.

9.1 Sekundärliteratur

Die umfangreichste digitale Sammlung der jüdischen Rechtsquellen von der Bibel bis zur Gegenwart bietet einschließlich der *ʾEnṣîqlôpedija talmûdît.*

Bar Ilan Responsa Project. Version 23 plus, Ramat Gan 2015

Stemberger, G., *Einleitung in Talmud und Midrasch*, 7., völlig neubearb. Aufl. München 1982; 9. Aufl. 2011

Ders., *Der Talmud. Einführung. Texte. Erläuterungen*, München 1982; 4. Aufl 2008

Ders., „Grundzüge rabbinischer Hermeneutik“, in: Ders., *Judaica Minora*. Teil I, *Biblische Traditionen im rabbinischen Judentum*, Tübingen 2010, 103–117

Albeck, S., *Dînê ha-mammônôt ba-Talmûd. The Law of Property and Contract in the Talmud*, Tel Aviv 1976

Ders., *Battê ha-dîn bîmê ha-Talmûd*, Ramat Gan 1980; 2. Aufl. 1987

Ders., *J^esôdôt be-dînê ha-mammônôt ba-Talmûd*, Ramat Gan 1994

Ders., *J^esôdôt ha-ʿabêrah b^e-dînê ha-Talmûd. ʿäqrônôt j^esôd ba-mišpaṭ ha-p^elîlî ba-Talmûd*, Ramat Gan 1997

Ders., *Mabôʾ la-mišpaṭ ha-ʿibrî bi-jmê ha-Talmûd*, Ramat Gan 1999; engl.: *Introduction to Jewish Law in Talmudic Times*, Ramat Gan 2014

Ders., *Mäḥqarîm ba-halakah û-be-tôledôtêha*, Ramat Gan 2012

Bakhos, C./ Hayegan, M. R. (Hg.), *The Talmud in Its Iranian Context*, Tübingen 2010

Ben-Menahem, H., *Judicial Deviation in Talmudic Law, Governed by Men, not by Rules*, Leiden 1991

Berger, Michael S., *Rabbinic Authority*, New York/London 1998

https://doi.org/10.1515/9783110650327-017

Bloch, M., *Die Civilprozeßordnung nach mosaisch-talmudischemRechte*, Budapest 1882
Ders., *Das mosaisch-talmudische Eherecht*, Budapest 1890,80
Ders., *Der Vertrag nach mosaisch-talmudischem Recht*, Budapest 1893
Ders., *Das mosaisch-talmudische Besitzrecht*, Budapest 1897
Ders., *Das mosaisch-talmudische Strafgerichtsverfahren*, Budapest 1901
Ders., *Die Vormundschaft nach mosaisch-talmudischen Rechte*, Budapest 1904
Ders., *Die ša'ᵃrê ha-ma'ᵃlôt. Über die „Abstufungen" in der Mischna und dem Talmud*, Budapest 1908
Cohen, B., *Jewish and Roman Law. A comparative study*, 2 Bde. New York 1966
Ders. B., *The Legal Methodology of Late Nehardean Sages in Sasanian Babylonia*, Leiden (The Brill Reference Library of Judaism, 30) 2010
Daube, D., *Collected Works of David Daube* I, Berkeley 1992
Duindam, J., etc. (Hg.), *Law and Empire. Ideas, Practices, Actors*, Leiden 2013
Eilberg-Schwartz, H., *The Human Will in Judaism, The Mishnah's Philosophy of Intention*, Atlanta 1986
Fassel, H. B., *Das mosaisch-rabbinische Gerichtsverfahren in zivilrechtlichen Sachen*, Gross Kanizsa 1859; Nachdruck Aalen 1981
Ders., *Das mosaisch-rabbinische Zivilrecht*, 4(in 2 Bde.) Wien 1852–1854; Nachdruck Aalen 1981
Ders., *Die mosaisch-rabbinische Tugend-und Rechtslehre*, Gross Kanizsa 1862; Nachdruck Aalen 1981
Ders., *Das mosaisch-rabbinische Strafgesetz und strafrechtliche Gerichtsverfahren*, Gross-Kanizsa 1870; Nachdruck Aalen 1981
Fonrobert, Ch. E./Jaffee, M. S. (Hg.), *The Cambridge Companion to the Talmud and Rabbinic Literature*, Cambridge/New York 2007
Fraade, St. D./Shemesh, A. /Clements, R. A. (Hg.), *Rabbínic Perspectives. Rabbínic Literature and the Dead Sea Scrolls*, Leiden 2009
Goodblatt, D. M., *Rabbinic Instruction in Sasanian Babylonia*, Leiden 1975
Gulak, A., *Das Urkundenwesen im Talmud, im Lichte der griechisch-agyptischen Papyri und des griechischen und römischen Rechts*, Jerusalem 1935
Ders., *Tôlᵉdôt ha-mišpaṭ bᵉ-Jisra'el bi-tqûfat ha-Talmûd. History of Jewish Law, I. Ha-ḥijjûb wᵉ-ši'bûdajw. Law of obligation and ist guaranties*, Jerusalem 1939
Ders., *Lᵉ-ḥeqär tôlᵉdôt ha-mišpaṭ ha-'ibrî bi-tqûfat ha-Talmûd, I. Dînê qarqa'ôt*, Jerusalem 1939
Ders., *Jᵉsôdê ha-mišpaṭ ha-'ibrî*, I–IV Berlin 1922
Hayes, Chr. E., *Between the Babylonian and Palestinian Talmuds, Accounting for Halakhic Differences in Selected Sugyot from Tractate Avodah zarah*, Oxford 1997
Hecht, N.S. etc. (Hg.), *An Introduction to the History and Sources of Jewish Law*, Oxford 1996
Heger, P., *The Pluralistic Halakhah, Legal Innovations in the Late Second Commonwealth and Rabbinic Periods*, Berlin 2003

Heinemann, I., *Ta'^{a}mê ha-miṣwôt b^{e}-sifrût Jisra'el* , Bd. 1, Jerusalem 2. Aufl. 1958/9; 3. Aufl. 1955/6
Hezser, C., „Einheit und Vielfalt in der rabbinischen Halakhah", in: Konradt, M./Steinert, U. (Hg.), *Ethos und Identität. Einheit und Vielfalt des Judentums in hellenistisch-römischer Zeit*, Paderborn 2002, 149–163
Dies. (Hg.), *Rabbinic Law in its Roman and Near Eastern context*, Tübingen 2003
Jaffee, M. S., *Torah in the Mouth, Writing und Oral Tradition in Palestinian Judaism, 200 BCE 400 CE*, New York 2001
Kohler, J., *Darstellung des talmudischen Rechts*, 2 Bde. Berlin 1907
Lapin, H., *Early Rabbinic Civil Law and the Social History of Roman Galilee, a Study of Mishnah Tractate Baba' mesi'a'*, Atlanta (Brown Judaic Studies 307) 1995
Levine, H. I., *Studies in Talmudic Literature and Halakhic Midrashim*, Ramat Gan 1987
Moscovitz, L., *Talmudic Reasoning. From Casuistics to Conceptualization*, Tübingen 2002
Müller, J., *Ḥillûf minhagîm. Halachic differences between the Palestinian and Babylonian schools*, Wien; Nachdruck Jerusalem 1970
Neusner, J., *A History of the Mishnaic Laws of Purities*, I–XX Leiden 1974–75
Ders., *The Wonder-working Lawyers of Talmudic Babylonia*, Lanham 1987
Ders., *School, Court, public administration. Judaism and its Institutions in Talmudic Babylonia*, Atlanta 19876
Ders., *The Incarnation of God*, London 1988
Ders., *The Formation of the Jewish Intellect*, Atlanta 1988
Ders., *Die Gestaltwerdung des Judentums*. Übers. von Johann Maier, Frankfurt/M. (Judentum und Umwelt 51) 1993
Ders., *The Theology of the Oral Torah*, London/Ithaca 1999
Ders., *Scripture and the Generative Premises of the Halakah*, 4 Bde. Binghamton NY, 1999
Ders., *The Theology of the Halakhah*, Leiden 2001
Ders., *The Halakhah. Historical and religious perspectives*, Leiden 2002
Ders., *Analysis and Argumentation in Rabbinic Judaism*, Lanham, 2003
Ders., *Halakhic Hermeneutics*, Lanham 2003
Ders., *Why This, Not That?, Ways Not Taken in the Halakhic Category-Formations of the Mishnah-Tosefta-Yerushalmi-Bavli*, Lanham 2003
Ders., *The Implicit Norms of Rabbinic Judaism*, Lanham 2005
Ders., *The Rabbis, the Law, and the Prophets*, Lanham 2008
Oppenheimer, A., *The Am Ha-aretz*, Leiden 1977
Priest, J. E., *Governmental and Judicial Ethics in the Bible and Rabbinic Literature*, New York 1980
Reichman, R. *Abduktives Denken und talmudische Argumentation. Eine rechtstheoretische Annäherung an eine zentrale Interpretationsfigur im babylonischen Talmud*, Tübingen 2006

Rubin, S., *Das talmudische Recht auf den verschiedenen Studen seiner Entwicklng mit dem römischen verglichen und systematisch dargestellt. I. Personenrecht, 1. Die Sklaverei, II. Sachenrecht*, Wien 1938
Saalschütz, J. L., *Das mosaische Recht nebst den vollständigen talmudisch-rabbinischen Bestimmungen*, 2. Aufl. Berlin I–II 1853
Schimmel, H, *The Oral Law*, New York 1973; 2. Aufl. 1978
Sperber, D., *Netivot Pesika – Ways of Pesika. Methods and Appraches for proper halakhic decision making*, Jerusalem 2008
Urbach, E. E., *The Sages*, 2 Bde. Cambridge/Mass. 2. Aufl. 1987
Ders., *Ha-hᵃlakah. Mᵉqôrôtäha wᵉ-hitpattᵉḥûtah*, Jerusalem 1984
Weingort, A., *Responsibilité et sanction en droit talmudique et comparé*, Genève 1998
Weiss Halivni, D., *Midrash, Mishnah, and Gemara, The Jewish predilection for Justified Law*, Cambridge/Mass. 1986
Zuri, J. S., *Mišpaṭ ha-Talmûd*, 2 Bde. Warschau 1921
Ders., *Tôlᵉdôt ha-mišpaṭ ha-ṣibbûrî ha-ʿibrî*. 3 Bde. London 1931; 1934
Ders., *Tôlᵉdôt ha-mišpaṭ ha-ʿibrî*, Paris 1930/1–1936/7
Ders., *Tôrat ha-mišpaṭ ha-ʾäzraḥî ha-ʿibrî*, London 1934–1937
Ders., *Tôrat ha-mišpaṭ ha-ʾäzraḥî. Ha-hîpôtêqê*, London 1943/4

9.2 Mischna

9.2.1 Editionen und Übersetzungen

Der Standardtext ist auch in den Ausgaben des Babylonischen Talmud enthalten.

Surenhusius, Wilhelm, *Mischna sive totius Hebraeorum juris, rituum, ac legum oralium systema cum clarissimis rabbinorum Maimonides et Bartinoris commentariis integris*, I–VI Amsterdam 1688–1703

Die Mischna. Text, Übersetzung und ausführliche Erklärung, hg. G. Beer/O. Holtzmann u. a., Gießen 1912–1935; Berlin 1956 ff [„Gießener Mischna“]
Albeck, S., *Šiššah sidrê ha-mišnah*, 6 Bde., 1952–58 u.ö; 2008
Danby, H., *The Mishnah*, Oxford/London/New York 1933;viel benützt und bis 1991 oftmals nachgedruckt; Peabody, Mass. 2011
Del Valle Rodriguez, C., *La Misnà*, 2. Aufl. Salamanca (Biblioteca de Estudios Biblicos 98) 2011
Krupp, M. (Hg.), *Die Mischna. Textkritische Ausgabe mit dt. Übers. u. Komm.*, 1. Fasz., *Einleitung in die Mischna*, 2002 und 2008 ff
Milstein, Y., *Šiššah sidrê ha-mišnah. The Mishnah, A New Integrated Translation Commentary*. 2007

Neusner, J., *The Mishnah. A New Translation*, 1988
Rosenberg, Y. A., *The Mishnah. A new translation with a commentary Yad Avraham*, 3 Bde. Brooklyn 1989–92

9.2.2 Literaturauswahl

Fishman, I., *Gateway to the Mishnah. An introduction to the contents and language of the Mishnah*, London 1955
Albeck, Ch.,, *Mabô' la-Mišnah*, Jerusalem 1959
Schachter, M., *Ha-Mišnah ba-Bablî û-ba-J^erûšalmî*, Jerusalem 1959
Melamed, E. Z., *The Relationship between the Halakhic Midrashim and the Mishna and Tosefta* (hebr.), Jerusalem 1966/7
Neusner, J. (Hg.), *The Modern Study of the Mishnah*, Leiden 1973
Ders., *History of the Mishnaic Laws*, 43 Bde. Leiden 1974–83
Ders., *The Mishnah before 70*, Atlanta 1987
Ders., *Oral Tradition in Judaism, The Case of the Mishnah*, New York 1987
Ders., *The Documentary Form-History of Rabbinic Literature. I. The Documentary Forms of the Mishnah*, Atlanta 1998
Ders., *The Economics of the Mishnah*, Atlanta (SFSHJ 185) 1998
Ders., *The Mishnah. An Introduction*, Northvale/London 1989; Paperback edition, 1994. Neudruck 2004
Ders., *The Philosophical Mishnah*, 4 Bde. Atlanta 1989
Ders., *Judaism as Philosophy. The Method and Message of the Mishnah*, Columbia 1991
Ders., *Judaism without Christianity. An Introduction to the System of the Mishnah*, New York 1991
Houtman, A., *Mishnah and Tosefta. A synoptic comparison of the Tractates Brakhot and Shebiit*, Tübingen 1997
Reichman, R., *Mischna und Sifra. Ein literarkritischeer Vergleich paralleler Überlieferungen*, Tübingen 1998
Henshke, D., *The Original Mishna in the Discourse of the Later Tannaim*, Ramat Gan 1998
Epstein, N. J., *Mabô' le-nûsaḥ ha-Mišnah*, 2 Bde. Jerusalem 1947/8; 2000
Avery-Peck, A. L./Neusner, J., *The Mishnah in Contemporary Perspective*, Leiden 2002
Lightstone, J. N,, *Mishnah and the Social Formation of the Early Rabbinic Guild. A socio-theorical approach*, Waterloo, Ont. 2002
Samely, A., *Rabbinic Interpretation in the Mishnah*, Oxford – New York 2002
Neusner, J., *The Mishnah. Religious Perspectives*, Leiden 2002
Ders., *The Mishnah. Social Perspectives*, Leiden 2002
Ders./Avery-Peck, Alan J. (Hg.), *The Mishnah in Contemporary Study*, 3 Bde Leiden 2002–2,004
Ders., *Making God's Work. A Guide to the Mishnah*, New York 2004

Ders., *The Vitality of Rabbinic Imagination, The Mishnah against the Bible and Qumran*, Lanham 2004
Hauptmann, J., Rereading the Mishnah. A New Approach to Ancient Jewish Texts, Tübingen 2005
Shanks Alexander, E., *Transmitting Mishnah. The shaping influence of oral tradition*, Cambridge 2006
Krupp, M., *Einführung in die Mischna*, Frankfurt a. M. 2007
Simon-Shoshan, M., „Between Philology and Foucault, New Syntheses in Contemporary Mishnah Studies", American Jewish Studies Review 32, 2008, 251–262
Tropper, A. D., „The state of Mishnah studies", in: Goofman, M./Alexander, Ph. (Hg.), *Rabbinic Texts and the History of Late-Roman Palestine*, Oxford 2010, 91–115
Simon-Shoshan, M., *Stories of the Law, Narrative Discourse and the Construction of Authority in the Mishnah*, Oxford 2012

9.3 Tosefta

9.3.1 Editionen und Übersetzungen

Bezeugt durch zwei Handschriften (Wien und Erfurt) mit leicht abweichender Traktatfolge

http://kodesh.snunit.k12.il/b/f/f0.htm

Zuckermandel, M. S., *Tosephta*, 1880; 3. Auflage Jerusalem 1962/3 [Nach den Mss. Erfurt und Wien]
Liebermann, S., *Tôsäfät ri'šônîm*, 4 Bde. Jerusalem 1936–1938; Nachdruck New York/Jeruslem 1999
Liebermann, S., *Tôsefta'*. The Tosefta according to Codex Vienna, 5 Bde. New York 1955–88; 3 Bde. Jerusalem 1992–1995
Die Tosefta (Rabbinische Texte, Reihe I, hg. K. H. Rengstorf u. a.), 1956 ff (noch unvollständig)
Liebermann, S., *Tôsefta ki-fšûṭah*, 10 Bde., 1955–1988; 2. Aufl. 1995 [Übersetzung und Kommentar]
Neusner, J., *The Tosefta. Translated from the Hebrew*, 6 Bde. 1977–86; 2. Aufl. 1999; 2002

Cohen, B., *Mishnah and Tosefta, A comparative study*, New York 1936
Elon, M., *Ha-mišpaṭ ha-'ibrî*, Bd. 3 Jerusalem 1972/3, 885 f. 913 ff.
Fox, H./Meacham, T. (Hg.), *Introducing Tosefta; Textual, Intratextual and Intertextual Studies*, Hoboken, NJ 1999
Hauptman, J., *Rereading the Mishnah. A New Approach to Ancient Jewish Texts*. Tübingen (TSAJ 109) 2005

Houtman, A., *Mishnah and Tosefta*, Tübingen 1997
Neusner, J., *The Tosefta. Its structure and its sources*, Atlanta 1986
Rosenthal, Yoav, „On Appendices and Their Positioning in the Tosefta", Tarbiz 79, 2010/11, 187–228
Spanier, A., *Die Tosephta-Periode in der tannaitischen Literatur*, Berlin 1922

9.4 Die Talmudim

Die auf die Mischna aufbauenden Schultraditionen wurden in Palästina schon im 5./6. Hh. unvollständig abgeschlossen, an den Schulen in Mesopotamien erfassten die literarischen Prozesse unter wirtschaftlich günstigeren Umständen den größten Teil der Mischnatraktate (s. unten). Die meist mit namentlich genannten Tannaiten oder ʾAmoräern verbundenen Traditionen wurden zu Diskursen (*sûgjôt*) redigiert. Die Arbeiten am babylonischenTalmud zogen sich bis in 7. Jh. hin, ergaben aber erst im Lauf des Mittelalters und endgültig mit dem Buchdruck etwas wie einen Standardtext. Im christlichen Herrschaftsbereich litten viele Mss. und Drucke unter einer z. T. recht willkürlichen Zensur.

Jacobs, L., „The Talmudic Sugya as a Literary Unit", Journal of Jewish Studies 24, 1973, 119–126
Goldberg, A. M., „Der Diskurs im babylonischenTalmud", Frankfurter Judaistische Beiträge 11, 1983,1–45
Hauptman, J., „Development of the talmudic sugya by amoraic and post-amoraic amplification of a tannaitic proto-sugya", *Hebrew Union College Annual* 58, 1987, 227–250
Gordis, D. M., „Creating the ‚sugya' in the Babylonian Talmud, objectives and methods", in: Stackert, J./Nevling Porter, B./Wright, D. P. (Hg.), *Gazing On the Deep; Ancient Near Eastern and Other Studies in Honor of Tsvi Abusch*, Bethesda 2010, 585–601

9.4.1 „Jerusalemer" (palästinensischer") Talmud; *Talmûd ʾäräṣ Jisraʾel*

http://jewishdelaware.esmartweb.com/JewishTexts.htm

Talmûd Jerûšalmî, Krotošin 1866; Jerusalem 1969 [Traditioneller, meist benutzter Text mit Angaben von Kapitel und Abschnitt der Mischna, Folio und Seite a-d.]
Talmûd Jerûšalmî, I–VII, Wilna 1922; Nachdruck Jerusalem 1973
Susman J., *Talmud Yerushalmi according to Ms. Or. 4720 of the Leiden University Library*, Jerusalem 2001 [Ms Scaliger Or 4720]
Guggenheimer, H. W., *The Jerusalem Talmud*, 2000 ff [Text, Übersetzung und Kommentar; noch unvollständig].

Schäfer, P./Becker, H.-J., *Synopse zum Talmud Yerushalmi*, I–VII Tübingen 1991–2001.
Hengel, M./Schäfer, P. u. a. (Hg.), *Der Jerusalemer Talmud in deutscher Übersetzung*, 1975 ff [Noch unvollständig]
Neusner, J., *The Talmud of the Land of Israel*, 35 Bde. Atlanta 1982–94

Ginzberg, L., *Pêrûšîm w^e-ḥiddûšîm bi-Jrûšalmî. A Commentary on the Palestinian Talmud. Berakot Perek 1–5, I–III und IV* (Hg. von D. Halivni), New York 1941–1961
Hayes, Chr. E., *Between the Babylonian and Palestinian Talmuds, Accounting for Halakhic Differences in Selected Sugyot from Tractate Avodah zarah*, Oxford 1997
Lieberman, S., *Ha-Jerûshalmî kifšûṭô*, I/1, *Shabbat, ʿErûbîn, Pesachîm*, 2. Aufl. Jerusalem 1995
Melamed, E. Z, *Midr^ešê halakah šäl ha-ʾ^amôraʾîm be-Talmûd j^erûšalmî*, Ramat Gan 2004
Miller, St. S, *Sages and Commoners in Late Antique ʾErez Israel. A Philological Inquiry into Local Traditions in Talmud Yerushalmi*, Tübingen 2006
Moskovitz, L., *The Terminology of the Yerushalmi, The Principal Terms*, Jerusalem 2009
Neusner, J., *The Talmud of the land of Israel: an academic commentary to the second, third, and fourth divisions*; Atlanta 1998 ff.
Ders. etc., *Why There Never Was a „Talmud of Caesarea"; Saul Lieberman's Mistakes*, Atlanta 1994
Ders., *The Yerushalmi. The Talmud of the Land of Israel. An Introduction*, Northvale 1992. Nachdruck 2004
Schäfer, P. (Hg.), *The Talmud Yerushalmi and Graeco-Roman Culture*, Tübingen 1998

9.4.2 Babylonischer Talmud

Textausgaben

Erstausgabe Venedig, Bomberg (Christ!) 1520–23
Talmûd Bablî, 20 Bde., Wilna 1880–1886 [Traditioneller Text. Grundlage für zahlreiche Ausgaben, oft mit Kommentaren.]

Goldschmidt, L., *Der Babylonische Talmud*; 12 Bde. Berlin 1930–36/Frankfurt a. M. 1996, hebr. u. dt. [Ältester Text nach Ms Kaufmann, München. Nachdrucke z. T. nur dt.] Faksimile, Jerusalem 2002.
Steinsaltz, A. (Hg.), *Talmûd Bablî*, 1967 ff [Vokalisiert mit hebr. Übersetzung, mit Kommentar; mit engl. Kommentar 1989 ff [frz. und dt. Übersetzungen noch unvollständig]
Talmûd bablî mebôʾar, metûrgam û-m^enûqqad. Koren-Talmud), bis 2018 35 Bde. Jerusalem
The Schottenstein Talmud, 1972 ff [hebr. vokalisiert, mit ausführlichem Kommentar, noch unvollständig]

„Genizah Manuscripts of the Babylonian Talmud – an integrated approach“, *Report of the Oxford Centre for Hebrew and Jewish Studies*, Academic Year 2010–2011, Oxford 2012, 82–88

Epstein, I., *The Babylonian Talmud*, 35 Bde., London 1935–52 (18 Bde., 1961) [sog. „Soncino-Talmud“; empfehlenswerte Übersetzung]

Neusner, J. (Übers.), *The Babylonian Talmud*, 22 Bde., Revised edition, Peaboldy, Mass. 2011

Literaturauswahl

Abrams, J. Z., *The Babylonian Talmud, A Topical Guide*, New York 2002

Bakhos, C./Shayegan, M. R.(Hg.), *The Talmud in Its Iranian Context*, Tübingen 2010

Cohen, B. S., *The Legal Methodology of Late Nehardean Sages in Sasanian Babylonia*, Leiden 2011

Ders., *For Out of Babylonia Shall Come Torah and the Word of the Lord from Nehar Peqod. The Quest for Babylonian Tannaitic Traditions*, Leiden 2017

Halivni, D., *The Formation of the Babylonian Talmud*, Oxford 2013

Hayes, Chr. E., *Between the Babylonian and Palestinian Talmuds, Accounting for Halakhic Differences in Selected Sugyot from Tractate Avodah zarah*, Oxford 1997

Heller, M. J., *Printing the Talmud*, Brooklyn 1992

Jacobs, L., *Structure and Form in the Babylonian Talmud*, Cambridge 1991

Kalmin, R., The Redaction of the Babylonian Talmud, Amoraic or Saboraic?, Cincinnati 1989

Kaplan, J., *The Redaction of the Babylonian Talmud*, New York 1933

Lightstone, J. N., *The Rhetoric of the Babylonian Talmud*, Waterloo 1994i

Mintz, Sh. L/Goldstein, G. M. (Hg.), *Printing the Talmud. From Bomberg to Schottenstein*, New York 2005

Neusner, J., *The Bavli and its Sources*, Atlanta 1981; 2.Aufl. 19872

Ders., *The Bavli. The Talmud of Babylonia. An Introduction*. Atlanta 1992; Nachdruck 2004

Ders., *The Law Behind the Laws, The Bavli's Essential Discourse*, Atlanta 1992

Ders., *The Talmud. Introduction and Reader*, Atlanta 1995; 2. Aufl. 1996

Ders., *Understanding the Talmud, A Dialogic Approach*, Jersey City, NJ 2004

Rubenstein, J. L., *The Culture of the Babylonian Talmud*, Baltimore, Md 2003,

Secunda, Sh., *The Iranian Talmud*, Philadelphia, 2014

Stemberger, G., „Critical Research in Focus“, Journal of Ancient Judaism 3, 2012, 77–84

Stern, T. H., *The Composition of the Talmud. A complete analysis of the relationship between the Babylonian and the Talmud Yerushalmi*, New York 1959

Vidas, M., *Tradition and the Formation of the Talmud*, Princeton 2014

9.5 Halachische Midraschim

Rechtsgeschichtlich relevante Kommentarwerke zu Schriften der Hebräischen Bibel. Midraschim nichtgesetzlichen Inhaltes („Haggadische Midraschim“) enthalten aber in narrativen Kontexten auch Angaben von rechtsgeschichtlichem Interesse und Schilderungen von Vorgängen des Rechtslebens.

9.5.1 *Mekilta de R. Jišmael (zu Exodus)*

Horowitz, H. S./Rabin, Ch., *Mekîlta' de-Rabbî Jišma''el*, Leipzig 1928/9, Frankfurt a. M. 1928/31; 2. Aufl. Jerusalem 1960; 3. Aufl. Jerusalem 1997
Lauterbach, J. Z. (Hg., Übers.), *Mekhilta de-Rabbi Ishmael. A Critical Edition, Based on the Manuscripts and Early Editions, with an English Translation, Introduction, and Notes*, 3 Bde. Philadelphia 1933–35; Neudruck 1976; 2 Bde. Philadelphia 2004
Martínez Sáiz, T., *Mekilta de Rabbi Ismael. Comentario rabinico al libro del Exodo*, Estella 1995
Stemberger, G., *Mekhiltha de-Rabbi Jishmael. Ein früher Midrasch zum Buch Exodus*, 2010

Kadushin, M, *A Conceptual Approach to the Mekhilta*, New York1969
Kahana, M. I., *Ha-m^e^kîltôt lifrašat ʿ^a^maleq. The two Mekhiltot on the Amalek portion*, Jerusalem 1999
Neusner, J., *Mekhilta according to Rabbi Ishmael*, Atlanta 1988
Ders., *A Theological Commentary to the Midrash IX. Mekhilta Attributed to R. Ishmael*, Lanham 2001
Stemberger, G., „Zur Datierung der Mekhilta“, *Kairos* 21, 1979, 81–118 = ders., *Studien zum rabbinischen Judentum*, Stuttgart 1990, 251–304
Towner, W. S., *The Rabbinic „Enumeration of Scriptural Examples“. A study of a rabbinic pattern of discourse with special reference to Mekhilta d'Rabbi Ishmael*, Leiden 1973
Wacholder, B. Z., „The Date of the Mekilta de-Rabbi Ishmael“, Hebrew Union College Annual 39, 1968, 117–144 = in: Ders., *Essays in Jewish Chronology and Chronography*, New York 1976, 212–239

9.5.2 *Mekilta de R. Shimʿon (zu Exodus)*

Epstein, N./Melamed, E. Z., *Mekîlta' d^e^-bê Šimʿôn bar Jôḥaj*, Jerusalem 1955
Nelson, W. D., *Mekhilta de-Rabbi Shimon bar Yoħai translated into English with Critical Introduction and Annotations*, Philadelphia 2006
Burgansky, Ch., *Mekhilta d'Rabbi Simon ben Jochay. Studies in Source Analysis and Editorial Method*, Ramat Gan 1996 (hebr.)

Hoffmann, D., *Mechilta de-Rabbi Simon b. Jochai, ein halachischer und haggadischer Midrasch zu Exodus nach handschriftlichen Quellen reconstruiert und mit erklärenden Anmerkungen und einer Einleitung*, Frankfurt a. M. 1905

9.5.3 *Sifra/Torat kohannim* (zu Leviticus)

Venedig 1504/5); Neudruck Berlin/Leipzig 1924/5; Jerusalem 1970/1 (Faksimile)
Konstantinopel 1515
Weiss, I. H., *Sifra' de-Bê Rab. Hû' Sefär Torat kohannîm*, 1862 (1947)
Pérez Fernández, M., *Midrás Sifra I. El comentario rabínico al Levítico*, Estella 199
Finkelstein, L., *Sifra' de-Bê Rab. We-hû' Sefär Torat kohannîm. Sifra on Leviticus according to Vatican Manuscript Assemani 66 with variants.* 5 Bde., Rom/New York 1983/90
Ginsberg, M., *Sifra with Translation and Commentary*, New York 1999
Friedmann, M., *Sifra'*, 2 Bde., Jerusalem 2002
Neusner, J., *Sifra. An Analytical Translation*, 3 Bde., Atlanta1988
Ders., *Texts Without Boundaries, Protocols of Non-Documentary Writing in the Rabbinic Canon.* Volume Two: *Sifra and Sifre to Numbers*, 2002
Pérez Fernández, M., *Midrás Sifra I. El comentario rabínico al Levítico*, 1997
Shoshana, A., *Sifra' d^{e}-bê Rab; Tôrat kôhannîm*, 3 Bde., Jerusalem 2017 [Ms Rom, Assemani 66]

Apothaker, H. L., *Sifra, Dibbura deSinai. Rhetorical Formulae, Literary Structures, and Legal Traditions*, Cincinnati 2003
Melamed, E. Z., *The Relationship between the Halakhic Midrashim and the Mishna and Tosefta* (hebr.), Jerusalem 1967
Reichman, R., *Mischna und Sifra. Ein literarkritischer Vergleich paralleler Überlieferungen*, Tübingen 1998

9.5.4 *Sifre ba-midbar/Numeri*

Friedman M., *Sifre de Be Rab. Der älteste halachische und hagadische Midrash zu Numeri und Deuteronomium, nach Druckwerken und Handschriften herausgegeben*, 1. Teil, *Text, Noten und Erklärungen*, Wien 1864
Horovitz H. S./Rabin I. A., *Sifrê de-Bê Rab. Sifre zu Numeri und Sifre Zuta*, Leipzig 1917; Nachdruck Jerusalem 1925/6, 2. Aufl. Jerusalem 1966
Pérez Fernández M., *Midrás Sifre Números. Versión crítica, introducción y notas*, Valencia 1989
Kuhn, K.G., *Der tannaitische Midrasch Sifre zu Numeri übersetzt und erklärt*, Stuttgart (Rabb. Texte II,3) 1959; 3. Aufl. 1954; 1958; ed. Börner-Klein, D., 1997

Neusner, J., *Sifre to Numbers. An American Translation and Explanation*, I3 Bde. Atlanta 1986
Ders., *Texts Without Boundaries, Protocols of Non-Documentary Writing in the Rabbinic Canon.* Volume Two: *Sifra and Sifre to Numbers*, 2002

9.5.5 *Sifre Debarim/Deuteronomium*

Finkelstein, L., *Sifrê ʿal Sefär Debarîm. Sifre on Deuteronomy*, 2. Aufl. New York 1969; 3. Aufl. Jerusalem 1993
Cortès, E./Martínez, T., *Sifre Deuteronomium, Comentario Tannaitico al libro del Deuteronomio*, I. Pisqa 1–160; II. Pisqa 161–357, Barcelona 1989/1997
Sifrê Ba-midbar – Debarîm, 2 Bde. Jerusalem 1972/74
Ljungman. H., *Sifre zu Deuteronomium, übersetzt und erklärt,* Lieferg 1, § 1–31 (Deut. 1,1 – 6,4), Stuttgart (Rabbinische Texte II/4) 1964
Bietenhard, H., *Der tannaitische Midrasch „Sifre Deuteronomium", übersetzt und erklärt*, Bern 1984
Hammer, R., *Sifre, A Tannaitic Commentary on the Book of Deuteronomy, translated from the Hebrew*, London/ New Haven 1986
Neusner, J., *Sifre to Deuteronomy. Analytical Translation*, 2 Bde., 1987; 3 Bde., 1997

Fraade, S. D., *From Tradition to Commentary. Torah and its Interpretation in the Midrash Sifre to Deuteronomy*, Albany 1991
Neusner, J., *Sifre to Deuteronomy, An Introduction to the theoretical, logical, and topical programm*, Atlanta 1987
Ders., *Rabbinic Narrative, A Documentary Perspective. Volume Two. Forms, Types, and Distribution of Narratives in Sifra, Sifre to Numbers, and Sifre to Deuteronomy.* Leiden 2003

9.6 *Fastenrolle. Megillat taʿanit*

Eine aus älteren Quellen nach Daten des jüdischen Kalenders angeordnete Kompilation.

Noam, V. (Hg.), *Megillat Taʿanit. Versions, Interpretations, History. With a critical edition* (hebr.), 2003
Lichtenstein, H., „Die Fastenrolle. Eine Untersuchung zur hellenistisch-jüdischen Geschichte", *Hebrew Union College Annual* 8/9, 1931/32, 257–351
Schremer, A,, „The Concluding Passage of Megilat Taʿanit and the Nullification of Its Halkahic Significance during the Talmudic Period" (hebr.), Zion 65, 2000, 411–439

10 Papyri und Inschriften

Tcherikover, V. A./Fuks, A. (Hg.): *Corpus Papyrorum Iudaicarum*, Bd. 1, 1957 (323–30 v. Chr.); Bd. 2, 1960 (30 v.- 117 n. Chr.); Bd. 3, 1964 (ab 117 n. Chr.).

Frey, J.-B., *Corpus inscriptionum Iudaicarum. Recueil des inscriptions juives qui vont du IIIe siècle avAnt Jésus-Christ au VIIe siècle de notre ère,* Città di Vaticano, Bd. 1 Europe, 1936; Bd. 2 Asie-Afrique 1952; Nachdruck: Lifshitz, B. (Hg.), *Corpus of Jewish Inscriptions. Jewish Inscriptions from the third century B.C. to the seventh century A.D.*, Città del Vaticano, Bd. 1 1975; Bd. 2 1962

Ahituv, S., *A Book of Ancient Hebrew Insriptions from the Period of the First Commonwealth and Beginning of the Second*, Jerusalem 1992

Davies, G. I./Bockmuehl, M. N. A. – de Lacey, D. R. – Poulter A. J., *Ancient Hebrew Inscriptions: Corpus and Concordance*, Cambridge 1991

Davies. G., *Ancient Hebrew Inscriptions: Corpus und Concordance.* Volume 2, Cambridge 2004

Diringer, D., *Le iscrizioni antico-ebraiche palestinesi raccolte e illustrate*, Firenze 1934

Dušek, Jan, *Aramaic and Hebrew Inscriptions from Mt. Gerizim and Samaria between Antiochus III and Antiochus IV Epiphanes*, Leiden Culture and History of the Ancient Near East 54), 2012

Fitzmyer, J. A./Harrington, D. J., *A Manual of Palestinian Aramaic Texts*, Rom 1978

Healey, John F., *Aramaic Inscriptions and Documents of the Roman Period*, Oxford/ New York 2009

Horbury, W./Noy, D., *Jewish Inscriptions of Graeco-Roman Egypt. With an Index of the Jewish Inscriptions of Egypt and Cyrenaica*, Cambridge 1992

Lifshitz, B., *Donateurs et fondateurs dans les Synagogues juives. Répertoire des dédicaces grecques relatives à la construction et à la réfection des synagogues*, Paris 1967

Renz, J./Röllig, W., *Handbuch der althebräischen Epigraphik*. Bd. I: Text und Kommentar, 1995,470; Bd. II *Zusammenfassende Erörterungen*, Teil 1: Paläographie und Glossar, 1995. Bd. 2: Zusammenfassende Erörterungen, Teil 2, 1995; Bd. III.: Texte und Tafeln, 1995. Sonderausgabe Darmstadt 2016

Schwiderski, Dirk, *Die alt- und reichsaramäischen Inschriften/The Old und Imperial Aramaic Inscriptions 2: Texte und Bibliographie*, Berlin (Fontes et Subsidia ad Bibliam pertinentes 2) 2004

Van der Horst, P. W., *Ancient Jewish Epitaphs. An introductory survey of a millennium of Jewish funerary epigraphy (300 BCE – 700 CE)*, Kampen 1991

Baumgarten, A. I./Eshel, H. etc. (Hg.), *Halakha in Light of Epigraphy* (JAS.S 3), Göttingen 2011

Chester, A., „Jewish inscriptions and Jewish life", in: Deines, R./Herzer, J./Niebuhr, K.-W. (Hg.), *Neues Testament und hellenistisch-jüdische Alltagskultur*, Tübingen 2011, 383–441

https://doi.org/10.1515/9783110650327-018

Eshel, E./Levin, Y.l (Hg.), *„See, I will bring a scroll recounting what befell me" (Ps 40:8). Epigraphy and Daily Life from the Bible to the Talmud. Dedicated to the Memory of Professor Hanan Eshel*, Göttingen 2014
Kraemer, R. S., „On the Meaning of the Term ‚Jew' in Greco-Roman Inscriptions", Harvard Theological Review 82, 1989, 35–53
Landis, G. S., *A Grammar of Epigraphic Hebrew* (Society of Biblical Literature. Resources for Biblical Study 23), Atlanta 1998
Lemaire, André, „Das Achämenidische Juda und seine Nachbarn im Lichte der Epigraphie", in: Kratz, R. G., *Religion und Religionskontakte im Zeitalter der Achämeniden*, Gütersloh 2002, 210–230
Milman, B. R., „A survey of inscriptions found in Israel, and published in 1992–1993", Scripta Classica Israelica 13, 1994, 142–162
Naveh, J., *Early History of the Alphabet. An introduction to West Semitic Palaeography*, Leiden 1982; 2. Aufl. Jerusalem 1997
Pardee, D., *Handbook of Ancient Hebrew Letters*, Chico, Cal 1982
Park, J. S., *Conceptions of Afterlife in Jewish Inscriptions*, Tübingen 2000
Rollston, Chr. A., *Writing and Literacy in the World of Ancient Israel. Epigraphic Evidence from the Iron Age*, Leiden 2010
van der Horst, P. W., *Ancient Jewish epitaphs: an introductory survey of a millennium of Jewish funerary epigraphy (300 BCE – 700 CE)*, Kampen 1991
Ders., *Saxa judaica loquuntur, Lessons from Early Jewish Inscriptions*, Leiden 2014
van Henten, J. W./van der Horst P. W. (Hg.), *Studies in Early Jewish Epigraphy*, Leiden 1994

11 Nichtjüdische Autoren

Stern, M. (Hg.), *Greek and Latin Authors on Jews and Judaism*, 3 Bde. Jerusalem 1974–84

https://doi.org/10.1515/9783110650327-019

Hebräisch-aramäisches Glossar zum jüdischen Recht der Antike

Herausgegeben von Folker Siegert

Vorwort

Dieses Glossar, das auch im Rahmen des durch F. Siegert herausgegebenen *Rechtsgeschichtlichen Kommentars zum Neuen Testament* erscheint, verzeichnet rechtlich relevante Sachverhalte und hebräische und aramäische Ausdrücke in Quellen von der Hebräischen Bibel bis zum Abschluss des Babylonischen Talmud, ergänzt durch sachlich entsprechende Belege aus der griechisch-jüdischen Literatur. Es berücksichtigt vorrangig die rechtsgeschichtliche Bedeutung der ausgewählten Wörter und will und kann daher kein Wörterbuch ersetzen. Für den behandelten Bereich ist es jedoch zugleich ein Sachwörterbuch, inhaltlich Identisches zusammenführend.

Die Transkription des Hebräischen folgt der semitistischen Praxis, den Konsonantenbestand wiederzugeben. Jedem Buchstaben ist ein Transkriptionszeichen zugeordnet (nur für *pe* stehen *p* oder *f*), und ^ markiert die sog. Vokalbuchstaben.

Kursiv gesetzt werden griechische und lateinische Wörter. In der mittleren Spalte für Fremd- bzw. Lehnwörter, in der linken Spalte für begriffliche Äqivalente. Bei der Transkiption hebräischer Wörter wurde auf die Verdoppelung des Konsonanten nach dem Artikel verzichtet. Oftmals nicht eigens verzeichnet sind leicht erkennbare aramäische Alternativformen und Äquivalente sowie bloße orthographische Varianten; auch Plene- und Defektivschreibungen werden in der Regel nicht doppelt verzeichnet, es empfiehlt sich daher, entsprechend unterschiedlicher Schreibmöglichkeiten nachzusehen.

Über die biblischen und rabbinischen Quellen hinaus wurde die frühjüdische Literatur mitsamt dem für die Kenntnis des Rechtslebens aufschlussreichen epigraphischen Material und auch altorientalische Gesetzessammlungen (LC) berücksichtigt. Dafür waren allerdings mehr inhaltliche als lexikographische Gesichtspunkte entscheidend.

Die 613 Gebote und Verbote der schriftlichen Torah wurden (ShM) gekennzeichnet, um anzuzeigen, welcher biblische Text rechtsgeschichtlich als maßgeblich gewertet worden ist.

Verweise auf Spezialwörterbücher dienen der Orientierung über den Stand der neueren lexikographischen Arbeiten jenseits dessen, was die gängigen Wörterbucher bieten.

Mein besonderer Dank gilt Herrn Prof. Dr. Folker Siegert, der das Werden dieses Glossars von Anfang an mit intensivem Interesse begleitet und mit zahlreichen Hinweisen bereichert hat. Herzlichen Dank schulde ich auch Herrn Prof. Dr. Franz Hubmann für seine hilfreichen Hinweise auf Flüchtigkeitsfehler. Dem Verlag de Gruyter und insbesondere Herrn Dr. Albrecht Döhnert und Frau Alice Meroz danke ich für das erwiesene Interesse und die umsichtige Betreuung der Drucklegung.

https://doi.org/10.1515/9783110650327-022

Abkürzungen

Kritische Editionen und Wörterbücher

Bacher	W. Bacher, *Die exegetische Terminologie der jüdischen Traditionsliteratur*, 2 Bde. Leipzig 1899/1905; Nachdruck Darmstadt 1965; Hildesheim 1990
CIJ	J.-B. Frey, *Corpus inscriptionum Iudaicarum*, I. *Europe*, 1936; II. *Asie-Afrique*, 1952
CPJ	V. A. Tcherikover/A. Fuks (Hg.), *Corpus Papyrorum Iudaicarum*, Cambridge, Mass. Bd. 1, 1957 (323–30 v. Chr.); Bd. 2, 1960 (30 v.– 117 n. Chr.); Bd. 3, 1964 (ab 117 n. Chr.)
CL	Y. Yadin/J. Greenfield/A. Yardeni/B. A. Levine, *The Documents from the Bar Kokhba Period in the Cave of Letters. Hebrew, Aramaic and Nabatean-Aramaic Papyri,* Jerusalem 2002
CLgr	N. Lewis, *The Documents of the Bar Kokhba Period in the Cave of Letters. Greek Papyri,* Jerusalem 1989
DJD XXVII	H. Cotton/A. Yardeni, *Aramaic, Hebrew and Greek Documentary Textsfrom Naḥal Ḥever and Other Documents. With an appendix containing alleged Qumran texts,* Oxford 1997
DJD XXVIII	*Qumran Cave 4*. xxviii, part 2, Oxford 2001. Gropp D. M: *Wadi Daliyeh, II. The Samaria Papyri from Wadi Daliyeh*
DNWSI	J. Hoftijzer/K. Jongeling, *Dictionary of the North-West-Semitic Inscriptions*, 2 Bde. Leiden 1995
GAR	Y. Magen/H. L., *Mount Gerizim Excavations, I. The Aramaic, Hebrew and Samaritan Inscriptions*, Jerusalem 2004
HAWTTM	R. Kratz/A. Steudel/I. Kottsieper, *Hebräisches und aramäisches Wörterbuch zu den Texten vom Toten Meer*, Berlin, Bd. I (א-ב), 2017; Bd. II (ג-ז), 2018
Hurwitz	A. Hurwitz, *A Concise Lexicon of Late Biblical Hebrew. Linguistic Innovations in the Writings of the Second Temple Period*, Leiden 2014
Landis Gogel	S. Landis Gogel, *A Grammar of Epigraphic Hebrew*, Atlanta 1998
LC	M. T. Roth, *Law Collections from Mespopotamia and Asia Minor*, Atlanta 1995
LD	*Legal Documents of the Hellenistic World,* hg. M. J. Geller u. a., London 1995
Mas	Sh. Talmon/Y. Yadin, *Masada VI. Hebrew Fragments from Masada*, Jerusalem 1999
Mur	P. Benoit/J. T. Milik/R. de Vaux. *Les grottes de Murabba‘at,* Bd. 1–2 (DJD II), Oxford 1961
NḤ	Naḥal Ḥever/Seiyal, s. DJD XXVII und s. CL
NṢ	A. Yardeni, *T^{e}‘ûdôt Naḥal Ṣä‘älîm. Nahal Se‘elim Documents*, Jerusalem 1995
PapYadin	Siehe CL
ShM	Moše b. Maimon, *Sefär ha-miṣwôt* [+1–248 Gebote; –1–365 Verbote = 613 Gesetze, s. bMak 23b–24a]. Kafah J. D., *Sefär ha-miçwôt l^{e}-ha-RMB“M* (arabischer Text mit modernhebräischer Übersetzung), 9. Aufl., Jerusalem 1996
SokB	M. Sokolow, *A Dictionary of Jewish Babylonian Aramaic*, Ramat Gan 2002
SokP	M. Sokolow, *A Dictionary of Jewish Palestinian Aramaic*, Ramat Gan 2002, 3. Aufl. 2017 [mit Verweisen auf pal. Targumim u. weitere Quellen]
Sperber	D. Sperber, *A Dictionary of Greek and Latin Legal Terms in Rabbinic Literature*, Jerusalem 1984
Str.-B.	(H. Strack und) P. Billerbeck, *Kommentar zum Neuen Testament aus Talmud und Midrasch*, 4Bde., München 1922,1924,1928) Nachdr. 1994

https://doi.org/10.1515/9783110650327-020

TAD	B. Porten/A. Yardeni, *Textbook of Aramaic Documents from Ancient Egypt*, Winona Lake/Jerusalem 1986 (TAD A); 1989 (TAD B); 1993 (TAD C); 1999 (TAD E)
ThWQ	H. J. Fabry/U. Dahmen. *Theologisches Wörterbuch zu den Qumrantexten*, 3 Bde. Bde. Stuttgart 2011–2016
TJ	Targum Jerušalmi (andere pal. Targumim s. o. 1.9.2)
TO	Targum Onkelos
YT	A. Yardeni, *Textbook of Aramaic, Hebrew and Nabataean Documentary Texts from the Judaean Desert and Related Material, A The Documents; B Translation. Palaeography. Concordance*, 2 Bde. Jerusalem 2000

Rabbinische Texte

m	Mischna
t	Tosefta (Traktatfolge und Zählungen weichen z. T. von der Mischna ab)
j	Talmud jerušalmi
b	Talmud babli

Ordnungen und Traktate

I. Ze ra'îm: Ber(akot), Pe'ah, Dem(aj), Kil(ajim), Šebi (Šebi'it), Ter (Terûmôt), Ma('aśerôt); MŠ (Ma'aśer šeni), Ḥal(lah), 'Or(lah), Bik(kûrîm)

II. Mô'ed: Šab(bat), 'Er(ûbîm), Pes (Pesaḥîm), Šeq (Šeqalîm), Jom (Jôma'), Suk (Sûkkah), Bêṣah, RH (Ro'š ha-šanah), Ta('anît), Meg (Megîllah), MQ (Mô'ed qaṭan), Ḥag(gîgah)

III. Našîm: Jeb (Jebamôt), Ket (Ketûbbôt), Ned (Nedarîm), Nazir, Sot (Sôṭah), Giṭ(ṭîn), Qid(dûšîn)

IV. Nezîqîn: BQ (Baba' qammah), BM (Baba' meṣî'a'), BB (Baba' batra'), San(hedrîn), Mak(kôt), Šebu (Šebû'ôt), Ed ('Edûjôt), AZ ('abôdah zarah), 'Abôt, Hor (Hôrajôt)

V. Qôdašîm: Zeb (Zebaḥîm), Men (Menaḥôt), Ḥul(lîn), Bek(ôrôt), 'Ar(akîn), Tem (Temûrah), Ker (Keritôt), Me(îlah), Tam(îd), Mid(dôt), Qin(nîm)

VI. Ṭohorôt: Kel(îm), 'Oh(alût), Neg (Nega'îm), Parah, Ṭoh(orôt), Miq(wa'ôt), Nid(dah), Makš(îrîm), Zab(îm), ṬJ (Ṭebûl jôm), Jad(ajîm), 'Uq(ṣîn)

Ein Komma in den beiden rechten Spalten des folgenden Glossars trennt Schreibalternativen bzw. hebräisch-aramäische Äquivalente, ein Schrägstrich trennt Alternativen zwischen Einzelbuchstaben sowie semantische Alternativen (etwa zwischen Masculinum und Femininum). Der Unterschied zwischen Hebräisch und Aramäisch, kenntlich an der Vokalisierung, wird nicht weiter hervorgehoben. Undeterminierte Formen aramäischer Substantive, soweit belegt, sind berücksichtigt, ebenso defektive Schreibweisen aus alten Dokumenten.

Die Vokalisierung des Hebräischen bzw. Aramäischen macht keinen Unterschied zwischen Qamäṣ und Pataḥ. Stummes (auslautendes) Aleph wird wiedergegeben wie gesprochenes; im Diphthong /aj/ bleibt es unbezeichnet.

Hebräisch-aramäisches Glossar

	ʾAlef	א
11. Monat bei Herbstjahresanfang, 5. Monat bei Frühlingsjahresanfang	ʾab	אב
9. Ab: Tag der Tempelzerstörung (Fasttag) mPes IV,5; mRH I,3; mTa I,2.7; IV,5 ff; mNed VIII,5; mBek IX,5	tišʿah ba-ʾab	תשעה באב
Vater LC 30, 20b.23; 31,31; 86,27; 106 f. 135; 110,154 f; 111,157 f; 112,162 f.165; 113,168; 117,178 f; Lev 18,7 (ShM –351); Num 30,4 ff; Dtn 24,16; CD VII,8; Mt 23,9; mBM II,11; mBB VIII,1–2.4.7; IX,9 f; mSan VII,4.8; mBek VIII,3 ff; bSan 7a–28a; s. ערוה/עריות. ThWQ I,2–9; HAWTTM I, 1–4. Vater/Kinder: mKet IV,4; mBM I,5; bKet 47a; 49b; bBM 12b Vater/Sohn: Dtn 21,18 f; 11Q19 64,2 f; CD VII,8/ XIX,5; Joh 5,19 ff; mQid I,7; mSan VIII,3 f; mMak II,2 f; mEd II,9; bQid 29a. S. auch: ילד Vater/Tochter: Ex 22,16; Lev 21,9; CD XVI,12; mKet IV,1.4–6; VII,8; VIII,6; mNed X,1 ff; 86; mQid II,1; III,6; mKer III,5; jKet IV; bKet 82b. S. auch: בת. Vater und Mutter (Eltern): Ex 21,15.17; Dtn 21,18; 22,13 ff; 27,16; 4Q416 Frg. 2; Frg, 3; 4Q158,9 11Q19 65, 7 ff; Philon, Fuga 83; mBQ VIII,3.5; Str.-B II, 49 ff (zu Mk 14,26); mSan VII,8; MekRJ n^{e}zîqîn v. Elternehrung (kibbûd ʾab wa-ʾem): Ex 20,12/Dtn 5,16 (ShM +210); Lev 19,3 (ShM +211 fürchten); Mal 1,6; 4Q415 2 ii,1; 4Q416 2 iii,15; iv,18; 4Q418 9a–c 17; 4Q544 1,3; 4Q545 1 ii,12; Philon, Decal. 106 ff; Spec. 2,225 ff; Mt 15,4; Mk 7,10 f; 2Kor 12,14; Eph 6,1 f; Jos.Ant 3,92; Jos.CAp 2,206 ff; Str.-B. I,705–711; III,614; mPeʾah I,1: bŠab 89a; bQid 31b–32a; mNed IX,1; mKer VI,9; MekRJ ba-ḥôdäš viii. Eltern verfluchen: MekRJ N^{e}zîqîn v. Elternmißachtung, -mißhandlung: Ex 21,15 (ShM –319); 4Q158,9; Philon, Fuga 83; Mk 13,12 f; mJeb; IX,7; mBQ VIII,3; mSan XI,1; MekRJ n^{e}zîqîn v; jPeʾah I,1 15b bSan 84b–85b. Bacher I, 1 f; II,1; ThWQ I, 1–10 Gottesprädikat Jub 1,23 f.28; Mt 6,4; Str.-B. I,392–396; ʾ^{a}bînû malkenû; ʾab ha-raḥ^{a}mîm	ʾab, ʾabbaʾ	אב, אבא
Hauptkategorie. (A) Unreinheiten: mMŠ III,9; mPes I,6; mŠeq VIII,4.6; mEd II,1; mKel I,1 ff; mṬoh I,5; IV,11; mMakš IV,2.8; mṬJ I,4 f; II,1.8; III,1; mJad III,1. (B) Arbeitsverrichtungen: mŠab VII,1. (C) Schadensfälle: mBB I,1	ʾab	אב
Gerichtvorsitzender; Vorsitzender des Sanhedrin in dessen Funktion als Höchstgericht mTam II,1; mḤag II,2; tḤag II,5; mEd V,6; bMQ 17a.	ʾab bêt dîn	אב בית דין
(A) Zugrundegehen, verderben, *apollynai*. pi./hif.: vernichten, zerstören Dtn 9,3; 12,2 f; mSan IV,5 (Mensch – Welt). (B) Verloren gehen, nicht mehr vorhanden sein. Dtn 22,3; TAD A4, 7,16; 8,15; A6, 11,4; B1,13; B2, 6,27; B3, 8,25; CD IX,10–16; mBM III,1.6; mŠebu VIII,2 f; s. אבידה. DNWSI I,4 f. ThWQ I,10 ff. SokP 32. SokB 73 f	ʾBD	אבד

https://doi.org/10.1515/9783110650327-021

(A) Verlorene Sache/Fundsache LC 64,36; 82 f, 9; 105,125; Ex 22,1/ Dtn 22,1 ff (ShM +204); Lev 5,22 f; LXX: *apôleia;* CD IX,10–16a; 11Q19 64,13 ff; Philon, Virt. 96; Jos.Ant 4,273 f; mBQ V,7; IX,7; mBM II,1.7.9 ff; III,6; mŠebu V,3; VI,1; VIII,1; mHor III,7; bBQ 66a;113b; bBM bBM 22b.28a–31a. (B) Verlust, Schaden Ex 22,6–10. DNWSI I,4 f; s. יאוש, מציאה, גניבה	ʾᵃbedah	אבדה
Vaterhäuser der Gemeinschaft (Israels), Sippe (v. a. in priesterl. Tradition) Ex 6,25; Num 31,26; 32,28 (LXX: *archontes tôn patriôn tês synagogês*); vgl. Jos 14,1; 1Q28a I,16.24 f; II,13.16; 1Q33 II,1.3.7 III,4; u. ö.	ʾᵃbôt ha-ʿedah	אבות העדה
Strafe TAD B2, 11,10; B3, 6,14; 7,17; 9,7; 13,7; B6, 3,10. DNWSI I,1 f	ʾᵃbîgaren	אביגרן
Armer, *ptôchos* Ex 23,6 (Rechtsbeugung); 11Q19 51,16–18; jSan IV,8 22b; bBM 41b; bSan 6a–b	ʾäbjôn	אביון
Quittung; Freigabe SokB 75	ʾᵃbîzarijah	אביזריה
Betrauern, Totenklage halten mSan VI,6	ʾBL	אבל
Stein mSan IX,1; mMak II,2; mAZ III,6 f; IV,1;V,11. זורק אבן למרקוליס Wer der Merkurstatue einen Stein zuwirft: mSan VII,6; jAZ IV,1 43c–d	ʾäbän	אבן
Fund-Ablegestelle in Jerusalem. mTa III,8; bBM 28b	ʾäbän ha-tôʿîm	אבן התועים
Steinbodenfigur, Mosaik (Problem bei Prostration) Lev 26,1, LXX: *lithos skopos*; Targumim: ʾbn sgjdʾ, ʾbn mṣjjr, ʾbn dmtkr; vgl. Num 33,52; jAZ III,1 42b–c; IV,1 ff 43c–44a; bMeg 22b	ʾäbän maśkît	אבן משכית
Zinsähnliche Leistung bBM 61a. 67a	ʾᵃbaq ribbît	אבק רבית
Nicht rituell geschächtetes, blutiges Fleisch Dtn 12,15 ff.23 (ShM –182); mEd VI,3; mḤul IX,7–8; mṬoh I,32; Sifre Dtn § 71	ʾäbär min ha-ḥaj	אבר מן החי
Eintreiber GenR XII,10. Sperber 31	ʾagbaʾsṭes *eg/kbiastês*	אגבאסטס
Administrator; staatlicher Strafverfolger GenR XII,5. Sperber 32.203	ʾägdîqôs *ekdikos*	אגדיקוס
Tempel TAD A4 7–10; B2, 10,6. DNWSI I,9	ʾagôr	אגור
Gerichtliches Gremium bGiṭ 88b. Sperber 32 f.	ʾᵃgôrîʾôt	אגוריאות
Schenkung bSan 91a	ʾagṭîn	אגטין
Lohnarbeiter TO Ex 12,45; Lev 25,40; bBM 76b–77a; s. שכיר	ʾagîr	אגיר
Dingen, mieten 79 f. jKet IV, 28d; af: verdingen; vermieten jAZ I,9 40b; s. שכר. DNWSI I,11 f; SokB	ʾGR	אגר
(A) Gewinn, Einnahme (z. B. aus Miete) TAD A3, 10,3; B1,13; Entschädigung; Lohn. (B) Aufzahlung auf Kaufpreis oder Miete für Zahlungsaufschub (Verstoß gegen das Zinsverbot), bBQ 63b.65a. SokP 34 f; SokB 80 f.	ʾᵃgar	אגר

Marktaufseher, vgl. lat. *aedil*; jDem II,3 22c; bBB 89a	ʾagrônîmôn ʾagrônîmôs ʾ^{a}grad^{e}mîn ʾ^{a}grad^{e}mîs *agoranomos*	אגרונימון אגרונימוס אגרדמין אגרדמיס
Faust Ex 21,18 (ShM +); Philon, Spec. 3,106; Jos.Ant 4,277; mSan IX,1; MekRJ nzjqjn vi; jBQ VIII,3 6b; jSan IX,3 27a; bSan 78b	ʾägrôf	אגרוף
Brief, Dokument; Urkunde, Vertrag, Edikt TAD A passim; Esr 4,8.11; 5,6; Neh 2,7 ff; 6.17 ff; Est 9,26.29; 4Q203 8,3; mMQ III,3; mGiṭ VI,5; mBM I,8; jNed V,5 39b; jAZ II,10 42a (Scheidung). Hurwitz 25–27. SokB 110; DNWSI I,12	ʾiggärät, ʾiggartaʾ	אגרת, אגרתא
Gerichtliches Dokument betr. erfolgter Untersuchung mKet XI,5; bKet 100b; jSan I,4 19b	ʾiggärät bîqqôrät	אגרת ביקורת
Dokument betr. Unterhaltspflicht mMQ III,3; mBM I,8; bBM 20a	ʾiggärät mazôn	אגרת מזון
Dokument betr. Schätzung von Sachwerten mMQ III,3; mBM I,8; jAr VI,1 21b; bKet 55a; bBQ 14b; bBM 20a; s. שום	ʾiggärät šûm	אגרת שום
Edom. (A) Feindlicher Volksstamm und Territorium südlich von Juda mit Esau als Ahnherrn, gegen Ende 2. Jh. v.Chr. zwangs-judaisiert. Obadja. (B) Ab dem 1. Jh. n. Chr. Bezeichung für das pagane und und ab dem 4./5. Jh. auch für das christliche Rom und die Christenheit überhaupt als rivalisierende und widergöttliche Weltmacht. Die entsprechende Ausdeutung des Streites um das Erstgeburtsrecht Esaus oder Jakobs (Gen 27) bestimmte das Geschichtsbild und das staatsrechtliche Denken des Judentums bis heute. (C) Rom/Edom galt zugleich als tempelzerstörende Macht, als zweites „Babel", und im aktualisierten 4-Reiche-Schema von Dan 2 als viertes und letztes Weltreich vor der Gottesherrschaft. Jos.Ant 10,203–210; X, 268 ff; X,276; CAP 2,127; 4Esr 11 f; syrBar 36–40; Offb 12,7; 17; jTa I,1 64a; II,4 65d; bAZ 2b–3a; Sifre Dtn § 320 f; GenR II,4; XLIV,15; LevR XIII,4 f; XXIX,2 u.ö; s. עמלק, מלכות הרשעה	ʾ^{ä}dôm	אדום
Edomiter/in Dtn 23,8 (ShM –54); Philon, Virt. 106 ff.198; Sifre Dtn § 252; mJeb VIII,3	ʾ^{ä}dômî/t	אדומי/ת
(A) Herr, Vorgesetzter; *epitropos, kyrios* Ps 105,21; Ps 123,2; Mal 1,6; 4Q158 7–8,14. (B) Vormund CLgr 15,24; NḤ 15,25; 17,40; Landis Gogel 295 f; ThWQ I,17–46; s. רב, מר, בעל	ʾadôn	אדון
(A) Anrede: „mein Herr". Mur 30,27 (B) Ersatz für die Aussprache des Gottesnamens יהוה; LXX: (artikelloses) *kyrios*	ʾ^{a}dônî ^{a}dônaj	אדוני
Erwähnung des Gottesnamens; s. הזכרה (hebr. auch אזכרה)	ʾadkartaʾ	אדכרתא

Mensch Lev 1,2 u. o.; Num 3,13 u. ö.; mBM IX,12; mSan IV,5; IX,2; mAZ II,1. Als Schadensverursacher: mBQ II,6; VIII,1; mSan I,3. DNWSI I,13 f. ThWQ I,49–61	ʾadam	אדם
(A) Baumeister jBM X,7 12c; bBM 118a. (A) Gott, Demiurg: Philon, Opif; 1Kor 3,10; Hebr 4,4 ff; 11,6–10; bŠab 114a; GenR VIII,8	ʾadrîkal, ʾardîkal	אדריכל, ארדיכל
Dokument betr. gerichtlicher Ermächtigung des Gläubigers zur Schadloshaltung am Besitz des Schuldners bKet 104b; bBQ 112b; bBB 169a. SokB 82 f	ʾadraktaʾ	אדרכתא
Bürge TAD B3 10,18; 11,12; 12,27; 13,9. DNWSI I,20; s. ערב	ʾadrang (persisch)	אדרנג
Lieben. TO רחם; *agapan*; s. שנא (A) Gott lieben Dtn 6,5; Mk 12,28 ff. (B) Den Nächsten (רע/re^{a}ʿ, Stammesgenossen) lieben Lv 19,17 f (ShM +206); CD VI,20; 1QS I,3.9; 1QH IV,24 ff; VI,10.19.21; VII,8 f; Mt 5,43 ff; 18,15; 19,19; 22,39; Mk 6, 27 f.32 ff; 7.12; 12,31.33; 12,28 ff; Lk 6,22 ff; 10,27; Joh 15,9 ff; Röm 13,9; Gal 5,14; Heb 3,12 f; Jak 2,8; ARN XVI Ende. (C) Den Proselyten (גר lieben) Dtn 10,19 (ShM +207); Lev 19,33 f; Philon, Virt. 103; Massäkät Gerîm IV,3. (D) Feinde lieben Mt 5,44; Str.-B. I,368–370. ThWQ I, 65–72; Str.-B. I,353–368.377–385.	ʾHB	אהב
Tätiges Mitleid (Targ: *g^{e}mîlût ḥisdaʾ*; *agapê*; LXX: *agapan eleos*; Vulg: *diligere misericordiam*); 1QS II,24; IV,5; V,4; X,26; Mt 23,23; bMak 24a	ʾah^{a}bat ḥäsäd	אהבת חסד
Aaron. Ahnherr und Repräsentationsfigur der Priesterschaft nach der priesterschriftlichen Überlieferung Ex 28,1–3; Sir 45,6–22; CD I,7; VI,2; X,5; XII,23; XIV,19; XIX,11; XX,3; 1QS V,6.21; IX,6–11; 1QM III,14; V,1; VII,10; 4Q258, ii,1; Philon, All. 1,76; 3,118 ff; Migr. 169; Mos. II,142: Persec. 39; Somn. 2,186; Virt. 53.59.66; Jos.Ant 3,188–192.208; Hebr 5,4; mAbot I,2; ARNb c.48; 50; NumR III,2; bEr 54a; s. כהן	ʾAh^{a}ron	אהרון
Aaroniden; Priester (insgesamt) Ex 28 f; 1Q28a I,16.23; II,13; 4Q270 21,10; 11Q19 34,13; 44,5; 60,18; Philon, Spec. 1,101 f; s. כהן	b^{e}nê ʾAh^{a}ron	בני אהרן
Nekromantik Lev 19,31; 20,27; CD XII,3 ff; 11Q19 60,16 ff; mSan VII,4; jSan VII,9 24d–25a; Sifre Dtn § 240	ʾôb w^{e}-jidd^{e}ʿônî	אוב וידעוני
(A) Bekenntnis (B) Vermögensrechtlich: schriftliches Eingeständnis einer Schuld durch den Schuldner, bBB 149a; bSan 29b. SokB 85; s. הודאה	ʾôdîtaʾ	אודיתא
Freund mSan III,5; s. שונא	ʾôheb	אוהב
Zelt, *skênê*; Haus; Überdachung. Traktat ʾOhalôt in Ordnung VI; mEd VI,3; s. טומאת מת	ʾôhäl	אוהל
Aufwand, Kosten bBB 6b. SokB 87	ʾûzînqaʾ	אוזינקא

hitp.: begehren Dtn 5,17; Röm 13,9; s. חמד	ʾWH	אוה
Ohr mBQ VIII,6	ʾôzän	אוזן
Autokrator. Kaisertitel CL 80 (Pap.Yadin 7,1);113 (PapYadin 8,1)	ʾawṭôqratôr *autokratôr*	אוטוקרטור
Feind, *echthros* Ex 23,4; MekRJ kaspaʾ ii	ʾôjeb	אויב
s. תוכחה		אוכחותא
(A) Menge, Gruppe, Volksmenge. (B) Heerhaufen	ʾôklôsîn *ochlos*	אוכלוסין
(A) Halakisch: Belehrung, Lehre, Lernen jŠab VIII,1 11a; jSuk I,1 51d; jJeb IV,11 6b; bEr 67a. (B) Gewohnheit, Gesetz jŠebi V,4 36a; 21b; jJeb I,2d	ʾûlpan/aʾ	אולפן, אולפנא
Schätzung; Annahme bSan 10a; bBB 27b; s. ערך. SokB 90	ʾûmdanaʾ	אומדנא
Empfangsbestätigung für geleistete Zahlung jKet IX,11 33c. Sperber 33	ʾômôlôgîjaʾ *homologia*	אומולוגיא
Völker, Weltvölker, Nichtjuden [sehr häufig] mNed III,11	ʾûmmôt (ha-ʿôlam)	אומות (העולם)
Feldststück, Acker (Arbeitszuteilung für Schnitter) mPeʾah IV,5	ʾôman	אומן
(A) Handwerker, Kunsthandwerker. Hld 7,2; mŠeq IV,5 f; mBQ IX,3 f; mBM VI,1 ff.6; mBB III,5; mAZ V,7; mAr VI,3; bBQ 98b; bBM 48a.122a; vgl. חרש. (B) Bader bMeg 16a; Beschneider bŠab 129a; bBM 97a. DNWSI I,71 f	ʾûman	אומן
Handwerk, Kunsthandwerk, Handwerkergilde mQid IV,14; mSan III,3; jAZ II,1 40c	ʾûmanût	אומנות
(A) Bedrückung, Unrecht, Nötigung. (B) Übervorteilung, mBM IV, 4; bBM 51a–b). (C) Schadensersatzpflichtige, betrügerische Handlung mBM IV,4 f.9 f	ʾônaʾah	אונאה
Kauf, Verkauf, Kauf-, Verkaufsurkunde jPes IV,9 31b; jTa IV,8 69a; jQid I,5 60c; bQid 6b; bBB 22a; 111b; bŠebu 11b. Sperber 34 f	ʾônah ,ʾônô ʾônî, ʾônîtaʾ	אונה, אונו אוני, אוניתא
Trauern; ʾônen: Trauernder mPes VIII,6.8; mSan VI,6; s. auch אבל	ʾWNN	אונן
Bedrücker, Nötiger, Vergewaltiger Dtn 22,29; mSan I,1	ʾônes	אונס
(A) Zwang, Nötigung, lat. *vis compulsiva*; Dtn 22,23–26 (ShM –294). Vgl. Gen 34; Jub 30; 1Q20 XX,11; Jos.CAp 2,215 (Vergewaltigung einer Ledigen = Kapitaldelikt; kein Verweis auf Dtn 22,23 f. (Verlobte). (B) Höhere Gewalt LC 90,47; mBM VII,8 f; bGiṭ 73a; bBM 93a. SokB 91 f	ʾônäs	אונס
Anwesen, Grundbesitz, Vermögen jTa IV,5 69a	ʾûsijaʾ, ʾûsîtaʾ *ousia*	אוסיא, אוסיתא
(A) Licht. (B) Feuer mSan IX,1; mAZ V,1; s. אש	ʾôr	אור

Gast Gen 18,2–5; 2Sam 12,4–6; Jer 9,1; 19,8; Philon, QuGen 4,1–4; Jos.Ant 1, 297; bBM 86b–87a. SokP 42 f.	ʾôreaḥ	אורח
Gastfreundschaft	haknasat ʾôreḥîm	הכנסת אורחים
(A) Weg. (B) Sitte, Brauch, Gewohnheit, Geschick Dan 4,34; 4Q184 1,9. s. דרך. ThWQ I,285–28. SokP 42; SokB 94 f.	ʾôraḥ, ʾôrḥaʾ	אורח, אורחא
Ordentliches, normgerechtes Verhalten; s. דרך ארץ	ʾôraḥ deʾarʿa	אורח דארעא
Hohepriesterliches Orakel Ex 28,30; Lev 8,8; Num 27,21; Dtn 33,8; 1Sam 28,6; Esr 2,63/Neh 7,65; 1Q29+4Q376; 4Q408 Frg. 11; 4Q164 Frg. 1,5; 4Q174 I,9.13; 4Q175,14; 4Q299 Frg. 65; 11Q19 58,18–21; Sir 36,3; Sir 45,10 LXX *dêloi* (*alêtheias*): hebr. Sir 45,17; Philon, Spec. 1,88 f; Alleg. 3,118 f; Jos.Bell1,69; Jos.Ant 3,214–217; mJoma VII,5; mSot IX,12; mŠebu II,2; bJoma 73a–b; bSota 48b	ʾûrîm we-tûmmîm	אורים ותומים
S. תורה. SokB 95 f	ʾôrajtaʾ	אוריתא
Vollmacht eines Anwalts bBQ 70a. SokB 97	ʾôrketaʾ	אורכתא
Gabe. Landis Gogel 297	ʾûš	אוש
(A) Gasthaus; Herberge. (B) Hausherr. SokB 98 f	ʾûšpîzaʾ *hospition* lat. *hospitium*	אושפיזא
(A) Zeichen, Kennzeichen, Merkmal, Anzeichen, *sêmeion*; s. סימן 1QS III,14; X,4; 4Q258 IX,1; 4Q319; 4Q320; 4Q387 2 3,5; 4Q388 8 ii,5; 11Q19 54,8 f. (B) Schriftzeichen, Buchstabe. (C) Feldzeichen, 1QpHab VI,4; 1QM III–IV. (Num 2: דגל).ThWQ I,116–119	ʾôt	אות
(A) Biblisches Verbot. (B) Verwarnung mKer III,10; bRH 6a; bSan 56a; bMak 22a; s. התראה, תוכחת. Bacher I,41. II,50 f	ʾazharah	אזהרה
S. הזכרה	ʾazkarah	אזכרה
(A) Bruder, *adelphos* LC 30,21–23; 112,165 f; 117,178–184; 148,15; 160,22.25; 143,48 f; 176,1.4 f; Lev 18,14 (ShM –352). 16; 20,21; Num 27,7–10; 36,2; mJeb IV,3 ff; mBB III,4; IV,9; VIII,1 f; IX,4; mEd IV,9; V,5. (B) Mitglied einer Gruppe: Priester, Leviten, Israeliten; des jaḥad: 1QS VI,22; Mt 23,9. (C) Stammesgenosse Dtn 17,15; 18,15 f; 22,1–4; 23,20 f; CD VI,20; VII,1 f VIII,6; 11Q19 56,14 f; Philon, Agric. 85; Mt 18,15 f.21 f; Lk 17,3 f; 1Joh 3,12; s. רע, עמית. DNWSI I,28–32. Landis Gogel 298. ThWQ I,129–136. SokP 43	ʾaḥ	אח

Besitz, Besitzrecht, Besitzergreifung, Erbteil (an Land), Targum: אחסנה. LXX: *kataschesis, enktêton, ktêsis;* lat., *possessio, proprium, mancipium* Gen 23,20 (אחוזת קבר); LC 26,29–30; 107,137; 117,178; Lev 14,34; 25,10.13. 24 ff; Num 31,9; 35,2.8; Dtn 32,49; CD XVI,16; 4Q251 14,2; mAr III,1 f; VII,5; jQid I,5 60c; Sifre Dtn § 112; s. auch אחסנה; שדה אחוזה	ʾ^{a}ḥûzzah	אחוזה
Täuschung, Magisches Blendwerk jSan VII,19 25d; bSan 67b	ʾ^{a}ḥûzzat ʿênajîm	אחוזת עיניים
Schwester Lev 18,9 (SHM –332).11; 20,17; 21,3; Num 6,7; Dtn 27,22; 11Q19 66,14; mKet III,1; mMak III,1; mEd IV,9; V,5	ʾaḥôt	אחות
Schwester des Vaters Lev 18,12 (ShM –340); 11Q19, 66,14 f; mKet III,1; mMak III,1	ʾ^{a}ḥôt ha-ʾab	אחות האב
Schwester der Mutter Lev 18,13 (ShM –341); 20,19; CD V,9; 11Q19, 66,14 f; 4Q251 17,4; mKet III,1; mMak III,1	ʾ^{a}ḥôt ha-ʾem	אחות האם
Schwägerin Lev 18,18 (ShM –345), Philon, Spec. 3,27 mKet III,1; mMak III,1	ʾ^{a}ḥôt ha-ʾîššah	אחות האשה
Nehmen, fassen, ergreifen, festhalten 1QS II,9; CD II,18; bSan 27b; bAZ 36b. DNWSI I,35–37. ThWQ I,141–145	ʾḤZ	אחז
Anzahl, Nummer; Guthaben bBM 49b;73b	ʾaḥmaraʾ	אחמרא
Erben, beerben, Targumim für ירש	ʾḤSN	אחסן
Erbbesitz. Targumim für אחוזה und z. T. נחלה	ʾaḥsanah	אחסנה
pi.: verzögern Dtn 23,22 (Gelübde); vgl. Lev 19,13/Dtn 24,15 (ShM –238 Lohnzahlung); Philon, Decal. 171; Spec. 4,195 f; Virt. 88; mBM VIII,12; jBM IX,14 12b. SokB 105	ʾḤR	אחר
Verantwortlich, haftbar, verpflichtet (auch als Hintermann, Bürge) Mur 20,12; 26,19; 26, 4; 28,1–2; 26,2.4; 27,3; 30 II,24; 32,3 f; NḤ 7,5; 8,6; 8a,11; 9,8; 13,9; 23,4; 50,14; NṢ 9,8; mDemaj III,5; mPes IX,9; jKet VIII,11 32b. DNWSI I,40 f	ʾaḥ^{a}raj	אחראי, אחרי
Neuere Autoritäten; s. ראשונים (alte A.)	ʾaḥ^{a}rônîm	אחרונים
Dem Mehrheitsprinzip folgen Ex 23,2 (ShM +175); mSan I,6; jSan IV,2, 22a; bBer 9a; bBM 59a; s. רוב, רבים	ʾaḥ^{a}rê rabbîm l^{e}-haṭṭôt	אחרי רבים להטות
Haftbarkeit, Verpflichtung, Verpfändbarkeit, Sicherheit (als Pfand), Verantwortlichkeit mQid I,5; mBQ X,1; mBM I,6; IV,9; mBB VI,1; IX,7; mŠebu VI,3.5; mEd VII,1; bKet 82b. SokB 105 f	ʾaḥ^{a}rijût	אחריות
Satrap Dan 3,2 ff; 27; 6,2 ff. LXX: *satrapês*	ʾaḥšaddar-pan	אחשדרפן
Nichtjüdisches Fest mAZ I,1–3	ʾêd	איד
pi.: (A) Bedrohen. (B) Ermahnendes Belehren von Zeugen mSan IV,5	ʾJM	אים
Landwirt 2Chr 26,10; mAr VI,3; bSan 26b	ʾîkkar	איכר
Anklageschrift, Verzeichnis von Vergehen ExR XV,12; XXXI,6. Sperber 36–38	ʾelôgîn lat. *elogium*	אילוגין, אלוגין

Aus anatomischen Gründen Unfruchtbare mJeb VI,5 f; VIII,5; XI,6; mGiṭ IV,8; VIII,5 f; mNid V,9	ʾajlônît	אילונית
Stumm mSan VIII,4	ʾîlem	אילם
Baum LC 93,59; mBB II,7.11 ff (an Grundstücksgrenze); V,4; mAZ III,7 ff.	ʾîlan	אילן
Baum ohne essbare Frucht mBB II,7;		
Baum mit essbarer Frucht Dtn 20,19; mBB II,7.	ʾîlan s^{e}raq	אילן סרק
Baumheiligtum Dtn 16,21; s. אשרה	ʾîlan p^{e}rî	אילן פרי
Kein…: Einleitung zahlreicher Grundsätze.	ʾên …	אין
Keiner verbietet etwas, was ihm nicht gehört bAZ 54b	ʾên ʾadam ʾôser dabar šä-ʾênô lô	אין אדם אוסר דבר שאינו לו
Keiner verbietet etwas, was nicht ihm gehört bPes 90a	ʾên ʾadam ʾôser w^{e}-lo lô	אין אדם אוסר ולא לו
Keiner weiht etwas, was ihm nicht gehört bAZ 54b	ʾên adam maqdîš dabar šä-ʾênô lô	אין אדם מקדיש דבר שאינו לו
Keiner kauft etwas, was es nicht gibt bGiṭ 47a; bBB 63a	ʾên ʾadam maqnäh dabar šä-loʾ baʾ la-ʿôlam	אין אדם מקנה דבר שלו בא לעולם
Keiner belastet sich selber als Verbrecher bKet 18b	ʾên ʾadam meśîm ʿaṣmo rašaʿ	אין אדם משים עצמו רשע
Es gibt keine Übervoreilung beim Grundstückhandel bKet 99b; bQid 42b	ʾên ʾônaʾah la-qarqaʿôt	אין אונאה לקרקעות
Es gibt keine Übervoreilung beim Händler bBM 51a	ʾên ʾônaʾah l^{e}-taggar	אין אונאה לתגר
Kein Verbot gilt für ein Verbot(enes) bPes 35b	ʾên ʾissûr ḥal ʿal ʾissûr	אין אסור חל על איסור
Verbote heben einander nicht auf bZeb 79a	ʾên ʾissûrîn m^{e}baṭṭ^{e}lîn zäh ʾät zäh	אין אסורין מבטלין זה את זה
Es gibt keinen Aufseher bei Inzestfällen tKet I,6	ʾên ʾappôṭrôpôs la-ʿ^{a}rajôt	אין אפוטרו-פוס לעריות
Kein Gericht kann den Spruch eines anderen Gerichts aufheben mEd I,5	ʾên bêt dîn jakôl l^{e}-baṭṭel dibrê bêt dîn	אין בית דין יכול לבטל דברי בית דין
Kein Gericht besteht aus gleicher Stimmenzahl mSan I,6	ʾên bêt dîn šaqûl	אין בית דין שקול
Israelitinnen sind kein Freiwild mJeb XIII,1	ʾên b^{e}nôt Jiśraʾel häfqer	אין בנות ישראל הפקר

Man gibt kein Menschleben zugunsten/zulasten eines anderen preis jAZ II,2 40d /jŠab XIV,4, 14d–15a; bSan 72b	ʾên dôḥîn näfäš mi-p^{e}nê näfäš	אין דוחין נפש מפני נפש
Man richtet nicht zwei an einem Tag mSan VI,4	ʾên danîn š^{e}najim b^{e}-jôm äḥad	אין דנין שנים ביום אחד
Ein „Ältester“ ist stets ein „Weiser“ (rabbinischer Gelehrter) [spät]	ʾên zaqen ʾällaʾ ḥakam	אין זקן אלא חכם
Kein Gefangener entlässt sich selber aus dem Gefängnis bSan 95a	ʾên ḥabûš mattîr aṣmô mi-bêt ha-ʾ^{a}sûrîmʾ	אין חבוש מתיר עצמו מבית האסורים
Man beschuldigt jemanden nur in dessen Gegenwart bBM 12a	ʾên ḥabîn le-ʾadam šä-loʾ bifnajw	אין חבין לאדם שלא בפניו
Den Verleiter (zum Götzendienst) verteidigt man nicht bSan 29a	ʾên ṭôʿ^{a}nîm la-mesît	אין טוענים למסית
Der Richter hat sich an das zu halten, was ihm sichtbar vorliegt Tanḥ mišpaṭîm vi	ʾên la-dajjan ʾällaʾ mah šä-ʿênajw rôʾôt	אין לדיין אלא מה שעיניו רואות
In der Torah gibt es kein Früher und kein Später (für Gesetze) jŠeq VI,1 49d; bPes 6b	ʾên mûqdam w^{e}-ʾên m^{e}ʾûḥar ba-tôrah	אין מוקדם ואין מאוחר בתורה
Eine Schriftstelle verliert nicht ihren einfachen Wortsinn bŠabb 63a	ʾên miqraʾ jôṣeʾ mi-jdê p^{e}šûṭô	אין מקרא יוצא מדי פשוטו
Man achtet (in Gesetzesfragen) nicht auf eine Himmelsstimme bBer 52a	ʾên mašgîḥîn b^{e}-bat qôl	אין משגיחין בבת קול
Man straft nicht auf Grund eines Schlussverfahrens bSan 17a–b	ʾên ʿôn^{e}šîn min ha-dîn	אין אונשין מן הדין
Ein Ankläger wird nicht zum Verteidiger gemacht bBer 59a	ʾên qaṭêgôr näʿ^{a}śah sanêgôr	אין קטגור נעשה סנגור
Kein Schwur gilt für einen bereits erfolgten (Keine Doppelung) bŠebu 22b	ʾên š^{e}bûʿah ḥalah ʿal š^{e}bûʿah	אין שבועה חלה על שבועה
Für eine Übertretung gibt es keinen Bevollmächtigten bQid 42a	ʾên šalî^{a}ḥ lidbar ʿ^{a}bêrah	אין שליח לדבר עברה
Kein Bevollmächtigter ernennt einen Bevollmächtigten betreffs Scheidungsurkunden tGiṭ I,1	ʾên šalî^{a}ḥ ʿôśäh šalî^{a}ḥ b^{e}-gîṭṭîn	אין שליח עושה שליח בגיטין
Kleidungsstück. Targumim für śimlah, l^{e}buš	ʾîsṭôlê *stolê*	איסטולי
Stoa jBB II,3 13b	ʾîsṭîb *stoa*	איסטיב

Verschwörung mMak I,5	ʾîsṭasîs *stasis*	איסטסיס
Straße jBer I,1 2b; jŠab VI,1 8a	ʾîsṭraṭa lat. *strata*	איסטרטא
Scharfrichter, Leibwächter bŠab 108a; s. ספקולטור	ʾispeqlaṭôr *spekoulatôr*	איספקלטור
Ausgefertigtes Urteil LevR XXI,3. Sperber 39	ʾisqipṭôrîn lat. *scriptura*	איסקפטורין
Schreiber jKet XII,3 35b. Sperber 39	ʾisqrîṭôr lat. *scriptor*	איסקריטור
Gerichtsprotokoll(e) DtnR II,29. Sperber 40 f	ʾîppomnîtaʾ *hypomnêmata*	איפומניתא
Konsulat (Zeitrechnung) NumR I,1. Sperber 41 f	ʾîppaṭîjah *hypateia*	איפטיה
Verlobte LC 17,6; 106/130; mKet I,2. SokP 73 f.	ʾerûsah	ארוסה
Verlobung, rechtlich verbindliche, vertragliche Vereinbarung (s. כתובה). Dtn 22,23–27, Tob 7,10–12; Mt 1,18; Traktat Keṭûbbôt; mKet V,1; mBB X,4; bPes 49a; s. לקוחין, נשואין, קדושין. DNWSI I,110	ʾêrûsîn	אירוסין
Mann, *anêr* mNazir IV,6; mQid I,7 f; II,1 ff; mBB III,5; X;2; mŠebu IV,1; mHor III,7; s. גבר, בעל Jeder wird für sein persönliches Vergehen getötet. Individuelle Verantwortlichkeit Dtn 24,16; Ez 18,19 f; Philon, Spec. 3,153 ff; Jos. Ant 4,289; Sifre Dtn § 280; jSan III,10 21c	ʾîš ʾîš ʿal ḥeṭʾô jûmat	איש איש על חטאו יומת
Bekanntgabe bEr 64a; bKet 87a;104b; bBM 198b	ʾakzartaʾ	אכזרתא
(A) Essen. (B) Genuss von „Früchten" (Erträge); Genuss von Gewinnansprüchen mGiṭ V,3	ʾakîlah ʾakîlat pêrôt	אכילה אכילת פרות
(A) Essen, verzehren Gen 32,33; Ex 12,20;13,3; 21,28; 22,30; 34,26; Lev 3,17; 7,23.26; 11,4.11.13.41 ff; 19,23; 23,14.29; Num 6,3 ff; Dtn 12,23; 14,7.19.21; 16,3; 21,20; 22,9; mSan VIII,2; mMak III,2 f; mŠebu III,1 ff; mAZ V,5. (B) Aufzehren (Zinslast das Kapital) jŠebu VIII,1 38a. (C) Genießen, nutzen (פירות), CL 82 (PapYadin 7,14); mKet IV,4; VI,1; VIII,3 f.8; IX,1; mBB III,4; mSan VIII,3. SokP 56–58. SokB 129 ff	ʾKL	אכל
Verbannung LevR XVIII,5. Sperber 42	ʾeksûrjaʾ/h *exhoria*	אכסוריא
Gesuch, Ersuchen, Ansuchen; Ehrerweis GenR 97,2; Midr.Teh Ps 6,5; 102,5. Sperber 43	ʾaksjômaʾ *axiôma*	אכסומא
Öffentliche Ankündigung, Verlautbarung jSan I,2 19b	ʾakrazah	אכרזה

Gott (A) Ex 20,2 (ShM +1: Glaube an Existenz einer 1. Ursache); Dtn 10,20 (ShM +7 Schwur beim Namen Gottes); Dtn 28,9/11,22 (ShM +8 Imitatio Dei); ShM +9: Lev 22,32 (ShM +9; qiddûš ha-Šem). (B) Einheitsbekenntnis s. יחוד, Ex 20,2/ Dtn 6,4 (ShM +2); 6,2.4; Jos.Ant 3,91. (C) Gott dienen Dtn 13,5 (ShM +5); (ShM –5 nach Vorschrift niemanden sonst); Dtn 11,22 (ShM +6 Bindung an Torahgelehrte); Jos.Ant 3,91; CAp 2,190 ff. (D) Gott lieben Dtn 6,5 (ShM +3); Dtn 6,13 (ShM +4 Gott fürchten); Lev 22,32 (ShM +9 den Namen Gottes heiligen). (E) Gotteslästerung Ex22,27/ Lev 24,16 (ShM –60). Lev 23,23; Dtn 21,22; Philon, Spec. 1,53; 2,252 f; Mos. 2 (3),203 f; QuEx 2,5; Jos. Ant 4,202; 5,44; mSan VI,4; JSan V,1 22d; VI,1 23b; VII,10 25a; bBM 61a–b; bSan 42b–43a; 56a–b. Vgl. Mt 26,66; Mk 14,64; Joh 10,33; 19,7. (F) Gottesname, Ex 20,7 (ShM –62); 22,27.32; Lev 19,12 (ShM –61); 24,16; Dtn 12,4 (ShM –65); 24,14.16.23; Philon, Decal. 82 ff; Spec. 2,2; MekRJ ba-ḥodäš vii. (G) Verbot anderer Götterkulte Ex 20,2.3 (ShM –1).4; Lev 19,4 (ShM -10); Dtn 5,7 ff; 7,16; Philon, Mut. 23; Heres 169; MekRJ ba-ḥodäš vi. DNWSI I,53–55ThWQ I, 178–190	ʾel, ʾälohîm	אל, אלהים
Fluch, Bundes-, Vertragsfluch, *horkos* Gen 24,41; Lev 5,1;Num 5,21 (šebûʿat ʾalah).23.27; Dtn 29,11.13.18 ff; 30,7; 2Chr 34,24;Ez 16,59; 17,10.18. Dan 9,11; LXX: *ara*. CD I,17 f; IX,12; XV,2 f.6; 1QS II,16; 5,12; Röm 3,14. DNWSI I,60 f	ʾalah	אלה
(A) Gott s. אל. (B) Götterbilder Ex 20,23 (ShM –4: Bilder überhaupt!). Goldene Götterbilder Ex 32,31. Silberne Götterbilder Ex 20,19. Göttergußbilder Ex 34,17; Lev 19,4 (C) Richter Ex 22,7 f (LXX: *enôpion tou theou*; Vulg.: *ad deos*). 27(LXX: *theoi*; Vulg: *diis*); vgl. Dtn 1,17; Jos.Ant 4,207 (*theoi*). 285–287; mBM II,12; MekRJ nezîqîn xv; kaspaʾ i; jSan I,1 18; jŠebu VI,1 36d; VIII,1 38c; bBM 43b–44a; vgl. LC 44,7–8; 64,37 (Eid am Tempeltor); 85,23 f; 104,120; 105,126	ʾälohîm ʾälohê zahab ʾälohê käsäf ʾälohê massekah	אלהים אלוהי זהב אלהי כסף אלהי מסכה
Gott; Göttin, Gott(heit) mAZ III,4 DNWSI I,57–60; Landis Gogel 301 ff	ʾälôah, ʾälah	אלוה, אלה
„lies nicht ..., sondern...“: zu bevorzugende Textlesart bBer 5a	ʾal tiqrê	אל תקרי
Nach der Ansicht von bBer 3a	ʾalibbaʾ de–	אליבא ד–
Götze, *eidôlon*	ʾälîl	אליל
Gültig, befugt bJeb 11b. SokB 134	ʾalîm	אלים
Witwer LC 61,18; 112,163; jKet V,3 29d; jSot VIII,5 22d	ʾalmôn, ʾalman	אלמון, אלמן
hitp.: verwitwen mMak I,1	ʾLMN	אלמן

Witwe, *chêra* LC 18,10–11; Ex 22,21; Lev 21,14; Num 30,10; Dtn 14,29; 16,11.14; 24,17 (ShM –241); 25,5 (s. יבם); 26,12 f; Judit 8,7; CD VI,16; 11Q19 54,4; TAD A4, 8,19; CL 84–86 (PapYadin 7,26.68); CLgr 15, S. 58–64; Mk 12,38 ff; Lk 18,1 ff; 1Tim 5,3 ff; Jos.Ant 3,277; mJeb VI,2 ff; VII,1; IX,2; mKet I,1.2; II,1; IV,2.7.12; V,1.2; VIII,6; IX,2.5 (6); XI; XII,3 f; mGiṭ IV,3; mNed XI,9; mBM IX,13; mSan II,1 f; mMak III,1; MekRJ N^{e}zîqîn xviii; jKet IV,13 29b; jAZ II,8 41d; Sifre Dtn § 110.281; bKet 82b; bSan 21a; s. יבמה. DNWSI I,63. ThWQ I,193–195	'almanah, 'arm^{e}lah/'	אלמנה, ארמלה/א
Witwenschaft 4Q364 9a–b,9; mBB VI,4; jKet V,3 29d; bJeb 66a	'almanût	אלמנות
Lehren, erläutern jBer II,9 5d; jKet V, 29d; bJeb 66a; bPes 93b. Passiv: gewohnt bKet 62a. DNWSI I,64. SokB 136; s. hebr. למד	'LP	אלף
A. Tausendschaft Ex 28,21; Num 31,48.52 f; 1Sam 8,12; 22,7; 1Chr 13,1; 15,25; 27,1; 28,1; 2Chr 25,5; CD XIII,1; 1QM II,16; III,16 f.; IV,1 f.16; 1QS II,21; 1Q28a I,14.29; II,15; 1Q28b III,7; 11Q19 29,16; 21,06; 22,2; 43,15;57; ,4; 58,4; 11Q20 Frg. 9.6. B. Boot, Schiff (vgl. ספינה) TAD 6,2	'äläf	אלף
Mutter LC 30,20b; 86,29; 111,157; Ex 20,12/Dtn 5,16; Lev 18,7 (-330); Tob 4,3 f; 11Q19 54,19 f; Jos.Ant 3,91 f; XHev/Se 69;mJeb XIII,2; tJeb XIII,2; mBQ VIII,3.5; mSan VII,4; VIII,4; IX,1; mŠebu IV,13; s. אב. DNWSI I,66–68; ThWQ I,200–203	'em	אם
Schätzen, abschätzen mMak III,11. SokB 158 f	'MH	אמה
Sklavin, Magd Ex 21,7–9.10. 20.26 f; TAD B3, 13,11; MekRJ N^{e}zîqîn iii; jQid I,2 59d; s. auch עבד. Hebräische (jüdische) Sklavin Ex 21,8 (ShM +233–234. Verkaufsverbot; Freilassung): bQidd 3b–4a; MekRJ nzjqjn iii; Traktat '^{a}badîm I,6–7. DNWSI I,70 f	'amah 'amah 'ibrîjah	אמה אמה עבריה
Bekräftigungsformel: es sei fest, verläßlich. DNWSI I,72 f	'amen	אמן
(A) Vertrauen; das Prinzip von Treu und Glauben; אנשי אמנה: Männer von Treu und Glauben bŠab 119a. (B) Übereinkunft, Vertrag Neh 10,1; 11,23; CD XIII,16; XX,12; 4Q 508 3,3	'^{a}manah	אמנה
(A) Sprecher. jBer IV,1 7c. (B) Rabbinischer Gelehrter der talmudischen Zeit (nach der Zeit der Tannaiten, s. תנא) ab ca. 250 n. Chr.. SokB 149 f	'^{a}môra'	אמורא
(A) Sagen. (B) Von einem Text: lauten, aussagen (s. הגיד/נגד). (C) Rezitieren, vortragen mSot VII,2. DNWSI I,72–77. Bacher I, 5. II,9–14. SokB 140 ff	'MR	אמר
Priesterlicher Tempelfunktionär mŠeq V,1	'^{a}marka(ô)l	אמרכ(ו)ל
Wasserleitung mBB II,1	'^{a}mat ha-majim	אמת המים

(A) Vorwand, Ausrede, Aussage mit Täuschungsabsicht bKet 22a; bGiṭ 88b. (B) Einwand, Einspruch mGiṭ IX,9	ʾamtalaʾ/h	אמתלא/ה
Fronarbeit mBM VI,3; jBM VI,3 11a	ʾangarjaʾ/h *angareia*	אנגריא/ה
Sklavenfreilassung, *manumissio* bGiṭ 20a. Sperber 43 f	ʾandûktᵉrî lat. *vindicto-ria?*	אנדוכתרי
Zwitter mBik I,5; IV; mḤag I,1; mJeb VIII,6; mŠab XIX,3; mḤag I,1; mNazir II,7; mBek VI,12; mAr VI,1; mTem II,3; V,2; mParah XII,10; mNid III,5; mZab II,1	ʾandrôgînôs *androgynos*	אנדרוגינוס
Statue jAZ III,1 42c	ʾandartaʾ *andrias*	אנדרתא
Prozessgegner DtnR V,6; lat. *contradictor.* Sperber 45 f	ʾanṭîdîqôs *antidikos*	אנטידיקוס
Vertrag, wonach der Gläubiger das Pfand des Schuldners nutzen darf (Zinsersatz!) jBM VI,7 11a. Sperber 46	ʾanṭîkrêsîs *antichrêsis*	אנטיכרסיס
Ladung mBB V,1	ʾantêqê *enthêqê*	אנטיקי
Bevollmächtigter jSan II,1 19d. Sperber 46 f	ʾäntᵉlar, ʾenṭellar *entolarios* *entellarios?*	אנטלר
Einspruch jGiṭ IV,6 46a. Sperber 47 f	ʾanṭᵉrîs *antirrhêsis*	אנטריס
Trauer; erste Trauerperiode Philon, Vita Mos. 2,225 ff; mSan VI,6; Sifre Num § 68; jPes VIII,8 36b; jHor III,5 48a; s. auch אבל	ʾᵃnînah	אנינה
Bedrücken, zwingen, erpressen, berauben, vergewaltigen LC 18,8; 64,31; 106,113; Dtn 22,23–47; Est 1,8; CD XVI,13; 4Q 223–224 ii,5,3; mJeb VII,5; XI,1; mKet I,3.6; III,3.5; mŠebu V,4; s. אונס. SokB 145 f	ʾNS	אנס
Gewalttäter, Erpresser, Räuber, Vergewaltiger. 1Q20, II,13; 4Q531 22,9; mKil VII,6; mKet III,4; bBQ 62a; bBB 47b–48b; s. אונס	ʾannas	אנס
Neuerworbenes mBM II,1	ʾanpôrijah *emporia*	אנפוריה
(A) Feldertrag. (B) Ertragsabgabe, bŠab 80b; bGiṭ 55b	ʾanparût *anaphora*	אנפרות
Beschwerde DtnR IX,3. Sperber 48	ʾänqlômah *enklêma*	אנקלומה
(A) Appellation vgl. Apg 25,11; DtnR IX. (B) Anklage, Beschuldigung GenR XLIX,9; DtnR IX,3. (C) Strafbar, klagbar, DtnR II,29. Sperber 48 f.204	ʾänqlêṭôn *enklêtos*	אנקליטון

Frau, Ehefrau TAD B2, 4,4.6; 10,10 ff; B3, 3,3.7.8; 5,2.25; B6,1.3; 7,3; 8,4.21 ff; B3,12,2 ff; B6, 3,10.12; B7, 2,5.9. s. אשה	'intah	אנתה
Ehe, Ehefraustatus (mit Trauformel) TAD B2, 6 B2,8,4; B3, 3,3; 8,3.17.37.45; 11,7.10; 12,9.1.25; B4, 6,5; B6, 1,3; 4,2; B6,1.-6,4; s. אשה	'antû	אנתו
Zeugnis, Zeugenschaft, Zeugenaussage; s. עדות	'ash^{a}dûta'	אסהדותא
Findelkind mQid IV,1–2	'^{a}sûfî	אסופי
Fesselung, Haft Esr 7,26. s. משמר	'^{ä}sûr, '^{ä}sûrîn	אסור, אסורין
Verboten mŠebu III,4; mEd V,1; mAZ I,1 ff; II,3 ff; III,1 ff; IV,1 ff; V,1 ff; jAZ III,4 42d; s. מותר	'asûr, '^{a}sîr	אסור, אסיר
Verbot, Verbotenes mJeb II,3; mEd II,5; V,1; mAZ II,3; bBB 92a; s. היתר SokB 121	'issûr, 'issûra'	אסור, אסורא
Rabbinisches Verbot	'issûr d^{e}-rabbanan	אסור דרבנן
Genuss-, Nutzungsverbot mAZ II,3 ff	'issûr h^{a}najah	אסור הניה
Verbot, bedroht mit göttlicher Ausrottungsstrafe Traktat K^{e}ritôt	'issûr karet	אסור כרת
Verbot durch negative Vorschrift, bedroht mit Prügelstrafe	'issûr law	אסור לו
Verbot, bedroht mit Todesstrafe bKer 23b	'issûr mîtah	אסור מיתה
Verbot positiver Vorschrift	'issûr '^{a}śeh	אסור עשה
Biblisches Verbot	'issûr tôrah	אסור תורה
Provinzstatthalter YT B 192	'asṭraṭeg *stratêgos*	אסטרטג
Heilen; s. רפה SokB 148	'SH	אסה
Arzt; s. רופה SokB 148	'asja'	אסיא
Ronde (ungeprägte Münze) mBM IV,1; bBM 44a	'^{a}sêmôn *asêmon*	אסימון
(A) Annahme als Voraussetzug für rechtliche Vorgänge in Vermögensfällen bBM 48b.66a.104b; bBB 168a.173b. Ermöglicht keine vollgültige vertragliche Vereinbarung (Hoffnungsvertrag). (B) Argumentative Stütze für eine Regelung mittels einer Andeutung in einer Bibelstelle bPes 81b; s. זכר לדבר. SokB 148	'asmakta'	אסמכתא
Feierliche Versicherung DtnR VII,1	'isp^{e}li'ah *aspháleia*	איספליאה
Wache CL 54	'aspalja' *asphaleía*	אספליא
Gerichtsschreiber jKil IX,4 32c. Sperber 38 f	'isqebṭôrîn lat. *exceptor*	איסקבטורין
(A) Binden, fesseln, festnehmen TAD A4,3. (B) Verbieten; sich eine Unterlassung auferlegen Num 30,3 ff: 11Q19 54,4; tJeb IV,7; mEd IV,10; V,6; jAZ III, 42d; s. פטר. ThWQ I,255–258. DNWSI I,90 f. Str.-B. I, 738–747; SokP 68.SokB 149 f	'SR	אסר

(A) Gelübde, gelobte Unterlassung; Eid, eidlich bekräftigte Unterlassungserklärung, Num 30,3–14; TAD B5, 6,10; CD XVI,7; 1QS V,8; 4Q416 2 iv,8; 11Q19 52,29; 53,15 f.18–21; 54,2. (B) Bindende Vereinbarung CL 82 (PapYadin 7,14); bNed 80b; s. נדר. DNWSI I,92 f. SokP 68	ʾissar	אסר
Teil des hohepriesterlichen Ornats Ex 28,28 (ShM -87); 39,21	ʾefôd	אפוד
Erlassurkunde, Quittung, Belohnung bBM 25b; LevR XXXIV,1. Sperber 51 f	ʾappokê *apochê*	אפוכי
Urteil NḤ 10; NṢ 10,3; NumR II,25. Sperber 52–54	ʾappôfasaʾ/în *apophasis*	אפופסא/ין
Annahme, Voraussetzung DtnR (Lieberman S. 18). Sperber 54 f	ʾappôtêsîs *hypthesis*	אפותיסיס
(A) Warenlager, Speicher TJ Gen 24,10. (B) Unterpfand, Hypothek NḤ 66; mGiṭ IV,4: bKet 54a; bBQ 11b; ExR XXXI,6; vgl. CLgr 14. Sperber 55 f	ʾappôtêqê *apothêkê* *hypothêkê*	אפותיקי
(A) Aufseher, Verwalter, *prostatês, procurator* Lk 12,42 ff; 16,1 ff (*oikonomos*) mBik I,5; mBQ IV,4 4b; jBM V,7 10c; bPes 49b; bBM 39a; s. שומר. (B) Vormund CLgr 90 (20,23 f); XHev/Se 64 a r 4; 65,15; 68a 4; 69 a 4; CLgr 12,4 S. 48; 15,4 S. 59; 20,41 S. 91; 27,12 S. 116; Str.-B. III,563–570; mŠebi X,6; mPes VIII,1; mKet IX,4.6; mGiṭ V,4; mŠebu VII,8; bKet 86b; bBM 39a; s. אדון. Sperber 56–59.SokB 155. DNWSI I,94	ʾäppîṭrôfôs, ʾäppîṭrôfaʾ *epitropos*	אפיטרופוס, אפיטרופא
„Epikureer", Häretiker mSan X,1; bNed 23a. SokB 156	ʾappiqôrôs	אפיקורוס
Militär: Verpflegung, Löhnung mSan II,4; jSan II,6 20c; bSan 18b	ʾafsa/onjaʾ *opsônia*	אפסניא
(A) Ungültigerklärung von Verpflichtungen; Schulderlass. (B) Enteignung, Beschlagnahme, Konfiskation bBM 106a	ʾafqaʾtaʾ	אפקאתא
Rücktritt von einem Geschäft, lat. *cessio*, jGiṭ IV,6 46a. Sperber 61	ʾapparkôrîs *parachôrêsis*	אפרכוריס
Rechtmäßiger Erbe CL 82 (Pyp. Yadin 7,21 f); YT B 19. DNWSI I,98	ʾaṣdaq	אצדק
Erwerb/Kauf, Zahlungsverpflichtung bBB 136a; s. קניה; קנין, קנה. Vgl. *ktêsis, apoktêsis, prosktêsis;* lat. *acquisitio*	ʾaqnîtaʾ	אקניתא
Vier Ellen Abstand, Mindestabstand mKil III,7; IV5; V,4; VI,1 f.7; mŠab XI,3 f; mEr IV,1.5; mSuk I,10; mBQ VI,4; mBB I,4.6; II,2.4 f.12; VI,7 f; mSan VI,3; mAZ III,6; mOh XV,8; jBer III,5 6c–d; jMeg III,1 73d; bBB 11a.22b.26a.100b; bAZ 17a.47a; 50a. Aus Anstand oder Respekt tBer I,4; II,19; tMeg IV,24; bMeg 27b. Bei Übergabe von Eigentum; zur Vermeidung von Handgreiflichkeiten mBer III,5; jGiṭ VIII,3 49c; bBM 10a	ʾarbaʿ ʾammôt	ארבע אמות

Prügelstrafe (39 Hiebe = 40–1) LC 105, 127; Dtn 25,2–3 (ShM –300); Philon, Spec.2,28; 2Kor 11,24; Jos.Ant 4,238–239.248; mKil VIII,3; mTer XI,3; mPes VII,11; mJeb XI,5.7; mNazir IV,3; mSan I,2; mMak I,1 u. ö.; mḤul V,1 ff; VI,3; mTeh I,1.3; Sifre Dtn § 286; bMak 22a; s. מכות, לקה	ʾarbaʿîm	ארבעים
Purpur mBM II,1	ʾargaman	ארגמן
Kasten, Sarg mSan VI,5 Bundeslade Ex 25,15 (ShM –86); Num 7,9	ʾarôn ʾ^{a}rôn ha-b^{e}rît	ארון ארון הברית
Verflucht, verdammt (Fluchformel; Part. Passiv, Gegenteil: ברוך); ein Verfluchter, LXX *epikataratos*; Targume: ljṭ. Gen 3,14.17; 4,11; 9,25; Dtn 27–38, v. a. 27,15–26; 28,16–19; Jos 6,26; 9,23; Ri 5,23; 21,18; 1Sam 14,24.28; 26,19; Jer 11,3; 17,5; 20,15; 48,10;1QS II; 1QM XIII,4; 4Q280 2,5; 4Q286–287; 4Q377 2 ii,4; Gal 3,10–14; mSota VII,2.5.8; jAZ IV,4 43d–44a; bAZ 52a–b; s.ליט, לוט u. vgl. קלל, קללה	ʾarûr	ארור
Löwe mBQ I,4; mBM VII,9; mSan I,4; mAZ I,7; mḤul III,1	ʾ^{a}rî, ʾarjeh	ארי אריה
Pächter, Wirtschafter mit Ertragsanteil LC 89 f, 42–47; 93 f, 60–65; mḤal IV,7; mBM V,8; mBB III,5; mŠebu VII,8; jPeʾah VII,3 20a; jBQ VI,7 5c; bBQ 119a; bBM 105a.109a; bBB 46b; s. חוכר; שוכר. SokB 167 f	ʾarîs, ʾ^{a}rîśaʾ	אריס, אריׂשא
Pacht, Pachtverhältnis Mt 21,33 ff; Str.-B. I,867–876; mPeʾah V,5; mDem VI,8; mBik I,11; mBB X,4, bBQ 113b; bBM 68a; bBB 167b–168a; vgl. קבלנות	ʾ^{a}rîsût	אריסות
Verwaltungschef jBer IX,1 13b. DNWSI I,109	ʾarkôn *archôn*	ארכון
Regierung, Herrschaft, Magistrat bSan 23a; bGiṭ 88b; GenR L,3; LV,4, s. ערכאין. Sperber 62–65.209 f. DNWSI I,109	ʾarkê, ʿarkê *archê* *archeion*	ארכי, ערכי
Oberrichter GenR L,1. Sperber 65.204 f	ʾarkîjûdîqî *archidikos*	ארכיודיקי
Rathaus, Archiv ExR V,14. Sperber 6	ʾarkjôn *archeion*	ארכיון
(A) Aramäer/Aramäerin TAD B2 u. ö. (B) Nichtjude, Nichtjüdin mSan IX,6; bJeb 46b; bŠab 129a. SokB 69	ʾ^{a}ram(m)î/t	ארמי/ת
Verwitwen CL 82.86 (PapYadin 7,25.66); bJeb 42b	ʾRML	ארמל
Witwe; s. אלמנה	ʾarmelahʾ	ארמלא
Witwenschaft 4Q176 8–11,6; Mur 20,11; 21,15; jNed V,3 39b	ʾarm^{e}lûtaʾ	ארמלותא
Naturalabgabe an eine Hofhaltung jḤal III,4 59a; jSan III,6 21b	ʾarnônaʾ	ארנונא

pi.: verloben Ex 22,15 (pu. *’oraśah*, LXX: *amnêsteutos;* Vulg.: *necdum desponsata*). Dtn 20,7 8 (*memnêsteutai gynaika*); 22,23.27 f. (m^{e}’uräśät l^{e}-’îš; *memnêsteumenê andri*; Vulg.: *quam desponderit vir);* Hos 2,21 f (*mnêstheuesthai*, Vulg. Hos 2,19: *sponsare*); mKet IV,2; mNed X,1 ff. hitp.: verlobt werden mJeb IV,10; mKet III,2; VIII,1; mSan VII,4; SokB 170	’RS, ’RŚ	ארס, ארש
Erde; Land, Boden/Grund; Feldgrundstück DNWSI I,110–113. SokB 170 f	’äräṣ	ארץ
Land/Erde der Völker (Nichtjuden) mDem VI,11; mŠebVI,1 f; m’Or III,9; mŠeq III,4; mJeb XVI,7; mKet XIII,11; mGiṭ I,2 f; III,5; mBQ VII,7; mAZ I,8; mKel I,5 f; mOh II,3; XVIII,6 f; mṬoh IV,5; V,1	’äräṣ ha‘ammîm	ארץ העמים
Land Israel Ex 23,33 (ShM –51); 1Sam 13,19; Ez 40,2; 47,18; 2Chr 34,7; mDem VI,11; mKet XIII,11; mKel I,6; mMiq VIII,1; jBer IV,5 (Gebetsrichtung, vgl. bBer 30a); jDem II,1; jŠebi VII,4; jḤal II,1; IV,4; jŠeq IV,1; jKet XIII,11; jGiṭ III,6; jSan I,4; III,9; MekRJ šîrah x; ‘^{a}maleq ii; Sifre Num § 132; bKet 110b–112a; bQid 71a; bBQ 80b; bAZ 45b; bḤul 91b; bBek 55a. Zur Landtheologie: Gen 12,1 ff; 15,7; 17,8; 26.3; 28,13; Ex 3,17; Lev 26,5 ff.32–36; Dtn 28,11.21.63 ff; Jub 12,22; 27,11; Sir 44,19 ff. Philon, Somniis I,174; Plant 95 ff; Conf. 75–82: Vita Mosis I,220 ff; Spec. II,170 ff; Heres 26 ff.313–316; mBer IX,1; mGiṭ IV,9; mSan X,1; mJad IV,3; tJad II,16; MekRJ *pasḥah* i; jKil IX,3 32a; jKet XII,3 35a–b; JalqŠim I,885; II, 488; Sifre Dtn § 37–39;51. 80. 333. 352; bḤag 3b; bKet 110b–112a; bNed 22b/KohR I,13b; bGiṭ 47a.57a; bBQ 80b: bBM 10b; BB 74b; bSan 91a; CtR VIII,11.1	’äräṣ Jiśra’el	ארץ ישראל
Verfluchen, *katarasthai* Ex 22,27; Lev 24,15 f; Dtn 27,15 ff; 28,16 ff; CD XII,22; XX,8; 1QS II; 1QM XIII,4. Philon, Spec. 1,53: QuEx 2,5 f; Vita Mos 2 (3) 203–205: Jos.Ant 4,207 (wie LXX gegen Dtn 7,25: Verbot der Blasphemie von Göttern, die andere verehren); Jos.CAp 2,237; MekRJ mšpjSan VII,10 25a; s. קלל. DNWSI I,113 f	’RR	ארר
Verfluchen eines naśî’ (Regenten) Ex 22,27b (ShM –316); Philon, Spec. 1,53; 3,181; QuEx 2,5; Mos. 2 (3) 203–205; Jos.Ant 4,207; 13,293 ff; Jos.CAp 2,237; mBQ VIII,1; MekRJ mišpaṭîm ix; jSan VII,10 25; bQid 66a;bBQ 86a		ארר נשיא
Feuer, Feuerschaden LC 85,25; Ex 22,5 (ShM +241); Philon, Spec. IV,26 ff; mBQ I,1; VI,4 ff; mSan VII,7; MekRJ n^{e}zîqîn xiv. S. אור. DNWSI I,121.	’eš	אש
Verbot, am Sabbat Feuer zu machen Ex 35,3: Philon, Spec. 2,65.25; mŠab XVI,5		
Altarfeuer Lev 6,6 (ShM 81)	’eš tamîd	אש תמיד
Feueropfer Ex 29,18.25; Lev 1,9; 2,3.8; 3,3.11; 8,21; Num 28,24; Dtn 18,1. S. עולה	’iššäh	אשה

(A) Frau, *gynê* LC 17,7; Ex 19,15; Lev 12,2; 15,18, 18,8 ff; 19,20; 21,7; 13 f; Num 31,17; Dtn 17,5; 22,5; TAD B2,6; B3,3.8; B6,1.3; LD 19; DJD 27,3–4; CL 118–141 (Babatha; PapYadin 10); 178–200 (PapYadin 1,2). 1Kor 14,34; 1Tim 2,15; 3,2; Str.-B. III,427 ff.469 ff; mKet VII,6; mNed IV,3; XI,10; mSot III,4.8; mQid I,7; mBQ VIII,4; mHor III,7; mToh VII,9; mNid V,9. (B) Ehefrau, LC 18,9; 30 f, 24–28; 62,24; 63,27–30; 103 f., 117–119; 105, 129; 106–110, 132–153; 112,162 f.165;113 f, 169–171; Ex 20,17/ Dtn 5,21; Ex 21,3 ff; 22,15; Lev 18, 17–19; 20,10 ff; Num 5; Dtn 17,17 (König); 20,7; 22,13 f; 24,1–5; CD VII,7 f; XII,1; XVI,10; XIX,3; 1Q28a I,10; 1QM VII,3; 11Q 19 57,15 ff; 65,7 ff; 4Q270 7 I,13, 4Q416 2 4,5.13; 4Q524 15–22; 11Q19 45,11; 54,20; 57,15 ff; 65,7 ff; Philon, Spec. 3,169 ff; Hyp. VII,3.8; 1Kor 11,5; 14,35 f; Jos.CAp 2,199.201 (Pflichtenkatalog). Traktate J^ebamôt, K^etûbbôt, Giṭṭin; Qiddûšîn in Ordnung IV; mKet IV,7 ff; IV,4 ff; V,5.7; VI,1; VIII,1 ff; IX,1 ff; mNed XI,4; mNazir IV,3.6 f; mQid I,7 f; II,1; IV,12 ff; mBQ I,3; VIII,4; mBB III,5; VIII,1; IX,1; X,3; mSan II,2; VI,4; mMak I,1; mŠebu III,4; IV,1; mEd IV,7.9 f; VI,1; VIII,5; mAZ II,1; mHor III,7; jKet IX,4 33a; bBer 24a. Bigamie/Polygamie: CD IV,21; V,2; 11Q19 56,19 (König); Jos.CAp 2,201; mSan II,4. Ehefrau beerbt ihren Mann nicht mBB VIII,1; hat aber Anspruch auf Unterhalt aus der Erbmasse mKet V,10.12. Verbot der Beziehung mit Frau+Tochter: mSan IV,1	ʾiššah, ʾintah	אשה, אנתה
Ehefrau Ex 20,13/Dtn 5,17; Lev 18,20; mSan XI,1; s. אשה (B)	ʾešät ʾîš	אשת איש
Mutter, Stiefmutter Gen 35,23 ff; Lev 18,8 (ShM 331); Dtn 27,20; Jub 33,1 ff; TestRub; 4Q524, 15–22,2 f; 11Q19 66, 12; mSan VII,4	ʾešät ha-ʾab	אשת האב
Frau des Vaterbruders (Onkels) Lev 18,14 (ShM –342); mKet III,1	ʾešät ʾaḥ ha-ʾab	אשת אח האב
Schwägerin Lev 18,16 (ShM –344); 20,21; 11Q19 66,12 f; mJeb II; mKet III; mMak III,1; mEd IV,9; V,5	ʾešät ha-ʾaḥ	אשת האח
Schwiegertochter Lev 18,15 (ShM –343); Jub 41,27 f	ʾešät ha-ben	אשת הבן
Die schöne (kriegsgefangene) Frau Dtn 21,10–14 (ShM +221; –263; –264); 11Q19 63,11 ff; Philon, Virt. 110 ff; Jos.Ant 4,267 ff; mEd III,6	ʾešät j^efat tôʾar	אשת יפת תואר
Frau des Gefährten Lev 18,20 (ShM –347)	ʾešät ʿamît	אשת עמית
Schuld(ig) sein Num 5,5–10; bBQ 111a; bSan 43b–44b. ThWQ I,319–325	ʾŠM	אשם
Schuldopfer Ex 29,33; Lev 5,15 ff. 21–25; 7,1 ff; 14,12 ff; 19,2; Dtn 12,17; mŠeq I,5; VI,6; mḤag I,4; mJeb IV ,2; mNed IV,3; mBQ IX,7 f.11 f; mŠebu V,1; VIII,3; mZeb I,1; IV,3.6; V,5; VIII,2 f.11; X,2 ff; XIV,3; mMen IX,6; mAr V,6; mTem I,1; mKer VI,3; mMe II,5; mNeg XIV,7; mJad IV,2	ʾašam	אשם
Schuld mŠeq II,5	ʾašmah	אשמה
Abfallhaufen mBB V,3	ʾašpah	אשפה
pi.: bestätigen	ʾŠR	אשר

(A) Ausstehender Kredit bGiṭ 62a. (B) Indirekter Verkauf. bPes 113a; bBM 63b. SokB 174	ʾašraj	אשראי
Beglaubigung, gerichtliche Bestätigung jGiṭ IX,7 50c; bBB 163a–b	ʾiššûr	אשור
Aschere (Baum-, Pfahlheiligtum); Göttin Ašerah Ex 34,13; Dtn 7,5; 12,3; 16,21 (ShM –13); mOr I,7 f; mSukk III,1 ff; mAZ III,5–10; mMe III,8. DNWSI I,129	ʾašerah	אשרה
Kommen; hif.: bringen; s. בוא. DNWSI I,1133–136. SokP 80 f	ʾTH	אתה
(A) Gabe. (B) Hurenlohn Dtn 23,19 (); Philon, Spec. 1,104; mZeb VIII,1; IX,3; XIV,2; mTem VI,1 ff; mParah II,3; Sifre Dtn § 261; jŠab VII 10c	ʾätnan	אתנן
Platz, Ort, Synagoge. SokP 81 f	ʾatar	אתר
Citrusfrucht für Feststrauß Lev 23,40; s. לולב	ʾätrôg	אתרוג

	Bêt	ב
pi.: erklären, verständlich machen; LXX: *diasaphein*; TO: פרש; TJ: ילף Dtn 1,5; 27,8; Hab 2,2; jMQ III, 83b	B'R	באר
(A) Tor. (B) Abschnitt, Kapitel. (C) B. qamma', B. meṣî'a', B. batra': Traktate der Ordnung IV	baba'	בבא
Betrügen, treulos handeln Ex 21,8; Mal 2,10 ff; Ri 9,23; CD I,12; VIII,15; XIX,17.34; 1QpHab II,1 ff; VIII,10; 1QS VII,18,23;1QH X,10. ThWQ I,350–352	BGD	בגד
(A) Kleid(ungsstück); s. auch כלאים/שעטנז Lev 6,20; 8,30; 11,32; 13,47 ff; 14,8.55; Dtn 24,17 (Pfand); CD XI,3; 1QS VII,13; 1QM XIV,2; 4Q265 6,3: 4Q274 2; 4Q277 1 ii; 4Q414,11; 4Q512 11,3 f; mBM IX,13. (B) Priesterdienstkleider Ex 28,2 ff; 31,10; 35,19; 39,1,41; 40,13; Lev 6,4; 8,2.30; 11,25.28.40; 13,34.52; 14,9.47; 15,5 ff.24 ff; 21,10; 16,4.32; 1QM VII,10 f; 11Q19 15,16 (Hohepriester); 32,11; 33,7; 35,6; 45,8 f16; 49,16 ff; 50,8,13 ff; 51,5; Jos.Ant 3,279	bägäd	בגד
Treulosigkeit, Betrug jPe'ah I,16 16b	b^egedah	בגדה
Mannbar werden jKet IV,13 29b; bPes 113a; bNid 47b; s. בוגרת	BGR	בגר
Alter der Mannbarkeit eines Mädchens (ab 12 ½) jJeb I,2 3a; bQid 7a	bagrût	בגרות
(A) Untersuchung (v.a: ritueller Verhältnisse). (B) Vernehmung von Zeugen. mSan V,2	b^edîqah	בדיקה
hif.: trennen, unterscheiden, nif: sich absondern. Targum: af. פרש; LXX: *chôrizein*. HAWTTM I, 231–233. (A) Zwischen Israel und den Völkern Lev 10,10; 20,24; Esr 9,1; 10,11; Neh 9,2. (B) Heiliges und Profanes, Reines und Unreines CD V,7 VII,3 f; IX,21.23; 4Q394 3–10 iv,6; 4Q 396 II,8; mḤul I,7; Philon, Ebr. 126–143; bŠebu 18b; s. הבדלה. (C) Ausschluß aus Gruppe oder Reinheitsstufe: Esr 10,8; 1QS VI,25, VII,1.3.5; VII,16; VIII,24; bMQ 17a. (D) Unterscheiden der Opferarten: 11Q19 35,11.13. (E) Reinheitsstufen 11Q19 46,17; 48,13. Trennung durch den ḥêl (Glacis) zw. Heiligtum und Stadt: 11Q19 46,10. (F) Trennungvon Gegnern CD VI,14.17; 1QS V,1 f.18; VIII,13; IX,9; 4Q418 81,2. (G) Licht und Finsternis, 4Q392 I,5 f; s. הבדלה. (H) Aussondern für Aufgaben: Num 8,14; Dtn 10,8 (Leviten); 1QS VIII,11; IX,5.14. ThWQ I, 360–366	BDL	בדל
Prüfen, überprüfen Lev 11,2 (ShM +149)); mSan III,5; IV,5; V,1 ff. SokB 186 f	BDQ	בדק
(A) Bauschaden am Tempel 2Kön 12,6 ff. (B)Tempelreparaturkasse 2Kön 12,8; mTem I,7; VII,1 ff; mMe III,5 f	bädäq bädäq ha-bajît	בדק בדק הבית

(A) Haustier, Vieh; s. (ה)בעיר Lev 11,2 (ShM +149); 19,19; Dtn 22,10; 25,4; mBQ V,7; IX,; mBM III,1; IX,12; mBB III,7; IV,7; V,5; VI,5; mSan I,4; VII,4; VIII,7; IX;2; mAZ II,1; mEd III,12; jSan VII,9 25d; bSan 15a–b.54a–b. (B) Viehverstellung mBM V,4 ff; mBB III,5. (C) Viehschaden s. שור. (D) Sodomie Ex 22,18; Lev 18,23 (ShM –348; –349); 20,15 f; Dtn 27,21; Philon, Spec. 3,45 ff:147 ff; IV,100 ff; Jos.Ant 3,275, 4,279; mSan VII,4; mAZ II,1 (רביעה); MekRJ nᵉzîqîn xvii. (E) Tierschutz Ex 23,5 (ShM +202; –270); Dtn 22,4 (ShM +203); Jos.Ant 4,275; bŠab 128b; MekRJ kaspaʾ ii; bBM 31a; 33a; s. צער בעלי חיים. ThWQ I,372–378	bᵉhemah	בהמה
Großvieh mPes IV,3; mQid I,4; mBB V,5 ; mAZ I,6; s. בעירה	bᵉhemah gassah	בהמה גסה
Kleinvieh mDem II,3, mPes IV,3; mQid I,4; mBQ VII,7; mAZ I,6; s. צאן	bᵉhemah daqqah	בהמה דקה
Eintreten in eine Gruppe, Organisation. 1QS I,16; II,16; III,2; V,7 f. 20; VI,14; VIII,21; X,10	BWʾ	בוא
Eintretende/Eingetretene, Mitglieder einer Gruppe. באי ברית (båê bᵉrît): Bundesmitglieder, Mitjuden CD II,2; באי שבת Diensthabende am/ab dem Sabbat 2Kön 11,5.9 (bei Hof); 2Chr 23,4.9 (am Heiligtum); מועד באי Festbesucher Lam 1,4	baʾê ...	באי ...
(A) Sexuell verkehren mit ... LC 18,11; 108, 142 f; 110,155; 111,157 f; jSot III,4 19a; bKer2a–b. (B) Ein Sexualverbrechen verüben mSan VII,4.9 (Steinigungsstrafe auf: Verkehr mit Mutter, Stiefmutter, Schwiegertochter, Mann, Tier, verlobtes Mädchen); mSan IX,1 (Verbrennen wegen: Verkehr mit Frau und deren Tochter, Priestertochter, Tochter, Enkelin, Schwiegermutter, Mutter der Schwiegereltern); XI,1.6; mMak III,1: Schwester, Tante; Mutter, Schwägerin, Menstruierende, Witwe (als Frau) eines Hohepriesters, Geschiedene oder nicht der Schwagerehe unter-zogene Frau eines Priesters, eine Witwe und Geschiedene	bôʾ ʿal	בוא על
Mannbar gewordenes Mädchen (ab 12 ½ Jahre), mKet III,7 (8); mNed X,5; XI,10	bôgärät	בוגרת
Rat(sversammlung; Stadtrat; Ratsmitglied GenR VI,5. DNWSI I,147	bûlaʾ, bûlê *boulê*	בולא בולי
Mitglied des Stadtrates Massäkät Sôfᵉrîm XIX,7; jJom I,1 38c	bûläwṭîn, bûläwṭes *bouleutês*	בולווטין, בולווטס
Bewusste, grobe Vernachlässigung jBM V,6 10b; bBM 116b (Fall wechselseitiger Versicherung/Haftung)	bûsjaʾ	בוסיא
Ausführender, u. a. in einem Schiedsverfahren, Schiedsrichter bSan 6a–b	bôṣeaʿ	בוצע

(A) Grube, Zisterne Ex 21,33 f (ShM +238); Philon, Spec. 3,145 ff; Jos.Ant 4,283; mBQ I,1; V,3.5 ff; mBB II,1.11 f; III,1.8; IV,2.4.7.9; V,3; VI,5; MekRJ nᵉzîqîn xi; tBQ IV,14; bBQ 13a; bGiṭ 68a; bBQ 53a; bBB 79b. (B) Kelterbecken mAZ IV,8.10; V,10	bôr	בור
Gerber(ei) mKet VII,10; mBB II,9	bôrsî, bûrsqî	בורסי, נורסקי
Sich schämen; pi./hif.: zuschanden machen; beschämen mKet III,7; mBQ III,10; VIII,1; s. לבן	BWŠ	בוש
Schande, Schmach, Beschämung, Verunglimpfung mKet III, 7; IV,1; mBQ VIII,1.3; mŠebu V,4; bKet 40a; bSota 8b; bSan 45a.58a–59b	bôšät	בושת
(A) Verachten, verächtlich behandeln. B) Rauben, plündern Hurvitz 52–54	BZH	בזה
Billig, niedrig im Preis mBM V,8	bᵉ-zôl	בזול
Beute machen, rauben, plündern LC 85,25; Dtn 20,14; mSan II,4; s. שלל. ThWQ I,414–415	BZZ	בזז
Verachtung, unwürdige Behandlung Est 1,18; bBer 18a.23b; bSan 45a.46b	bizzajôn	בזיון
Absichtserklärung Gelübde mit Eid mŠebu III,7 ff	biṭṭûj šᵉbûʿat biṭṭûj	בטוי שבועת בטוי
(A) Abschaffung. (B) Annullierung, vgl. *akyrôsis; anhairesis;* lat. *abrogatio, antiquatio* bEr 66b; bBM 50b. (C) Vernachlässigung mMen X,9; bBer 5a	biṭṭûl	בטול
Annulliert, ungültig, unbrauchbar mSan V,2 f; bŠab 156a; bBM 53a	bᵉṭîl	בטיל
pi.: SokB 197. (A) Aufheben, annulieren mŠebu III,6; jGiṭ III,1 44d; bZeb 72a. (B) Aufheben eines Urteils, Wiederaufname eines Verfahrens mEd I,5; bSan 31a–b; 33a. (C) Gebrauchsuntauglich machen, profanieren mAZ III,8.10; IV,4. 7 f.	BṬL	בטל
(A) Müßiggang, Zeitverschwendung. (B) Untauglichkeit mAZ IV,5. (C) Aufhebung einer Maßnahme, Aufhebung der Gültigkeit Mur 25, 7; NṢ 9,9.21; mBQ VII,3; mSan V,2 f (Eid)	bᵉṭalah	בטלה
Haus; s. בית	bê	בי
Unrecht, gewaltsamer Zwang jNed III,3; 38a; GenR XCIII,6; Verdoppelt als Aufschrei LevR XVII,7. Sperber 68 f	bîjaʾ *bia*	ביא, בייא
(A) Eintritt. (B) Beischlaf; Eheschließungsmöglichkeit (s. קנה) mJeb VI,1; mKet IV,4; mKer II,4 f; jQid III,5 37b	bîʾah	ביאה
Teuer, hoch im Preis mBM V,8	bᵉ-jôqär	ביוקר

Tribunal. mAZ I,7; jJeb XII,6 13a; bAZ 16b; Bühne GenR LXXVI,7 Sperber 70–72	bîmah *bêma*	בימה
Mittlere Grundstücksqualität mGiṭ V,1–3; bBQ 8a; s. זבורית, עידית	bênônî	בינוני
Zeitspanne zwischen Sonnenuntergang und Sichtbarwerden von 3 Sternen	bên ha-šᵉmašôt	בין השמשות
Beseitigung, Entfernung mPeʾah VII,6; mDem I,2; mŠebi VII,1 ff; mMŠ V,3 ff; mNid VI,8; s. בער	bêʿûr	ביעור
Festung, Festungsstadt DNWSI I,155 f	bîrah	בירה
Bosheit bBQ 115[a]; bösartige Aussage bMen 52a	bîšah	בישה
(A) Haus, *oikos* Lev 25,29 f (ShM +139 Rückkaufrecht);TAD B2,3–5.7.11; B3 4; 5; 10; 11; 12; YT B 199; mŠebi IX,1; mBM VIII,6–9; X,1 ff; IX,13; mBM VIII,6; mBB I,2.6; III,1; IV,1 ff.7; VI,4 f; IX,8 ff (Einsturz); X,1 ff; mAZ I,8 f; III,6; mEd III,1 I,8. (B) Abgegrenzter Bereich. (C) Familien-, Sippenhaushalt. (D) Schule, Schulrichtung. DNWSI I,156 ff. SokP 92. SokB 208 ff. HAWTTM I,269–273	bajit, bêtaʾ, bê	בית, ביתא, בי, ביי
Vaterhaus; Familienverband, Sippe Num 3,24 u. ö., 1Chr. 24,6 ff; CD VII,11; s. משפחה.	bêt ʾab	בית אב
Ein Treffpunkt für Unterhaltung und Diskussionen, auch mit Büchern ausgestattet bŠab 116a; 152a; bAZ 17b	bêt ʾᵃbîdan	בית אבידן
Trauerhaus mTer XI,10	bêt ʾäbäl	בית אבל
Baumpflanzung mBM IX,2	bêt ʾîlan	בית אילן
Witwenwohnsitz mBB VI,6	bêt ʾalmanah	בית אלמנה
Gefängnis mPes VIII,6; mMQ III,1 f; mJeb XII,5; mSot IV,5; mGiṭ VI, mAZ I,3; bSan 95a; *phylakê*; lat. *custodia*; s. כיפה	bêt ʾᵃsûrîn	בית אסורין
Flachswerkstatt mNed V,3; mBM X,4; mBB I,6; III,1; IV,4 f.7; X,7	bêt bad	בית בד
Badehaus bŠab 41a; 140a; bEr 104a; s. מרחץ	bêt märḥaṣ	בית מרחץ
Schatzhaus bSan 109a	bêt gᵉnazîn	בית גנזין
(A) Gerichtshof, *archê*, *dikastêrion*. Ex 23,2; Dtn 16,18–19; 17,8–13; CD X,4–10; 1QS VI; 11Q19,51,11 ff; 56,?-11; Lk 18,2; 1Kor 6.1 ff; Jak 2,6 ff; Jos.Ant 4,214 ff. 218; Traktat Sanhedrin in der Ordnung IV; MekRJ ʿᵃmaleq iv; mŠeq VII,5 f; mJeb II,10; mKet I,1; IV,1; mSota I,3; mŠebu II,2 (Tempel); mEd I,1. 5; mRH II,9; mBQ I,3; mBB I,8; mBM I,8; mBM II,9; IX,13; mBB IX,4; mSan I,1–6; III,1; VI,2; VII,1.10; XI,1 ff; mŠebu II,2; IV,1.3; V,1 f; mEd V,6; VIII,3; mHor I,1 ff (Fehlurteile); II,1 f; jJeb IV,4 28c; jSan I 18a u.ff; bGiṭ 88b; bSan 23a. s. אלהים Richter. ארכאה; ערכאה. (B) Ortsgericht 11Q19 51,11–18; X,4–10; 1QS VI; Jos.Ant 4,214 f; mSan III,1–3. (C) Kleiner Sanhedrin, mit 23 Mitgliedern mSan I,4. (D) Stammesgericht: tSan II,10. (E) Stehen/Sitzen vor Gericht: bŠebu 30b. (F) Sühnopfer der ganzen Gemeinde Israels/des Gerichtshofs nach Fehlurteil Lev 4,13 ff; mHor I,4 f; mMen IX,7	bêt dîn, bêt mišpaṭ	בית דין, בית משפט

Höchstgericht (A) Vgl. Dtn 17,11; 2Chr 19,4–11; 11Q19 56,1–11. (B) Vor 70 n. Chr.: *synhedrion*. Jos.Ant 4,216–218.	bêt dîn gadôl	בית דין גדול
(C) Gerichtshof der Siebzig (70+1), Sanhedrin mSan I,1.5 f; II,4; VII,2 ; XI,2.4; Sifre Dt § 154; jSan I,1 ff 18a–19c; bSan 86a–b; s. סנהדרין	bêt dîn šäl šibʿîm	בית דין של שבעים
Wohnhaus, Wohnsitz (begründet Ortsbürgerschaft) mBB I,5	bêt dîrah	בית דירה
Dynastie des Hillel. Familie des Naśîʾ bzw. Patriarchen	bêt Hillel	בית הלל
Die maßgeblichen frühen Schulrichtungen des rabbinischen Judentums mAbot I,12–15; mʿEd I,1 ff; IV,1 ff; V,1 ff	bêt Hillel / bêt Šammaj	בית הלל / בית שמאי
Tempel Ex 25,8 (ShM +20: Tempelbau); Lv 19,30 (ShM +21: Tempel achten); Num 18,4 (ShM+22: Tempel bewachen); mKil IX,1; Traktat Middôt in Ordnung VI; mTam I,1 ff. Zerstörungsverbot: Dtn 12,4; Philon, Spec. 1,67 f; Somn. I,62; jSan VII,12 25b; VII,13 25c. Bewachen: Num 18,5 (ShM –67). Mord im Tempel Mt 23,35; Str.-B. I, 940–94	bêt ha-miqdaš	בית המקדש
Rabbinisches Versammlungshaus jBer II,8 5c; jMeg IV,10 75c; s. בית מדרש, ישיבה	bêt waʿad	בית וועד
Ackerland tBB IV,12; bBB 72a–b	bêt zäraʿ	בית זרע
Versammlungshaus; Synagoge *synagôgê*; *proseuchê*; *sabbateion* (Jos.Ant 16,164). Philon, Leg. 156; 311 ff; VitaCont. 32; VitaMos. 2 (3) 216 f; Agric. 79 ff; Spec. 2,62 ff; Theodotos-Inschrift CIJ 1404; Mk 12,39 f/Mt 4,23;23/6 f/Lk 20,46; Mk 1,21 ff/4,31 ff; Lk 4,16; Joh 6,59; Apg 6,9, 13,5.14; 14,1 u.ö; Jos.Bell2,285; Ant 19,300; Vita 277.280.293; mTer XI,10; mSuk III,12; mRH III,7; mMeg III,1–3; mŠebu IV, 10; mNed V,4; IX,2; mNeg XIII,12. SokB 213. Zerstörungsverbot Dtn 12,4; jSan VII,12 f 25b–c	bêt kᵉnäsät, bêt kᵉnîštaʾ	בית כנסת, בית כנישתא
Lehrhaus. mBer IV,2; mDem II,3; VII,5; mTer XI,10; mŠab XVI,1; XVIII,1; mPes IV,4; mBeṣah III,5; mAbot V,14; mMen X,9; jMQ III,7 83c; bSan 11a. SokB 214. Zerstörungsverbot: Dtn 12,4;	bêt midraš	בית מדרש
Schlachtanlage im Tempel 11Q19 34,1 ff; mPes 5,9; mŠeq VI,4; mEd VIII,4; mTam III,5; mMid III,5; mKel XV,6	bêt miṭbaḥ	בית מטבח
Königsresidenz, Palast, Regierungs- Verwaltungssitz mNed III,4 f; bGiṭ 56a; bMeg 12a; bSan 109a; bAZ 18b	bêt mäläk, bêt malkaʾ, bêt malkûtaʾ	בית מלך, בית מלכא, בית מלכותא
Gerichtshof 1QpHab X,4; s. בית דין	bêt mišpaṭ	בית משפט
Schule jMa III,3 3d; jMeg III,1 73d	bêt sefär	בית ספר
Steinigungsstätte mSan VI,1 f	bêt sᵉqîlah	בית סקילה
Fremdkultstätte mAZ III,3.6 f	bêt ʿᵃbôdah zarah	בית עבודה זרה
Feldstück mit Bewässerung mBM IX,2; mBB III,1; IV,7; s. בית שקיא	bêt šᵉlahîm	בית שלהים
Im Königreich Judah Hofmarschall; Verwaltungschef 1Kön 4,6; 2Kön 18,18.37/Jes 36,3/2Chr 32,2; 19,2 (LXX: *oikonomos*). Auch inschriftlich belegt. Für den (2.) Tempel s. 2Mak 3,4 *prostatês tou hierou*; vgl. 1Makk 14,43 f	ʾᵃšer ʿal ha-bajit	אשר על הבית

Erstgeborener/s Ex 13,2 (ShM +79 Vieh).12 f; 13,13 (ShM +82 Esel: Genickbrechen); 22,28 (ShM +80 Mann); 34,20 (ShM +81 Esel: Auslösung); Lev 27,26 f (Vieh); Num 18,15–18 (ShM –108); Dtn 12,17(Vieh); 15,19–23 (Vieh); 21,15–17 (Sohn); 25,6 (Sohn); Tob 5,13 (Vieh); CD 4Q 270 2 ii,8; 11Q19 52,7–11 (Vieh); 60,2 ff (Vieh); Philon, Spec. I,135; IV,98; Sobr. 21 f; Lk 2,23; Traktat B^{e}kôrôt der Ordnung V; mBB VIII,3.5; mTem I,1; V,1; MekRJ pasḥah xvi. xviii; kaspa' i; Sifre Dtn § 217; bBer 4b; bMeg 31a; bBB 126b; bZeb 112b. Auslösung eines erstgeborenen Sohnes Num 18,15; von Opfertieren: Dtn 15,19. DNWSI I,164. ThWQ I,450–452	b^{e}kôr	בכור
Erstgeburt, -srecht Gen 25,31; Dtn 21,17; Sifre Dtn § 217; bBB 119a.123.124a. 138b; 142b; 159a; Traktat B^{e}kôrôt der Ordnung V	b^{e}kôrah	בכורה
Erstlingsabgaben Ex 22,28; 23,16.19 (ShM +125); 23,10; 29,33 (ShM –149); 34,26; Lev 2,14; 23,17.20; Num 13,20; 18,13; 28,26; Dtn 12,17 (-144); 26; Tob 1,6; 5,14; Philon, Spec. 1,76 ff; 2,162 ff; 4, 97 ff; Jos.Ant 4,67 ff; Str.-B. IV,640–697; mMak III,3; mTer III,6 f; Traktat Bikkurim der Ordnung I; MekRJ kaspa' i	bikkûrîm	בכורים
(A) Hervorbringen, Frucht tragen, reifen. (B) pa.: eine Erstgeburt zur Welt bringen. (C) als Erstgeborenen anerkennen; hitp.: als Erstgeborenen absondern	BKR	בכר
Abgabe bNed 62b; bQid 54a	b^{e}lô	בלו
Kundschafter, Häscher, Untersuchungsbeamter bNid 52a	ballaša'/h	בלשא/ה
(A) Sohn LC 31,31; 61,16; 86, 21 f; 110,155–158; 112.165; 113,168; Lev 18,10.15.17; Num 27,3–11; Dtn 21,15.18 ff.24,16; 25,5, Sir 30,1 ff; 11Q19 54,19 f; Mt 21,28 ff; Lk 15,12 ff.; Landis Gogel 311 f; Jos.Ant 4,249; Str.-B. II, 212–217; mKet IV,6; mNed IV,3; mGiṭ IV,9; mQid I,7; IV,10–11;mBQ IX,9; mBM I,5; mBB III,5; VIII,1 ff; IX,1 ff; mSan VII,4; mMak II,2 f; bQid 29a–30b; bSan 27a–28a; s. בכור. (B) Angehöriger einer Gruppe oder Altersstufe. HAWTTM I,287–291	ben, bar	בן, בר
Mitglied des Hausstandes, *oikeios*	bän-bajit	בן בית
Bundesmitglied; Mitjude mBQ I,2 f; bBer 16b	bän-b^{e}rît	בן ברית
Freier Mann mPeah III,8: mQid III,13; mBQ I,3; X,8; mBB X,8; mSan XI,1; mEd I,13; KallahR V,3. DNWSI I,168–172. ThWQ I,462–473.	bän-ḥôrîn	בן חורין
Nichtjude, der die „sieben noachidischen Gebote" einhält mNed III,11; Massäkät Gerîm II,5; bSan 56a; bBQ 38a	nän-nô^{a}ḥ	בן נוח
Fremdling, Ausländer, Nichtjude Ex 12,43; 23,33 (ShM –51); Lev 22,25 (ShM –96); Ez 44,9; Neh 9,2; 13,30; jAZ II, 1 40c; MekRJ b'/psḥ'xv; s. נכרי	bän-nekär	בן נכר
Ungehorsamer, rebellischer Sohn Lev 19,26 (ShM –195); Dtn 21,18–21; 11Q 19 64,2 ff; Philon, Spec. 2,232 ff; Jos.Ant 4,260 f; mSan VII,4; VIII,1–5	ben sôrer û-môrâh	בן סורר ומורה

Existenz-, lebensfähig, existent bSan IX,2	bän-qajjama᾽	בן קיימא
(A) Kultivierter, gebildeter Mensch. (B) Zahmes Tier mBQ I,4	bän-tarbût	בן תרבות
Bauhandwerker mBQ IX,3	banaj	בנאי
Bauen Ex 20,15 (Altar); Dtn 20,5 (Haus); 22,8 (Dachgeländer); TAD A4, 7–10 (Tempel); TAD B2 1 (Mauerbau im Hof); mBB VI,4 (Haus); mAZ I,7; III,6 f. DNWSI I,1173–178. Übertragen: Familie (bajit) gründen und erhalten Dtn 25,9	BNH	בנה
Bundesangehörige, Mitjuden mBQ I,2–3; tBQ I,1 In der rabbin. Literatur in rechtlichen Kontexten im Kontrast zu Nichtjuden sehr geläufig	b^{e}nê (ha-)b^{e}rît	בני (ה)ברית
Gebäude Ez 40,5 u. ö. DNWSI I,178 f.	binjan	בנין
Ableitung einer Norm aus einer vorgegebenen Vorschrift/Stelle ARN^{a} 37,5; bḤull 65b. Bacher I, 9–11. II,21 f	binjan ᾽ab	בנין אב
Gerichtshalle, Markthalle mAZ I,7; mṬoh VI,8	basîlqê *basilikê*	בסילקי
Deflorierte mKet I,8	b^{eʿ}ûlah	בעולה
Verheiratete	b^{eʿ}ûlat baʿal	בעולת בעל
(A) Suchen, wollen, wünschen. ThWQ I,480–483 (B) Fragen; ein Problem aufwerfen, feststellen. (C) Gebrauchen, in Anspruch nehmen. (D) Es geschieht etwas. (E) Vermuten, unterstellen.	BʿJ	בעי
Frage, Problem bSan 10a; bAZ 47a	b^{eʿ}ajah	בעיה
Beischlaf, Begattung Jub 50,8; mJeb V,1.6; tKet I,4; .tQid IV,4; jBer II,6 5b; bQid 9b	b^{eʿ}îlah	בעילה
Vieh; s. בהמה (A) Viehpflege mBQ VI,4 f. (B) Tierschaden an Sachen Ex 22,4 (ShM +240).9–14; Philon, Spec. 4,23; mGiṭ IV,1; jGiṭ V,2 46c; bGiṭ 48b; mBQ II,3; tBQ I,20; bBQ 7a. 56b; 58b. (C) Tierschaden an Personen Ex 21,28 (ShM +237); MekRJ nzjqjn xvi. (D) Schaden am Vieh Ex 21,33 f36, mBQ VI,4. (E) Ersatzleistungen Ex 21,33–37; 22,4; Philon, Spec. 3,147 f; Jos. Ant 4,283 f; jBQ I,1 2a; MekRJ nzjqjn vi. Kleinvieh jBM II,6 8c; s. בהמה דקה	b^{eʿ}îr, b^{eʿ}îrah	בעיר, בעירה
(A) Geschlechtsverkehr ausüben, begatten Tob 8,7 ff; Sir 23,16–28; Test.Asser 1–3; Test.Iss III, VII,1. Test.Joseph passim; Test.Ruben passim; Philon Spec. 2,35 ff; Vita Mos. I,28; Qu.Gen 3,21; Jos. Bell2,161; mJeb V,3–6; VI,6 f; mSan XI,6; mSan IX,6 (Nichtjüdin); tJeb VIII,3; bJeb 61a; 65a; bKet 77a bKet 5b.7a; s. בוא על. (B) Per Beiwohnung ehelichen jJeb V,2 6d. (C) Rituelle Verunreinigung 11Q19 45,11 f; Philon, Spec. 1,119; 3,63; Jos.CAp 2,29; mParah III,6; mZab V,1.12	BʿL	בעל

(A) Herr, Grund- und Hauseigentümer, Vollbürger Jos 24,11; Ri 9,51; Jes 16,8.; TAD A7, 22; B6, 3,7. (B) Eigentümer, verantwortlicher Besitzer einer Sache LC 28,11; 44,10; 62,22; 64, 36 f; 67,53; 67 f. 56; 68,58; 84,17; 85,20; 89,42 f; 90 f; 97,s; 103 f,119; 104,120.122 f; 105, 125; 115 f,176; 50 f; Ex 21,28.34; 22,7; mPe'ah III,6; mBQ V,3; mBM VIII,1; s. שליט/שלט. (C) Ehemann, *anêr* LC 31 f,30; 106 f,131–136; 109 f, 146–153; 116,177; Gen 20,3; Ex 21,3.10.22; Dtn 22,21; TAD B2, 6,4; B3, 3,9; 8,33; hSir 4,10; NḤ 13,6; Philon, Spec. 2,29; mKet IV,4 f; V,5 f; VI,1-X; VII,10; XII,4; mNed X–XI; mNazir IV,3; mBB X,3; mMak I,1; mAr V,6; bKet 47b.58b–59a; 70b; bBQ 32a; 89a–b. Ehemann beerbt seine Frau: mBB VIII,1; bBB 109b.111b DNWSI I,182–184. ThWQ I,483–486; s. אדון, מר	baʿal, b^{e}ʿal	בעל
Nekromant mSan VII,4.7; s. אוב וידעוני	baʿal ʾôb w^{e}-jidd^{e}ʿônî	בעל אוב וידעוני
Hausherr, Haushaltsvorstand mBQ V,2; III,1.5; mBM II,2 f; VIII,7;X,2; mBB V,4	baʿal bajit	בעל בית
Bundespartner CD III,4	baʿal b^{e}rît	בעל ברית
Feind, Gegner, *antidikos* bGiṭ 55b	b^{e}ʿal d^{e}babah	בעל דבבה
Prozessgegner, *antidikos* bKet 106a; bMQ 14b	baʿal d^{e}barîm	בעל דברים
Streitgegner; Prozessgegner, *antidikos* mAbot IV,22; jSan III,9 21; bGiṭ 40b; bBQ 112b; bSan 7b	baʿal dîn	בעל דין
Gläubiger LC 102 f,113–116; mKet IX,2; X,5; mGiṭ V,1; mBQ IX,10, *opheiletês*; lat. *creditor*	baʿal ḥôb	בעל חוב
Befehlshaber, hoher Verwaltungsbeamter Esr 4,8 f.17. TAD A6, 9,6; 11,6 u. ö.; s. סופר/ספרא	b^{e}ʿal ṭ^{e}ʿem	בעל טעם
Behinderter, mit Gebrechen Behafteter Lev 21,17.18. 23; 22,20.22; Dtn 17,1; mMŠ I,2; mPes VI,6; bSan 83a	baʿal mûm	בעל מום
Gläubiger Dtn 15,2; 11Q13 II,3	baʿal maššäh	בעל משה
Streitgegner 4Q423 5,7;424 3,9	baʿal rîb	בעל ריב
Bußfertiger, Reumütiger mBM IV,10	baʿal t^{e}šûbah	בעל תשובה
Mitglieder einer rabbinischen Gelehrtenversammlung tSota VII,11	ba^{ʿa}lê ^{ʾa}sûfôt	בעלי אסופות
(A) Brennen, verbrennen Ex 22,4 (ShM +240). (B) Entfernen, ausmerzen Lev 26,13; 11Q19 56,10, 63,7; 64,6; MekRJ n^{e}zîqîn xiv; s. ביעור. ThWQ I,487–492	BʿR	בער
(A) Durchführung. (B) Vermittlung. (C) Aussergerichtlicher Vergleich bSan 6a–b	biṣṣû^{aʿ}	בצוע
Durchführen, tun, erledigen tSan I,3; ein Schiedsverfahren durchführen bSan 6a–b; s. בוצע	BṢʿ	בצע
Gewinn, Profit, Ex 18,21; CD VIII,7; X,18; XI,15; XII,7; XIX,19; 11Q19 57,9; Lk 19,8.12 ff; bKet 105b. ThWQ I,493–495	bäṣaʿ	בצע
Trauben lesen Lev 25,5.11; Dtn 24,21; Philon, Virt. 91; mPeah VII,7; mAZ IV,9; Sifre Dtn § 285	BṢR	בצר
Verringern, verkleinern, reduzieren bQid 17a; bAZ 9b. SokB 229 f	BṢR	בצר

(A) Fachmann, fachmännisch bSan 5b; bŠebu 42a. (B) wohlbekannt bGiṭ 36a	baqî	בקי
Spalten (Holz) mBQ II,7	BQʿ	בקע
(A) pi.: untersuchen Lev 13,36; 27,33; Ez 34,11 f; TAD C37A 2,19; 3,4; 37C 2,3 u. ö.; jMŠ V,1 56a; bSuk IV,2 54b. DNWSI I, 187. (B) hif.: freigeben, auf Eigentumsrecht verzichten jNed IV,10 38d	BQR	בקר
Rind mBB V,1; VI,4	baqar	בקר
(A) Sohn. (B) Mitglied von, zugehörig zu …; s. בן. DNWSI I,188–195; SokB 231 ff	bar	בר
Freier, Unbelasteter; s. בן חורין. Hypothekenfrei jBM I,6 8a; bKet 91a	bar ḥîrîn	בר חירין
Vornehmer jSan III,3 20b	bar ṭôbîm	בר טובים
Gebotspflichtiger bBM 96a	bar miṣwah	בר מצוה
Stadtbewohner bBQ 113b	bar mataʾ	בר מתא
Verlässlicher bJeb 15b	bar s^{e}makaʾ	בר סמכא
Todeskandidat bSan 15b	bar qaṭalaʾ	בר קטלא
Abrechnen CL 82 (PapYadin 7,24–26); bBQ 9a	BRʾ	ברא
Freies Feld; Außenbereich bŠab 78a	baraʾ	ברא
Abrechnung, Quittung CL 82 (PapYadin 7,24.65; 47a,9; 47b,6); vgl. DJD XVII, Nr. 60; bBB 36a	b^{e}ra, b^{e}raʾôn	ברא, בראון
Tochter; s. בת	barah, bartaʾ	ברה, ברתא
Überprüfung, z. B. durch ein Gericht; s. שטר בירורים	bêrûr, bêrûrîm	בירור, בירורים
Eisen; Eisenteil an Axt oder Hacke mMak II,1	barzäl	ברזל
Fliehen 11Q19 64,9; mSan VIII,4; mMak I,10. DNWSI I,197	BRḤ	ברח
(A) Frei sein von Schuld/Verpflichtungen. (B) af: freisprechen von Schuld/Schulden/Verpflichtungen CL 82. 86 (PapYadin 7,22.26.69); tBB X,11	BRJ	ברי
„Geschöpfe“ = Menschen	b^{e}rijôt	בריות
Torriegel mBB I,5	b^{e}rîaḥ	בריח

Vereinbarung, Bund. ThWQ I,508–521 (A) Abkommen, Bündnis, Vertrag, LXX: immer *diathêkê*; TO: q^{e}jam; lat. *foedus, pactum.* (B) Verbot eines Bundes mit Nichtisraeliten Ex 34,12.15 18,3; 23,18; Dtn 7,2 (ShM –048); Ri 8,33; 9,4.46 (Ba'al-Kult) 11Q19 2,4; 1Mak 1,11. (B) Politisch: 1Sam 11,1;2 (Vasallenvertrag); 2Sam 3,21 und 5,3 /1Chr 11,3; 2Chr 23,3.16 (König und Volk); vgl. 2Sam 10,19; 1Kön 5,15.26 (Salomo und Hiram); 1Kön 15,18 ff und 20,34 (Israel und Aram); Jes 42,6; 49,8 (Knecht JHWHs und Volk); 4Q252, V,2.4 (malkût). (C) Vertrag zwischen Personen bzw. Gruppen) Gen 9,9,13.15; Gen 21,27.32; 26,28; 31,44; Jos 9,6 f.11 ff; 1Sam 11,1 ff; 22,8 LXX; 23,18; 2Sam 3,13 (vor JHWH); 2Sam 3,12 f.21; 2Kön 11,4; 23,2; Mal 2,14 (Ehe); Esr 10,3.	b^{e}rît	ברית
Ein Abkommen/ein Bündnis abschließen, lat. *foedus ferire.* bzw. *icere*	KRT b^{e}rît	כרת ברית
Ein Abkommen/ein Bündnis einhalten/erfüllen, lat. *foedus firmare.*	haqîm b^{e}rît	הקים ברית
Bundesgenosse Gen 14,13; CD III,4. (D) „Bund" mit der Torah als Inhalt. LXX: *diathêkê*, Vulgata *testamentum, foedus.* CD I,4.20; III,13; V,12; VI,2; VI,11; VIII,18; X,6; XV,2 ff; XX,29; 1QpHab II,6; 1QS I-II; V,2 f.9 ff.18 ff; VI,15; VIII,16; 1Q28a I,2 ff; 1Q28b I,2; 1Q33 (M) I,10; X,10; XII,3; XIII,7 f; XIV,4; XVII,3.7 f; XVIII,7 f; 1QH VII,15.18 VIII,16.24; X,22.28; XII,19.24. 4 f.39; XV,8.10.20; XXI,9.13; 4Q171 1–10 ii,14; iii,12; 4Q252 v,2.4; 4Q387 III,6 ff; 4Q390, I,8; II,6; 4Q392. 393; 4Q436,1; 4Q463 1,3; 4Q504,XV,10; XVI,10; XVII,7; XVIII,9; XIX,9.	ba'al b^{e}rît	בעל ברית
Bundesmitglieder 1QM XVII,8; 4Q501,2.7; mBQ/tBQ II,1–3; jDem VI,1 25a; jTer I,1–2 40a–b; jBQ I 2a–c; bGit 23b; bBQ 13b–15b; bBM 71b; MekRJ Jtrw bḥwdš vii; Sifre Dtn 110. CD II,2 III,10; VI,19; VIII,1; XIII,14; XV,6; XIX,14; XX,25; 11Q19 59,8; vgl. 1QH XXI,24.28.	b^{e}nê b^{e}rît, ba'ê b^{e}rît	בני ברית, באי ברית
Männer des Bundes 1QS V,3; 1Q28 I,2; 1QH Frg. 4,8; 1Q36 VII,2	'anšê ha-b^{e}rît	אנשי הברית
In den Bund eintreten 1QS I,16 ff; II,10.	'BR ba-b^{e}rît	עבר בברית
Am Bund Festhaltender 1QS V,3; 1QH X,2; XII,39; XXI,9.	maḥ^{a}zîq ba-b^{e}rît	מחזיק בברית
Bundeswahrer CD XIX,1; 1QS V,2.9 (Zadokiden); 1QM XIV,4.8; vgl. XVIII,7; 1QH XXI,15 (Gott); 1Q28a I,3;	šômer b^{e}rît	שומר(י) ברית
Buch (*biblion*) des B.: Ex 24,7; 2Kön 23,2 f.21; 2Chr 25,4 LXX; 34,30 ff; 1Mak 1,57.	sefär ha-b^{e}rît	ספר הברית
Bundeseid CD XV,6 ff.	šebû'at b^{e}rît	שבועת ברית
Bundesflüche: Lev 26; Dtn 28; 29,20; Sir 41,19; CD I,17 f; XV,2 f; 1QS V,12.	'alôt ha-b^{e}rît	אלות הברית
Bundesblut: Ex 24,8 ff; Sach 9,11; tNed II,6; jNed III,9 38a	dam ha-b^{e}rît	דם הברית
Väterbund: Mal 2,10; CD VIII,18; XIX,21; 1Mak 2,20; Weish 18,22; 1QM XIV,8	b^{e}rît 'abôt	ברית אבות
Abraham-Bund; vgl. Gen 15,18 und 17,11 ff; Neh 9,8; Sir 44,20.22; CD XII,11; Philon, Heres 307–312; Congr. 129 f.; GenR XLIV,21	b^{e}rît 'Abraham	ברית אברהם
Bundesschlussritus Jer 34; Gen 15,17 f; NumR xiv,11; CtR I,5.3	b^{e}rît bên ha-b^{e}tarîm	ברית בין הבתרים

David-Bund: 2Sam 7; 23,5; 2Chr 21,7; Sir 45,25; 4Q504 XVII,7	b^{e}rît Dawîd	ברית דויד
Neuer Bund Jer 31,31 (LXX: *diathêkê kainê*); vgl. 2Kön 23,2 ff (Bundeserneuerung); CD VIII,19.21.33; XX,12; vgl. 1Q28b V,21; 1Q34 3 ii,5 f;4Q393 1 ii 2.5 (neuer Geist); 1Kor 11,25; Hebr 8,8; Kallah R. III,21; Sifra bḥwqwtj I,2.6	b^{e}rît ḥ^{a}dašah	ברית חדשה
Jakob-Bund 11Q19 29,10	b^{e}rît Jaʿ^{a}qob	ברית יעקב
Priesterbund Mal 2,8 (Levi); Sir 50,24; 1Q28b I,2; III,26; 4Q419, I,3; jSan IX,16 27b; Midr. Tannaim Dtn 11,17; s. פנחס, לוי, אהרן	b^{e}rît k^{e}hûnnah	ברית כהונה
Salzbund Num 18,19; 2Chr 13,5; 11Q19 20,14, ARNb 48; Kallah rabbati III,21; Däräk ʾäräṣ I,16; bMen 19b; 20a; 21b.	b^{e}rît mälaḥ	ברית מלח
Ewiger Bund (Priesterbund) Sir 45,15; 1Q28b I,2; II,25.	b^{e}rît ʿôlam	ברית עולם
Friedensbund Num 25,13; Sir 45,24	b^{e}rît šalôm	ברית שלום
Bund der Beschneidung MekRJ xix,5; ExR I,8; Midr.Teh 1,1 u. ö.; AggBer xiv	b^{e}rît mîlah	ברית מילה
Noahbund: Gen 9,8–17; Sir 44,17	b^{e}rît Noaḥ	ברית נח
Ewiger Bund: Gen 9,16 (Noahbund); Ex 31,16; Lev 24,8 (Sabbat); 2Sam 23,5 (Davidbund); Jes 24,5; 55,3; Jer 32,40; 50,5; Ez 16,60; 37,26; Ps 105,10; 1Chr 16,14 (Väterbund); 1QS III,11 (jaḥad); IV,22	b^{e}rît ʿôlam	ברית עולם
Bund Altvorderer CD I,4; IV,9	b^{e}rît riʾšônîm	ברית ראשונים
Friedensbund Ez 34,25; 37,26; Midr. Aggadah Gen 14,13	b^{e}rît šalôm	ברית שלום
Tannaitische Überlieferung außerhalb der Mischna bBer 19a	baraj^{e}taʾ	ברייתא
(A) pi./pa. Segnen, *eulogein*. (B) Benedeien mSan II,12. (C) Euphemi-stisch: lästern, fluchen 1Kön 21,10.13. Landis Gogel 313. DNWSI I,198–202.	BRK	ברך
(A) Segen. (B) Benediktion, *eulogia*. Traktat B^{e}rakôt der Ordnung I; mTa I,2 ff. (C) Acht Benediktionen (Achtzehngebet an Feiertagen) mJom V,1. (D) Tischgebet SokB 246. DNWSI I, 202.	b^{e}rakah	ברכה
Mahlsegen, Tischgebet Dtn 8,10 (ShM +19); mBer VIIf; mMeg IV,3; jBer VIII,1 12a; bBer 48a	birkat mazôn	ברכת מזון
Priestersegen Num 6,23–27	birkat kôhannîm	ברכת כוהנים
Wählen, auswählen, klarlegen. DNWSI I,203. mSan III,1; IV,4	BRR	ברר
Tochter SokB 248; s. בת	bartaʾ	ברתא
Fleisch DNWSI I,204. Dtn 12,15–28; 14,7 (ShM –172); mPes III,8; mSan VIII,2; mEd VI,3; mAZ II,3; V,9; Traktat Ḥûllîn. Fleisch und Milch: s. חלב ובשר	baśar	בשר
„Fleisch und Blut“ = Mensch	baśar wa-dam	בשר ודם
Erlaubtes profan geschlachtetes Fleisch bḤul 16b–17a	b^{e}śar taʾ^{a}wah	בשר תאוה

Tochter LC 26 f, b.d; 30,23; 31 f,29; 103 f,117–119; 110,154; 111,160; Lev 18,10 (ShM –336); 17, Num 30,4–6 (Gelübde); TAD B2,3–5 (Schenkung an T.); Jub 28,6 f; CLgr 19,4, S. 82–87; CD XVI,12; 11Q19; 53,16–19; 54,19 f; Philon, Spec. II,124; NH PapYadin 7; mKet III,2; IV,4 ff.11; VI,3 f; XII,1 ff; XIII,3; mNed XI,8; mBB VIII,2 ff; IX,1 f; mSan IX,1 (Mutter und Tochter); mŠebu V,4; mBek VIII,6; MekRJ nᵉzîqîn iii. Erbrecht: Num 27,1 ff. 36,8; Hi 41,15 ; mBM I,5; mBB VIII,2–5.8; IX,1 f; tBB VII,18; tJad II,20; jBB VIII,1 15d–16a; bBB 108a–122b. 130a; bKet 52b. 68a. 69a. ThWQ I,548–552. Unterhalt aus Erbmasse: mKet IV,10 f; XIII,2; mBB IX,1; bKet 53b. ThWQ I,548–552. HAWTTM I,332–334	bat, bartaʾ	בת, ברתא
Stiefschwester Lev 18,11 (ShM –333): Philon,} Spec. 3,22 ff; bJeb 22b–23a; bKer 2b–3; bZeb 22b	bat ʾešät ha-ʾab	בת אשת האב
Proselytentochter mBik I,5	bat gerîm	בת גרים
Schwester/Halbschwester Lev 18,9.11 (ShM –333); 20,17; Dtn 27,22; 11Q19 66,14; Philon, Spec. 3,22 ff; bJeb 22b–23a; bKer 2b–3; bZeb 22b	bat ha-ʾab	בת האב
Nichte CD V,8 ff; 11Q19, 66,15 f; 4Q 251,17,2–3	bat ha-ʾaḥ	בת האח
Nichte CD V,8 ff; 11Q19 66,15; 4Q251 17,3	bat ha-ʾaḥôt	בת האחות
Schwester/Halbschwester Lev 18,9; 20,17; jSan VII,9 25a; bKet 33a	bat ha-ʾem	בת האם
Stieftochter Lev 18,17 (-337); mKet III,2; mSan IX,1	bat ha-ʾiššah	בת האשה
Enkelin Lev 18,10 (ShM –334); mKet III,2; mSan IX,1; bMak 5b	bat ha-ben	בת הבן
Enkelin Lev 18,10 (ShM –335); Lev 18,17 (ShM –338; –339); mKet III,2; mSan IX,1; mSan IX,1; bMak 5b	bat ha-bat	בת הבת
Israelitin mAZ II,1	bat Jiśraʾel	בת ישראל
Priestertochter Num 18,19; Lev 21,9; Jub 30,7–8; mJeb VII,5; mTer VII,2; X,4.6; XIII,2; mGiṭ VIII,5; mQid III,1; mSan VII,2; IX,1; XI,1.6	bat kôhen	בת כוהן
Himmelsstimme, Hallstimme bEr 13b; bBM 59b	bat qôl	בת קול
(A) Jungfrau LC 17,6; 33,33; 63,26;106,130; Lev 21,3 (Priester-familie); Lev 21,13 f (für Priesterehe); Dtn 22,13–21; CD XIV,15; Philon, Spec. III,79 ff; CLgr 18,58 S. 79; mKet I,1 ff; II,1; IV,7; V,1 f; jKet V,3 29d; bKet 82b. ThWQ I,554–55. SokB 251 f. ThWQ I,553–556. Falschbeschuldigung betr. Jungfernschaft Dtn 22,17–19 (ShM –359); 4Q159 2–4+8,8;4Q269 9,6; 4Q271 3,13; 11Q19,65,9 ff; 56,9; mKet I,1. Nötigung (אונס) einer Jungfrau Dtn 22,23–24.25–27.28–29 (ShM +218; –358); Philon, Spec. 3,35 ff.66 ff; Jos.Ant 4,251 f; CAP 2,215 ff; mSanVII,9. Verführung einer J. Ex 22,15–16 (ShM +220); mSan I,1; s. מפתה	bᵉtûlah	בתולה
Jungfernschaft. mKet I,4. Nachweis der Jungfernschaft: Dtn 22,20–22; Philon, Spec. 3,80 ff; mKet I,1 ff; bNid 45a	bᵉtûlîn	בתולין

	Gimel	ג
(A) Auslösung, Rückkauf; LXX: *lytron*; *lytrôsis*. Targum: פורקן Lev 25,24.25–28.29–31. 32–34.51 f; Jer 32,6; Jos.Ant 3,284 f; mBek I,6; bQid 15b (B) Befreiung von Fremdherrschaft Mur 22; 24; 29,1.9;22; 30,8 Nachal Sdeir 2,1; s. auch פורקן, חרות. DNWSI I,207. ThWQ I,556–559	g^{e}ʾûllah	גאולה
Einlösen/auslösen; LXX: *lytroun;* Targum: פרק Lev 25,29 (Haus in Jahresfrist). 48 f (Sklave); 27,13 ff (Geweihtes); bAr 31b–32a; bGiṭ 74,b–75a	Gʾ L	גאל
pu.: unrein, untauglich werden Esr 2,62/Neh 7,64 (LXX *anchisteu-esthai apo* ist Wurzelverwechslung)	Gʾ L	גאל
Blutrache üben Philon, Spec. 1, 160 f; 3,120 ff; Fuga 100; mMak II,5.7; bMak 10a–12a; Sifre Num § 160; s. גואל (דם)	Gʾ L dam	גאל דם
Kassierer, Schatzmeister, Eintreiber mḤag I,6; mBQ X,1; mToh VII,6; bBB 144a	gabbaj	גבאי, גביי
Almoseneinnehmer, -verwalter mDem III,1	gabbaj ṣ^{e}daqah	גבאי צדקה
Einfordern, eintreiben, kassieren TAD C37A 2,1.11; 3,1.19; C37B,11.19 u.ö; mKet V,1; mBB IX,5; X,8. DNWSI I,209 f. SokB 256 f	GBH	גבה
(A) Grenze; Begrenzung mKil III,1. (B) Grenzverrückung (l^{e}-haśśîg g^{e}bûl) Dtn 19,14 (ShM –246); 27,17; Philon, Spec. 4,149; Post.Caini 89; Jos.Ant 4,225 ff; Sifre Dtn § 188; bSabb 84b–85a; bNid 56b–57a. (C) Traditions-, Torahgrenze: CD I,16; V,20; XIX,15 f; XX,25; 4Q424 3,9. (D) Gebiet, Areal. 4Q161 2–6,29 (Jerusalem); 4Q169 5,2 (Israel); 4Q422 III,10; 11Q19 58,9; mAZ III,4; bBM 90ª (g^{e}bûl Jiśraʾel). DNWSI I,209 f. ThWQ I,562–565	g^{e}bûl	גבול
Jenseits der Grenzen des Heiligtums bzw. Jerusalems	g^{e}bûl, g^{e}bûlîn	גבול, גבולין
Käse mAZ II,5; mEd V,2; mAZ II,4 f; bŠab 134a	gebînah	גבינה
(A) Mann Dtn 22,5; DAT B4, 4,7; bŠab 79a. (B) Ehemann Mur 19,19; bKet 80b; bSan 37a. (C) Autorität bKet 6a. (D) Geschlechtsspezifische Kleidung Mann/Frau: Dtn 22,5 (ShM –39 Männer; –40 Frauen); 4Q159 2–4+8. 8,7; 1Kor 11,3 ff; Jos.Ant 4,301. (E) Identifizierender Ausdruck für 1./2. Person. DNWSI I,210 f. ThWQ I,565–573. SokP 119 f. SokB 258 f.	gäbär	גבר
Dach mEr IX,1; mBQ II,3; VIII,1; mBB IV,1	gag	גג
hitp.: einschneiden Dtn 14,1; Philon, Confus. 145; Spec. 1,58.318; mMak III,5	GDD	גדד
Groß(er); sozial Hochgestellter Lev 19,15 (ShM –273)	gadôl	גדול
Lästerung, *blasphêmia* CD V,12; 1QS IV,11; jTer I,4 40d	giddûf	גדוף

Haufen von Korn / Korngarben) Ex 22,5; mBQ VI,3; mBM V,7	gadîš	גדיש
pi. lästern, *blasphêmein* Num 15,30; Ps 44,17; CD XII,8; X,13; 4Q372 i,13; Mk 14,64; mSan VII,4 f; IX,3; mKer I,1 f; jSan VII,10 25a–b. ThWQ I,581–583	GDP	גדף
(A) Zaun, Einfriedung jDem I,2 21d; mBQ II,2; mBM II,3; mBB I,1 ff.12; DNWSI I,215. (B) Vorsorglich strenge Vorschrift/Praxis zur Vermeidung von Übertretungen, mAb I,1; III,14; jŠab XIV,4 14d; jPes I, 27c; bJeb 21a.	gader, g^{e}derah	גדר, גדרה
(C) „Zaun durchbrechen" Koh 10,8; rabbinische Verhaltensregeln brechen tḤul II,23	PRṢ gader	פרץ גדר
(A) Mitte, Inneres, Zentrum. (B) Aus ebendem ist (als Regelung) zu erschließen, dass... bJeb 32b. DNWSI I, 215–217	gô, mi-gô	גו, מגו
Auslöser Rut 4,1; LXX *archisteutês*	gô᾽el	גואל
Vollstrecker einer Blutrache. Num 35,12. 19.24; Dtn 19,6.12; LXX: *anchisteuôn to haima*; s. גאל	gô᾽el (dam)	גואל (דם)
Jungvogel, Jungtaube für Vogelopfer mBik III,5; mBM II,3	gôzel	גוזל
(A) Volk, *laos*, *ethnos* Dtn 23,4.7–8; 1QM I.	gôj	גוי
(B) Fremdvölker, Nichtjude(n) Ex 12,4; Lv 22,25 (Opfer); Mur 42,5; mBer VI,18; mDem V,9; mŠab II,5; mEr III,5 IV,1; mKet II,9; mNazir IX,1; mGiṭ I,5; IV,6.9; V,8 f; mBM V,6; mAZ I u. ö.; IV, 11; V,11 f; mMakš II,8; jBer VIII,6 12b; jQid III,12 64c–d; jBQ IV,3 4b; jBM II,5 8c–d; V,6 10c; jAZ; bAZ; s. נכרי. ThWQ I,586–588	gojîm	גויים
Sieben Völker Kanaans Ex 23,32/Dtn 7,2–3 (ShM –48); Dtn 20,16 (ShM –49)	šäba῾ gôjîm	שבעגויים
Kopf, Kopfsteuer bNed 62b; bBB 8a	gûlgalta᾽ gûlgulta᾽	גולגלתא
(A) Körper, Leib. (B) Person, Selbst; eine Sache an sich jŠab XIII,3 14a. (C) Wesentlicher Inhalt einer Sache mḤag I,8. (D) Kapital bPes 113b. Bacher I, 11 f II,26	gûf, gûfa᾽	גוף, גופא
hitp.: Proselyt werden mPe᾽ah IV,6; mŠebi X,9; mḤal III,6; mPes 8,8; mJeb II,8.mKet I, 4; II,1 f; IV,3; mGiṭ II,6; mEd V,2; mḤul X,4; mBek VIII,1; mNeg VII,1	GWR	גור
(A) Sich fürchten, zurückschrecken, scheuen. (B) Beim Richten (Rechtsbeugung): Dtn 1,17; 18,22; 11Q19 51,11.17–18; Philon, Heres 157; Joseph 72; Somn. 2,24; QuEx 2,10; Spec. 4,70 f; Sifre Dtn § 17; tSan I,7; jSan I,1 18b	GWR	גור

(A) Los, Losentscheidung, 1Chr 6,46–50; jJomIV,1 41c; bBB 106b; bSan 43b; s. פור; פייס. (B) Bei Aufgabenverteilung 1Chr 24,5.21; 25,8; 26,13 f; 4Q511 2 i,10; mJom IV,1; mTam I,4; III,1; mJom VI,1. (C) Religiös autoritative Entscheidung, CD XIII,4; XX,4; 1QS V,3; VI,16.18.23; IX,7; 1Q28a I,9.16; II,20; 1Q28b IV,26. (D) Individuelles Geschick; Anteil an etwas; *klêros*; dualistische Partei CD XIII,12 (Licht); 1QS I,10; II,2.5.17.23 ff; XI,7; 1QM I,1 u. ö.; 4Q181 1 ii,4 ff; 4Q286 7. ThWQ I,593–600	gôral	גורל
Tenne mPe'ah V,8; mKil II,8; mNed II,4; mBek IX,5; mBM V,2; mBB II,8	gôren	גורן
Funktionär TAD A4, 5,9	gôšek	גושך
Siegel(ring) bGiṭ 58a.68a; bSan 95a	gûšpanqa' (persisch)	גושפנקא
Wolle. Erstschur-Abgabe Dtn 18,4; mḤal V,9; mEd III,3; mḤul XI,1 ff; mNid VI,7	gaz re'šît ha-gaz	גז ראשית הגז
(A) Schatzmeister, Verwalter Esr 1,8; 7,21; Dan 3,2 f. (B) Priesterlicher Tempelfuktionär mŠeq II,5; tMaas I,7; tŠeq II,12; jHor III,7 48b; bHor 13a; s. אמרכל, גבאי	gizbar, gidbar	גזבר, גדבר
Scheren SokB 273 f. Dtn 15,19 (ShM –114); mBek III,3 f; bḤul 135a	GZZ	גזז
Bezahlen, zurückzahlen, heimzahlen, bestrafen jGiṭ V,7 47b	GZJ	גזי
Raub, Raubgut, Diebesgut LC 64,36 f; 85,21–25; 178,8 f; Ex 22,2 f; Lev 5,23 (Rückerstattungspflicht); Ez 18,7; mBQ IX,1 f; mSan I,1; mJeb XV,7; mGiṭ V,8; mŠebu V,3; jBQ I,1 2c; bBQ 104bff.112a; s. גזל ;גניבה	gazêl, g^e^zêlah, g^e^zal	גזל, גזילה, גזל
Unrechtmäßige Aneignung, Raub(gut) Lev 5,23 (ShM + 194 Rückgabepflicht); Ez 18,12.16; vgl. TAD B7,2; mBQ IX,1; s. גזל	g^e^zêlah	גזילה
(A) Beschluß, Edikt (*decretum*), gesetzliche Verordnung Dan 4,14.19.21; mMQ III,3; jSan VI,3 21b; jAZ II,9 41d; bAZ 36a; s. תקנה. (B) Durch Fremdherrschaft verordnete Verfolgung tSota X,4; bBer 58b. Bacher I, 12 f. SokB 274 f.	g^e^zêrah, gezêrta'	גזירה, גזירתא
Analogieschluss: von einer Schriftstelle auf eine andere. bzw. von Sachverhalt auf Sachverhalt. Die zweite von 7 hermeneutischen Methoden (middôt) Hillels mBeṣa I,6; bBer 10a. Bacher I, 12–16	g^e^zêrah šawah	גזירה שוה
Quader; behauener Stein Ex 20,25 (ShM –79); Dtn 27,5 f; tBQ VII,6; bZeb 60b–61a	gazît	גזית

Sich etwas unrechtmäßig aneignen, etwas entwenden, rauben, jemanden berauben Lev 19,13 (ShM –245); LC 85,23 f; Lev 5,23; 19,13; CD VI,16; 1QpHab VIII,11; XII,10; 1Q27 1 ii,11 f; 4Q390 2 i,9; 11Q19 57,21; mBQ IX,1; X,1.5 ff; mBM IV,7; mŠebu VII,1–2; jŠebi X,4 39d; jBQ IX, 1.6c; jSan XI,2 55a; bBQ 94b; bSan 59a; s. גנב. Freiwillige Rückgabe: Lev 5,23; mGiṭ V,5; bGiṭ 55a; bBQ 66a; 94b	GZL	גזל
Wurzelstock, bodennaher Stammteil eines Baumes mBB V,4	gäza'	גזע
(A) Abschneiden. (B) Beschneiden. (C) Entscheiden, beschließen, Est 2,1; bBer 32b; bGiṭ 26a; bMakk 24a; mED VIII,3. (D) Einen Bund /Vertrag schließen (hebr. כרת ברית) DNWSI I,220. (E) Urteil (דין) fällen, jBer II,8 5c. DNWSI I,220. SokP 126. SokB 276.	GZR	גזר
Entscheidung; Verordnung, Dekret; Urteil bŠab 33a; bGiṭ 58a Gerichtsurteil mAr III,4	g^{e}zar g^{e}zar dîn	גזר גזר דין
(A) Dokument, Urkunde mBB X,1–3.7. (B) Scheidungsurkunde Dtn 24,1 (ShM +222) s. ספר כריתות); CD IV,21; 11Q19 57,17 ff; Mk 10,2 ff.12; Mt 5,31; 19,4 ff; 1Kor 7,10 ff; Jos. Ant 15,259; Jos.Vita 415; Mur 19,8.21; NḤ 13,7; Mt 5,31; Str.-B. 303–321; Traktat Giṭṭin der Ordung III; mMQ III,3; mJeb II,6.9; V,1 ff; XIV,1; mKet IV,9; VII; IX,9; mGiṭ IV,1 f; IX,3 (Formel); mBM I,7; mBB X,1 ff; mEd II,3; IV,7.9; VII,9; jGiṭ IV,2 45c; bJeb 90a; bKet 2b–3a; MekRJ n^{e}zîqîn i; bGiṭ 33a. DNWSI I,221; SokB 275; s. שטר . Gefaltete Urkunde mBB X,1 f. Offene, einfache Urkunde mBB X,1 f	geṭ, gîṭṭa', giṭṭîn geṭ m^{e}qûššar geṭ pašûṭ	גט, גיטא, גטין גט מקושר גט פשוט
Hüftnerv Gen 32,33 (ShM –183); mḤul VII, 1–1.4–6	gîd ha-našäh	גיד הנשה
(A) Fremder. (B) Proselyt / Proselytin mJeb VI,5; 8,2; XI,2; mKet I,2; III,1 f; IV,3; mQid IV,7; mBQ V,4; mEd V,6; s. גר	gijjôr/gijjôrät	גיור/גיורת
Fiktive Namen in Dokumenten (vgl. x und y) jTer X,7 47b. In jGiṭ I,2 43b entstellt zu גויים לוקין („strafbare Nichtjuden"). Sperber 73 f	gajjas lûqas *Gaïos Loukios;* *Gaius Lucius*	גייס לוקס
Ton-Siegelabdruck (*bulla*) bSan 95a	gîlmûhrag (persisch)	גילמוהרג
(A) Geomatrie; Mathematik, Berechnen mAb III,18. (B) Berechnen des Zahlenwerts von Buchstaben, eines Wortes, Absatzes. bMak 23b; LevR 21,4. Bacher I,127 f II, 27 f	gêmaṭrija'/h *geômetria* *grammateia*	גימטריא/ה
Steinwall; Einfriedung mit Steinen mBM II,3	gal	גל
Übertragung einer eidlichen Aussage auf einen anderen Sachverhalt im Verfahren bQid 27b	gilgûl š^{e}bû'ah	גלגול שבועה

(A) Wälzen, Standort wechseln. (B) etwas (Kosten, Pflichten) abwälzen auf mḤal III,5; mBB I,3 f	GLGL	גלגל
(A) Rad. (B) Rad der Ölpresse mBB IV,5	galgal	גלגל
(A) Ins Exil, in die Verbannung gehen mMak I,1; II,1–4 (Asyl). (B) pi.: aufdecken; s. ערוה, עריות. DNWSI I,223 f; SokB 275. 286 f. SokP 129 f	GLH	גלה
Offen. Unversiegeltes Dokument Jer 32,14. S. חתם nif. (näḥtam)	galûj sefär galûj	גלוי ספר גלוי
Inzest Lev 18,6 (ShM –353); mAbot V,9; bŠab 13; s. ערוה/עריות	gîllûj ʿarajôt	גילוי עריות
Exil; Verbannung 2Kön 25,27/Jer 52,51; Jer 40,1; Ob 20; Esr 6,16; Dan 2,25; 5,13; 6,14; mMak I,1; II,6	galût	גלות
Haare abschneiden (A) Lev 13,33;14,8 f; Num 6,1.5.9. 18 (Nazir) Dtn 21,12; mMak III,8 u. mEd VII,5 (Nazir). (B) Verbot Lev 21,5 und Ez 44,20 (Priester); Dtn 14,1 und Sifre Dtn § 96 (Trauerbrauch); 11Q19 48,7–10; s. קורחה	GLḤ	גלח
(A) Kleine Schriftrolle, Blatt mit Text Jes 3,23; 8,1; Jer 8,1; bŠab 116a. (B) Rand einer Kolumne bzw. Schriftrolle, mJad I,4. Massäkät Sof^{erî}m	gillajôn	גליון
Galiläa mŠebi IX,2; mMa II,3; mPes IV,5; mKet IV,12; V,9; XIII,10; mNed II,4; V,5; mBQ X,9; mBB III,3; mḤul XI,2; mJad IV,8	Galîl	גליל
Mistklumpen mBQ II,3	galal	גלל
Wohltätigkeit mBB IX,4	g^{e}mîlût ḥ^{a}sadîm	גמילות חסדים
Heiratsurkunde. Sperber 74 f.210.	gamîqôn, gamîsqôs *gamikon*	גמיקון, גמיסקוס
Kamel mBB II,14	gamal	גמל
(A) Zu Ende bringen; (ein Verfahren) abschließen Beschluss fassen, entscheiden mSan III,2.7; IV,1; VI,1; VIII,4; mMak I,6.10. (B) Lernen, bBQ 19a. DNWSI I,226; SokB 275. Bacher II, 28–33. SokB 290 ff.	GMR	גמר
Urteil, Abschluss des Verfahrens jSan III,13 21d; bBQ 44b; bSan 6b.24b.34a	g^{e}mar dîn	גמר דין
(A) Traditions-Vervollständigung; Lernen. (B) Die talmudische Lehrtradition der „Amoräer“. Bacher II,34 f. SokB 292 ff	g^{e}maraʾ	גמרא
Garten mBQ VI,2; mBM X,4 f.8; mBB I,2.6; VI,1.6; VII,2; mAZ IV,3. DNWSI I,228 f	gan, ginnah	גן, גנה

(A) Stehlen LC 25,23 f; 28,9; 49,10–15; 60,6.12 f; 82,6–13; 105,125; 129,253–256.259 f.265; 155,1.3–6; 183,5–10; 187,1; Ex 20,15/ Dtn 5,19; Ex 21,37 (ShM +239); 22,1–3; Lev19,11 (ShM –244); TAD A4, 3,4; B8, 3,2; CD IX,19–16; 4Q158 10–12,4.12; Philon, Decal. 135 ff; Spec. IV,1 ff.39 ff; Jos.Ant 3,92; Jos.CAp 2,216; Mt 19,18; Str.-B. I,810–813; mPe'ah II,7 f.; mBQ VII,2 ff; mBQ IX,8; mBM III,1; mSan VIII,3; IX,6; XI,1; mŠebu V,5; VIII,1 ff; MekRJ ba-ḥodäš viii; n^{e}zîqîn xv–xvi; jSan VIII,3 26b; XI,2 30a; bBQ 105b–106a; San 86a–b; s. גניבה. (B) Ersatzleistung für Diebstahl: TAD A4 4; Ex 21,37 (Vierfaches), Luk 19,8; MekRJ n^{e}zîqîn xv–xvi; jBQ VII,1, 30aff; XI,1; bSan 85b–86b; s. גזל	GNB	גנב
Täuschen mBM IV,12. DNWSI I,227. SokB 275. SokB 293	GNB 'ät ha-'ajin	גנב את העין
Einen Israeliten rauben/entführen Ex 20,30 (ShM –243); 21,16 (ShM +227 Strangulieren); Dtn 24,7; 4Q158,9; Philon, Spec. 4,13 ff; Fuga 83; Jos.Ant 4,271: mSan XI,1; MekRJ nzjqjn v zu Ex 21,16; Sifre Dtn § 273; jSan XI,3a; bSan 85b–86b	GNB näfäš mi-Jiśra'el	גנב נפש מישראל
Dieb LC 66 f,50; 82 f,9 f; Ex 21,37 ff (ShM +239); 22,1 ff.6 f; Dtn 24,7; Ps 50,18; Mt 24,42 ff; Lk 12,29; mPe'ah II,8; tBQ X,5; bŠab 156a; bSan 7a. DNWSI I,227 f	gannab	גנב
(A) Verbergen; etwas aus dem Gebrauch nehmen mPes IV,9; bBer 10b. (B) rituelles Verwahren nicht mehr tauglicher heiliger Gegenstände, mMid I,7; Massäkät Sefär Torah V,5; bŠab 30b; 115a: bḤag 13a; bGiṭ 45b; s. גניזה	GNZ	גנז
Schatz, Kasse TAD A6, 13,5; D8,7	ginza'	גנזא
(A) Diebstahl; *klopê*; lat. *furtum*. LC 28,9; 65,37.40; 82,6–8; TAD A4, 3; 7,1–2. (B) Diebesgut. Ex 20,15/Dtn 5, 19; 21,37 –22,2 f; 4Q366 1,7; Philon, Spec. III; IV,1 ff,13 f; Jos.Ant 3,92; mSan I,1; mBQ X,3 ff/bBQ 115a (תקנת השוק); mŠebu VIII,1; jŠebu VIII,1 38a–b; bBQ 39b; 66a; 68a; s. יאוש. (C) Einbruchdiebstahl s. מחתרת. (D) Diebstahl von Anvertrautem Ex 22,6–8 (ShM +242). (E) Unbekannter Dieb; Verlust von Anvertrautem Ex 22,9–12 (ShM +243). (F) Verlust von Entliehenem: Ex 22,13 (ShM +244); s. auch גזל	g^{e}nêbah, g^{e}nûbta'	גניבה, גנובתא
S. גנז	genîzah	גניזה
Herrschaftsantrittsgedenkfest mAZ I,3; bAZ 5a	g^{e}nîsjah, g^{e}nûsjah *genesia*	גניסיה, גנוסיה
Rebe mNazir VI,5; mBB II,12; s. יין	gäfän	גפן

Fremdling; temporary resident/Beisasse, Proselyt DNWSI I,232. Ex 12,48; 22,20 (ShM –252; –253); Dtn 10,19; 15,3 (ShM +142); 24,17 f; CD VI,21; XIV,4.6; 4Q174 1–2 I, 21,4; 4Q279 5,6; 11Q19 40,6; Philon, Virt. 102 ff; Mt 23,15; 1Petr 1,1; mDem VI,10; mŠebi X,9; mMŠ V,14; mḤal III,6; mBik I,4 f; mMŠ V,14; mPes 8,8; mŠeq I,3.6; VII,6; mQid IV,1.7; mBQ IV,7; IX,11; mBM IV,10; mEd V,2; mHor I,8; III,8; mḤul X,4; mKer II,1; mNid VII,3; mZab II,1; mJad IV,4; MekRJ psḥh xv; nzjqjn xviii; Massäkät Gerîm; s. גיור, גור	ger	גר
Proselyt jBM V,5 10c; bJeb 48b; bBM 71a	ger ṣädäq	גר צדק
Beisasse Ex 12,48; 22,20; 1Petr 1,1; mBM V,6; IX,12; mMak II,3; mNeg III,1; bJeb 48b	ger tôšab	גר תושב
Plattform im Tribunal mAZ I,7; s. auch בימה. Sperber 76 ff	gardôm , g^{e}radôm gardôn , g^{e}radôn *gradon* lat. *gradus*	גרדום, גרדון
Dörrfeige mAZ V,2	g^{e}rûgärät	גרוגרת
Geschiedene Lev 21,3.7.14; 22,13, Num 30,10; Dtn 24,4 (ShM –356 Verbot der Wiederaufnahme der Ehe); 11Q19 54, Philon, Spec. 3, 30; mJeb 4,12; mGiṭ; mNed XI,9; mKet I,2; II,5; mMak I,1; III,1	g^{e}rûšah	גרושה
Scheidung LC 18,9 f; 31 f,30; 50,iv.10–14; 107 f,137–143; 109,148 f; Vgl. Dtn 22,13; 24,1.5; 11Q19 57,17–18 (König); CD IV,20 f; Philon, Spec. 3,30.53 ff.80; Mt 19,3–9 par; Jos.Ant 15,259; Traktat Giṭṭîn der Ordnung III; mKet VII,2; mGiṭ IX,10; jSot I,2 16b; jGiṭ IX,11 50d; bKet 72a; bGiṭ 90b; s. גט; פרייה ורבייה	gerûšîn	גרושין
(A) itp.: sich befehden, streiten. (B) Gegeneinander prozessieren, *actio iuris* TAD B2, 8,7; 10,10; B3, 4,.12 ff; 5,14; B5, 1,4.6; CtR I,4; jKet X,5 34a. DNWSI I,234 f. SokB 300	GRH, GRJ	גרה, גרי
Verursachen, bewirken tSan XIII,5; bSota 30b. Bacher I,17. II,33 f. SokB 301 f	GRM	גרם
Veranlassung, Ursache. Indirekte Ursache, indirekt Verursachtes; entscheidender Beweggrund, bKet 86a; bBQ 48b; bBB 22b–23a	g^{e}ram, g^{e}ramaʾ	גרם, גרמא
Knochen; Selbst; s. עצם. SokP 136	g^{e}ram	גרם
Text lesen /sprechen / lernen; formulieren bHor 13b. SokB 303	GRS	גרס
(A) Lernen, Rezitation (B) Text, Textlesart bAZ 19a. SokB 283 f.204	girsaʾ/h	גרסא, גרסה
(A) Wegnehmen – hinzufügen von Text oder Inhalten Dtn 4,2; 13,1(ShM –313; –314); Philon, Spec. 4,143–148; Offb 22,18–19; Jos. Ant 1,17; 4,196; 10,218; CAP 1,41; Meg IV,2; TargPs-J Lev 27,34; Sifre Dtn § 82; bMen 40b; RutR IV,5. (B) Reduzieren bQid 11b.20a	GRʿ	גרע

pi.: (A) Vertreiben. (B) Verstoßen, eine Frau scheiden Lev 21,7; Mk 10,2 ff; Mt 5,31 f.; Lk 16,16 ff; Traktat Giṭṭîn; mKet IV,2. VIII,8; mGiṭ III,1; IX,9; mMak I,1; mEd IV,7; h/nitp.: mKet II,1;III,3; mNed X,3; mEd IV,7; s. גרושה, גט, ספר כריתות. SokB 305	GRŠ	גרש
Kelter mBB IV,9; mEd IV,5; mAZ IV,8 f; V,11	gat	גת

	Dalet	ד
Streit, Rechtstreit, Prozess TAD B2, 8,7.9 ff; 9,11.16; 10,10; B3, 4,14; 10,18 f; 12,25; B5, 5,4; s. בעל דבב, דין	d^{e}bab	דבב
Rosine mAZ II,7	dabd^{e}banît	דבדבנית
Kuchen mBM II,1	d^{e}bêlah	דבלה
Anhaften, verbinden SokP 138.	DBQ	דבק
sprechen „Die Torah redet in menschlicher Sprache“ (schlicht und bildhaft). Mišnat R. Eliezer III	DBR dibb^{e}rah tôrah bil^{e}sôn b^{e}nê ʾadam	דבר דברה תורה בלשון בני אדם
Wort, Rede, Sache; aram מילתא; *chrêma*, *pragma*, lat. *res*. DNWSI I,239 f. Landis Gogel 317. ThWQ I,636–646	dabar	דבר
Verpflichtungen aus Teilhaberschaft bAZ 39a	dibrê ḥ^{a}berût	דברי חברות
Verfügungen von „Schreibern“ (frühen Autoritäten) mJeb II,4; mJad III,2; mSan XI,3	dibrê sôf^{e}rîm	דברי סופרים
Traditionen in Propheten oder Ḥagiographen bḤul 137a	dibrê qabbalah	דברי קבלה
Verfügungen der Rabbinen / Weisen mNeg IX,3	dibrê rabbanîm / ḥ^{a}kamîm	דברי רבנים חכמים
Torahgesetze mSan XI,3	dibrê tôrah	דברי תורה
Nach dem Wortlaut zu verstehende Aussagen / Texte bSan 111a	d^{e}barîm kik^{e}taban	דברים ככתבן
Gedanken allein gelten nichts bNed 28a	d^{e}barîm šä-ba-leb ʾênam d^{e}barîm	דברים שבלב אינם דברים
Angelegenheit, Sache Dan 2,30	dibrah	דברה
Honig Lev 2,11 (ShM −98); 11Q19 60,9; mBQ X,4; mBB V,3; mAZ II,7	d^{e}baš	דבש
Fisch Lev 11,9 (ShM +152).11 (ShM −173); Dtn 14,9; mBM II,1; mAZ II,6; mḤul III,7. DNWSI I,240 f.	dag	דג
(A) Banner, Feldzeichen Num 2,1 ff [1QM III-IV: אות]. (B) Militärische Einheit TAD A4 recto 5,1; TAD B2, 1,2 f9; 2,3 f; 8,3;9,4; B3, 3,3; u. ö.; YT B 205; 1QM I,14 u. ö.; 4Q209 28,1; 11Q19 21,5; 57,3; tRH II,3. DNWSI I,240 f. ThWQ I,646–649	dägäl	דגל
Bär mBM VII,9; mSan I,4; mAZ I,7	dôb	דוב
Tante Lev 18,14	dôdah	דודה
Beitisch mAZ V,5	dûlpiqê *delphikê*	דולפקי
Richten, urteilen, rechten; s. דין	DWN	דון

Analogieschluss von einem Fall auf mehrere Fälle bBB 25b	dûn mînneh û-mînneh	דון מנה ומנה
Verdoppelte Mitgift GenR XVIII,18; s. נדוניה	dûfûrîn *dyo phernai*	דופורין
Genau verfahren; s. דקק. SokB 320 f.	DWQ	דוק
Implizierte Folgerung bzw. Feststellung bMQ 9a	dûqah	דוקה
Schluss(folgerung) bBQ 74a. SokB 321	dûqja'	דוקיא
Prokurator jAZ I,1 39b	dûqînar	דוקינר
Geschenk vgl. LC 29,15; 32,31; 87,34 f; 109 f,50;112,165; 146,8;162 f, 25 f.29;163 f,29; 169,42; bBB 10a; bSan 108b	dôrôn, dôrjah *dôron, dôrea*	דורון, דוריה
Torah-Darleger; Hohepriester als Administrator der offenbaren Torah (s. נגלות) CD VI,7; VII,18; 4Q159 5,6; 4Q174; 4Q177 10–11,5 ; s. דרש	dôreš ha-tôrah	דורש התורה
„Glattes" Darlegende; gegnerische Gesetzeslehrer (Pharisäer) CD I,18; 1QH X,15,32–34; 4Q163 23 ii,18; 4Q169 3–4; 4Q177 9,4	dôr^{e}šê ḥ^{a}laqôt	דורשי חלקות
Exegeten besonderer Art (genaue Bedeutung unbekannt) bBer 24a; bPes 54a; bḤul 134b	dôr^{e}šê ḥ^{a}mûrôt	דורשי חמורות
Exegeten besonderer Art (genaue Bedeutung unbekannt) jSan X,2 29b; bBQ 82a	dôr^{e}šê r^{e}šûmôt	דורשי רשומות
(A) Zurückweisen, abweisen bSan 47a. (B) verdrängen, vertagen jPe'ah I,1 15b; bPes 69a–b. DNWSI I, 244	DḤH	דחה
(A) Abweisung, Zurückweisung, Verdrängung. (B) Vertagung, bSuk 33a–b	diḥûj	דחוי
(A) Stoß jBQ I,1 2a. (B) Zurückweisung (von Argumenten), bJeb 29b. (C) Vertagung	d^{e}hijjah	דחייה
Edikt, Verordnung. jŠebu VII,9 38a; LevR I,10. Sperber 79–81.210.	dî'atagma' *diatagma*	דיאתגמא
„Ich habe testamentarisch verfügt" tBB IX,14; jBB VIII,8 16c. Sperber 81 f.	dî'atîmûn *diethemên*	דיאתימון
(A) Anordnung. (B) Testament LD 88–105; Philon, Somn. 2,324; Gal 3,15 ff; Hebr 7,18 ff; CLgr 19,4, S. 82–87; Str.-B. III,545–553; mMQ III,3; mMQ III,3; mBM I,7; mBM I,7; mBB VIII,6; tBB VIII,8–11; BB IX,11; jBer V,2 9b; jPe'ah III,7 14d; jMQ III,3 81c; jBM I,8 8a; jBB VIII,7 16b; jSan II,6 20c; jŠebu VII,7 38a; bMQ 18b; bGit 27a; bBM 13a. 18a.19a bBB 135b.152b; Gen R 59,5; 96,49; LevR mṣwr' 19,2; NumR 2,8; 9,12; CantR 5,3; KohR 3,1 f; 10,1; Midr.Teh 92,5 (15); Tanḥ. lek l^{e}ka 5; w'tḥnn 4; Tanḥ.B wjḥj 9; nś' 4; w'tḥnn 4; s. פקדתא; צוואה. Sperber 84–86.205.211; s. auch מתנה	dî'atêqê, dîjatêqê *diathêkê*	דיאתיקי, דייתיקי
Bevollmächtigungsurkunde (mit Personenbeschreibung) bBQ 104b. Sperber 83 f	d^{e}jôqnî *eikôn*	דיוקני

Ableitung; genaue Auslegung oder Anwendung eines Gesetzes bJeb 17b	dijjûqa᾿	דייוקא
Richter; s. שופט; *kritês*; lat. *iudex* Ex 22,27; Ex 23,1 (ShM –280). 2 (ShM –282; –283). 3 (ShM –277). 6 (ShM –278). 8 (ShM –274); Lev 19,15 (ShM –273; –275; –277); Dtn 1,17 (ShM –276; –284); 19,13 (-279); TAD B3, 12,28; B5, 1,3; B7, 1,3; B8, 4,2; Esr 7,25; Philon, Spec. IV,55–78.157.170; Lk 12,13–15; 18,1 ff; Jak 4,12; Jos. Ant13, 294; mPe᾿ah VIII,9; mJeb XII,1; mSan III; IV,3; V,5; VI,6; VII,5; mŠebu V,1; mBek IV,6; mJad IV,6 ff; mSan III,1–5; Sifre Dtn § 144; bŠab 116a–b; bPes 119a.139a; bKet 21a.105b; bBQ 53a.90b; bBB 9b.58b.65a; bSan 7a–8a; 23b. 66a; bŠebu 31a; bAZ 52a. S. שופט. DNWSI I,246. S. סופרי הדיינים; עורכי הדיינים	dajjan	דיין
S. דיאתיקי		דייתיקי
Volk, Volksversammlung ExR XV,17; öffentlich MekRJ Jtrw/bḥwdš i	dêmôs *dêmos*	דימוס
Entlassen, freigesprochen; Freispruch. tḤul II,24; jBer IX,5(6) 14b; bAZ 67b. Sperber 86–88	dîmûs lat. *dimissus*	דימוס
(A) Staatssache jSan X,2 28b. (B) Grundsteuer. (C) öffentlicher Platz LevR XXX,5	dêmôsja᾿ *dêmosia*	דימוסיא
Therme, warmes (öffentliches) Bad mAZ I,7; jSan VII,19 25d	dêmôsîn, dêmsît *dêmosion*	דימוסין, דימסית
Richten, urteilen, *krinein* Mt 7,1 ff; Lk 6,36 ff; 12,57 ff; Lk 22,28 ff; Joh 8,1 ff; Jak 4,11 f; Str.-B. I,441–446; mSan II,1 f; IV,1; VI,6; VIII,4 f. DNWSI I,246. ThWQ I,674–680; MekRJ Neẓîqîn i. SokP 141. SokB 319 f	DJN, DWN	דין, דון
Biblisch: משפט, ריב; s. דבב. *dikê*, lat. *iudicium*. (A) Gericht Esr 7,26; mSan II,4; X,3. (B) Prozeß, TAD B2, 8,7.9 ff; 9.11.16; 10,10; 11,11 f; B3 4,14; 10,18 f; 12,25; B5, 5,4; 6,8; B6, 4,3 f; CL 82.86 (PapYadin 7.21.27.64); Mk 14,55 ff/Mt26,57 ff/Lk22,54 ff/Joh 18,12 ff; Apg 4,1 ff; 5,17 ff; mMak I,6.10. (C) Recht, Dan 4,34; Mur 19,8.21; 20,3. (D) Ergebnis eines Schlussverfahrens, bSan 17a–b. (E) Festgesetzter Betrag, CL 126 (PapYadin 10,7–9). (F) gültige Regelung, Entscheidung, Urteil mJeb VIII,3; mSan VI,1.6. DNWSI I,254 f. Bacher I, 20–23. II,37 f. SokP 147. SokB 332 ff	dîn, dîna᾿	דין, דינא
Es ist eine logische Konsequenz, es ist eine gültige Entscheidung, dass …; mPes VII,2.	dîn hû᾿	דין הוא
Es ist/wäre richtig/rechtens jAZ II,8 41d; bBB 150a; bSan 69b	be-dîn hû᾿	בדין הוא
Gerechtes Urteil mSan VI,6	dîn ᾿ämät	דין אמת
Anrecht und Anspruch mKet IX,1; X,6; bBM 30b	dîn û-debarîm	דין ודברים

Gesetz des Mose Mur 20,3 Targ. Onkelos Ex 32,1.23; s. דת משה	dîn Mošäh	דין משה
Stringentes Torahrecht bSot 47b; auch: מדאורייתא	dîn tôrah	דין תורה
Göttliches Urteil MekRJ jtrw/bḥdš vii; mšpṭjm/nzjqjn x; vgl. bRH 16b	dîn šamajim	דין שמים
Kaufsanspruch auf Grenzgrundstück bBQ 108a	dîna’ de-bar miṣra’	דינא דבר מצרא
„Das Recht der (fremden) Herrschaft ist (gültiges) Recht“ bBQ 113b	dîna’ d^{e}malkûta’ dîna’	דינא דמלכותא דינא
Vermögensrechtliche Sachen, Verfahren mBB X,8; mSan I,1; III,1; IV,1.2.5; mMak I,8; bSan 2b	dînê mamônôt	דיני ממונות
Erbschaftsrecht Num 27,8–11 (Shm +248)	dînê n^{a}ḥalôt	דיני נחלות
Kapitalprozesse mSan I,1.4; IV,1.2.5; VII,1ff; mMak I,8 Todesstrafen: Philon, Spec. 2,243; Mosis 2,106 f; Hyp. 7,1ff. s. תלה על עץ / שריפה,/רגם/רגימה/סקילה, חנק הרג/התזה	dînê n^{e}fasôt	דיני נפשות
Nach vollbrachter Tat, nach geschehener Sache	di‘^{a}bad	דעבד
Verstoßung, Scheidung jQid I,1 58c (Ms Leiden); GenR XVIII,1. Sperber 88 f.211	dîpûrîn, aus: ריפודין *rhepoudion*, lat. *repudium*	דפורין
Anwalt LevR XXIX,7. Sperber 89	dîqôlôgôs *dikologos*	דיקולוגוס
(A) Recht, Rechtssache. (B) Strafe, GenR XLV,5. Sperber 89 f	dîqê *dikê*	דיקי
Recht GenR X,5; XXII,5; XLV,5. Sperber 90 f	dîqajôn *dikaion*	דיקיון
Gehege, Pferch mBQ VI,1	dîr	דיר
Rituell rein sein; pa.: reinigen; s. טהר. SokP 149. SokB 337	DKJ	דכי
Erinnern, denken an, gedenken, erwähnen; s. זכר. SokP 149 f. SokB 338	DKR	דכר
Gedenken, Gedächtnis GAR 147 u. ö.	d^{e}kar	דכר
Niedrig(er), Geringer, Ex 23,3; Philon, Spec. 4,72; MekRJ kaspa’ ii; bBM 32a–b; s. גדול	dal	דל
Denunziant jBer I,2 3b; jPe’ah I,1 16a	dêlaṭôr/a’ lat. *delator*	דילטור/א
Verleumdung GenR III,4	dêlaṭûrja’, dêlaṭûra’	דילטוריא, דילטורא
hif: Feuer legen, entfachen mBQ VI,6 f	DLQ	דלק
Tür mBM VIII,7; mBB I,5; IV,3. DNWSI I,250 f	dälät	דלת

(A) Blut, Blutschuld, *haima* mSan IV,5; mEd V,1. (B) Blutvergießen: Gen 9,6; Lev 19,16 (ShM –297: Beistands-pflicht-verletzung); Ez 23,45; Jub 6,8; 21,19 f; CD XII,6; 1QM VI,17; 11Q 63,7; Philon, QuGen 2,61.62; Somn. 1,74–74: Spec. 3,83–8; Apg 15,4; 21,25; Jos.Ant 1,101; Mt 26,52; tJeb VIII,4; bJeb 63; tSan XI,4; jSan V,1 22d; bSan 56b–57.72a–b. (C) Opfermaterie/Sühnemittel Ex 29,12.16.20 f; Lev 1,5 ff; 4,5 ff; 5,9; 22,24 (ShM –93); Dtn 12,17.23.27; CD IV,2; 4Q220 1,3; 4Q276 1,3 f; 11Q19 16,15 ff 23,12 f; 26,6.10; 32,15; 52,21; 63,6–8. (D) Blutgenussverbot: Lev 3,17; 7,26 (ShM –184); 17,10–14; Dtn 12,16; 17,10–14 30; Jub 5,7 ff (Todesstrafe); Jub 6,38; 7,29; 21,6.17 ff; CD III,6; XII,14; 4Q219 (Jub) II,17; 4Q220 (Jub) 1.2; 11Q 52,11; 53,5 f; Philon, Spec. 4, 126–131; Str.-B. II,734–740; mKer V,1. (E) Tierblut ausgießen und bedecken: Lev 17,13 (ShM +147); Dtn 12,16.24; 15,23; 11Q19 52,16–19; Sifre Dtn § 71. (F) Verunreinigende Berührung: 1QM IX;8; XIV,3; 11Q19 50,6; 52,11 f; 53,5 f; mḤul VI,1. (G) Rituell verunreinigende Blutung (Menstruation, Geburt): s. נדה DNWSI I, 251 f. ThWQ I,689–695	dam	דם
Blut eines Kadavers mEd V,1; VIII,1	dam n^{e}belôt	דם נבלות
Unschuldiges Blut Dtn 21,8 f (LXX: *haima anaition*)	dam naqî	דם נקי
Blutschuld 1QpHab X,6.10; 4Q169 3–4 ii,1; 11Q19 65,6	damîm	דמים
Volle Summe NḤ 8,5; 8a,6; 9,6.18; 13,6; 21,6	damîn g^{e}marîn	דמין גמרין
(A) Vermutlich unverzehntete Frucht Traktat D^{e}maj der Ordnung I; mMŠ IV,11. SokP 151 f. SokB 341 ff	d^{e}maj	דמאי
Ähnlich sein, gleichen; pa. vergleichen; hitp/itp.: gleichen	DMH	דמה
Figur, Abbild bAZ 18b	d^{e}mût	דמות
(A) Wert. (B) Preis, Entgelt TAD B3 2,7; 3,6; 4,6 f; 12,6.; B7, 1,6; 4Q158 10–12,5; YT B 208; CL 82.86.162 (PapYadin 7,15 f; 55; 47b,6); mBB II,7; V,1; mSan VIII,6; bKet 91b; bBB 88a. (C) Geldsumme, Zahlung mBM V,3; mAZ V,7.10; jTer VIII,5 45d; bBM 6a	damîm, damîn	דמים, דמין
(A) Kenntnis, Erkenntnis, Wissen, Meinung, bBer 33a; 64a. (B) Intention, Absicht Lev 7,18 (ShM –132); Philon, Spec. 3,85; bBQ 107b; bAZ 48a. ThWQ I,718–716. SokB 345 f	de'ah, da'at	דעה, דעת
Willentlich, wissentlich / unwillentlich, unwissentlich mMak II,3; bŠab 95a; Šebu 34b	l^{e}-da'at/ lo' l^{e}-da'at	לדעת/ לא לדעת
Genaues Verfahren, genaue Behandlung/Bewertung bSan 87a. Bacher I, 23 f	diqdûq	דקדוק
Dattel, Dattelpalme mAZ I,5	däqäl	דקל
Genauestens verfahren CD XVI,2 f; mBer II,3; jBM X,12c. Bacher I, 23; II,38	DQQ	דקק
Hof, Wohnstat jKet XII,3 35a	darah	דרה

Defloriertes Mädchen mKet I,4	d^{e}rûsat ʾîš	דרושת איש
Freilassung Lev 25,10; Jer 34.8.15–17; 1QS X,8; 4Q286 1,11; 11Q13 II,6	d^{e}rôr	דרור
Befragung, Verhör mSan IV,1.5; bSan 3a; s. חקירה	d^{e}rîšah	דרישה
(A) Eintreten (B) Treten mAZ IV,9 (Kelter). DNWSI I,261	DRK	דרך
(A) Weg, Zuweg, *hodos* mKet XIII,7; mBB IV,9; VI,6 f; mAZ I,4. (B) ba-däräk: unterwegs mEr V,5.7 f.10 f; (C) Gewohnheit, Verfahrensweise, Wandel, Methode 1QS VIII,10. 18 ff; IX,5 ff; X,21; XI,2 ff. (D) Religiöse/politische Gruppenpraxis Dtn 31,29; CD I,11.13; II,2.6; III,15; VIII,4 ff; XIX,17 ff; XIX,29; XX,24; IV,2; V,7.24; 1Q28a I,2.28; 1QS III,3 ff (dualistisch: 2 Wege)	däräk	דרך
Allgemeine Verhaltens-, Lebensweise; übliches gutes Benehmen. mAbot II,2; III,17. Bacher I, 24 f; II;49 f	däräk ʾäräṣ	דרך ארץ
Privatweg.	däräk ha-jaḥîd	דרך היחיד
Öffentlicher Weg mBB VI,7	däräk ha-rabbîm	דרך הרבים
Königliche Strasse mBB VI,7	däräk ha-mäläk	דרך המלך
Friedhofsweg mBB VI,7	däräk ha-qäbär	דרך הקבר
Rabbinische Empfehlungen zur gütlichen Beilegung bzw. Vermeidung von Konflikten mGiṭ V,8 f; tAZ I,3	darkê šalôm	דרכי שלום
Drache, Schlange mAZ III,3; bBer 62b	d^{e}raqôn *drakôn*	דרקון
(A) Nachfragen, nachforschen, fordern, *zêtein, ekzêtein* Dtn 22,2. (B) untersuchen Dtn 13,16; 17,4; 1QS V,20; VI,4.17; 11Q19 55,5.19; 61,9 (Zeugen). (C) Recht suchen 1QS V,11. (D) Recht durch Orakel erfragen 1Q29 5–7,2; 1QH XII,16. (E) öffentlich darlegen, vortragen, niederschreiben (vgl. *publicatio*) Jes 16,5; 1QS VI,5; VIII,12.24; 4Q298 3–4 ii,5; 4Q375 1 ii,7; 4Q385a, 18a.b; 4Q418 81+81a,7; 4Q424 1,4; mḤag II,1; mSot V,5; mSan XI,2. (F) Auslegen mŠeq VI,6 f; mKet IV,6. Bacher I,25–27. II,41–43; Hurvitz 98–100; ThWQ I,725–737. SokB 353 f; s. דורש und מדרש	DRŠ	דרש
Darlegung, v. a. exegetischer Art bPes 62a; bJeb 54b u. ö. bQid 5a; bSan 71b	d^{e}rašah	דרשה
Schriftausleger, Prediger mSota 9,15; bPes 70b. Bacher I, 27 f.	daršan	דרשן
Altarasche Lev 6,3 (+30: entfernen)	däšän	דשן
(A) Befehl, Anordnung Ester 1,8 u. ö.; Dan 2,13.15. (B) fester Brauch, Vorschrift. Gesetz Esr 7,26; Dan 2,16; 6,9.13.16; 1Q20 VI,8. (C) Gesetz, Religion Esr 7,26. Hurvitz 101–102	dat	דת

Gesetz des Mose Tob 7,13; mKet VII,6	dat Mošäh	דת משה
Gesetz des Mose und der Juden. (A) Formel bei Heirat: k^e-dat. (B) Betragen gemäß ... mKet VII,6; jKet IV,6, 28c	dat Mošäh wi-hûda'ê/ j^ehûdît	דת משה ויהודאי\ יהודית
Gesetz des Mose und Israels: spätere (mittelaltertliche) Formel	dat Mošäh w^e-Jiśra'el	דת משה וישראל

	Hê	ה
Bestätigung, Beglaubigung bŠebu 36a	haʾ^{a}manah	האמנה
Benediktion zur Trennung zwischen Arbeitstag und Feiertag mBer V,2; VIII,5; s. בדל	habdalah	הבדלה
Erzeugnis, Produkt CL 58 (PapYadin 45,17); 66 (PapYadin 46,6); jTer VIII,3 45c	h^{a}baʾah, h^{a}bajah	הבאה, הביה
Kauf Lohn-Dreingabe, Aufpreis bNed 37a	hablaʾah	הבלאה
Feuerschaden mBQ I,1; VI,4 ff; s. אש, אור	häbʿer	הבער
s.הפקר	häbqer	הבקר
Hochheben. (A) Geste der Inbesitznahme, Übereignung mQid I,4. (B) Kultische Geste der Opferdarbringung	hagbahah	הגבהה
(A) Laut geben. (B) Aussprechen (des Gottesnamens) mSan X,1. (C) Aufmerksam halblaut, betrachtend lesen; bedenken Ps 1,2; Jos 1,8; Ps 71,24; 77,13; 143,5; jBer I,5 3c; jSan II,7 20c; bSan 99a–b; bMen 99b–100a. (D) Aussagen, sprechen Ps Ps 35,26; 37,30; 71,24; Spr 8,7	HGH	הגה
Weihe ans Heiligtum jNed I,1 36c. DNWSI I, 269 f.	hägzer	הגזר
Statthalter, Stadtoberhaupt ARNa XVI; jSan I,2 19b–c; bSan 11a	hägmôn *hêgemôn*	הגמון
Statthalterschaft; Gerichtsbezirk; Herrschaftsbereich bGiṭ 4b; LevR 26,5	hägmônjah *hêgemonia*	הגמוניה
Einlagerung mBM II,3	haggafah	הגפה
Darbringung mMen V,6; s. תנופה	haggašah	הגשה
Religiöse Verführung bSan 89b; s. hif. נדח, מדיח, הסתה, מסית	haddaḥah	הדחה
(A) Gemeiner, Privater mSan VII,10; X,2. (B) Nichtfachmann, Ungebildeter mBM IV,4. (C) Kultisch: Laie, Nichtpriester. כוהן הדיוט Priester im Unterschied zum Hohepriester, mJeb II,4	hedjôṭ *idiôtês*	הדיוט
(A) Ehrfürchtig behandeln Lev 19,32 (Greis); s. זקן. (B) Bevorzugt behandeln (Rechtsbeugung) Ex 23,3; Lev 19,15 (ShM –273) (ShM +177); Philon, Spec. 4,72; MekRJ kspʾ ii; bBM 32a–b	HDR	הדר
Umkehren, wiederholen, zurückerstatten; s. חזר. SokB 363 ff.	HDR	הדר
(A) Bekenntnis; Eingeständnis; Anerkennung einer Forderung, *dêlôsis*, *homologia*, lat. *professio* mKet XIII,4; mBM IV,7; s. אודאה. (B) Geständnis, *homologia*, als Beweismittel (nur in Zivilverfahren) zulässig mŠebu VI,1.3; VII,1 ff; bGiṭ 40b. (C) Freiwilliges Geständnis (vor Exekution) in Strafverfahren mSan VI,2; s. ידה	hôdaʾah, hôdajah	הודאה, הודיה

Eintracht, Einigkeit, Gleichheit LamR Petiḥta V: das Kollektiv der Israeliten als Torah-Gemeinschaft	hômônja', hamônja' *homonoia*	הומוניא, המוניא
Vermögen, Besitztum Spr 3,9; 19,14 u. ö.; Ps 44,12; jBB I,4 12d; bJeb 112a	hôn	הון
Bedrückung, Erpressung, Übervorteilung, Nötigung mBM IV,3 ff.9 f; s. אונאה	hôna'ah, hônijah	הונאה, הוניה
Anweisung, gesetzliche Belehrung, halakische Entscheidung ARNb V; bHor 2a Notverordnung, Notmaßnahme für den Fall des Versagens der ordentlichen Gerichtsbarkeit. Anders die Lynchjustiz des Zelotismus; s. קנא. mSan VI,4; VII,7; IX,6; jJom I,1 38b; jḤag II,2 78a; bJeb 90b; bSan 75a.82a. Vgl. Gen 34,25 ff; Ex 32,27 ff; Num 25,1 ff ; Jub 30; TestLevi; TestSim; 1Makk 2,21 ff; Apg 7,54 ff; 14,19; 2Kor 11,25; Philon, Spec. 1,54 ff (vgl. Codex Theod. XVI,8,1); Jos.Ant 12,267–272; 14,22–24	hôra'ah, hôrajah hôra'at ša'ah	הוראה, הוריה הוראת שעה
Zielrichtung (der Gefährdung) von oben herunter mMak II,1	hôradah	הורדה
Traktat der Ordnung IV	hôrajôt	הוריות
(A) „Hilf doch“. Liturgischer Gebetsruf. (B) Liturgische Dichtungsgattung. (C) Messianische Akklamation Mt 21,9 Str.-B. I, 845–852	hôšîa' na'	הושיעה נא
Erwähnung des Gottesnamens bŠab 24a; s. אדכרה	hazkarah	הזכרה
(A) Widerlegung. (B) Überführung der Absicht von Falschzeugen als Kriterium für ihre Verurteilung bBQ 73b	hazamah	הזמה
(A) Palast. (B) Tempelhalle 1Sam 3,3; 1Kön 6–7; mMid IV; 11Q19 3,14 ff; mEd VIII,7	hêkal	היכל
Glaubhaft, verlässlich, beglaubigt jBQ IV,5 4b; bBB 15a; bJeb 85a; bBM 11b. DNWSI I,278 f	hêman, mehêman	הימן, מהימן
Vertrauen; Verläßlichkeit, Vertrauenswürdigkeit. bNed 49b; bBM 15b.86b; bSan 38b	hêmanûta'	הימנותא
Analogieschluß bKer 22b; bZeb 3b	häqqeš	היקש
Rauferei, Keilerei bBQ 83b	hakka'ah, hakkajah	הכאה, הכייה
Zeugen-Vorenthaltung bSan 67a	hakmanah	הכמנה
Widerspruch, Leugnung, Gegenaussage jSan V,2 22d	häkḥeš, hakḥaša	הכחש, הכחשה
Parteilichkeit ExR 30,24; s. נשא לשאת פנים	häkker panîm	הכר פנים
Verkündung, Verlautbarung bKet 63b; bSan 26b	hakrazah	הכרזה

Entscheidung; zustimmende Entscheidung bei Differenzen oder beim Ausgleich bBQ 116a; bBB 88b	hakraʿah	הכרעה
Herstellung der Tauglichkeit/Fähigkeit, Gebrauchsfähigkeit jBQ I,1 2a; bḤul 36b	häkšer, hakšarah	הכשר, הכשרה
Festjubel Lev 19,24 f; 4Q 524 6–13;11Q19 60,4; jBer VI,1 10ª; jPe'ah VII,5 20b; jMŠ V,2 56	hillûlîm	הלולים
(A) Normgerechter Wandel. (B) Rechtssatz. (C) Gängiges, geltendes jüdisches Recht auf der Basis der schriftl. und mündl. Torah mBM V,8; mSan XI,6; mAbot V,7; VI,3. DNWSI I,283. Bacher I, 42 f II,53–56.SokP 3.	h^{a}lakah, hilk^{e}ta'	הלכה, הלכתא
Im Einzelfall anzuwendendes Recht bBB 130b	h^{a}lakah l^{e}-ma^{ʿa}śäh	הלכה למעשה
Alte mündliche Gesetzestradition mPe'ah II,6; mEd VIII,7; mJad IV,3; häufig in j und bTalmud	h^{a}lakah l^{e}-Mošäh mi-Sînaj	הלכה למשה מסיני
Mündlich überlieferte, betont verbindliche Torah mPe'ah II,6; mEd VIII,7; mJad IV,3	h^{a}lakah l^{e}-Mošäh mi-Sînaj	הלכה למשה מסיני
Landesgesetz mBM VII,8. Vgl. *nomos tês chôras* LC 7 f.15 f	hilkat ha-m^{e}- dînah	הלכת המדינה
Vorschrift, geltend erst in messianischer Zeit bSan 51b	hilk^{e}ta' limšîḥa'	הלכתא למשיחא
Hallel; Hallelpsalmen (A) Ps 111–118 (an hohen Feiertagen ausser Neujahr und Versöhnungstag; in Morgengebeten an Sabbat und Feiertagen) mSuk IV,8; mMeg II,5. (B) „Großes H." Ps 136 (Päsach Seder-Abend. mTa III,9; IV,4. (C) „Vollständiges Hallel": Ps 113; 114; 115,1–11.12–18; 116,1–1.12–19, 117; 118 (Päsach I-II nachts; Wochenfest, Sukkot, Sim-chat Torah). (D) „Kleines H." Ps 145–150	hallel	הלל
Buchhalter TAD A6, 2,4.23; 11,7; 12,4; 13,3.6; D3, 28,2	hamrakar	המרכר
Geschäftspartner TAD B3, 6,5; 10,18;12,27; B4, 7,4; B5, 5,9	hanbag	הנבג
Partner im Eigentum TAD B3, 10,18; 12,27; B5, 5,9	hangêt	הנגית
Genießen, nutzen, vgl. אכל; hif.: Vorteil gewähren/ haben, Nutzen bringen; nif.: genießen, Nutzen ziehen mNed XI,11; mBQ II,2; mAZ IV,3; bBQ 20a. SokB 386 f	HNH, HNJ	הנה, הני
Nutzen, Nießbrauch, lat. *usus (fructus)*; Gewinn, Vorteil LC 117,178; mMeg I,6; mNed IV-V; mSan VIII,5; mAZ II,3 ff; III,9; V,2.10; mAr VI; bPes 46b; bKet 62b	h^{a}najah, h^{a}na'ah	הניה, הנאה
Bestätigung, Beglaubigung. Gerichtliche Bestätigung einer Urkundenbezeugung bBM 7b	hänpeq	הנפק

(A) Zeugenaussage. (B) Verwarnung des Besitzers eines stössigen Rindes bBQ 18a–b	haʿ^{a}daʾah	העדאה
Überlistung, Betrug jPes II,2 29a; bBM 90b	haʿ^{a}ramah	הערמה
Konsulat CL 80 (PapYadin 7,1); 113 (PapYadin 8,1); 126 (PapYadin 10,1)	hipaṭjah *hypateia*	הפטיה
Trennung, Definition bḤag 10a	haflaʾah	הפלאה
Schaden, Verlust CL 83 f,11; 99 f,aa; 102,113; mAbot II,1; bAZ 22b	häfsed	הפסד
Aufhebung, einer Verpflichtung, eines Schuldscheins Kol 2,14; einer Heirat; bBQ 113b; bBB 48b; bJeb 110a	hafqaʿah, ʾafqaʿtaʾ	הפקעה, אפקעתא
(A) Herrenloses Gut; Konfiskation mJeb XIII;1; mPeʾah VI,1; mEd IV,3; bJeb 89b; bNed 44aff; bGiṭ 36b; bQid 17b; bBQ 81a–b; 115b; bBB 54b; s. הבקר. (B) Haltloser Lebenswandel bKet 11a	häfqer, häfqeraʾ	הפקר, הפקירא
Gerichtlich verordnete Konfiskation Esr 10,8; tŠeq I,3; jPeʾah V,1 18c; jŠeq I,2 46a	häfqer bêt dîn	הפקר בית דין
Provinz CL 80 (PapYadin 7,2); 113 (PapYadin 8,2); NḤ 12,12; NṢ 12,12	hippark^{e}jah *eparcheia*	הפרכיה
Absonderung kultischer Abgaben	h^{a}frašah	הפרשה
Geziemender, zurückhaltender Umgang Mi 6,8 ; (LXX: *hetomos einai*, Vulg.: *sollicitum ambulare*) 1QS IV,5; V,4; VIII,2; vgl. Mt 23,23; bSuk 49b; bMak 23b–24a	haṣne^{aʿ} läkät	הצנע לכת
Geweihtes / gewidmetes Gut mTer III;9; mKet V,4; mNazir V,1 ff; mBQ IV,3; mBM IV,8; mSan I,3; mMak III,2; mŠebu VI,4 f; mAr VI,2 f	häqdeš	הקדש
Verkaufsbescheinigung bBM 13a; s. אקניתא	haqnaʾah	הקנאה
Vergleich; Analogieschluß bPes 120b; bMen 54a; bBek 15a; s. הקש	h^{a}qqašah	הקשה
Tempelberg Jes 2,2; Mi 3,12; mNed V,5. (A) Heiliger Bereich von 500x500 Ellen mBik I,9; III,4; III,4; mPes 5,10; mSuk IV,4. (B) Tempelberg (innerhalb der herodianischen Umfassungsmauern) mMid I,1 ff; mŠeq VII,2; mTa III,8; mḤag I,1; mSan XI,2; mKel I,8; mParah III,3.6	har ha-bajit	הר הבית
(A) Töten Gen 4,1–16.25; 1QpHab VI,9; mSan VIII,7; IX,2; mMak I, 4 ff. (B) mit dem Schwert hinrichten Ex 21,14; 22,23; 23,7; Lev 20,15 f; Num 25,5; 31,6 ff.17 ff; Dtn 13,10; mSan I,4; VI,5; VII,3; IX,1; mMak I,10; II,1; S. שפך דם, רצח. ThWQ I,816–818	HRG	הרג
(A) Tötung Est 9,5. (B) Todesstrafe, Hinrichtung durch Schwert mSan VII,1.3; IX,1; bBer 62b; bKet 37b; bŠab 108a; bSan 30b	häräg, h^{a}rîgah	הרג, הריגה
Schwanger Ex 21,22; Philon, Spec. 3, 108 f; Jos.Ant 4,278	harah	הרה

Grübeln, (nach)sinnen. A) positiv:mBer 24b par. bŠab 40b.150a par. bQid 33a; bAZ 44b; bZeb 102b (über Torah). (B) negativ mZab II,2; jBer III,4 6b–c; bBer 12b.20b; bJom 67b; bḤul 37b; KallahR I,10; II,6; Sifre Dtn § 307; ExR וארא VI,1	hirhûr, harher	הרהור, הרהר
Einsperren, gefangen halten bNed 91b; bBQ 85	HRZQ	הרזק
(A) Verordnung bGiṭ 57b. (B) Befugnis bBer 58a	harmanah	הרמנה
Vollmacht, Bevollmächtigung, Prozessvollmacht bKet 95a; bGiṭ 45b; bBQ 70a; bBB 127a	harša'ah	הרשאה
Rückerstattung; Ersatzleistung, *hikanopoiêsis*, *paraitêsis*, lat. *satisfactio* bAZ 72a	hišbôn	השבון
Erlassen von Leistungen / Zahlungen, השמט כספים. jŠebi X,2 39c	häšmeṭ, hašmaṭah	השמט\ה
Huldigung, Prostration 2Kön 5,18; mŠeq VI,1.3; mŠebu II,3; mMid II,3.6; s. hitp. שחה	hištaḥ^{a}wa-jah	השתחויה
Enthauptung jSan VII,3 24b	hattazah	התזה
Fasten; s. תענית	hit'annût	התענות
Erlaubnis; Freigabe als erlaubt mḤag I,8, mEd II,5; mZeb XIV,8. Gegensatz s. אסר/אסור	hettär	התר
Verwarnung vor beabsichtigter Tat Lev 19,17 (ShM +205); CD VII,2; 1QS V,26–VI,1.8 f.23; vgl. Mt 18,15–17; mSan V,1; X,4; mMak I,8 f; bJom 66b; s. תוכחה	hatra'ah, hatrajah	התראה, התריה
Lösung; Erlaubnis jKet IV,4 28c; bBM 109a	hattarah	התרה

	Waw	ו
Geständnis mSan VI,2; mŠebu I,7; s. ידה	widdûj	ודוי, וידוי
Vorhang mBB IV,6 (im Bad)	wêla᾽	ווילא
Foetus (A) Kind LC 26 f,d; 43,1–2; Ex 21,22 f; Philon, Spec. 3,106 ff.117; Virt. 139; Fuga 137; Jos.Ant 4,278; MekRJ nᵉzîqîn viii; mJeb IV,2.12; XI,3 ff; tBQ IX,20; bJeb 67a; bAr 7a–b. (B) Foetus; neugeborenes Tier 4Q251 12; 4Q394 8 iii,6 f; mBM V,5	walad	ולד
(A) Gewohnheit, Sitte bBB 146a. (B) Menstruation, mNidda I,1	wäsät	ווסת
Preisnachlass, Rabatt bBB 57b	wîttûr	ותור

	Zajin	ז
Wolf mBM VII,9	z^{e}ʾeb	זאב
An Ausfluß leidend Lev 15; 22,4; Num 5,2; CDV,7; 4Q274 1 i,4 ff; 11Q19 45,15; 46,18; 48,15; Traktat Zabîm: der Ordnung VI. Mann: mBer III,6; mMeg I,7; mNazir IX,4; mŠebi VIII,8; mMŠ I,7; mHal IV,8; mŠab I,3; mPes VIII,5; IX,4; mŠeq I,5; II,5; mMeg I,7; mMQ III,2; mNed IV,3; mNazir VII,3; IX,4; mEd II,5; mZeb XIV,3; mKer II,1; mKel I,3 ff; IX,6; XIX,4; XXVII,9 f; mOh I,5; mParah VI,5; VIII,8; mTeh III,3; mMiqw I,8; V,1; V,5; mNid IV,7; V,1; X,3 f; mMakš VI,6.	zab	זב
Frau: mŠebi VIII,8; mMŠ I,7; mHal IV,8; mŠab I,3; mPes VIII,5; IX,4; mŠeq I,5; II,5; mMQ III,2; mNed IV,3; mNazir VII,3; mZeb XIV,3; mKer II,1; mTeh III,3; mMiqw V,5; mNid IV,7; V,1; X,3 f; mMakš VI,6; s. auch נדה. Zu Sühn- und Brandopfer nach Reinigungsritual s. Lev 15,13–15.28	zabah	זבה
Ausstattung; Vorräte jMeg I,4 6a	z^{e}badîn	זבדין
Käufer NṢ 4,7.16; NḤ 21,7; bBQ 115a; bBM 15a;28a. SokB 397	zabônaʾ	זבונא
Kauf, Ware jKid III 63c	z^{e}bînaʾ, z^{e}bîntaʾ	זבינא, זבינתא
Unbebautes, unbebaubares (steiniges) Grundstück, schlechteste Grundstücksqualität mGiṭ V,1–3; bBQ 8a; s. עידית, בינונית	zibbôrît	זיבורית
(Opfer) schlachten, *thyein* Ex 20,24; 23,18; Lev 17,5 ff; 19,5; 22,19; Dtn 15,21; 16,2 ff; 17,1; 18,3; 27,7; 11Q19 17,7; 47,7–16; 52,4 ff; 53,3.10; mSan VII,6.10. DNWSI I, 301	ZBḤ	זבח
Schlachtopfer, *thysia* Ex 12,27; 23,18; 29,28; 34,15.25; Lev 3,1.3.9; 4,10.31.35; 7; Dtn 12,6.11; 18,3; 1QS IX,4; 1QM II,5; 4Q220 (Jub) 1,3; 4Q394 3–10; 11Q19 37,5 ff; 47,13 (Häute); 52,15; 60,7; 63,15; Traktat Z^{e}baḥîm der Ordnung V. s. שלמים. DNWSI I,301 f. ThWQ I, 823–827	zäbaḥ	זבח
Totenopfer mAZ II,3	zibḥê metîm	זבחי מתים
(A) Kauf; Kaufpreis TAD B3, 12,31. (B) Kaufgegenstand CL 113 (PapYadin 8,7); jGiṭ V,3 46d; bBQ 78b; bBM 51a. SokB 397 f	zabîn, z^{e}bînaʾ	זבין, זבינא
Kauf Mur 42,4	z^{e}bînût	זבינות
Mist, Dung mBM V,7; VII,2; VIII,7; X,7; mBB II,1; III,5; V;3	zebäl	זבל
(A) Kaufen CLgr 21,28 S. 95. (B) pa.: verkaufen TAD A2. 2,11.14.16; 3,10; 3,12; 4,10; 6,5; A3, recto 3,8.11; 9,5; 11,5 f; B2, 10,11.14; B3 4,3.5.7; 5,3; 10,3; 12,12.24 f.32; Dan 2,8; 1Q20 XXI,6; NḤ 7,1.3; 8,2; 8^{a},3–7; 9,7; 13,8; 50,12; CL 157–168 (PapYadin 47^{a} 4.9); 201–244 (PapYadin 2–3); 245–256 (PapYadin 4,12); Jer 7 (DJD XXXVIII,58); jBeṣah III,6 62a; bBB 106a; bBM 108a–b. S. קנה; מכר. DNWSI I,303–305. SokP 171 f. SokB 398 f	ZBN	זבן

Käufer Mur 26,1,8; NḤ 50,1; CL 157–168 (PapYadin 47,9)	zeban	זבן
Kauf Mur 42,4; NḤ 7,5; 8a,13; 9,3 f 7; 50,15. DNWSI I,305 f	zeban(ah), zabbanût	זבן\זבנה, זבנות
Vorsätzlicher Frevel, absichtliches Vergehen; Anmaßung, LXX: *hyperêphania, asebeia, hybris;* TO: רשע; TJ: זדנותא; lat. *dolus directus* Dtn 17,12; 18,2; 1QS IV,10; 1Q169 3–4 iii,4; 11Q19 56,8; 61,4; Šab XI,6; mSan VII,8; mŠebu I,6; IV,2; IV,2, V,1; jŠebu I,9 33b; s. שגגה. ThWQ I,827–829	zadôn	זדון
(A) Gold mBM IV,1; mŠebu VI,3. (B) Münzeinheit mBM VIII,8	zahab	זהב
Vorsichtig, achtsam Esr 4,22; mAbot IV,13	zahîr	זהיר
Vorsicht; Bedacht bAZ 20b	zehirût	זהירות
(A) hif: ermahnen 4Q394 I,15; 11Q19 51,5; bJom 81a; nif: ermahnt werden. (B) nif./ hitp.: sich in Acht nehmen, TAD A4, 1,5; 4Q394 I,15; II,2; LevR III,7. SokB 400	ZHR	זהר
Ausfluss Lev 15; mEd V,4; s. נדה, זב	zôb	זוב
Weinbeerschalen Num 6,4; mAZ II,4	zûgîm	זוגים
„Paare" von Rechtsgelehrten von Jose ben Jo'ezer und Jose ben Jochanan bis Hillel und Schammaj. Traditionskette zwischen Sôferîm und Tanna'im. mAbot I,1 ff; mPe'ah II,6	zûgôt	זוגות
hif.: anmaßend, vorsätzlich provokativ handeln Ex 21,14; Dtn 17,13; 18,20; Dan 5,20; MekRJ nezîqîn iv; jPes IX,1 36c; jBQ VII,2 5d	ZWD	זוד
Kriechtiere mEd VII,4	zôḥelîm	זוחלים
Fresser und Säufer Dtn 21,20; mSan VIII,2; בן סורר	zôlel û-sôbe'	זולל וסובא
Falschzeuge LC 20,28; 81 f.,3–4; Dtn 19,19; vgl. 11Q19 61,10; mBQ VII,3; bMak 5a	zômem	זומם
Ernähren, versorgen, unterhalten mBB IX,1; bKet 50b.104b; bGiṭ 56a	ZWN	זון
Dirne, Hure LC 31 f,27.30; Lev 21,7.9.14; Dtn 23,18; CD VII,1; VIII,54Q169 3–4ii,7; 4Q394 3–10, 1; 4Q396 IV,11; Philon, Spec. 1,102; 3,51.64; Joseph 42 f; Jos.Ant 4,244. Hurenlohn: Dtn 23,19; Philon, Spec. 1,104.280.326 ff; 3,51; Jos. Ant 3,276; 4 266.267 f; jŠab VII 10c; s. אתנן	zônah	זונה
(A) Kauf bBM 43a. (B) Kaufgegenstand bPes 113a	zîbnah	זיבנא
Fälschung jŠebi X,3 39d	zijjûf	זייוף
Besondere Schreibung des Briefkopfs Šab 105a	ZJJN	זיין
Herabwürdigung, Mißachtung bNed 66b; bBQ 102b; bBB 31b.32a	zîlûta'	זילותא
Schande mKet III,4	zîmmah	זימה

pi/pa.: fälschen jBB X,1 17c; bGiṭ 22b	ZJP	זיף
Ölbaum; Olive Ex 23,11; 27,20; 30,24; Lev 24,2; Dtn 24,20; mKet VIII,5; mBM VIII,5; mBB III,2.8; V,3.6; mEd IV,6; V,2; VII,8.	zajit	זית
Wie eine Olive: Maximal-, Minimalmenge, mBer VII,1; mPes III,8; mMak III,; mEd III,1; VI,3; s. שמן	k^{e}-zajit	כזית
(A) Unschuldig, straflos. (B) Berechtigt sein zu / Anspruch haben auf TO Gen 18,23 ff; bSan 45a	zakka'ah	זכאה
(A) Unschuldig, Unschuldiger mSan III,6–7; VIII,5. (B) Anspruchberechtigt mKet IV,4	zakka'j	זכאי
(A) Unschuldig sein. pi.: reinigen, für unschuldig erklären, freisprechen, 1QS III,3,4; VIII,18; IX,9; 1QH IV,10; mSan III,7; IV, 3.5; V,5. (B) Etwas verdienen; würdig sein für etwas, Anspruch haben auf mBQ II,3; mBM II,3. (C) Einer Sache teilhaft werden, erwerben. Pi.: zuerkennen, zuteil werden lassen (SokP 172. SokB 413 f)	ZKH, ZKJ	זכה, זכי
Glas mBQ II,2; mBM II,8; mKel II,1; XV,1; XXX,1–4	z^{e}kûkît	זכוכית
Männliches, Mann mSan VII,4; s. זכר	zakûr	זכור
Bewusst, erinnerlich mŠebu II,1.3; s. נעלם	zakûr	זכור
(A) Gerechtigkeit Dan 6,23; mSan V,5. (B) Verdienst, Anspruch, Vorteil Jub 14,6; mSot III,4–5. (C) Freispruch, Unschuld Dan 6,23; mSan IV,1.4.5; V,4 f;VI,1. SokP 176. SokB 412 f	z^{e}kût, zakû	זכות, זכו
Stellvertretende Besitzergreifung als Handlung ohne Geschäftsauftrag. bGiṭ 14a; bBM 9bf	z^{e}kijjah	זכייה
Männliches (A) Ex 12,5.48; 13,15; 23,17; 34,23; Lev 1,3,10; 3,1.6; 4,23; Lev 12,7; 15,33; Num 1,20.22; 3,15 u. ö.; 5,3; 26,62; Dtn 16,16; 20,30; mBB IX,1 f; s. auch נקבה. (B) משכב זכר Beischlaf (Frau mit Mann) Num 31,17 f.35. (C) Verbot sexuellen Verkehrs unter Männern „wie mit einer Frau". Lev 18,22 (ShM –350); 20,13; Philon, Spec. II,50; III,37 ff; Röm 1,24 ff; Jos.Ant 3,275; CAp 2,199; Röm 1,24–32; 1Kor 5,9–11; 6,9; 1Tim 1,10; jSan VII,9 24d–25a; bSan 53b–54a. (D) Kastrationsverbot Lev 22,24 (ShM –263); Jos.CAp 2,271; Jos.Ant 4,291 (LXX!); bBek 33b–34; vgl. hingegen LC 200 f,8	zakar	זכר
Erwähnen, erinnern DNWSI I,321–329. Landis Gogel 322. ThWQ I,840–849	ZKR	זכר
(A) Gedenken, Erinnerung Ex 17,14; Dtn 25,19 (ShM 59); 32,26. (B) Hinweis, Andeutung; s. אסמכתא. Bacher I, 51–55. II, 63; ThWQ I,949–852	zäkär	זכר
Hinweis, Indiz mSan VIII,2	zäkär la-dabar	זכר לדבר

Erinnerung, Gedenken Ex 17,14 ff; Dtn 25,19; MekRJ ʿamaleq ii. DNWSI I,330 f	zikkarôn	זכרון
hif.: (sich) verbilligen mBB V,8; s. auch יקר. SokB 414 f	ZLL	זלל
(A) Bestimmung. (B) Vorladung. (C) Zusammenkunft; Einladung bBer 26a. (D) Einladung zum Mahl mit Tischsegen bSan 8a	zimmûn	זמון
(A) Ausdenken, erfinden, Intrigen spinnen; mit böser Absicht etwas planen, als Zeuge falsch aussagen Dtn 19,19; mBQ VII,3; mBB III,4; mSan XI,1; mMak I,1; bBQ 73a;75b; bMakk 2a–b. (B) pi. / hif.: jemanden als Flaschzeuge überführen. (C) pu.: durch Falschzeugen belastet werden tSan VI,6. ThWQ I,852–854. SokB 416.	ZMM	זמם
(A) pi.: bestellen; hif: einladen; vorladen; hitp.: Dan 2,9; bBQ 79b. (B) Zu einem Mahl laden mBer VII,1 ff. SokP 178.SokB 416 f. Hurvitz 109–111	ZMN	זמן
SokB 409 f. Termin. bMeg 5a; bBQ 112b;113a; bBM 66b; bBB 5a; 58b; bAZ 26a	zeman, zimnaʾ	זמן, זמנא
ThWQ I,857–860. (A) Huren. (B) rel.: abtrünnig werden Lev 20,5 f Dtn 31,16; 1QpHab V,7; 11Q19 59,19, nitp.: Mur 10	ZNH	זנה
Hurerei, Unzucht Num 14,33; Jer 13,27; Ez 23,27; 43,9; Hos 6,10; CD II,16; IV,17.20; VIII,5; XIX,17; 1QS I,6; IV,10; 4Q169 3–4 ii,7; 4Q396 IV,4; 4Q436 1 ii,1 4Q513 2 ii; Apg 15,4; 1Kor 5,1 ff; 7,2 f; Str.-B. III,342–359.368 f; mJeb VI,5; VIII,5; bSot 3b	zenût	זנות
Darlehen TAD B3, 1,3; 3,13 (Korn); B4,2 (Silber); B4,5. *daneion*; lat. *creditum*	zefû	זפו
Pech, Harz mAZ V,11	zafät	זפת
Verpflichtet, gebunden mBM II,10	zaqûq	זקוק
Bindung, Zugehörigkeit, Verpflichtung bJeb 17b	zîqqah	זיקה
Bart; s. פאה, Lev 14,9; 19,27; 21,5; mMak III,5 Schamhaare mSan VIII,4	zaqan zaqan taḥtôn	זקן זקן תחתון
(A) Alter, Greis, aramäisch סב CD XIV,14; 1Q28a II,7. (B) Ältester, LXX: *presbyteros;*TJ חכים Ex 19,7; 24,14; Dtn 4,23; 19,22 (Stadt); 21,2 f.19; 22,18; Esr 5,5; Jos.Ant 4,246 f; CD V,4; IX,4; 1QS VI,8; 1QM XIII,1 (säräk; 4Q365 7 i,4 (ʿedah; 4Q375 1 i,7; 11Q19 15,18 (Priester); 42,13 (Priester); 43,4 (Stadt); 44,4 (Stadt); 65,10 ff13 (Stadt); Apg 14,23; 15,6; 22,18; mJom I,3.5; mSota IX,6 (Stadt, Gericht); mTa IV,1; mSan I,3; mAZ IV,7. (C) Gesetzeslehrer. Lev 19,32: Ehrung der G., jQid II,4 62c; bJom 28b. (D) Altvorderer. Tradition der Altvorderen: Mt 15,2; Str.-B. 691–695. ThWQ I,865–869 Widersetzlicher Gesetzeslehrer. Dtn 17,12; mSan XI,1.2; Sifre Dtn § 155	zaqen zaqen mamreʾ	זקן זקן ממרא

(A) Verpflichten; bJeb 22b; bNed 77b; bQid 62b. SokB 419 f. (B) Geschlechtlich verkehren bKet 36b	ZQQ	זקק
(A) Fremd(er); nicht zur Gruppe/Klasse Gehöriger/s, LXX: *allogenês;* Targum: חלוני. Ex 29,33; 30,9; Lev 10,1; 22,12; Num 3,4; 17,5; 18,4, 26,11; Dtn 25,4; 1QH XIV,27; 4Q 174 1–2I 21,5; 4Q501,1; 4Q 511 18 ii,10; 4Q 525 5,8; Phil, spec.leg I,120. 123 ff. (B) Unbefugter, Num 3,10.38; Sir 45,18; bŠab 145. (C) kultisch: Laie (Nichtpriester), Ex 29,33; 30,32; Lev 22,10 ff; Num 18,4; mMŠ III,2; mSan IX,6; mEd III,3. ThWQ I,872–874; s. נכרי	zar	זר
(A) Arm. Bildlich für Macht Gewalt. Mit Gewalt mEd VIII,7. (B) Vorderbeinteil des Opfertieres – Priesteranteil Dtn 18,3 (ShM +143); 11Q19 20,14–21,05 (Abgrenzung vom Levitenanteil); mḤul X,1.4; tMen VII,17 f. u. ö.	zᵉrôaʿ bizᵉrôaʿ	זרוע בזרוע
Laienstatus mZeb XIV,3	zarût	זרות
Vorsicht, Umsicht mSota IX,15	zᵉrîzût	זריזות
Säen mEd V,2	ZRʿ	זרע
(A) Same; *sperma*. Gen 3,15; Gen 9,9; 12,7–12; 21,18; Ex 28,42; Lev 21,15; 22,13; Num 14,24; 17,5; Dtn 4,37; 1Sam 20,42; Jes 6,13; Jer 33,26; Ps 18,51; 25,13; Esr 9,2; Neh 9,2; Est 6,13 (B) Saat, Saatgut mBB II,1. (C) Nachkommenschaft, *sperma*. DNWSI I, 241 f. ThWQ I,878–883. SokB 411 f	zäraʿ	זרע

	Ḥet	ח
Schuldig, verpflichtet sein mBQ I,1–2	ḥab	חב
Verletzt mŠebu VII,3; jBM IX,12 12b	ḥabûl	חבול
(A) Gemeinschaft; Gemeinschaft Israels:CD XII,8; s. חבר. (B) Verbindung zw. Objekten, Materialien mEd II,4	ḥibbûr	חבור
Beule Ex 21,25; mBQ VIII,3.5; mSan XI,1; mŠebu V,5	ḥabbûrah	חבורה
(A) Gesellschaft, Vereinigung; Verbindung, *hetaireia*, *koinônia*, lat. *societas* bMQ 27b. (B) Zu rituellen Zwecken organisierte rabbinischeVereinigung mPes VIII,4; tPes IV,3; jBer II,8 5c; bJeb 96b; bKet 33b; bQid 44a	ḥ^{a}bûrah	חבורה
Rechtlich/religiös gebotene Gruppenfeier mSan VIII,2	ḥ^{a}bûrat miṣwah	חבורת מצוה
Schlagen; willkürlich oder als Strafmaßnahme prügeln Dtn 24,30; jBeṣa I,6 60c	ḤBṬ	חבט
Fass, großer Krug, Amphore mBQ II,5; mBM III,9; VI,8; mBB V,8; mSan VIII,6; mMak II,1; mEd IV,6; mAZ IV,10; V,2.5 ff	ḥabît	חבית
Schaden, beschädigen, verletzen LC 19,18–22; 33,34–36; 40 f, 1–5; 52, vi,11–15; 65,42; 66,43–47; Esr 6,12; Ct 2,15; Koh 5,5; Dan 6,23; TAD A3, 3,7; A4, 5,2; 7,14; 8,13; Dan 4,20; mBQ VIII; mŠebu V,5; VII,1.3 DNWSI I, 344 f	ḤBL	חבל
Pfänden Ex 22,25; Dtn 24,6.17; Hi 22,6; 24,3.9; Spr 20,16; JosAnt 4, 270; MekRJ kaspa᾽ i; bBM 114b; s. עבות	ḤBL	חבל
Meßschnur mBB VII,2.	ḥäbäl	חבל
Pfand Ez 18,7; mBM IX,13; MekRJ bšlḥ/wjs᾽ I. s. משכון, עבוט, ערבה, ערבון	ḥabol, ḥ^{a}bôlah	חבל, חבולה
Schaden; Schadensersatz LC 28,11; Dan 3,25; 6,24; Esr 4,22; mSan II,1; bBQ 87a	ḥ^{a}bal, ḥ^{a}balah	חבל, חבלה
Verletzung, Schädigung,Verderben bBQ 84a.89b.91b	ḥabbalah	חבלה
Beschwören, bannen Dtn 18,11; 11Q19 60,18; Sifre Dtn § 172	ḤBR	חבר
(A) Gefährte, Genosse C3 A 29,12; D7, 56,2. Aramäisch für רע /re^{a}; Dan 2,13.17 (*synhetairos*).18; CD XIV,16; 4Q223/4 (Jub) ii 4,15; 4Q 202 1 iv,9 u. ö. NḤ 7,12; 15,38; NṢ 12,2; mEr II,6; mBQ VIII,6. (B) Rabbinisch: Genosse, Kollege mAbot I,6; II,9. (C) Rabbinisch: Gelehrter (auch Titel) mDem VI,9. DNWSI I, 346 f. ThWQ I,892–895. Str.-B. II,509–519. SokP 185 f. SokB 48 f; s. כנת	ḥaber	חבר
(A) Gesellschaft, Verband 11Q5 XIII,11; bMeg 27b (Stadtverband). (B) Meute, Haufen CD XII,8. DNWSI I, 347	ḥäbär	חבר
„Gemeinschaft der Judäer/ Juden", Münzaufschrift. Vorläufer des Synhedrion DNWSI I,347; s. auch חבור	ḥäbär (ḥibbur?) ha-J^{e}hûdîm	חבר היהודים
Gemeinschaft Israels 4Q267 9 iii,3	ḥäbär Jiśra᾽el	חבר ישראל

(A) Gesamtheit der Gemeinde; organisierte Gemeinde mBer iv,7. (B) Stadtrat. (C) Gemeindeleitung [spät]	ḥäbär ʿîr	חבר עיר
Gemeinschaft, Genossenschaft, speziell der rabbinischen Gelehrten (ḥabᵉrîm) bAZ 39a	ḥaberût, ḥabrûtaʾ	חברות, חברותא
Binden, fesseln, gefangen halten mKet II,5.9; GenR XLIX,2	ḤBŠ	חבש
Fest Ex 23,15 f; Dtn 16,14 (ShM +54 Festfreude); 4Q260; 4Q512 33–35 iv; 11Q19 13–30; Philon, Vita cont. 65 ff; Decal. 158 ff; Cherub. 90 ff; Spec. 2,39–222; Virt. 97 ff; Ordnung II. Môʿed. s. ראש, ראש החודש, פסח מצות, עומר, שבועות, סוכות, מועד השנה	ḥag	חג
Heuschreckenart Lev 11,21 ff; mBM IX,6; mEd VII,2: mḤul III,7	ḥagab	חגב
Festfeier zu den Wallfahrtsfesten Sukkot, Päsach, Wochenfest; Traktat der Ordnung II	ḥᵃgîgah	חגיגה
Lahm(er) mḤag I,1; mSan VIII,4	ḥagger, ḥîgger	חגר
(A) Neuerung, etwas Unbekanntes / Ungewöhnliches. (B) Rechtlich: neue Entscheidung Novella, mKel XIII,7; jBQ VIII,2 6b; LevR XIII,3	ḥiddûš	חדוש
Zisterne mBB IV,2	ḥaddût	חדות
(A) pi.: erneuern 1Q28b V,21; jJeb IV,4 5d. (B) Neu schaffen, eine Neuerung (s. חדוש) vornehmen jBQ VIII,2 6b	ḤDŠ	חדש
„Neues" (der Ernte), vor der kultischen Abgabe; zum Genuss verboten. Lev 23,14 (ShM –189; –190; –191); 11Q19 18,13 f; 19,6 ff; 21,7 ff; 221,15; 43,10. Vgl. ראשית – Erstfruchtabgabe. ThWQ I, 903–908	ḥadaš	חדש
(A) Schuldig werden, verpflichtet sein zu etwas, verantwortlich für CD III,10; 4Q266 5 ii,13; bQid 8b; bBQ 24b. (B) pi. (ḥjjb): schuldig sprechen, *katadikazein* mSan III,7; IV,3; V,5; IX,1; mHor II,1 ff; jSan I,1 18b. (C) pu./itp.: verpflichtet, bBer 20b; hitp.: sich verpflichten, mBQ III,10; bBM 36a bQid 29a. DNWSI I, 351 f. SokB 433 f	ḤWB	חוב
(A) Schuldbetrag, (dingliche) Obligation, lat. *debitum* LC 110,151 f; Ez 18,7; LD 115–119; 128–130; 144 f; mŠebi X,9; mBB X,5 f; bM 16b; 35a–b. (B) Verpflichtung. (C) Sünde bSan 95a. Gläubiger mKet IX,9; mAr VI,2; mBQ IX;9. S. חייב Schuldner; שטר חוב Schuldschein. DNWSI I, 35	ḥôb baʿal ḥôb	חוב בעל חוב
(A) Schuld CLgr 18,70 S. 79; bBM 28b. (B) Verpflichtung bPes 38a. (C) Schuldspruch mSan IV,1; V,4 f; jBer II,1 4b	ḥôbah	חובה

Monat Ex 12,1 ff; RH II,1I;V,4. Neumondbestimmung und Zeitrechnung Ex 12,2/Dtn 16,1 (ShM +153 Berechnung durch Sanhedrin). Monatserster (Neumond) Num 10,10; Num 28,11 ff; 29,1 ff; mRH I,4 ff; II,2 ff. Monatserster (im 364-Tage-Jahreskalender) 4Q321 u. ö.; 4Q325 1,3 u. ö.; 11Q5 XXVII,7; 11Q19 14,8 ff u. ö.	ḥôdäš ro'š ḥôdäš	חודש ראש חודש
pa./haf.: kundgeben, äußern Dan 2,4.24; 5,7.12	ḤWH	חוה
Übereinkunft, Vertrag Jes 28,15 LXX: *synthêkê*; später v. a. Geschäftsvertrag	ḥôzäh	חוזה
Stock, Stab bHul 54b	ḥûṭra'	חוטרא
Pächter, Wirtschafter auf Bezahlung tDem VI,2; mBM IX; bBM 101a.103b.105b; s. אריס	ḥôker	חוכר
Profan, Profanes CD VI,18; mMŠ III,8; s. קודש/קדוש	ḥôl	חול
Krank(er) mḤag I,1	ḥôläh	חולה
Profanes; Profanschlachtung Dtn 12,21; Traktat der Ordnung V	ḥûllîn	חולין
Mauer, Stadtmauer mBB I,5	ḥômah	חומה
Gesetzliche Erschwerung, Einengung, Verschärfung mḤag III,1 ff; mEd IV- V; mSan XI,2; tŠebu IV,2 ff. SokB 439 f ; s. חמר	ḥômär, ḥûmra'	חומר, חומרא
(A) Fünftel (Zusatzzahlung) Lev 5,16; Philon, Spec. 1,234 ff; mPe'ah VII,6; mDem I,2; mTer I,8; III,1; VI,1 ff; VII,2 f; VIII,1; XI,2; mMŠ IV,3; mḤal III,6; mBik I,8; II,1; mJeb XI,5 ff; mBQ IX,6 f.10; mBM IV,6.8; mŠebu VIII,3; mEd IV,5; mAr VII,3; VIII,1 ff; mKer V,2; VI,6; mMe IV,2. (B) Pentateuch	ḥûmmaš	חומש
Schonen Dtn 19,21 (Rechtsbeugung); 25,12 (ShM –293); mMak I,1–6; Sifre Dtn § 190. 293; jSan VI,4 23b; bTa 24a; bSan 40a–b	ḤWS	חוס
Baldachin, Hochzeits-Baldachin, -gemach KallahR I,1; bKet 56a–57a; bQid 5b	ḥûppah	חופה
(A) (Göttliche) Vorschrift, LXX: *nomimon, dikaiôma*; Targum: קים, גזרה Ex 12,24 u. ö.; Neh 9,13: CD I,20; V,12; IX,1 XII,20; XIX,6.14; XX,11.29 ff; 1QpHab II,15; VIII,10; 1QS I,7 ff; III,8; V,7.11.20.22; IX,12.14; X,6 ff; 1Q28a I,5.7.20; 1Q184 I,15; 4Q390 1,8; 4Q400 I i,5; 4Q417 1 i,14; 4Q508 2,3; 11Q 50,6; 66,9; mARNb XXIII. (B) Festgesetztes, zustehendes Maß, Gebiet. ThWQ I,918–924 (Göttliche) Vorschrift und Gesetz/Recht Ex 15,25; Jos 24,25; vgl. Dtn 4,5.8 Immergeltende (göttliche) Vorschrift (kultisch) Ex 30,21; Lev 6,11.15; 24,9	ḥôq ḥôq û-mišpaṭ ḥôq 'ôlam	חוק, חק חוק ומשפט חוק עולם
Vorschrift, Recht. LXX: *nomos* Lev 20,23 (LXX: *nomimon*); Num 9,14; 15,15 u. ö.; speziell kultischer Art 1QH XX,5; 4Q385a 18a–b ii,8;4Q390 2 i,5; 11Q19 22,14; 25,8; 27,4; 59,16; bAZ 11a	ḥûqqah	חוקה

(A) Rechnung bKet 67b. (B) Berechnung bJom 86a	ḥûšbana'	חושבנא
Hohepriesterliches Brustschild Ex 28;28; 39,21	ḥôšän	חושן
Siegel, Verschluss. 1Kön 21,8; Hld 8,6; 4Q274 33 ii,3; mŠab VI,1.6; mŠeq V,3 ff; s. חתם. DNWSI I, 413 f	ḥôtam	חותם, חתם
Schwiegervater	ḥôten	חותן
Sehen DNWSI I, 357–361. SokB 444 ff	ḤZJ	חזי
Schwein, Eber (A) Lev 11,7; Dtn 14,8; Jes 65,4; 66,17; Ps 80,14; 4Q556 5 i,9; Philon, Spec. 4,101; Agric. 145; mBQ VII,7; mŠebi VIII,10; mNed II,1; mḤul IX,2; bSan 93a; bHul 17a. (B) Deutung auf „Edom"/Rom: LevR XIII,5; Midr.Teh 120,6.	ḥazîr	חזיר
Rückgabe jBQ X Ende, 7c	ḥ^{a}zîrah	חזירה
(A) Aufseher, Büttel. DNWSI I, 361 (B) Synagogaler Funktionär (חזן הכנסת) mSota VII,7–8; mMak III,12.	ḥazzan	חזן
Synagogendiener mMak III,12	ḥazzan ha-k^{e}näsät	חזן הכנסת
Stark sein. (A) hif: halten für etwas; ergreifen, festhalten. (B) Besitz ergreifen, beanspruchen mBB IV,9; bBB 6a. C) itt.: für etwas gehalten werden bJeb 88a. DNWSI I, 361 f. ThWQ I,935–943. SokB 447 f	ḤZQ	חזק
(A) Festhalten, Ergreifen. (B) Besitz, Besitz- Eigentumsanspruch, Anrecht; Besitzergreifung, LC 62,22; 66,22; 104,123 f; 105,126; 107,136; 109 f,150; 112 f,162; 115,175; 117,179; CL 44 (PapYadin 44,13.16); mJeb IV,3; mQid I,3; mBB III,1 ff; IX,8 ff; bJeb 31b; bKet 12b; 24b; bBQ 118a; bHul 53a; s. auch טענה. (C) Annahme; בחזקה: unter der Voraussetzung, dass, angenommen, dass ... mBB I,4; mAZ V,3	ḥ^{a}zaqah	חזקה
Eigentumsrecht nach 3 Jahren einspruchlosem Besitz, lat. *usucaptio* mBB III,1 ff; jBB III,1 7bff; bBB 28a–b; 36a.47b	ḥäzqat šalôš šanîm	חזקת שלוש שנים
(A) Zurückkehren. (B) ḥzr b... zurücknehmen, widerrufen mBB V,3.6; VIII,11; mSan III,2; IV,1; mŠebu V,2; bŠab 118b. (C) Rückerstatten mBB VII,2. Bacher I, 57 f II,65 f. SokP 195	ḤZR	חזר
Rückkkehr; Rückgabe; s. חזירה	ḥ^{a}zarah	חזרה
Verfehlen; sich vergehen; sündigen, *hamartanein* Lev 5,16; 19,17 (ShM –303); CD XX,28; 1QS I,25; Philon, Spec. 1,235 f 2,26. ThWQ I,943–950	ḤṬ'	חטא
Verfehlung, *hamartia, hamartêma* Num 5.6 u.ö; CD IX,8; XV,4; XIX,21; 1QS I,23; III,8.22; IX,4.9.15; 4Q180 2 4 ii,5 ; 11Q19 35,15; 51,15; 53,12; 61,6; 64,9; 66,6. ThWQ I,943–950	ḥeṭ', ḥaṭṭa'h, ḥaṭṭa't	חטא, חטאה, חטאת

(A) Sühnopfer Ex 29,33; Lev 4,13.27; 5; 6,18–23 (ShM –139); Dtn 12,17; 4Q394 3–10 1.18; 4Q395 8; 4Q398 II,9; 11Q 16,12 f18; 17,14; 25,14 f; 26,9 ff; 28,4 ff; 35,11 ff; 37,14; Philon, Spec. 1,226 ff ; mMŠ I,7; mŠab VI,1 ff; VII,1 f; mPes V,4; VI,5; mŠeq I,5; II,3 ff; mJom VI,1; mNazir IV,3 ff; VIII,1; mSan VII,8; mHor II,6; mZeb I, 1–2; V,3; VI,2; VII,1–4; X,5; mTem I,1; II,2; IV,1; mKer III,4; V,5 ff; mMe II,5; III,5; mNeg XIV,7.11; mParah I,4; mJad IV,2; ʿUqṣ III,10. Opfermaterie: s. שעיר Vogelopfer: mZeb IV,4, VI,2 ff; VII,1 ff; mTem VII,6; mKer V,3; VI,5; mMe II,1; mMid III,3; Traktat Qinnîm (B) Rituelle Sühnung mit Wasser mḤag II,5 f; mQid II,10; mEd III,2; mTem I,5; mKel I,1 f; mOh V,5; mNeg XIV,1; mParah; mMiqw V,1 ff; X,6; mZab V,8.10; mJad I,2	ḥaṭṭaʾt	חטאת
Entführen tKet IV,9; bJeb 110a	ḤṬP	חטף
Weizen mBM V,1.8 f; IX,7 f; mBB V,6; mŠebu V,3; VI,3; VII,5. DNWSI I, 363. SokP 197 Weizenerstlingsabgabe: Lev 23,17 (ShM +46)	ḥîṭṭîm	חיטים
(A) Verpflichtung jPeʾah II,1 16d; bŠebu 27b. (B) Strafbarkeit bŠab 2b; bBQ 68a. (C) Schuldzuweisung, Anklage, Schuldspruch jŠebu I,1 32c	ḥijjûb	חיוב
(A) Schuldig; verpflichtet, verantwortlich TAD B3, 8,42; YT B 316; mBer IX,5; mBQ III,1–2; mBM II,1 f; mBB V,8 f; mSan III,6; VII; VIII,2.5 ff; IX,1 f; mMak III,2 ff; mŠebu III,1 ff.7 f; IV,1 ff.; V,1 ff; VI,1 ff; VIII,6 f. (B) Schuldiger, Verurteilter mSan III,6. (C) Schuldner LC 90 f,48–51; 94,a; 97,u; 102,113; 102–104,113–119; mMak I,2; bBM 16b.35a–b	ḥajjab	חייב
Schneider mŠab I,3; mPes IV,6; mBQ X,10	ḥajjaṭ	חייט
Begrenzung des heiligen Bereichs im Tempelareal 11Q19 46,9; mMid I,5; II,3; mKel I,8	ḥêl	חיל
(A) Stärke; Streitmacht; Menge. DNWSI I, 369 f. (B) Argument, jGiṭ IX,4 50b; jAZ III,6 43a. SokP 199. SokB 455	ḥajil	חיל
Aussenstehende; nichtrabbinische Juden mMeg IV,8; Mass Tefillin I,13	ḥîṣônîm	חיצונים
Taubstumm Lev 19,14; mBQ VIII,4; mSan VIII,4; mEd VII,9	ḥêreš	חירש
Weiser; s. חכם	ḥakîm	חכים
Pacht, Verpachtungsgegenstand CL39–70; (PapYadin 44,17; 45,9 f); 144–149 (PapYadin 42); 257–261 (PapYadin 6); jGiṭV,7 47b; mBM IX,2 Pächter, Pacht LC 89 f,42–47; 93,60 f; Mur 24 B 8; D 18; E 10; tBM IX,3.29; s. שכיר	ḥakôr, ḥakîr	חכור, חכיר
(A) Weiser Dan 2,12 ff. (B) Weiser, Bezeichnung des rabbinischen Gelehrten/Richters mJeb II,10	ḥakam, ḥakkîm	חכם, חכים

Weisheit. Prov 3,19: „Mit Weisheit hat er (die) Erde gegründet“; vgl. SapSal 14,2. Weisheit = Torah: Sir 24,23; Bar 4,1; Targumim zu Gen 1,1	ḥåkmah	חכמה
Pachten, mieten; hif: vermieten Mur 24 B 13; C 6; E 5 ff; CL –150–155 (PapYadin 43,6); 39–70 (PapYadin 44,6; 45,7; 46;3); mBM IX,2; jMŠ V,5 56b; bBM 10a; *misthôsis*; lat. *locatio*	ḤKR	חכר
Pachtgeld CL 150–155 (PapYadin 43,6); bBM 65a	ḥakrah	חכרה
Pachtverhältnis bBM 104a	ḥakranûta᾽	חכרנותא
Fett (verbotenes) Lev 3,16–17; 7,23 (ShM –185); Philon, Post.Caini 123; mBik II,10; mMak III,2	ḥäläb	חלב
Melken mAZ II,6 f	ḤLB	חלב
Milch mAZ II,6 f; V,9 Verbot, Milch- und Fleischprodukte zusammen abzustellen oder gleichzeitig zu genießen Ex 23,19 (ShM –186; –187); 34,26; Dtn 14,21; Philon, Virt. 142 ff; Jos.CAp 2,213 f; mAZ V,9; mḤul VIII,1 ff; MekRJ ksp᾽ v	ḥalab ḥalab û-baśar	חלב חלב ובשר
(A) Kultische Teigabgabe Lev 15,20; Num 15,20 (ShM +133), mEd I,2;Traktat Ḥallah der Ordnung I. (B) Honigwabe mBB V,3	ḥallah	חלה
Entweihung, Profanisierung tBQ X,15; bŠab 119b Entweihung des Namens (Gottes) jTa III,10 16a; jMQ III,1 81d. s. קדוש השם	ḥillûl ḥillûl ha-šem	חלול חלול השם
Fenster mBB II,4; III,6 f	ḥallôn	חלון
Witwe, welche die Schwagerehe (s. יבום) verweigerte, also die חליצהvollzog Dtn 25,5–10; Jos.Bell2,116; Ant 4,254–257; Traktat J^ebamôt; mKet I,2; Sifre Dtn § 288–291	h^alûṣah	חלוצה
hif.: (A) Entscheiden. (B) Einen Verkauf endgültig abschließen. (C) Bestätigen. (D) Beschlagnahmen jŠebu VI,9 38a	ḤLṬ	חלט
Ersatz, Ablösung. 1Kön 5,26; TAD A6, 2,13; tTem III,11; mQid I,6	ḥ^alîfah	חליפה
(A) Tauschhandel. (B) Scheintausch. Mit Übergabe eines Tuchs (s.קנין סודר) zur Besitzübertragung bBM 45b–47a	ḥ^alîfîn	חליפין
Abstreifen des Schuhs: Symbolhandlung bei Verweigerung der Schwagerehe, Dtn 25,9 חלץ (ShM +217); Traktat J^ebamôt der Ordnung III; mSan I,3; mMak I,1; III,1; mEd IV,9; mBek I,7: s. חלוצה	ḥ^alîṣah	חליצה
Brauch, Arbeitsweise, Angabe CL 82.86 (PapYadin 7,24.65)	ḥ^alîqah	חליקה
Hohlraum mBB III,8	ḥalal	חלל

pi.: (A) Etwas entweihen, profanisieren, Lev 26,15; CD XI,15; XII,4; XV,3; 4Q252 IV,5; mRH I,4 f; mSan VI,4.8; VIII;7; bBek 43b; s. חילול, קדש. SokB 463 f. (B) Entweihen (den Namen Gottes); Lev 22,3; jBer VII,3 11c; jMeg IV,4 75b; jSan I,6 19c; III,6 21b; bBer 6b (Sabbat); bAZ 27b 54a; bBQ 77b–78b; bSan 74a; s. קדוש השם, חלול השם.	ḤLL	חלל
(A) „Durchbohrter“; Erschlagener; Gefallener 1QM III,1 u. ö. / 4Q491–492; 4Q169 3–4 ii,6; 11Q19 50,5; 63,4. (B) Entweihter, aus Priesterdienst Ausgeschlossener, mQid IV,1.6	ḥalal	חלל
(A) Entehrte / Entweihte Lev 21,7.14; Philon, Spec. 2,10. (B) aus einer Priesterfamilie Ausgeschlossene Lev 22,12; mJeb IX,2; mQid IV,6	ḥªlalah	חללה
hif.: tauschen, wechseln, ändern Gen 31,7,11; TAD B8, 10,7; C1, 1,19; 2,5; mBM VIII,4. Bacher I, 59.II,55 f. SokB 465 f	ḤLP	חלף
Wasseruhr, *klepsydra* (zur Beschränkung der Redezeit vor Gericht) GenR XLIX,24. Sperber 96.	ḥªlaf sîdrah	חלף סידרה
Schuhausziehen bei Verweigerung der Schwagerehe Traktat Jᵉba-mot mt in der Ordnung III; mSan II,1 f; mEd IV,8; bJeb 103a;112a. s. חלוצה, חליצה	ḤLṢ	חלץ
qal und hif: geteilter Meinung sein; abweichende Ansicht vertreten. Bacher I,60	ḤLQ	חלק
Teil, Anteil Num 18,20; Dtn 10,9; 12,12; 14,17.20; 18,1.5; Dan 4,2.12.20; Esr 4,16; YT B 217; mSan X,1 ff. DNWSI I, 378 f. Landis Gogel 326	ḥäläq, ḥªlaq	חלק
„Glatte“, erleichternde Vorschriften; s. דורשי חלקות	ḥªlaqôt	חלקות
Schwiegervater mBB IX,5; mSan IX,1	ḥam	חם
Ham, der zweite Sohn Noahs. In Gen 9,25–27 mit seiner Nachkommenschaft (Hamiten) zum Sklavendasein verflucht. Seit der Antike auch bei Christen biblische Textgrundlage für die Behandung der „Hamiten“ und „Kanaanäer“ als Sklavenvölker und für den Sklavenhandel. Jub 7,12; 8,18; Philon, Sobr. 30–58; Massäkät ʿªbadîm I,2.	ḥam bᵉnê ḥam	חם בני חם
Begehren Ex 20,17/Dtn 5,21 (SHM –265); 4Q158 Frg. 7–8,2; Philon, Decal. 142 ff. 173.175; Spec. 4,79–97; Jos.Ant 3,92; Röm 7,7; Röm 13,9; Hebr 13,5; MekRJ ba-ḥodäš viii	ḤMD	חמד
Sonne mAZ III,3	ḥammah	חמה
Schwiegermutter mSan IX,1	ḥamôt	חמות
Esel mBM II,9; V,4 f; VI,3 ff; VIII,4; mBB V,2 f; mMak III,9; mEd VII,1; mAZ V,9	ḥamôr	חמור
Streng, strikt mSan IX,3 f; mKel I,4; bPes 18b; bJeb 6a; bEr 69b; bBQ 40a; bBM 56a	ḥamûr, ḥªmîr	חמור, חמיר
Sehen, schauen; pa.: zeigen. SokP 205 f	ḤMJ	חמי

Gewalt üben, sich unrecht Gut aneignen. ThWQ I,1004–1007	Ḥ MS	חמס
Gewalttat, Nötigung; unrechte Aneignung ThWQ I,1004–1007; 1QpHab VIII,11; XII,1 ff; 1QS X,19; 1Q20 V,18; XI,14; 11Q19 61,7; tŠebu IV,2. Meineidiger Zeuge (עד חמס): Ex 23,1; Dtn 19,16; TAD C1, 1,140; MekRJ kaspaʾ ii	ḥamas	חמס
Gewalttäter bBQ 62a	ḥamsan	חמסן
Stehlen, entwenden TAD B7, 1.3	ḤMṢ	חמץ
Gesäuertes Ex 12,15, 19 (ShM –201); 13,3 (ShM –197); 13,7 (ShM –200); 13,20 (ShM –198); 34,25; Lev 2,11; 6,10; Dtn 16,3 (ShM –199); mPes; mMak III,2	ḥameṣ	חמץ
hif./af.: hif.: erschweren mNed I,1; mBQ II,5; mEd IV,ff; V,1 ff; bKet 82a; bSan 51a; bAZ 49a; bMen 41a. Bacher I, 61–63. II,67. SokP 207 f; SokB 470; s. חומר	ḤMR	חמר
Wein Esr 6,9; 7,22; Dan 5,1 ff.23; bŠab 67b;77a;129a;110b; bPes 52b; bMeg 12b; bJom 76b; bBQ 92b; bBB 58b;96a; bBM 83a;106b; bAZ 32a;57b; s. יין. DNWSI I, 383 f.SokP 205. SokB 470 f	ḥªmar, ḥamraʾ	חמר, חמרא
Fünfzig. Organisationseinheit in Miltär und Verwaltung Ex 28,21; Dtn 1,15; 1 Sam 8,12; 2 Kön 1,13; Jes 3,3; CD XIII,1; 1QM II,16; IV,3 f.17; 1QS II,22; 1Q28a I,14; II,1; 11Q 57, I,4; 60,9	ḥªmišîm	חמשים
Kaufladeninhaber(in). mDem II,4; mMŠ IV,2; mBêṣah III,8; mKet IX,4; mNed IV,7; mQid IV,14; IV,12; mBM II,4; III,11; V,4; V,4; IX,12; mBB V,8 ff; mŠebu VII,1 ff; mEd III,8; mMe VI,2.5; mKel XXIX,5	ḥanwanî/t	חנווני\ת
(A) Einweihung Esr 6,16; Dan 3,2 f. (B) Chanukkahfest 1Makk 4,36–59	ḥªnûkkah	חנוכה
Gewölbe, Laden, Geschäftsraum, Werkstatt Jer 37,16; mMŠ II,9; mBM II,4; VIII,6; mBB II,3: mAZ I,4; V,4; bQid 9a. Taverne bAZ 31b. DNWSI I, 388. SokB 473	ḥanût	חנות
Erdrosselung (Todesstrafe) jSan VII,1 24b	ḥªnîqah	חניקה
pi.: (A) Erdrosseln; nif: sich erdrosseln 2Sam 17,23. (B) Todesstrafe mSan VI,5; VII,1.3; XI,1; MekRJ nᵉzîqîn v. DNWSI I, 389 f.SokP 209; SokB 474	ḤNQ	חנק
Erdrosselung (Todesstrafe) Lev 20,10; mKet IV,3; mSan VII,1.3.9; XI,1 ff; bSan 15b	ḥänäq	חנק
Verringert (im Wert) bBM 69b	ḥªsîk	חסיך
Mangelhaft, fehlerhaft Dan 5,27; mAZ I,5; bSan 22a; bŠab 77b;129a; bHul 47a. SokP 210. SokB 475.	ḥasîr	חסיר

(A) Im Besitz halten, (vom Erbe) Besitz ergreifen; TAD A5,2,2; A6, 2,3; 11,5; B2, 3,2.26; 9,7; 11,14; B3, 12,5; B7, 3,7; CL 80–86 (PapYadin 7); 144 (PapYadin 42,4). (B) Herrschaft ergreifen Dan 7,18.22; vgl. חזק DNWSI I, 391 f. SokB 475 f.	ḤSN	חסן
Macht, Verfügungsgewalt Dan 4,27. DNWSI I, 393.	ḥesän, ḥosän	חסן
Unvollständig, defekt sein; Schaden/Verlust erleiden; pa.: mindern, Verlust verursachen. bQid 7a; bBQ 20a;87b;112b. SokB 476 f	ḤSR	חסר
Mangel; Verlust mBM III,7; mKel XXVI,7 Geldverlust bBM 23a	ḥäsrôn ḥäsrôn kîs	חסרון חסרון כיס
Sack mBM II,1	ḥ^{a}fîsah	חפיסה
(A) Gegenstand, Objekt. (B) Preis, Wert mBM IV,10	ḥefäṣ	חפץ
Hälfte Halbkreis mSan IV,3 (Sitzordnung des Sanhedrin) Hälfte der zu ersetzenden Schadenssumme mBQ I,4 Unter dem festgesetzten Minimalmaß. bŠebu 21b.22b.23b	ḥ^{a}ṣî ḥ^{a}ṣî gôrän ḥ^{a}ṣî näzäq ḥ^{a}ṣî ši'ûr	חצי חצי גורן חצי נזק חצי שעור
Trompeten(blasen) Num 10,9 f (ShM +59)	ḥ^{a}ṣoṣ^{e}rôt	חצצרות
Hof LXX: *aulê*. DNWSI I, 400 f (A) Am Heiligtum Ex 27,9 f; 2Kön 20,4; 2Chr 4,9; Jer 23,20; Ez 8,16; 40,28.31; 47,16 f; 48,1; 4Q179 i,6;4Q306 I,6; 4Q365 27,1; 4Q365a 2 ii,5; 11Q19 22,19; 26,12; 36,14; 37,8 f.13; 38,12;39,4.11; 40,4 ff; 41,7.12 f; 46,3 ff; s. עזרה (B) An Palast 1Kön 7,8; Jer 32,8; Est 2,11 (C) An Haus 3Q15 I,6; II,5; III,6; mEr VI,1; mBB I; III,5.7; IV,4; V,2; mMak II,2	ḥaṣer	חצר
Untersuchung; Zeugenverhör mSan IV,1.5; V,1 ff; mGiṭ IV,7; *anakrisis*, *exetasis*; lat. *interrogatio*; s. דרישה	ḥ^{a}qirah	חקירה
Feldstück SokP 213. TAD B1 (zur Bearbeitung anvertraut); YT B 218; jPe'ah VII,3 20b; bBer 62b. DNWSI I, 401	ḥ^{a}qal, ḥaqla'	חקל, חקלא
Untersuchen, verhören; *anakrinein*, *exetazein*; lat. *interrogare* Dtn 13,15; 4Q392 i,4; 11Q19 55,5.19; s. חקירה	ḤQR	חקר
Sturzbach, Wasserfall mEd V,2	ḥard^{e}lît	חרדלית
Johannesbrotbaum mBB II,7.13; IV,8 f	ḥarôb	חרוב
Anspruch bGiṭ 86a	ḥ^{a}rûra'	חרורא
Freigelassener Sklave mQid IV,1; bJeb 37a	ḥ^{a}rûrî	חרורי
Freiheit DNWSI I, 403 f (A) Persönlich: NṢ 7,1.7; 13,1; Philon, Probus; Heres 275–276; spec.2I,6; 79 ff. (B) Politisch: Münzaufschriften (Jahr + ḥerût Jiśråel); XHev/Se 7,1.7; 8,1.8; s. auch גאולה.	ḥerût	חרות, חרת, חירות

Magier, Wahrsager, Deuter Gen 41,8.24 (LXX: *exêgêtês*); Ex 7,11.22; 8,3.10.15; 9,11 (LXX *epôidos*); Dan 2,10.27; 4,4 ff; 5,11 (LXX *sophos*)	ḥarṭôm	חרטום
Scharfsinniger Gelehrter bHor 14a	ḥarîf	חריף
hif.: (A) Weihen Lev 27,21.28 (ShM +145); Num 18,14; CD IX,1, mAr VIII,4 ff. (B) Bannen (ungenutzt vernichten) Ex 22,19; Dtn 13,16; Esr 10,8; 11Q19 60,5; mSan X,5. (C) Beschlagnahmen Esr 10,8. (D) Aus einer Gemeinschaft ausschließen Esr 10,8; Joh 9,22; 1Kor 5,2 ff; mAr VIII,4; bMQ 16a. DNWSI I, 404. ThWQ I,1068–1071	ḤRM	חרם
(A) Bann, Banngut; LXX: *anathema, exolethreuma* Dtn 13,13 ff; Jos 7,22 ff; Ri 20,48; 21,10; 1Sam 15,21; 1QM IX,7; 11Q19 55,7.11; 62,14; 1Makk 5,3.28.50 f; Philon, Spec. 1,166; Jos.Ant 3,279. (B) Geweihtes; eidlich Gelobtes Lev 27,22 f.27 f (ShM –110; –111); Num 18,14; YT B 219; CD VI,15; 4Q251 14,2.24; Philon, Spec. 3,83; Hyp. 7,3; mNed I,1.2; II,4 f; V,4; mAr VIII,6; PRE XXXVIII. DNWSI I, 405. ThWQ I,1068–1071. SokB 483 f	ḥäräm	חרם
Sichel Dtn 16,9; 23,26 (ShM –267); 11Q19 19,6–7; Sifre Dtn § 267; bBM 87b–89a	ḥärmeś	חרמש
Irdenes Gefäß/Gerät mBM II,1; mEd I,13; mAZ II,3; V,11	ḥäräs	חרס
pi.: Schelten, schmähen, beleidigen 2Kön 19,4.16.22 f; Prov 14,31; 17,5; bSan 94a–b. DNWSI I,408. ThWQ I,1071–1074.	ḤRP	חרף
Schmach, Schande, Schmähung, *oneidos, oneidismos*; Gen 34,14 LXX; 1Sam 17,26; Neh 1,3; Jer 31,19; Zef 2,8; Prov 18,3; Dan 11,18	ḥärpah	חרפה
Weinbeerkerne Num 6,4; mAZ II,4	ḥarṣan	חרצנים
Streit, Auseinandersetzung Mur 26, 5; 30, II 25; NḤ 8,7; 9,9. s. תגר	ḥarar	חרר
Pflügen mMak III,9	ḤRŠ	חרש
Taubstummer Lev 19,14; CD XV,15–17; 1Q28a II,6; mTer I,1 f; mJeb IV,6; VII,4; XII,4; XIII,8; XIV,1 ff; mEr III,3; mMeg II,4; mḤag I,1; mSot IV,5; mGiṭ II,5 f; V,5 ff; mBQ V,6; VI,2.4; VIII,4; mŠebu VI,4; bSan VIII,4; mEd VII,8; mMen IX,8; mḤul I,1; VI,3; mAr I,1; mMe VI,2; mParah V,1; mTeh III,6; VIII,6; mZab II,1; mNid II,1; mJad I,3. ThWQ I,1080	ḥereš	חרש
Handwerker mBQ X,10; mAr VI,3; mKel XIV,3; XVI,7; XXI,3; XXIX,3; mOh XIII,3; vgl. אומן. DNWSI I, 408	ḥaraš	חרש
(A) pi.: rechnen, berechnen, planen bBQ 61a; bBM 67a; bŠebu 24b; bAZ 9b; bZeb 36a. (B) Halten für, nif.: gehalten werden für, gelten als Dan 4,32; bPes 49b; bHul 42b. DNWSI I, 409 f. ThWQ I,1082–1092. SokB 486	ḤŠB	חשב

(A) Rechnung, Berechnung Koh 7,25.27; 9,10; TAD C3A, 28,29; 4Q534 1 i. (B) Betrag CLgr 17,41 S. 73. (C) Abrechnung 1QS VI,20; mŠebi V,3; mBM X,1; mBB VII,2. (D) Überdenken, Rechenschaft, hSir 42,3 f	ḥäšbôn, ḥûšban	חשבון, חושבן
Verdächtigen mSan III,5. DNWSI I, 411. SokP 193	ḤŠD	חשד
Verdacht, Befürchtung jKet I,1 25a; bBer 3a; bBM 78b; bBek 30b. SokB 486	ḥašad	חשד
Verdächtig(t), Verdächtiger mŠebu VII,1.4; mAZ II,1	ḥašûd, ḥ^{a}šîd	חשוד, חשיד
(A) Argwohn hegen, besorgt sein, in Betracht ziehen jBM V,6 10c; jBB II,11 13c; bBer 52b; bSot 8a; bBek 42b. (B) Befürchten tGiṭ III,2. (C) Verdächtigen; nif.: verdächtig werden, verdächtig sein. DNWSI I, 412. SokP 217 f. SokB 488 f	ḤŠŠ	חשש
Unterzeichner mKet XIII,6	ḥatôm	חתום
(A) Versiegelt Neh 10,1; CD V,2 (Torah); vgl. 4Q163 15–16,3 f. (B) Verschlossen, unzugänglich 4Q300 1a ii (Vision)	ḥatûm	חתום
Unterschrift; Abschluss, Schlussformel	ḥittûm	חתום
(A) Unterschrift, Siegelung 4Q185 1–2 ii,4; jKet II,4 26c; jGiṭ II,1 44a; jSan III,9 21d; bKet 21a; bBB 161a.167a. (B) Schlussteil der Benediktion mBer I,4; mTa II,3	ḥ^{a}tîmah	חתימה
(A) Abschließen, verschließen, versiegeln Dan 6,18; 12,4; 4Q427 7 i,19. (B) Siegeln, unterschreiben, *sphragizein*, signieren, lat. *obsignare* 1Kön 21,8; Est 8,8.10; Dan 6,18; TAD A4, 1,8; Mur 29,9; 30,II 9; NḤ 49,12 f; mGiṭ I,1 f; II,1 f5; mEd II,3; jGiṭ I,4 43c; Sifre Num § 117; bŠab 66b; bGiṭ 87b; bBB 48b;164a;167a; bSan 29b. (C) Eine Benediktion abschließen mBer I,4; mTa II,3; bBer 44a; bMeg 22a. DNWSI I, 413ThWQ I, 1093–1096. SokP 218. SokB 489 f	ḤTM	חתם
hitp.: (A) Heiraten, sich verheiraten. 1Kor 7,1 ff.8 ff.12–14.39. (B) untereinander heiraten Gen 34,8–10 (vgl. lat. *connubium* und *commercium*); Dtn 7,3–4 (ShM –52); Esr 9,14; 10,3; Jub 30,11; Philon, Spec. 3,29; Alleg. 2,91; Virt. 224; Vita Mos. 2,193; mMeg IV,9; mJeb II,4; VIII,9; mQid 11,12; mSan IX,6; bJeb 17a.22b; jQid III,14 64d; bTem 49b	ḤTN	חתן
Bräutigam; Schwiegersohn LC 31 f,29; 61,17.25; mKet VI,2; XIII,5	ḥatan	חתן

	Ṭeṭ	ט
Gut, wertvoll, wert; s. טוב	ṭab	טב
Stadtvorsteher jTa IV,5 68d. S. טובים / טוב. SokP 219. SokB 492	ṭab ha-ʿîr, ṭâb qartaʾ	טב העיר, טב קרתא
Nach rituellem Tauchbad bis Sonnenuntergang Unreiner Lev 21,6 (ShM –76 Priester); 11Q19 50,4.8 f.15 f; Traktat Ṭebul Jôm der Ordnung VI; mHal IV,8; mPes I,6; mEd II,1; VIII,1; mZeb II,1; XII,1; mMen I,2; II,1 ff; mNeg XIV,3; mParah VIII,7; mṬoh II,1; mZab V,12	ṭebûl jôm	טבול יום
Verfall (ohne Rückerstattungspflicht) bKet 76b; bBB 145a	ṭibbûʿîn	טבועין
Schlachten mŠebu V,5	ṬBḤ	טבח
Schlächter/Koch, Fleischhauer, Leibkoch, Leibwächter mSan VI,4. DNWSI I,419	ṭabbaḥ	טבח
Schlachtung und Verkauf (Viehdiebstahl) Ex 21,37; jBQ VII,1 5d ff; bKet 33b; bBQ 77b–79a	ṭebîḥah û-mekîrah	טביחה ומכירה
Rituelles Untertauchen, Tauchbad Lev 15,16; Traktat Miqwaʾôt der Ordnung VI; mJom III,3 mḤag III,8	ṭebîlah	טבילה
(A) Untertauchen mEd V,3. (B) hif: eintauchen; durch Ein-/Untertauchen rituell reinigen mBer III,6.; mJom III,2 f; VII,4; mEd III,2; V,2; mAZ V,12; bPes 46a; bNid 29b. SokB 493 f	ṬBL	טבל
Noch nicht verzehntete Frucht Lev 22,15; mSan VIII,2; mMak III,2	ṭäbäl	טבל
Flache Platte, Schreibtafel tDem I,23	ṭablah lat. *tabula*	טבלה
Ring, Siegelring Gen 41,42; Est 3,10.12; 8,2.8 ff; tAZ V,1–2	ṭabaʿat	טבעת
Rein, lauter; rituell rein, *katharos* Lev 10,10; 17,15 u. ö.; 11Q19 50,10; Mt 15,11; Mk 7,15 ff; 11,39 ff/Mt 23,25 ff; Apg 10 f; 15,4; 22,26; JosAnt 3,258 ff; Str.-B. 718–720; mEd III,7; V,11. DNWSI I,420. ThWQ II,1–11	ṭahôr	טהור
Rituell rein sein; pi./pa.: rituell reinigen, für rein erklären Lev 13–14; Num 6 f; 8,15.21; mEd III; mSan XI,6; mEd VI,3; VIII,7; mAZ IV,11 f; bŠab 34a; bGiṭ 54a; bHul 124b; s. טמא. SokB 494 f; Gegenteil: טמא.	ṬHR	טהר
(A) Rituelle Reinheit Lev 12,4 f (ShM –129); 13,15; 14,2.23.32; 15,13; Jub 21,16 ff; CD IX,21–23; 1QS V,13; VI,16 ff; VII,3.16 ff; VIII,17.24; 4Q 274; 275.278.279; 4Q394 3–10; 4Q 396 III,8; 4Q513 2 ii,1, 11Q19 48–51; 63,14; Ordnung VI; mEd V,6. (B) Reinigung Lev 13,45 (ShM +112); 14,2 (ShM +110); 14,9 (ShM +111); 15,16 (ShM +109); Num 19,2–9 (ShM +113: Asche der roten Kuh); 19,13.21 (ShM +108); 4Q266–272; 274; 4Q394 3–10,16; 4Q514 1 ii,3 ff;11Q19 49;50; Traktat Parah; mEd IV,8	ṭohorah	טהרה

Vornehme mŠeq V,6 Ratsmitglieder bMeg 26a; s. טב קרתא	ṭôbîm, b^enê ṭôbîm ṭôbê ha'îr	טובים, בני טובים טובי העיר
(A) Gut; Gunst mAbot VI,3. (B) Zuwendung,Vergütung gegen Entgelt tḤul II,17. (C) Mit Willen / wider Willen mŠebi IV,2; mEd V,1; mAZ IV,3. DNWSI I,417 f	ṭôbah b^e-ṭôbah / lo' b^e-ṭôbah	טובה בטובה / לא בטובה
Rituelle Unreinheit Lev 5,3; 7,19 f (ShM –130); 12,4 (ShM –129) 14.19; 15; 16,16 ff; 18,19; 22,3 ff; Num 5,19; 19,13; Dtn 26,14; CD VII,3; XI,20; XII,16 ff; 1QS IV,10; 1Q28a II,3; 1QM VII,4; IX,8; XIII,5; 4Q 274; 275.278.279; 4Q381 69,2; 4Q 396 III,7; 4Q514 1 i; 11Q19 45,10; 47,5; 48,16; 48,17; 50,8; 51,6.9; 58,17; mMŠ III,9; mPes I,6; mŠeq VIII,4–7; mNazir VI,1; mJṬ II,8 f; mBB II,14; mMak III,9; mŠebu I,5 f; II,1 ff; mEd II,1; IV.8.12; mAZ IV,9; mMe IV,3 ff; mKel I,1 ff.5 ff; XIX,4; mOh V,5 ff; VIII,1 ff; mToh I,5; IV,5 ff.11; V,7 ff; VI,1 ff; mNid X,6; mMakš IV,2.8; VI,4 ff; mTJ I,4 f; II,1.8; III,1; mJad III,1. Gegenteil: s. טהרה. Erstgradige U.: mKel VIII,5.7; mToh I,5 ff; II,2 ff;: mNid X,6; mJad III,1. Zweitgradige U.: mSot V,2; mKel VIII,5; XIX,4; mToh I,1 ff; II,2 ff; mZab V,12. Drittgradige U.: Sot V,2; mKel I,5 ff; XIX,4; mToh I,1 ff; II,2 ff; mTJ I,1; IV,1 ff; mJad I,1 Viertgradige U.: mToh I,1; II,5. Fünftgradige U.: mToh II,5 S. auch אוהלות, חבור, מגע, משא, מדרס	ṭûm'ah	טומאה
Totenunreinheit Lev 13,11 ff; 21,1.11 (ShM –208); 22,4; Num 5,1–3; 6,6 f; 9,10; 19,13 f; Tob 2,7–9; 11Q19 45,17; 49,4 ff/50,4 ff; 50,10 ff; 51; 4Q397, 6–13, 10–12; 4Q512, xii; Jos.Ant 3,277 f; CAP 2,205; mEd III,4; VI,2; mJad IV,6; mKel I,8; Traktat 'Ohalôt der Ordnung VI. Priester: Lev 21,2–3.11; Ez 4,25–27. Hohepriester und Nazir: mNazir VII,1 ff; IX,4; mMak III,8. Totgeburt: 11Q19 50,10; Gelübde: 53,16. Tierkadaver: Lv 11,8.24.29–31.34; 11Q19 50, 20 –51,5	ṭûm'at met	טומאת מת
Siebentägige Unreinheit mḤul IV,3; mKel I,4; XIX,5 f; mOh I,1 ff; V,4; VII,2; XV,2.9; mZab IV,6	ṭûm'at šib'ah	טומאת שבעה
Rolle, Liste, Dokument. tŠab XIII,4 Benediktionen; tBQ IX,31; B^ere'šît rabbatî zu Gen 9,8 (Urkunden). Sperber 98 f	ṭômôs, ṭîmôs *tomos*	טומוס, טימוס
Person mit anormalen Genitalien mBik I,5; mḤag I,1; mNazir II,7; mBB IX,2	ṭûmṭô/ûm	טומטום
(A) Belastung. (B) Gesetzliche Festlegung einer Einzelregelung auf Grund einer allgemeinen Regelung Sifra, Einleitung. Eine von 13 Regeln des R. Jischmael	ṭô'an	טוען
Formular mGiṭ III,2; jGiṭVIII,10 49d; IX,6 50a–b; jBB X,1 17c; s. גט, שטר	ṭôfäs	טופס

Mühe, Anstrengung, Schwerarbeit bMQ 9a;13a; bBM 21a; bAZ 50b	ṭûrta', ṭîrta'	טורתא, טירתא
Erwiesene Güte, Gunst; Vorteil jTa IV,7 69c	ṭebûtah'	טיבותא
Aufwertung eines Grundstücks jŠebi IV,2 35b	ṭijjûb	טיוב
Wert, Preis jBer IX,1 12d; jPe'ah VII,9 21b. Sperber 99–101	ṭîmê *timê*	טימי
Örtliche Veränderung eines Objekts, umstellen, bewegen bŠab 43b	ṭilṭûl	טלטול
Bewegen, umstellen jKil IV,2 29b; jEr I,1 18c; I,4 19a	ṬLṬL	טלטל
Mantel mBM I,1; mBB I,6	ṭallît	טלית
Rituell unrein sein/werden (s.טהור), *miainesthai.* (A) Person: Lev 11,12 ff; 12,2 ff; 13,14 ff; 15,5 ff; 18,20 ff; Num 19,7 ff. (B) Sache: Lev 11,32 ff; 14,36; 15,9 ff; 18,25 ff. (C) pi.: unrein machen, als unrein werten, Lev 11,44; 13,3 ff; Num 6.9; CD V,6 (Heiligtum); V,11 (Geist); XI,19 ff (Altar); XII,1 (Stadt des Heiligtums).17 ff; XX,23 (Heiligtum); 1Q20 XX,15 (Person); 1QpHab XII,8 (Heiligtum); 4Q390 2 i,9 (Heiligtum); 11Q19 45,10 (Heiligtum); 45,13 u. 47,10 (Stadt des Heiligtums); 17 (Heiligtum); 48,10 (das Land); 48,15 f/49,4 (Städte). Ordnung Toharôt; mBM II,10; mSan XI,6; mEd V,3 (Hände); VI,2 f; VIII,7; mAZ III,6; bPes 17b; bBek 23a; bNid 56b. (D) hitp., nif.: sich verunreinigen, verunreinigt werden Num 6,7; mMak III,8; mEd VI,3; bNid 28b; s. טומאה. (E) Ausschluß vom Heiligtum Num 5,3 (ShM –77); Dtn 23,11 (ShM –78). ThWQ II;22–34. SokB 506	ṬM' , TMJ	טמא, טמי
Rituell unrein, Unreiner/s Lev 7,19 ff; 10,10; 11,8 und 24 (ShM +96 Tierkadaver).29–31 (ShM +97 Kriechtierkadaver). 34 (ShM +98 Nahrungsmittel, Kontaktverunreinigung).47; 12,2 (ShM +100 Wöchnerin); 13,3 (ShM +101 Aussatz).13,51 (ShM +102 Aussatz am Gewand); 14,44 (ShM +103 Aussatz am Haus); 15,2 (ShM +104 Ausfluss am Mann); 15,16 (ShM +105 Sperma); 15,19 (ShM +99 Menstruation); 15,19 (ShM +106 Ausfluss bei Frau);17,15; 27,11.27; 19,14 (ShM +107 Totenunreinheit); Dtn 12,15 ff; 14,7 ff; 15,22; 26,14; CD VI,15 (Besitz); VI,17 / XII,20 / 4Q394 3–10,19; IV,6 (zu trennen zw. rein und unrein); X,13; XI,19; 1QS III,5; V,14.20; 4Q266 6 i,11; 4Q514 1 i,5.8;); 47,5; 50,30 (Tiere); 51,6 f.14; 52,11; 53,11 f; Philon, Spec. I4109; Jos.Ant 3,258 ff; Mt 15,11; Str.-B.I,718–720; Ordnung VI Ṭohᵒrôt; mMak III,2; mŠebu II,1.3 f; mEd I,14; II,1; III,1.7 ff; IV,6	ṭame'	טמא
Schatz, Vorrat LevR XI,7	ṭamjôn, ṭimjôn *tamieion*	טמיון
Staatseigentum CtR VI,2; EstR Petiḥah iii	ṭamîqa', ṭamjaqôn *tamiakon*	טמיקא, טמיקון

Verheiratet, im Ehestand bQid 7a; bBQ 111a	ṭan dû	טן דו
Abfallanteil unter Früchten, Saatgut mBB VI,2	ṭinnôfät	טנופת
Grundsteuer (persisch) bGiṭ 58b; bBB 54b–55a	ṭisqa'	טסקא
(A) Irregehen, irren; af/hif: täuschen, verleiten jRH II,1 58a; bQid 45b. (B) Götzendienst treiben	Ṭ‛H, Ṭ‛J	טעה, טעי
Belastet, verpflichtet mJma III,2; mBQ VI,6	ṭa‛ûn	טעון
(A) Irrtum mKet I,6; jSan VI,2 23b; IX,3 27a; bBer 27b; bMeg 11b–12a. (B) Fremdkult, Götzendienst Sifre Dtn § 87; *planê*, *sphalma*; lat. *error;* s. auch שגגה	ṭa‛ût	טעות
(A) Geschmack mAZ V,2.8. (B) Sinn, Grund, Sinngebung mŠebu IV,3. (C) Bedachtnahme, Dan 3,12; 6,14. (D) Befehl, Anordnung Esr 4,21;5,3.9.13; 6,8.11.14.27; Dan 3,10; 4,21; 5,3.9.13. s. בעל טעם. (E) Rechenschaftsbericht Dan 6,3. (F) Begründung, bibl. Grundlage jJeb III,1 4c. DNWSI I,427. Bacher 6 f.; SokB 510 f	ṭa‛am	טעם
(A) Aufladen beladen, Gen 45,17; TAD C1, 1159.186; mBM II,10. (B) Auferlegen; eidlich belasten DNWSI I, 428; TAD B2, 2,6; 3,24. (C) Einwenden, argumentieren mKet VII,5. (D) Klagen, anklagen jQid II,4 62d; ṭô‛en Kläger, niṭ‛an Beklagter. *enkalein;* lat. *accusare*. S. תבע. DNWSI I,428. Bacher 67 f. SokP 228 f. SokB 511 f	Ṭ‛N	טען
Anspruchserhebung; Anklage, Beschuldigung mKet I,2; XIII,3; mBM IV,7; mBB III,4; mŠebu VI,1.4; VII,8; *enklêma*; lat. *accusatio*; s. auch חזקה	ṭ$^{a‛}$anah	טענה
(A) Hinzufügung, Anhang (B) Beiläufiges, Nebensache, mBer VI,7; tSota IV,1	ṭafel, ṭ^{e}felah	טפל, טפלה
Ordnung tSan VIII,2	ṭäqäs, *taxis*	טקס
Ordnung; militärische Formation, Aufstellung jAZ I,2 39c	ṭaqsîs, *taxis*	טקסיס
(A) Schlagen, reißen (Beutetier); niederwerfen. (B) Als Pfand an sich reißen. (C) Eine Entschediung in Frage stellen jSan I,1 18a. SokP 232	ṬRP	טרף
Gerichtliches Dokument, das dem Gläubiger zugesteht, bereits an einen dritten veräußerte Grundstücke des Schuldners zu pfänden bBB 131a; vgl. bPes 3a; bKet 19a (שעבודה דרבי נתן)	ṭirpa'	טרפא

„Gerissenes". Fleisch von einem nicht rituell geschächteten Tier) Ex 22,30 (ShM –181); 4Q251 12; Philon, Spec. I4119 ff. Str.-B. II,715–723; Traktat Ḥullîn der Ordnung V; mŠebi VII,3; mPes VI,6; mNed II,1; mBQ VII,2; mSan VIII,2; mMak III,2; mMak III,2; mŠebu III,4; mEd II,2; V,1; mZeb VII,6; VIII,1; IX,3; XII,4; XIV,2; mḤul II,4; III,1 ff; IV,4; VI,2; VIII,5; mBek I,5; V,6; VII,7; IX,4; mTem VI,1.5; mNeg XIV,5; MekRJ kaspaʾ ii	ṭerefah	טרפה
Speiseraum mBB I,6; VI,4	ṭeraqlîn; *triklinion*	טרקלין
Verkauf mit Zahlungsaufschub und erhöhtem Preis bBM 65a–b	ṭaršaʾ	טרשא

	Jod	י
(A) Resignation betr. verlorenen Gutes, begründet Eigentumsrecht des Finders bBQ 66a; s. אבדה. (B) Verzichtleistung bGiṭ 37b–38a; bBQ 15a–b; bBQ 114a; bBM 21b	je'ûš	יאוש
Ordnungsgemäß, recht, passend, geziemend jHor III,47c; bSan 47b	ja'ût	יאות
pi./hitp.: verzweifeln; resignieren bezüglich der Wiedergewinnung verlorenen Gutes mBQ X,2; jBM II,4 8c; bBM 26b; s. יאוש	J'Š	יאש
Schwagerehe Traktat J^{e}bamôt in Ordnung III	jibbûm	יבום
Tragen, af.: bringen. DNWSI I,431 ff.	JBL	יבל
pi.: die Schwagerehe vollziehen Dtn 25,5 ff (ShM +216; –357); Mt 22,24; Mk 12,18 ff; Jos.Ant 4,254 ff; Str.-B. I,886–889; mSan II,1 f	JBM	יבם
Schwager/Schwägerin Dtn 25,5 ff; Traktat J^{e}bamôt in Ordnung III	jabam/ j^{e}bamah	יבם\יבמה
Trocken, dürr Num 6,3; mAZ III,4	jabeš	יבש
(A) Hand mBQ VIII,1; mAZ III,2. (B) Vollmacht, Recht zu etwas jBB IX,8 17a; bQid 3b	jad	יד
Abort Dtn 23,13–15 (ShM +183); 11Q19 46,13; Philon, All. 2,27; III,151 ff.; Sifre Dtn § 257 f	m^{e}qôm jad	מקום יד
Hände Ex 29,20; Lev 8,23 f; 14,14 u. ö. Unreinheit/Reinheit der Hände mḤag II,5; III,2; mEd III,2; V,3.6; mKel XV,6; XXV,7 f; mTeh IV,11; VII,8; mṬJ II,2; Traktat Jadajim der Ordnung VI. DNWSI I,433 ff.	jadajîm	ידיים
Rituelle Händespülung Mt 15,2; Str.-B. I,695–705; mJoma III,3; VII,4; mḤag II,4 mJad I,1-II,2; bBer 51b	n^{e}ṭîlat jadajîm qiddûš jadajîm	נטילת ידיים קדוש ידיים
hif./af.: (A) bekennen; anerkennen TAD D1, 17,10; mBB IX,10; mŠebu VI,3; hitp.: bekennen; ittaf: anerkannt bekommen, Lev 5,5; 16,21; 26,14; Num 5,7; 2Chr 30,2; Esr10,1; Neh 1,6; 9; Dan 9,4.20; jJom IV,1 41c. (B) Gestehen Num 5,6–7; mSan VI,2; mŠebu V,2; tSan IX,5; jŠebu IV,6 35d; bBB 167a. (C) Kultisch: Sündenbekenntnis vor Opfer Num 5,6 ff. S. הודאה. DNWSI I,439. ThWQ II,69–77. SokB 525 f.	JDH, JDJ	ידה, ידי
Unvollständige, aber als gültig gewertete Gelübde bNed 3a	j^{e}dôt n^{e}darîm	ידות נדרים
Kenntnis mŠebu I,1 ff; II,1 (betr. Unreinheit) Kenntnis vorweg mŠebu I,2–4 Kenntnis im Nachhinein mŠebu I,2–4	j^{e}dîʿah j^{e}dîʿah ba-t^{e}ḥîllah j^{e}dîʿah ba-sôf	ידיעה ידיעה בתחילה ידיעה בסוף
Kennen, wissen; hif./af.: bekannt geben, DNWSI I,439 ff	JDʿ	ידע
Geben; hebr. נתן. DNWSI I,442 ff. ThWQ II,94 ff. SokP 235 f. SokB 524 ff	JHB	יהב

Jude, jüdisch jAZ II, 3 41a. DNWSI I, ThWQ II,97 ff.SokP 236. SokB 528	Jᵉhûda'a/î, Jᵉhûdî, Jûdî	יהודאה, ייהודאי, יהודי, יודי
Gottesname, gelesen als ʾᵃdônaj („Herr"); LXX: (artikelloses) *kyrios.* In manchen Qumrantexten althebäisch geschrieben, ersetzt durch jj oder 4 Punkte. Landis Gogel 332 ff. mSan VII,5; X;1. Im Kult: mJom III,8; IV,2; VI,2; m VII,6 (השם ככתבו); mTam III,8. ThWQ II,101 ff	JHWH	יהוה
Jobelperiode, Jubiläum (7x7 Jahr. Lev 25; 25,8 f (ShM +140 Jubiläenzählung). (ShM +137). 50. Jahr, Schofarblassen, Sklavenfreilassung). 10 (ShM +136). 11 (ShM −224; −225; −226). 24 (ShM +138. Restitution des Erbbesitzes); äth.Hen 91,12 ff; CD XVI,4; 4Q319; 4Q387 2 ii,4; 4Q390 1,7; 11Q13 II; Jubiläenbuch passim; Philon, Spec. 2,110 ff; Jos.Ant 3,282 ff; mRH I,1; III,5; mQid I,2; mBek VIII,10; mAr VII,1 ff; IX,1. ThWQ II,106 ff	jôbel	יובל
Abstammung(snachweis), Genealogie mQid IV,1	jôḥas, jûḥasîn	יוחס, יוחסון
Wöchnerin Lev 12; mEd V,4; Traktat Niddah; mNid IV,4 ff; s. נדה. Opfer nach Reinigungsritual: Lev 12,6	jôlädät	יולדת
Tag, *hêmera* mḤul V,5. ThWQ II,110 ff. Regenzeit (Winter/Frühjahr) mBM VIII,6. Trockenzeit (Sommer) mBM VIII,6 Versöhnungstag Lev 16 (ShM +49); 23,26–33; 23,28 (ShM −329; 23,29 (ShM −196); Num 29,7–11; Jub 5,17 f; 34,18 f; Bar 3,9–4,4; 1QpHab XI,6–7; 1Q34+34bis; 4Q509,2; Philon, Spec. 1,186 ff; 2, 193 ff; Jos.Ant 3,240 ff; Traktat Jôma' der Ordnung II; mSoṭ VII; mBQ VII,2; mMak III,2 Feiertag mit Arbeitsruhe Traktat (auch Bêṣah) in Ordnung II; mMeg I,5 Fasttag Lev 23,29; s. צום	jôm jᵉmôt ha-gᵉšamîm jᵉmôt ha-ḥammah jôm ha-kippûrîm jôma' jôm ṭôb jôm ṣôm	יום ימות הגשמים ימות החמה יום הכפורים יומא יום טוב יום צום
Taube Philon, Spec 1,162; mBB V,3; mSan III,3; mEd II,7; bHul 6a	jônah	יונה
Grieche/griechisch; Griechin/ griechische Sprache/Schrift mŠeq II,2; mGiṭ IX,8	jᵉwanî/t	יוני\ת
Hoher Preis bBQ 7b	jôqär, jûqra'	יוקר, יוקרא
Erbe, *klêronomos;* lat. *heres* LC 30 f,21.24; 31,25 f; 32,31; 50,25–34; 61,18; 106 f,135 f; 113–115, 167–174; Jer 49,1; Mur 22,11; mJeb IV,3; X,1; XI,7; mKet IV,6; V,7; VIII,1 ff; IX,2 (Schulden).5 f; X,1; XI,1; Gal 4,1 ff; mBQ IX,10 (Schulden); mBB VIII,6; IX,2.8 f; tBB VIII,2; jKet IV,12 ff. 29a–b; bBB 176a (Schulden). S. נחל, ירש, ירת. DNWSI I,472	jôreš, jaret	יורש, ירת

Geld leihen; af: Geld verleihen TAD B3, 13,3; D6 8,8; jKet IX,13 33c; X,6 34a; jBM IV,1 9c; jŠebu IV,6 35d; bBM 64a.72b. SokP 238. SokB 532	JZP	יזף
Darlehen bMQ 28b	j^ezafta᾿	יזפתא
(A) pi.: bestimmen für Ps 86,11; Sir 34 (31),14; jŠebi X,1 39b; jPes I,3 28d; bBB 51a; bŠebu 35a. (B) pi.: Einheit Gottes bekennen jḤag III,5 79d. (C) hitp.: allein sein mit jemandem, mQid IV,11; mAZ II,1; bEr 100b; bSan 37a. (D) hitp.: sich (sexuell vereinigen, mAZ II,1. 0 (E) nif: sich (zum יחד) vereinen, 1QS I,8; IX,6; 1QH XIX,11; 1QH 2 i,10. DNWSI I, 454	JḤD	יחד
Einung, Vereinigung, besondere Veranstaltungs- bzw. Organisationsform in Qumrantexten. CD XX,1.14.32(?); 1QS I,1.12.16; II,22 ff; III,6 f12; V,1 ff16.20 ff; VI,2 ff; VII,6.17 ff; VIII,10 ff; IX,2.6 ff; 1Q28a I,9; II,18.21; 1Q28b V,21; 1QH VI,18; X,7; XI,22; 1Q31,1,1; 4Q171 1–10 IV,19; 4Q177 5–6,1.6; 4Q252 V,5; 4Q255 1,1; 2,1; 4Q256 II,1; 4Q270 3 iii,19; 4Q427 7 ii,9; 4Q477 2 ii,6. ThWQ II,121 ff	jaḥad	יחד
Rat des jaḥad 1QpHab XII,4; 1QS III,2; V,7; VI,16; VII,1.24; VIII, 1.5; XI,8; 1Q14 8–10,8; 1Q28a I,26 f II,2.11; 1Q28b IV,26; 4Q164 1,2; 4Q171 1–10 ii,15; 4Q177 14,5; 4Q265 7,8; 4Q286 7,1	ʿ^aṣat ha-jaḥad	עצת היחד
(A) Besonderheit, Einzigartigkeit. (B) Alleinsein eines Paares, geschlechtliche Vereinigung, bQid 65b. (C) Bekenntnis der Ausschließlichkeit des Kultes und der Einheit Gottes, Ex 20,2; Dtn 6,2.4; GAR 394; 395; Philon, Decal. 59 ff; Jos. Ant 3,91	jiḥûd	יחוד
Einzelner / Mehrheit mSan X,4; mEd I,5 f; V,7	jaḥîd/ m^erûbbîm	יחיד\ מרובים
Abstammung nachweisen; hitp.: sich genealogisch ableiten / verbinden, in ein genealog. Register eintragen Esr 8,1.3; Neh 7,5; 1Chr 5,1.7.17; 7,5 u.ö; 2Chr 31,16–19. Hurwitz 122–124	JḤS/Ś	יחס/ש
Abstammung, Genealogie Neh 7,5 (sefär jaḥaś) bBQ 15a. Hurvitz 125–126	jaḥas, jaḥ^aśûta᾿	יחס, יחסותא
Wein, *oinos* Lv 10,9–11; 19,26; Num 6,3 ff; Dtn 21,20; Goel 335; mDem VII,8; mMa I,7; VII,3 ff; mNed VIII,5; IX,7; mNazir II,4; IV,3; mBQ IX,2; X,4; mBM II,2; III,8; IV,11; mBM III,8; V,1; mBB V,6.8; VI,3; IX,4; mSan VIII,2.5; mAZ II,3 f.6; IV,8–11. V,5 ff. s. חמר ,שכר. DNWSI I,455 f. ThWQ II,136 ff. Benediktion über W.: mBer VI,1 ff; VIII,1; mPes X,2. Genußverbot im Kultdienst: Lev 10,9–11; für Nazir: mNazir, mMak III,7. Weinfest (s. תירוש) 11Q19,11 ff; Jub 6,35–37	jajin	יין

(A) Kultisch verwendeter Wein, Gußopfer- Libationswein Num 15,7.10; Dtn 32,38 (ShM –194); TAD C3A, 13,7; D7, 9,1; 11Q19, 14,6; 18,6; 19,14 f; 21,7.10; 34,12 ff; , 43,7.15; 47,6.12; Jub 7,2 ff; 21,7; Jos. Ant 3,234 (rund um an das Altarfundament) ; mMen VIII,6 f; IX,2 ff; mAZ IV,8; V,1 ff.7 ff; s. תירוש (Neuwein). (B) Für Fremdkult: Dtn 32,38; mAZ V,1–2.8–11	jên näsäk	יין נסך
Wein aus/in nichtjüdischer Produktion/Hand jSota VIII,5 22d; bBB 95a	jajin s^e^tam, s^e^tam jênam	יין סתם סתם יינם
(A) pi.: disputieren, Rechtsposition darlegen 1QS IX,16 fCtR VI,2. (B) hif: zurechtweisen. Lev 19,17; CD VII,2; IX,2.7 f18; XX,4.17; 1QpHab V,1; 1QS V,24.26; 4Q 477 2 II,5; bAr 16b. (C) Beweisen, bQid 7a. (D) hitp.: sich auseinandersetzen mit, ExR XL,3; Tanḥ wjgš IV. ThWQ II,139 ff. Bacher 39 f ThWQ II,139–145. SokB 534. SokP 240	JKḤ	יכח
pi. pi.: Geburtshilfe leisten mAZ II,1; bAZ 26a	JLD	ילד
Kind. s. פרו ורבו. LC 30,20b; 30 f,24 f.27; 31,25–27; 60,35; 64,32 f; 84,14; 103 f, 117–119; 106 f, 135; 111,158; 112,162 f; 113 f, 167–171; 114–116, 173–177; Dtn 6,7; 11,19 (Unterricht); Philon, Spec. 4,141; Jos.CAp 2,204; Jos.Ant 4,211; Sifre Dtn § 46. Kindesaussetzung: Philon, Spec. 3,110 ff. DNWSI I,457. Kindesmord: Philon, Spec. 3,112 ff; Jos.CAp 2,202	jäläd	ילד
(A) Sich gewöhnen, etwas zu tun pflegen. (B) Lernen; ableiten, erschließen jŠebi V,1 35d, jTa IV,1 67b. S. אלף. SokP 241 f. SokB 536	JLP	ילף
(A) Meer (B) Ölpressbecken mBB IV,5	jam	ים
Schwören; beschwören TAD B8, 9,4; s. שבע. DNWSI I,459 f; SokP 242; SokB 536	JMʾ, JMJ	ימא, ימי
Gewalt ausüben, betrügen, täuschen, übervorteilen. Ex 22,20; Lev 19,17.35–36; 25,14 (ShM –250; –251).17; Dtn 23,1.17; 25,13 f; 4Q171, 1–10 III,7; 3,5; mBM IV,2.9 f; MekRJ n^e^zîqîn xviii; jBM IV,9 9d; bBM 58b–59a; s. אונאה, הונאה	JNH, JNH	ינה, יני
Kind, Kleinkind bSuk 5b; bGiṭ 56a; bSan 110b. Jüngling, junger Mann bSan31a.	janôqaʾ	ינוקא
Kleines Mädchen bGiṭ 57a. SokB 537 f	janôqtaʾ	ינוקתא
Hif./af.: stillen mAZ II,1; bAZ 26a. SokP 242. SokB 538	JNQ	ינק
Gründen, festsetzen 1QpHab V,1; 1QS II,25; V,5; 1QH XVII,12; 4Q164 1,1 f; nif: sich fest zusammenschließen, Ps 2,2 (nôs^e^dû jaḥad; 31,14; CD II,7	JSD	יסד
Prov 3,19: „Mit Weisheit hat er (die) Erde gegründet"; vgl. SapSal 14,2; Weisheit = Torah Sir 24,23; Bar 4,1; Targumim zu Gen 1,1	b^e^-ḥokmah jasad ʾaräṣ	בחכמה יסד ארץ
(A) Fundament 11Q19 34,8; 52,21. Übertragen: Prov 10,25. (B) Gründung, Grundlage, Grundsatz, CD IV,21; X,6; XIX,4; 1QS VII,17 f; VIII,8.10; IX,3; 1Q28a I,12. ThWQ II,162–173	j^e^sôd	יסוד

Bindung(en), Verpflichtungen CD VII,5.8; 1QS III,1	jissûr(în)	יסור, יסורין
Leiden, Züchtigung, Strafe, Str.-B. II,193 ff; mQid IV,14; bBer5a; bAZ 55a; bSan 92a; 101a; 107a	jissûr(în)	יסור, יסורין
pi.: züchtigen, auspeitschen Dtn 21,18; 22,18; TAD C1, 1,175 (itp.); 11Q19 64,3; 65,14; bSan 39a.	JSR	יסר
hitp.: sich binden, verpflichten, sich disziplinieren CD IV,8; 1QS III,6; IX,10. ThWQ II,177–181	JSR	יסר
Bestimmen für Ex 21,18 f; nif: sich verabreden, treffen 1Q28a II,2.17.22; 1QH XII,24; 1QH 10,7. ThWQ II,181–197. ThWQ II,181–197	J'D	יעד
Bestimmen; Treffen; Bezeugung mBek I,7; bAr 25b	je'îdah	יעידה
(A) Einer Verpflichtung ledig sein/werden, der Pflicht Genüge getan haben bSuk 2a. (B) hif.: einer Pflicht entbinden, mRH III,8; IV,9	JṢ' jedê-	יצא ידי-
Feststehen, gültig sein TAD B3, 10,22; 11,17 pa.: feststellen Dan 7,19; hitp.: sich hinstellen, Position beziehen, Posten antreten CD X,7; 1QH III,21; 1Q28A (Sa) I,11 ff.20 f; II,8 1QM II,3 ff; 8,3.17; XVI,5	JṢB	יצב
Frischöl, kultische Abgabe Erstfruchtöl Num 18,12; Dtn 7,13; 11,14; 12,17; 14,23; 18,4; 28,51; Neh 5,11; 10,38.40; 13,5.12; 2Chr 31,5; 32,28; 4Q251 9,1; 11Q19 21,12 ff; 38,4; 43,9; 60,6; 1QH XVIII,24	jiṣhar	יצהר
(A) Kosten, Ausgabe mBM X,5.; *dapanê, exodos*; lat.: *expensa.* (B) Ausgang (am Sabbat) mŠebu I,1	jeṣî'ah	יציאה
Feststehend, zuverlässig, gültig Dan 6,13; 7,16; (Subst.) ständiger Einwohner SokP 243	jaṣṣîb	יציב
Anbau; Zubau am Haus 1Kön 6,5 ff; mBB IV,1	jaṣîa'	יציע
(A) Gebilde, Gestaltung. (B) Veranlagung, Charakter Guter und böser Trieb, natürliche positive und negative Anlage mBer IX,5; bSukh 52a; bSan 91b	jeṣär jeṣär ṭôb/ jeṣär ra'	יצר יצר טוב/ יצר רע
(A) Selten, teuer sein / werden; hif.: verteuern mBB V,8; jBM IV,3 9d; s. auch זלל. (B) pa./af.: ehren. SokP 244	JQR	יקר
Ehre, Ansehen. DNWSI I,467 f; s. כבוד	jaqar	יקר
(A) Fürchten, sich fürchten Dtn 7,21 (ShM –58)).23; 20,1–3.8; 11Q19 62,3; 1QM XV,8; XVII,4 11Q19 56,11; 61,13; (s. מלחמה). (B) Gott fürchten Dtn 6,13; 18,21; CD X,2; XX,19 f; 4Q175 1,3; 4Q444 1–4+5,1; 4Q511 35,6; 11Q19 54,14; 57,8; jBer IX,5 14b: Dtn 6,5.13. (C) Ehren Lev 19,3, 11Q19 46,11. (D) Das Heiligtum ehren Lev 19,30, bJeb 6a–b	JR'	ירא

(A) Furcht 1QS VIII,12; Ehrfurcht, Verehrung 1Q28b V,25. (B) Religiöse Praxis bzw. deren Objekt mSan VII,10. ThWQ II,257–266	jirʾah	יראה
(A) hif.: verbindliche Anweisung erteilen, lehren, *nomotethein* Ex 4,12; 35,34; 4Q400 1 ii,17; mSan XI,2; bAZ 28b. (B) Torah offenbaren, erteilen, lehren, Dtn 17,10 f; Lev 10,11; 14,57; 24,6; Dtn 33,10; CD III,8; VI,11; 1Q28b III,23; 4Q161 8–10,28; 4Q364 14,4; 11Q19 56,6; mJeb XV,2–5; mHor I; 48b. (C) Falsches anweisen, 1pHab X,11; mHor I (Fehlurteile). (D) Los werfen, 1QH XIII,27; 4Q169 3–4 iv,2. ThWQ II,269–275. SokP 245. SokB 542	JRH, JRJ	ירה, ירי
Erbe (masc.) jSan III 21d	jarôtaʾ	ירותא
(A) Besitznahme. (B) Erbe (ntr.); Erbbesitz, LC 26,b-c; 30 f; 21 f; 24. 26 f; 32; 50,27.31–34; 107 f,135.137; 105 f,150; 111,158; 112,162 f; 165,113–119; 167; 170–174; 176ab; 178; 180–184; 191,146 f; A 10 f.13.15; 162 f,25; 163 f,28 f; 169,41; 176 f A 1–5. Dtn 3,20; Jer 32,8; Jos 11,23; 12,7 (Land Israel); Sir 33,20 ff; (vgl.) Lk 12,13 f; 15,11 ff; CLgr 20–26; mBB III,3; VIII,5; mSan III,4. *klêros, klêronomia; klêrodosia*; lat. *hereditas*; *patrimonium* (von Vaterseite); s. אחסנה, נחלה	j^{e}rûššah, j^{e}rût^{e}taʾ	ירושה, ירותתא
Jerusalem mMŠ I,5; II,9; III,6; mBQ VII,7; mSan VIII,2. S. auch בית המקדש, מקדש, עיר המקדש	J^{e}rûšalajim	ירושלים
Monat Dtn 21,30; 1QS X,5; DNWSI I,469 ff; s. חודש. Monatserster 4Q258 IX,2	järaḥ	ירח
Feind; Gegner Jes 49,25; Ps 35,1	jarîb	יריב
Markt, Messe tAZ I,4	jarîd	יריד
Erbe; s. יורש Mur 26,20; 26,5; NḤ 9,7; 50,12 f; CL 80–86 (PapYadin 7); 113 (PapYadin 8); 126 (PapYadin 10,16); bBQ 85b	jarît/jaret	ירית\ירת
(A) In Besitz nehmen; erben, beerben LC 106 f, 135; 113 f, 115,173 f; Lev 25,46; Num 27,8 (ShM +248); 36,8; Judit 8,7; TAD B3 8,35; Mur 20,13; 25,23; 26,1.5.20; 26,5; NḤ 9,7; 50,12 f; Lk 12,13 ff.20; mKet IV,10; VIII,6; IX,1; mBQ IX,10; mBB VIII,5 ff; IX,1 ff; mMak I,1; mBek VIII,8 f. (B) hif.: vererben, zum Besitz geben. (C) vertreiben, Ex 34,24; Num 33,52; Dtn 4,38 u. ö.; Mur 22; 30,22; Philon, Spec 2,124 ff; jBQ IV,6 5a; bŠab 116b; bKet 42b; bBB 110a. S. אחסן. ThWQ II,288–292. SokP 246. SokB 543	JRŠ/JRT	ירש\ירת

(A) Israel. (B) Israelit mDem VI,1; mŠebi IV,3; V, 7.9; mBik I,5;mJeb XVI,5; mBQ IV,3; mBM V,6; mSan III,5; IX,2; X,1; XI,1; mMak II,3; mAZ II,4 ff; IV,4.9 ff; V,3.7. (C) Laie (Nichtpriester), mPe'ah VIII,6; mDem VI,3 ff; mTer VI,2; VII,2; VIII,1; XI,9 f; mPes V,8; mJeb II,4; VI,2; VII,2 ff; IX,1 ff.; XI,5 ff; XV,6 f; mGiṭ V,5.8; mQid IV,1; mSan IV,2; mMak III,16; mŠebu I,7; mAZ IV,12; V,7; mHor III,8. ThWQ II, 292 ff	jiśra'el	ישראל
(A) Sitzen, wohnen. (B) Sitzen (Sitzordnung) 1QS VI,4 ff; VII,20; X,14; 1Q28a II,13 ff; CD XIV,3–12; Mt 23,6; mSan IV,3–4. DNWSI I,473 ff. ThWQ II,302 ff. SokP 247 f	JŠB	ישב
Jesus der noṣri (der Nazarener, der Christ). In spättalmudischen Texten als Eintragung in ältere Kontexte über Zauberer oder abwegige Gelehrtenschüler bŠab 152b. Nach bSan 43a Verurteilung zu Steinigung und rechtmäßig exekutiert.	Ješû ha-nôṣrî	ישו הנוצרי
Ben Stada.	ben Stada	בן סתדא
Jesus Pandera/ben P. o. ä.: Pandera/Panter, röm. Soldatenname.	ben Pandera'	בן פנדרא
בר פנטר von *carpentarius* (Zimmermann)?	Panṭêra'	פנטירא
	Panṭîrî	פנטירי
	Pandêra	פנדירא
(A) bewohntes Gebiet. (B) Bevölkerung jBQ IX,8 5a; jBB II,10 13c. (C) Regelung, Beilegung einer Angelegenheit	jiššûb	ישוב
(A) Niederlassung, Ansiedlung bQid 26a (Inbesitznahme). (B) Sitzen, bŠebu 30b (s. עמידה). (C) Rabbinische höhere Schule	j^ešîbah	ישיבה
Retten Landis Gogel 338 f	JŠ'	ישע
Führen, af.: senden. DNWSI I,476 ff	JŠR	ישר
Redlich, recht, billig Dtn 6,17 f; mŠeq III,2; tŠeq II,2 bAZ 25a; bBM 16b; 35a; 108a–b.		ישר
Recht und gut. Dtn 6,18 begründet das rechtliche Prinzip der Billigkeit; *epieikeia;* lat.: *aequitas, moderatio, ex aequo* bBM 108a (דינא דבר מצרה); bBM 16b; 35a.b (הדר)	jašar wa-ṭôb	ישר וטוב
(A) Pflock; Zeltpflock. (B) Schäufelchen Dtn 23,14 f (ShM + 192 Kriegslager-Reinheit. ShM 193); s. יד	jated	יתד
Waise LC 16,A 162–169; iv,Ex 22,21 f; Dtn 14,29; 16,11.14; 24,17–21 26,12 f- 27,19; CD VI,17; Philon, Congr. 169–179; Jos.CAp 2,210; CLgr 15; 23; 25, 27; 20,1 S. 91; Jer 7,7 f (DJD XXXVIII,58); mŠebi X,6; mJeb XIII,6 f; mKet III,6; VI,6; IX,7–8; XI,1; mNed XI,10; mGiṭ V,3; V,2.4; mŠebu VII,7; MekRJ n^ezîqîn xviii; bKet 50a; bBQ 39b; bBM 22b. 108b	jatôm, jittam	יתום, יתם
(A) Zusätzlich bBB 33a.104b. (B) Überschüssig. (C) Übermäßig bBB 155b. SokB 543	jattîr	יתיר

(A) Im Wert steigen jBM V,7 10c. (B) nif: übrig bleiben (über den kultischen Termin hinaus); s. נותר. SokP 248	JTR	יתר
Überschüssiges; Vorteil im Vergleich zu Koh 1,3 u. ö.; jTer XI,4 45a	jitrôn	יתרון
Leberlappen Ex 28,13.22; Lev 3,4.10.15; 4,9; 7,7; 8,16.25; 9,10.19; 4Q220 (Jub) 1,9; 11Q19 15,8; 23,15; Jos.Ant 3,231	jotärät ha-kabed	יתרת הכבד

	Kaf	כ
(A) Schwer, gewichtig sein. (B) pi.: ehren Ex 20,12/Dtn 5,16; nif.: geehrt, hoch angesehen	KBD	כבד
Leber mBB V,5; bBer 61b; bḤul 42a.54a; s. יתרת הכבד	kabed	כבד
(A) Ehre, Ansehen, *doxa*, lat. *honor* Prov 3,35; 29,23; Str.-B. II,553–556; mBQ VIII,6; mAb II,12.	kabôd	כבוד
Entsprechend der Ehre, dem Ansehen, Rang mBik III;3; mKet V,9; jBQ VIII,6 6c; bŠab 152a; bKet 48a; bBB 30b u. ö. (B) Gegenwart Gottes, speziell im Allerheiligsten des Tempels, rabbinisch: šᵉkînah שכינה.	lᵉfî kᵉbôd-	לפי כבוד-
Ehrerbietung, Ehrung 1QS IV,11; bQid 31b	kibbûd	כבוד
Elternehrung Ex 20,12 / Dtn 5,15; s. אב	kibbûd ʾab wa-ʾem	כבוד אב ואם
Alten-/Ältestenehrung Lev 19,32; Ps.-Phokylides V,220 f; Philon, Sacrif. 77; Spec. 2, 238; Jos.CAp 2,206	kibbûd zᵉqenîm	כבוד זקנים
Vor dem Weisshaarigen sollst du dich erheben (Lev 19,32; ShM +209)	lifnê śêbah taqûm	לפני שיבה תקום
Ehrung der Weisen, d. h. der rabbinischen Gelehrten Lev 19,32(ShM +209); TO; TJ; tMeg IV,24 (4 Ellen Distanz); KallaR VIII,6	kibbûd ḥᵃkamîm	כבוד חכמים
Waschen, Rituelle Reinigung von Sachen (Kleider) Lev 6,20; 11,25.28.40; 13,6.34.58 14,8 ff;15,5 ff; 16,26.28; 17,15 f; Num 8,21; 19,8 ff; 31,34; CD XI,4.22; 1QM XIV,2; 4Q274 1; 2; 4Q512 11,3; 4Q514 1 i; 11Q19 45,8 f.15; 49,13 ff; 50,8.13 ff; 51,3 f	KBS	כבס
(A) Lamm Ex 12,5; 29,38; 29,39 ff; Lev 4,32; 9,3; 12,6; 14,10 ff; 23,12.18 ff; Num 6,12 ff; 7,15 u.ö; 15,5.11; 28,3 u.ö; 29,2 u.ö; Ez 46,13 ff; 2Chr 29,21 f. (B) Als Opfertier Lev 4,32; 12,6; 14,21.24 f; 23,12; Num 6.12.14; 7,15.21 u.ö; mMen XIII.6	käbäś, kibśaʾ	כבש, כבשה
Gepresstes (Gemüse, Früchte) mAZ II,6 f	käbäš	כבש
Krugartiges Gefäß mBQ III,1; mBM II,2; mBB IV,5; mAZ V,3	kad	כד
Genügend; würdig; im Wert/Rang angemessen; adäquat Sifra bᵉḥuqqôtaj xiii,7–8	kᵉdaʾj kᵉdaj	כדאי כדיי
Kugel (Herrschaftssymbol) mAZ III,1	kaddûr	כדור
Ordnungsgemäß, geziemend	kᵉ-hûgan	כהוגן
Nicht ordnungsgemäß bBB 48b	loʾ kᵉ-hûgan	לא כהוגן
Priestertum, Priesterschaft; LXX: *hierateia* Ex 29.9; 40,15; Num 3,10; 16,10; 18,7; 25,13; Esr 2.62/Neh 7,64; Neh 13,29; 1Q28b III,1.26; 1QM IX,8; 1Q21 1,2; 4Q542 1 i,13; vgl. 1Q21 1,2 (kahᵃnûtaʾ rabbaʾ des Levi). mKet I,6; II,7 f; mZeb V,5; mJom I,5 (ziqnê k.); mSan IV,2; IX,7 (pirḥê k.); mAbot IV,13 (kätär k.); VI,6; mPeʿah II,13 (mattᵉnôt k.); mEd IV ,8; tTa III,2 (mišmᵉrôt k.); tJoma I,4 (k. gᵉdôlah); tḤag II9 (jaḥᵃsê k.), tZeb XI,16; (gᵉdôlê k.). tAr I,15 (ʿabdê k.); bŠab 21a (bigdê k.)	kᵉhûnnah	כהונה

Imstande sein, befugt sein DNWSI I,480 f	KHL	כהל
Als Priester amtieren; LXX: *hierateuein* Ex 29,1 u.ö; ; 30,30; 35,19; 39,41; 40,13 ff; Lev 7,35; 16,32; Num 3,3 f; Dtn 10,6; Ez 44,13; 1Chr 5,36; 24,2; s. עבד, כהן	KHN	כהן
Priester, *hiereus* DNWSI I,490 ff. ThWQ II, 335–350. SokB 664. Ex 28,1–29,37; Lev 5,8 u. ö.; 6,16 (ShM –138).22; 7,6 u. ö.; 10,6 (ShM –163 langes Haar) 7 (ShM –165 Präsenz im Dienst). 10,8 (ShM –164 zerrissene Kleidung). Lev 10,9–11 (ShM –73); 12,6; 13,2 u. ö.; 14,1 (ShM –171 Trauerfall: Hare scheren); Lev 15,14.29; 16,2.32 f; 17,5; 18,3; 21,1 (ShM –166 Trauer, Totenunreinheit); 21,2 f (ShM +37 Totenunreinheit); 21,6 (ShM +32 Priester ehren). 21,7 (ShM –158; - 159); ShM –160 (keine Hure, Geschändete oder Geschiedene heiraten); 21,8 ff („heilig halten“); 21,13 (ShM +38 Nur Jungfrau heiraten); 21,17 (ShM –70). 21,18 (ShM –71). 21,23 (ShM –69 Gebrechen); 22,2 (ShM –75 unrein).10 ff; 23,10.20; 27,8.11 f. 21; Num 5,3.8 ff.15 ff; 6,10.20; 7,9 (ShM +33: Ladeträger);10,8; 18,3 (ShM –72); 4 (ShM –74). 28; 19,3 f; 27,19 ff; 31,6 u. ö.; 32,2.28; Dtn 12,17 (ShM –145–148); 17,9.12.18; 18,1 ff (Opferanteile); 18,6–8 (ShM +36: Dienstabteilungen); 19,17; 23,11 (unrein); 26,3; 31,9; Ez 40,45 f; 42,14; 43,19; 44,22.30; 45,3 f;46,19; 48,10 ff; 1Chr 16,39; 18,16; 28,13.21; 2Chr. 4,6.9; 5,11; 8,14 f; 15,3; Esr 2,69; 6,20; 7,11; 8,24.29; 10,5.18; Neh 2,16; 9,32; 10,37 f; 12,7.12.41.44; 13,5. TAD C3 28; Jub 32,1 ff; CD XIII,2.5; XIV,4–6; 1QpHab IX,4; 1QS I,18.21; II,11.19; V,2.9; VI,4–5.8.19; VII,2; VIII,1;1Q28 I,2.16.24; II,3.13.19; 1Q28b III,22; 1QM II,1; VII,12; VIII,2–8.12–16; XVII,12–14; 11Q19, 24,13; 35,11–14; 44,4; 56,9; 56,21; 57,12; 58,13; Philon, Decal. 71 f; Spec. 1, 80 ff; 101 f; 129 f;156 f; 4190 f; Jos.Ant 3,151 ff; 184 ff; 214 ff; 257.276 ff; 4,69 ff; 11, 128.134. 140.181; 20,179 ff; Jos. Vita 2.13 ff; Jos.CAp 1, 30 ff.188. 199.284; II,104 ff; 108. 185 ff. 193 ff. mBer 1,1; mDem VI,4; mTer VI,1; VII,2; VIII,1 f; mMa IV,3 f; V,14; mBik II,14 ff; mŠeq I,3 f; mBeṣah I,6; mTa III, IV,1 (Priestersegen); mJeb II,8; VI; VII,1 ff; IX,1 ff; XI,7; mKet I,5; II,7 f; mSot III,7; mQid II,3; IV,1; mBQ VII,7; IX,12; mSan I,3; IV,2; IX,6; mMak III,1.10; mEd I,1 ff; VIII,2; mŠebu I,7; mHor III,8; mAr VII,3; VIII,5 f; mTem I,1; mḤul I,6; X,1 ff; mZeb II,1 ff; s. משמרות Priesterdienstkleidung: Ex 28,2 (ShM +33) u. ö.; 31,10; 35,10; 39,1–31; Neh 7,71; 11Q19 31,1–10; 4Q405 23 ii 7–10; 1QM VII,10 ff; Sir 45,7 ff; 1Makk 3,49: Philon, Spec. 1,15–16. 82–97; Mos. 2 (3),67 ff. 109–131; Haeres 176; Jos.Ant 3,151 ff. 183–187; 8,93; Sifre Num § 123; mJoma VII,4; jJoma VII,3–5 44b; bBer 55b; bJoma 71b–72a; bGiṭ 59b; bBB 160b; bTam 32a; LevR X,6; XXI Ende; bZeb 88b/ bAr 16a; CtR IV,6; Jose b. Jose, ʾazkîr gᵉbûrôt, Zl. 151 ff; s. כהן גדול. Orakelpriester: s. אורים ותומים.	kohen, kahᵃnaʾ	כהן, כהנא
“Der” Priester: Aaron, Hoherpriester Num 35,32; 2Chr 23,8 ff; 24,20.25; 1QpHab II,8; 4Q 171, 1–10 ii,19; III,15; 4Q 277 1 i,3; 4Q400 1 i,19–20	ha-kohen	הכהן

Kriegspriester. 1QM XV,6; s. משוח מלחמה	(ha-)kohen hä-ḥarûṣ l^{e}-mô'ed n^{e}qam	כהן \הכהן החרוץ למועד נקם
Großpriester, Hoherpriester; *hiereus megas, archiereus* Lev 6,13; 16,2 (ShM –68); 21,14–15 (ShM –161; –162: Witwe, Konkubine); 21,11 (ShM –167; –168: Totenunreinheit; Unreinheit).13.15; Num 35,25.28; 2Kön 23,4; Neh 3,1.20; 13,28; Sir 50; 4Q348 i 13; 11Q18 14 ii,5 u. ö. (כהנא רבא); 11Q19 15,15; 18,9; 25,16; 58,18; 11Q20, 1, 1–2,24; Philon, Spec. I,107 ff; III,131 ff; Jos.Ant 20,224 ff; Jos. CAp 1,29.36; 2,104.185;193 f; Traktat Jômȧ in Ordnung II; mŠeq IV,2; mMeg I,9; mJeb II,4; VI,3 f; VII,1 ff; IX,1 ff; mKet XI,6; mJom I,1; mNazir VII,1; mSot VIII,6 f; mSan I,5; II,1 f; mMak II,6 f; III,1.9; mAbot V,5; mHor II,7; III,5.8; mTam VII; mMid I,3; V,4; mKel I,9; mParah III,1; IV,1; bSan 18a; bSan 110a. Kleidung: Ex 28; 39,1–31; Sir 50,11 ff; TLevi 8; Philon, Spec. 1,15–16. 82–97; Jos.Ant 3,183 ff.214 ff; 15,403 ff; 20, 6 ff; mJoma VII,5; mMeg I,9; mḤag II,4	kohen gadôl, kah^{a}na' rabba'	כהן גדול, כהנא רבא
Priester niedrigen Ranges mJeb VI,4–5; IX,1–2; mHor III,5	kohen hädjôṭ	כהן הדיוט
Hauptpriester, Hoherpriester; *archiereus, hiereus prôtos 3Kön 2,35; 4Kön 25,18; hiereus megas* 2Kön 25,18; 1Chr 19,41; 24,11; 26,20; 31,10; 2Chr 24,11; 26,20; 27,5; 31,10; Esr 7,5; Jer 52,24; 1QM II,1; XVI,13; XVIII,5; XIX,11	(ha-)kohen ha-ro'š	(ה)כהן הראש
Gesalbter Kriegspriester Dtn 20,2 (ShM +191); 1QM VII,9 ff; X,1 ff; XV,6; mSota VII,2; VIII,1; mMak II,6; jMeg I,12 72a	kohen m^{e}šû^{a}ḥ milḥamah	כהן משוח מלחמה
“Gesalbter Priester” = Hohepriester Lev 4,3–9: Masada 1019–270 (Masada VI, 36–39); mŠebu I,7; mHor II,1.3 f; III,1 ff VI (ed. Yadin)	s. משיח	כהן משיח
Fevelpriester 1QpHab VIII,8.16; IX,9; XI,4.12; XII,2.8; 4Q171 1–10 IV,8	(ha-)kohen (ha-)räša'	(ה)כהן (ה)רשע
Priesterfrau, Priestertochter mJeb XI,5; mKet II,8; mSota III,7; mQid III,5.12 (13; IV,4); bHul 131b	kohänät	כהנת
Wäscher mŠab I,8; Pes IV,6; mBQ X,10; mBB II,1	kôbes	כובס
(A) Absicht, Intention, lat. *voluntas, animus, intentio* LC 122,206; 124,227; 161,24; Philon, Spec. 1,273–295 m'Er IV,4. (B) Konzentration auf etwas, bBer 13a–b	kawwanah	כוונה
(A) Kraft, Potenz, Wirkung. (B) Vermögen Esr 2,69; Sir 44,6. (C) Verfügungsgewalt, Rechtswirkung; Gültigkeit, lat. *potestas* jŠebi X,3 39d; jBB VII,1–2 15c. ThWQ II,351–355	kô^{a}ḥ, ko^{a}ḥ	כוח, כח
Grabnische mBB VI,8	kûk	כוך
(A) Priester 2Kön 23,5; (Plural) LXX 4Kön 23,5: *chômarim.* (B) Fremdkultpriester YT B 227; tAr V,9. DNWSI I,515 f	kômär, komär	כומר, כמר

(A) pi./(h)itp.: sich ausrichten auf etwas, beabsichtigen mBer II,1; mRH III,7 f; mMeg II,2; mMQ I,10; mMQ II,3; mJeb XIII,13; XVI,5; mBQ III,1; V,4; mSan IX,2; jSan III,8 21b; bSan 25b; 79a;105b. (B) Eine Unterschrift nachahmen: bBB 167a. (C) Sich konzentrieren auf etwas bŠab 46b; bTa 25a. (D) pu.: gleichlautend (Zeugenaussagen) mSan V,4. (E) Fehlgehen der Tat: Irrtum in Bezug auf das Ziel eines Schlages, lat. *error ictus*. In Bezug auf die Person: *error circa personam* mSan IX,2. (F) hitp. beabsichtigen; b[e]-mitkawwen vorsätzlich. ThWQ II,373–378. SokP 252 f. SokB 563 f	KWN	כון
Leugner, Häretiker. Leugner der Glaubensgrundlage bSan 38b	kôfer kôfer ba-ʿiqqar	כופר כופר בעקר
Lösegeld; LXX: *lytron*; TO: mamôn; TJ: pûrqan Ex 21,30; 30,12; Num 35,31 f (ShM –295; –296); 1QH VII,24; 4Q159 1 ii,6; mBQ IV,5; tBQ V,14	kofär	כופר
Erd-Schmelzofen mBB VII,1	kûr ʿafar	כור עפר
Bienenstock mBB V,3	kawwärät	כורת
(A) Zustand der Tauglichkeit, Zulässigkeit; Eignung jBer IX,3 14a. (B) Angemessenheit eines Vorgangs jNed I,3 37a	kôšär	כושר
Kutäer, Samaritaner(in) Mt 10,5; Str.-B. I,538–560; mBer VII,1; VIII,8; mDem V,9; VI,1 VII,4; mŠebi VIII,10; mKet III,1; mGiṭ I,5; mNid IV,1; jJeb I,6 3a; jSan VII,10 25b	kûtî/t kûtîm	כותי\כותית כותים
Mauer LC 58,68; mBM II,3; X,5; mBB I,1 ff; mSan VI,4	kôtel	כותל
Lügen, *pseudesthai* ThWQ II,380–383	KZB	כזב
Lüge, *pseudos* jSan VI,10 23d	kazab	כזב
Gewaltsam TAD B7, 2,5.8; B8, 4,4	kaḥsan	כחסן
pi./hif.: leugnen Lev 5,21–22; 19,11 (ShM –248); mSan V,2; jŠebu VI,6 37b; bBQ 141a; hitp.: einander widersprechen. ThWQ II,383–386. SokB 568 f	KḤŠ	כחש
Hermeneutische Regel Hillels (ARN 37): Deduktion einer Regelung aus einer anderen im Einzelfall (allgemein s. בנין אב)	k[e]-jôṣeʾ bô b[e]-maqôm ʾaḥer	כיוצא בו במקום אחר
Geldbeutel mBM II,2	kîs	כיס
(A) Wölbung, Apsis mAZ I,7. (B) Gewölbe. (C) Kerker mSan IX,3.5; s. משמר	kîppah	כיפה
Herd mŠab III,1; mBB II,2; III,5; mKel V,2, VI,2 ff; VII,2 ff; VIII,7	kîrah, kîrajim	כירה, כיריים
Kauf bRH 26a	kîrah	כירה
Flachs; Leinen. SokP 257	kîtan	כיתן

(A) Region Neh 3,22. (B) Laib (Brot) Ex 24,23; mŠab X,5; mBM II,1 f.	kîkkar	ככר
(C) Gewichtseinheit: Talent Ex 38,24 ff	kakk^{e}ra’	ככרא
Ganz Israel; alle Israeliten mSan X,1; jḤag III,6 21a	kol Jiśra’el	כל ישראל
Mischung zweier Sorten/Gattungen Lev 19,19 (ShM –215;-217); Dtn 22,7 (ShM –216). 9 (ShM –183).10 (ShM –42; –218); 4Q396 IV,6; 4Q397 II,13 f; 4Q418 103 ii,7 f; Philon, Spec. 4, 203 ff; Jos.Ant 4,228 ff; mMak III,9 f; Traktat der Ordnung I	kil’ajim	כלאים
Hund LC 67 f,56; Dtn 27,9; Phil 3,2. DNWSI I,409. SokP 258. Als Schadensverursacher mBQ II,3; V,3; mBM VII,9; mSan IX,1. Als rituelles Reinheitsproblem 4Q306 1,6; 4Q394 3–10 iv,8; 4Q396 II,10; mBQ VII,7. Hundeverkaufspreis Dtn 23,19; mTem VI,3; s. מחיר כלב	käläb	כלב
Schwiegertochter Lev 18,15	kallah	כלה
Lehrveranstaltungstyp an babylon. Talmudhochschule bBer 6a–b; bKet 60a; bBQ 113a; bBB 22a. SokB 581	kallah	כלה
(A) Gerät, Gefäß, Werkzeug CD X,12 f; XI,2.9.17 f; 4Q 274 1 i,4; ii,1; 3 ii,10; 4Q275. 4 f; 4Q365 12 ii,9; 4Q394 I,9; II,3; 11Q19 33,13; 45,4; 49,8.14 ff; 50,12,16 f; Traktat Kelîm der Ordnung VI. mBM II,2; III,1; mBM IX,12; mŠebu VI,3; VII,1 f; mAZ III,3; IV,2; V,12; mParah XII,8; mToh VIII,7. (B) Ausstattung: Dtn 22,5; 4Q159 2–4+8,6; mBB V,2; s. מאנא. DNWSI I, 512	k^{e}lî	כלי
Geschlechtsspezifische Kleidung: Dtn 22,5; 4Q159 ii,2–4 zl. 6; Philon, Virt. 18; Jos.Ant 4,301 (zu 20,13: im Krieg!); Sifre Dtn § 226	k^{e}lê gäbär ‘al ’iššah, śimlat ’iššah	כלי גבר על אשה, שמלת אשה
Glasgefäße, -geräte mBM II,8	k^{e}lê z^{e}kûkît	כלי זכוכית
Irdenes Gefäß mEd I,14	k^{e}lî ḥäräs	כלי חרס
Silbergefäße, - geräte mBM III,8	k^{e}lê käsäf	כלי כסף
Waffen, Kriegsgerät 1QM VII,2; VIII,8; XVI,6; XVII,12; 1QH X,26; XIV,28,31	k^{e}lê milḥamah	כלי מלחמה
Kupfergefäße, -geräte mBM II,8	k^{e}lê n^{e}ḥôšät	כלי נחושת
(A) Allgemeinheit. (B) Allgemeine Regel. mŠebi VII,1–2. (C) Allgemeiner Sachverhalt. Bacher I, 79–82. II,83–85 SokP 260.SokB 583 f	k^{e}lal, k^{e}lala’	כלל, כללא
Einschließlich, eingeschlossen, inklusiv mPe’ah I,4	bik^{e}lal	בכלל
Hauptregel mŠebi VII,1	k^{e}lal gadôl	כלל גדול
Hermeneutische Regel bEr 28a	k^{e}lal û-f^{e}raṭ	כלל ופרט
Hermeneutische Regel des R. Jischmael tŠebu I,7	k^{e}lal û-fraṭ û-k^{e}lal	כלל ופרט וכלל

Die Regel in der Sache ist ... tŠab IV,11	k^{e}lalô šäl dabar	כללו של דבר
Bezeichnung (Ersatz für Gottesnamen) mSan VII,5; mŠebu IV,13	kinnûj	כנוי
Versammlung bŠab 60b	k^{e}nûfija᾽	כנופיא
(A) Eingang, Eintritt, Ankunft mMid I,3. (B) Versammlung. (C) Markttag: Mo. und Do. Tanḥ. br᾽šjt III	k^{e}nîsah jôm ha-k^{e}nîsah	כניסה יום הכניסה
SokP 263; s. כנסת	k^{e}nîšah, k^{e}ništa᾽	כנישה, כנישתא
(A) Versammlung. (B) Synagoge tBB III,3; bBer 10a; 32b; *synagôgê* „Die große Versammlung" unter Esra/Nehemia mAbot I,1; bBer 33a; bMeg 17b „Versammlung Israels", die Gesamtheit Israels. Auch dramatisch personifizierte Repräsentanz vor Gott tSota IX,8; bBer 32b	k^{e}näsät/ bêt k^{e}näsät (ha-)k^{e}näsät (ha-) g^{e}dôlah k^{e}näsät Jiśra᾽el	כנסת/ בית הכנסת (ה)כנסת (ה)גדולה כנסת ישראל
Gefährte, Genosse, Mitamtsinhaber Esr 4,7.9.17.23; 5,3.6; 6,6.13; TAD A4,1,1; 7,1; A6, 7,7; 12,1; 13,6; B 2 recto 2,6; A6 1,1; 3,7; B3, 8,38; B6, 4,4; B7, 1,3; jGiṭ IV,6 46a. DNWSI I,520 f; vgl. חבר	k^{e}nat	כנת
(A) Stuhl mEd I,11; II,8. (B) Thron mSan II,5 Thron der Herrlichkeit (Gottesthron). Str.-B. 976–999; s. auch מרכבה	kisse᾽ kisse᾽ ha-kabôd	כסא כסא הכבוד
Bedecken, bekleiden Mur 20,10	KSH	כסה
Bedeckung, Bekleidung Ex 21,10; 22,25; Philon, Migr. 105; CLgr 27,12 S. 116; mAZ IV,2; mAr VI,3	k^{e}sût	כסות
(A) Silber LC 94,a; 97,t; 99 f,100–107; 104,122 f; YT B 227 f; mMŠ II,9; mBM IV,1; mŠebu VI,3. (B) Silberstück mŠebu VI,1. (C) Geld, Geldsache, Geldschaden, Lev 25,37; Dtn 23,20; Esr 7,17.22; Ps 15,5; mBQ I,3; mBB IX,7. DNWSI I, 524 ff. Gold und Silber von Götterbildern: Dtn 7,25; 29,16; Jos.Ant 4,207 (deutet Ex 22,27 f. wie LXX gegen Dtn 7,25: Verbot der Blasphemie von Göttern, die Nichtjuden verehren); mAZ III,5; mNed 2,5; bSan 93a; bAZ 45.51b; 52a. König: Dtn 17,17	käsäf käsäf w^{e}-zahab	כסף כסף וזהב
(A) Ärgern, zürnen. (B) hif.: etwas Verbotenes öffentlich demonstrativ tun, Ärgernis erregen, Dtn 4,25; 9,16; 31,29; 32,16.21; bSan 103b; bAZ 26b. ThWQ II,426–428. SokP 266	K῾S	כעס
Handfläche, Hand. Handabschlagen als Strafe Dtn 25,11–12; Philon, Spec. 3,169 ff; Somn. II,69; Sifre Dtn § 293	kaf	כף

Entscheidung zugunsten mAbot I,6; VI,6 Entscheidung zu Lasten / Ungunsten tQid I,14.31	kaf z^{e}kût kaf ḥôbah	כף זכות כף חובה
Zwingen	KPH	כפה
Zwang mBB I,5; bBB 48b. SokP 266	k^{e}fîjah	כפייה
Sühnung Ex 29,36; 30,10.16; Num 5,8; 29,11; LXX: *katharismos, hilasmos, exhilasis.* 1QS III,4.11; 4Q257 III,6; 11Q45,14 f. Versöhnungstag Lev 23,27 f; 25,9; 30,9 f; 31,8 ff; 1QpHab XI,7; 1Q34+34bis 1+2.6; 4Q321 V,2; 11Q5 XXVI,8; 11Q13 II,7; 11Q19 25,11	kippûr, kippûrîm jôm ha-kîppûrîm	כפור, כפורים יום הכפורים
Verdoppelung des Erbanteils jBB VIII,3 16c; bQid 61b	k^{e}f îlah	כפילה
Leugnung bBQ 105a–107a; bŠebu 32a–b. s. הודאה	k^{e}fîrah	כפירה
Verdoppelte Zahlung; s. תשלומי כפל	käfäl, k^{e}fîl	כפל, כפיל
Leugnen. SokP 267. SokB 597. (A) L. einer Verpflichtung, einer Forderung. mŠebu IV,4; V,1; bBQ 107a. (B) L. Gottes und religiöser Grundsätze und Pflichten Philon, Spec. 2,248; Decal. 91; tŠebu III,8; bŠab 116a; bBM 71a; bBB 16b; bSan 39a.	KPR KPR b^{e}-ʿiqqar	כפר כפר בעקר
(A) Erlassen, befreien. (B) pi.: sühnen, *hilaskomai* Ex 30,10.15 f; Lev 4,20 u. ö.; 5,6 u. ö.; 9,7; 10,17; 14,18 u. ö. 16,6 u.ö; 17,11; Num 5,8; 8,12.19.21; 17,11 f; 25,13; 28,30; Dtn 21,8; CD II,5; III,18; IV,6.9 f19; XX,34; 1QS II,98 f; III,6; V,6; VIII,6.10; XI,14; IX,4; 1Q28a I,3; 1QM II,5; 4Q 277 1 ii; 4Q459, 4 i 2; 4Q504 XV,10; 4Q541 9 i,2; 1Q119 21,6; 22,15; 26,7.9; 32,6; 43,6; mŠebu I,3–7; mZeb VIII,11. hitp.: gesühnt werden mSan IV,5. DNWSI I,531. SokB 597	KPR	כפר
Dorf mMeg I,3; mBM IV,6	k^{e}far	כפר
Sühne, *hilasmos* mSan VI,2 (Tod durch Hinrichtung); mŠebu IV,4; kultisch: mJom V,7; mŠebu I,4 f	kapparah	כפרה
Erker mBB III,8	k^{e}ṣôṣraʾ *exôstra*	כצוצרא
Herold, Ausrufer Dan 3,4; mSan VI,1; jŠab XVI 15d; jŠeq IV,7 48b; bSan 43a	k^{e}rôz *kêryx*	כרוז
Kastriert; mit verstümmeltem Sexualorgan Lev 22,24 (ShM 361); Dtn 23,2 (ShM –360); 4Q396 I,5; Sifre Dtn § 247	karût	כרות
qal und hif.: öffentlich ausrufen Dan 5,29; mBM II,1 f.6; bBer 63a. SokP 268 f	KRZ	כרז
hif.: zwingen, nötigen	KRḤ	כרח
Zwang, Nötigung. Wider Willen, gezwungenermaßen. mAbot IV,22; bGiṭ 74b, bQid 14b–15a	koraḥ ʿal koraḥ	כרח על כרח

Schriftstück, Dokument, Urkunde jKet IX,9 33c. SokP 268	karṭîs, karṭîsan *chartês*	כרטיס, כרטיסן
Scheidung Dtn 24,1–3; Jes 50,1; Jer 3,8; LXX: *biblion apostasiou* TO: גט פטורין. Jos.Ant 4,253; Traktat Giṭṭin der Ordnung III	(geṭ/sefär) k^e^rîtût	(גט\ספר) כריתות
Vergehen mit Straffolge der göttlichen Ausrottung Lev 5,17–19; Num 15,31; mMak III,15; Traktat der Ordnung IV	k^e^rîtôt	כריתות
Große befestigte Stadt mMeg II,3; mBM IV,6; VIII,6; s. auch עיר. DNWSI I,535 f.	k^e^rak	כרך
Weinberg Lev 19,10; 23,22; Dtn 23,25 (ShM –268); mKil IV-VII; VIII,1; mBB IV,8; mEd IV,5; V,2. Begrenzung der Traubenlese Lev 19,10; Dtn 23,25; Jos.Ant 4,234 ff; mMak III,9	käräm	כרם
Frisch gereiftes Korn Lev 23,14	karmel	כרמל
hif.: entscheiden. Bacher I, II,90 f 86–89	KRʿ	כרע
(A) Vertrag/Bund schließen, *diatithenai diathêkên*; s. ברית. (B) Abschlagen, fällen Ex 34,13; Dtn 20,19 f; 4Q365 25,14. (C) hif.: ausrotten (*exolethreuein*) Lev 17,10; 20,3.5 f; Dtn 12,29; 19,1; 1QH XII,20.26. nif.: ausgerottet werden, Ex 12,15; 30,33.38; 31,14; Lev 7,20; 17,4.9.14; 18,29; 20,17 f;22,3; 23,29; Num 9,13; 15,30 f; 19,13.20; CD III,1.6.9; XX,26; 1QS II,16; 1QM I,4; 4Q171 1–10 ii,2.4; iii,9.12; iv.11.18; 11Q19 25,12; 27,7. DNWSI I, 538 f	KRT	כרת
Göttliche Ausrottungsstrafe, Aussterben Philon, Spec. 2,156. 159. 161; 4,198 ff; San VII,8; mMak III,15; mHor II,3.6; Traktat K^e^rîtôt der Ordnung V	karet	כרת
pi.: zaubern, hexen Ex 22,17; 11Q19 60,18	KŠP	כשף
Zauberei 4Q169 3–4 ii,7	käšäf	כשף
hif.: tauglich, möglich machen, wiedergutmachen mBQ I,2. SokP 271	KŠR	כשר
Tauglich, zulässig sein; fähig sein zu Jos.Ant 3,258 ff; mŠebi X,5; mMeg II,4; mJeb IX,1–3; mGiṭIX,4; mSan III,1.3; IV,2; tBB X,13; bBM 18b; s. פסול. SokP 271. SokB 606 ff	kašer	כשר
(A) Tauglichkeit, Zulässigkeit, Fähigkeit, Geschicklichkeit. (B) Zulässigkeit (in Speisevorschriften): Ex 22,30; 23,19b / Dtn 34,26; Lev 7,23 ff; 11; 17,13; 27,21.28; Dtn 12,21; 14,3–21; 18,3 f; 22,7; Tob 1,10 f; 11Q19 50,20–21; 51,1–5; 52,13–16 (vgl. 47,19–21); 4Q394–399 (MMT) B 21–22 (4Q397 fr. 1+2/4Q398 fr. 1–2); Philon, Spec. 4,105 ff; Apg 11; mToh; bSota 27a; s. שרץ	kašrût	כשרות
(A) Abteilung. (B) Dienstabteilung mPes V,5 ff	kat	כת

(A) Schreiben CLgr 15,24 ff.37; 17,42; 18.59.71 ff; 19,29; 20,42; 21,32.36; 27,13; mŠab XII,3; mGiṭ II; VIII,7; X,5 ff; mBB IX,7; X,1 ff; mMak III,6; mSan II,4 (Torahrolle); IV,3. (B) (Besitz) überschreiben/übertragen mPeʾah III;8; mMQ III,3 f; mBB VIII,5.7; IX,6; tBB VIII,1 ff. DNWSI I,540 ff. SokP 271 f. SokB 507 f	KTB	כתב
(A) Schrift. (B) Schriftstück; Dokument, Niederschrift Ez 13,9; Esr 2,62; 4,7; Est 3,12.14 u. ö.; Dan 5,7.15; 6,9 ff; 10,21; YT B 230; 4Q197 (Tob) 5.10; 4Q204 1 vi,19; 4Q536 2 ii,12; 4Q543 1,1; Mur 29 v. 3; CL 126 (PapYadin 10.5.11.16); 162 PapYadin 47b,6); CLgr 20,42; bŠab 125b; bJeb 25a; bBM 19b. C) Vorschrift Esr 6,18. DNWSI I,546 f. Bacher I,89 f II,90 f; Hurvitz 147–149. SokP 271. SokB 608 f	k^{e}tab/ k^{e}tabah, k^{e}tabaʾ	כתב\ כתבה, כתבא
Dokument in eigener Handschrift. 2Chr 35,4 LXX; 4Q203 8.4; mJeb III,8 (10); mKet II,3 f.10; mGiṭIX,4; mBB X,8; mEd II,3. Schuldschein (wie *cheirographon*)	k^{e}tab jad	כתב יד
(A) Schriften des Heiligtums. (B) Ḥagiographen bŠab 116b. (C) Heilige Schriften mŠab XVI,1; mJad III,2.5; IV,6; Massäkät Sôf^{e}rîm; jŠb XVI,9 15d; bŠab 115a–116a	kitbê ha-qôdäš	כתבי הקודש
(A) (Es steht) geschrieben CD I,13; V,1.10; VII,10.19; IX,5; XI,18.20; XIX,1.7; 1QS V,15.17; VI,10; VII,2; VIII,14; 1Q20 XV,20; 2Q 25, 1,3; 4Q174 1–2 i, 21,2.12.15 f; 1 ii 3,3; 4Q177 1–4,7.12; 7,3; 4Q182 1,4; 4Q197, 5,10; 4Q200 6,4; 4Q204 5 ii,27; 4Q228 1 i,9; 4Q396 1,4; III,6.10; IV,5 f; 4Q397 II,13; IV,11 f 4Q398 11–13,4; 4Q398 14–17 i,3.5; 4Q 204; CD I,2 ff;4Q396 III,6.10; IV,5 f 4Q397 IV,11 f 4Q398 11–13,4; 4Q417 1 i,15; 4Q504 XIX,15; 4Q537 1 3,5; 4Q550 6; 11Q13 II,9.19.23. (B) Schrift (Bibel). Bacher I,90–92. II;91–94	katûb, k^{e}tîb	כתוב, כתיב
(A) Ehevertrag LC 105,128 (ohne Vertrag keine Ehe!); 114 f,172; LD 37–45;Tob 7,14; Mur 20; 21,10.13.16;115; CLgr 18. 37; NḤ 65; 69; CL 118–141 Babatha (PapYadin 10); XHev/Se 11; 65; 69. Traktat K^{e}tûb-bôt der Ordnung III; mPeʾah III,7; VIII,8; mBik III,12; mJeb IV,3 f; mNed IX,5; XI,12, mSot I,5; IV,1 ff; VI,1 f; mGiṭ IV,2.8; V,1; VIII,5; IX,4; mQid II,5; mBM I,5; mBB IX,8 f.; X,7; mMak I,1; mŠebu VII,7; mEd II,3; mŠebu VII,7; mBek VIII,9; mAr VI,1 f; jKet VIII,1 32b–c; XIII,11 36b; bKet 82b. (B) Die im E. festgesetzte Geldsumme. tôsäfät k^{e}tûbbah: zusätzliche Zuwendung im Ehevertrag mKet V,1; s. שטר; פרן/פרנה/פרני	k^{e}tûbbah	כתובה
(A) Inschrift, Aufschrift. (B) Tätowierung Lev 19,28 (ShM –41); LXX: *grammata stikta;* mMak III,5 f	k^{e}tôbät k^{e}tôbät qa^{ʿa}qaʿ	כתובת כתובת קעקע
Lev 22,24 (SHM –361 mit zerquetschen Hoden)	katût	כתות

	Lamed	ל
Biblisches Verbot mSan VI,4; VII,6	lo᾽ ta᾽ᵃśe	לא תעשה
(A) Nein. (B) Biblisches Verbot, pl. לאוין mMak III,9; bḤul 141a–b. SokB 614 ff	law	לאו
Rhetor, Anwalt jBer III,1 6a	la᾽jᵉṭôr *rhêtôr*	לאיטור, ליטור
Weihrauch Lev 5,11 (ShM –103; –104; –105); Num 5,15; mAZ I,5	lᵉbônah	לבונה
Schreiber mŠab I,6; MekRJ kaspa᾽ I; jGiṭ III, 44d; bŠab 17b	lablar, liblar lat. *libellarius*	לבלר
Vollmond Jes 30,23.26; Hld 6,10; mRH II,8	lᵉbanah	לבנה
Legat, Vermächtnis bSan 91a. Sperber 104 f	lᵉgaṭôn, legaṭijôn lat. *legatum*	לגטון, לגטיון
Leihen, entleihen (v.a Geld) Dtn 23,20; mAZ I, 1; hif.: verleihen. Ex 22,24 (ShM +197); Lev 25,37 ; Dtn 15,2.6 ff.9; 28,12; Neh 5,4; 4Q171 1–10 III,1.18; 4Q417 2 i,19.21; Lk 6,33; mGiṭVIII,3; mBQ X,6 f; mBM I,8; V,1 ff.8 f.12.; mBB X,3.8–9; mAZ I,1; mŠebu VI,7; MekRJ kaspa᾽ i. Sonstige Objekte: tKet V,12; s. שאל	LWH	לוה
(A) Brett, Tafel bJom 9b. (B) Schreibtafel Ex 34,1 u. ö.; 4Q177 1–4,12; 4Q180 1,3; 4Q203 8,3. ThWQ II,486–490. S. תבלה	lûᵃḥ	לוח
Tafeln des Bundes, Dekalogtafeln Dtn 9,9.11; LevR VIII,3; jSota VIII,3 22d	lûḥôt ha-bᵉrît	לוחות הברית
Tafeln des Zeugnisses, Dekalogtafeln Ex 31,16; 32,15	lûḥôt ha-ʿedût	לוחות העדות
Fluchen, verfluchen; in Targumim für hebr. ארר; SokP 278; SokB 619; s. ליט	LWṬ	לוט
Levi. Ahnherr des Stammes Levi und Repräsentant der Kultdienerschaft. Dtn 33,8–11; Jub 30,18 ff; 32,1 ff; 45,16; 1Q21; 4Q213–214; TestLevi	Lewî	לוי
(A) Stamm Levi Dtn 18,1 (ShM –169 Landanteil; –170 Beuteanteil). (B) Levit, Leviten, den Priestern untergeordnetes Kultpersonal; Verwaltungspersonal Lev 25,34; Num 12,19; 18,3.23 (ShM +23); Dtn 12,19 (ShM –229); 18,1; 25,33; CD X,5; XIII,3; XIV,4 f; 1QS I,19.22;II,4.11.20; 1Q28a I,22; II,1; 1QM I,2; II,2; V,1; VII,14 ff; VIII,9; XIII,1; XV,4; XVI,7; XVIII,5; 4Q542 1 i–ii; 11Q19 22,4.10.12; 24,11 f; 58,13; 60,6.12.14; 63,3; mPe᾽ah VIII,2.6; mDem VI,4; mMŠ V,10.14; mSuk V,4; mRH IV,4; mTa IV,2.5; mJeb IX,4 ff; mNed XI,3; mGiṭ III,7; mQid II,3; IV,1; mSan IV,2; mMak II,7 f; mHor III,8; mḤul I,6; mBek I,1; II,1; mAr I,1; II,6; VIII,5; IX,8; mTam I,1 ff; II,5 f; mNeg XIV,4. Levitenstädte: Num 35,1 ff; 35,2 (ShM +183); Jos 21,1–42; 1Chr 6,39–66; 11Q19 48,11–14; mMŠ V,14; jMak II,7 32a. Musik: mRH IV,1; mAr II,6; mTam VII,3 f; mMid II,5 f	lᵉwî, lᵉwîjîm	לוי, לויים

(A) Palmzweig (B) Feststrauß am Sukkotfest, bestehend aus Zweigen von Palme, Myrte und Weide, mit einer Citrusfrucht (אתרוג) getragen Lev 23,40; mSuk III-IV; jSuk III,1 53c; IV,1 54b	lûlab	לולב
Käufer mBM IV,4; mBB V,6.8	lôqe^{a}ḥ	לוקח
Legator, Erblasser GenR LXI,7. Sperber 105	lôqaṭôr lat. *legator*	לוקטור
Feucht, nass Num 6,3; mAZ II,4	laḥ	לח
Wange 1Kön 22,24/2Chr 18,23; Mi 4,14; Ps 3,8; Hiob 16,10; Klgl 3,30; Mt 5,39	l^{e}ḥî	לחי
Kinnbacken Dtn 18,3 (ShM +143 Priesteranteil)	l^{e}ḥajîm	לחיים
(A) Geflüster; leises Sprechen. (B) Gerücht, üble Nachrede bPes 57a. (C) Zauberei jBer I,5 3c; bSan 101a	l^{e}ḥîšah	לחישה
Brot, *artos*; s. auch פת. DNWSI I,572 f Schaubrot(e) Ex 25,30; LXX: *artoi enôpioi* Strafmaßnahme: gekürzte Ration 1Kön 22,27; 2Chr 18,26; LXX: *artos thlipseôs* Strafmaßnahme: schmale Kost mSan IX,5	läḥäm läḥäm ha-panîm läḥäm laḥaṣ läḥäm ṣar	לחם לחם הפנים לחם לחץ לחם צר
Nebenfrau Dan 5,2; s. שגל	l^{e}ḥenah	לחנה
Bedrücken Ex 22,20; MekRJ nzjqjn xviii; jBM IV,9 9d; s. גר	LḤṢ	לחץ
(A) Flüstern, üble Nachrede verbreiten. (B) Zaubern, beschwören Ps 58,6; mSan X,1, jAZ II,2 40d–41a / jŠab XIV,4, 14d–15a; jSoṭ I,4 16d; bSan 90a. SokP 281	LḤŠ	לחש
Flüstern; Zauberei Jes 3,3.20; Jer 8,17; Koh 10,11; bḤag 13a.14a	laḥaš l^{e}hašah	לחש, לחשה
Geburt Geburtsfest (von Herrschern) mAZ I,3	lêdah jôm ha-lêdah	לידה יום הלידה
Üble Nachrede jJeb III,9 5a	lîzah	ליזה
Targumim für hebr. ארר „verflucht“	lîṭ, lîṭa	ליט, ליטא
Pfund mTer IV,10; mŠebu VI,3; mBek V,10. SokP 281 f	lîṭrah *litra*	ליטרה
hif.: über Nacht bleiben lassen Ex 23,18; 34,25; Lev 19,30; Dtn 16,4; 21,23; mSan VI,4 f	LJN	לין
Räuber bSan 106b; KohR VII,1; s. ליסטים/לסטים	lîsṭa'ah *lêistês*	ליסטאה
Räuberei, Piraterei tKet IV,5; bKet 51b; bQid 29a–30b	lêsṭût, lêsṭajût, lêsṭ^{a}ja' *lêisteia*	ליסטות, לסטיות, ליסטיא

Räuber mBQ VI,1; X,2; jBer II,8 5c; IX,1 13b; mBQ VI,1; XI,2; jŠebu VIII,1 38c. SokP 282	lêsṭês *lêistês*	ליסטים, לסטים
Steuer(rückstand) GenR XLII,3; LevR XXX,7	lîfas *loipas*	ליפס
(A) Zunge, Sprache, Ausdrucksweise; s. לשון. (B) Üble Nachrede. SokP 282 f	liššan lîššan bîš	לישן לישן ביש
(A) Lernen, *manthanein*; pi.: lehren. Dtn 11,19; Jos.Ant 4,211. Bacher I, 94–96. II,96–100. B) Entlasten / belasten Ex 23,2; Philon, Spec. 4,45; mSan V,4 f; VI,1. Bacher I, 94–96. II,96–100	LMD lammed z^{e}kût lammed ḥôbah	למד למד זכות חובה למד
Fremdsprachiger (v. a. Grieche) bMeg 17a	laʿôz	לעז
Fremde Sprache mMeg II,1	laʿaz	לעז
(A) Sich abmühen, arbeiten. (B) Intensiv Torah studieren. SokP 294	Lʿ J	לעי
„Vor Gott“ (A) Am Heiligtum LC 44,7 f; 65,37; Ex 18,12; Jos 24,1. Kultdienst: לפני יהוה. (B) Vor (dem) Gericht am Heiligtum LC 85,23 f; 104,120; 105,126; s. אלהים Richter	lifnê ʾel/ ha-ʾ^{ä}lohîm	לפני אל\ האלהים
Spötter Jes 29,20; bQid 66a; bAZ 18b	leṣ	לץ
Spott Jes 28,14; CD I,4.14; XX,11; 4Q162 II,10; 4Q525 23,8	laṣôn	לצון
Prügelstrafe erhalten Dtn 25,3 (40 Schläge); mMak I,1 f; III,1 ff. hif.: schlagen, auspeitschen; Dtn 25,2 (ShM +224); 2Kor 11,24 f; mSan VIII,4; mMak III,10 ff (40–1 Schläge); bSan 86b; bMak 18a. nif.: geschlagen/ausgepeitscht werden, mSan IX,5; mMak III,1–14	LQH	לקה
Käufer, Kunde mKet VIII,2; IX,7; bBB 37b; s. לוקח	laqû^{a}ḥ	לקוח
Erwerb/Heirat jSan IX,1 26d	l^{e}qûḥah	לקוחה
Kauf; Heirat bQid 22a; 50b; bBB 120a; s. נשואין, קדושין	liqqûḥîn	לקוחין
Sammeln SokP 286		לקט
Nachlese, Ährenachlese Lev 19,9 (ShM +122; –211).19,10 (ShM –212; –213); 23,22; Dtn 24,19 (ShM +); 4Q266 6 iii,5; 4Q367 2,9; Jos.Ant 4,231 f; Traktat Peʾah; mSan VI,6. Einschränkung der Ährenlese. Dtn 23,26; Jos.Ant 4,234	läqäṭ	לקט
Verhandeln, Geschäfte machen mAZ I,1; II,3; bAZ 5b–6b. 29a.32b	la-śeʾt w^{e}-la-tet	לשאת ולתת
Üble Nachrede, Verleumdung LC 111 f,161; mAr III,5; jPe‘ah I,1 16a; jJom VII,3 44b; *sykophantia*; lat. *calumnia*; s. לישן; ליזה	l^{e}šôn ha-raʿ	לשון הרע

(A) Kammer/Halle. (B) Raum am Königshof oder Heiligtum für Aufenthalt oder Amtsführung 2Kön 23,11; Jer 35, 4; 36,10.12 20; 1Chr 28,12; Esr 10,8; Neh 13,4 ff.; für Deponierung von Abgaben im Heiligtumsbereich Ez 40; 41,10; 42; 44,19; 45,5; 46,19; 1Chr 31,11; Esr 8,20; 1Chr 23,28; 28,12; Neh 10,28 ff; 11Q19 41,17–42,9; 45,5 f: mMid I,1.6 ff; V,3 f; mMŠ III,8; IV,9; mŠeq IV,3; V,6. Funktion einer Depositenbank mAr IX,4	liškah	לשכה
Quaderhalle, Sitz des Synhedriums im Heiligtum mSan XI,2; bJom 25a; bSuk 61b	liškat ha-gazît	לשכת הגזית
hif.: denunzieren, verleumden; s. מלשין	LŠN	לשן

	Mem	מ
Makel Lev 21,17 ff; 22,20 f.25; Lev 24,19 f; Num 19,2; Dtn 15,21; 17,1; Jos.Ant 3,278 f; mḤul X,2; s. בעל מום	m^{e}ʾûm, mûm	מאום, מום
(A) Hundert. (B) Hundertschaft; Organisationseinheit in Militär und Verwaltung. Num 31,14.48; Dtn 1,15; 2Kön 8,11; 11,4.9.15.19; CD XIII,1; 1QM II,16; III,17; IV,2 f.16; 1QS II,21; 1Q28a I,14; 11Q19 42,15; 57,4; 58,4	meʾah	מאה
Abgeschätzt(es), Vermutungsweise(s) mSan IV,5	m^{e}ʾûmmad	מאומד
(A) Ablehnung bzw. Verweigerung einer Heirat durch eine minderjährige Verlobte mit erforderlicher urkundlicher Bestätigung durch Eltern(teile) oder Vormund. bJeb 107b–108a. (B) Verweigerung einer Leviratsehe mJeb I,1 f; mJeb II,10; XIII,1 ff; mBM I,8; mEd VI,1; mSan I,3; jJeb XIII,1 13a.c; jQid II,1 62b; bJeb 107b–108a; bQid 44b–45a; s. מאן	meʾûn	מאון
Waage Lev 19,35 f (ShM +208; −271); Dtn 25,13 (ShM −272); mBB V,10 ff; s. משק(ו)ל	moʾznajîm	מאזניים
Vorteil, Nutzen, Gewinn mNed IV,1; s. פרי, אכל	maʾ^{a}kal	מאכל
(A) Wort, Befehl Est 1,15; 2,20; 9,32. (B) Aussage, Feststellung, CL 44 (PapYadin 44,29); mJeb V,1	maʾ^{a}mar	מאמר
pi.: verweigern Ex 22,16; Dtn 25,7. Minderjährige Verlobte: mJeb I,1 f; II,10; XIII,1 ff; mKet XI,6; mEd VI,1; mḤul I,7; mNid VI,11; s. מאון	MʾN	מאן
(A) Gerät, Gefäß. (B) Kleidungsstück; s. כלי. DNWSI II,588 f. SokP 288	maʾn, man	מאן, מן
(A) Gerät, Gefäß, Gegenstand. (B) Kleidungsstück. (C) Rechtsmittel für einen Erwerb bBM 47a; s. כלי. SokB 637 f	maʾnaʾ	מאנא
Flurschädigendes Tier mBQ I,1	mabʿäh	מבעה
(A) Laien-Chef in Gruppen hinter den Qumrantexten CD IX,18 ff; XIII,5 ff; XIV,8 ff; XV,8 ff; 1QS VI,11 f20; 4Q265 4 ii,6.8; 5Q13 4; vgl. äg.-ptol. *epistatês* (nicht aber *episkopos*). (B) Aufseher, Verwalter. DNWSI I,187. ThWQ II,567–570	m^{e}baqqer	מבקר
Krankenbesucher bNed 40a; bNed 39a–40a [Verbot betr. Vermögen (נכסים) des Besuchers und Besuchten]	m^{e}baqqer ḥôlîm	מבקר חולים
Frau, die ihren Ehegatten vom Erbrecht nach ihr ausschließt jKet VI,1 30c; jBB VIII,5 16b; bKet 79a	mabraḥat	מברחת
(A) Schuldeinforderung; Einhebung bBM 8a. (B) Sammlung von Almosen. tMeg I,5	migbah, magbît	מגבה, מגבית
Lästerer; s. גדף	m^{e}gaddef	מגדף
„Einzäunen“, Eingrenzung eines Sachverhalts bJeb 90b; s. הוראת שעה, גדר	migdar mîltaʾ	מגדר מילתא

(A) Infolgedessen. (B) Aus einem Geschehen oder einer Aussage ist zu schließen (Präsumption) bBeṣa 12a; bBQ 52b; bBM 5b	miggô(ʾ)	מגו, מגוא
Wasserkübel mBB IV,6	m^e^gôrah	מגורה
(A) Blatt bSota 7b. SokB 641. (B) Rollenfolio, Jer 36,2 ff.32; Ez 2,9; 31,3; mJad III,5. (C) Buch, Schriftrolle Est 6,2; bSan 97b. (D) Esterrolle. (D) Traktat M^e^gîllah der Ordnung II	m^e^gîllah	מגילה
Weidefläche (einer Ortschaft) Lev 25,34 (śdh mgrš LXX: *agroi aphôrismenoi;* TO ḥql rwḥ); Num 35,3 ff (LXX: *aphorismata;* TO: rwḥ); Jos 21 (*perisporia;* TO: rwḥ); 1Chr 6,40 ff (LXX: *perisporia*); 2Chr 11,14 (LXX: *skênômata* – Zelte)	migraš	מגרש
Aus der Torah stammendes Recht; s. דין תורה	mi-d^e^-ʾôrajtaʾ	מדאורייתא
Messen, abmessen mBB V,6.9.11; VII,1; mAZ V,7. DNWSI II,595	MDD	מדד
(A) Maß, Abmessung, Länge Lev 19,35; Ez 40,3 u. ö. (qnh mdh: Meßlatte); Sach 2,5 (ḥbl mdh; Meßschnur); 11Q19 40,15 u. ö.; Philon, Spec. IV,193 ff. Haeres. 162; Jos.CAp 2,216; mBeṣah III,5; mBM III,7; mBB V,8.10 f (Messgefäß); VII,2 f; mŠebu VI,6; mEd I,1; jBM IV,12 8d. (B) (Höchstes) Strafmaß bSota 8b. (C) Verhaltens-, Verfahrens-/Wirkungsweise, 1QS VIII,4; mBer IX,5; mAbot V,10; bJom 43b. (D) Schriftdeutungsmethode, bMen 9a. Sieben middôt des R. Hillel, 13 des R. Jischmael, tSan VII,11; ARNa 37. (E) 13 middôt: Eigenschaften / Wirkungsweisen Gottes nach Ex 34,6–7, Grundlage für *imitatio Dei* (Dtn 11,22; 28,9), DNWSI II,595 f. Bacher I,100–103.II,106 f	middah	מדה
Maß für Maß; Talionsprinzip, Gleichheitsprinzip bei Bestrafung / Vergeltung oder Belohnung Ex 21,24; Jub 4,31 f; Röm 12,17 ff; Jos. Ant 4,280; bŠab 105b; bSan 90a; s. עין תחת עין	middah k^e^nägäd middah	מדה כנגד מדה
(A) Zivilrechtliches Verfahren jŠanh V,5 23a. (B) Strenges Gericht bKet 3b; dramatisch personifiziert bŠab 55a, bMeg 66b; s. מדת הרחמים	middat ha-dîn	מדת הדין
Gnädiges Gericht; Gegensatz s. מדת הדין	middat ha-raḥ^a^mîm	מדת הרחמים
(A) Maße. (B) Traktat Middôt über Tempelbaumaße in Ordnung V	middôt	מדות
Abgabe Esr 4,13.20; 6,8	middaḥ	מדח
Abmessung bBM 61b	m^e^dîdah	מדידה
Verführer zum Götzendienst Ex 23,13 (ShM –15 Juden), (ShM –16 Nichtjuden); jSan VII, 12; 18 25b.d; s. auch מסית / עיר נדחת. ThWQ II,890–893	maddî^a^ḥ	מדיח

(A) (Gerichts-) Bezirk; Provinz, Satrapie Esr 4,14; Dan 3,2 f; mJeb XV,2; mBM IX,1.6; mBB I,1. (B) Stadt, Esr 7,16; Dan 2,48; 3.1.12.30. DNWSI II,597. SokP 291 f. SokB 642 f	m^{e}dînah	מדינה מדנה
Übersee; Disaporagebiete mQid IV,10; bPes 51a; bGiṭ 34b	m^{e}dînat ha-jam	מדינת הים
Eigentum, Besitz(tum) jBik III,3 65c; jŠab XVI 15d; jKet VI,5 30d; s. נכסים. SokP 292	middal	מדל
(A) Wissen, Kenntnis. (B) Vorankündigung NḤ 13,8 ff; Hurvitz 159–160	midda', midd^{e}a', midd^{e}'ah	מדע, מדעא, מדעה
Verunreinigung ohne direkte Berührung mEd VI,2; mParah X,1 f; mToh VIII,2; mZab IV,6	middaf	מדף
Rituelle Verunreinigung durch Druck- oder Haftkontakt mŠab VI,8; mḤag II,7; III,1; mEd III,4; mKel XVIII,5 ff; XIX,5.9; XX,1 ff; XXII,8.10; XXIII,4; XXIV; XXVI,4 ff; XXVII,2.7 ff; XXVIII,5.9; mNeg XI,11; mParah X,11; mToh V,7; VIII,2; mNid VI,3; mZab III,1; IV,1; mJad IV,1	midras	מדרס
(A) Untersuchung 1QS VI,24; VIII,15.26. (B) Darlegung, Vortrag mŠeq VII,6; mKet IV,6. (C) Niederschrift 2Chr 13,22; 24,27 (LXX: *graphê, biblion*); CD VI,14; XX,54; 1QS VIII,15; 4Q174 1–2 i, 21,14 (?); 4Q256 IX,1 (statt סרך); 4Q258 1,1; vii,1. Niederschrift der Torah: CD XX,6; 4Q249 verso (Buchtitel: midraš sefär Mošäh); 4Q259 III,6; 4Q270 7 ii,15. (D) Auslegung 4Q174 1–2 i, 21,14 (?). (E) Rabbinische Schriftinterpretation mNed IV,3; mSan VII,7. Bacher I,103–105. II,107; Hurvitz 160–164	midraš	מדרש
Verlässlich, zuverlässig, vertrauenswürdig TAD A2, 1,9; jSan X,2 29a; bBM 3a;103a; bSan 28a; bŠebu 46b; s. נאמן	m^{e}hêman	מהימן
Moab Dtn 23,7 (ShM –56); mJeb VIII,3; Sifre Dtn § 251; bGiṭ 56b–57a	mô'ab	מואב
Vor dem Ereignis bekanntgegebener Prostest, Einspruch; schriftlicher Einspruch, Widerruf bKet 19b; bBB 40a–b. 48a–b	môda'a'	מודעא
Brautpreis, im Fall der Scheidung rückforderbar, LC 31 f,29; 107, 138–140; 112 f,164.166; Ex 22,16 (LXX: *phernê*); TAD B2,6; B3, 8,4.25; B6, 1,4; CL 126 (PapYadin 10,5); jKet III,5 27c–d. SokP 294. SokB 646; s. auch פרנה/פרני	môhar	מוהר
Moabiter(in) Ex 23,4 (ShM –53); mJeb VIII,3; mJad IV,4	mô'^{a}bî/t	מואבי/ת
Zöllner, Zoll-, Steuerpächter Mk 2,14 ff; mŠab VIII,2; mBQ X,1 f; jBQ X,2 7a; bBQ 10b; 113b, Sifra qdšjm X	môkes, môksan	מוכס, מוכסן
Verkäufer, *pôlêtês*, *emporos*; lat: *venditor* LC 65,40; 82 f,9 f; mBM IV,4; mBB V,8	môker	מוכר
Mädchen mit verletzter Jungfernschaft mKet I,4	mûkkat 'eṣ	מוכת עץ

Beschneiden bKet 22a; bNid 42b; s. מילה	MWL môhel	מול מהל
Molek-Opfer; Lev 18,21 (ShM –7); 20,2–5; Jub 30,10; mMeg IV,9; mQid XI,12; mSan VII,4.7; mKer I,1	môlek	מולך
Makel, Defekt Lev 21,17 ff;22,21; 24,19 f; Dtn 15,21; 17,1; CD VIII,4; 1QM II,6; VII,4; 11Q19 52,4.10.17; Philon, Spec. 1,117 f; mMŠ I,2; bŠab 46b; bQid 21b; bBB 83b; bSan 5b; s. בעל מום. Auslösung makelbehafteter Opfertiere: Dtn 12,15. ThWQ II,594–596	mûm	מום
Eid, Schwur TAD B2,2 und B7,2–3; vgl. 8,1 und 9 (auferlegter Eid); B7, 1,1Q20 XX,30; bPes 113b; bNed 10b; bBQ114a. DNWSI I,603 f. SokP 295; SokB 648; s. שבועה	môma᾽, mômᵉta᾽, mômê	מומא, מומתא מומי
Fachmann, Gegenteil von הדיות mBêṣah III,4; mBek IV,3; bSan 5a	mûmḥäh	מומחה
Apostat (babylonisch) bAZ 26b; paläst.: s. משומד	mûmar	מומר
Fundament, Gründung Jes 28,16; 1QS V,5; 1Q11 40,10	mûsad	מוסד
(A) Zusatzopfer an Feiertagen/Festen Num 28,9 (ShM +41 Sabbat). 11 (ShM +42 Neumond); Lev 23,13 (ShM +44 Gerstenerstlings-abgabe); 23,36 (ShM 43 Passah); Num 28,26 f (ShM +45 Wochen-fest); 29,1 f (ShM +47 Neujahr).7 f (ShM +48 Versöhnungstag).13 (ShM +50 Sukkot I-VIII).36 (ShM +51 Suk-kot VIII); mŠeq IV,1; VIII,8; mZeb X,1. (B) Zusatzgottesdienst mBer IV,1.7	mûsaf	מוסף
Zucht, Disziplin Dtn 11,2; 1QS VI,14; 1QH X,14; 4Q416 2 iii,13; 4Q424 3,7; 4Q213c1 i,9.12; 2,5; TO: אולפנא	mûsar LXX: *paideia*	מוסר
Denunziant; Verräter, lat. *delator*; Achtzehngebet XII; bBQ 5a; s. מלשין	môser, masûr	מוסר, מסור
Als gefährlich „bezeugt“, bekannt; voll verantwortlich mBQ I,4; II,1 ff.8; III,8; IV (Tier); II,6 (Mensch); mMak II,3; s. תם	mûʿad	מועד
(A) Fest, -termin Ex 13,10; Lev 23,44 u. ö.; CD III,14; VI,18; XII,4; 1QpHab XI,6; 1QS I,15; X,3.5 f; 1QM I,8; II,4.6; X,15, 1QH IX,24; XX,6.8; 4Q171 1–10 ii,30; 4Q209 28,1; 4xQ381 1,8; 11Q5 XXVII,8; 11Q19 42,16; 53. mRH I,3 f. (B) Termin 1QS I,9; III,10.18.23; IV,18.20.26; X,7 f; 1Qsa II, .11.13; 1QM I,8; II,7; III,7; IV,7 XII,3; XIV,13; XV,6.12; XVII,5. SokP 295 f	môʿed	מועד
Halbfeiertag, Traktat in Ordnung II	môʿed qaṭan	מועד קטן
Halbfeiertag (zwischen Feiertagen). Traktat Mô᾽ed qaṭan in Ordnung II	ḥôl ha-môʿed	חול המועד
Zeichen, Wunderzeichen, *teras*	môfet	מופת
Gussstrahl s. נצוק	muṣṣaqôt	מוצקות

(A) Für kultische Verwendung wegen Bezug zu Götzendienst Ausgeschlossenes tAZ V,9. (B) Ausgeschlossenes zur Verwendung an Sabbat und Feiertagen bŠab 44a–45b	muqṣäh	מוקצה
hif.: vertauschen, einwechseln. (A) Bei Kultmaterial: Lev 27,10; mTemurah. (B) Die Gottheit bzw. die Religion wechseln Jer 2,11	MWR	מור
Aufrührer bSan 49a	môred	מורד
(A) Lehrer Ps 9,21 (LXX *nomothetês*); Hab 2,18; Spr 5,13; Mat 23,10 (B) Torah-Anweiser, Torah-Offenbarer, -Lehrer, LXX Ps 21,8: *nomothêtês;* 2Chr 15,3, CD XX,28; 3Q381 1,1. Die LXX las in Ps 9,21 und Ps 84 (93) nicht wie der MT môrah „Furcht“, sondern môräh „Anweiser“ und übersetzte mit *nomothêtês.* (C) Rabbinischer Gelehrtentitel – „Unser Meister“ [spät] Rechtsanweiser, -offenbarer, höchste gesetzliche Torah-Autorität, „Prophet wie Mose“; s. Dtn 18,18; CD I,11; VI,11 (jôräh); vgl. XX,14.28; 1QpHab I,13; II,2; V,10; VII,4; VIII,3; IX,.9; XII,11; 1Q14 8–10,6; 4Q171 1–10 iii,15.19; Jos.Ant 3,212 f: Str.-B. II,626 f; Midr. Teh Ps 102,3; Śekäl ṭôb Ex II,23	môräh môrenû môreh ṣädäq	מורה מורנו מורה צדק
Salz-, Pökelfisch mAZ II,4	mûrjas	מורייס
Turmspeicher (?) mBB I,6	môran	מורן
Fehlen, nicht vorhanden sein, Num 14,44; Jos 1,8; CD XIII,2; 1QS VI,3.6; tSan IV,9. ThWQ II,603–605	MWŠ	מוש
(A) Niederlassung, Wohnsitz Ex 10,23 u.ö; 1QM II,14; X,14; 11Q19, 18,9; XXI,9. u. ö. (B) Sitz mKel XVII,15. (C) Sitzung, *synhedría*, lat. *sessio* CD XII,10.22; XIII,20; XIV,3; 1QS VI,8; VII,10–13; VIII,20; bBB 165b; Massäkät Sôf^{e}rîm X,6 (מושב ומעמד); s. ישיבה. ThWQ II,603–605	môšab	מושב, משב
Wohnsitz CD XI,10	môšabah	מושבה
(A) Sterben CD XV,5; 11Q19 64,8.11; mBM VII,10; VIII,1 ff; mBB V,4; VIII,6 ff; IX,7 ff; mSan VIII,5; IX,1; mMak I,1; mŠebu VIII,1 f; mEd V,5. (B) Auf Grund persönlicher Verwantwortung Dtn 24,16. (C) hif.: töten, hinrichten; hof.: hingerichtet werden, Ex 21,29; 35,2; Lev 20,2; 24,21; Num 1,51; 3,10.38; 18,7; Dtn 13,6; 17,6; 24,16; Jos 1,18; 2Kön 14,6. CD IX,1; X,1; XII,4; 4Q159 2–4,6,9; 4Q251 8,3; 4Q375 1 i,5 f; 11Q19 35,5.7; 49,5.11; 50,10 51,18; 54,15; 56,10; 61,2; 64,6.66; mSan I,4; II,1; IX,1 ff; XI,4. DNWSI II,605 ff. ThWQ II,618–626	MWT	מות

Tod, *thanatos* CD IX,6 f; XVI,8 f (מחיר מות Martyrium); 11Q64,9 (משפט מות); 66,5 (חטא מות); Tob 6,12	mawät	מות
Formelhaft für Todesurteil, hinrichten Ex 21,12.15–17; 22,18; 31,14 f; Lev 20, 9–12. 15 f; 20,27; 24, 17.21.29; Num 15,36; 35,16–18.21; 36,31; Philon, Spec. 2,242 ff; jSan V,1 22d; VII,7.8.10 25°-b; VII,11 25c; VII,13 25d; IX,2 27; IX,7 27b u. ö.	môt jûmat	מות יומת
Übriges, Überschuss mBM III,7; bZeb 5b; s. נותר	môtar	מותר
Erlaubt, zulässig mPe'ah VIII,1; mŠeq II,5; mEd V,1,mAZ I,2 ff; III,3; IV,1 f; V,1 ff; s. אסור	mûttar	מותר
Altar (A) für Brandopfer: *thysiastêrion* Ex 20,21.22.25–26 (ShM –80 Stufen); Lev 6,2–6; CD VI,12 f; XI,19 f; XVI,13; 4Q158 4,4 f; 4Q220 (Jub) 1,3 ff; 4Q276 1,4; 4Q365 9b ii,2; 12a–b ii,7 ff; 11Q19 2,6; 3,14; 16,16 ff; 23,12 ff; 33,13; 34,8; 35,8; 52,21; Philon, Spec.1I, 280 ff; Jos.Ant 4,200 f; Traktat Z^ebaḥîm in Ordnung V; mAZ IV,2; MekRJ ba-ḥodäš xi. (B) Räucheraltar. Der goldene Altar Ex 30,9 (ShM –82); s. קטורת; 11Q19 8,11. DNWSI II,607 f. ThWQ II,627–632	mizbe^aḥ	מזבח
Verkäufer Mur 25,6; 26; 25,6; NḤ 7,5; 8,6; 8ª,9; 9; 23,4; 24,2; 50,14; CL 126 (PapYadin 10,8); jBM V,1 19a	m^ezabben, m^ezibb^ena'	מזבן, מזבננא
Torah-Denkzeichen: Kleiner Behälter für 2 Pergamentstreifen mit Text von Dtn 6,4–9; 11,13–21 am rechten Türpfosten; Aufschrift: שדי. Dtn 6,9 (ShM +15); Jos.Ant 4,213; Massäkät M^ezûzah; mMeg I,8	m^ezûzah	מזוזה
Nahrung, Unterhalt Gen 45,23; CLgr 27,12; mKet IV,4.6; XI,2 f; XII,1–2; XIII,3; mBM VII,1 f.5; mAr VI,3; jJeb VII, 8a; jBB IX,16d; bKet 47b.49b;54a;65b; bGiṭ 35a; *trophê,* lat. *alimentum*	mazôn, m^ezônôt	מזון, מזונות
Abflussrinne vom Dach mBB III,6	mazḥîlah	מזחילה
Vorsätzlich regel- bzw. gesetzwidrig Handelnd(er) Ex 21,14; Dtn 18,20; mTer II,3; mJeb VI,1, mGiṭV,4; mBQ II,6; mMak II,6; mAbot IV,4; mHor II,1; tBQ VI,17; IX,11; jTer II,2 f 41c; bGiṭ 53a; bSan 18a. Gegenteil: s. שגג	mezîd	מזיד
(A) Schadensstifter mBQ I,2; bBQ 10b, bSan 72a. (B) Dämon	mazzîq	מזיק
Sekretär, Archivar 2Sam 8,14; 20,24; 1Kön 4,3 (LXX: *hypomim-nêskôn*) / 1Chr 18,15 (LXX: *hypomnêmatographos*); 2Kön 18,18.37 (*anamimnêskôn*); 2Chr 34,8; Jes 36,3.22 (*hypomnêmatographos*)	mazkîr	מזכיר
Schlagen, verwunden SokP 300	MḤH, MḤJ	מחה,
Schlag, Wunde; Plage SokP 299.	m^eḥah	מחה

(A) Hindern, verwehren mPes IV,8; bŚab 54b.55b. (B) Widerspruch einlegen, erheben mBM IX,12; X,8 ; mBB II,3; III, 6; *antilegein*; lat. *contradicere*. (C) Auslöschen, tilgen, Ex 17,14; Dtn 9,14; 25,6.19; 9,19; 1QS XI,3; 4Q252 IV,2; 4Q393 1 ii,2.5, DNWSI II,612 f. SokB 655 f	MḤH, MḤJ	מחה, מחי
Einwand, Einspruch *diamartyria*, lat. *protestatio*. bKet 17b; bBB 38a–40a	m^e^ḥa᾽ah	מחאה
Gesetzgeber, *nomothetês* Num 21,18 (LXX: *basileia*); Dtn 33,21 (LXX: *archontes*); Ri 5,14; Jes 33,22; CD VI,4 ff; 4Q252 V; vgl. 4Q417 1 i,14 f, Jak 4,1 ff	m^e^ḥôqeq	מחוקק
(A) Verzeihung bBM 40b. (B) Verzicht, Nachlass (bei Zahlung oder Strafe) bBM 49b.66b–67a	m^e^ḥîlah	מחילה
Trennwand, Zaun mBB I,1; III,5; IV,8; bŠab 101a; bEr 89a;92a; bBB 2a–b	m^e^ḥîṣah	מחיצה
Preis 2Sam 24,24; Ps 44,13; Spr 27,26; bJom 72b Kaufpreis für einen Hund Dtn 23,19, Philon, Spec. 1,104; Jos.Ant 4,266.267 f; tBek I,3; Sifre Dtn § 261	m^e^ḥîr m^e^ḥîr käläb	מחיר מחיר כלב
Einspruch bŠab 145a	m^e^ḥîta᾽	מחיתא
(A) Eine Strafe oder Zahlung erlassen, auf eine Forderung verzichten 4Q541 24 ii,4; mBQ IX,6; jKet XIII,2 35d; jGiṭ I, 43d; jQid III,2 64a bBer 5b; bKet 85b; bBM 49b–50a. (B) Verzeihen mBQ VIII,7	MḤL	מחל
Krankheit Ex 15,26; 23,25 mSan X,1	maḥ^a^lah	מחלה
Streit, Differenz mAbot V,17	maḥ^a^lôqät	מחלוקת
(A) Anteil Ez 48,29. (B) Abteilung Jos 11,23; 12,7; 18,18 (Israel); 1Chr 27 (Militär und Verwaltung). (C Leviten 1Chr 23,6; 26,1; 2Chr 31; Neh 11,26. (D) Priesterabteilung 1Chr 24; 28,13.21; 2Chr. 8,14; s. משמרת	maḥ^a^lôqät	מחלוקת
(A) Lager; Feldlager, Heer 1QM III,4 f; IV,9; VII,1 ff; 4Q376 1 ii,1. (B) Lager der Wüstenzeit. (C) Unbefestigter Ort, CD VII,6 ff; XII,23 ff; XIII,4 ff; XIII,20; 14,3 ff; XIX,2; 1Q28a II,5. (D) Qumran: die Stadt des Heiligtums (Jerusalem), 4Q394 3–10 ii,17 ff; iv,8 ff; iii,2. DNWSI II,613 f. ThWQ II,642–649 Äußerer Bereich des „Lagers“ (Heiligtums) tKel BQ I,12 Mittlerer Bereich des „Lagers“; äußerer Heiligtumsbereich tKel BQ I,12 Innerster Bereich des „Lagers“; innerer Heiligtumsbereich tKel BQ XI,12	maḥ^a^näh maḥ^a^neh Jiśra᾽el maḥ^a^neh l^e^wî maḥ^a^neh ha-š^e^kînah	מחנה מחנה ישראל מחנה לוי מחנה
Radieren, tilgen. 2Q26 1,1; mBB X,6; jŠab IX,2 12a; bSot 19b; bBB 163a–164a; Massäkät Sof^e^rîm hôsafah 2, I,5. SokP 301	MḤQ	מחק

(A) Getilgte/radierte Stelle bBB 164a. (B) Palimpsest bMeg 19a	m^eḥaqa'	מחקא
Schnurtrageschlinge mBM II,1	maḥ^arûzôt	מחרוזת
Pflug 1Sam 13,20 f; mBB II,1.12 f	maḥ^arêšah	מחר(י)שה
Gedanke, Denken, Planung Ex 31,4: 35.32; Est 8,3; Spr 12,5; 20,18; mMen I,4; mKel XVII,15; XXV,9; XXVI,7 f. ThWQ I,1082–1092	maḥ^ašabah	מחשבה
Einbruch, -stelle. LC 65,37; 68,60. Ein Einbrecher darf unter Bedingungen (keine Sicht) als tödliche Bedrohung gewertet und in Notwehr getötet werden. Vgl. LC 85,21. Ex 22,1–2; Philon, Spec. 4,7 ff; Lk 12,29; Jos.Ant 4,272; mSan VIII,6; tSan XI,9; MekRJ n^ezîqîn xiii; bSan 72a–b;109a; Leg.Collatio VII,2–4; s. רודף	maḥtärät	מחתרת
(A) Münze mBQ IX,2; mBM II,1 f; IV,1; mŠebu VI,3; bBM 45b. (B) Prägung, Formel bBQ 97b	maṭbe^a'	מטבע
Stamm, in priesterl. Tradition für שבט.	maṭṭäh	מטה
Zuwaage mTam V,4	m^eṭûṭṭälät	מטוטלת
Ankommen, erreichen DNWSI II,616 f. SokP 302	MṬJ	מטי
Römische Dame, Herrin jŠab II,1 11a, ARNb VIII	maṭrôna lat. *matrona*	מטרונה
Mobilien mBM IV,1; mBB IV,4.7; mSan I,3; tBM X,9; jBB X,15 17d; bPes 31a; bKet 50b; bBQ 12a;14b;112b; bBM 100b; bBB 68a	m^eṭalṭ^ela', m^eṭalṭ^elîn, miṭṭalṭ^elîn	מטלטלא, מטלטלין
Alt (Wein) mBB VI,3	m^ejûšan	מיושן
Bett, Liegestatt mKel XVIII,5 ff; XIX,5; XXII,9; XXIII,4; XXIV,8; s. משכב	mîṭṭah	מיטה
Beschneidung Gen 17,10/Lev 12,3 (ShM +215); Lv 12,3; Jub 15,11 ff; 1Mak 1,46; Philon, De migr. 92; Spec. I,1 ff; Lk 1,59; 2,22; Joh 7,22; Apg 15,4;16,3; Gal 5,6.15; Röm 2,25 ff.; 4,11; Gal 5,3; Jos.Ant 2,38 ff; Vita 112–113. Str.-B. II,487–489; III,119 ff.126 ff; IV,23–40; mŠab XVIII,3; XIX,2.4; mNed III,10; jMeg I,13 72b; III,2 74a; jSan X,1 27c; bŠab 63a;108b;119a; bJeb 71b; bNed 32b; bBB 58a; GenR XI,6 (zu 2,3) / PesR X; Tanḥ.B mšpṭjm iii. Str.-B. IV,23–40 (Exk. 2). Justin, Dial § 12,3 (cf. 24,1; 43,2); 16,1 (B. der Hartherzigkeit); 16,2 (cf. 23,4); 19,3; 28,2 f. 67;114,4; Irenäus, haer IV,16.2; Tertullian, Adv. Iudaeos III,1 ff; Origenes, C. Cels II,13	mîlah	מילה
(A) Wort, Rede; Erklärung, Feststellung jBer I,5 3d; jJeb XV,4 15a; bKet 85b; bBM 84a; bBB 39a. (B) Geschäft, Vorgang bJom 18a. (C) Entscheidung bBB 172; s. דבר. DNWSI II,630 ff.SokP 305. SokB 668 f	mîllah, mîll^eta', millah	מילה, מילתא, מלה
Wasser mBQ III,2; mSan IX,1	majim	מים

Strafmaßnahme: verringerte Wasserration mSan IX,5	majim laḥaṣ	מים לחץ
Urin mBB II,1; mEd V,1; V,4	mê raglajim	מי רגלים
(A) Wort, Aussage Str.-B. II,302–333; jMQ II,3 81b; bAZ 4b. (B) Gebot, Anweisung, jŠab III,7 6c; bTem 4b–5a. (C) Halachische Feststellung, Tradition bGiṭ 42b; bSan 44a. (D) Gottesnamen-Ersatz in Targumim. SokB 670 s. ממר; מאמר	mêmar, mê'mra'	מימר, מיאמרא
(A) Gattung, Art mMen V,7; mBikk I,3 (sieben Arten, s. שבע מינים); bSuk 37b. (B) Geschlecht. (C) Antirabbinischer Jude, Häretiker, mRH II,1; mSan IV,5; ARNa II; bSabb 116a; bHag 5b; bKet 112a; bSan 37a und ff.;100b; bAZ 4b;6b;28a; Achtzehngebet XII. ThWQ II,663 ff	mîn	מין
(A) Sexualvergehen. (B) Häresie. mMeg IV,9; mḤul II,9; tḤul II,24; bAZ 17a	mînût	מינות
SokB 671; s. נשא ונתן	mîsseb û-mîtten	מיסב ומיתן
Pacht, Miete. jPes IV,9 31b. Sperber 111 f. 212	mîstjôsîs *misthôsis*	מיסתיוסיס
Verminderung, Minderheit; Ausschluss jPe'ah VI 19a; bEr 77a; bJeb 61b;119b; bAZ 34b; bŠebu 4b; s. ריבוי. SokB 671 f	mê'ûṭ	מיעוט
(A) Tod mSan VII,4; VIII,5; mAZ I,3. (B) Tötung, Hinrichtung. mŠebi IX,9; mSan I,4; VI,2; VII–XI (4 Todesstrafen: סקילה; שריפה, הרג, חנק; IX,1; X,4.6 (Priester-Lynch-justiz; XI,1); MekRJ nᵉzîqîn iv	mîtah	מיתה
Gerichtliches Todesurteil Num 35,12 (ShM –292); mKet III,1.2	mîtat bêṭ dîn	מיתת בית דין
Schlag	makkah	מכה
Landplage mBM IX,6	makkat	מכת
	mᵉdînah	מדינה
(A) Schläge; Hiebe Traktat Makkôt der Ordnung IV; speziell mMak I,3; III,10 ff; mSan I,2. (B) Prügelstrafe, Dtn 25,2–3 (40); 2Kor 11,24; Jos.Ant 4,238 f. 248; mSan I,2; mMak III,10 f (40–1); mNazir IV,3; s. מלקות, נכה, לקה	makkôt	מכות
Verkauft Mur 30,I 3.16	mᵉkîr	מכיר
Verkauf(spreis) 4Q416 2 ii,17 f	makîr	מכיר
Verkauf, *pôlêsis*, lat. *venditio* LC 44,6; 65,38 f; 117,178; mBQ VII,3; mBM IV,6; mBB X,3	mᵉkîrah	מכירה
(A) Abgabe Num 31,28 ff; TAD C3A, 11,8.10; 28,50; bBM 65a; bAZ 10b. (B) Zoll(station) bBQ 113b. DNWSI II,625. SokB 676	mäkäs, miksah	מכס, מכסה

(A) Anzahl Ex 12,4 LXX: *arithmos*. (B) Betrag, Summe, Lev 27,23; LXX: *telos;* tEr II,9	miksat...	מכסת...
Verkaufen, *pipraskein, apodidonai, pôlein*, lat. *vendere* 103 f, 117–119; 109,144 f; Gen 31,15; 37,27 f; Ex 21,7 f16 ff.35 ff; Lev 25,14 (ShM +245).23.25 ff; 27,20.28.33; Dtn 14,21; 21,14; 24,7; CD XII,8 ff; 4Q158 10–12,4; 4Q159 2–4,3: 4Q416 2 ii,17 f; 11Q19 44,14; 48,6; Jos.Ant 3,282 ff; Mur 29, I 2; II,10; 30,I,1.4.7.20; mPe'ah III,5; mKet VIII,1 ff; IX,1; XI,2 ff; mNed V,3; mGiṭ IV,9; mBQ VII,2 ff; mBM III,6; V,3; VIII,4 f; mBB IV,1 ff; V,1 ff.8; VI,1 ff; VII,1 ff; VIII,7; X,3; mŠebu V,5; mAZ I,5 ff; IV,5.10; V,7.10. hif.: verkaufen lassen, mBQ X,3; s. זבן. DNWSI II,525 f. ThWQ II, 666–668.	MKR	מכר
Verkauf; Verkaufsware LXX: *timê.* TO דמין Num 20,19; Neh 3,16; Mur 22; 30,II. 17.19; bKet III, 7(8); XI,4: bKet 44a. DNWSI II,626	mäkär, m^{e}kar	מכר
Stolperstein, Falle, LXX: *skandalon*;TO: תקלא Lev 19,14; vgl. Dtn 22,8 (ShM –298); 24,18; Philon, Spec. 4,197 f; JosAnt 4,276; mBM V,11	makšol	מכשול
Zauberer / Hexe, LXX: *pharmakos* Ex 22,17 (ShM –310); Lv 19,26; Dtn 18,10 (ShM –32); 19,10; 18,10–11; Philon, Spec. 3,100 ff; mSan VII,4.11; MekRJ n^{e}zîqîn xvii; jSan VII,19 25d; bSan 60a; 67a–b	m^{e}kaššef, m^{e}kašš^{e}fah	מכשף, מכשפה
Prügelstrafe wegen Vergehen gegen Vorschriften der Sôf^{e}rîm mNazir IV,3; bMen 70a	makkat mardût	מכת מרדות
Schriftstück, offizielles Schreiben 2Chr 21,12; 35,4; LXX: *engraphê*	miktab	מכתב
Griffel mKel XIII,2	makteb	מכתב
Mörser mBB IV,3	makteš, maktäšät	מכתש, מכתשת
pi.: „Hand füllen": bevollmächtigen, ein Priesteramt übertragen Ex 28,41;29,9,29 ff; Lev 21,10; 16,32; 21,10; Num 3,3; 1Chr29,5	m^{e}lo' jad	מלא יד
Bote DNWSI II,629.	mal'ak	מלאך
(A) Arbeitsverrichtung, -aufgabe Ex 20,9 f; 31,14 f; 35,2 f; Lev 16,29 f; 23,3.21.25.28.31.35 f; Num 28,26; 29,1.7.12.35; CD X,15.19; VI,2; 1QS VI,19 f; 4Q218 (Jub) II,7; 4Q365 23,5.8; 11Q19 14,10; 17,1.16; 19,8 f; 25,9; 27,6 ff; 47,9; mŠab; mMak III,2; s. עבודה. (B) Hinterlegtes, Depositum Ex 22,7 (LXX: *parakatathêkê*). DNWSI II,629 f.ThWQ II, 681–684	m^{e}la'kah	מלאכה
(A) Nießbrauch. (B) Durch den Ehemann risikofrei nutzbares, in die Ehe eingebrachtes oder ererbtes, unveräußerliches Eigentum der Frau mJeb VII,1 f; s. נכסי מלו	m^{e}lôg	מלוג

Darlehen, Schuldsumme LC 38, m-n; 61,15 f.19 f; 97,t; 98 f,t-z; mŠebi X,1; CLgr 17 S. 71–75; mKet IX,2; mGiṭ III,2; VIII,3; mAZ IV,10	milwah	מלוה
Gläubiger, Verleiher LC 102 f, 113–116; 110,151; mBM V,2.8; IX,13	malwäh	מלוה
Salz mAZ II,6. Als Opferbeigabe: Lev 2,13 (ShM +62; ShM −99); 2Chr 13,5; Jub 21,11; 11Q19 20,14; Str.-B. II,21 ff; s. ברית	mälaḥ	מלח
Krieg; *polemos* Dtn 20,1–20; 23,10–15; 25,19; 1QM; 1QpHab VI,4; 1Q28a I,21; 4Q491; 11Q19 58,3 ff; Philon, Spec. 4,219 ff; Jos.Ant 4,292–300; CAP 2,211 ff; mSota VIII; mSan II,4; mAZ V,6; tSota VII,12–22; bSota 42a–44b; Sifre Dtn § 192–204. 254–258. Prinzipiell gilt Gott selbst (als JHWH ṣ^{e}ba'ôt, '^{ä}lohê ha-ṣ^{e}ba'ôt) und nicht Israel als Sieger in den „Kriegen des HERRn“ (Ex 15; vgl. Jes 31,1; Ez 17,15 ff; Sach 10,5).	milḥamah	מלחמה
Pflichtkrieg. (A) Eroberung des Landes Israel und Vertrei-bung/Ausrottung der „Sieben Völker“, bis auf Amalek (עמלק) unter Josua vollendet). (B) Schutz des Landes im Sinne der Vorwärtsverteidigung, als vorsorglicher Angriffskrieg Dtn 7,1–11; 12, 29–31; 20; 11Q19 58,3–15; tSota VII,24; jSota VIII,10 23a; tQid I,12–14. (C) Krieg gegen Amalek s. עמלק	milḥämät miṣwah/ ḥôbah	מלחמת מצוה\ חובה
Wahlkrieg (Angriffs-, Eroberungskrieg) Dtn 20,1–12 (ShM +190); 11Q19,58, 15–21; mSota VIII,7; mSan I,5; II,4; tSota VII,24; jSota VIII,10 23a	milḥämät r^{e}šût	מלחמת רשות
Ähre(nrupfen) Dtn 23,26; 11Q19 19,6–7; Mk 2,23 ff; Mt 12,1 ff; Lk 6,1 ff; Sifre Dtn § 267; bBM 87b–89a	m^{e}lîlah	מלילה
Mittler, Fürsprecher, Dolmetscher Gen 42,23 (LXX: *hermêneutês*); 2Chr 32,31 (LXX: *presbeutês*); Jes 43,27; Joh 14,15 ff (*paraklêtos*)	melîṣ	מליץ
König, *basileus* Dtn 17,14–20; 17,15 (ShM + 173 Ernennung; Israelit −362); 17,16 (ShM −363 Pferdehaltung); 17,17 (ShM −364 Polygamie; 17,17 (ShM −365 Reichtum); CD VII,16 f; 4Q448 ii;2; III,8; 11Q19 56,12 ff; 58,3 ff; 59,13 ff; Philon, Spec. IV,158 ff; Jos.Ant 4,223 f; Landis Gogel 349; mBer V,1; mBik III,4; mJom VII,5; VIII,1; mNed II,5; mSot VII,2.8; mQid IV,5; mBB VI,7; mSan II,2.4; X,2; mAZ IV,6; mŠebu II,2; mHor II,5; tSota VI,1; tBB II,10; tSan II,2.4; III,4; IV,5–11; jSan II,6 f. 20c–d; bŠab 108a; 152a; bEr 26a; bRH 8b.16a; bJom 10a; bTa 17a; 31a; bQid 66; bBB 159a; bSan 14b; 18a–19b; 20b; 97b; 99a. DNWSI II,634 ff. ThWQ II, 689–69. SokP 310. SokB 680 f	mäläk	מלך
König der Juden/Judäer: Kreuzesinschrift Mk 15, 26; Mt 27, 37	mäläk ha-J^{e}hûdîm	מלך היהודים
„König Israels“. (A) Nichtdavidischer König Israels. tSan IV,2.8; bKet 17a; bHor 13a; jSan II,3 20c 11Q19, 56,12 ff. (B) König des Nordreiches (Samaria) 1Kön 21,1–16	mäläk Jiśra'el	מלך ישראל

„Der gesalbte König", der davidische Herrscher Massäkät Sofᵉrîm XIX,7; GenR XCVIII,8–9; LevR IX,6	(ha-)mäläk ha-mašîᵃḥ	מלך המשיח
Königsherrschaft, Königreich, Herrschaft, Obrigkeit, *basileia* Dan 2,37 ff; 6,29; u. ö. Esr 4,24; 5,26; 1Q21 1,2; 1QM 19,8; 4Q246 ii,5; 1Q28 iii,5, iv,26; V,21; 11Q19 59,17.21; Röm 13,1 ff; Str.-B. II,588 f; mGiṭ VIII,5; mSan VII,3; X,2; mAbot III,2.5; VI,1; ARNa XXVIII. DNWSI II,614. SokP 310 f. SokB 681	malkût	מלכות
„Die Frevelherrschaft". Stereotyp für das Römische Reich (s. אדום) bBer 61b; bGiṭ 57b; bBB 60b u. ö.	malkût ha-riš'ah	מלכות הרשעה
Prügelstrafe mMak I,3; s. ארבעים, לקה, מכות	malqût	מלקות
Verleumder Ps 101,5; LXX: *katalalein* Denunziant [spät], s. מוסר / מסור. Achtzehngebet XII; s. דלטור (lat. delator)	malšîn	מלשין
Verleumdung, Denunziation [spät]	malšînût	מלשינות
Siehe מילה	millᵉta'	מלתא
(A) Geld, Vermögen mKet II,9; III,2; bGiṭ 84a. (B) Bußgeld,Geldstrafe bKet 37b; bQid 3b; bBQ 15a;108a. (C) Rechtlich gebotene Nachsicht in Bezug auf jüdisches Vermögen in Notsituationen: „die Torah nimmt Bedacht auf jüdisches Vermögen" bḤul 49b.56a. SokP 311. SokB 682	mamôn	ממון
Vermögenssachen; dînê mamônôt: vermögensrechtliche Verfahren mSan I,1; III,1; IV,5; mBB X,8	mamônôt	ממונות
Beauftragter, Vorgesetzter mŠeq IV,4; V,1.4	mᵉmûnnäh	ממונה
Aus verbotener Verbindung geborene Person Dtn 23,3 (ShM –354 Verbot der Ehe mit Israelitin). 9; 4Q174 1 ii–6,6; 21,4; 4Q397 1,10; Sir 23,22; Test.Levi; Philon, Spec. 1,324; Decal. 130; mMŠ V,14; mḤag I,7; mJeb II,4 f; IV,12–13; VI,2; VII,5; VIII,3; IX,1 ff; X,1 ff; mKet I,8 f; III,1; XI,6; mSot IV,1; VIII,3.5; mQid II,3; III,12 f; IV,1.8; mMak III,1; mHor I,4; III,8; tJeb III,3; Sifre Dtn § 215.248; bJeb 22b; bQid 68a. Eheschließung nur mit M. oder Proselyten erlaubt. ThWQ II,706–70; s. חתן hitp.	mamzer, fem.: mamzärät, mamzîrta'	ממזר\ת, ממזירתא
Status des mamzer tQid V,2	mamzᵉrût	ממזרות
Verkauf, lat. *venditio* Lev 25,14; TAD A6, 2,4; hSir 37,11; 42,8; CD XIII,15–16; 4Q159 2–8,3; 11Q19 60,15; mMeg III,2; mBM IV,10; s. מקח (Kauf)	mimkar, mimkᵉrah, mimkärät	ממכר, ממכרה\ת
(A) Sexualvergehen. (B) Häresie. mMeg IV,9; mḤul II,9; tḤul II,24; bAZ 17a	mînût	מינות
Ölmühlenrollstein mBB IV,5	mammal	ממל
Feststellung, Anordnung Mur 19,10; NṢ 8a,14	mamar	ממר
Reales, Wirkliches mŠebu III,5	mammaš	ממש

Herrschaft Dan 11,3; Ps 113,2; 1QS IX,24; 1QM I,5; 4Q215a 1 ii,10; 4Q252 V,1	mimšal	ממשל\ה
Verpflichtend, folgerichtig mBQ II,5	min ha-dîn	מן הדין
Schuld, Verpflichtung, Abgabe DAT A6, 13,3; 14,3.5; B3, 6,7; C37A, 2,1; 3,1. DNWSI II,656	mandah	מנדה
Wissen, Kenntnis TAD C1, 1,53; CLgr17,40 ff. DNWSI II,656 f	manda‘	מנדע
(A) Zählen mBM III,4. (B) pi./itp.: ernennen, ernannt werden TAD A4, 5,9; mŠeq V,1; tSan IV,5; jBik III,3 65d; bŠab 114a; bSot 40a. ThWQ II, 709–712. SokP 317 f. SokB 686 f. DNWSI II, 658	MNH, MNJ	מנה, מני
Teil, Anteil bGiṭ 59b. DNWSI II,657	manah	מנה
(A) Brauch. (B) Örtliche, regionale Praxis CD XIX,3; mBM VII,1; VIII,1.6; IX,1; mBB I,1; tBer IV,9–10; jBer II,7 5b; bBer 18a;48b; bPes 55a; bJeb 13b; bBQ 117b; bBM 70a; bMen 20b; bSan 46b; bḤul 63a	minhag	מנהג
Verbannter, Ausgeschlossener LC 110,154; mMQ III,1; mNed I,1; mEd V,6; mNeg XIV,2; bMQ 15a	m^{e}nûddäh	מנודה
Ernennung jSan I,2 19a	minnûj	מנוי
Zuflucht; s. מקלט	manôs	מנוס
(A) Gabe 4Q504 XVII,11. (B) Opfergabe, Dan 2,46. (C) Speisopfer Lev 2,1 ff. 13 (ShM +40); 6,10 (ShM –124); Esr 7,17; TAD A4, 7,21.25; 8,21.24; 9,9; CD XI,19; 4Q219 (Jub) 1,37; 4Q220 (Jub) 1,4.9; 4Q394 I,14; 11Q19,11,11. 13,15; 14,2 ff; 15,9; 16,9.18; 17,7.14; 18,13; 19,4.11; XX,8 ff; 22,3; 23,5.17; 24,8; 25,6.14; 26,7; 28,4.8.11 ff; Traktat M^{e}naḥôt der Ordnung V; mSot III,1 ff; mQid I,6; mZeb IV,2 f.; VI,1; IX,5; X,4; mTem I,6; mMe II,8 f. D) Mittagsgebet, bBer 26a–b. DNWSI II,658 f. ThWQ II,712–718	minḥah	מנחה, מנח
Priesterspeisopfer Lev 6,13.16	minḥat kôhen	מנחת כוהן
Abzählen, zählen DNWSI II,660 f.	MNJ	מני
(A) Zahl, Zählung, Rechnung Esr 6,17; NḤ 7,1; 8,2; mŠebu VI,6. (B) Betrag, TAD B3, 12,14; B4, 3,13; 4,14; 5,3; B8, 4,5; C37G, 3,23; D11 26. (C) Abstimmungsmehrheit jBer I,1 3a; bSan 36b. (D) Zehnzahl Philon, Decal. 20 ff; Plant. 117 ff; Jos.Ant 3,182; mAbot V,1–6; ARNb XXXVI; GenR XVII,1, bCḤag 12a. (E) Zehn als Mindestanzahl volljähriger männlicher Personen für eine Organisationseinheit oder die Öffentlichkeit eines Vorgangs, eines Gottesdienstes etc., 1QS V,3; CD X,4 ff (Gerichtshof; Num 14,27; mMeg IV,3; mSan X,3 (Richter: 9+ Priester); bMeg 23b. DNWSI II,661. Bacher I,106. II, 113 f. SokP 318	minjan	מנין
Schloss, Türverschluss mBM VIII,7	man‘ôl	מנעול

Unter der Bedingung jBB IV,29d	bimᵉnat	(מנת) במנת
(A) Frondienst; LXX: *phoros* Dtn 20,11 (*phorologêtos einai*); 1Kön 5,28. (B) Zwangsabgabe Est 10,1. DNWSI II,662. S. שר על המס	mas	מס
Kultstätte DNWSI II,663	masged	מסגד
(A) Reihenfolge 1QM III,13. (B) Ordnung, Ez 20,37. (C) Überlieferung, *paradosis* mŠeq I,1; ARNa V. Bacher I,107 f II, 115	masôrät	מסורת
Übergabe (Kauf) = Eigentumsübertragung mQid I,4	mᵉsîrah	מסירה
(A) Anstifter Jer 43,3 (LXX: *symballein*; Vulg.: *incitare*); bBer 32b; ARNᵃ I,16. (B) Verleiter zu Götzendienst Dtn 13,7–1 (LXX: *parakalein*; Vulg.: *persuadere*); 13,9 (ShM –17 Hören auf Verführer; ShM –18 nicht nicht hassen; –19 sich nicht erbarmen; –20 nicht verteidigen; –21 nicht verhehlen); 11Q19 54,19–21; mSan VII,4.10; jJeb XVI,6 15d; jSan VII,12.18 25b–d; bQid 80b; bSan 21b. 29a. 36b. 43a, 61a. 63b. 88b. 89b; bMen 99b; s. מדיח.	mesît	מסית
Metall-, Gußstatue Ex 32,4.8; 34,17; Lev 19,4; Dtn 27,15 (LXX: *chôneuton*); Jes 42,17; Ri 18,14 u. ö.; Philon, Spec. 1,25. S. auch פסל, צלם תמונה. DNWSI II,664 f	massekah	מסכה
Arm, bedürftig jPe'ah VIII,7 21a. SokP 320	misken	מסכן
Traktat	massäkät	מסכת
Schlußfolgerung bMeg 14b; bBQ 84b	massᵉqana'	מסקנא
(A) Gezählt aneinanderreihen; nif: abgezählt in Formation aufgestellt Num 31,5. (B) (Nach und nach) übergeben, anvertrauen tBQ VI,2; jŠeq IV,1 47d; mṬoh VIII,2; bKet 48b. (C) Überliefern, *paradidômi* CD III,3; 4Q541 2–3,13; 9 ii,2; ARNb I; ARNa XV; ExR V,13; bKet 103b. (D) Ausliefern, vgl. Dtn 23,16 f (סגר); Mk 14,10 ff/Mt 26,14 ff / Lk22,3 ff; jTer VIII,10 46b; bḤag 13b; bbBQ 114b; bBM 83b; bNid 81a. SokP 321. SokB 692 ff	MSR	מסר
Betrag, Summe DNWSI II,666	mᵉsat	מסת
Walze mMak II,1	ma'ᵃgelah	מעגלה
Ausschließung. Bacher, I,116.II,116	mi'ûṭ	מעוט
Dekoriert, geschmückt mAZ I,4	mᵉ'ûṭṭar	מעוטר
Geld, Geldstücke mMŠ II,9; mBM II,1.4 f; III,10 f; IV,1 f; V,3 f; IX,6; mBB VII,2; mAZ IV,2; IV,12	ma'ôt	מעות

Bacher I,109 f pi:. verringern, einschränken, ausschließen jHor I,1 45c	MʿṬ	מעט
(A) Obergewand, Mantel. (B) Teil der Hohepriesterkleidung Ex 28,32 (ShM –88); 39,23 ff; Lev 8,7	m^{e}ʿîl	מעיל
(A) Untreue Num 5,6–7.12.27; Jos 22,22; CD X,8; XX,4.23; 1QpHab I,6; 1QS IX,4; X,23. (B) Unterschlagung, Veruntreuung, Hinterziehung kultischer Abgaben; Sakrileg, Lev 5,15.21–25; Dtn 12,17; 4Q251 16; hSir 10,7; 41.18; Apg 5,1 ff; Jos.Ant 4,285 ff; Traktat M^{e}ʿîlah der Ordnung V; mḤag I,8; mBQ I,2; mKer III,9; V,2; VI,6; mKel XVII,9; mParah IV,4. ThWQ II,735–739	m^{e}ʿîlah	מעילה
(A) Treulos handeln Num 5,6.12.27. CD I,3; VII,1; IX,16, X,9;XX,4; 4Q390 2 i,7; Philon, Spec. 4,30 ff. (B) Geheiligtes bzw. kultische Abgaben unbefugt oder zweckwidrig verwenden, hinterziehen Lev 5,15 f.21; Philon, Hyp. 7,4; mŠeq II,2; mJom V,6; mBeṣah V,5; mNazir IV,4.6; mBM IV,7; mMeʿ VI,1; mZeb VII,3 f; IX,6; mTem IV,1; bBek 39a; bBM 96b;99a; Me 20a–b. S. מעילה. ThWQ II,715–719	MʿL	מעל
(A) Stand, -ort Ps 69,3., 1QM IV,4; XIV,6; XVI,5; XVIII,13; 1QH X,22 XII,36; XIII,29. (B) Haltestelle, Rastplatz mBB VI,7. (C) Anwesenheit, jGiṭ IX, 50a. (D) Posten, Dienstposten CD II,9; IV,5; XX,5; 1QS II,22 f; 1Q28a I,17.22; II,5.15; 1QM II,3; V,4; VI,1; VIII,3.6.17; IX,10; XVI,5; XVII,11; 1QH XI,21; XIX,13; XXVII,11; 4Q181 1 ii,4. Bei Hof: 1Kön 10,9; im Kult: 1Chr 26,28; 2Chr 35,15; 4Q405 23 ii,7 u. ö. (E) Veranstaltung der Laien-Dienstmannschaft für den Kultdienst mTa IV,2; s. משמר. (F) Gottesdienstliche Veranstaltung der Dienstmannschaft mBik III,2; mTa II,7; IV,1 ff: mMeg III,4 ff.; mTam V,6. (G) Veranstaltung (מושב ומעמד) Mass. Sof^{e}rim X,6; jMeg IV,4 75a. ThWQ III, 146–150	maʿ^{a}mad	מעמד
Dachgeländer Dtn 22,8 (ShM +184); 11Q19 65,6; Philon, Spec. 3,148 f; Jos.Ant 4,283; mMQ I,10; mBB IV,1	maʿ^{a}qah	מעקה
Höhle mBB II,1.12; III,1.8; IV,4.7; VI,8	m^{e}ʿarah	מערה
(A) Tun, Tat, Werk, Verrichtung CD I,10; II,8; IV,6; V,5.16; XIII,11; XX,6; 1QS III,14.22; IV,20 ff; VI,14.18; VIII,18; 4Q511 63–64 ii,3. (B) Exempel (Plural מעשיות), mBer I,1; *paradeigma*; lat. *exemplum*. (C) Praxis, Praktiken (Plural מעשים) 4Q398 2 ii 2–8. DNWSI II,672 f. Bacher I,112	maʿ^{a}śäh	מעשה
Schöpfungsgeschichte (Gen 1–2) mḤag II,1	maʿ^{a}śeh b^{e}-reʾšît	מעשה בראשית

Torahpraktiken 4QMMT (4Q398 2 ii 2–8); Gal 3,10–14	maʿaśê ha-tôrah	מעשי התורה
Thronwagenbeschreibung in Ez 1–3.10; mḤag II,1	maʿaśeh märkabah	מעשה מרכבה
Zehentabgabe, LXX: *dekaton*, *epidekaton*. An Leviten Lev 22,15.28 (ShM –154); 27,30 (ShM +127); Dtn 12,17 (ShM –142 Wein; –143 (Öl); 14,22 ff; 22,15 (ShM –153); 26,5 (ShM + 132 Rezitation am Tempel); 26,13 ff (ShM +131 Rezitation der Abgabeformel); TAD C37K, 2,19; 7G, 3,2.9; 7F 2,12; Jub 32,2 ff.9–11; Tob 1,7; 5,13; Jud 11,13; 4Q251 1; 4Q367 3,6 ff; 4Q396 III,3; 11Q19 37,10; 60,9; 1Mak 10,31; Philon, Spec. I,152 ff; 156 f; IV,99; Virt. 95; Jos.Ant 4,67 ff. 242 f; Hebr 7,1 ff; Str.-B. IV,640–697; Traktate Dᵉmaj und Maʾᵃśerôt der Ordnung I; mBik II,5; mTer III,6 ff; IV,1; mMŠ IV,11; mJeb IX,6; mSan VIII,2; mMak III,2; tSot XIII,10; jSot IX,11 24a. Leviten an Priester: Num 18,20 ff. 26 (ShM +129). 3. u. 6. Jahr: Dtn 14,28 (ShM +130). ThWQ II,971–975.	maʿᵃśer (riʾšôn)	מעשר (ראשון)
Viehzehent Lev 27,32 f (ShM +78; –109); mMŠ I,2; mŠeq I,7; III,1; VIII,8; mḤag I,4; mNed II,4; mḤul I,7; mBek IX,1 ff; III,5; mParah I,4	maʿᵃśer bᵉhemah	מעשר בהמה
Getreidezehent Dtn 12,17 (ShM –141)	maʿᵃśer dagan	מעשר דגן
Armenzehent Num 18,28 f; Dtn 14,28; 26,12; Tob 1,7 f; Jos.Ant 4,240 f	maʿᵃśer ʿanî	מעשר עני
Zweiter Zehent Dtn 12,17 (SHM –141); 14,22 (ShM +128); 16,14 (ShM -151); 26,14 (ShM –150); Tob 1,7; Jos.Ant 4,205; Traktat der Ordnung I; mBer VII,1; mDem I,3 f.; V,1 f; VII,1 ff; mŠebi VIII,2; mTer I,5; III,6; V,1; VI,5; IX,4; mḤal I,3; III,9; mBik II,1 ff; mŠab XVIII,1; mER III,2; mPes II,5 f; VII,3; mŠeq II,2; VII,1 f; mSuk III,5; mQid II,8; mBM IV,6.8; mSan I,3; VIII,2; mMak III,2 f; mEd I,9 f; mMen VII,5; mBek I,6	maʿᵃśer šenî	מעשר שני
Auftrag DNWSI II,674	mifqad	מפקד
Verführer Ex 22,15; mJeb VII,4; XI,1; mKet III,3.5.8(9); IV,1; mSan I,1; MekRJ nᵉzîqîn xvii;. s. בתולה	mᵉfattäh	מפתה
Schlüssel mBB IV,3	mafteᵃḥ	מפתח
(A) Finden Lev 5,22 f; mBM I,1 ff; II,1 ff; jBM I,1 ff. 8b; I,108b (Bücher). (B) nif נמצא: es ergibt sich, folglich, mBB X,6. Bacher I, 112–116. II,117–119. SokB 699 f	MṢʾ	מצא
Kultstele Ex 23,24; 34,13; Lev 26,1; Dtn 7,5; 12,3; 16,22 (ShM –11); Philon, Somn. 1,245; Sifre Dtn § 146. DNWSI II,675–677	maṣṣebah	מצבה מצב
Ungesäuertes Brot; Mazzotfest Ex 12,15–18; 13,1–10: Dtn 16,3–4; TAD A4,1; Philon, Spec. 2,150 ff. Traktat Pᵉsaḥîm der Ordnung III; MekRJ psḥh viii; xvif.; s. פסח	maṣṣah, maṣṣôt	מצה, מצות

(A) Gebot, Auftrag, Pflicht, *entolê* mJeb II,8. (B) Gebot Gottes Ex 24,12; Lev 4,2 ff; 27,34; Dtn 11,1.8.13.22.27 u. ö.; LXX: *entolê*; TO: תפקדתא, פקודא; CD II,18.21; III,2 ff; V,21; VII,2; VIII,19; IX,7; X,3; XIX,2.5.32; 1QpHab V,5; 1QS VIII,17; 4Q175 1,4; 4Q390 1,6; 2 i,5; 4Q501,7; 11Q19 55,13; 59,14.16; Mk 12,28 ff/ Mt 22,34 ff/Lk 10,25 ff; mBM II,10; mMak II,7; mŠebu III,6. (C) Gebotserfüllung mQid I,10; mMak I,7; mAbot IV,2.11. DNWSI II,677. (D) Größtes Gebot: Mt 22,3 ff. Str.-B. I,900–908. Bacher I,115 f; ThWQ II, 746–756. SokP 325 III,400–405.	miṣwah	מצוה
Gebote, 613 im Pentateuch: 248 positive Gebote, 365 Verbote bMakk 23b–24a	miṣwôt	מצות
Biblisches Verbot (von 365) mBM V,11; mHor II,4	miṣwah loʾ ta‘^{a}śeh	מצוה לא תעשה
Biblisches Gebot (von 248) mŠebu II,3; mHor II,4	miṣwah ta‘^{a}śeh, miṣwat ‘^{a}śeh	מצוה תעשה, מצות עשה
Lepröser Lev 13;14 (Reinigung); Mk 1,40 ff/Mt 8,1 ff/Lk 5,12 ff; Traktat N^{e}ga‘îm in Ordnung VI; mMeg I,7; mMQ III,1; mNazir VI,6; mZeb XIV,3; mEd V,1; mAZ V;9; mAr IV,2; mTem VII,4; mKer II,1.3; mKel I,1 ff; bMQ 15a: s. צרעת. Opfer nach Reinigungsritual: Lev 14,10	m^{e}ṣôra‘	מצורע
Fundgegenstand, s. אבדה. Ex 23,4; Dtn 22,1–3 (ShM –269); CD IX,13–16a; Philon, Virt. 116 ff; Jos.Ant 4,274; mJeb X,1; mKet IV,1.4; VI,1; mGiṭV,3.8; mBQ V,7 mBM I-IV; mNid V,7; jBM I,3 7d; bBQ 113b; bBM 28b; bBB 24a–25b	m^{e}ṣîʾah	מציאה
Ägypten; Verbot der Rückkehr nach Ä. Dtn 17,16 (-ShM –46)	miṣrajim	מצרים
Ägypter(in) Dtn 23,8 (ShM –55); mJeb VIII,3	miṣrî/t	מצר/ת
Heiligtum, *hieron*; s. קודש. Lev 10,9 ff; 12; 18,4; 20.5; 21,12.23; 26,2 ; Num 18,1; 19,20; Ez 44,5 ff; 45,3 f; Dan 11,31; Jub 1,28; 4,26; GAR 50; CD IV,1; V,6; VI,12.16; XX,23; 1QpHab XII,9; 1QM II,3; VII,11; 4Q174 1–2 i, 21,6; 394, 3–10, 15; IV,4; 4Q396 II,1.6; 11Q19 29,9; 43,12; 45,8 ff; 46,3.8 ff; 47,4.9 ff; 52,14 ff; Mt 7,6; Mk 11,11.15 ff/ Mt 21,10 ff; Mk 13,1 ff/Mt 24,1 ff/Lk 21,5 ff; Mt 21,12 ff/Lk 19,45 ff; Mt 23,16 ff; Lk 11,51; Jos.CAp 2,193; Apg 22,26 ff; 23,1 ff; mTraktat Middôt; mEr X,11 ff; mŠeq I,3; II,1; IV,6 ff; V,1 ff; VI,1 ff; mGiṭV,4; mNazir V,4; mSan II,1; mMak III,2; mŠebu I,5–7; II,1 ff; mHor II,5 f; s.: ירושלים, עיר המקדש Baugebot: Ex 25,6. Ehrfurcht haben vor dem H.: Lev 19,30; 26,2. Dienst am H.: Num 18,2 f. Exklusive Opferstätte: Dtn 12,4–14.26 f; 11Q19 52,13b–53,10; Sifre Dtn § 70. Ausschluss aus dem H.: Num 5,2. DNWSI II,678 f. ThWQ II, 765–771	miqdaš	מקדש

Rituelles Bad Lev 11,36; 15,16; Traktat Miqwa'ôt der Ordnung VI Ṭ; mTer V,6; mMeg III,2; mEd I,2 f; mTem I,4; mMakš IV,6.8; vgl. בית טבילה	miqwäh	מקוה
(A) Ort, *topos*. (B) Heiligtum (Jerusalem). (C) Gott	maqôm	מקום
Entgegennahme, Annahme, Kauf, lat. *emtio* Lev 25,14; 2Chr 19,7; CD XIII,16; mGiṭV,6; mBM IV,10; bBM 14a. 47b. 49b; s. ממכר (Verkauf)	miqqaḥ	מקח
Stab, Szepter mAZ III,1	maqqel	מקל
Zufluchtsort, Asylstätte; *phygadeutêrion* Num 35,12 ff.25 ff; Jos 23,13 ff.32 ff; tMak III,5; vgl. מנוס MekRJ nᵉzîqîn iv	miqlaṭ	מקלט
Asylstadt für Totschläger; *polis tou phygadeutêriou* Num 35,25 (ShM +225); Ex 21;13.21.u.ö; Philon, Spec. 3,120 ff; mMak II,4.6.8; tMak III,5–8	ʿîr miqlaṭ	(מקלט) עיר מקלט
Sache, Gegenstand, Objekt, Ware. Targum: גיתא bBM 87b; bBB 123a. SokP 327	mᵉqamah	מקמה
Herdenbesitz, Habe, Besitz Ex 12,38 (LXX: *ktênê*); Num 31,9 (LXX: *enktêton*)	miqnäh	מקנה
Erwerb(ung) Gen 17,12.27; 23,16–20; Ex 12,44; Lev 25,51; 27,22; Jer 32,11–14 (sefär m.). LXX: *ktêsis* bzw. *prasis, kataschesis;* adj. *argyrônêtos* (von einem Sklaven). Targum: זבין vgl. lat. *nexum*	miqnah	מקנה
(A) Öffentliche Verlautbarung. (B) Einberufene (Fest-) Versammlung Ex 12,16; Lev 23,2 u. ö.; Num 10,2; 28,18.25 f; 29,1–12; LXX: *klêtê* (zu *hêmera*). tRH II,13. (C) Schrift (Bibel), Schriftstelle mŠeq I,4; bḤag I,8 bNed IV,3; mMak III,14; ARNa VIII. (D) Lesung, Lesen, Lernen tMeg I,4; bBer 8a–b. (E) Aufschrift, TAD B2 11,4 ff. DNWSI II,681. Bacher I,117–121.II,119 f	miqra'	מקרא
(A) Zufall, Geschick bŠab 55b. (B) nächtliche Spermapollution bPes 3a	miqräh	מקרה
(Öffentliche) Erklärung TAD B7, 2,6	miqrê	מקרי
Immobilie(n) bBQ 12a; bBB 150a–b; bSan 29b	mᵉqarqᵉʿa'	מקרקעא
(A) Herr, Herr(scher) Dan 2,47; 4,16; 5,23. (B) Besitzer, Eigentümer, s. hebr. רב, בעל, אדון. 4Q569 1–2,6; CL 113 (PapYadin 8,9: marana'); bPes 116a. (C) Titel des Exilarchen. DNWSI II,682 ff. ThWQ II,782–786. SokP 329 f. SokB 707 f	mar, mara', marê, marja'	מר, מרא, מרי, מריא
(A) Erscheinung, Aussehen, Anblick Lev13,12.43; mŠebu I,1 (Aussatz). (B) Spiegel jAZ II,2 41a	mar'äh	מראה

Zins Lev 25,37 (SHM –235); TAD B3,1; B4, 2,3 ff; s. נשך	marbît	מרבית
(A) Sich empören, rebellieren Neh 2,19; abfallen, Num 14,9; TAD A4, 5,1; A6, 7,6; 10,1; Massäkät S^{e}maḥôt IV,2; bRH 4a; bGiṭ 56a. (B) Gehorsam oder Verpflichtung verweigern mKet V,7; bKet 63a. ThWQ II,786–788	MRD	מרד
(A) Abfall, Revolte Jes 22,22; bBB 16b; SOR XXVI. (B) Widersetzlichkeit, Pflichtverweigerung jKet V,8 30b; bKet 64a	märäd	מרד
(A) Widerspenstigkeit, Ungehorsam 1Sam 20,30. (B) Bestrafung, Züchtigung Sir 33,25; mNazir IV,3	mardût	מרדות
Widerspenstig, ungehorsam sein Num 20,10.24; Dtn 21,18.20 (Sohn); Jos.Ant 4,260 ff	MRH	מרה
„Der mit mehr Gewändern bekleidete“ (Hohepriester) mHor III,4	m^{e}rûbbeh b^{e}gadîm	מרובה בגדים
Mehrheit mEd I,5; V,7	m^{e}rûbbîm	מרובים
Abflussrinne mBB III,6	marzeb	מרזב
(A) Eine Kultveranstaltung Jer 16,5; Am 6,5–8; jBer III,1 6a (Trauerhaus). (B) Eine Art Kultverein. DNWSI II,691 f	marzaḥ	מרזח
Bad, Badehaus mŠebi VIII,11; mŠab I,2; mTa I,6; mMeg III,3; mNed V,3 ff; mQid II,3; mBM VIII,8; mBB I,6; III,1; IV,4.6 f; X,7; mSan II,5; mAZ I,7.9; III,4; IV,3; mKel XXII,10; XXVIII,2; mMakš II,2.5	märḥaṣ, bêt märḥaṣ	מרחץ, בית מרחץ
Abscheulich, absolut verwerflich.	m^{e}raḥaq	מרחק
Abscheulichkeit. Targume für תועבה	m^{e}raḥ^{a}qah	מרחקה
(A) Entfernung. (B) Verzicht: s. רחק	märḥaq	מרחק
Keller mBBVI,2	marṭef	מרטף
Buchhalter TAD A6, 2,23; 13,3.6	markar	מרכר
Lüge, Trug, List, Betrug. Gen 27,37; Amos 8,5; Mi 6,11; Spr. 12,17; Dan 11,23. DNWSI II,694. ThWQ III,687–690	mirmah	מרמה
Sack, Transportbeutel mBB V,1	marṣûf	מרצוף
Bezahlen, auszahlen, Schuld begleichen; Verpflichtung tilgen Mur 26,1.4; 30, II .24; NḤ 7,5; 13,10; CL 144 (PapYadin 42,8); 162 (PapYadin 47a,9); 290 (PapYadin 50,15); tZeb X,14, bBer 17a. DNWSI II,695	MRQ	מרק
Merkur(statue) mSan VII,6; mAZ IV,1; bŠab 64a; bAZ 50a	märqûlîs lat.: *Mercurius*	מרקוליס
Aufheben; Last mAZ III,6	maśśa᾽	משא

Bevorzugung, Begünstigung Lev 19,15 (ShM –273); Dtn 28,50; mAbot IV,22; jSan VI,10 24a; bSan 104b	maśśoʾ panîm	משוא פנים
Unterweiser. In Qumrantexten ein hochrangiger Bildungsträger. ThWQ II,802–806	maśkîl	משכיל
Fußboden-Mosaikbild Lev 26,1 (ShM –12); s. אבן משכית; vgl. mškj. (DNWSI II,701)	maśkît	משכית
Darlehen Dtn 15,2, LXX: *chreos*; mŠebi X,8; Sifre Dtn § 112. DNWSI II,697	maššāh	משה משאה
(A) Befragung. (B) Verhör. DNWSI II,697	mišʾalah	משאלה
Belastet (mit Verpflichtungen, Schulden, Hypotheken) mKet IX,7 f; XII,2; mGiṭ V,2 f; IX,4; mBB X,8; mŠebu VII,7	mešûʿbad	משועבד
Apostat, paläst. (babylonisch s. מומר) tHor I,5; tḤul I,1; jEr 23b; jHor III,5 48b	mešûmmad	משומד
(A) Salben, *aleiphein, chriein*. (B) Akt ritueller Autorisierung bzw. Einsetzung in eine Funktion (Priester, Prophet, König); tSan IV,11; bKer 5b. (C) Ziehen, spannen, messen. DNWSI II,699. ThWQ II,810–817. SokB 712	MŠḤ	משח
Öl TAD B3 8,20. DNWSI II,699 f	mešaḥ	משח
Maß, Ausmaß DNWSI II,700	mišḥat	משחת
Gesalbter, *christos*. ThWQ II,810–817 (A) König (häufig); „Gesalbter des JHWH" 1Sam 24,7.11; 26,11.23; vgl. 2Sam 23,1; Dan 9,25 nagîd; 4Q252 v,3: 4Q521 ii,2; 11Q13 II,18, Str.-B. II,333–352; mBer I,5; mHor II,3; III,4.6; bSan 93b (Bar Kochba).99a. Gesalbter Israels Laiengesalbter): 1QS28a (Sa) II,14.20. Mose: 4Q375 2 ii,5. (B) G. Aarons und Israels: 1QS IX,11 u. CD XII,23; XIX,19; XIX, 10. (C) Priester: Lev 4, 3.5; 4,16; 6,15; mMen III,2; 4Q375 1 i,9; 4Q376 1, i,1. (D) Prophet: CD II,12; VI,1; 1QM XI,7; 4Q287 10,13; 6Q15 3,4. E) Hohepriester: mHor II,3 f. (F) Leidender Gesalbter: Str.-B. II,273–301.	mašîaḥ	משיח
Salbungswürde mHor III,2	mešîḥût	משיחות
„An sich ziehen": Erwerbsweise mQid I,4–5; mBB IX,7; mŠebi X,9; bQid 26a	mešîkah	משיכה
(A) Ziehen. (B) an sich ziehen, erwerben mBB V,7, jŠebu VIII,1 38a	MŠK	משך
(A) Bettstatt Lev 15; mKel XVII,15; s. מיטה. (B) Beiwohnung Lev 18,22; 20,13; Num 31,17 f 3. DNWSI II,701	miškab	משכב

Pfand Dtn 24,6 (ShM -242); 12 (SHM -240). 17 (ShM -241); mBM VI,7; IX,13; mŠebu VI,7; bPes 31b; bQid 8b; bBM 48b–49a. Mantel (als Pfand): Ex 22,25; Dtn 24,13; Ostrakon Meṣad Ḥ^ašabjahu 1; jBM IX 12b: ExR XXXI,15; bŠab 148a. S. חבל; חבולה, עבוט, ערבה, ערבון	maškôn, miškôn	משכון, מישכן
Pfänden mBM IX,13; mŠebu VII,2; mAZ IV,5; mAr VI,3; tZeb XIV,2; bSan 21a	MŠKN	משכן
Verpfändung; Pfand; Hypothek bBM 67a–68a;70a;79a;110a; bBB 32b;35b; *daneion*; lat. *creditum*. DNWSI II,702	maškan maškanta'	משכן, משכנתא
Herrschen, regieren DNWSI II,702f	MŠL	משל
Spruch; Gleichnis; Allegorie jBer I,6 4a; bBer 7b. Bacher I, 121f II,121	mašal	משל
Zahlung DNWSI II,703	mašlamû	משלמו
Gewahrsam, Haft Lev 24,12; Num 15,34; Esr 7,26; 10,8. S. אסור; כיפה	mišmar	משמר
(A) Wache. (B) Tempelbewachung Num 3,38; 18,4; mBQ IX,12. (C) Priesterdienst-Abteilung Dtn 18,6–8; 1Chr. 24; Neh 13,30; 4Q292; 4Q320–324; 324c; 328;329; 329b; 330; Str.-B. II,55–69 (Priester). 69 ff (Leviten); mBik III,12; mSuk V,6 ff; mTa II,6–7; IV,2 mJeb XI7; mBQ IX,12; mTam V,1; mParah III,11	mišmar, mišmärät	משמר, משמרת
(A) Wiederholung, Lehre. (B) Zusammenfassungen der „Mündlichen Torah" mKet V,3; mNazir VI,1; mGiṭ V,6; mSan III,4; mEd VII,2. (C) Schriftliche Fassung der „Mündlichen Torah" ca. 200 n. Chr. mQid I,10N mAbot V,21; VI,1.6	mišnah	משנה
Stellvertreter 1QM II,1	mišnäh	משנה
Großfamilie, Sippe (zwischen Stamm מטה/שבט und בית אב), *dêmos, patriá, patris, phylê*. TO zar'ît; TJ jîḥûs, g^enîsah. LC 61,17; Lev 25,10.17; Num 3,15.20; 26,5 u. ö.; Dtn 29,17; 1Sam 20,29; LD 20–78; mBek VIII,10; mQid IV,1; tAZ I,4; tBek VI,19; Semaḥôt/ 'Ebäl rabbati III,16; jMQ III,5 82b–c; jJeb VIII,2–3 8d–9a; jKet I,9 25d; II,7 26d; jSan IV,7 22b; jMQ III,5 82a–b;jKet 2; bMeg 3a; bJeb23a.54b.67a; bKet 28b.41a.66a.84a; bQid 18a.70b–71a; bBQ 86b.93a; bBB 100b; 109b–110b;114a–b.155a; bSan 63b; bBek 52b; Sifra qdwšjm viii,9. S. אב, אם, בן, בת, אח, אחות, חתן	mišpaḥah	משפחה

(A) Recht; Gesetz, Vorschrift Ex 21,1 u.ö; Mi 6,8 (la-ʿ^{a}śôt mišpaṭ); CD V,9; VII, 2 f 7; X,14; XII,3.15.19.21; VIII,1; XIV,8.18; XV,11; XVI,12 f; XIX,4.13; XX,1.27.30 f; 1QpHab IX,1; 1QS III,1; VI,15; VIII,20; 1Qsa I,5,8 ff; 1QSb III,23; IV,27; 4Q158 7–8,9; 4Q175 1,17; 4Q366 2,2; 4Q376 i,1; 4Q394 IV,2 ff; 4Q418 81+81a, 7; 4Q324 3,4; 4Q514 1 i,10; 11Q19 22,10; 28,8; 29,4; 50,6 f17; 51,12; MekRJ n^{e}zîqîn i; bŠab 33b; bJom 39b; bSuk 49b; bBQ 36a; 83b–84a; bSan 7b; 28a; 36b; 49a; bMak 24a. (B) Gericht, Urteil, Ex 23,7 (ShM –290); Regel Dtn 17,11; CD I,2; VIII,1.16; IX,15.20; XIII,7; 1QS IV,20; XIV, 22; XV,7; XIX,32; XX,10; 1QpHab X,13; XII,14; 1QS VII,4.18.; VIII,19; 1QM VI,5 u. ö.; 11Q19 51,12 f mišpaṭ mawät/Todesurteil: 11Q19 64,9. (C) Anrecht Jer 32,7. (D) Gericht, Rechtsfindung, Verfahren Lev 19,15.35; Dtn 1,17; 1QS V,16.7; VI,24; VIII,24; IX,7; 11Q19 57,13.20; Philon, Spec. 4,193 ff; Haeres. 157; 162; Joseph 72; Somn. 2,24; QuEx 2,10; Spec. 4,70 f; Jos.CAp 2,216; 11Q19 Kol. 51,11.17 f Sifre Dtn § 17; jSan I,1 18b. (E) Orakel-Entscheidung 11Q19 58,20. ThWQ II, 830–841	mišpaṭ	משפט
Einerlei Recht Ex 12,49; Lev 24,22; Num 15,15; mSan IV,1; MekRJ psḥh xv Ende; tŠebu III,8; bJeb 122b; bKet 33; bQid 62a–63a: bSan 2b–3a.28a–b.32a–b; s. תורה אחת	mišpaṭ ʾäḥad	משפט אחד
Recht und Gerechtigkeit Gen 18,19; 2Sam 8,15; 1Kön 10,9/2Chr 9,8; Jes 9,6 (Königspflicht); 33,5; 56,1; Jer 22,3.15; 33,15; Ez 18,5.19.21.27; 33,19; 45,9; Ps 35,5; Spr 21,3 (wichtiger als Opfer); jBer II,1 4b (jRH I,1 56b u. ö. (wichtiger als Opfer); tSan I,3; bSan 6b.49a (David); bJoma 86b (Bußfertiger)	mišpaṭ û-ṣ^{e}daqah	משפט וצדקה
Todeswürdiges Verbrechen, Todesurteil Dtn 19,6; 21,22; Jer 26,11.16; bMak 10b	mišpaṭ mawät	משפט מות
Gewicht, richtiges/falsches Lev 19,335 f (ShM –271; –272); (s. מדה); Philon, Spec. 4,94 ff; Hyp. 7,8; mBB V,9 f; mŠebu VI,6; jBM IV,2 9c–d. S. איפת צדק, הין צדק, מאזני צדק, אבני צדק	mišqôl, mišqal	משקול, משקל
Lotschnur mBB II,13 f; mKel XXIX,3; mMiqw II,10	mašqôlät	משקולת
Übersetzer Massäkät Sôf^{e}rîm XII, 7; jJeb XVI,7 16a; bḤag 14a; bGiṭ 60b	m^{e}turg^{e}man	מתרגמן
Toter, Tote Dtn 14,1; CD XII,18; 4Q396 IV,3; 48,12 f; 49,14.21; 50,5 f.11.21; mSan VI,5.	met	מת
Totenunreinheit mMak III,8; mEd II,1; III,4; VI,2 f; mKel I,1.4.8; VIII,6 ff; XI,1; XVIII,8; XIX,9; mOh I,1 u. ö.; Traktat Parah der Ordnung VI; mTeh VIII,2; mNid X,6; mZab V,10 f; s. טמא.		טומאת מת
Totenbeschwörung,Totenbefragung s. ידעוני / אוב; Lev 19,31 (ShM -8–9); Dtn 18,10 f (ShM –33; –36; –37; –38); 11Q19 60,19		
Zur Auspeitschung an den Pfahl binden bRH 22b	mataḥ ʿal ha-ʿammûd	מתח על העמוד

(A) Antwort, Einwand. (B) rabbinische Sitzung/Schule. SokB 720. (C) Lern-, Lesepensum bBer 27b; bEr 21a; bBQ 117a	m^etîbta᾽	מתיבתא
Gabe, Geschenk, Schenkung; LXX: *doma* LC 31 f,31; 109 f,150; Gen 34,12; Ex 28,38; Lev 23,38; Num 18, 6.7.11; Dtn 16.17; TAD A4, 3,1; B2,3; 3,5.10–11; B5,5.6; D8, 3,7 f16; Sir 3,17; 4,3; CL 73–108 (PapYadin 7); CLgr 19,4, S. 82–87; NḤ 64; Philon, Somn. 2,324; mDem V,5; mMQ III,3; mNed IV,8; V,5; XI,8; mBM I,7; II,9; mBB III,3.5; IV,9; VIII,5; IX,6; tKet VIII,4–5; tBB VIII,9 f; bBB 40b; bSan 103b. DNWSI II,709	mattan, mat- tanah	מתן, מתנה
Tannatische Feststellung, Mischna; s. משנה	matnîta᾽	מתניתא\ה
Gewicht, Hohlmaß; s. משקל. DNWSI II,709 f. SokP 338	matqal, matq^elah	מתקל, מתקלה

	Nûn	נ
(A) Treu, zuverlässig; LXX: *pistos* Jes 8,2, Jer 42,5 (Zeugen); Neh 13,13; mPe'ah VIII,2; mDem IV,6; mSan III,2; IV.5; jKet IX,9 33c; bBB 70b; bBer 59a; bŠab 119b. (B) Attribut des Mose Num 12,7; s. מורה צדק, נביא נאמן	nä'^{a}man	נאמן
Ehe brechen LC 27,28; 105,129; 106,131 f; 160 f,23; Ex 20,14/Dtn 5,18 (ShM −266), LXX: *moicheuein*; Lev 18,20; Num 5,13; Spr 6,24 ff; Sir 23,18 ff; DanSus; Philon, Decal. 121 ff; Spec. 2,249; 3,8–82; Mt 5, 27 f; Joh 8,1–11; Röm 13,8; Jak 2,11; Jos.Ant 3,92.274; CAP II,301; Str.-B. 109 ff; mSot; jBer I,5 3c; MekRJ ba-ḥodäš viii; jSot; bSot 47a	N'P	נאף
Prophetie; LXX: *prophêteia* Dtn 13; Neh 6,12; 2Chr 9,29; 15,8; bŠab 138b; bBB 12a–b; s. נביא	n^{e}bû'ah	נבואה
Quittung TAD B4 2,6. DNWSI II,711 f; s. שובר	n^{e}baz	נבז
Belohnung Dan 2,6; 5,17	n^{e}bizbah	נבזבה
Prophet (A) Dtn 13; 18,15 (ShM +172); LXX: *prophêtês;* 1QpHab II,9; VII,8 1QS VIII,16; 4Q158 6,6; 4Q175 1,7; 4Q375 1 i,4 ff; 4Q381 69,4; 11Q19 54,8 ff; 61,3 ff; Philon, Spec. 1,315 ff. (B) Rabbinisch: Empfänger indirekter Offenbarung durch Traum, Vision/Audition. Ohne Torahkompetenz, aber mit dem Recht zur befristeten Aufhebung einzelner Gesetze in Notsituationen mŠebu II,2; bPes 66b; bJom 73b; 80a; bMeg 2b.15a; bBB 12a. (C) Prophetenmorde: 2Chr 24,20–22; Mk 12,49 ff; Mt 23,29–33; Jos. Ant 9,169; Jos.Bell4,335; Mt 18,34–36/Lk 12,13–15. DNWSI II,711. ThWQ II,847–852	nabî'	נביא, נבא
Fremdkultprophet Dtn 13,3–4 (ShM −28); 18,20 (ShM −26; 18,22 (ShM −29); mSan I,5; I,5	nabî' b^{e}-šem '^{ä}lohîm '^{a}ḥerîm	נביא בשם אלהים אחרים
Prophet wie Mose Dtn 18,15–19; 1QS II,18; IX,11; 4Q158; Philon, Sacrif 130; Spec. 1,65; 2,251; Joh 1,21; Apg 3,22; 7,37; Sifre Dtn § 175 f	nabî'k^{e}-mošäh	נביא כמשה
„Verlässlicher (LXX: *pistos*) Prophet", Prophet wie Mose, Torahoffenbarer Dtn 13,18; 18,15–18; 1QS VIII,11; 4Q175 I,5; 1Makk 4,46; 14,41; Jos.Ant 4,218; 8,296–297; bRH 21b	nabî' nä'^{a}man	נביא נאמן
Falschprophet. Dtn 13,2 ff.20 (ShM −27).22; Philon, Spec. 2,315 ff; mSan I,5; XI,1.5 f; Sifre Dtn § 170 ff: jSan XI,8 30c; bSan 16a; 89b–90a	n^{e}bî' šäqär	נביא שקר
(A) Prophetenbücher CD VII,17; 4Q397 IV,10.15. (B) „Propheten": Schriftcorpus von Josua bis 2. Kön: n^{e}bî'îm ri'sônîm „Frühe Propheten" (Jos - 2Kön), und n^{e}bî'îm 'aḥ^{a}rônîm „Spätere Propheten"(von Jesaja bis Maleachi)	n^{e}bî'îm	נביאים
Kadaver, Aas Lev 11,39; Dtn 14,8.21 (ShM −180); 11Q19 51,4; 64,11; 68,6; Apg 15,3; Str.-B. II,715–723; mŠab XXIV,11; mBB II,9; mSan VIII,2; mMak III,2; mEd V,1; mAZ II,5; mḤul I,1; II,4; MekRJ kaspa' ii	n^{e}belah	נבלה

Torheit, irrationales Vergehen, meist: „n. in Israel“. Dtn 22,21 (LXX: *aphrosynê*) Jos.Ant 4,248; Sifre Dtn § 239 f. Jos 7,15 (LXX: *anomêma*); Ri 19,23 f (LXX: *aphrosynê*); 20,6 (*apoktôma*); 2Sam 13,12 (LXX *aphrosynê*); Jer 29,23 (LXX: *anomia*)	n^{e}balah	נבלה
Bassin (Waschanlage). mBB II,1	nibräkät	נברכת
hif. (A) Mitteilen. (B) Inhaltlich exegetisch / erbaulich besagen. Differenziert von אמר (Text) lauten. DNWSI II,712. Bacher I, 30–32	NGD	נגד
Stoßen (Rind; s. שור) Ex 21,28–22,6; 4Q158 19,3; 4Q251 8,4; Philon, Spec. 3,144 ff; Jos.Ant 4,281 f; mBQ I,1; III,9; IV,1 ff; V,1; mSan I,4; jSan I,1 18b.19b; MekRJ nzjqjn X; bBQ 6b.37a.38a.47a; s. שור	NGḤ	נגח
Regent, Chef, Kommandant, Vorsteher, LXX: *archôn* 1Sam 9,16; 13,14; Jer 20,3;1Chr 1,31; 17,4; 26,34; 2Chr 28,7; Neh 11,11; Sir 46,13; Dan 11,22. DNWSI II,713 f	nagîd	נגיד
Nekromantik bŠab 152b; bGiṭ 56b–57a	n^{e}gîda᾽	נגידא
Offenbarte Torahvorschriften Dtn 29,28; 1QS I,9; V,9.12; VIII,1.15; IX,13.19; CD III,13; V,4 f; XV,13; Philon, Cherub 16 f.; bSan 43b/44a; s. נסתרות, noch nicht offenbarte Torahvorschriften	niglôt	נגלות
(A) Schlag, Plage (B) Hautkrankheit Lev 13–14; 1Q28a II,5 ff; 4Q274 1 i,4; 11Q19, 48,14 ff; 49,4; Traktat N^{e}ga῾îm der Ordnung VI; s. צרעת. (C) An Kleidung mNeg XI. (D) An Gebäuden mNeg XII; XIII,1 ff; mParah I,1; mJad III,1	näga῾	נגע
Riegel mBM VIII,7	nagar	נגר
Bedrängen Dtn 15,2 f (durch Zinsforderung; LXX: *apaitein*); 2Kön 23,35; Dan 11,20 (Abgaben, Steuern eintreiben); Sifre Dtn § 112; s. פרוסבול	NGŠ	נגש
Freiwillig etwas tun, spenden; nif/.hitp.: sich als willig erweisen Esr 7,13.15 f; 1QS I,7.11; V,1.6.10.21 f VI,13. DNWSI II,716. ThWQ II,879 ff	NDB	נדב
Freiwillige Gabe Ex 35,29 (LXX: *aphairema*); Lev 22,21; Num 15,3; Dtn 12,6 (*hekousion*); 23,23 (*doma*); Esr 3,5 (*hekousion*); mMeg I,6; mQin I,1 ff	n^{e}dabah	נדבה
pi.: vertreiben, verbannen; pu.: verbannt bMQ 15a	NDH	נדה
Absonderung; Exilierung, Bann, *exoria*, lat. *exsilium*. mTa III,8; mEd V,6; jMQ III,1 81d	nidduj	נדוי
Mitgift, Aussteuer bKet 54a; s. auch דופורין, פרא פרנון, פרן	n^{e}dûnja᾽	נדוניא
hif.: verleiten Dtn 13,6 (LXX: *exôthein*).11.14 (*apostêsai*); 2Kön 17,21 (LXX: *exôthein*); mSan X,4; s. מדיח	NDḤ	נדח

Geloben, in Gelübde ablegen Dtn 12,17; CD XVI,13.18; 11Q19 53,9 ff; Traktat Nᵉdarîm in Ordnung III; mSan VII,6; mEd IV,10; jSan 23c; bPes 107a; bNed 28a.66b; bNaz 32b. pu.: durch Gelübde gebunden mMeg I,6. af.: ein G. auferlegen bGiṭ 35a. Ein Gelübde untersagen bNed 21b–24a; bMak 16b. DNWSI II,717 ff. ThWQ II,893–897. SokB 731	NDR	נדר
Gelübde LXX: *homologia; euchê.* (A) Versprechen. Num 30,3 (ShM –157 Wortbruch). Im allgemeinen Sprachgebrauch werden Versprechen, assertorisches Gelübde und assertorischer Schwur nicht immer differenziert. (B) Assertorisches G. Betrifft (meist befristete) Unterlassung von Erlaubtem; s. v. a.: נזיר. (C) Weihegabe an Gottheit bzw Heiligtum. Gilt als bindend und kann durch einen Priester abgelöst werden. S. auch: קרבן. Bruch (*lᵉ-hafer*) des Gelübdes zieht die göttliche Ausrottungsstrafe nach sich (s. כרת). Kann durch einen Schwur verstärkt werden (שבועת בטוי), der Bruch des Schwurs wird strafrechtlich geahndet. Num 30,3 (ShM+95 Annulierung); Dtn 23,24 (ShM +94 Einhaltungspflicht).Lev 5,16 (ShM +118 Ersatz für unbewusstem Profit von Geweihtem); Lev 19,9 (ShM +120 Peʾah/ShM +121 Nachlese); 19,10 (ShM 123 Fehltrauben (ShM +124 Fallbeeren); 19,24 (ShM +119 Baumfrucht des 4. Jahres). Lev 27 Objekt und Ablöse: 1–8 Mensch (ShM +114); 9–10. 11–13 (ShM +115 unreines Tier). (22,18.23; Dtn 12,17); 14 f (ShM +116 Haus). 17 (ShM +117 Grundbesitz) 16–25; 26 f. Erstgeborenes (s. בכור); Verbindlichkeit Num 30,3 (שבועה, נדר, אסר); 4–16 (Frau, Ehefrau, Witwe, Geschiedene); Dtn 23,22–24. TAD D23, 13,2; Jub 27,27; 4Q88 X,9; 4Q266 3 ii,21; 4Q416 2 iv,8; 11Q19 53,9 ff; Philon, Spec. 1, 248 ff; Hypoth. 8,7,6; Apg 18,18; 21,20 ff; Traktat Nᵉdarîm der Ordnung III; mŠebi IX,7; mḤal I,2;mŠab XXIV,5; mMeg I,6; mMQ III,1 f; mḤag I,8; mJeb XIII,13; mKet VII,1.5; IX,5; mNaz V,3 f; mGiṭ IV,7; mQid II,5; mSan VII,6; Men XII,2; mNid V,6; s. אסר. DNWSI II,719	nädär, nᵉdar	נדר
Erzwungene Gelübde mNed III,1	nidrê ʾônᵉsîn	נדרי אונסין
Rhetorisch formulierte, nicht ernst gemeinte Gelübde mNed III,1	nidrê habaj	נדרי הבאי
Provozierte Gelübde mNed III,1	nidrê zêrûzîn	נדרי זירוזין
Irrtümliche Gelübde mNed III,1	nidrê šᵉgagôt	נדרי שגגות
Gewohnheitsmäßig handeln; Brauch ausüben; in bestimmter Weise behandeln; hitp.: sich verhalten tKet VII,6; bBer 22a; bPes 50b; bRH 15b; bMQ 16 a–b;20b; bKet 54a; bGiṭ 36a; bBB 4a; bAZ 14b. SokB 731 f	NHG	נהג
Brauch, Regel, Gewohnheit mḤul VII,1	nôhag	נוהג

Anzeige, Denunziation ExR XXXI,13. Sperber 112 f	nôṭarîn lat. *notoria* (*epistola*)	נוטרין
Notarikon (Nennung von Wörtern durch ihre Anfangsbuchstaben); alphabetisches N.; Namens-N mŠab XII,5. Bacher I,125–128.II,124	nôṭarîqôn *notarikon*	נוטריקון
Schmuck, Dekor mAZ III,4	nôj	נוי
Unvermutet neu Entstandenes, Geschehenes mNed IX,3	nôlad	נולד
Gesetz, Sitte, Brauch Mur 21,11; CL 65–70 (PapYadin 46,6–8); 317–321 (PapYadin 56,9 f); CLgr 17,42 S. 73; mGiṭVI,5; tTer II,11; MekRŠ XV,9; bMeg 12b; s. נימוס. DNWSI II,733. Sperber 113–117.212 (B) griech. *nomos politikos*: LC 7.10.19.162; *nomos tês chôras* LC 7 f.15 f	nômôs *nomos*	נומוס, נמס, נמוש
Ungeschriebenes Gesetz LevR XXXV,3	nômôs ʾagrafôs *nomos agraphos*	נומוס אגרפוס
Schriftstück, Dokument, Buch [spät]. SokB 735 f	nûsḥaʾ	נוסחא
hif.: schwingen des Opfers); s. תנופה	NWP	נוף
Nazarener/ Christ(en) Apg 11,26; nachtalmudisch; s. ישו הנוצרי	nôṣrî(m)	נוצרי(ם)
Den Namen JHWH benennen/lästern Lev 24,16 (LXX: *onomazein*) Philon, Mos. 2,203; Spec. 2,251–252; Jos.Ant 4,202: 5,44; Mt 26,66; Mk 14,64; Joh 10,33; 19,7; jSan VII,10 25a	nôqeb šem JHWH	נוקב שם יהוה
Feuer Dan 3,6 u. ö.	nûr	נור
Wucherer Ex 22,24–26; Philon, Spec. 1,74 ff; Virt. 82 ff; s. נשה	nôšäh	נושה
Übriges von Heiligem, vom Priesteranteil von Opfern, Opfermaterien, Geweihtem Ex 12,10.19 (ShM –117); 23,10 (ShM –116); 29,33; Lev 6,9; 19,6–8 (ShM –131); Ex 12,48; 19,6–9; Lev 22,30 (ShM –120); Num 9,12 f (ShM –119); Dtn 16,4 (ShM –118).6; Jub 21,10; 11Q19 20,11; 43,11; mMak III,2; mMen XI,8 ; MekRJ psḥh vii (Passahlamm); s. יתר	nôtar, nôtärät	נותר, נותרת
Formaler Verweis, Tadel bMQ 16b	nᵉzîfah, nᵉzifûtaʾ	נזיפה, נזיפותא
Nazir Lev 21,11 (ShM –208); Num 6,1–20 (LXX: *euchesthai*); 6,3 (ShM -202; –203–204); 6,4 (ShM –205; –106); 6,5 (ShM + 92; –209 Haar); 5,7 (ShM –207); 6,18 (ShM +93 Haarscheren; Opfer); Str.-B. II,79 ff; Traktat Nazîr der Ordnung III; mʿOr I,1 ff; mŠeq II,5; mNed I,1 f; II,3; mMak III,7.9; mEd IV,10 f; VII,5; mAZ V,9; mZeb V,5 f; X,2.5; mMen IX,3; XIII,10; mḤul VII,4; mMe III,2; mMid II,5; mKel VI,2; mNeg XIV,4; mParah I,4	nazîr	נזיר
Status des נזיר mNazir I,1–4; mEd IV,11	nᵉzîrût	נזירות

Schaden Dan 6,3; hif/haf: schaden, Schädigen, bBM 117a; bBB 26a.36a.40b; *blaptein*; lat. *laedere*; nif./itp.: geschädigt werden Dan 6,7; Esr 4,13; mBQ I,1ff; mMak II,2; bBer 6a; bBQ 91a. DNWSI II,724	NZQ	נזק
(A) Schaden, Schadensfälle LC 28,11; 82,9 f; TAD A4, 2,14; NṢ 9,9.21; Traktate in Ordnung Nᵉzîqîn. mSan I,1; mAr III,3; mBQ II,6; bKet 41a; bGiṭ 53a; bBQ 15a–b; bAZ 16b. (B) Hauptkategorien (אבות נזיקין): stößiges Rind (שור), Grube (בור), Flurschaden, Feuerschaden mBQ I,2	näzäq, nizqaʾ nᵉzîqîn	נזק, ניזקא נזיקין
Diadem, Krone (A) des Hohepriesters Ex 29,6 (LXX: *petalon*), (B) des Königs 2Kön 11,12 (LXX: 4Kön 11,12 *nezer*)	nezär	נזר
Kupfer mBM IV,1	nᵉḥôšät	נחושת
Bienenschwarm mBB V,3	naḥîl	נחיל
(A) Erben, zu Besitz erhalten Num 18,20ff; 32,19 (LXX: *klêronomein*); CL 82 (PapYadin 7,17); mBB VIII,1ff; tAZ III,16.1. (B) hif.: vererben, hinterlassen, Dtn 21,16 (LXX: *kataklêrodotein*) mBB VIII,1ff; bBQ 81b. DNWSI II,724 f. ThWQ II,933–937	NḤL	נחל
Bachgrund Dtn 21,4 (ShM –309); 11Q19 63,2; Sifre Dtn § 207	naḥal ʾêtan	נחל איתן
(A) Besitz, Anteil; LXX: *klêronomia; klêros, meros* LC 86 f,29 f; 107,137; 117,178; 2Sam 20,1/1Kön 12,16 / 2Chr 10,16; Prov 20,21; Gal 3,18; MekRJ šîrtaʾ x. (B) Erbbesitz, Erbteil, Familienerbe als Anteil am Land Israel Num 18,20ff; 26, 53ff (Töchter); 27,1–11; 32,32; 34,2; 35,2.8; 36,2ff; Hi 42,15 (Töchter!); Ostrakon Moussaieff; Prov 17,2 (*meros*); Koh 7,11 (*klêrodosia*); Lk 15,11f (*to epiballon meros tês ousias*); mBek VIII,1ff; bBB VIII,1ff; bKet 52b; bBB 109a–113a.115a–120a.147a. (C) Land Israel, Land der Stämme Ex 15,17; Num 32,32; 34,2; 36,2 f.7; Dtn 4,21 u. ö.; Ps 135,12. (D) Israel als n. Gottes Dtn 4,20. ThWQ II,933–937; s. פטריקון	nᵃḥalah	נחלה
Vorzeichen suchen Lev 19,26, LXX: *oiônizesthai*, s. ענן, קסם	NḤŠ	נחש
Schlange Apg 28,3 f; mBM VII,9; mSan I,4; IX,1	naḥaš	נחש
(A) Hinabsteigen. (B) (Unreinheit) annehmen bŠab 16a. (C) Überantworten bBB 35b;174a. (D) Vor Gericht bringen bKet 106a. DNWSI II,726 f	NḤT	נחת
hif.: beugen, das Recht (להטות משפט) 11Q19 51,16–18; MekRJ kaspaʾ iii; jSan IV,8 22b; bBM 41b; bSan 6a–b Ex 23,6	NṬH	נטה
Bäcker TAD D8, 9,7; mDem II,4; V,1.3 f; mŠebi VIII,4; mHal I,7; II,7; mEr VII,11; mPes II,8; mBM II,1; mBB II,3; mEd VII,7; mAZ IV,9; mKel V,5; XV,2; mMakš II,8; mJad I,5	naḥtôm	נחתום

Rituelle Händewaschung Mk 7,1 ff/Mt15,1 ff; Traktat Jadajim der Ordnung VI	n^{e}ṭîlat jadajim	נטילת ידיים
Pflanzungen mNed III,5; mBQ VIII,6; mBB II,8; s. קצץ	neṭî'ôt	נטיעות
Groll; Nachtragen; Beobachtung bJom 23a	n^{e}ṭîrah	נטירה
Bewachung, Schutz bBQ 48a; bBM 42a.44a.108a	n^{e}ṭîrûta'	נטירותא
Pflanzung vom 4. Jahr Lev 19,23–25; mSan I,3	näṭa' r^{e}ba'î	נטע רבעי
(A) Bewachen, beobachten bBM 63b. (B) Bewahren Dan 7,28. (C) Im Gedächtnis behalten NumR XIX,2. (D) Einhalten (von Vorschriften/Geboten) bAZ 25a. (E) Groll hegen, nachtragend sein Lev 19,18 (ShM –304; CD VI,20; VII,2.5; VIII,6; IX,2–4.6–8; 1QS V,24 - VI,1; VII,8–9; X,20; Mt 5,22 f; Lk 12,57 ff; Str.-B. 275–288; mNed IX,4; jAZ I,2 39c. ThWQ II,960–963. SokP 348 f. SokB 745 f	NṬR	נטר
(A) Menstruation, -speriode; Menstruierende, Wöchnerin Lev 12,2–8; 15,19–30; 18,19 (ShM 346); 20,18; Jub 3,8–14; CD V,74Q274 1 i,4 ff; 4Q367, 1a–b, 3.8; 4Q512 11,2 f 11Q19 48,16 f; 50,10; Philon, Spec.leg 3,32 ff; Jos.Ant 3,269.275; Traktat Niddah der Ordnung VI; mBer III,6; mŠab II,6; IX,1; mPes IX,4; mŠebi VIII,8; mKet III,1; mMak III,1; mŠebu II,4; mEd I,1; V,4; mAZ III,6; mHor I,2; mKel I,3 ff; mMakš VI,6; mZab V,11. (B) Abscheulichkeit Lev 20,21; 1QS V,20	nîddah	נידה
Gefährdung, Schaden mAZ I,7	nîzqah	ניזקה
Gesetz, Brauch; s. נומוס. SokP 349	nîmôs	נימוס
Juristischer Experte ARN I,18. Sperber 117	nîmôq *nomikos*	נימוק
Gußstrahl (frühjüdische Streitfrage: überträgt der Gußstrahl Unreinheit?) 4QMMT 15 (4Q394 3–10 iv,5); 11Q19 49,7 ff; mToh VIII,9; mJad IV,4; jAZ IV,8 44a; bSot 48b; bAZ 71b–72a s. מוצקות; bNazir 3b; bAZ 72b	nîṣṣôq	ניצוק
Acker mBB II,8	nîr	ניר
Abrechnung, Abzug jBQ VIII,1 6b; bBQ 59a	n^{e}kaj	נכאי
hif.: (A) Schlagen, verletzen, erschlagen, Ex 21,12.15 (Eltern). 18.21; CD XI,6; 4Q158 10–12,5; 4Q251 4–7 i; 4Q252 IV,1; 11Q19 52,6.8; 55,6; 58,12; 62,9; mBQ VIII,3.5; mSan IX,1 f; XI,1; mMak II,2; MekRJ n^{e}zîqîn iv. (B) Auspeitschen, Dtn 25,2–3; Jos.Ant 4,238 f.248.277; Traktat Makkôt in Ordnung IV; MekRJ n^{e}zîqîn vi-viii. ThWQ II,971–975.	NKH, NKJ	נכה, נכי

Besitz, Gut, bewegliche Habe, Vermögenswert(e), *chrêmata, periousia, hyparchonta*; lat. *pecunia* Jos 22,8; Koh 5,18; 6,2; 2Chr 1,11f; TAD A4, 5,5; A6, 10; B2, 8,4.6.8; 9,15; B3, 3,12; 8,23.27.29.35; B4, 6,3; B6, 4,7; B7, 2,6; D1 17; 2Chr, 1,11f; 1Q20 XX,33; XXI,5.33; XXII; 4Q212 1 iv,17; 4Q540 ,1ff; 4Q550a 6; Mur 18,8; 20,4; 26,1.6; CL 82.86 (PapYadin 7,16.54); 126 (PapYadin 10,10.15); 144 (PapYadin 42,9); NḤ 49, 11; mKet IV,11f; VIII,1ff.8; IX,1.7; XI,1; mGiṭV,2f; mQid I,5; mBB VIII,5ff; IX; mSan X,5; mŠebu VI,3; bKet 82b; bBB 150b.174a; bŠebu 41a. DNWSI II,721f.ThWQ II,975–978. SokP 351. SokB 751	näkäs, n^{e}kas n^{e}kasîm	נכס נכסים
Für den Ehemann risikofrei nutzbares, aber unveräußerliches, in die Ehe mitgebrachtets oder ererbtes Eigentum der Frau mJeb VII,1–2; bKet 3a; bBB 158a	niksê m^{e}lôg	נכסי מלוג
Dem Ehemann zum Nießbrauch anvertrautes Eigentum der Ehefrau mJeb VII,1–2; bBB 158a	niksê ṣo'n barzel	נכסי צאן ברזל
Unbelastete Besitztümer mBB X,8; bBB 175b–176a	n^{e}kasîm b^{e}nê ḥôrîn	נכסים בני חורין
Belastete Besitztümer mGiṭ V,1–3; mBB X,8; bBB 175b–176a	n^{e}kasîm m^{e}šû'badîm	נכסים משועבדים
Fremde; nichtjüdischer Bereich Dtn 31,16; 32,12; Ps 137,4; Neh 13,30; 2Chr 14,2; CD XIV,15; 4Q371 1a–b,9; 4Q372 1,15; 4Q501 1,1; 4Q504 xviii,4; 4Q513 2 ii,2; 4Q525 5,8; 11Q19 57,11; 64,7; bSan 22b.82a; ThWQ II,978–982	nekär	נכר
Fremder; Nichtjude; LXX: *allotrios, allogenês;* vgl. *xenos.* TO: תותב ערל, בר עממין; TJ: זר, גיור ערל, בר עממין, גבר חילוני. Dtn 14,21; 15,3; 17,15; 23,21 (ShM +198 Zinsforderung); Esr 10,2ff; Neh 13,26f; TAD C1, 1,139.159; 4Q213 I 1,16; 4Q251 12,5; 4Q366; 4Q542 1 ii,5; 11Q19 58,6; Jub 22,20f; 25; Tob 4,12f; Sir 26,19ff; Philon, Spec.III, 29; IV,157ff; Virt. 105ff; vgl. Jos.Ant 3,318f; CAP 2,209ff; Str. B II,761f. (Opfer); mḤalla III,5; mDem V,9; mŠab XVI,6.8; mEr VI,1; mPes II,1ff; IV,3; mŠeq VII,6; mJeb II,8; III,11; mGiṭ II,5; mBQ III,3; IV,6; mBM V,6; mSan IX,2; mEd V,1; mAZ II,1; IV,4.8ff; V,3ff.10; mḤul I,1; mNid IV,3; bŠab 129a; s. בן נכר. Opfer von Nichtjuden.: Str.-B. II,549ff	nåkrî, nôkrî, nåkrijah, nåkrît	נכרי, נוכרי נכריה\ נכרית
(A) Nehmen. S. לקח (B) Zur Frau nehmen. (C) Als Beleg in Anspruch nehmen für eine Ansicht/Entscheidung bŠab 64b; bJeb 72a; bKet 36a; bNed 72a. jhb wnsb s. נשא ונתן. (D) af.: eine Heirat arrangieren bBB 112a; itp. verheiratet werden bMeg 13b. SokP 352f. SokB 756ff	NSB	נסב
pi.: auf die Probe stellen, versuchen Dtn 6,16 (ShM –64 Gott versuchen); Mt 4,7; Lk 4,12; bTa 9a; bSan 101b	NSH	נסה
Kopie, Exemplar, Lesart [spät]	nusḥa'	נסחא
Unterhalt gewähren	NSJ	נסי

Gussopfer (Libationen) darbringen mSan VII,6.10; bAZ 59b	NSK	נסך
Gussopfer Esr 7,17; mŠeq V,4; s. יין נסך	näsäk	נסך
Brett mBB IV,6 (im Bad)	näsär	נסר
Noch nicht offenbarte Torahvorschriften Dtn 29,28; Philon, Cherub. 16; bSan 43b/44a; s. נגלות	nistarôt	נסתרות
Unbewusst Lev 5,4; mŠebu II,3.5; s. זכור	näʿᵃlam	נעלם
(A) Mädchen, Halbwüchsige Dtn 22,13–21.28 f; 11Q19 65,9 ff; 66,2 ff; mKet III,1; IV,1; XI,10. (B) Zwischen 12 und 12,5 Jahren mKet III,1; IV,1. (C) Verlobtes Mädchen Mt 1,18 f; mNed X,1; mSan VII,4.9; VIII,7. ThWQ II,993–999; s. בתולה.	naʿᵃrah	נערה
Altersstufe der נערה, bKet 39a; bSota 12a; bQid 4a	naʿᵃrût	נערות
דין נפא TAD 2,9,5 Ungeklärter terminus technicus für eine Anzeige wegen Eigentumsansprüchen beim Truppenkommandanten	?	נפא
hif.: Fehlgeburt haben mKer II,4; bSan 109b	NPL	נפל
(A) Ausgehen, verlassen; ergehen (Erlass); af: fortbringen lassen. (B) hervorbringen, produzieren. (C) freikommen, einer Sache / Pflicht ledig werden, etwas erfüllen jBer V 109b; bBer 53b; bBB 137b. (D) Etwas übertragen, auszahlen bGiṭ 15b; bBQ 99b. (E) Übertragen, abgeleitet, deduziert bPes 18a; bJoma 32b; 45a; 52b; bJeb 67a; bKet 37a; bSan 85b; bHor 8a (F) Vorzeigen (eines Dokuments) bGiṭ 64a; bŠebu 41a. af.: Übertragen/wechseln eines Status bBer 38b; bJeb 29a.121b; bBQ 73b. DNWSI II,741 ff. ThWQ II,1001–1007. SokP 356 ff. SokB 763 ff	NPQ	נפק
Ausgabe, Kosten Esr 6,4.8; TAD C3 27 (C 83); jMŠ I,2 52d	nifqah	נפקה
Ausgabe, Aufwand, Spesen bNed 7a	nafqûtaʾ	נפקותא
(A) Seele; Lebewesen. (B) Selbst, eigenes Leben. mBQ III,10; mSan VIII,7. (C) Einzelperson mSan IV,5; XI,1; mMak I,4; II,1. (D) Toter. DNWSI II, 744 ff. ThWQ II,1007 ff	näfäš	נפש
„Leben um Leben". Talion LC; Ex 21,23–25; Lev 24,17–21; Dtn 19,21; Jos.Ant 4,280; MekRJ nᵉzîqîn viii; bBQ 83b–84a; s. עין תחת עין	näfäš taḥat näfäš	נפש תחת נפש
Aufgestellter Stein; s. מצבה. DNWSI II,759	nᵉṣab	נצב
Vorgesetzter, Statthalter 1Kön 4,5 ff (LXX: *kathestamenos*); 5,7.30; 9,23; 9,23; 2Chr 8,10 (LXX: *prostatês*)	niṣṣab	נצב

(A) hif: retten mSan VIII,7. (B) haf.: zurückfordern TAD B2, 3,18; 4,10; B3, 3,13; 5,20; 7,15; 8,42; 11,10; B6, 4,8; B8, 4,14; 6,5; C1, 1,176 (C) Retten unter Einsatz des eigenen Lebens: mSan VIII,7. DNWSI II, 753 f	NṢL haṣṣîl ʿal nafšô	נצל הציל על נפשו
(A) Bewahren, bewachen Dtn 32,1 (B) Befolgen, einhalten Ps 105,45; 119.22.115 u. ö. S. auch נטר. DNWSI II,754 ff	NṢR	נצר
Weibliches mBB IX,2; s. auch זכר	nᵉqebah	נקבה
Rein sein; straflos sein Jer 49,12 (LXX: *athôioun, athôios*); pi.: reinigen; für unschuldig erklären, einer Verpflichtung entbinden Ex 20,7; Num 14,18; 1Kön 2,9 (LXX: *athôioun*). nif: Ex 21,19 (*athôios*); mSan VI,2 DNWSI II,767. ThWQ II,1028–1031	NQH, NQJ	נקה, נקי
(A) Schuldlos Ex 21,28 (LXX: *athôios*); 23,2; Dtn 19,10.13; 21,8 f; 27,25; 11Q19 63,7 f (B) entblößt, entäußert, verlustig jMeg I,12 71c; bPes 22b; bBQ 41a	naqî	נקי
Vergeltung jSan VII,1–2 24b; bSan 52b	nᵉqîmah	נקימה
Rächen, strafend vergelten Ex 21,21; Lev 19,18 (ShM –305); CD VI,20; VII,2.5; IX,2–4.6–8; 1QS V,24 - VI,1; VII,8–9; X,20; Mt 5,43; 18,15; 19,19; 22,39; Mk 12,31.33; Lk 10,27; Röm 13,9; Gal 5,14; Heb 3,12 f; Jak 2,8; Didache 1,2; 2,7; bSan 52b. DNWSI II,758. ThWQ II,1031–1035	NQM	נקם
Rache; Vergeltung, Vollstreckung; biblisch nur Gott als Subjekt LXX: *ekdikêsis*. Ps 79,10; Ps 98,1; 149,7. CD I,17; VIII,12; XIX,24; 1QpHab IX,2; 1QS I,11; II,9; IV,12; 1QM III,6; IV,12; 4Q400 1 i,1; 4Q449 1,4; 4Q501 8; 4Q511 35,1; s. נקימה	nᵉqamah	נקמה
hif: vergleichen; erschließen bRH 12b; bJeb 8a; s. הקשה. Bacher I,44 f II,57 f; SokB 776 f	NQŠ	נקש
Leuchter in der Tempelhalle Ex 27,20 f; Philon, Spec.1,296 ff; jŠab II,3 4d	ner tamîd	נר תמיד
(A) Aufheben, tragen. (B) Auf sich nehmen, (Schuld, Strafe) tragen. (C) Strafe aufheben Ex 34,7; Num 14,18; 1QH VIII,25; 11Q19 35,7.14. (D) Verwenden, Ex 20,7 (den Gottesnamen); MekRJ ba-ḥodäš vii. DNWSI II,760 ff. (nšʾ). Hurvitz 185–187 Zur Frau nehmen, heiraten Rut 1,4; 11Q19 57,15; mJeb IV,10; XI,6 Ein Amt ausüben, eine Aufgabe wahrnehmen 1Q28a I,20 Ansehen der Person Lev 19,15 (ShM –273); Dtn 28,50; 1QH VI,19; Philon, Spec. 4,70.72.76; Mk 12,14; Apg 10,34 f; Rom 2,11; Gal 2,16; NumR XIX,33 (A) Verhandeln mSan I,2. (B) Handel treiben, *pragmateuesthai* mPeʾah VI,9; mSan V,5; mAZ I,1; II,3; bAZ 2a; 5b; 6b; 29b; 32b; Lk 19, 12–27; s. נסב	NŚʾ NŚʾ lᵉ-ʾiššah NŚʾ maśśaʾ NŚʾ panîm la-śeʾt wᵉ-la-tet	נשא נשא לאשה נשא משא נשא פנים לשאת ולתת

Eheschließung, Heirat Dtn 24,1 (ShM +213); LC 17,4 f; 30 f, 21.23.25 f; 31 f,28; 63,27–30; 68,59; 105,128; 107–110, 137–151.155 f; 111–113,159–164.166 f; 114–116,172 f.175 f; 118 f,183 f; 146,8; 147 f,13–15; 161 f,24; 163–169,174 f,55A 28–35.37–39.41–43; Gen 24,57–60; Jub 30,7; Philon, Spec. 3,65–71; Str.-B. II,372–399; mJeb XIII,1 f; mKet V,1; XIII,10 f; jJeb VI,1.3 7b; s. קדושין	niśśûʾîn	נשואין
(A) Chef einer Sippe, eines Stammes Num 22.14. (B) Regent (Israels), König Ex 22,27: Ez 46,8 u. ö.; CD VII,17.20; 4Q161 2–6,19; 4Q266 3 iii,21; 4Q285 4,6.10, 7,4; Bar Kokbaʾ: Mur 24 B 3.9; C 3; D 3; E 2.7; F 3; I 1,3 NḤ 7,1; 8,1; 13,2; 30,1 f; 44,3; CL (44 PapYadin 44,2); 279–348 (PapYadin 49–63); mTa II,1; mNed V,5; mHor III,1 ff; s. מלך. (C) Titel des rabbinischen Patriarchen aus dem Hause Hillels mTa II,1; mḤag II;2; mNed V,4. DNWSI II 763 f. (nšʾ). ThWQ II,1044–1047	naśîʾ	נשיא, נשי, נשא
Auf Gewinn leihen, wuchern; LXX: *katepeigein* LC 38,m-n; 90 f, 48–51; 97,t; Ex 22,24; Dtn 15,2; 24,10 f17; Neh 5,7.10 f; 4Q417 2 i,23; ii 2,6; 23,7; 11Q13 ii,3; Jos.Ant 4,267 ff; bBM IX,12 12b. s. נשך	NŠH, NŠʾ	נשה, נשא
Gläubiger Ex 22,24; 1Sam 22,2; 2Kön 4,1; Ps 109,11	nošäh	נושה, נשא
Zinsen fordern, wuchern; *ektokizein*. Dtn 23,20 f (ShM –236); Jos. Ant 4,266 f; Sifre Dtn § 262 f (Gebot); TO: רבי; s. נשה	NŠK	נשך
Zins; LXX: *tokos;* TO: חבוליא Ex 22,24; Lev 25,36–37 (ShM –235); Dtn 15,7 ff; 23,20 f (ShM +198); Ez 22,12; 4Q267 4,10; Philon, Spec. 2,71 ff; Virt. 62 ff; Jos.CAp 2,208; Mt 5,42; Str.-B. I,246–353; mBM V; MekRJ kaspaʾ i; Sifre Dtn § 262; s. רבית, מרבית/תרבית	näšäk	נשך
Lev 22,24 (ShM –361 mit abgerissenen Hoden)	natûq	נתוק
Verlautbarung, Erlaß Esr 4,18.23; 5,5	ništ^{e}wan	נשתון
Höriger, Tempelsklave Esr 2,43.58 u. ö.; Neh 3,31 u. ö.; 1Chr 9,2; mJeb II,4; VI,2; VIII,3; IX,3; mKet I,8 f; III,1; XI,6; mSot IV,1; VIII,3 ff; mGiṭ IX,2; mQid II,3; III,12; IV,1; mMak III,1; mHor I,4; III,8; bJeb 68a; bQid 49a–b	natîn	נתין
(A) Lösen. (B) hif.: erlauben Mt 16,19; Str.-B. I, 738–747; mAZ V,2. S. התר; התיר; אסר	NTR	נתר

	Samek	ס
Alter; Ältester bBer 50a; bEr 12b;63a; bBQ 75a; bBB 58a;149b; bSan 13b;102b s. זקן. SokP 364 f	sab, śab	סב, שב
Zuwendung, z. B. eines Erbes bBB 159b	sibbah	סבה
Netzartige Kopfbedeckung für Frauen mKel XXIV,16	s^e^bakah	סבכה
Tragen, transportieren; pa.: Brautgeschenk übergeben bQid 50b. SokP 365	SBL	סבל
Brautgeschenk, bei Verlobung der Braut zu übergeben mQid II,6; mBB IX,5	siblôn(ôt)	סבלון(וט)
(A) Meinen, eine Ansicht vertreten bBer 9b; bEr 38b;bRH 34b; bJoma 83a; bSuk 33b; bJeb 11a; bBQ 51b.90b.117a; bBM 83a. 96a; bBB 15b; bAZ 35a. (B) Erschließen, ableiten bŠab 148b; bEr 13a; bSan 5a.10a; bHor 2b; itp.: bŠab 60b.138a; bPes 28a; bBQ 26a. (C) af.: verständlich machen, erläutern bAZ 42b; itp. als einsichtig akzeptieren, bRH 31b, bQid 109b. Bacher II,129–132. SokP 366. SokB 784 f	SBR	סבר
(A) Meinung, vernünftiger Grund, Schlussfolgerung. (B) Rechtsansicht ohne Beleg aus Bibel oder mündl. Tradition bBer 4b.6b.35a.49b; bŠab 34a; bPes 70a; bSota 20a.23a; bBQ 46b; bBB 77a; bSan 4b.15a; bHul 44b. Bacher II, 131 f. SokB 785 f	s^e^bara'	סברא
Eigenbesitz; Privat-, Sondereigentum Koh 2,8 (LXX: *periousiasmos*); LC 61,17; 109 f,150; bBQ 87b; bBB 52a	s^e^gûllah	סגולה
(A) Vorsteher, Statthalter TAD B3, 12,28; B5, 4,2; Esr 9,2; Neh 2,16 u. ö. (Plural); Dan 2,48; 3,21 ff; 6,8; mBik III,3. DNWSI II, 777 f. (B) Priestervorsteher, סגן הכהנים, mPes I,6. (C) Stellvertreter des Hohepriesters, mJom III,9; IV,1; Tam VII,3; jJom III,8 41a	sagan, s^e^gan	סגן
hif.: ausliefern Dtn 23,16 (entlaufener hebr. Sklave), LXX: *paradidômi* Philon, All. 3,195; Virt. 124; Sifre Dtn § 251. 259	SGR	סגר
Anordnung mMen XI,6	siddûr	סדור
(A) Ordnen, anordnen, geordnet darlegen bŠebu 30b. (B) Rechnung erstellen, etwas steuerlich veranlagen bBM 113b. (C) Rezitieren, zitieren bMeg 18b; bJoma 14b; bQid 66a; bTa 8a. Bacher II, 133. SokB 789	SDR	סדר
(A) Ordnung Hi 10,22; 1QM XIV,3 XV,5; XVII,10. (B) Schriftwerk, Buch bKet 106a. (C) Ordnung(en) der Mischna. (D) Militärische Formation; Aktionsfolge 1QM III,1.6; V,3; VI,8; VII,9; VIII,5 f. (D) Liturgische Ordnung: mRH IV,5.9; mTa II,1; mMen XI,6; jRH I,8 57c IV,6 59a–d; jMeg II,7 73c; jGiṭVII,6 49a; jQid I,2 59a; bBer 34a.48b; bPes 103a.104a; bRH 32a–34b; bJom 14b; bMeg 31a; bMen 7a–b.109b.	sedär, sidra'	סדר, סדרא

(D) Rechtliche Ordnung/Folge: mBB VIII,2 (Erbfolge);
(E) Hinrichtung MekRJ mšpṭjm v (Erdrosselung).
(F) Folge der mündlichen Überlieferung bEr 54b; jDem VIII,1.3; bBQ 102a; bAZ 7a–b.
(G) Sitzordnung bBer 43a, vgl. bMen 29b; bBQ 117a. (H) Torahlesungs-Perikope in Palästina bMeg 6b. (I) Bibelzitierung bŠab 116b; bBB 164a; bAZ 19a. (J) In Buchtitel: bKet 106a (S. Elijahu).
DNWSI I,778. ThWQ II,1068–1070. SokP 368 f. SokB 799 f. Bacher I, 130 f. II,133–136

Als Zeuge aussagen, bezeugen bKet 21a;24b; bBQ 56a; 113b–114a; bBB 43b; bSan 27a; s. עוד; שהד. SokB 790	SHD	סהד
Zeuge bQid 65b; bBQ 24a;75b;114a; bBM 5b; bBB 164a; bMak 5b; SokB 790; s. עד	sah^ada᾽	סהדא
Zeugenaussage; Bezeugung, Beweis Gen 31,47, s. שהדותא) bḤag 22a; bKet 20b; bBQ 113b; bSan 89a; s. עדות	sah^adûta᾽	סהדותא
Tuch mSan VI,1; VII,2 f.; Kopftuch bBer 511a; bŠab 120a	sûdar *soudarion*, lat. *sudarium*	סודר
Händler Gen 23,16; Ez 27,12–21; hSir 37,11; jRH III,5 58d. DNWSI II,782	sôḥer	סוחר
Des Ehebruchs verdächtigte Frau. LC 105,129.132; Num 5,15–27 (ShM +222; –105); Philon, Spec. 3,52 ff; Jos.Ant 3,270 ff; Mt 5,32; Joh 8,1–11; Traktat Sôṭah der Ordnung III; mJom III,10; mEd V,6; mMen II,5	sôṭah	סוטה
„Laubhütte"; Sukkot-, Laubhüttenfest Lev 23,35 (ShM –327)-36 (ShM –328).40; Dtn 16,13–15; 31,12 (ShM +16); Jub 16,20 ff; Philon, Spec. 1,189 f; 2,204 ff; Jos.Ant 3,244 ff; Str.-B. II,774–812; Traktat Sûkkôt der Ordnung II; mMa III,7; mBêṣah IV,3; mTa I,1; mMeg III,5; mḤag I,6; mSôṭah VII,8; mAr II,3. Zusatzopfer: Num 29,13	sûkkah, sûkkôt	סוכה, סוכות
Leiter mBB II,5; III,6; mMak II,1	sûllam	סולם
Blind(er) mḤag I,1; mBQ VIII,1; mSan VIII,4; mMak II,3; bḤag 2a; bSan 34b; s. עוור	sôma᾽	סומא
Pferd Dtn 17,16 (König); mKil I,6; VIII,4; mŠab V;1; mPes IV,3; mSot VIII,1; mSan II,4 f; VI,1; mAZ I,6; mBek I,2; mKel XXIII,2; mZab IV,7	sûs	סוס
Schluß eines Mischnasatzes bzw. eines Abschnitts. SokB 795 f	sôfa᾽	סופא
(A) Schreiber, *grammateus* Jer 36,26.32; 2Chr 2,55; TAD A3 recto 3,5; A6, 8,4; 9,6; 10,10; 11,6; 13,6; C1. 1,1 (ספר חכים ומהיר). 12.18.36.42; YT B 249; Mur 21,2 f; mGiṭ III,1; VIII,8; IX,8; bBM 16b; 20b. (B) Staatl. Funktionär 2Sam 8,17; 20,25; 1Kön 4,3; 2Kön 12,11; 18,18.37; 22,3.8.12; Jes 36,3.22; 37,2; Jer 36,10.12.20 f; 37,15.20; 1Chr 18,16; 24,6; 27,32; 2Chr 24,11; 34,25.28.20; Esr 4,8 u.ö; LXX: *grammateus*; bBM 97a; bBB 21a.	sôfer	סופר, ספר

C) Heerwesen 2Kön 25,19/Jer 52,25. (D) Kultverwaltung: Neh 13,13. (E) Torahgelehrter: Esr 7,6.11ff; Neh 8; 12,26.36; Philon, Spec. 4,170f; Mk 2,16; Mk 12,37ff/Mt 23,2ff/Lk20,45ff; Mt 5,20;12,38ff; 22,35 (*nomikos*); Lk 5,30; 10,25 (*nomikos*); 11,46 (*nomikos*); Apg 23,9; Phil 3,5f; Jos.Bell1,110.648ff; 2,262; Jos.Ant 17,41.152; mJeb II,4; mBeṣah II,4; mJad III,2; bJeb 7a. (F) Torahrollenschreiber bMeg 18b; bḤag 15b; Traktat Sofᵉrim; Traktat Sefär Tôrah. DNWSI II,798f. ThWQ II,1105–1111. SokP 386f. SokB 828		
Heereskommandantschreiber 2Kön 25,18 (*grammateus tou archontos tês dynameôs*)	sôfer śar ha-ṣaba'	סופר שר הצבא
Gerichtsschreiber mSan IV,3; bŠab 139a; bGiṭ 2b; bSan 29b; vgl. עורכי הדיינים	sôfᵉrê ha-dajjanîm	סופרי הדיינים
Gesetzesgelehrte von der Zeit Esras bis zu den „Paaren" (זוגות) mJeb II,4; IX,3; mSan XI,3; mKel XIII,7; mParah XI,5f; mToh IV,7; mṬJ IV,6; mJad III,2; jJeb II,4 3d; jAZ II,8 42c	sôfᵉrîm	סופרים
(A) Abweichen von einer Regel, einem Urteil Dtn 5,32; 17,11 (ShM –312). 20; 28,14; Jos 1,7; 23,6; CD I,13ff; VII,12f; VIII,4.16; XIV,1; XIX,29.34; 1QS I,15; III,10; VIII,17; 4Q174 1–2,41,14; 4Q397 IV,12; 11Q13 II,12.24; 11Q19 56,7. (B) Fortgehen, fehlen Ex 25,15; 4Q252 V,1; hif.: entfernen; s. מוש	SWR	סור
Einfriedung des Tempelberges (הר הבית) um das heilige Quadrat von 500 x 500 Ellen. Ez 17,22f; Ez 40,2; 43,12; 11Q19 46f; 1Makk 13,52; Jos.Ant 8,97; Jos.Bell5,193–194; mMid II,3; tKel I,8.12. Betreten durch Nichtjuden mit Todesstrafe bedroht CIJ 2.1400 (Warntafel; hier: *dryphaktos*)	sôreg	סורג
Verbrechen LevR XXVII, 6	sûrḥan	סורחן
Handelsgeschäft, Ware Ez 27,15 (LXX: *emporia*); mŠebi VII,3	sᵉḥôrah, sᵉḥôrᵉta'	סחורה, סחורתא
(A) Umherziehen; Handel treiben Gen 34,10.21; Lk 19, 12–27 (*pragmateuesthai*). (B) einen Handel abschließen CL 82 (PapYadin 7,8f). ThWQ II,1091f	SḤR	סחר
Handel(sspanne) Jes 23,3.18; 45,14; Spr 3,14; 31,18	saḥar	סחר
Militärischer Sicherheitsoffizier ExR LI,8; GenR XX,8. Sperber 118f	sᵉṭaṭjônar *statiônarios* lat. *stationarius*	סטטיונר
Ohrfeigen LV 121,200–205; mBQ VIII,6. DNWSI II,783f	SṬR	סטר
Als Sklaven markieren TAD A6, 10,7; B2;11	SṬR	סטר
Saturnalien mAZ I,3	sᵉṭarnaljah lat. *saturnalia*	סטרנליה
Zaun, Eingrenzung, Beschränkung; s. גדר	sᵉjag	סיג, סייג

Vorsorglich praktizierte Erweiterung der Geltung einer Vorschrift zur Vermeidung einer Übertretung mAbot I,1; III,13; s. מסורת	s^{e}jag la-tôrah	סיג לתורה
Kalk mBM V,7; mBB II,1	sîd	סיד
Eselsfüllen mBB V,3; mAZ I,6	s^{e}jaḥ	סיח
Kornhändler mBB V,9	sîṭôn *sitônês*	סיטון
(A) Beenden, abschließen. (B) Klarlegen, genau erläutern bBQ 59a; bBM 31a; bBB 11a. SokB 801f	SWM, pi. sijjem	סיים
(A) Zeichen, Kennzeichen, Anzeichen, Hinweis NḤ 33,1–2; mBer V,5; mJom VI,8; bBer 2b; bBM 20b.22b. (B) Mnemotechnisches Mittel bEr 3a;21b;53a;54b; bGiṭ 7b; bAZ 29a. Bacher II, 139 f. SokP 375. SokB 805 f	sîman, sîmna' *sêmeion*	סימן, סימנא
Einverständniserklärung unter einem Dokument; vertragliche Vereinbarung. mBM I,8; GiṭVIII,6 49a; jQid III,2 63d. Sperber 119	sîmpôn *symphônon*	סימפון
Schwert; Enthauptung, Todesstrafe Ex 21,20 (ShM +226); mSan VII,3; IX,3; X,4; mKel XIII,1; tSan IX,10; bSan 50b; 71b; bMak 8b	sajjîf	סיף
(A) Sikarier (antirömische terroristische Gruppe vor 70 n. Chr.) (B) Konfiskation. (C) Käufer unrechtmäßig erworbener oder römisch beschlagnahmter Güter; Bestimmung in Verbindung mit solchen Vorgängen, mGiṭV,6; tGiṭV,1; tAZ III,16; tTer I,6; bGiṭ 55b, vgl. *synchôrêsis*? Sperber 120 f	sîqarîqôn *sikarikon*	סיקריקון
Summe bŠab 151a. DNWSI II,784	sak, s^{e}kûm	סך, סכום
Messer mBQ IV;9; mAZ V,12; mKel XIII,1	sakîn	סכין
Statthalter DNWSI II,785 f	sakin	סכן
pi.: gefährden; pu.: m^{e}sukkan gefährlich	SKN	סכן
Gefahr, Gefährdung mBer IV,4	sakkanah	סכנה
Bezahlung, Auszahlung CL 152 (PapYadin 43,2)	s^{e}laq	סלק
(A) Emporsteigen; erscheinen. (B) Wallfahrt nach Jerusalem, zum Tempel. (C) Von Babylon nach Palästina reisen. (D) berechnet, gerechnet werden. (E) Im Einklang stehen mit bBQ 92a. (F) Beenden bMeg 23b; bSan 64b; bAZ 19a. (G) Entfernen bEr 26b; bKet 69a; bGiṭ 52b; bBM 67b.73a–b. DNWSI II,788 ff. SokB 812 ff	SLQ	סלק
Weizengries, -mehl mAZ IV,2	solät	סלת

(A) Angrenzend, benachbart. (B) Nachbarschaftsrechtlich relevante Lage mBM X,5; mBB II,1 ff	samûk	סמוך
Analogie zwischen benachbarten Bibelstellen oder nahen Sachverhalten, die einander stützen bBer 21b	s^emûkîn	סמוכין
(A) Handaufstützung bei Opferdarbringung Lev 1,4: 4,15 u. ö. mSan I,3b; Zeb 33a. (B) Autorisierungsgeste Num 27,18.23; Dtn 34,9. mZeb XIV,10; mMen V,7; IX,7. (C) Rabbinische Befugniserteilung zu Lehr- und Richtertätigkeit Str.-B. II,647–661; bBM 85a; bSan 13b–14a; s. מנוי	s^emîkah	סמיכה
(A) Stützen; sich stützen. (B) Etwas (z. B. Schriftstellen) nebeneinander stellen. (C) Hand auflegen mḤag II,2. (D) Einsetzen, ernennen mSan IV,4; s. סמיכה. Bacher 132 f II,142 f. ThWQ II,1102–1107. SokP 382. SokB 819 f	SMK	סמך
(A) Tribunal, Kollegium. (B) Oberste jüdische Instanz in Palästina in rabbinischer Zeit , nach Num 11,16 (70 Mann); Traktat in der Ordnung IV; mSan I,4. 5 (Stämme).6; II,1–4; mMak I,10; mŠebu II,2. S. בית דין גדול. Sperber 123–126	sanhädrîn, *synhedrion*	סנהדרין
Wächter, Aufseher mBB IV,7; jBM V,5 10c. SokP 383 f	sanṭer	סנטר
Hassen; s. שנא. SokP 384	SNJ	סני
Verteidiger bei Gericht bBer 59a; bŠebu 30b; vgl. Ankläger קטגור. Sperber 126–129	sanêgôr, s^enêgrôn *synêgoros*	סניגור, סניגרון
Verteidigung jTa II,4 65d; LevR XXIII,9. Sperber 128 f	sanêgôrjah	סניגוריה
(Strafe) auf sich ziehen mNazir IV,3	SPG	ספג
Totenklage halten, betrauern mMQ I,5 f; mḤag II,4; bSan 46b	SPD	ספד
Schiff, Boot (vgl. אלף) LC 27,4 f; 279–286 (PapYadin 49,10–12; 51. iv,35–44; 59,4–5; 82,8; 125 f, 234–240;145 f,7; 189,1–2; TAD A3, 10; A6, 2; mBer IV,6, mḤal II,2; mOrl I,2; mŠab IX,2; XI,5; mSuk II,3; mTa III,7; mGiṭ III,4; mBB V,1; AZ V,2 ff; mḤul II,9; mKel XV,1; mOh VIII,1 ff; mNeg XI,11; XII,1; mParah V,5; IX,6; vgl. mMakš V,2; mZab III,1.3; IV,1	s^efînah	ספינה
Strafverkündigung, Todesstrafe. jBer IX, 5 (6) 14b; NumR VII,3. Sperber 131 f. 212	s^efêqûla', s^efeqûlah *spekoula*	ספיקולא, ספקולה
Absprache, Verschwörung jTer VIII,10 46b. Sperber 132 f	sifsûfa' *sympneusis*	ספסופא
Stuhl, Sitz mBB IV;6	safsal	ספסל

Makler bBM 42b;51a; 63b	safsar (persisch)	ספסר
(A) pi.: versorgen mPe'ah VII,4. (B) pi.: zweifeln, bezweifeln bMeg 5b; bJoma 8b	SPQ	ספק
Zweifelhaft mOr III,9; mEd III,7; *amphisbêtoumenos*; lat. *anceps*	safeq	ספק
(A) Zweifel. (B) Unklarer rechtlicher Sachverhalt, mJeb III,8; mEd III,7; bBeṣah 3b; bHul 95b	safeq, s^{e}fîqa'	ספק, ספיקא
s. ספיקולא	s^{e}feqûlah	ספקולה
Vollzugsfunktionär, Vollstrecker (einer Strafe); Aufseher, Geschäftsführer bŠab 198a; NumR XX,14 Sperber 133–134	s^{e}fäqlaṭôr, 'îspäqlîtôr *spekoulatôr*	ספקלטור, איספקליטור, אספקלטור
Spiegel mKel XXX,2	s^{e}päqlarjah *speklarion*	ספקלריה
hitp.: sich rasieren lassen mAZ II,2	SPR	ספר
Barbier, Bader mŠebi VIII,5; mŠab I,2; mPes IV,6; mKel XXIV,5	sappar	ספר
Zählen, schreiben; pi.: erzählen. ThWQ II,1105–111	SPR	ספר
(A) Schriftrolle, Buchrolle, Buch, *biblos, biblion, graphê* Ex 17,18; 32,22 f; Num 5,23; 21,14; Dtn 28,58; 31,24; 1Sam 10,25; 2Sam 11,14; 1Kön 21,9; 2Kön 10,1; 12,20; Jer 32,11.14; 36,2.8.11; Hi 31,35; Neh 8,5; 1QS VII,1; Jub 45,16; 4Q204 1 vi,9; 4Q397 IV,11; 4Q539 2,18; 4Q534 1 i,5; 4Q550 5; 4Q541 7,4; 4Q530 18; 4Q550,5; mEr X,3; mPes IV,9; mNed V,5; mBQ X,3; mBM II,8; bBer 56a. (B) Schriftstück, Dokument, Urkunde, Vertrag Dtn 24,1; 1Kön 21,8 ff; Jer 32,10 ff; Esr 6,1; Est 8,5; 9,25; TAD A2, 2,17; 3,5.12; 4,13; 5,7.10; A3, 4,5; 8,4; B 1,1; B2–8 (vol. II); speziell B2, 8,4.14; 9,15.19; 11,17; B3 1,19 ff; 3,14, 4,25; 5,25; 6,16; 7,9; 8,32.42.44; 10,12.16.22.27; 11,7.15 ff; 12,4 u. ö.; 13,12; B3,8; B4.2,16; 3,10.12; 4,11; 6,3; 7,5; B5, 5,5.11 ff; B6, 3,11; 4,7; s. שטר (C) Biblische Buchrolle mMeg I,8; III,1; mMQ III,4; mNed V,5; mKel XV,1; mJad III,4; bBer 50. DNWSI II,799 ff. ThWQ II,1105–111. SokP 387. SokB 807 f	sefär, sifra'	ספר, ספרא
Ehevertrag TAD B3, 8,44	sefär 'ättû	ספר אנתו
Ein sadduzäisches Gesetzbuch Megîllat Ta'^{a}nit X	sefär g^{e}zerôt	ספר גזרות
Unversiegeltes (publiziertes) Dokument Jer 32,12.14 (Kopie des versiegelten Kaufbriefs). LXX: *biblion anegnôsmenon*	sefär galûj	ספר גלוי
Chronik 1Kön 15,7 u. ö.; 16,5 u.ö; 22,39.46; 2Kön 1,18 u. ö.	sefär dibrê ha-jamîm	ספר דברי הימים
Buch des Bundes Ex 24,7; 2Kön 23,21; 2Chr 34,30	sefär ha-b^{e}rît	ספר הברית
(Bedeutung unklar; wohl ein für das Alltagsleben wichtiges Gesetz- bzw. Regelbuch) CD IX,4; X,6; XIII,2.8; XIV,7; XVI,3	sefär hgw/j	ספר חגו/הגי
Torahrolle im Tempel mMQ III,4; mKel XV,6	sefär ha-'^{a}zarah	ספר העזרה
Annalen, Chronik Est 6,1; 4Q417 1 i,15	sefär zikrônôt	ספר זכרונות
Versiegeltes Dokument Jer 32, 12.14; s. ספר גלוי	sefär ḥatûm	ספר חתום

Genealogisches Verzeichnis Neh 7,5	sefär jaḥas	ספר יחס
Trennungs-, Scheidungsurkunde Dtn 24,1.3; Jos.Ant 4,253; jQid I,1 58b.58d	sefär k^{e}rîtut	ספר כריתות
Buch der Einteilung der Zeiten CD XVI,2: chronographische Schrift nach Siebenerzyklen (Jahrwochen, Jubiläen). Für die Zeit bis zur Landnahme s. das Jubiläenbuch	sefär maḥlaqôt ha-ʿittîm	ספר מחלקות העתים
Buch (Chronik) der Könige Israels 2Chr 20,34 u. ö.	sefär malkê Jiśraʾel	ספר מלכי ישראל
Kaufurkunde Jer 32,10–16. LX: *biblion tês ktêseôs* jBB X,1 17c; bBB 160b	sefär miqnah	ספר מקנה
Verzichtsurkunde TAD B2,10	sefär märḥaq	ספר מרחק
Buch des Mose Neh 13,1; 2Chr 25,4; 35,12; 4Q249. Buchtitel: midraš sefär Mošäh 4Q397 IV,10. Hurwitz 193–195	sefär Mošäh	ספר משה
Geschenkurkunde. bQid 26a	sefär mattanah	ספר מתנה
Torah-/Pentateuchrolle Dtn 17,18 (ShM +17,des Königs); 28,61; 29,20; 30,10; 31,19 (ShM +18).26 (privates Exemplar jedes Israeliten); Jos 1,8; 2Kön 22,8.11; 2Chr 34,15; Neh 8,3; CD V,15 ff; 4Q177 1–4,14; 11Q19 56,4; Philon, Spec. 4,160; mJom VI,1; VII,1; mSota VII,7–8; mSan II,4; mJad III,5; Massäkät Sof^{e}rîm; Massäkät Sefär Tôrah; bBer 25b–26a; bMeg 26b–27a.32a	sefär tôrah	ספר תורה
Buch der Torah Gottes Jos 24,26; 2Chr 17,9; 2Chr 34,14; Neh 8,18; 9,3	sefär tôrat ʾ^{ä}lohîm/ JHWH	ספר תורת אלהים\ יהוה
Buch der Torah des Mose Jos 8,31; 23,6; 2Kön 14,6; Neh 8,1	sefär tôrat Mošäh	ספר תורת משה
(Biblische) Schriftrollen im Besitz von Häretikern. tḤul II,2; bŠab 116a; bSan 100b; Sifre Num § 15–16,	sifrê mînîm	ספרי מינים
(A) „Außenstehende Schriftrollen/Bücher“, von auswärtigen Juden oder nichtrabbinischen Juden mSan X,1; jSan X,1 27b.28a. (B) Nicht in die biblischen Corpora (s. תנך) einbezogene Schriften, Jalqut Šimʿoni II § 247	s^{e}farîm ḥîṣônîm	ספרים חיצונים
Schreiber, s. סופר	safraʾ, safranaʾ	ספרא, ספרנא
Siegel GenR XXXII,8: 4Q394; s. חותם	s^{e}fargôs *sphragis*	ספרגוס
Steinigung (Todesstrafe) mJeb VIII,6; Philon, Spec. 2,243 ff; Apg 7,57 ff; Str.-B. II,685 f.; mJeb VIII,6; mKet IV,3; mSot III,8; mSan VI,1 ff; VII,1.7.9; IX,3; X,4; s. סקל	s^{e}qîlah	סקילה
Verleumder, Denunziant Sifre Dtn § 349. Sperber 137	s^{e}qîfantês *sykophantês*	סקיפנטיס
Dokument, Protokoll LevR XXI, Sperber 135 f	s^{e}qefṭôrîn, *skeptôrion?*	סקפטרין

(A) pi.: steinigen, LXX: *lithobolein*. nif.: passiv (Todesstrafe) Ex 19,13; 21,28–32 (stößiges Rind); Dtn 13,11 und 17,5 (Götzendienst); 22,21 (unzüchtige Braut); 22,24 (ShM +229 Jungfrau + Verführer); 1Kön 21,10.13; Philon, Spec. 2,243 f; mSot III,8; mSan VI; VII,4.10; mEd V,1.6; mAZ V,9; mNid V,5; jKet IV 28c–d; bMQ 15a (Sarg); bSan 45a–b; 52a. (B) Mit Steinen bewerfen/bedecken Jos 7,25; s. רגם, סקילה	SQL	סקל
Kaiserliche Schreibstube, Kopierstelle GenR LXXXIX,7. Sperber 137 f	seqrîdîn *sêkrêta*, lat. *secreta*	סקרידין
(A) Hoher höfischer oder militärischer Funktionär 1Sam 8,15; 1Kön 22,9; 2Kön 8,6; 9,22; 18,17; 23,11; 24,12.15; 25,19 (LXX: *eunouchos*); Jer 29,2; 34,19; 38,17; 39,3.13; 41,16; 52,25; 1Chr 28,1; 2Chr 18,8; Dan ,13 u. ö. (B) Kastrat, Eunuch, Gen 37,36; 39,1; 40,2.7; Dtn 23,2; 2Kön 10,18/Jer 39,7; Jes 56,3 f; Est 1,10 u. ö.; Sir 30,20; mJeb VIII,5 f. DNWSI II, 803 f	sarîs	סריס
(A) Geschriebene Ordnung CD VII,8; XI,4 (s. ha-tôrah); X,4 (betr. Richter); XII,19 ff; XIV,3. 12 (môšab); XIII,7 (m^{e}baqqer); XIV,12 (rabbîm; 1QS I,16 (ha-jaḥad; II,20; V,1 /4Q256 IX,1; s. מדרש; 1QM XV,5. (B) Feste Reihenfolge, Rangfolge 1QS V,2; VI,22. 1Q28a; 1QM III,13; IV,5 (Feldzeichen). (C) Militärische Formation 1Q28a I,6; VI,10.14; 1QM VII,1; VIII,14; XIII,1; XVIII, 1,4.6. (D) Feste Sitte bJom 30a; bNid 16b. ThWQ II,111–117	säräk, sirkaʾ	סרך, סרכא
Hoher persischer Regierungsfunktionär Dan 6,2 ff (Darius setzte 3 srkjn über 120 Statthalter; LXX: *andras hêgoumenous;* Theod.: *taktikous*). In Targumim sonst aber für שוטר	s^{e}rak	סרך
Vermittler, Makler, *mesitês* mBB V,8	sarsôr	סרסור
Widerspenstig sein Dtn 21,18–20 (Sohn); CD I,14; II,6; XI,7; 1QS X,21; 1QH XIII,24; 11Q19 64,4. ThWQ II,117–121	SRR	סרר
Sachlicher Widerspruch jSota I,1–2 16b–c 64,4 ff; VI,3–4 21a	s^{e}tîrah	סתירה
(A) Allgemein, nicht näher definiert, ohne nähere Angabe mAZ I,5. (B) Anonym; Übliches; anonyme Meinung. (C) Einfaches Beispiel. SokP 390. SokB 833 f	s^{e}tam	סתם
(A) Ab-, niederreissen. (B) Ein Urteil widerlegen, aufheben mSan III,8. SokB 834 f	STR	סתר
hif.: verbergen Jes 29,15; Ps 119,19; Spr 35,2		סתר
Geheimnisse der Torah; esoterische Torah-Deutungen ARNa VIII; bḤag 13a	sitrê tôrah	סתרי תורה

	ʿAjin	ע
Aram. פלח (A) Tun, handeln, machen, arbeiten, dienen (müssen), pi.: bearbeiten Gen 2,15; 4,2; TAD A2, 3,4 u. ö.; YT B 249 f; 11Q19 52,8. (B) Gott dienen Dtn 13,5; 1QpHab VIII,16; 11Q19 54,14. (C) Religion praktizieren, kultisch verehren, *latreuein* Ex 20,4; 23,24; Dtn 5,8; 1QpHab XII,13; XII,2 f; 11Q19 54,4; 55,17; 59,3; bGiṭ 14a; mSan V,1; VII,10; mAZ III,1 f.5; IV,4 ff. (D) Eine Urkunde (šeṭar) aufsetzen bBB 33b. (E) Eine Halakah (ʿûbdaʾ) entscheiden, jBer I,1 3a;bRH 27a; bBQ 73a. (F) Gericht (dîn) halten, Recht schaffen, 1Q20 XX,14; 4Q212 1 iv,16; bBQ 27b. (G) Ein Geschäft machen, eine Partnerschaft eingehen bEr 64b; bAZ 22a; s. עשה. DNWSI II,806–816. ThWQ III, 1–11; SokP 391 ff. SokB 836 ff	ʿBD	עבד
Sklave, Knecht, Diener; *doulos*, *hyperêtês*, lat. *servus.* (A) Diener (privat) Joh 8,30 ff. (B) Im Staatsdienst 2Kön 5,6; 22,12; 2Chr 34,20; Neh 2,10. (C) Sklave LC 17,4 f; 19,17; 28 f,12–14; 64,35; 66,49; 68,57; 84 f, 14–19; 97,s; 103 f,115 f, 1175 f; 117–119; LD 149–172. Ex 12,44; 20,10.17; 21; Lev 25,6. 39 (ShM –257) .42 (ShM –258, 53 (ShM –260); Dtn 5,14 f; 12,12.18; 15,12–18; 16,11 ff; 23,16 (ShM –254). 17 (ShM 255); Gen 43,18; Koh 2,7; Ps 105,17; 1Kön 2,39; Jer 34,9.16; Neh 5,3 ff; TAD B3,6 (testamentarisch verfügte Freilassung); B3, 9,5 ff (Adoption); 3,11; 13,11; B5,6; YT B 250; 4Q421 12,2; DJD XXVIII, 8–101; Philon, Spec. 1,126 ff; 2,74.122 f. 137 ff. 146. 198 ff; 3,282; IV,3 f; Virt. 82 f; 121 ff; Hyp. 7,7; Philem 8 ff. Str.-B. IV,698–744; mBer II,7; III,3; mPeʾah III,8; mŠebi VIII,8; mMŠ I,7; mBik I,5; mPes VII,2; VIII,2; mSuk II,8; III,10; mḤag I,1; mJebVII,1 ff; mKet VIII,5; mNazir IX,1; mGiṭ I,4 ff; IV,4 ff.9; mQid I,2; III,13; mBQ III,10; IV,5; VIII,1 ff; IX,2; mBM I,7; IV,9; mBB III,1; IV,7; V,1; mSan XI,1; mŠebu IV,12; V,5; VI,5; mEd I,13; mAbot I,3; mHor III,8; mBek VIII,7; mJad IV,7; tBB VIII,1 ff; MekRJ neẓîqîn vii; ix; jRH III,5 58d; bQid 14b ff; 16a;18a–b; bBB 10a; Massäkät ʿabadîm; s.שחרור. Sklavenfreikauf: CPJ. III 473; mGiṭ IV,9. DNWSI II,816–819. Landis Gogel 359. ThWQ III,1–11. SokP 391	ʿäbäd, ʿabed	עבד
„Kanaanäischer" (nichtjüdischer) Sklave Lev 25,44–46 (ShM +235); Philon, Spec. II,123; mQid I,3; mBQ VIII,3.5; mBM I,5; jQid I,3 59d–60a	ʿäbäd kenaʿanî	עבד כנעני
Freigelassener (jüdischer) Sklave mHor III,8	ʿäbäd mešûḥrar	עבד משוחרר

Hebräischer (jüdischer) Sklave Ex 21,1–6. 2(ShM +232).8 (ShM –261).10 (ShM –262); Lev 25,39 ff.42 (Verkaufsverbot) 43.46.47–54; Dtn 15,13 (ShM –233); Philon, Spec. 2,74.82.116 ff. 122 f; Virt. 82–83.122; Jos.Ant 3,282; Jos.CAp 2,208; mQid I,2; mBQ VIII,3; mBM I,5; MekRJ n^{e}zîqîn i–ii; jQid I,2 59b–c; bQid 14b. Entlaufener hebr. Sklave: Dtn 23,16 f; Philon, All. 3,195; Virt. 124; Sifre Dtn § 251.259 Verkauf eines Schuldners Mt 18,25; Str.-B. 797–799; MekRJ n^{e}zîqîn xiii (Dieb). Verkauf einer Tochter MekRJ n^{e}zîqîn iii	ʿäbäd ʿibrî	עבד עברי
Sklaverei, Sklavenstatus, *douleia*, lat: *servitus* jKet III,1 27a; bQid 72b	ʿabdût	עבדות
(A) Arbeit, Dienst CD X,19 f; 4Q366 4 i,4; 4Q418 103 ii,7; 11Q19 17,11.16; 25,9; 29,8. (B) praktizierte Religion, *latreia* 1QpHab VII,11; 1QS IV,10; 1QH X,36. (C) Kultdienst jBer IV,1 7a; mJom III,3. (D) Öffentlicher Dienst, 1Q28a I,13.22. (E) Achtzehngebet XVI. DNWSI II,819 f. ThWQ III,1–11v	ʿ^{a}bôdah	עבודה
Fremdkult(-utensil); Götzendienst (1Kor 10,14; Gal 5,20: *eidôlolatria*) Ex 20,3–5.20; 23,12–13.33; Lev 18,21; 19,4; 20,23; Dtn 7,2 (ShM –50 Mitleid verboten).5 (ShM 185). 25–26; 12,2ʾ(ShM +185); 13; 16,21–22; 18,20; Jub 12,12; 11Q19, 54,8 ff; Philon, Decal. 66 ff; Spec. I,21 ff; Virt. 89; Jos.Ant 3,91; CAP 2,236 ff; Apg 15,4; 21,21; Traktat ʿ^{a}bôdah zarah der Ordnung IV; mBer VIII,6; IX,1; mDem VI,10; mŠab IX,1.6; mNed II,1.4; mBQ VII,2.4; mSan I,5; V,1; VI,4; VII,4.6.10; IX,3; XI,1.6; mHor I,3.5; II,3 f.6; mMen IX,7; mHul II,7; V,3; mTem VI,1; mKer I,1; MekRJ ba-ḥodäš vi.x; n^{e}zîqîn xvii; kaspaʾ iv; jBer VIII,6 11d.12b; IX,1 13b; s. אל/אלהים. Vernichtungs. und Ausrottungsgebot: Ex 23,24; Dtn 7,12–26; 12,2; 13,17 (ShM –23 Wiederaufbauverbot); 1Makk 2,45; 5,68; 2Makk 10,2–3; Jos.Ant 4,192 f; mAZ III,4 f; jAZ III,4 f 42d–43a; IV,4 43d; Sifre Dtn § 60; bSan 47b–48a bAZ 44–45b.51b; bSan 89b–90a. Imitationsverbot Lev 20,23 (ShM –30) Nutzungsverbot: Dtn 7,25 f (ShM-22); 13,18 (ShM-24; –25); mAZ I,9; III,6; jAZ I,10 40b; III,8 43a; V,1 44c; bAZ 21a.46a.47b.54b	ʿ^{a}bôdah zarah	עבודה זרה
Pfand; LXX: *enechyron* Ex 22,25 f/Dtn 24,10–13 (ShM +199; –239); Ostracon Meṣad Ḥ^{a}šabjahu 1; Am 2,8; Jos.Ant 4,267 f; Jos.CAp 2,208; mBM V,11; Sifre Dtn § 276; tAZ VII5 ; jBM IX 12b; bBM 67b; bBB 174a. S. ערבון, משכון, ערבה, חבולה, חבלת	ʿ^{a}bôṭ	עבוט
(A) Schwängerung. (B) Interkalation mRH III,1; mSan I,2; VIII,2	ʿibbûr ʿibbûr ha-ḥôdäš	עבור עבור החודש
Dtn 15,8/Lev 25,35 f (ShM +195)	ʿBṬ	עבט
(A) Arbeit, Verrichtung, Dienst TAD A4, 1,5; A6, 7,9; 15,9; B2, 4,10; C1, 1,127; Esr 4,24; 5,2; 6,7.18. (B) Staatsdienst, Administration Dan 2,49; 3,12. SokP 393	ʿabîdah	עבידה

Übertretung mŠebi IV,1; mŠebu I,6	ʿ^{a}bêrah	עבירה
(A) Übertreten CD X,1 ff; XV,6; XVI,12; 1QS V,7; VIII,22; 11Q19 55,17. (B) Zeremoniell defilieren, 1QS I,18.24; II,11.19 ff. DNWSI II,821 f. ThWQ III, 11–16. SokP 394. SokB 840 f	ʿBR	עבר
„Festgelegte". Ehefrau, die von ihrem verschollenen Mann keine Scheidungsurkunde erhalten kann/hat, weil es keine Zeugen für seinen Tod gibt, den sie selber auch nicht bestätigen kann Mt 1,18 f; mJeb X,1 ff; XV,1 ff; XVI,1 ff; mKet XIII,1 f; mGiṭ IV,1; mEd I,12; jGiṭ I,1 43a; bJeb 87b–88a; bGiṭ 3a; bBM 19a	ʿ^{a}gûnah	עגונה
Kalb mBM V,4; mAZ I,6	ʿägäl	עגל
Kalbin mit gebrochenem Genick: Ritual im Fall eines ungeklärten Tötungsdelikts Dtn 21,1–9 (ShM +181); 11Q19 63,2 ff; Jos.Ant 4,220 ff; mŠeq IV,2; VII,7; mMeg II,5; mSota IX,1–8; mQid II,9; mSan I,3; mAZ V,9; mZeb XIV;1; mḤul I,6; V,3; mTem VII,4; mKer VI,3; mParah I,1; jJeb XV,1 14d; Sifre Dtn § 205	ʿäglah ʿ^{a}rûfah	עגלה ערופה
Vertrag DNWSI II,824 f	ʿad	עד
Zeuge, *martys*, lat. *testis, obsignator* LC 20,28 f; 104,122–124; 82,7; Ex 20,16; 23,1 (ShM −286).7; 24,16 (ShM −287); Lev 5,1 (ShM +178 Pflicht); Num 35,30 (ShM 291); Dtn 13,15 (ShM +179 (Einvernahme).19; 17,6 f; 19,15 (ShM −288). 19; 24,16; DanSus; CD IX,16 ff; X,1 ff; 1QS VI,1; 1Q20, II,5; 4Q158 7.8,2; 11Q19 61,6 ff; 64,8; Philon, Dec 138 ff; Spec. II,28; IV,41–54; Mt 18,16; Mk 14,53 ff par.; Joh 8,7; 2Kor 16,1; 1Thess 5,19; 1Tim 5,19; Hebr 10,28; Jos.Ant 3,92; 4,219; Mur 18,12; 21,1–3;26; 40,1.3; 42,11 f; Str.-B. I, 790 f; mRH I,8; mJeb XVI,2.6; mKet II,1 ff; mSota VI,2 ff; mGiṭ I,5; IX,3.5 ff; mBQ I,3; VII,2 ff; IX,8 f; mBM V,12; mBB III,4; IX,6; X,1 ff.8; mSan III; IV,1 ff; V,1 ff; VI,1 ff; VII,5.10; mMak I,1 ff; 7 ff; mŠebu VI,2; VIII,3 f; mEd II,7; VI,1; VIII,5; mBek IV,6.10; jRH III,1 58d; jJeb XVI,7 16a; jSan III 21a–22a; bJeb 122b; bGiṭ 71a; bQid 65a–b; bŠebu 41b; Sifre Dtn § 189 (עד חמס als Dieb); bSan 27b–28a.32a–b; s. סהד,שהד . DNWSI II,82	ʿed	עד
Vorsätzlich meineidiger Zeuge Ex 23,1; Philon, Spec. 4,59; Conf. 141; jŠebu III,9 34d	ʿed ḥamas	עד חמס
Zeuge in Zivilprozess [später term. techn.] mSan III,6.8	ʿed mamônôt	עד ממונות
Zeuge in Kapitalprozess (2–3 Zeugen im Strafprozess): Dtn 17,6; 19,15; CD IX,16–10:3; Philon, Spec. 4,53 f; Jos Ant 4,219; mSan IV,5; V; mMak I,7 ff; Sifre Dtn § 150	ʿed n^{e}fašôt	עד נפשות
Falschzeuge LC 20,28; 81,3 f; Ex 20,12.16 (ShM −285); Lev 19,11–12; Dtn 5,20; 19,18 f (ShM +180).; 4Q158,7–8; Philon, Decal. 138 ff. 142 ff. 173.175; Heres 172; Joseph 144; Spec. 4,40 ff; Mt 19,18; Mk 14,56 f; Apg 6,8 ff; Jos.Ant 3,91 f; 4,219. Str.-B. I,813 f; mRH II,8; mBQ VII,3 mBB III,4; mSan VI,2; XI,1; mMak I,1 ff; tMak I,7; jBer I,5 3c; jKet IV,4 28c–d; MekRJ ba-ḥodäš VIII; Sifre Dtn § 20. Vgl. Mt 19,18–19; Mk 10,19; Lk 18,20	ʿed šäqär	עד שקר

(A) Versammlung, Gemeinschaft, in der P-Tradition neben עדת ישראל für Israel; LXX: *synagôgê* u. a. TAD B3,3,7; CD II,1; X,4.8; XIII,11; XIV,10; XXII,2 f; 1QpHab II; X,10; 1QS V,20; 1QH X,32; 4Q163 23 ii–10; 4Q171 1–10, i,10; iii,10; iv,19. (B) Israel (P-Tradition), Ex 12,6; Num 14,8; u. ö.; CD VII,20; 1Q28a I,6.12 ff; II,7 ff; 1QM II,3.9; III,2 ff u. ö.; 4Q285 7,4; 11Q19 42,14; Hor I,4; s. עדת ישראל. DNWSI II,828. ThWQ III,30–33	ʿedah	עדה
(A) Zeugnis, Bezeugung, Zeugenaussage, *martyria* CD XX,31; 4Q364 17,3; 4Q372 1,28; 4Q375 1 ii,7; 4Q522 22–26.3; mKet II,3; mBB III,4; mSan V,2; mMak I,7 f; mŠebu IV; mEd II,7; jKet IV,4 28c. (B) Königsvertrag 2Kön 11,12 (LXX 4Kön 11,12: *martyrion*); 2Chr 23,11. (C) Bundesdokument in der Bundeslade Ex 25,16.21 f; 31,7; u. ö. (D) Torah Ps 81,6; 119,88; Sir 31 (34) 23 f. ThWQ III,1049–1051	ʿedût	עדות
Zeugenaussagen, Bezeugungen. Traktat ʿEdûjôt der Ordnung IV. Positionen (v. a. in rituellen Belangen) früher rabbinischer Autoritäten im Verhältnis zur später geltenden Halakah	ʿedûjjôt	עדויות
(A) Entfernt werden. (B) Als annulliert, ungültig erklärt werden CL 82 (PapYadin 7,2)	ʿDJ	עדי
Gemeinschaft Israels; Bezeichnung Israels in der priesterlichen Tradition	ʿᵃdat Jiśraʾel	עדת ישראל
(A) Arbeiter mBM VII,1 ff. (B) Kultdienst Leistender	ʿôbed	עובד
Gestirnsanbeter 2Kön 23,5; mAZ I,1; bRH 24b; bAZ 17a; 42b; 43b; MekRJ jtrw bḥdš vi; Sifre Dtn § 84	ʿôbed kôkabîm û-mazzalôt	עובד כוכבים ומזלות
Fremdkultanhänger mSan VII,4.6; VIII,7; IX,3	ʿôbed ʿᵃbôdah zara	עובד עבודה זרה
(A) Tat, Werk, Tatsache. (B) Begebenheit, Fall, Exempel s. מעשה. (C) Rechtsfall, Rechtsentscheidung jBer I,1 3a; bKet 50b; bBQ 98a; bBM 70a. SokP 397. SokB 845 f	ʿôbad	עובד
hif.: DNWSI II,831. (A) Als Zeugen benennen. (B) Bezeugen, *martyrein* mJeb XV,3; XVI,3.5; mKet IX,7; mBB III,4; mSan II,1 f; mMak I,1 ff; mŠebu IV,1; VIII,3.	ʿWD	עוד
Gesetzwidrigkeit, Verbrechen, Sündenschuld Ez 18,17 ff; CD III,18; 1QpHab VIII,12; 1QS V,15; 4Q417 2 i,23; 11Q19 26,11; 35,8; 58,17; 51,14. ThWQ III,38–47	ʿawon	עוון
(A) „Sündenschuldrolle“, ein judenfeindliches Dokument bzw. Gesetzblatt. (B) „Evangelium“ (?) bSabb 116a–b	ʿᵃwôn gillajôn	עוון גליון
Blind(er). (A) Lev 19,14; s. מכשול. (B) Lev 21,18; Dtn 15,21	ʿiwwer	עוור
Unrecht, Frevel Lev 19,15 (ShM –273).35; Dtn 25,16; Ez 33,13; Ps 82,2; s. משפט. ThWQ III,47–53	ʿawäl, ʿawlah	עול, עולה

Brandopfer Ex 29,18; Lev 1; 5,7.11; 17,3 f u.ö; Num 15,5 ff; 28,3,6; 28,10 ff; TAD A4, 7,21 ff; 8,21 ff; CD XI,18 f; 1QM II,5; 4Q 220 (Jub); 4Q365 23,5 ff; 11Q5 27,5; 11Q19 3,,14; 14,13; 15,12 ff; 23,10 ff; 24,10 ff; u.ö; 32,15; 52,15; Traktate Z^ebaḥîm und Qinnîm in Ordnung V; mḤag I,2 ff; mŠeq IV,7; VII,1; mBeṣah II,4; mḤag I,2 ff; II,3; mAr V,6; mTem III,2 f; V,1; mMe II,4; IV,2; mTam IV,1 ff; s. תמיד, אשה. ThWQ III,56–61	ʿôlah	עולה
Unbegrenzte Zeit. DNWSI II,869 ff für immer mQid IV,6 (nach bQid 15a aber: nur bis zum nächsten Jobeljahr) Kommende Welt, Jenseits mSan X,1 ff; vgl. ewiges Leben mSan X,2	ʿôlam, ʿalam leʿôlam, leʿalam ʿôlam ha-baʾ. ḥajjê ʿôlam ha-baʾ	עולם, עלם לעולם, לעלם עולם הבא, חיי עולם הבא
(A) Garbe mEd IV,4. (B) Omer-Periode: 50-Tage-Periode zw. Päsach und Wochenfest, Lev 23,15–16; Philon, Spec. 2,162 ff s. פסח; שבועות. Minḥah am Tag 1 (nach Päsach) Lev 23,10	ʿômer	עומר
Vergessene Garbe Lev 19,9–10; Dtn 24,19 (ShM +122; –214); Philon, Virt. 90; Jos.Ant 4,231 f; mPeʾah IV,6 f; V,8; VI,4 ff; VII,1; Sifre Dtn § 282 f	ʿômer ha-šikḥah	עומר השכחה
(A) Zeitspanne, Frist. (B) Dienstanteil. DNWSI II, 833 (C) Ehelicher Pflichttermin Ex 21,10; bŠab 118b	ʿônah	עונה
(Geld-)Strafe; strafwürdiges Vergehen Esr 7,26; bMQ 16a; bBQ 105b; bSan 54a–b	ʿônäš, ʿanaš	עונש, ענש
(A) Geflügelte Tiere; Vogel, Geflügel Lev 11,13 (ShM –174); 22,6 (ShM -306); Dtn 14,11 (ShM +150).19; mEd V,2. (B) Vogelopfer Lev 5,8 (SHM –112); Traktat Qinnîm der Ordnung V; s. יונה	ʿôf	עוף
„Stiele". Mischnatraktat der Ordnung VI	ʿûqeṣîn	עוקצין
Haut, Fell Ex 29,14; 34,30.35; 35,23; Lev 4,11; 7,8; 8,17; 9,11; 11,12; 13; 15,17; 16,27; Num 4,6 ff; 31,20; 11Q19,34,9; 47,7–18; mŠab I,8; mEd II,2; mAZ II,3; V,9; mKel XXIV,12; XXVI,5.8 f. ThWQ III,76–78	ʿôr	עור
Berater der Richter, Anwälte der Streitparteien mAb I,8; ARNb XX; Jalqut Šimʿoni II,492; bŠab 139a; bKet 52b; vgl. סופרי הדיינים	ʿôrekê ha-dajjanîm	עורכי הדיינים
Unterdrücker, Ausbeuter bBM 111a	ʿôšeq	עושק
(A) Bedrückung, Erpressung, Unrecht Ez 22,7.12; Sir 10,7; TAD A5 2,9; mZeb VI,5; bBM 111a). (B) Erpresstes Lev 5,23	ʿôšäq	עושק
Ziege Lev 1,10; 3,12; 4,23;.28; 5,6; 7,23; 9,3; 16,5; 17,3; 22,19; 23,19; Num 7,16 u. ö.; 15,11.24.27; 18,17; 28,15.30; 29,5 u.ö; 29,11; Dtn 14,4; Ez 43,22; 45,23 mKil I,6; mŠab V,2; mPes VI,4; mMen VII,6; mBek I,4; IX,1; mTem I,2; mTam III,8	ʿez	עז
(A) Verlassen, zurücklassen. (B) Überlassen. ThWQ III,86–92.	ʿZB	עזב

Frechheit, Anmaßung KallahR I,23	ʿazût	עזות
Schamlosigkeit bTa 7b; bQid 70b; bSan 44a	ʿazût panîm	עזות פנים
Verlassen, Lassen, Überlassen einer Sache jPeʾah VI,1 19b	ʿazîbah	עזיבה
Ring; Siegel TAD C1, 1,3.19; Dan 6,18. DNWSI II,836 f. SokP 401.		עזקה
(A) Hof, DNWSI II, 837 (B) Tempelhof Ez 43,14 u. ö.; 2Ch 4,9; mŠab VI,8; mJom I,8; mḤag III,8; mNed V,5; mSan I,5; mSan XI,2; mŠebu I,2 f; mParah III,3; mKel I,6 ff. (C) Priesterhof im Tempel, Dtn 12,17; 2Chr 4,9; 6,13; 11Q19, 30 ff; 36,7 ff; Sir 50,11; mMid I,1 ff mPes V,5.8; mJom III,3; V,1 ff; mSot VII,8; mQid II,9; mBQ VII,2; mSan IX,6; mŠebu II,2 f; mEd VIII,6; mZeb V;6; VI,1; X,8; bZeb 20a. (D) Israeliten-, Männerhof 11Q19, 38,12 ff; mSuk V,4. (E) Israelhof (Frauenvorhof) 11Q19 40,13 ff; 45,7 ff; Str.-B. II, 41 ff; mMid II,5; mSuk V,4; mŠab VI,8; mŠebu II,2 ff. (F) Heidenvorhof (herodianisch).	ʿazarah	עזרה
Kopfverhüllung als Trauerbrauch bMQ 15a	ʿaṭîfat roʾš	עטיפת ראש
Befreit sein von etwas bGiṭ 86a		עטר
Kranz, Diadem mAZ IV,2. DNWSI II,838	ʿaṭṭarah	עטרה
Hochwertig; beste Grundstücksqualität mGiṭ V,1–3; bGiṭ 49a–b; bBQ 8a; s. בינונית, זבורית	ʿîdît	עידית
Auge mBQ III,10; VIII,1; MekRJ MekRJ nᵉzîqîn ix. DNWSI II,839 ff. SokP. 403.	ʿajin	עין
Täuschen mBM IV,12	GNB ʾät ha-ʿajin	גנב את העין
Wohlwollen, Gunst jKet IV,3 28b–29a; bBB 64b–65a	ʿajin jafah	עין יפה
Missgünstigkeit Spr 23,6; 28,22; Sir 14,3; bBB 64b	ʿajin raʿah	עין רעה
„Auge um Auge" (Lex talionis) Ex 21,23–25; Lev 24,17–20; Jub 4,31 f.42; 5,8; Philon, Spec.2I,244 f; 3,175. 181 ff; 195; Migr. 173; Mt 5,38–42; Jos.Ant 4,280; Str.-B. I, 337–341; vgl. mBQ VIII,1; s. MekRJ nᵉzîqîn viii zu Ex 21,23; bBQ 84a; s.מדה כנגד מדה	ʿajin taḥat ʿajin	עין תחת עין
Stadt (umwallter Ort), Ortsgemeinde Dtn 16,18 (ShM +176 Richter und Amtmänner); mEr IV,10; V,1 f.6.8; IX,1 ff; mŠeq I,1; IV,2; mMeg I,2 f; III,1; mKet I,10; mBB I,5; II,7–9; IV,7; mŠebu II,2 (Jerusalem); mAZ I,4; IV,11; mAr IX,5 ff; mKel I,7; s. auch ,כרך קריה, ThWQ III,105–109.	ʿîr	עיר
Bürger der Stadt	ʾanšê ha-ʿîr	אנשי העיר
Stadt des Heiligtums: Jerusalem. CD XII,1 f; 4Q248 A 7; 4Q271 5 i,17; 4Q390 2 i,; 4Q504 xvii,13; 11Q19 45,7 ff; vgl. 46 f; vgl. 52,18 ff.; 55. CD XX,22; 4Q176 8–11,2	ʿîr ha-miqdaš ʿîr ha-qôdäš	עיר המקדש עיר הקודש
Asylstadt (6 Asylstädte) Num 35,9–15; Dtn 19,1–13; 19,3 (ShM +182); Philon, Spec. 1,159 f; Jos.Ant 4,172–173; mMak II,1–8; mŠebi X,8	ʿîr miqlaṭ	עיר מקלט
Zu Fremdkult verleitete Stadt Dtn 13,13–18; 13,17 (ShM +186); 11Q19 55,2 ff; mSan I,5; IX,1.4; jSan I,3 18a	ʿîr niddaḥat	עיר נדחת

(A) Behindern, zurückhalten CLgr 17,42 S. 73. (B) Einen kultischen oder rechtlichen Vorgang verhindern, einstellen; jGiṭ I,5 43d; bKet 39b; bQid 46a; mMen III,6 f; IV,1 ff. SokP 405 f	ʿKB	עכב
Umso mehr mMak I,7; III,15; mAbot VI,3; lat. *a fortiori*	ʿal ʾaḥat kammah wᵉ-kammah	על אחת כמה וכמה
(A) Hinaufsteigen. (B) Nach Jerusalem zum Tempel wallfahrten Ex 23,14 (ShM +52); Ex 34,23/Dtn 16,16 (ShM +53); mḤag I,1. DNWSI II,852 f. (C) Einwandern (ins Land Israel) hif.: (A) Erhöhen; im Wert/Preis, an Bedeutung steigen lassen (s. ירד); af.: einschätzen. (B) + ʿal: Zugute halten; anrechnen mSan IV,8; mAb III,8; bBer 6a; bJom 81b u. ö.	ʿLH, ʿALJ, ʾLʾ	עלה, עלי, אלא
Ursache, Veranlassung. Grund für eine Verurteilung Dan 6,5 f, mEd V,7; Mt27,37 par. Mk 15,26; Joh 19,6 *aitia*	ʿillah, ʿillaʾ	עלה, עלא
Obergemach, Dachkammer. 1Kön 17,19; mBM X,1 ff; mBB II,2. DNWSI II,854	ʿᵃlijjah	עלייה
(A) Tat, Tun, Handeln. ThWQ III,123–126. (B) Falschbeschuldigung Sifre Dtn § 237; bSan 101b5. Gegen Ehefrau: Dtn 22,17–19 (ShM +219); Sifre Num § 86.95.	ʿᵃlîlah	עלילה
Eintreten; af.: hineinbringen, einfügen. DNWSI II,855 ff. ThWQ III,123–126. SokP 408 f. SokB 864 ff	ʿLL	עלל
hitp.: verhehlen Dtn 22,3	ʿLM	עלם
(A) Volk, *laos, ethnos*. (B) Wehrfähige Mannschaft, Heer(bann). (C) Volk Gottes Dtn 27,9 f. DNWSI II,854 ff. ThWQ III,134–145	ʿam	עם
„Volk des Landes". (A) Landvolk. (B) Biblisch: maßgebliche Volksvertreter. (C) Nichtrabbinischer Jude; rabbinisch Ungebildeter, mDem I,1.3; II,2–3; III,4; VI,8 f.12; mMŠ III,3; IV,6; mŠebi V,9; mTer III,4; mḤag II,7; mGiṭV,9; mEd I,14 mHor III,8; mṬoh IV,3; VII,1 ff; VIII,1 f; mMakš VI,3; m ṬJ IV,5; bŠab 32a; bKet 101b	ʿam ha-ʾaräṣ, ʿammê ha-ʾᵃraṣôt	עם הארץ, עמי הארצות
ThWQ III,146–150. (A) Aufstehen, Stehen. (B) Auftreten; einen Dienst antreten	ʿMD	עמד
Ammoniter/in Dtn 23,7 f (ShM −53; −56); mJeb VIII,3; mJad IV,4	ʿammônî/t	עמוני/ת
(A) Stehen, Aufstehen. Bestand. (B) Stehen bei Entscheidung vor Gericht oder bei Beschlussfassung im Lehrhaus; s. auch ישיבה. jKet IV,3 28b; bŠebu 30b. (C) Aufstehen vor Personen als Ehrfurchts- bzw. Respektsbezeugung Lev 19,32; jBik III,3 65c–d; jEr V,1 22a. (D) Achtzehngebet.	ʿᵃmîdah	עמידה

Genosse, Gefährte; Mitglied der eigenen Gruppe Lev 5,21;18,20; 19,11.15.17; 24,19; 25,14 f.17; LXX: *ho plêsion*; s. רע ,חבר ,אח	ʿamît	עמית
Arbeitsmühe; Arbeitsertrag, Besitz Koh 4,4; TAD A3, 6,2; hSir 13,27; CL 257–261 (PapYadin 6,6.10); bSan 101b. DNWSI II,871 f. ThWQ III,157–160	ʿamal	עמל
Amalek(iter). Enkel Esaus (s. אדום). Der jeweils aktuelle, auszurottende Erzfeind Israels. Gebot der Ausrottung Ex 17,8–16 und des Auslöschens jeder Erinnerung Dtn 25,17 (ShM +189).19 (ShM +188; –59). Vgl. 1Sam 15; 1QM I,1–2; 4Q252 Frg. 1; 1Makk 5,3; Philon, All. 3,186 f; Congr. 45–62; Jos.Ant 11,209.211; MekRJ ʿamaleq. Der „Agagiter" Haman als Amalekiter: Ester; Purimfest; Targum II zu Ester	ʿamaleq	עמלק
Nichtjude. s. נכרי;גוי	ʿamema'	עממא
(A) hitp.: Handel treiben Dtn 21,14; Philon, Virt. 115; Sifre Dtn § 214. (B) aufladen, packen Mur 46,2.9	ʿMR	עמר
Schafherde SokP 413 f	ʿan, ʿanîn	ען, ענין
Trauben Num 6,3; Dtn 23,25; Jos.Ant 4,234; Sifre Dtn § 266; mBM V,7; mEd V,2; mAZ IV,2; V,2	ʾanabîm	ענבים
Antworten. DNWSI II,875 f.SokP 422	ʿNH, ʿNJ	ענה, עני
Sich verspäten; verspätet handeln. SokP 412 f	ʿNJ	עני
(A) pi.: demütigen; bedrücken MekRJ nezîqîn xviii. (B) Notzüchtigen. Dtn 21,14; 22,24 (ShM +229 Steinigung); 11Q19 66,2–11; Philon, Virt. 115; Sifre Dtn § 214. (C) Foltern. DNWSI II,876 f. ThWQ III; 166–172	ʿNH	ענה
Armer, *ptôchos* Ex 22,24 (ShM –234; –237); Lev 19,10; 23,22; Dtn 15,7 (ShM –232).11; 24, 6 (ShM –242). 12.14; Ostracon Meṣad Ḥašabjahû 1; mPe'ah; mŠeq II,5; mGiṭ III,7; V,8	ʿanî	עני
(A) Sache, Koh 1,12 u. ö. (B) Sachverhalt; Angelegenheit; Gegenstand, Geschäftssache; Inhalt, Bedeutung bQid 9a. Bacher I, 140–143. II,149–152. SokP 413. SokB 872	ʿinjan	ענין
po.: Wahrsagen, Zeichen deuten Lev 19,26/Dtn 19,10 (ShM –31); LXX: *ornithoskopeisthai*; jSan VII,5 24c; bMeg 27a; bBQ 56b; bBB 43a	ʿNN	ענן
hif: Schenken DTn 15,14 (ShM +196 an Freigelassenen)	ʿNQ	ענק
Bestrafen Dtn 22,19 (*zêmioun*) 2Chr 36,2; 11Q19 65,14. nif: bestraft, Ex 21,22; CD XIV,22; 1QS VI,25; VII,2 ff; IX,1; MekRŠbJ XXI; bŠab 149b; bBQ 93a. ThWQ III,177–181	ʿNŠ	ענש
qal/hitp.: sich befassen (mit etwas, jemanden, Handelsgeschäften); bPes 88a (Torah); bKet 103a (Waisenkinder). SokP 414. SokB 874	ʿSQ	עסק

(A) Angelegenheit, Sache, lat. *res*. (B) Geschäft, lat. *negotium* jMQ III,7 83b; jŠebu VII,1 37c; bKet 66b.69b.80b. (C) Geschäftsgemeinschaft bBM 104b–105a. (D) Geschäftsgegenstand bNed 50a; bBB 77b. SokP 413 f	ʿäśäq, ʿᵃsîq, ʿisqaʾ	עסק, עסיק, עסקא
(A) Scheinbar zinsvermeidender, geteilter Gewinn aus Investition. (B) Spekulation durch einen Mittelsmann. bBM 69a; 104b	ʿisqaʾ, hätter ʿisqaʾ	עסקא, התר עסקא
(A) Staub, Erde. (B) Land, Grundstück Mur 24 B 7; C 7 ff; E 6; F 6.9; CL 44 (PapYadin 44,12.15); 58 (PapYadin 45,8); 466 (PapYadin 6,4–6); mBB VII,1 f	ʿafar	עפר
(A) Baum mOrlah. (B) Holz mBQ IX,1; mBM VIII,5; mBB IV,6; mMak II,1; mAZ III,9; V,11. (C) Opferholz. Neh 10,35 ff; Jub 21,12 ff; 11Q19 22–25,2; TestLevi 9,12; äth.Hen 3,1; Jos.Bell2,425; Jos.Ant 4,299; mTa IV,5; mTam II,3 f. DNWSI II,879 f. ThWQ III, 188–194	ʿeṣ	עץ
Holz und Stein verehren Ez 20,32; bSan 104b–105a	ʿeṣ wa-ʾäbän	עץ ואבן
Fruchtbau Dtn 20,19 (ShM –57); Philon, Spec. 4,226 f; Virt. 150 ff	ʿeṣ pᵉrî	עץ פרי
(A) Ratschlag Lev 19,14 (ShM –299); Beratung, Beschluß. (B) Ratsversammlung, *boulê*; Gruppe, Anhängerschaft Ps 1,1; CD XIII,16 f; 1QpHab III,5; V,10; IX,10; 1QS III,6; VI,4.9 f; VII,11; VIII,18 f.23 ff; IX,2; 1QH XIII,24; 4Q169 3–4 i,2.5; 4Q171 1–10 ii,19; 4Q174 1–2i 21,14; 4Q398 14–17 ii,5; 11Q19 57,15; 58,20. ThWQ II,191–199	ʿeṣah	עצה
Rat/Gruppe Armer 4Q491 11 i,11	ʿᵃṣat ʾäbjônîm	עצת אביונים
Rat Gottes 1QS I,8.10; 1Q28a I,3; 1Q28b IV,24; 1QH XIV,11.13; 4Q511 48–51 ii,1	ʿᵃṣat ʾel	עצת אל
Rat der Aaroniden 4Q266 5 ii,12	ʿᵃṣat bᵉnê ʾaharon	עצת בני אהרן
Rat des jaḥad, 1Q14 8–10,8; 1QpHab XII,4; 1QS III,2, V,7, VI,3.10–16; VII,2.22.24; VIII,1.5.11.22; XI,8; 1Q28a I,26 f; II,2.11; 1Q28b IV,26; 4Q164 1,2; 4Q171 1–10 ii,15; 4Q265 7,7 f; 4Q286 7a–d,1	ʿᵃṣat (ha-)jaḥad	עצת חיחד
Rat der Heiligkeit/des Heiligtums CD XX,24; 1QS II,25; VIII,21; 1Q28a II,9; 1QM III,4; 1QH XV,10; 4Q286 1,7	ʿᵃṣat (ha-)qodäš	עצת הקדש
Rat/Gruppe derTorah 1QS IX,9.17; 4Q273 6,1	ʿᵃṣat ha-tôrah	עצת התורה
Ratschluss einer Gemeinschaft Israels CD XII,8	ʿᵃṣat ḥibbûr Jiśraʾel	עצת חבור ישראל
(A) Bein, Knochen, Gebein Ex 12,46; Num 9,12; mSan VI,6; mEd I,7; VI,3; VIII,5. (B) Eigentliches, Wesentliches, Selbst mAbot I,14	ʿäṣäm	עצם
(A) Festversammlung Lev 23,36; Num 29,35; Dtn 16,8. (B) עצרת: Wochenfest mŠebi I,1; II,1; mḤal IV,10; mBik I,3.10; mŠeq III,1; mSuk V,7; mRH I,2; mMeg III,5; mḤag II,4; mBek IX,3; mAr II,3; s. שבועות. (C) עצרת: Tag VII des Päsach/Mazzot- (s. פסח); Tag VIII des Sukkot-festes (s. סוכות)	ʿᵃṣarah, ʿᵃṣärät	עצרה, עצרת

Bedrängnis SokP 415	ʿaqah	עקה
(A) Entwurzeln, ausreißen. (B) Sterilisieren. (C) Leugnen, verneinen, abschaffen bGiṭ 83a. (D) Annullieren bJeb 107b; bKet 19b; bBM 112b. SokP 416 f. SokB 877 f	ʿQR	עקר
(A) Wurzel. (B) Hauptsache; Hauptinhalt mBer VI,7; bBQ 141b (s. טפל). (C) Grundsatz, Prinzip mŠab VII,1; BM V,8 10d; bBB 16b; bSan 45b	ʿiqqar	עקר
(A) bürgen, sich verbürgen; *engyan* Gen 43,8; 44,32; Spr 6,1; 17,18; 20,16; 22,26; 27,12; Sir 8,13; Mur 26,19; NḤ 7,5; 8,6; bBB 174a. (B) verpfänden, Neh 5,3. DNWSI II, 884, ThWQ III,200–203	ʿRB	ערב
(A) Bürge TAD A2, 3,8; Mur 20,12; 26,4; 30, I,5; 32,3; II 24; NḤ 8,11; 9,8; 23,4; CL 245–256 (PapYadin 4); mBM V,11; mBB X,8; bŠab 140b; s. אדרגג. SokP 417 (B) Mitglied einer Solidargemeinschaft. (C) Mitglied der Gemeinschaft Israels; כל ישראל ערבים „alle Israeliten sind für einander verantwortlich" jḤag III,6 21a.	ʿareb, ʿarᵉbaʾ	ערב, ערבא
Vermengen, mischen mBM IV,11 f. hitp.: sich verbinden, vermengen: Ps 106,35; Spr 14,10; Esr 9,2; verwechselt werden: mJeb XI,3 ff. (Kinder); mSan IX,33. ThWQ III,203–206. SokP 417. SokB 879	ʿRB	ערב
Sabbatbereiche verbinden Traktat ʿErûbîn der Ordnung II	ʿRB	ערב
Pfand, Unterpfand. Gen 38,17–20, LXX: *arrhabôn*; TAD A3, 8,5; B3, 1,8; B3, 8; 13,10; Gen 38,17; Philon, Somniis 2,44 f: tBM I,17; jŠib X,4 39c; bBM 48b; 77b. s. ערבה; עבוט; חבולה; חבל, משכון	ʿerabôn	ערבון
Bürgschaft bBB 174a. DNWSI II,885.886. ThWQ III,200–203	ʿᵃrebût	ערבות
Verbindung von Sabbatbereichen. Traktat ʿErûbîn der Ordnung II	ʿerûb	ערוב
(A) Blöße, Scham Ex 28,42 (Priester); bBer 10a. (B) Gesetzwidriges sexuelles Verhalten mAZ II,1; mJeb III,3–4; bBer 24a; 25b	ʿärwah	ערוה
Inzest-Tabu Lev 18,6–18; 4Q251 17; mḤag II,1; mJeb I,1–3; VI,2; mAb V,9; bŠab 13a; bJeb 3b; bKet 35b; Philon, Spec. 3,12 ff; mAZ II,1; Mk 6,17 f; bSan 56a–58a. Lev 18,7 Mutter, Vater; 18,8: Stiefmutter; 18,9: Schwester 18,10: Tochter des Sohnes, Tochter der Tochter; Tochter 18,11 Stiefschwester; 18,14 Onkel; 18,12 Vaterschwester: 18,13 Mutterschwester; 18,14 Vaterbruders Frau; 19,15 Schwiegertochter; 18,16 Bruders Frau; 18,17 Frau und deren Tochter zugleich, Frau und der en Sohnestochter zugleich, Frau und deren Tochtertochter zugleich; 18,18 Schwester der Frau	ʿärwah, ʿᵃrajôt	ערוה, עריות

Schändliches, LXX: *aschêmosynê pragmatos; aschêmon pragma*; TO: ʿabarat pitgam Dtn 23,15 (im Lager Israels), 24,1 (Scheidungsgrund); DanSus 63; Philon, Spec. 3,30; Röm 1,27; Jos.Ant 4,253; Jos.Vita 426; Mt 5,31 f; 19,3.9; mGiṭ IX,10; tSota V,9; Sifra zu Dtn 24,1; bGiṭ 90a–b	ʿärwat dabar	ערות דבר
Nackt(er) mBQ VIII,1; mSan II,5	ʿarôm	ערום
(A) Anordnen, vorbereiten. (B) Schätzen Lev 27; hif.: 2Kön 23,36 (LXX: *timographein*); bŠab 136b; bNaz 62a. ThWQ III,214–216. SokB 881	ʿRK	ערך
(A) Schätzung(swert), Wert 2Kön 23,36 (LXX: *syntimêsis*). (B) Gegenwert einer Person / eines Tieres / einer Sache bei Gelübden / Weihegaben Lev 27,2–6.11 ff; Philon, Spec. 2,33 ff; Traktat ʿarakîn der Ordnung V; mSan I,3. DNWSI II,888	ʿeräk /ʿarakîn	ערך ערכין
Nichtjüdischer Gerichtshof tBB VIII,3; s. auch ארכאה	ʿarkaʾah, ʿarkaʾîm/n *archê*, *archeion*	ערכאה, ערכאים\ן
Nichtjüdisches Amt; Gerichtshof mGiṭ I,5; bGiṭ 9b	ʿarkaʾôt	ערכאות
Amtshaus, Archiv; s. ארכיון	ʿarke, ʿarkjôn *archê*, *archeion*	ערכי, ערכיון
Konsul bBB 164b	ʿarkan , ʾarkan *archôn*	ערכן ארכן
Unbeschnittener; Nichtjude Ex 12,48; Lev 19,23; Ez 32,19 u. ö.; 44,9; mNed III,11; bPes 28b; 61b; 62a	ʿarel	ערל
(A) Vorhaut; LXX: *akatharsia, akrobystia* Gen 17,11.14,23 ff; Lev 12,3; 19,23 (ShM –192); Jub 3,8; Lk 1,59; Joh 7,22; mŠab XVIII,3; XIX,2 ff; mNed III,11; mEd V,2; mAr II,2. (B) Übertragen: Dtn 10,16; Jer 4,4; 9,17. (C) Zustand/Frucht des unbeschnittenen Baums Lev 19,23–25; Jub 6,35 ff; Jos.Ant 4,226 f; Traktat ʿOrlah der Ordnung I; mSan I,3	ʿårlah	ערלה
Pachten tḤal II,5	ʿRS	ערס
Bestreiten, Einspruch erheben mKet XIII,6; bGiṭ 5a; bBB 39b;154b. SokP 421. SokB 883	ʿRʿR, ʿRR	ערער, ערר
Einspruch, Anfechtung bKet 109a–b; bBQ 8b; bSan 23b	ʿarʿer	ערער
Einspruch, Rechtsanspruch TAD C1, 1,103	ʿarar	ערר
(A) Machen, tun; Arbeiten verrichten mAZ V,1. (B) bearbeiten, mBM IX,3. ThWQ III;219–229. Landis Gogel 364	ʿŚH	עשה
pi.: verzehnten. Dtn 14,22–29; Landis Gogel 364; Mt 23,23/Lk 11,42; 18,12; Hebr 7,8 *apodekateuein*; Jos.Ant 4,205; mDem II,ff; mSot VII,8; Sifre Dtn § 105; s. מעשר	ʿŚR	עשר

(A) Zehn. (B) Zehnerschaft: Kleinste Organisationseinheit in Heer und Verwaltung Ex 18,35; Dtn 1,15; CD XIII,2; 1QM II,16; IV,3 f.; 1QS II,22; 1Q28A I,15; II,1; 11Q19 57,5; s. מנין	ʿᵃśarah	עשרה
24 (A) 24 Priesterdienstabteilungen, s. משמרות. mTaʿan IV,2.3; tTaʿan II,1; jPes IV,1 30c–d. (B) 24 (22) biblische Bücher, s. מקרא. IV. Esr 14; Jos. CAp 1,42; jSan X,1, 28a; bBB 14b–15a; Koh.R XII,12; Pes.R III. (C) 24 Benediktionen tTaʿan I,9; bTaʿan 15a.16b. (D) 24 Priestergaben bḤul 133b	ʿäśrîm wᵉ-ʾarbaʿ	עשרים וארבע
Dekalog mTam V,1	ʿᵃśärät ha-dᵉbarîm /ha-dibbᵉrôt	עשרת הדברים\ הדברות
Bedrücken, ausbeuten; LXX: *adikein* Lev 5,21; 19,13 (ShM –247); Dtn 24,14 f: 1Q27 1 i,11; 4Q390 2 i,9; Philon, Decal. 171; Spec. 4,195 f; Virt. 88; Jos.Ant 4,288; mBM VIII,12; jBM IX,14 12b; s. אנס. ThWQ III,240–243		עשק
Siehe עושק	ʿošäq	עשק
Heilszukunft mŠebu III,5	ʿatîd la-bôʾ	עתיד לבוא
Alt DNWSI II,898	ʿattîq	עתיק
Versetzen, entfernen; hif.: kopieren; übertragen; übersetzen (spät); s. תרגם	ʿTQ	עתק

	Peh	פ
Ackerecke/ -rand Lev 19,9; 23,22 (ShM –210); Traktat der Ordnung I; mGiṭV,8 Schläfenlocke und Barttracht Lev 19,27 (ShM –43; –44 Bart); Jer 41,5; Jos.CAp 1,174; mMak III,5	pê'ah, pe'at śadāh pe'at ro'š, pe'at zaqan	פאה, פאת שדה פאת ראש, פאת זקן
(A) Gräuel. (B) Terminlich abgelaufenes Geweihtes; Opfermaterie mit Fristüberschreitung Lev 7,18; 19,7; Ez 4,14; 11Q19 47,18; 52,18; mMak III,2; mZeb III,4; mMen II,5	piggûl	פגול
Makelbehaftet, schadhaft mEr V,1	pagûm	פגום
Dolch mKel XIII,1	pugjôn lat. *pugio*	פגיון
(A) Abbrechen, mindern, verringern, abziehen bBB 172a; bAZ 67b. (B) Beschädigen, verletzen bSan 73a–b; bAZ 67b. (C) Die Gültigkeit eines Dokuments beeinträchtigen bBB 172a	PGM	פגם
Makel, Gebrauchshindernis, Wertminderung mKet III,9; IV,1; mŠebu V,4; mMe' V,1; bJoma 70a; bKet 84a; bSot 41a; bSan 73b	p^egam	פגם
(A) Begegnen; treffen, widerfahren. (B) Angreifen, überfallen bMeg 6b. (C) Für untauglich, unbefähigt erklären jQid III,14 64d. DNWSI II,900 f.SokP 424. SokB 887	PG'	פגע
Schadensersatz bBM 69b; 70a	pagra'	פגרא
Loskaufen, auslösen LC 87,32; 103 f,117–119; Ex 13,13.15; 34,20; Lev 19,20; 27,27.29; Num 18,15–17; 4Q 270 2 ii,8 f; mKet IV,9; mGiṭ IV,4.9; mBM II,11; IV,8; mMak III,2; mBek I,7; VIII,5; mAr VI,2; MekRJ psḥh xviii; jGiṭ IV,9; bGiṭ 46a. DNWSI II,902. ThWQ III,259–263	PDH	פדה
Auslösung mBek I,7	p^edijah	פדיה
Ablöse; Lösegeld, Auslösung Ex 21,30; DTn 26,14 (ShM –152); Num 3,49; LXX: *lytron*; mNed III,5; mEd VII,1; mAZ III,9; MekRJ n^ezîqîn x	pidjôn	פדיון
Verwalter bBB 144a	pôlmôsṭôs, palmêṭôs, *epimelêtês*	פולמוסטוס, פלמיטוס
Herberge (mit Stallung) mAZ II,1	pûndaq	פונדק
(A) Entscheiden zwischen bŠab 33a. (B) Auslosen mTam I,2; s. פייס	PWS, PJS	פוס, פיס
Arbeiter Sir 19,1;Mt 20,1 ff; mPe'ah V,6; mKil VII,6; mMa II,7 f; III,3; mŠab XXIII,3; mBM II,9; VI,1; VII,1 ff; X,6; mAZ V,1; bBQ 30a; bBM 30a .31b. 76a ff. 83a. 111aff. 16b; s. עובד	pô'el	פועל
Los Est 3,7; 9,24 ff; bŠab 149b; bMeg 13b; s. גורל, פייס	pûr, pûra'	פור, פורא

Summe im Heiratsvertrag (s. כתובה) bKet 54a;67a	pûrnaʾ	פורנא
Vergeltung; Bestrafung mRH IV,6	pûrʿanûtaʾ	פורענותא
Auslösung; s. גאולה	pûrqan	פורקן
Missetäter, Verbrecher, Frevler Jes 1,28; 46,8; 48,8; 53,12; Ps 37,38; Dan 8,23; bBQ 29a–b; bMak 8a	pôšeaʿ	פושע
Statthalter, Provinzchef Neh 3,7 u. ö. DNWSI II,904		פחה
Frei, befreit von (s. חייב) 1Chr 9,33 (?); mBer II,5; mMa II,7; mŠeq I,6–7; mBQ II,2; III,1; mBM III,9; mBB V,8–9; mSan VIII;6; IX,1–2; mŠebu III,1 ff; V,1 ff; VI,1 ff. VIII,2 ff; tGiṭ IV,6 f; BQ X,10	paṭûr	פטור
Befreitsein von einer Verpflichtung; Straflosigkeit jŠab I,1 2a–b; bŠab 2b; bBQ 99b	peṭôr	פטור
Scheidung Str.-B. II,23 f; mGiṭIX,3	piṭṭûrîn	פטורין
(A) Entlassen, freigeben 1Chr 9,33; 2Chr 23,8 (Dienstabteilung). (B) mEd IV,7 (Scheidung). (C) Eine Ausnahme machen; freisprechen, als nicht straffällig entlassen TAD A3,3,13; 9,7 mSan V,5; VI,1; IX,1; bGiṭ 86a; bBQ 29a;75a; bBM 83a;96b. (D) nif: fortgehen 1QS VII,12, 4Q266 10 ii,8. (E) Befreien von etwas mEd IV,10. (F) Erlauben s. אסר. (G) hif.: Schriftlesung aus dem Prophetencorpus durchführen, s. פטרה. DNWSI II,908 f.SokP 429. SokB 897 f	PṬR	פטר
Erstgeborener/s Ex 13,2.12–15; 34,19 f; Num 3,12; 18,15; Ez 20.26; LXX: *protótokon*; 4Q368 2,11; mBek I,2; mEd VII,1; mAZ V,9. E. seiner Mutter mBek II,9 Esel-Erstgeborenes Ex 13,13; 34,20 (Auslösung); mBek I,2	päṭär päṭär räḥäm päṭär ḥamôr	פטר פטר רחם פטר חמור
(A) Gönner, Beschützer. (B) Interessenvertreter einer Körperschaft jBer IX,13; XI,12; EXR XII,2. Sperber 139–141	paṭrôn *patrôn*; lat. *patronus*	פטרון
Ererbtes Eigentum GenR XCVIII,6. Sperber 141 f; s. נחלה	patrîqôn *patrikon*	פטריקון
(A) Versöhnen, beschwichtigen jSan XI,7 30c; bBQ 21a;84a; bAZ 44b. (B) Für sich gewinnen, bestechen bTa 24a; bMQ 14b; bHul 94a. SokP 430 f. SokB 899 f.\	PJJS	פייס
Los(entscheidung) mJom II,2.4; tJom I,10 f; s. גורל	pajjis	פייס
Philosoph; Person mit rhetorischer Ausbildung bŠab 116a; Jalqut Šimʿoni I § 247	pîlôsôfos, *philosophos*	פילוסופוס
Gefängnis; lat. *custodia* ExR XXX,11. Sperber 143 f	pîlaqê *phylakê*	פילקי

(A) Vertrauen. (B) Scheinübertragung von Eigentum tKet IX,2 (LA statt פטיס). Sperber 145–146	pîsṭîs *pistis*	פיסטיס
Ertrag eines Nießbrauches mJeb IX,3; s. פרי	pêrôt , perôt	פירות, פרות
Vergeltung, Strafe; Tilgungszahlung bMQ 9b	pêraʿôn	פירעון
(A) Teilen (Anteil), aufteilen, einteilen TAD B1 1; B1,4.6; B2, 11,3.13; B5,1; 1QH IX,16 ff; 4Q209,.4Q215a 1 ii,9. (B) Verschiedener, abweichender Meinung sein jMeg II,7 73c; bBM 5a; bMak 4a; bMen 108b. (C) Fortgehen, abreisen, abfahren mAZ V,3 f. DNWSI II,911 f. ThWQ III,287–292. SokP 433 f. SokB 908 ff	PLG	פלג
(A) Teilung zur Hälfte; Abgrenzung. (B) Dissens, Meinungsverschiedenheit jMeg III,7 73c. DNWSI II,914. SokP 434	palgû(t)	פלגו(ת)
Teilung TAD B1,3; B2, 11.14.17	p^{e}lagan	פלגן
Unschlüssigkeit, Meinungsdifferenz bBer 50a; bEr 73a; bJeb 16b. SokB 911 f	p^{e}lûgg^{e}taʾ	פלוגתא
Sanhedrin mJom I,1 (s. פרהדרין)	palhädrîn *prohedroi,* *parhedroi*	פלהדרין
Dienen; s. עבד. DNWSI II,914	PLḤ	פלח
Abweichender Meinung bBer 33b	p^{e}lîg	פליג
Fälschung, gefälscht(es Dokument) tSuk II,5. Sperber 147 f.	p^{e}lasṭôn *plaston*	פלסטון
Fälscher bBer 31b, bSuk 29a. Sperber 148 f	p^{e}lasṭêr *plastêr*	פלסטיר, פלסטר
Scharfsinnige Erörterung bNed 38a; bBM 85b; bBB 145b	pilpûl	פלפול
Wenden, entfernen, leeren, beseitigen DNWSI II,920 ff. SokP 438. SokB 914 f	PNH, PNJ	פנה, פני
Ledig bJeb 59b	panûj/ p^{e}nûjah	פנוי\ פנויה
Pinchas. Sohn des Eleazar, und Enkel Aarons; Typos des Zeloten Num 25 und als solcher Empfänger des Priesterbundes Num 25,13; 1Makk 2,24 ff.54; Philon, Alleg. 3,242; Conf. 57; Ebr. 65–73; Mut. 108 f; Post. 182 f; Jos.Ant 4,152; 5,120; jSan X,2 28d–29a; bSan 82a–b.106b	Pinḥas	פנחס
Schreibtafel, Notizheft (Buchführung) mŠebu VII,1.5; jŠab XII,6 55b	pinqas	פנקס
Schaden bzw. Verlust erleiden, beschädigen. Verlust verursachen mBM III,4; bBer 56a; bBQ 53a.89a; bBM 17a. SokP 439. SokB 915 f	PSD	פסד

Makelbehaftet, untauglich, ungültig mŠebi X,5; mSan III,3; mMak I,8; mŠebu IV,1.11; s. כשר. DNWSI II,922	pasûl, pᵉsîl	פסול, פסיל
(A) Päsachfest Ex 12,1–28; 13,3.7; 20,16 (ShM –323; –324); 23,18; 34,25; Num 28,25; Dtn 16,1–8; TAD D7, 6,9; 24,5; Jub18,18; 49,1 ff; Philon, Spec. 1,181; 2,145 ff; Jos.Ant 3,248 ff; Str.-B. II,141 ff.; Traktat Pᵉsaḥîm der Ordnung II; mMŠ V,6; mḤal I,1 ff; mŠeq III,1; mRH I,2 f; mMeg III,5; mNed VII,8 f.; mEd V,2; mMak III,2; mAr X,3; mTem VII,5; MekRJ psḥh. (B) Päsachlamm Ex 12.6–14 (ShM +55 f); 12,9 (ShM –125); 12,43 (ShM -128 Apostat); 12,45 (ShM –126 Nichtjude); 12,48 (ShM –123; –127 Unbeschnittener); 34,35 (ShM –115); Num 9,13 (ShM –121); mPes V,5 ff; mVII,1 ff; mMen VII,6; IX,6; mḤul II,10; mMak III,3. Zusatzopfer: Lev 23,36. (C) Päsach-Sederabend Ex 12,8/Num 9,11 (+58).9.43–50; 13,8; Lev 7,20; Jub 49; mPes X; mMak III,3; mKel XIX,2; mJad IV,2; MekRJ psḥh xviii. Päsachlamm: Ex 12,6, Mk 14,12 parr.	päsaḥ	פסח
Päsach II, kleines P. Num 9,11 f (ShM +57); mḤal IV,11; mPes VII,6; VIII,2.6; IX,1 ff.9; mRH I,3	päsaḥ šenî	פסח שני
Verlust bBQ 27b; bBM 73a; bBB 35b.90a	pᵉsîda'	פסידא
qal/itp.: makelbehaftet sein/werden bBQ 73a; bZeb 27a; pi.: als makelbehaftet definieren, für untauglich bzw. unzulässig erklären; untauglich machen mSan III,1; mZeb I,4; II,1; bBQ 73a; bSan 24a. SokB 918	PSL	פסל
Standbild Ex 20,4/Dtn 5,8 (ShM –2 Kultbild für sich selbst; –3 Kultbild für andere); Dtn 4,16.23 ff; 7,25; 27,15; 1QpHab XII,13; 11Q19 2,7; Philon, Decal. 67 ff; Jos.Ant 3,91; s. auch תמונה, צלם, מסכה	päsäl, pᵉsîl	פסל, פסיל
(A) Aufhören, unterbrochen werden mSota IX,15. (B) Abschließen, (ein Geschäft) beenden mBM V,7; bḤul 32b. bBM 74b. (C) Etwas festsetzen mKet V,8; XII,1; XIII,5; mBM V,7; VII,1. (D) Eine Entscheidung treffen, urteilen mKet XIII,5. DNWSI II,923.SokP 441. SokB 919 ff	PSQ	פסק
Stück, Abteilung, Abschnitt. SokB 909.922	pisqa', pisqᵉta'	פסקא, פיסקתא
Ergänzungsschenkung TAD B3, 12,9.18	passadät	פסשדת
Ertrag, Lohn, (Lohnzahlung) Lev 19,13 (TO: אגרא); Dtn 24,15; Jes 40,19; 62,11; Koh 1,3; 1QS III,16; 4,15.25; Philon, Decal. 171; Spec. 4,195 f; Virt. 88; Lk 12,47 f; 17,7 ff; mBM VIII,12; jBM IX,14 12b	pᵉ'ûllah pᵉ'ûllat śakîr	פעולה פעולת שכיר
Tun, machen, begehen DNWSI II,924 ff. ThWQ III,312–317	P'L	פעל
Werk, Arbeitsertrag, Gewinn/Lohn Dtn 33,11; Jer 22,13; Hi 7,2; Spr 24,12.29	po'al	פעל
Sich entleeren mSan VII,6 (Kultdienst für Ba'al Pe'or)	P'R	פער

Zeugungsunfähiger mJeb VIII,2	p^{e}ṣûa^{c} dakka᾽	פצוע דכא
Befreien von einer Verpflichtung DNWSI II,930 f	PṢJ	פצי
Begleichen TAD B3, 2.9; 4,20.22. DNWSI II,931	PṢL	פצל
(A) Heimsuchen, genau prüfen,1QS V,22.24; VI,21. (B) Militärisch: mustern Num 1–4; 26; Dtn 20,9; u. ö.; 1QM II,4 u. ö.; CD X,2; XV,6; ARNa XXXIV. (C) pi.: mustern, befehlen, bMeg 12a; bJeb 61b. (D) hif: einsetzen. (E) hif./hof.: anvertrauen Lk 19,11ff. (F) In Verwahrung geben, deponieren Lev 5,23; TAD B2, 9,7; C1, 1,87.191; Jos.Ant 4,290; mBQ X, 6 f; mBM III; bBer 18b; bBM 42a. Targumim: oft für צוה. DNWSI II,932. ThWQ III,320–325. SokP 442 f. SokB 924 f.	PQD	פקד
Depositum; Hinterlegung, Pfand; Darlehen ohne Terminsetzung, *parathêkê* LC 65,37; 82,7; 90 f,149–151; 104,122–125, Ex 22,6–14; Lev 5,21ff; TAD B2, 9,7; YT B 256; Philon, Spec 4,30–35; 1Tim 6,20; Jos.Ant 4,38.285 ff; CLgr 5 S. 35–40; 17 S. 71–75; mKet IX,2; mBQ IX,7 f; mBM III,1.12; mŠebu IV,5; V; VI,7; MekRJ nzjqjn xv. DNWSI II,932	piqqadôn	פקדון, פקדן
Letztwillige Verfügung, Testament bGiṭ 50b	p^{e}qadta᾽	פקדתא
(A) Gemusterter Ex 30,12; 38,25 f; Num 1–4 u. ö.; 2Kön 12,12b; CD X,2; XV,6; 4Q365 28,2 ff; ARNa I; XXXIV. (B) Beauftragt 1QS VI,14	paqûd	פקוד
Gebot, Befehl; s. מצוה	piqqûda᾽	פקודא
Lebensbewahrung Lv 19,14.16;Dtn 25,2 f.12; 22,8; 25,2 f; Lk 6,9; bŠab 150a; bKet 19a	piqqû^{a}ḥ näfäš	פקוח נפש
Klug, bei Sinnen, zurechnungsfähig mBQ VI,4	piqqe^{a}ḥ	פקח
Beauftragter, Vorgesetzter 2Kön 25,19 (LXX: *epistatês*); Jer 20,1; Jer 52,25; 2Chr 24,11; Neh 11,9.14.22; 12,42; Est 2,3; TAD A4, 2, 6; A6, 4,3; 8,1; 9,1f.5; 10,1.3; 10,7.11; 13,2.4.6; 14,2 ff; 15,1.13 1QS VI,14; 4Q289. DNWSI II,932 f. ThWQ III,324 f	paqîd	פקיד, פקד
Untersuchung, Überprüfung mEd I,1	p^{e}qîdah	פקידה
hif.: (A) Für ungültig erklären bAZ 29b; bŠebu 48a.11-b,4. (B) Freistellen von etwas bBM 86a. (C) Einen Betrag (ša^{c}ar) hochtreiben bTa 15b. (D) Beschlagnahmen bBB 171a. SokB 925 f	PQ^{c}	פקע
Bezweifeln, in Frage stellen jSuk I,8 51c	PQPQ	פקפק
Für herrenlos erklären bBQ 30b;31b;116a; itp.: bGiṭ 47a. SokB 926	PQR	פקר
Sich irregulär, unanständig verhalten bJeb 69b; bSan 20b.44a.82a	PQR	פקר

Mitgift (über die Ketubbah-Summe hinaus) jGiṭV,7 47b; jBB X,15 17d GenR LXV,14. Sperber 152 f; s. נדוניה	p^{e}ra’ farnôn *paraphernon*	פרא פרנון
(A) Geschäft, Handel, lat. *negotium*. (B) Handelsware jMQ II,3–4 81b; jBQ IV,1 4a. SokP 444	pragmaṭja’ *pragmateia*	פרגמטיא
Maultier mBB V,1	päräd, pirdah	פרד, פרדה
(A) Kuh BQ IX,1; mBM II,9; V,5; VIII,1 ff; mBM III,2; V,5; VI,4: VIII,1 ff; mBB V,3.	parah	פרה
(B) „Rote Kuh“; rituelles Reinigungswasser Num 19; Dtn 21,4; 4Q276 1,3 ff; 4Q 394 1,16; Traktat der Ordnung VI	parah ’^{a}dûmmah	פרה אדומה
Gerichtshof, Sanhedrin jJom I,1 38a; s. פלהדרין	parhädrîn *prohedrion*	פרהדרין
Öffentlichkeit bSan 26b;74b; bAZ 27b	parhäsija’ *parrhêsia*	פרהסיא
Fortpflanzungsgebot Gen 1,22.28 (ShM +212 gilt für Israel und nur für den Mann); 9,7; Philon, Hyp. 7,7; mJeb VI,6 (7); mGiṭ IV,5; jJeb VI,6 7c; jGit IV,5 45d–46a; bQid 35a	p^{e}rû û-r^{e}bû, p^{e}rijjah û-r^{e}bijjah	פרו ורבו, פרייה ורבייה
Protokollarische Erlaubniserklärung vor einem Gericht zur Eintreibung von Schulden im Sabbatjahr mPe’ah III,6; mŠebi X,3 ff; mMQ III,3; mKet IX,9; mGiṭ IV,3; Sifre Dtn § 113; bGiṭ 36b. Sperber 154–156	p^{e}rôzbôl, p^{e}rôzbûl *prosbolê*	פרוזבול
Verordnung, Edikt LevR XVI,6. Sperber 157–159. 213	p^{e}rôzdûgma’ *prostagma*	פרוזדוגמא פרוזדגמא
Erstvermählung der Ehepartner jDem IV,2 24a–b; LevR XI,2.4. Sperber 159 f	p^{e}rôṭôgamja’ *prôtogamia*	פרוטוגמיא
Befehl, Verordnung jŠebi VI,1 36c. Sperber 156 f	p^{e}rôsṭagma’ *prostagma*	פרוסטגמא, פרוזדגמא
Unfrisiert, mit losem Haar Lev 10,6	p^{e}rû^{a}ʿ ro’š	פרוע ראש
Lösung (eines Problems) bBQ 117a; bBM 84a; bAZ 30a; bHor 13b	pirûqa’	פרוקא פירוקא
Abgesondert, getrennt jBer IX,5 14b. Sozial Abgesonderter, Sifra š^{e}mînî X	parûš	פרוש
Pharisäer NT und Josephus; Mt 23,1 ff/Lk 20,45 ff; Lk 11,39 ff; Str.-B. IV,334–352; mḤag II,7; mSot III,4; mJad IV,6–8; ARNa V; jḤag II,7 77a; III,8 79d; jSan X,2 28d	parûš, Pl. p^{e}rûšîm *pharisaios/oi*	פרוש פרושים
Genaue, detaillierte Darlegung, Erläuterung, Bedeutung CD II,13; IV,6.8; VI,14.18; XIV,17 f; 1QM IV,6 ff; mAZ I,5; bAZ 4a. bSan 22a b^{e}-ferûš: ausführlich, detailliert, 4Q552 1,10; bBQ 20b. Bacher I,156.II,168 f. SokB 904 f	perûš	פרוש
Detail, einzelfallbezogene Aussage bPes 95a; bSan 45b; s. כלל	p^{e}raṭ	פרט

Frucht; *karpos*; lat. *fructus*. ThWQ III,330–334 (A) Frucht, Früchte mBer VI,1 f (Benediktion); mBM II,1; III,7; IV,11; V,7; VII,8; mBB III,1: V,3.7; VI,1 (Saatgut).2; mBM II,1 ff; bBM III,6 f; IV,11; V,1.8; mBB VI,1 f; mŠebu VI,3. (B) Ertrag, Gewinn mBM II,4; III,1; V,7; mBB V,3; s. אכל.	pᵉrî	פרי
Geld in (kleinen) Münzen SokP 447	pᵉrîṭîn	פריטין
Willkürlich/rücksichtslos Handelnder 1QH XIV,20; bBer 3b; bTa 24b; bBM 71a; bSan 41a. DNWSI II,937	parîṣ	פריץ
Gewaltsame Behandlung, Zwangsarbeit Ex 1,13 f; Lev 25,43.46.58	päräk	פרך
Ehevertragliche Vermögensregelung; Mitgift CL 126 (PapYadin 10,7.9); 5/6Hev 18 (P.Yadin 18); Mur 115,4–6; XHev/Se 65; 69,5–7; jPes IV,9 31c; jKet VI,1 30a; VII,6 31c; XI,2–3 34b; BKet54a; s. כתובה. DNWSI II,939. Sperber 161–165.207 f; s. auch מוהר, כתובה	pärän, pᵉran, pärnê *phernê*	פרן, פרנה, פרני
Einwand, Ablehnung bQid 4b; bBB 130b	pirkaʾ	פרכא, פירכא
Hochzeitsgeschenk des Bräutigams an die Braut GenR LXXX,7. Sperber 163 f	parnôn *phernon?*	פרנון
Ernähren, versorgen mKet V,2; bBB 8a. SokP 448	PRNS	פרנס
Funktionär im öffentlichen bzw. gemeindlichen Dienst Mur 42,1; jBer II,9 5d; bQid 70a. DNWSI II,940. SokP 448	parnas	פרנס
Einkommen, Versorgung, Lebensunterhalt mḤal III,8–9. SokP 44	*parnasah*	פרנסה
Öffentlich bekanntmachen bPes 112a	PRSM	פרסם
(A) Halber Teil, Hälfte, halbe Portion. (B) Halbe Münze, Halbschekel Dan 5,25.28. (C) Bezahlung, Lohn TAD A2, 3,8; A3, 3,3 f; mAbot I,3. DNWSI II, 940 f	pᵉras	פרס
(A) (Zurück)zahlen, begleichen. Einfordern, eintreiben Mur 18,6; NḤ 11,3; CL 82 (PapYadin 7,14 f.17); Jericho 2,1 (DJD XXXVIII,33; Sdeir 2,2 (DJD XXXVIII,127); mGiṭ V,2; mBQ IX,10; mBB X,6.8; mAZ I,1; mŠebu VII,7; mAZ I,1; bEr 65a; bBM 16b–17a; bŠebu 41b. (B) Heimzahlen, vergelten, bestrafen bestrafen GenR X,7; bJoma 22b; bSot 22b. DNWSI II,942. SokB 936 f	PRʿ	פרע
(A) Loslassen, verwildert handeln. (B) Haar lösen, unbedeckten Hauptes sein Ez 44,20 (Priester); 1Kor 11,5 (Frau); Str.-B. III,427 ff; mBQ VIII,6. ThWQ III,335–337 Haupt(haar) entblößen mBQ VIII,6 (bei Frau)	PRʿ PRʿ roʾš	פרע פרע ראש
Zahlung, Abrechnung Mur 22,2; CL 82 (PapYadin 7,15.17); NḤ 9,10; bMQ 9b. DNWSI II,943	pᵉraʿôn	פרעון
Heimzahlung, Bestrafung CL 287–292 (PapYadin 50,11); 308–311 (PapYadin 54,7.12 f); 312–316 (PapYadin 55,8); 317–321 (PapYadin 56,4 f)	parʿᵃnûtaʾ	פרענותא

(A) Abladen, entladen, entfernen mBM II,10. (B) pa.: lösen; auslösen; befreien; erlösen, 4Q215 1–3,2; bKet 51a.b. DNWSI II,943. SokP 430 f. SokB 937 f	PRQ	פרק
Abschnitt, Kapitel SokB 906 f.	pirqaʾ	פרקא
Erlösung, Befreiung, Loskauf mKet IV,4; bKet 46b.47b. SokP 45a	pirqôn	פרקון
Fürsprecher, Verteidiger mAbot IV,11; jTa I,1 63c. Sperber 165 f	p^{e}raqlêṭ *paraklêtos*	פרקליט
Handschuhe mKel XXIV,15	p^{e}rîqlêmîn *periknêmion*	פרקלימין
(A) hif.: brechen, für ungültig erklären Lev 26,15;44; Dtn 31,16.20; Jer 11,10 (Bund); Num 15,31 (Gebote); 30,9 ff (Gelübde); mNed XI,1 ff. (B) hof.: gebrochen, ungültig mNed X,7: mNazir IV,3. DNWSI II, 944	PRR	פרר
(A) Trennen, absondern, weggehen 4Q397 IV,7. (B) Unterscheiden. DNWSI II,944. SokB 939	PRŠ	פרש
(A) pi.: ausführlich darlegen, erklären Lev 24,12; Neh 8,8; 4Q177 1–4,11; bŠab 66b; bGiṭ 71b; bBQ 94b; bBM 51a; bBB 153a; bSan 111b; bZeb 13a; 43b. (B) Den Gottesnamen voll aussprechen mSan VII,5. Bacher 154–157. 158–160; II,165–168. ThWQ III,345–349. SokB 939 ff.	PRŠ	פרש
Abschrift, Kopie Esr 4,11.23; 5,6; 7,11; 4Q203 8,3; 4Q465,3; 4Q543 1,1; 4Q545 1 i,1; 4Q546 1; s. פתשגן	piršägän (persisch)	פרשגן
(A) Textabschnitt, mŠab VIII,3; tSan IV,5; ARNb XXVII; Massäkät Sôf^{e}rîm XI,4; XVII; XXVIII. (B) Babylonische Torahleseperikope. (C) Vorgang, Affäre. Bacher I, 160–162.II,169 f. SokP 432. SokB 941	parašah, paraštaʾ	פרשה, פרשתא
(A) Ausbreiten. (B) Ausführlich erläuternd darlegen jMŠ I,1 56a; bPes 86b; bQid 25a; bZeb 96b. SokP 453. SokB 942 f	PŠṬ	פשט
Einfacher Wortsinn bEr 23b; bSan 100b. Bacher II,170 f. SokB 943	p^{e}šaṭ	פשט
Klares (Erb-)Recht bSot 13a.	p^{e}šîṭûtaʾ	פשיטותא
Fahrlässigkeit, Nachlässigkeit LC 27 f,8; 60,5; 68,60; 89,44; 91 f,53.55; 125 f,229–233.235–238; 127,245; 130,267	p^{e}šîʿah, p^{e}šîʿûtaʾ	פשיעה, פשיעותא
Widerrechtlich handeln, sich vergehen, ein Verbrechen begehen; revoltieren, sich widersetzen. Spr 28,21; hif: 4Q184 1,16. ThWQ III,349–352. SokB 944	PŠʿ	פשע

Verbrechen, Abfall Ex 22,8 (ShM +246); Am 1,3 ff; CD III,17 ff; XX,17; 1QS I,23 ff; III,22; IX,4; Hi33,9; Spr 10,12 u. ö.; öfters in Qumrantexten, z. B. 1QS X,20 u. ö. ThWQ III,349–352	päša'	פשע
(A) Bezahlen. (B) Interessen ausgleichen; einen Vergleich einleiten/eingehen jKet X,6 34a. (C) Deuten, Dan 5,12.16; bBer 56a (Traum). SokB 945	PŠR	פשר
(A) Deutung, Bedeutung Koh 8,1; Dan 2; 4–5; 7,16; bBer 10a. (B) Qumran: Deutungsmethode für nichtgesetzliche (prophetische) Texte, 1Q14 8–10,4; 1QpHab; 1Q161 – 165; 4Q166–167; 4Q169; 4Q171; 4Q174; 4Q177; 4Q189 1.7; 1Q13 II,12 u. ö. ThWQ III,352–359	päšär, p^{e}šar	פשר
Vergleich; Einigung; Kompromiss; Schlichtung, schiedsgerichtliches Verfahren mKet X,6; bSan 5b–7a; MekRJ 'amaleq II,4.5 zu Ex 18,16; mKet X,6; tBQ II,10; tBQ II,10; tBM IV,5; tSan I,9, bSan 5b–7a	p^{e}šarah	פשרה
Flachs mBM II,1; IX,9; mBB II,14; V,7; mVI,1	pištan	פשתן
Kutäerbrot, Samaritanerbrot, Brot in/aus nichtjüdischer Hand mŠebi VIII,10; mAZ II,6; tḤul II,2		פת כותי
(A) Angelegenheit, Sache. (B) Wort, Antwort Esr 5,11; Koh 8,11; Est 1,20; Dan 3,16; hSir 5,11; 8,9, 1Q20 XXII,27; 4Q164 2–6,26; 4Q420 1a - iib, 2/4Q421. (C) Bericht, Nachricht TAD A6,10,9; Esr 4,17; 5,7. (D) Erlass, Dekret, Esr 6,11; Dan 4,14. DNWSI II,948. ThWQ III,359–361. Hurvitz 202 f. SokP 454	pitgam(a')	פתגם, פתגמא
Betörung bJeb 33b	pittûj	פתוי
pi.: betören Ex 22,15 (ShM +220); Spr 1,10; 16,29; mŠebu V,4	PTH	פתה
(A) Öffnen. (B) (Exegetisch) beginnen mit. DNWSI II,948 ff. Bacher II,174–178. SokP 454 f	PTḤ	פתח
Öffnung, Türoffnung mBB III,7	pätaḥ	פתח
Veranlassung zu einer Äusserung bBer 12b; bMen 110a	pitḥôn päh	פתחון פה
Einfältiger, Unbedarfter, griech. *nêpios* Ez 45,20; Ps 19,8; CD XIII,6; XV,15;1Q28a (Sa) I,19; 1QpHab XII,4; 1QH X,11 (II,9), Mt 11,25 //Lk 10,21; Mt 21,16; Röm 2,20;1Kor 3,1; 13,11; Gal 4,1; Eph 4,14; Hebr 5,13. ThWQ III,362–365	pätî	פתי
(A) Öffnung. (B) Eröffnung (eines Vortrags). (C) Eröffnung eines Verfahrens bRH 31b; bBQ 112b. (D) Ausschlussverfahren bMQ 17a	p^{e}tîhah	פתיחה
Bildhauer TAD A6 12	patkar	פתכר
Schreibtafel bSan 26a	pittaq *pittakion*	פתק

(A) Lösen. (B) Auflösen, deuten (Rätsel, Traum) Gen 40–41. (C) Interpretieren jBer II,9 5d. Bacher II, 178–160. SokP 456	PTR	פתר
Deutung jGiṭ VIII,449c; bEr 32b; s. פשר. SokP 456	pätär	פתר
Kopie, Abschrift Est 3,14; 4,8; 8,13; s. פרשגן	patšägän (persisch)	פתשגן

	Ṣade	צ
Kleinvieh: Schafe, Ziegen Ex 20,24; 22,29; Lev 1,2.10; 3,6; 5,6.15.18.25; Num 15,3; 31,28–32.36 f; Dtn 12,6.19.21; 15,19; 16,2; 18,4; 11Q5 XXIII,4 ff; 11Q19 43,15; 52,7.9; 53,3; mBQ VI,1 f; VII,1; X,8; s. בהמה דקה. DNWSI II,954. ThWQ III,392–400	ṣo'n	צאן
(A) Überantwortetes, im Wert unveränderliches Kapital/Gut mBM V,6. (B) Sondereigentum der Ehefrau, dem Ehemann zu Nutznieß gestattet mJeb VII,1 f; mBM V,6; mBek II,4; s. נכסי צאן ברזל	ṣo'n barzäl	צאן ברזל
Dienst leisten. (A) Im Heer Num 31,7.12. Freistellung vom Kriegsdienst Dtn 24,5 (ShM +214; –311); 11Q19 58; Jos.Ant 4,298; Sifre Dtn § 271. (B) Im Kult Num 4,23; 8,24	ṢB'	צבא
Heer, Heeresabteilung, Dienstabteilung Num 1,3 u. ö.; Dtn 20,9; 1QS IV,15; 1Q28a I,6.17 ff; 1QM II,8 u. ö.; 4Q365 26a–b,7; 11Q19 58,11; 62,5; Jos.Ant 3,287 ff. DNWSI II,955. ThWQ III,375–379	ṣaba'	צבא
Wollen, wünschen, anstreben; itp.: übereinstimmen Dan 4,14.22.29; 5,19 ff; 7,19; TAD A2, 4,7; A3, 10,3; B2, 6,25.29 7,16; 11,7.12; B3, 4,12.14; 7,15; 8,24.41; B6, 4,7	ṢBH	צבה
Wille, Wunsch, Gegenstand, Anliegen Dan 6,18; TAD A4, 3.6; A5, 1.3; A6, 8,2; B8, 11,3. DNWSI II,956	ṣ^{e}bû	צבו
(A) Haufen. (B) Gesamtheit. Gemeinschaft, Gemeinde, Öffentlichkeit mHor II,1–2; jPes VI,1 33a.c; jJom VIII,1 44d; jBM VI,4 11a; jAZ II,8 41d; jHor I, 8 46;bBer 50a; bPes 79b–80a; bMQ 16a; bSota 38a: bGiṭ 45a; bBQ 94b; bSan 47a. S. צבור שליח. SokP 462. SokB 958	ṣibbûr	צבור
Färben mBQ IX,4; TAD A3, 8,9	ṢB'	צבע
Färber 1Chr 4,22; TAD B2, 6,8; B3, 8,8; B6, 1,8; mBQ IX,4; mBB II,3	ṣabba'	צבע
Zadok. A) Hauptpriester am Jerusalemer Tempel unter Salomo 2Sam 8,17; 1Kön 1,8.32 ff; 2,35; 4,4; 1Chr 5,34 u. 6,35 15,11; 18,16; 24,3.6.31; 2Chr 31,10; CD IV 1 ff 1QS V,2.9; 1Q28a I,2.24 ; II,3; 1Q28b III,22; 4Q174 1–2 i, 21,17.	Ṣadôq	צדוק
(B) Ahnherr der בני צדוק – der Zadokiden, der engeren Jerusalemer Tempelpriesterschaft Ez 40,46; 43,19; 44,15; 48,11; Sir 51,12 (+LXX); CD IV,1.3; V,5; 1QS V,2.9; 1Q28A I,2.24; II,3; 1Q28B III,22; Jos.Ant 7,56.110.200.222 ff.260.293. 345 ff.363–367; 8,2 ff; 10,151; Jos.Bell4,153 ff (Nov. 67 n. Chr.: Zeloten wählen den Zadokiden Pinchas zum Hohepriester); bSan 21a	benê Ṣadôq	בני צדוק
Rechtfertigung des (göttlichen) Gerichts/Urteils; formelhaft im Todesfall Sifre Dtn § 307	ṣiddûq ha-dîn	צדוק הדין

(A) Zadokide(n), Nachfahr(en) des Zadok. (B) Sadduzäer (NT und Josephus) Mk 12,18 ff/Mt 22,23 ff / Lk 20, 27 ff; Str.-B. IV,334–352; mPara III,7; mEr VI,2; mMak I,6; mJad IV,6.8; bḤul 41b; mNid IV,2	ṣaddûqî(m)	צדוקי(ם)
Gerecht, rechtschaffen; einer, der Recht bzw. ein Anrecht hat, *dikaios* Ex 23,8; Koh 7,16; Mal 3,18; Hab 2,4; TAD B5, 2,3; 6,8; B7, 3,6; C1, 1,103.126.128; D23, 3,7; CD I,19 f; IV,7; XX,20; 1QpHab V,9; 4Q174 1–10; 4Q511 63–64 ii,4; 11Q5 XVIII,10; mJom III,11; mSan VIII,5; X,1.5; jŠab II,6 36b; jŠeq V,1 48c; bBer VIIa; bMeg 13b; bBM 83b; bBB 10b; bSan 100a.101a–103a–b	ṣaddîq	צדיק
(A) Gerecht sein, Recht haben TAD B2, 3,22; B3, 1,19; 11,15; B5, 4,7; C1, 1,139 f; 1QH V,23; VIII,20; XV,28; XVII,14 f; 4Q184 1,14.16; 4Q215a 1 ii,3 ff 4Q252 V,3; XXVI,11; jSan IV,3 22b. (B) pi.: rechtfertigen GenR XLIX,9. (C) hif: gerecht sprechen, rechtfertigen, Ex 23,7; Dtn 25,1; 1QH XVII,9; 4Q424 3,2.10; 4Q511 10,10; 18 ii,9; 63–64 iii,3; 11Q5 XXIV,7; bSan 10a. DNWSI II,963. ThWQ III,392 f	ṢDQ	צדק
(A) Gerechtigkeit; Recht, Rechtmäßigkeit, *dikê*, *dikaiosynê*; lat. *iustitia* Lev 19,15; Dtn 16,20 (*dikaion*); hSir 32,22; CD I,1; IV,17; XX,11.31 ff; 1Q27 1 i,6; 1QS I,13; II,24; III,1 ff; IV,2 ff; IX,14 (?).17; XI,16; 1Q28b III,24; 1QH X,13; XIII,26; XIV,19; 11Q19 51,12 ff; Philon, Spec. IV,66.169.230–238; mPe᾽ah VIII,9. (B) Richtigkeit Lev 19,36; Dtn 25,15; jŠebi X,4 39d; jBB V,5 15a; bSan 39a. (C) Höchstes, unanfechtbares Recht; s. מורה צדק; ARNa XXXVII; bBek 24a. (D) Planet Jupiter; s. auch צדקה. DNWSI II,962 f. THWQ III, 383–393	ṣädäq	צדק
(A) Gerechtigkeit, Recht Dtn 24,13; TAD A4, 7,27; 8,26; C1, 2,21. (B) Wohltätigkeit, Almosen, LXX: *eleêmosynê* Dtn 24,13; Spr 10,2; 11,4; Dan 4,24; 1QS I,5; V,4; VIII,2; XI,5 ff; 1QH XV,14; 4Q398 14–17 ii,7; Tob 1,17 f;2,2.14; 4,10 f 16 f: Mt 6,1–4; Str.-B. IV,536–610; mBQ X,1. s. צדק, גבאי צדקה. DNWSI II,964	ṣ^{e}daqah	צדקה
pi.: befehlen. (A) meist Gott als Subj. (B) Torah als Objekt Num 19,2 u. ö.; 1Q22 1,3 ff; V,1.8.22; VIII,15.21; IX,15 ff; 1Q28b III,24; 4Q159 2–8.3; 11Q19 54,6.17; 55,13; 62,15. S. מצוה. (B) CD XV,14; I,3.17; III,10; 4Q365 23,4; 4Q385a 18a- i,7. Biblisch häufig, in der rabbinischen Literatur selten, wohl aber stereotyp in der Benediktionsformel: barûk ...᾽ ^{a}šär ṣiwwah ...). Targumim: פקד. ThWQ III,400–405	ṢWH	צוה
(Letztwillige) Verfügung, Testament [spät]	ṣawwa᾽ah	צוואה
Fasten 1Kön 21,9 ff; Str.-B. IV,77–114	ṣôm	צום

(A) Formen, gestalten. (B) Ein Dokument umgestalten, fälschen bBB 7b	ṢWR	צור
Figur mRH II,8; mAZ III,1.3	ṣûrah	צורה
(A) Bedarf, Bedürfnis 2Chr 2,15; mŠeq IV,6; mAZ IV,7. (B) Beischlaf jḤag II,2 78a. Hurvitz 210–212. SokP 461f	ṣoräk	צורך
Kunstschmied mKel XVII,17; mŠab VIII,4 (Goldschmied)	ṣôref	צורף
Hören auf, achten auf, gehorchen bBer 24b; bJeb 89b; bBQ 23b;74b; bBB 40a; bHul 15a. SokB 957f	ṢWT	צות
Kleiderquaste Num 15,38 (ShM +14); LXX: *kraspedon*; Mt 23,5; Str.-B. IV,277–292; Massäkät Ṣîṣṣît	ṣîṣît	ציצית
Fischlake mAZ II,6	ṣîr	ציר
Kreuzigen; römische Hinrichtungsart Mk 15,22ff/Mt 27,33ff/Lk 23,33ff/Joh19,17; mŠab VI,10; bŠab 109b; bSan 109b; DtnR 82,3; JalqShim I,805b. Targumim: Gen 47,13; Dtn 21,22; Num 25,4 (für hif. יקע); s. תלה. SokP 464	ṢLB	צלב
Fläschchen mBB V,9	ṣ^e^lûḥît	צלוחית
Gebet bSan 95a. SokB 964; s. תפילה	ṣ^e^lûta᾽	צלותא
Beten bBer 6b;8a;27a;30a; bEr 65a; bSot 22a; bAZ 70a. SokB 965	ṢLJ	צלי
Bild, Abbild, Standbild YT B 257f. Kult; Bilderverbot: Vgl. Ex 20,4–6 par. Dtn 5,8–10; Dan 2,31ff; 3; Philon, Decal. 69ff; Spec. 1,21ff; Hippolyt, Ref. IX,26,1–2 (Essener); Jos.Vita 65; MekRJ Bḥwdš VI; mAZ III,1ff; jAZ III,1 42b–c; bMQ 25b; bKet 33b.86a; s. auch אבן משכית, מסכה, פסל. DNWSI II,968f. SokP 465f. SokB 966	ṣäläm, ṣalma᾽	צלם, צלמא
Joch mBB V,1	ṣämäd	צמד
Wolle Dtn 18,4 (ShM +144 Erstschurwolle, Priesteranteil); mBQ IX,1.4; mBM II,1	ṣämär	צמר
Sittsam, züchtig, bescheiden Mi 6,8: ARNa VIII; bNid 12a; jKil IX,1 32a; bŠab 140b; bBB 58a	ṣanû^a‘^, ṣ^e^nî^a‘^	צנוע, צניע
Sittsamkeit, Keuschheit, Zurückhaltung Massäkät Däräk ᾽äräṣ IV,4; bŠab 62b; bEr 100b	ṣ^e^nî‘ût	צניעות
pa.: Zurechtweisen, rügen, verwarnen bBQ 23b	ṢN‘	צנע
(A) Zurückhaltung, Zucht, Unauffälligkeit, Bescheidenheit mMQ II,5; bAZ 47b. (B) Abort bBB 64b	ṣin‘ah	צנעה
pa.: peinigen; hitp.: sich grämen; bedauern mSan VI,5. SokP 468. SokB 969f	Ṣ‘R	צער
Kummer, psychischer Schmerz, Schmerzensgeld mKet III,4; IV,1; mBQ VIII,1; bBer 18b	ṣa‘ar	צער

Tierquälerei bŠab 128b; bBM 31a;32b; s. בהמה	ṣa'ar ba'ᵃlê ḥajjîm	צער בעלי חיים
Auschau halten, genau beachten. SokP 468 f	ṢPH, ṢPJ	צפה, צפי
Vogel (A) Herrschaftssymbol mAZ III,1. (B) Opfertier mAZ V,9	ṣippôr	צפור
Nebenfrau mJeb I,1.3 f; II,1 f; III,6; IV,7.11; XIII,6; XVI,1; mSota VI,2; mGiṭII,7; mEd IV,8	ṣarah	צרה
Notwendig, erforderlich, man braucht / muss mDem IV,3; mŠeq III,2;m mGiṭ II,2; mBM X,3; mBB III,3. SokP 469 f	ṣarik	צריך
Bedürfen, brauchen, müssen; nötig sein. hif.: für notwendig, verpflichtend erklären; hitp.: nötig haben. bḤul 88b. Bacher II,182 f. SokP 470. SokB 972 f	ṢRK	צרך
Hautkrankheit; Aussatz Lev 13–14,10; 13,33 (ShM –307); Dtn 24,8 (ShM –308); 4Q266 6 i/4Q272 1; Str.-B. IV,745–763; Traktat Nᵉga'îm der Ordnung VI; mKil IX,1; mEr VIII,2; mMQ I,5; mNed III,11; mNazir VIII,3; mŠebu I,1; mEd V,8; mKer II,3; mZab V,6; jPes VII,7 34d; s. נגע	ṣara'at	צרעת

	Qof	ק
Beständig, existent; s. קיים. SokP 472	qa'êm	קאים
Gutes Geschäft ExR XLIII,8. Sperber 166 f.213	qa'lôrîsîn *kalê hairesis*	קאלוריסין
Schlechtes Geschäft ExR XLIII,8. Sperber 167	qa'qîrîsîn *kakê hairesis*	קאקיריסין
Bestattung, Grabstätte Dtn 34,6; mKet IV,4; XI,1; mSan VI,5. SokP 472	q^ebûrah	קבורה
Klage; lat. *actio iuris* TAD A6, 15,11; Targ. Neophyti zu Gen 6,13; 18,20; 19,13; Ex 2,23 f. DNWSI II,982 f	q^ebîlah	קבילה, קבלה
Bestimmung bBer 35b	q^ebî'ûta'	קביעותא
pi.: (A) Empfangen, annehmen, erhalten CD IX,22 f; 1Q28a I,11; 11Q5 23,13; Mur 30, I,5; jDem VI,1 25b–c; bBQ 23b; bBM 105a. (B) Akzeptieren, zustimmen bBQ 9a; bSan 14a. (C) Überlieferung empfangen mPe'ah II,5; mAbot I,1 ff; jSan X,1 28a. (D) קבל על: auf sich nehmen jSan X,2 29b; bBQ 47b	QBL	קבל
Klagen, anklagen, gerichtlich einfordern, lat. *actio iuris* TAD A2, 2,10 f; A3 3,4; A6, 8,3; 14,1; B2 2,5; B3 1,18; 2,4 ff; 12,28 f; 1Q20 XX,14; jQid I,8 61b; bSan 31b. ThWQ III,447–450; DNWSI II,979 f. ThWQ III,450–453. Hurvitz 213–216. SokP 472 f. SokB 979 f	QBL	קבל
(A) Empfang eines Dokuments TAD A6,8,3 (Klageschrift); jDem VI,1 25b (Kaufvertrag); bGiṭ 63a (Scheidungsurkunde). (B) Tradition, empfangene Überlieferung bBer 21b; bBM 11b; GenR VII,1. (C) Corpus der Prophetenbücher und Ḥagiographen bRH 7a. (D) Biblische Inhalte bSan 99b. Bacher I,165 f II,185	qabbalah	קבלה
(A) Selbstständig handelnder Übernehmer einer bestimmten Aufgabe oder Verpflichtung bBB 77b. (B) Hehler LevR VI,1; vgl. bBQ 118b. (C) Empfänger (einer Zahlung) Mur 22,1–9; 30,5.22. DNWSI II, 983	qablan	קבלן
(A) Übernahme (einer Verpflichtung). bBB 173b. (B) Annahme und Ausführung eines Auftrags tAZ II,8; bBB 77b; vgl. אריסות	qablanût	קבלנות
(A) Befestigen. (B) festsetzen, bestimmen, festlegen jRH I,1 56b; bḤag II,3 78a; bGiṭ 82a. (C) Terminlich festlegen bJeb 62a. SokB 980 f	QB'	קבע
Festgesetztes, Feststehendes / Festsetzung mBer IV,4; mAbot I,15; bBer 23b	qäba', q^ebî'ah	קבע, קביעה

Begraben, Begräbnis veranstalten Dtn 21,22 (ShM +230 Hingerichteter); Tob 1,17 f; 2,4 ff; 4,3; YT B 259; Philon, Hyp. 7,7; Mk 15,42 ff / Mt27,57 ff / Lk23,50 ff; Lk 9,59 ff; Jos.CAp 2,205; mŠab XXIII,4 f; mMQ III,5; mSan VI,5 f. DNWSI II,983 f. SokP 473 f. SokB 982	QBR	קבר
Grab Gen 23; 49,30; 50,5.13; Num 19,16 ff; Jes 22,16; YT B 259 f; mMŠ V,1; mŠab XXIII,4 f; mŠeq I,1; II,5; mMQ I,2; mBB II,9; VI,8; mEd V,2; mOh VII,1; XV,8; XVII,1 ff. DNWSI II,985 Familiengrab mSan VI,5	qäbär qäbär ʾabôt	קבר קבר אבות
Heilig, *hagios*, DNWSI II,995 ff. ThWQ III,463–494	qadôš	קדוש קדש
(A) Heiligung. (B) Als rituelle Handlung mJom III,3; tPara IV,4; bJoma 31b. (C) Heirat mMŠ IV,7; mMQ III,3; mJeb III,8; mKet IV,4; mGiṭVIII,3; bQid 8b; s. קדושין. (D) Benediktion zu Beginn von Feiertagen, bBer 43b; bŠab 23b. (E) Doxologie nach Bibelrezitation bSot 49a. ThWQ III,463–494. SokP 489. SokB 1010	qiddûš	קדוש
Ritual zur Bestimmung des Neunmonds tSan II,1 (A) Heiligung (des Namens) Gottes Lev 22,32 (ShM –63); jŠebi IV,2 35a, jSan III,5 21b. s. חלול השם. (B) Martyrium jŠeb IV,2 35a; bSan 74a; bKet 19a	qiddûs ha-ḥodäš qiddûš ha-šem	קדוש החדש קדוש השם
(A) Heiligkeit, *hierosynê* mKel I,6 ff (10 Heiligkeitsstufen); vgl. Ez 47,13 ff; 11Q19); bMeg 27b (Synagoge); bJeb 68b (Priester); bMen 108b (Opfer). (B) Heiligung mSota IX,15. (C) Liturgisches Stück mit Trishagion (Jes 6,3). (D) Gattung einer liturgischen Dichtung zum Achtzehngebet. SokB 982 f. Liturgische Passage mit Trishagion in der 1. Benediktion vor den Bibeltexten des Š^{e}maʿ Jiśraʾel Dritte Benediktion im Achtzehngebet	q^{e}dûššah, q^{e}dûštaʾ q^{e}dûššat ha-jôm q^{e}dûššat ha-šem	קדושה, קדושתא קדושת היום קדושת השם
Eheschließung, rabbinisch Hochzeit (mit anlassspezifischen Benediktionen) nach Verlobung (אירוסין) bzw. Erwerb der Frau durch den Mann mittels Geld oder Ehevertrag (s. כתובה). Traktat der Ordnung III; Tob 7; Mur 20,3; mMQ III,3; mJeb III,10; mKet IV,4; tKet IV,9; s. auch אירוסין,לקוחין , נישואין	qiddûšîm/-în	קדושים\ן
Vorangehen; Vorrang, Priorität haben, zuerst gegenwärtig sein; vorsorglich etwas tun mKet IX,2 f; X,4 f; bKet 84a ff; mBQ II,3.5; mBM II,11; mBB VIII,2 (Erbfolge); IX,8 f; mSan I,4; mHor III,7 f; mKer VI,9; bBM 19b; bMQ 9b. DNWSI II,987. Bacher 167 f. SokP 475. SokB 984 f	QDM	קדם
Topfhändler mBQ II,4; V,2	qaddar	קדר

(A) Heilig, geweiht sein. (B) pi.: heiligen; Gott heiligen, Lev 22,32. (C) heiligen, rituell reinigen, CD X,17 (Sabbat); XVI,14 (Speise); 11Q19 29,8; mḤag III,2; mEd V,2; mKel XXV,9; mMiqw I,8. (D) Zur Frau nehmen, mGiṭ IX,9; mQid II-III; bJeb 52a; bQid 50b; bBQ 99a. (E) rituell reinigend zum Kultdienst vorbereiten, 1Q28a I,26; bJom 5b; bZeb 19b. (F) hif: weihen, Lev 27,26; 1QH VII,17; mŠeq IV,6 ff; mBQ IV,8; VII,4; mBB IV,9; mMak III,9; mAr VI,2; VII,1 ff; tAr IV,23. (G) hitp.: sich heiligen; geheiligt werden 1QS III,4.9; 1QM XI,15; XVII,2; XIX,10; 4Q255 2,4; 4Q393 3,5; (H) heiraten mMŠ I,2; mKet VII,7; mSot III,8; jQid II,2 62a; bQid 50a. DNWSI II,993 f. ThWQ III,463–494. SokP 477. SokB 987 f	QDŠ	קדש
Kultprostituierte/r Dtn 23,18 (ShM –355); Philon, Spec. 1,326; 3,37 ff.51; Jos.Ant 4,206; Sifre Dtn § 260	qadeš/ qᵉdešah	קדש\ קדשה
Heilige Abgaben קדשי ישראל Lev 22,1–16; Dtn 12,17; Traktat der Ordnung V; mŠebu VI,5	qodašîm	קדשים
Versammlung, Gemeinde Dtn 33,4; 1QM I,10; 1QH X,12; jBer VII,3 11c	qᵉhîllah	קהילה
hif.: (A) Eine Versammlung, ein Aufgebot einberufen. (B) Einberufen einer Volksversammlung am Ende der Jahrwoche (s. שביעית) Dtn 31,12	QHL	קהל
(A) Versammlung, Gemeinde, *ekklêsia* 4Q169 3–4 iii,5; 11Q5 XVIII,10. (B) Volksversammlung /Aufgebot Israels/Gottes Lev 4,13 ff; 16,17; Num 10,7; 14,5; 15,15; 16,33; 19,20; CD VII,17; XI,22; XII,6; 1Q28a I,25; II,4; 11Q19 16,16; 26,7 ff; mPes V,5, mQid IV,3; tZeb X,2; bJom 44a; s. עדה Esr 10,8: Versammlung der Exilheimkehrer. Ausschluss aus dem qahal: Num 19,20; Dtn 23,2 ff; 1Chr 28,8; 29,1.20; 2Chr 1,3; 20,5; Esr 2,64; 10,8.14; Neh 7,66; 9,2; 13,1. ThWQ III,495–499. SokB 989	qahal	קהל
Würfel mSan III,3; mŠebu VII,4 (W.-Spiel)	qûbjah *kybeia*	קוביה
(A) Heiliges, Heiligkeit CD VI,1.18; XII,20; XX,30; 1QS,21; V,6 ff; VIII,11 ff; IX,2 ff; 1Q28a I,9.13; II,9 f; 1QM III,4; 1QH V,14; VIII,21; XV,10; 4Q171 1–10 iii,8; 4Q301 3a–b; mMŠ III,8; mPes III,8; mSuk V,5; mḤag II,7; III,1 f; bŠab 40b; bKet 34a. (B) Heiligtum; s. מקדש. Lev16,2 (Zutritt nur im Dienst); CD IV,6; XX,22.25; 1QS II,25;.VIII,5; XI,8; 4Q394 IV,8, 3–10; 4Q423 8,3; 4QShirShabbat; 11Q19 32.12 u. ö. Philon, Spec. 1,67 ff; Jos.CAp 2,193. (C) Heiliges mBQ VII,7; mMak III,2.3; mŠebu I,7; II,1; mTem VII; s. auch: כתבי הקודש	qôdäš	קודש

(A) Hochheiliges Dtn 12,17; mŠeq VIII,6; mMak III,3; mAr VIII,6. (B) Allerheiligstes (innerster Tempelraum, s. דביר) 1QS VII,5 ff; IX,6 ff; X,3 ff; 1Q28b IV,21; 4Q364 17,2; 4Q502 97.100; 4QShir; mBer IV,5 f; IX,5; mŠeq IV,4; mJom V,1; mMid IV,5 ff; V,4; mKel I,9; mNeg XIV,10; mParah III,9; bSan 52a. DNWSI II,994 f. ThWQ III,463–494. SokP 476 f	qôdäš ha-qôdašîm	קודש הקדשים
Erleichternde Regelung mSan XI,2; mEd IV; V; bŠab 86a; bEr 10a; bBQ 118b; bBM 53a; bAZ 46b; s. חומרא	qûllaʾ	קולא
Schreibrohr mŠab I,3	qûlmôs *kalamos*	קולמוס
(A) Halseisen. (B) Bürde, Verantwortung. (C) Bande mGiṭVI,5; jGiṭXII,1 41b; bGiṭ 13b; 65b; bQid 72b; tAZ II,4; DtnR VI,13; tJeb XIV,7. Sperber 167–170	qôlar *kollarion*	קולר
(A) Stehen, aufstehen. (B) Mit ב/ b^{e}: stehen zu etwas, beipflichten bJeb 31a. Mit על/ ʿal: widerstehen bSan 91b. (C) pi./pa.: qajjem: bestätigen, erfüllen, verwirklichen YT B 260; Mur 26,19; NḤ 7,6; 8.6; 13,10; 49,10; 50,15; CL 82 (PapYadin 7,2); mḤag II,4; mḤul VII,2; jBer I,1 3a; jKet II,4 26c; jBB XV,1 17c. (D) hif./af.: aufstellen, aufrichten (E) auftreten lassen, ernennen, bestätigen CD I,11; II,11; III,13.21; VI,12; VIII,16; XX,12; 1QpHab III,13; 11Q19 52,2. bBM 39b.93b; bSan 7b.68b. (F) Sich auferlegen, CD XV,6.12; XVI,1 ff; 1QS V,8 ff; 1Q28b V,21 ff; 1QH VI,17; 4Q174 1–2, 21,12; 11Q13 II,24. (G) Erfüllen CD IX,7; XVI,5 ff; 1QS V,21; 1Q28b III,24. itp.; bAZ 37a. (H) Erklären bMeg 19b; bBQ 25b.49a; bBB 112a; bAZ 67b. DNWSI II,997–1003. ThWQ III,509–516. Bacher I,170 f; Hurvitz 217–220. SokP 479 ff. SokB 992 ff „Erheb dich und tu!" (situationsbedingte rabbinisch / gerichtlich gebotene Ignorierung eines Verbots der Torah) bJeb 89a–90b	QWM qûm wa-ʿ^{a}śeh	קום קום ועשה
Hoher Verwaltungsfunktionär jSan XI,5 30b; ExR XXXVII,1	qômês, *komês* lat. *comes*	קומיס
Registrator, Archivar XVI,4 15d. Sperber 170 f.214	qômenṭarîsîs qônṭarôsôn lat. *commentariensis*	קומנטריסיס קונטרוסון
Einverständnis zu Schiedsverfahren; Kompromiss, gegenseitiges Einverständnis jMQ III,3 82a; LevR VI,5. Sperber 171 f. 213	qômprômîsîn lat. *compromissum*	קומפרומיסין
Käufer LC 65,40; 82 f, 9 f; Lev 25,28.50; Jes 24,2; bBQ 15a	qônäh	קונה

(A) Blatt (Papier). (B) Dokument. (C) Plural: Register/Archiv in Ämtern Sifre Num § 134. Sperber 172 f	qûnṭres lat. *commen-tarius?*	קונטרס
Ersatzschwurformel bei Weihegaben-Versprechen mKet VI,4; X,3.7; mNed III,2.11; XI,7.f.10; mBQ IX,10; mŠebu III,4; s. קרבן	qônam	קונם
Untersuchender; Exekutor NumR I,11; DtnR II,29. Sperber 173 f	qôsṭînar lat. *quaestio-narius*	קוסטינר
Wahrsager Dtn 18,14; bSan 81bb	qôsem	קוסם
Stück Fleisch jBer II,8 5c; jAZ II,9 41d. SokP 483	qôfad *kopadion*	קופד
(A) Korb. (B) Drei Behälter in der liškah für Terumah mŠeq II,1–2. (C) Behälter für Nahrungsmittel zur Armenversorgung mPe'ah VIII,7	qûppah	קופה
Axtartiges Gerät mSan VII,3 (Henkersbeil)	qôfîs *kopis*	קופיס
Dorn(en) mBQ II,2	qôṣ	קוץ
Balken mBQ II,5; mBM IX,9; mBB IV,5 (B. der Ölpresse); mSan VI,4	qôrah	קורה
Glatze Dtn 14,1; mMak III,5	qôrḥah	קורחה
Üble Nachrede, Verleumdung ARNa XVI; bBer 58a; bBM 86a; bBB 58a	ʾᵃbal qûrṣaʾ	(קורצא) אבל קורצא
Wahrheit, Wirklichkeit; s. אמת. ThWQ III,516–520. SokB 1003 f	qûšṭaʾ	קושטא
Frage, Einwand; Schwierigkeit, Problem jBer III,4 6c; jBB III,1 13d; bŠab 33b.92b; bBQ 83b.117b; bHor 13b. SokB 1004	qûšjaʾ	קושיא
pa.: abrechnen, abziehen; Rechnung begleichen jSota V,5 20c	QZZ	קזז
Urteil; Strafe ExR XI,12; DtnR II,14. Sperber 176–178	qaṭadîqê *katadikê*	קטדיקי
Schuldrückzahlung NumR IV,8	qᵉṭablêṭôn *katablêton*	קטבלטון
Verurteilung, Bestrafung Jalqut Šimʿoni I, § 247. 396	qaṭadîqê *katadikê*	קטדיקי
Räucheropfer (2x täglich) Ex 30,1–10. Räucherwerk (Opferbeigabe), Ex 30,1–10. 34–37 (ShM –85); Lev 5,11; 4Q365 12a–b ii,6; 11Q19 3,10; 11Q5 XVIII,15; Str.-B. II, 71–75; mŠeq IV,5; V,1; mJom I,2; II,4; III,4 f.11; V,1; VII,4; mMak III,2; mZeb IV,3.5; IX,5; XIII,4; mMen IV,4; mKer I,1; mMe II,9; mTamîd II,5; V,2.4; VI,3; mKel XVII,11	qᵉṭôrät	קטורת

Streit mJeb XV,1	qeṭaṭah	קטטה
Ankläger mAbot IV,11; bBer 59a; s. סניגור; lat. *accusator*. Sperber 178–180	qeṭêgôr *katêgôros*	קטיגור
Anklage bKet 112b. Sperber 180 f	qeṭêgôrja᾽ *katêgoria*	קטיגוריא
(A) Verschwörung bJeb 61a. (B) Strafe bJeb 107b	qeṭîr, qîṭra᾽	קטיר, קיטרא
Umbringen, töten, hinrichten LC 26 f, e; 85,23 f; 110,153; 125,229–231; Hi 13,15; 24,14; Ps 139,19, TAD A4, 7,17; 8,16; TAD C1, 1,49.51.61; 2,23; 3; bGiṭ 55b.57b; bSan 35a. Targume zu Lev 20,9 ff. DNWSI II,1006. ThWQ III,520–523. SokP 486 f. SokB 1006 f	QṬL	קטל
Tötung, Mord Ob 9; TAD C1, 1,46	qäṭäl	קטל
Tötung, Hinrichtung jNaz VI,2; 56b; LamR XVIII,6; bGiṭ 28b	qaṭela᾽/h	קטלא\ה
Klein sein (A) klein mSan IX,2. (B) Minderjährige/r bis 13. Jahre mMeg II,4; mḤag I,1; mJeb XIII,1–3.9; mGiṭ II,5; III,8; V,8; + VIII,4; mBQ VI,2.4; VIII,4; mBM I,5; mBB IX,7; mSan VIII,1; mŠebu VI,4; MekRJ nezîqîn x. Mädchen bis 12. Lebensjahr mTer I,3; mGiṭV,3; mJeb XIII,1–2; mBQ X,2; mEd VIII,2. ThWQ III,523–525.	QṬN qaṭan/ qeṭannah	קטן קטן\ קטנה
Bohne, Erbse mŠebu VI,3	qiṭnît	קטנית
Verstümmelt an Fuß/Bein, Arm/Hand jKet VII,8 31d; bTa 21a	qiṭṭea῾	קטע
pi.: Räucheropfer darbringen mSan VII,6.10	QṬR	קטר
Anklagen jŠab II,6 5b. Sperber 182 f	qaṭreg *katêgorein*	קטרג
(A) Erhaltung, Aufrechterhaltung jŠab XIII,1 14a; jTa I,5 64c. (B) Bestand jJeb III,1 4d. (C) Bestätigung; Beglaubigung bGiṭ 3a. SokP 489. SokB 1011	qijjûm	קיום
(A) Beständig, existent mRH I,3. (B) gültig mKet VIII,1 f; IX,1; mGiṭ III,3; mSan V,2 f; s. קאם. Bacher I,171 f; II,186–189. SokP 490	qajjam	קיים
Richter in Strafverfahren LamR III, Sperber 184	qajjesṭôr lat. *quaestor*	קייסטור
Zelle, Kammer GenR XXXI,9; Sifre Num § 131 Sperber 184–186	qî/êllah *kella*; lat. *cella*	קילה
Befehl, Dekret LevR VII,6; jNed XII,4 41c. Sperber 186–188. SokP 493	qeläwsîm/n *keleusis*	קילווסים\ן, קלווסין
(A) Vertrag (s. ברית) TAD B5, 6,10. (B) Verordnung Dan 6.8.16; TJ Dtn 28,15	qejam	קים

Gültig, bestätigt sein YT B 261; Mur 19,9; 20,6; 24 C 17; 26,i 2; 28,10; CL 82–86 (PapYadin) 7; 126 (PapYadin 10,6.11.18); 144 (PapYadin 42,9); 152 (PapYadin 43,7); NḤ 13,9; 49,1. DNWSI II,1008	QJM	קים
Kaiser Mur 18,1;; CL 82 (PapYadin 7,1); 113 PapYadin 8,9); Mk 12,12 ff/Mt 22,15 ff/Lk 20,20 ff; ARNa IV; VI; jBer IX,1 12d; jTa IV,5 68d; bBer 43a; bŠab 33b; bTa 7a.21a; bGiṭ 56a.77a; bSan 39a. 98b; bAZ 10b.32a; bŠebu 6b	qêsar *Caesar*	קיסר, קסר
(A) Sommer. (B) Sommerfruchternte mBB III,2	qajiṣ	קיץ
Herr bḤul 139b	qîrîs, *kyrios*	קיריס
Argumentum a minori ad majus, eine der 7 hermeneutischen Regeln Hillels. mŠebi VII,2; mBB IX,7; mSan VI,5; mAbot I,5; VI,3. Bacher I,172–174.II,189–191	qal wa-ḥomär	קל וחומר
Schande, Schmach, Scham Spr 18,3; 22,10; 1QpHab XI,12; jMeg IV,1 75a, bSan 55b. ThWQ III,534 f	qalôn	קלון
Leichtfertigkeit mNed II,5	qillût, qillût ro'š	קלות, קלות ראש
Leicht sein, leicht machen, erleichternd entscheiden bBer 36a; bBeṣa 2b; bGiṭ 3a.35a; bBM 106b; bSan 41a. SokB 1020 pi.: verfluchen, *kakologein* Ex 21,17; 22,27 (ShM –315; –316); Lev 19,14 (ShM –317); 20,9; 21,17 (ShM –318; s. אב ואם); 24,11.14–15.23; 1Kön 2,8; 1QS II,4.10; 4Q252 II,7; VII,1;4Q270 2 ii,13; 11Q19 64,10.12; mBer VI,3; mSan VII,4.8 (Eltern); mJeb XI,7; mSan VI,4; mŠebu IV,13; MekRJ n^{e}zîqîn v (Eltern); bBer 40b; bJom 75a; bSan 92a; bŠebû 36a; bAr 16-ba; s. ארר. ThWQ III,536–540. SokP 494; s. ארר Gott verfluchen, lästern Ex 22,27/Lev 24,16 (ShM –60, s. LXX!); Philon, Spec. 1,53; 2,248; QuEx 2,5; Mos. 2 (3) 203–205; Jos. Ant 4,207; Jos.CAp 2,237; MekRJ kaspa' i; jSan VII,10 25a; bSan 46a–47. 56a–b.84b–85b; Tancḥ.B wajjiqra' v	QLL	קלל
Fluch, Verfluchung, *katara*; Gegenteil: ברכה. Dtn 21,23 (ShM –66), LXX: *kekatêramenos*; s. תלוי; 27,13; 28,15.45; 29,26; 30,1.19; Jos 8,34; 1Kön 2,8; 2Kön 22,19; Neh 13,2; Jer 24,9; 26,6; 42,18; 1Q22 1,10; mBer VI,3; mSota IX,12; mSan VI,4; jNid II,1 49d; bSoṭah 37b; bBM 75b; bSan 40a. 85a. S. אלה	q^{e}lalah	קללה
Calendae. Fest zum Monats- bzw. Jahresanfang mAZ I,3; jAZ I,3 39b	q^{e}ländês lat. *calendae*	קלנדיס
Exekutor bSan 104b. Sperber 189 f	q^{e}lasṭra' *kolastêr*	קלסטרא
Exekutor bAZ 18a. Sperber 190 f.	q^{e}lasṭônîrî *kolastonarios*?	קלצטונירי
Schaden LC 28,11; bGiṭ 23b.46b	qilqûla'	קלקולא

Amulett 2Makk 12,40; mŠab VIII,3; jJoma III,6 40c; jJad XVI, 15c; bŠab 61b; bPes 111b; bQid 73b; bSan 21b–22a	qamêaʿ	קמיע
Herde, Kleintierherde TAD A4, 10,10; D7, 1,3	qen	קן
(A) Nest (B) Nestentnahme. Dtn 22,6 f (ShM +148)); mMak III,4; mḤull XII. (C) Vogelopfer Traktat Qinnîm in Ordnung V	qen/qinnîm	קן\ קנים
(A) pi.: eifersüchtig sein Num 5,11 u. ö.; mSota I,1. B) Eifern, zelotisch verfahren, Lynchjustiz üben Num 15,36; 25,11; 1QS IX,23; X,18; 4Q258 VIII,7; 1Makk 2,23–28; Philon, Spec. 1,54 f; 2,250 f; Vita 2,202.214; Joseph 44; Joh 8,3-ff; Apg 7,57 ff; Jos.Ant 12,267–272; 14,22–24. ThWQ III,540–544	QNʾ	קנא
Eiferer, Zelot, *zêlôtês* Ex 20,5/Dtn 5,9 (Gott); mSan IX,6 jSan IX,7 27b; ARNa VI	qannaʾ	קנא
Eifersucht; Eifer, *zêlos*. Num 25,11 u. ö.; 1QS II,15; IV,5.17; 1QH VI,14; X,15; bBer 17a; bGiṭ 7a	qinʾah	קנאה
Eifer, Zelotismus Sifre Num § 8	qannaʾût	קנאות
(A) Rohr, Stange. (B) Meßlatte mAZ IV,10. (C) Längenmaß (6 Ellen)	qanäh	קנה
(A) Erwerben, kaufen, LXX: *ktasthai*; s. זבן Gen 25,10; 33,19; 39,1; 47,19 ff; Ex 21,2; Lev 22,11; 25,15.30.44 f; 2Sam 12,3; 24,21 ff; 2Kön 12,13/2Chr 34,11; 1Chr 21,24; Esr 7,15 ff; Jer 13,1 ff; 19,1; 32,7 ff; Jer 32,6–25: Grundstückserwerb: Vorgang und Formular; Jer 32,7 (LXX: *paralabein eis ktêsin*); Am 8,6; Rut 4,4 ff; TAD A4, 7,16; 8,15; B5, 6,12; C1, 1,179.195.218; NṢ 9,7.10; hSir 37,11; 51,21; 1QS XI,2; 1Q20 XX,34; 4Q204 lxii,24; 4Q212 1 iv,17; 4Q344 5; Mur 20,12; 31a,3; CL 82.86 (PapYadin 7,5.17.56); 162 (Pap Yadin 47a,9); NḤ 8,6; 8a,13; 9,7; NḤ 13,8 f; 23,4; 24,2; 50,12.14; Lk 14,18; mMa V,5; mGiṭ I,1 ff; mQid I,1 ff; mBM IV,1; mBB V,7; jBQ X,1 7b; bKet 82b; bBQ 66a (Erwerb durch Veränderung der Sache).96a; bBM 66b; bBB 44a.157a. (B) hif: in Besitz geben, übereignen bGiṭ 20b; bBM 11b.33b.72a; bBB 44b.137b.153a. (C) Eine Ehefrau erwerben hSir 37,29; mQid I,1: durch Geld (s. כסף), Urkunde (s. שטר), oder Beiwohnung (s. ביאה). DNWSI II,1015 f. SokP 497. SokB 1027 f	QNH, QNJ	קנה, קני
Exekutor, Büttel GenR LXXIII,8. Sperber 191 f	qenṭîʾôn *kenteôn?*	קנטיאון
Tadeln, beanstanden bPes 66a. Bacher II,192	QNṬR	קנטר
Erwerb, Kauf bJeb 52a (qnjh bbʿjh). 68a. Vgl. *ktêsis*, *apoktêsis*, *prosktêsis*; lat. *acquisitio*; s. auch קנין	q^{e}nijjah	קניה

(A) Erworbenes, Eigentum, Besitz. (B) Erwerb, Inbesitznahme, Besitzergreifung, Rechtserwerb Gen 34,23 (*hyparchonta*); Lev 22,11; TAD B3, 8,4.27.30.35; 1QH XVIII,25; hSir 51,21; bJeb 29b; bQid 23b.26a (קנין שטר); bBQ 88b. bBM 77a (קנין כסף); bQid 27a; bBB 40a; 44b (Mobilien mit Immobilien). (C) Erwerb mit symbolischer Handlung, Übergabe eines Tuchs (סודר קנין): Erwerbs- oder Schenkungsvorgang vor (zwei) Zeugen (auch: „Mantelgriff“) bBM 46a. bBB 40a. s. הגבהה, מסירה, משיחה. DNWSI II,1017. SokP 497. SokB 1029	qinjan	קנין
Vorwurf des Ehebruchs, erhoben durch den eifersüchtigen Ehemann jSot I,1 16b; bSot 2b	qinnûj	קנוי
Büßen, zu einer Geldstrafe verurteilen jBQ X,6 7c; bBQ 38b. SokP 497 f	QNS	קנס
Strafe, Geldstrafe, Schadensvergütung Ex 21,24 f.32.37; 22,3; Lev 5,16.24; Dtn 22,19.29; mKet III,9; bBQ 15b. mKet III,1–3. 8; IV,1; mŠebu V,4; jBQ X,6 7c; jŠebu IV,5 35d; bKet 40b; bGiṭ 45a.53a–b; bBQ 15a.38b.95b; bSan 31b. SokP 498. SokB 1029 f	q^{e}nas, *kênsos*	קנס
Krug mBB VI,2; mŠebu VI,3; mAZ II,4	qanqan	קנקן
Zaubern, wahrsagen Dtn 18,10 f (ShM –32; –34; –35); 11Q19 60,18; bSan 56b (Dtn 18,10); Sifre Dtn § 171; bSan 65a–b	QSM	קסם
Zauberei, Wahrsagerei Dtn 18,10; Num 23,23. DNWSI II,1018	qäsäm, q^{e}sam	קסם
Tätowierung Lev 19,28/Dtn 14,1; 16,1 (ShM –45); 11Q19 48,9; mMak III,6	qa‘^{a}qa‘	קעקע
af.: (A) Pedantisch sein jŠab I,5 4a. (B) Verärgert sein, jŠab XIX,1 16d. SokP 499	QPD	קפד
Festsetzen, zuteilen bMak 7b	QṢB	קצב
Maß; Tarif bMak 7b	qäṣäb	קצב
Festsetzung, feste Zuteilung mPes VI,5; jŠeq II,3 46c; bBQ 113a	qiṣbah	קצבה
Festgesetzt, quantitativ definiert	qaṣûb	קצוב
(A) Abschlagen, abschneiden, fällen, kürzen Dtn 25,12; bMQ 12b. (B) Abtrennen, ausschließen von jKet II,10 26d; jQid I,5 60c. (C) Festsetzen, festlegen mBM VII,6; bKet 54b, bBM 75a. SokP 501. SokB 1034	QṢṢ	קצץ
„Pflanzungen abschlagen“. Metapher für unzulässigen Umgang mit (v. a. esoterischen) Lehren; häretisches Verhalten jḤag II,1 77b; jŠebu IV,6 35d; bḤag 16a	QṢṢ ba-n^{e}ṭî‘ôt	קצץ בנטיעות
Öffentliche Erklärung mit symbolischer Handlung betr. Auschluss aus dem Familienverband (oder Wiederzulassung) nach gesetzwidriger Eheschließung/oder des Verkaufs seines Erbgrundstücks bKet 28a; RutR 7,11 (auch wegen Grundstückverkaufs an Nichtjuden); s. אחוזה	q^{e}ṣaṣah	קצצה

Schnitter, Erntearbeiter 2Kön 4,16; Rut 2,3 ff; Ostrakon Meṣad Ḥašabjahû; mBM V,7	qaṣṣar, qoṣer	קצר
Urteilsgemäß DtnR III,2. Sperber 193	qaqrîsîn *kata krisin*	קקריסין
(A) Rufen, nennen CD VI,6. (B) Berufen, 1QpHab VIII,9; 1Q28a I,27. (C) Anrufen. (D) Lesen, vorlesen Dtn 31,10; CD V,2; 1QS VI,7; VII,1; 1Q28a I,4; 1QM XV,4; 4Q251 1–2,5; 4Q264 1,4; 4Q273 2,1; Jos.Ant 4,209–211; mJom VII,1 ff; mMeg (Esterrolle); mMeg IV,4 ff. (Torah und Propheten); mBik III,2; mJom VII,1.7; mGiṭV,8; mMak III,14 (Dtn 28.58 f zur Auspeitschung). (E) Rezitieren mBer I,1 s. שמע ישראל; mBik III,2; mDem IV,3; mJom VII,1	QR', QRJ	קרא, קרי
Biblischer Textteil bSok 1036	qera'	קרא
(A) Nahe kommen/sein. (B) qal und hif.: (Opfer) darbringen, weihen, Lev 1–3; 7–8; 22–23; Num 15,4 ff;16,5 ff; 28,2 ff; Ez 43,22 ff; GAR 1 u. ö. in Nr. 2–117; mŠebu I,5; s. קרבן. (C) pi.: nahebringen 1QS VI,13 ff; VII,21; VIII,18; IX,15. DNWSI II,1028 ff. ThWQ III,556–562. SokP 502 f. SokB 1037 f. (D) Genealogisch positiv bestimmen mEd VIII,7; s. רחק DNWSI II,1025 ff. ThWQ III, 550–556; Bacher I,174–177.II,193–196. SokP 504. SokB 1039 ff	QRB	קרב
Darbringung, Gabe. *dôron* (A) Opfer, s. שלמים, מנחה, עולה, כליל, חטאת, אשה, אשם, Ex 13,2 (ShM +79 Erstgeburt vom Vieh); 29,33 (ShM +89 Priester essen Fleisch von Sühn- und Schuldopfer); Lev 1,2 (ShM +63 Brandopfer); 2,1.6 f (ShM +67 Speisopfer); 2,13 (ShM +62 Salz; ShM –99); 3,1 (ShM +66 Šelamimopfer); 4,13 (ShM +68 Sühnopfer); 4,27 (ShM +69 Sühnopfer); 5,1–11 (ShM +72 Sühnopfer); 5.11 (ShM –104; –105); 5,15.21–25/19,20–21 (ShM +71 Diebstahl – Schuldopfer); 5,17 f (ShM +70 bedingtes Opfer); 6,9 (ShM+88 Priester essen Speisopfer-Reste); 6,18 (ShM +64 Sühnopfer); 7,11 (ShM +65 Schuldopfer); 7,17 (ShM +91 Übriges Opferfleisch: verbrennen); 7,19 (ShM + 90 unreines Opferfleisch verbrennen); 14,10 (ShM +77 nach Aussatz); 15,13–15 (ShM +74 Mann nach Spermaverunreinigung); 15,19 (ShM -113;-114); 15,28 (ShM +75 Frau nach Spermaverunreinigung); 15,28 f (ShM +76 Wöchnerin); 17,3 f. (ShM –90) 22,20 (ShM –91); 22,21 (ShM+51 makellos; ShM –97); 22,22 (ShM –92; –94); 22,24 (ShM –93 Blut sprengen); 22,25 (ShM –96 Nichtjuden); 22,27 (ShM+60: Rind); Num 5,6 f (ShM +73 Sündenbekenntnis und Reue); Num 5,15 (ShM -104; –105); Dtn 12,5 (ShM +83 Opfertiere nach Jerusalem); 12,13 (ShM –89 reine Tiere); 12,14 (ShM +84 Opfer nur im Tempel); 12,16 (ShM +86 Auslösung makelbehafteter Tiere); 12,26 (ShM +85 Opfer aus Ausland); 14,3 (ShM –140); 17,1 (ShM –95); 23,15 (ShM -156); 23,22 (ShM –155).	qårban	קרבן

Jub 21,7 ff; 11Q5 XXVII,7; 11Q19 20,13; Philon, Spec. 1,162 ff. 194 ff; Jos.Ant 3,224 ff; CAP 2,167.194 ff; Mt 15,5; Mk 7,9–13; Str.-B. I,711–718; mTa IV,4; mNazir II,3; mŠeq IV,5 ff; mJom IIff; mŠebu III,1; mEd IV,10; mMen VII,2. (B) Weihegabe mMŠ IV,10 f; mNed I,2.4; II,2; III,4; mNazir VIII,1; s. auch נדר, הקדש und חרם. (C) Schwurformel bei Weihegabe. S. auch קונם. DNWSI II,1031		
Viehopfertier Lev 22,21 (makellos); 22,27 (mindestens 8 Tage alt)	qårban b^{e}hemah	קרבן בהמה
Verwandt(er) Lev 21,3; 25,25; Num 27,11; mSan III,1.4; VI,6; mMak I,8; mŠebu IV,1.11	qarôb	קרוב
Wagen mBB V,1; mAZ V,4	qarôn *karron*	קרון
Haarschnitt, Glatze Lev 21,5; Dtn 14,1; 11Q19 48,8; mMak III,5	qorḥah	קרחה
Richter ExR XXX,11. Sperber 193	q^{e}reṭôs *kritês*	קרטוס
Schriftstück; Schuldschein jQid III,4 64a; jKet IX,11.1333c; jNazir V,1 54a. Sperber 194 f	qarṭîs, karṭîs *chartês*	קרטיס, קרטס, כרטיס
(A) Staatliches Verbot. (B) Römisches Imperialfest mAZ I,3; tAZ I,4; bAZ 8b. Sperber 195 f	q^{e}raṭêsîs *kratêsis*	קרטסיס
Sperma-Pollution Dtn 23,11 (qrh); mBer III,4–6, mMiqw I,5; mNid V,1	qärî	קרי
Berufener, Teilnehmer CD II,11; IV,4; 1Q28a II,2; 1QM II,7; III,2; IV,10	qarî᾽, qarû᾽	קריא, קרוא
Rezitation, Lesung jTa III,11 67a; Massäkät Sôf^{e}rîm XI,2; bBer 13b.14b; bMeg, v. a. bMeg 18a	q^{e}rî᾽ah	קריאה
Stadt Esr 4,12 ff; s. עיר. DNWSI II,1033 f. SokP 505 f	qirjah	קריה
Kapital mPe᾽ah I,1; mTer VI,1; mJeb XI,7; mBQ II,5; IX,6 ff; mŠebu VIII,3	qärän	קרן
(A) Geste des Entsetzens; Trauerbrauch: Kleid einreißen Num 14,6; Jos 7,6; 1Kön 21,27; 2Kön 5,7 f; 6,30; 11,14; 19,1; 22,11.19; Jes 37,1; Est 4,1; Mk 14,63/Mt 26,65; jMQ III Ende 83c–d. (B) Zerreißen (eines Dokuments) bŠebu 48b	qara῾	קרע
Beschuldigen, verleumden Dan 3,8; 6,25	QRṢ	קרץ
Fliehen; s. ברח. DNWSI II,1035	QRQ	קרק
(A) Erdboden, Boden LC 26 f,29 f; 87,32; 90 f, 49–51; 93,60 f; 107,137; 117,178; 1Kön 6,15; mBB IV,8; V,4.7; mAZ I,8. (B) Grundstück, Land, Grundbesitz; Immobilie(n) Lev 25,23 (ShM –227); 25,33 (ShM –228); LD 179–245; NḤ 8a,8; 21,4; mKet VIII,3 f.8; mBM IV,1–9; mBB V,4;VII,2; IX,6; mSan I,3; mŠebu VI,3.5 f	qarqa῾, qarqa῾în, qarqa῾ôt	קרקע, קרקעין, קרקעות
Streu mBQ II,3	qaš	קש

(A) Schwierig, hinterfragbar, widersprüchlich sein bBer 10a; bBQ 66b; bBB 64a; bSan 72a. (B) pa./af.: disputieren, einwenden; hif: eine Schwierigkeit aufzeigen, Einwände erheben, jJom I,1 38b. SokP 508 f. SokB 1049 f	QŠʾ, QŠH, QŠJ	קשא, קשה, קשי
(A) Rechtmäßigkeit. (B) Wahrheit. Dan 2,47; 4,34; s. אמת. DNWSI II,1038	qᵉšôṭ	קשוט, קשט
Gerechtfertigt, entschuldbar DNWSI II,1038	QŠṬ	קשט
S. קושיא		קשיא
Alter; Ältester; s. זקן. DNWSI II,1039	qᵉšîš	קשיש
Funktion des Ältesten. DNWSI II,1039	qᵉšîšû(t)	קשישו(ת)
Sich verschwören 1Sam 22,8.13; 2Sam 15,31; 1Kön 15,27; 16,9.16.20; 2Kön 12,21; 14,19; 15,10 u.ö; 21,23 f; Neh 4,2	QŠR	קשר
Verschwörung 1Kön 16,20; 2Kön 12,21; 14,19; 15,30; 17,4	qäšär	קשר
Knoten mŠab XV,1 f	qäšär	קשר
Vornehmer Stuhl mKel IV,3; Lehrstuhl: Mt 23,2 (des Mose/der Pharisäer und Schreiber)	qatädrah, *kathedra*	קתדרה

	Reš	ר
Sehen, schauen.	R’H	ראה
Was betrifft/ was veranlasst zu ...? DNWSI II,1041 f. Bacher I,177 f II,199 f	mah ra’ah l^{e}-	מה ראה ל-
Würdig, befähigt, geeignet, passend, anspruchsberechtigt 4Q395 11; 11Q19 66,9; mKet III,4; mBB VIII,5; mSan VIII,4; mHor I,1. Hurvitz 223–225	ra’ûj	ראוי
(A) Sehen, Augenschein tŠebu II,5 (B) Erscheinen am Heiligtum zu den Wallfahrtsfesten mḤag I; MekRJ kaspa’ iv (C) Pollution, Menstruation mŠab I,1; bNid 34b–35a	r^{e}’ijjah	ראיה
Beweis mBB V,1; IX,6; mSan III,1.8; VIII,2; jBM IV,1 9c; bSan 91a; bNid 30b (aus der Torah). Bacher I,178 f	r^{e}’ajah	ראיה
(A) Kopf mBB V,5 (B) Haupt, Befehlshaber Num 1,16; 7,2; 10,4; 17,18; 31,26; 36,1; Dtn 1,19; 5,23; 20,9; 28,13; 28,44; 29,9; 33,5; Jos 21,22; TAD CD VIII,10 f; 1Q18a I,14.16.23.25; II,12.14.16; 1QM II,1 ff; III,4.13 f; XIX,12; 4Q164 1,7; 4Q365 26a–b,5.8; 4Q396 III,1; 11Q19 24,1; 42,14. s. כהן ראש. (C) Hauptstadt TAD B2, 2,1. DNWSI II,1942 ff.1045 ff. ThWQ III,579–586. SokP 510 f	ro’š, rês	ראש, ריש
Sippenhaupt (priesterliche Tradition) Ex 6,14.25; Num 1,4; 1Chr 24,31; 1Q28a I,16.24 f; II,16; 1QM II,7 u. ö.	ro’š ’^{a}bôt ha-‘edah	ראש אבות העדה
Versammlungs-, Synagogenhaupt jSota VII,6–7 21; Theodotos-Inschrift CIJ no. 1404 u. ö. (*archisynagôgos*); s. ריש כנישתא	ro’š ha-k^{e}nä-sät	ראש הכנסת
Haupt der Gemeinschaft Israels (Hohepriester) 1Q28a, II,12	ro’š ha-‘edah	ראש העדה
Stammeshaupt Dtn 5,21; 1Kön 8,1; 1QM II,3	ro’š ha-šäbäṭ	ראש השבט
Neujahr; Neujahrsfest Ex 12,2; Lev 23,2 f. 25 (ShM –326); Num 29,1–6; Ez 45,18 ff; 1QS X,6; 4Q328,1; 4Q365; Philon, Spec. 1,180. (Frühjahr).186; 2,188 ff (Herbst); Traktat in Ordnung II	ro’š ha-šanah	ראש השנה
Monatserster. Ex 12,2 Dtn 16,1; 4Q325 1,3.6; 3,2; 11Q5 XXVII,7; Philon, Spec. 1,177 ff; 2,140 ff. mRH I,1 ff; mŠebu I,4. Zusatzopfer: Num 28,11	ro’š ḥodäš	ראש חודש
(A) Erst-, Zweitverursache mBQ III,4 f. (B) Als Erster, zuerst,Vorrang haben mGiṭ V,8; s. קדם	ri’šôn /šenî	ראשון\ שני
Frühere, ältere (Autoritäten) jBer VII,5 11c; ARNa XII; bŠab 85a; bEr 53a; s. זקנים, אחרונים	ri’šônîm	ראשונים
Kultische Erstfruchtabgabe von Korn, Öl und Wein Ex 23,19; 34,26; Lev 2,12; Lev 23,10 (Gerste); 23,17 (Weizen); Dtn 18,4 (Priesteranteil); Jub 6,35 ff; 1QS VI,5 f; 1Q28a II,19; 4Q251 9; 4Q396 III,3; 4Q423 3,4; 11Q19 22,9; mTer III,7; mBik I,2; MekRJ qaspa’ v. ThWQ III,590 f.	re’šît	ראשית
Erstschurabgabe s. גז		ראשית הגז

(A) Herr. (B) Eigentümer eines Sklaven / einer Sklavin; aram. מר mBM II,11. (C) Vornehmer, Würdenträger, Vorsteher, Kommandant Dan 2,14.48; 4,6; 5,11; jBer VII,2 11b; jRH III,4 58d; jSan I,1 18c; bBM 84a. (D) Meister Mt 23,7 f. (E) Rabbinischer Lehrer, Meister (sehr häufig). Anrede babyl.: רב (rab), paläst.: רבי (rabbî) mBM II,11. SokP 513. SokB 1953. ThWQ III,592–604. SokP 511 f. SokB 1052 f	rab rab, rabbî	רב רב, רבי
Kapitän	rab ḥôbel	רב חובל
Truppenkommendant TAD A4, 3,1; B2, 10,4; B3, 9,2; B5, 1,3	rab ḥajla᾿	רב חילא
Hunderschaftskommandant; s. שר	rab me᾿ôt	רב מאות
(A) Höherer Betrag bJeb 82a. (B) exegetisch: Erweiterung der Anwendung eines Ausdrucks mŠebu III,5; bŠab 131a; bBQ 54b.104b	ribbûj, ribbûja᾿	רבוי, רבויא
(A) Mehrheit Ex 23,2, LXX: *pleiones*; mEr II,4. (B) In Qumrantexten: Gesamtheit der Vollmitglieder, CD II,16; XIII,7; XIV,7.12; XV,8; 1QS VI,1 ff; VI,Iff; VII,3 ff; 4Q284a 1,3. (C) Rabbinisch: Menschenmenge, Öffentlichkeit, (Gegensatz zu יחיד) mPe᾿ah II,1; mŠab XI,1; mEr II,4; mAZ I,7; MekRJ kaspa᾿ ii. ThWQ III, 598–601. Mehrheitsprinzip. Sich nach der Mehrheit richten. mSan I,6 Philon, Spec. 4,45; Ebr. 25; mSan I,6; jSan I,7 19c; IV,2 22c; IV,8 22b; bSan 36a–b. Ausnahme: Ex 23,2 (LXX: *pleiones*); mSan I,6; s. auch: רוב	rabbîm ᵃḥarê rabbîm lᵉ-haṭṭôt	רבים אחרי רבים להטות
SokB 1073. Viertel Ex 29,40; mḤal II,6; mGiṭ V,6	rabîᵃ῾, räba῾, rib῾a᾿	רביע, רבע, ריבעא
Begattung (Tiere) mAZ II,1	rebî῾ah	רביעה
Zins Philon, Spec. 2,71 ff; CLgr 15; Mt 5,42; Str.-B. I, 346–353; mBM V,1.2.6.10(11); mSan III,3; mŠebu VII,4; mAr IX,3; jBM V,1 ff 10a–d; bBM 63b.71a; bAr 30b; s. מרבית נשך, תרבית. DNWSI II,1054; SokB 1073	ribbît	רבית
Majordomus DNWSI II,1954 f	rabbajit	רבית
(A) Herr. (B) Titel des Sanhedrin-Vorsitzenden und des Exilarchen mBer I,1; bKet 22a; bBM 91b. DNWSI II, 1055	rabban	רבן
Herrschaftausübung, herrisches Verhalten mAbot I,10; bSan 92b. DNWSI II,1055	rabbanût	רבנות
Rabbinische (v. a. tannaitische) Gelehrte jBer I,1 3a; bBB 87b. Regelung von rabbinischer Autorität: jBer VI,1 10a; jHor III,3 48a; bKet 68a.84a; bBQ 40a. SokB 1054 ff	rabbanan dᵉ-rabbanan	רבנן דרבנן
Großer, Machthaber Dan 5,1 ff; 9 f.23; 4Q201 1,13; 1 i,17	rabrᵉban	רברבן

(A) Begatten (von Tieren); af.: kausativ. (B) Sich sexuell vergehen Lev 18,23; 20,15 f; mSan I,4; bAZ 23b–24a-	RBʿ	רבע
Geübt, gewohnt mJona I,6; jMeg IV,1 74d; bBer 6b; bNed 20a	ragîl	רגיל
Todesstrafe Steinigung mSan VI,4; s. סקילה	r^{e}gîmah	רגימה
(A) Fuß/Füße mBQ II,1; VIII,1; m BB V,5; mAZ III,2. (B) Rituelle Fußwaschung mJom III,2; VII,4. DNWSI II, 1060.	rägäl / raglajîm	רגל\ רגלים
Für die Sache gibt es Anhaltspunkte	raglajim la-dabar	רגלים לדבר
(C) Wallfahrtsfest Ex 23,14 f (ShM –156); 34,23; Dtn 16,14 ff; Jos.Ant 4,203; mSan XI,4; mŠebu I,4; bBer 30a; bJeb 122a; bBQ 113a. SokP 516. SokB 1073 f	rägäl, riglaʾ	רגל, ריגלא
Steinigen: Todesstrafe, LXX: *lithobolein* Lev 20,2.27; 24,14–16.23; Num 14,10 (dort *kata-*); 15,35 f; Dtn 21,21; Jos 7,25 (רגם, שרף, סקל); 1Kön 12,18; 2Chr 10,18; 24,21; Ez 16,40; Jos.Ant 4,202 (*kataleuein*); 11Q19 64,5; mSan VII,4.7; bQid 70b; s. סקל	RGM	רגם
(A) Treten; stampfen (B) Beherrschen, niedertreten, unterdrücken Lev 25,43.46.53; Kol 4,1; MekRJ nzjqjn ix zu Ex 21,26 f; bSot 3ab; bBB 110a–b	RDH	רדה
Verfolgen, hinterherlaufen CD I,21; 1QpHab XI,5; 1QM IX,5 f; 4Q216 (Jub) II,13; 1Q20 XXII,7 ff; mSan VIII,7. DNWSI II,1061 f. ThWQ III,616–618	RDP	רדף
Römer CL 319 (PapYadin 56,5); s. רומי	r^{e}hûmajaʾ *Rhômaioi*	רהומיא
Verpfänden DNWSI II,1062.	RHN	רהן
Angehöriger des Hofstaates 2Kön 25,19	rôʾäh p^{e}nê ha-mäläk	רואה פני המלך
Menge; Mehrheit. 1QS V,2.9.22; VI,19; mBer VII,3; mSan X,4. DNWSI II,1045. SokB 1061. Mehrheitsprinzip: bBer 48a; bKet 15a; bBQ 46b; bBB 93a; s. רבים	rôb	רוב, רב
Verfolger Ex 22,1 ff; 25,12; Dtn 25,12 (ShM +247); Philon, Spec.3I,103; 4,7; mSan VIII,6–7; tSan XI,10; MekRJ nzjqjn xiii; tSan XI,9; jSan 26c IX,8; bBer 58a. 62b; bSan 73b.74a; s. מחתרת	rôdef	רודף
Verdienstspanne, Gewinn bBB 43a	räwaḥ	רווח
Lediger. mQid IV,14	rawwaq	רווק
Täglicher Bedarf, Tagesration (vgl. Adj.), *epiousios* bTa 23b	rôzî(n)qaʾ	רוזי(נ)קא
hif./af.: verdienen GenR XIII, jNed V,4 39b; bBM 73a	RWḤ	רוח
Belebtheit mBQ VII,1	rû^{a}ḥ ḥajîm	רוח חיים
Händler 1Kön 10,15; Ez 27,15 u. ö.(LXX: *emporos*); Nach 3,16; Neh 3,32; 13,20	rôkel	רוכל

(A) Stadt Rom. (B) Imperium Romanum s. מלכות הרשעה, אדום. (C) Römer, römisch. SokP 519 f. SokB 1065 f	roma' / rômî *Rhômê* *Rhômaios*	רומא\ רומי
Speer, Lanze mKel XIII,1	rômaḥ	רומח
Hirt LC 129,261 f; 197, F2; Joh 10,1 ff; mHal I,8; mQid IV,14; mBQ VI,2; X,9; mSan III,2; mḤul IV,3; mBek V,4. Übertragen auf Häupter Israels: Ez 34	rô'äh	רועה
Arzt Gen 50,2 (LXX: *entaphiastês*); LC 37,f-i; 123 f,215–223; Ex 15,26 (LXX: *iaomai*); Jer 8,22 (LXX: *iatros*); 2Chr 16,12 (LXX: *iatros*); mKer III,8; mKel XII,3; XVII,12; tGiṭ IV (III), 6 f	rôfe'	רופא
Mörder, Totschläger, *androphonos*; lat. *homicida*. Num 35,12.31 f; Dtn 4,42; 19,3 ff (LXX: *phoneuôn, phoneutês*); Philon, Decal. 132 ff; 1Joh 3,12 ff; mSan IX,1.3; mMak II,8; jSan IX,2 26c; 27a–b; bBQ 83b, bSan 72b. 74a.	rôṣeaḥ	רוצח
Totschläger Num 35,24; s. עיר מקלט, רצח	rôṣeaḥ bi-šegagah	רוצח בשגגה
Speichel Jes 50,6; Hiob 30,20; mEd V,1.4; s. רקק	rôq	רוק
(A) Liebevoll. (B) Geliebt. (C) Freund, Gefährte. DNWSI II,1067 f.1069 f.	raḥîm	רחים רחם
Lieben; s. אהב. DNWSI II,1068 f.	RḤM	רחם
Zuneigung; Mitgefühl, Erbarmen DNWSI II,1069.1070 f	räḥäm, raḥamîm	רחם, רחמים
Erbarmen, Erbarmend(er), Barmherziger. DNWSI II,1071 f	raḥman	רחמן
Waschen (A) Ex 30,19 (Priester, rituell Hände und Füße waschen); Jub 21,16 ff; 11Q19 26,10. (B) CD X,11; 1QS III,5; 1QM XIV,2; 4Q274 1 i; 2 i; 4Q512; 4Q514 1 i; 11Q19 45,8 ff; 49,17 ff; 50,14 ff; 51,3.5; 53,5 (Hände); Jos.CAp 2,203; mBer II,6 f. DNWSI II,1072 ff.ThWQ III,669–674	RḤṢ	רחץ
(A) Fern sein; hif.: entfernen. (B) pi.: entfernen, genealogisch negativ einstufen mED VIII,7; s. קרב. (C) Verzicht leisten TAD B2,2; B2,3; B 2,8–10. DNWSI II,1074. SokP 522. SokB 1071	RḤQ	רחק
(A) Streiten/raufen Ex 21,18 f; MekRJ nezîqîn vi. (B) Prozessieren	RJB	ריב
Rechtsstreit Ex 23,2 f.6 (LXX: *krisis*); Dtn 19,17; 21,5; 25,1 (LXX: *antilogia*). Rabbinisch: דין. ThWQ III,679–683	rîb	ריב
Mühlstein Dtn 24,6; Philon, Spec. 3,204; Jos.Ant 4,270; mBM IX,13; mBB II,1.3; III,5; Sifre Dtn § 272; s. auch רכב, שכב	rêḥajîm	ריחיים

Heilung; s. רפוי	rîppûj	ריפוי
Haupt; s. ראש. SokB 1078 f. Exilshaupt, Exilarch bBer 42a. SokP 511. SokB 311 f. 1079 f Synagogenhaupt bŠab 29b; s. ראש, הכנסת. *archisynagôgos*	reš rêš galûta' rêš kᵉnîšta'	ריש ריש גלותא ריש כנישתא
(A) Wagen. DNWSI II, 1076; (B) Oberer Mühlstein Dtn 24,6, s. ריחיים.	räkäb	רכב
Habe, Eigentum Gen 12,5 (*hyparchonta*); 31,18. Esr 10,8 (*hyparxis*), Targum: קנין. – speziell des Königs 2Chr 21,14; 31,3; 2Chr 35,7 (*hyparxis*). S. שר הרכוש	rᵉkûš	רכוש
Wanderhändler Verleumder (A) 1QS VII,15 f; 1QH XIII,25; mSan III,7. (B) Gegen das Volk: Lev 19,16 LXX: *poreuein dolôi* (ShM –297; –301); 11Q19 64, 6 ff; 4Q524;9	rakîl hôlek rakîl	רכיל הולך רכיל
Verleumdung, Gerüchteverbreitung jPe'ah I,1 16a	rᵉkîlût	רכילות
Erwerben Gen 12,5(LXX: *ktaomai*; 31,18 36,6 (LXX *peripoieisthai*); 46,6 (LXX: *ktaomai*).Targum: קנא/ה	RKŠ	רכש
Betrüger mBM II,7; III,4 f; bBQ 113a; bBM 28a	ramma'ah, ramma'j	רמאה, רמאי
Betrügerei 1QS VII,5; jQid III,1 63c; bBB 123a	ramma'ût, rammajût	רמאות, רמיות
pi.: betrügen Jos 9,22; 2 Sam 19,27; Spr. 26,19; 1QS VII,6	RM', RMH, RMJ	רמא, רמה, רמי
Einwerfen, einwenden bBer 4a	RM', RMH	רמא, רמה
Andeuten, hinweisen Bacher II, 206 f. SokB 1085	RMZ	רמז
Andeutung, Hinweis, Zeichen Bacher I, 182 f; II,209–211	rämäz	רמז
Kriechtier (unrein) Lev 11,42 (ShM –178); Dtn 4,18; mSan VIII,2; mMak III,2	rämäś	רמש
Gefährte, Genosse, *hetairos, philos*; Gruppenangehöriger (Mitjude). Ex 20,16 f; 22,25; Lev 19,13–18; Lev 20,10; LXX *ho plêsion*. Targumim: חבר: TAD C1, 1,161. S. עמית ,אח. DNWSI II,1078 f. ThWQ III,701–704	reaʿ	רע
(A) Willensbekundung, Verordnung Esr 5,17. (B) Freie Willensentscheidung Mur 19,2.13; 34,1; CL 82.86 (PapYadin 7,2; 26.61.69); NḤ 8a,3; 9,2; bSan 7b. S. רצון. DNWSI II,1079 f, SokP 527. SokB 1089 f	reʿû, rᵉʿûta'	רעו, רעותא
Heilen, hitp.: sich heilen lassen. mŠab XIV,4; XXII,6; mAZ II,2; vgl. mJom VIII,6; mAZ II,2; vgl. mSan X,1; jŠab XIV,4, 14d–15a; jAZII,2 40d–41a. DNWSI II,1081. ThWQ III,710–714	RP', RPJ	רפא, רפי

Heilung, Heilmittel mŠab VI,10; X,1; XIV,3; mBQ VII,2; mEd II,5; mMakš VI,7 f	r^efû'ah	רפואה
Heilung, Heilungskosten mŠab VI,6.10; mBQ VIII,1; mAZ II,2	rippûj	רפוי
(A) Gehege Stall mBM II,10. (B) Rinderstall mBB II,3; VI,4	räfät räfät baqar	רפת רפת בקר
Läufer, Trabant 1Sam 22,17; 25,15; 1Kön 1,5; 14,27 f; 2Kön10,25; 11,4 f.11.19; 2Chr 30,6.10; Est 3,13	raṣ	רץ
(A) Wollen, erstreben CD II,15 (s. שנא); 4Q525 2–3,4. (B) pi./hif.: begütigen, versöhnen, zufriedenstellen, einen Kompromiss schließen 1QS III,11; X,13.20. (C) nif. passiv: 4Q176 1–2,6; 11Q19 27,4. (D) Willentlich, freiwillig handeln. (E) Zählen, aufzählen bEr 18b. ThWQ III,714–718. SokB 1092 f	RṢH	רצה
Begleichen ThWQ III,718 f	RṢH	רצה
(A) Wille CD II,21; III,11 ff. (B) (freier) Wille, lat. *voluntas*. s. רעותא/רעו. Mur 24 E 5; CL44 n(Pap, Yadin 44,2.28); jSota II,1 17d. (C) Wohlgefallen, 1QS V,1; VIII,6; 11Q13 II,9. (D) Kultisch: Sühnung 1QS VIII,10; IX,4 u. ö.; 1QM II,5. (E) Gotteswille 1QS V,9 f; IX,13 ff	raṣôn	רצון
Peitsche mMak III,12.14	r^eṣû'ah	רצועה
(A) Morden, umbringen, totschlagen, LXX: *phoneuein* LC 17,1; 81,1; 103,116; 110,153; 122,207 f.210.212.214; 157,10; 173 f,A 50; 176,2; Ex 20,13/Dtn 5,17 (ShM –289); Ex 22,1 f.; Lev 19,16; Num 35,9–13; Dtn 19,36; 22,26; Jub 4,2–6; 7,27; 21,19; 4Q158 Frg. 9; 10–12; 4Q177,1 1–4; 11Q19 66,7; Ps.-Phokyl 46; Philon, Decal 132 (*androphonein*) –134.170 ff; Spec. III,83–143; Fuga 77–85.93 ff; Mt 5,12–26; Röm 13,9; Jak 2,11; Ant 1,52–55; 4,279; Str.-B. I,254–275; MekRJ ba-ḥodäš viii; n^ezîqîn iv; bŠab 31b–32a; bQid 42a; bSan 33b.56b–57a.59a; s. קטל, הרג, נכה. (B) Hinrichten: Ex 23,7 (LXX: *apokteinein*); jSan IV,3 22a–b; bSan 33b. Giftmord: Philon, Spec. 3,93 ff; Jos.Ant 4,279; tŠebu I,3; bBQ 47b; 55b Ungeklärtes Tötungsdelikt: Dtn 21,1–9 Jos.Ant 4,220; Sifre Dtn § 205. s. נכה; עגלה ערופה	RṢḤ	רצח
Spucken Lev 15,8; 1QS VII,13; mBQ VIII,6; mAZ IV,5; bBQ 85b. SokP 530. SokB 1094	RQQ	רקק
Erlaubnis, Vollmacht haben, frei sein zu etwas. af.: erlauben. DNWSI II,1086 f	RŠ', RŠH, RŠJ	רשא, רשה, רשי
Erlaubt, befugt, berechtigt, bevollmächtigt YT B 264; Mur 19,1.6.9; 42,8; 47a,9; NḤ 8a,2; 50,12; mBer I,4	rašaj	רשאי, רשי
Bevollmächtigter TAD A6/11,1	rašbar	רשבר

Obrigkeit, Herrschaftsgewalt Röm 13,1.7 ff; Str.-B. III,303 ff; mSan IV,5; mAbot I,10; II,3; jSan VI,10 223d–24a; bAZ 17a; s. מלכות	rašût	רשות
(A) Verfügungsgewalt, Besitz; Erlaubnis, Vollmacht, Befugnis, lat. *potestas* Mk 1,21 f; Mt 7,29; 11,27 ff/Mt 21,23 ff/Lk 20,1 ff; Joh 5,19 ff; Str.-B. 470; bBer 58a; bSan 5a;93a. (B) Verfügungsbereich, Besitz. Mur 22,5 f; 30,28; NḤ 7,6CL 44,8–9; 45,8; mKet IV,5; IX,5; mBQ I,2; V,2 f; VII,5 f ; mSan VIII,3; XI,1.6; mMak II,2; mŠebu III,6; VII,2; mAZ II,1; IV,11 f; jŠebi VIII,1 38a; bBQ 23a;76a; bBB 30a–31a; bSan 91a; bMak 12a. DNWSI II,1085 f. SokB 1095 f	rᵉšût	רשות
Privater Bereich mŠebi 3,10; mŠab XI,1; mEr X,9; mBQ I,2; II,2.5; III,7; mBM II,2; mṬoh VI,1	rᵉšût ha-jaḥîd	רשות היחיד
Öffentlicher Bereich mŠebi III,10; mŠab XI,1; mEr X,7.9; III,1 ff; mBQ II,2.5; III,1 ff; mBM II,1.10; X,4 ff; mBB II,4.14; III,8; mMak II,2; mAZ II,2; IV,11; mṬoh VI,1; jŠab I,1 2d	rᵉšût ha-rabbîm	רשות הרבים
Einen Prozess anstrengen TAD B3 5,13; 10,18 f; 12,27; B5, 5,6	RŠJ	רשי
(A) Schreiben Dan 5,24 f; 6,9 ff. (B) Unterschreiben Dan 6,11	RŠM	רשם
(A) Freveln; hif. beschuldigen, anklagen Dtn 25,1 (LXX: *katagi-nôskein*); Ez 22,8; CD I,19; IV,7, CD XX,29; 1QpHab IX,11; X,5; 1QS V,7; 1QM XIII,11; 4Q424 3,2; bBQ 64b. (B) Frevel verursachen 1QM I,2; 4Q387 3,6. ThWQ III,722–741	RŠʿ	רשע
Frevler Ex 23,1.7 (*adikos*); Num 16,26; 35,31 (*enochos*); Dtn 25,1–2 (LXX: *asebês*); CD I,19; II,3; VIII,9; XIX,6; 1QpHab VIII,8 f / XI,4 / XII,2.8; (הכהן הרשע); 1QS VÎII,7; 4Q171 1–10 ii,18; mSan VIII,5; X,6; mAbot II,13; jSan IV,3 22b; jMak I,1 31a. ThWQ III,722–741	rašaʿ	רשע
Frevel, Missetat, Verbrechen, *adikia* Dtn 25,2 (LXX: *asebôn*); CD II,3;IV,7; VI,14 f; VII,9; VIII,5; XV,7; 1Q27 1 i,6.11; 1QS IV,19.24; V,11; VIII,10; 1QM I,6; XIV,7; XV,2.9; XVII,6; 4Q280 2,2 (Malki-räšaʿ) s. מלכות הרשעה. ThWQ III,722–741	räšaʿ, rišʿah	רשע, רשעה

	Śin	ש
Sauerteig Lev 2,11 (ShM –98); Philon, Spec. 1,291 ff; 2,182; Congr. 169–179; mMen V,1; bMen 56a–58a	śeʾor	שאור
Weisshaariger; Greis; s. שיבה, זקן. DNWSI II,1099 f	śab, sab	שב, שב
(A) Freies Feld Dtn 22,25 ff (LXX: *pedion*); Jos.Ant 4,251. (B) Bebaubares/bebautes Feldstück, Acker LC 20 f,30–32; 60,12; 86,27; 87,32; 90 f,49–51; 93,60 f; Ex 22,4 f; Lev 19,9.19; 23,22; 25,3 ff.23; 27,17 ff.22; Dtn 24,19 (LXX: *agros*); mKet II,2; XIII,7 f.8; mBQ X,5; mBM V,3: IX,1 ff; mBB I,6; II,12 f; III,1 f; IV,8 f; VI,6 f; VII,4; mAZ I,8; *ktêma*; lat. *fundus*. DNWSI II,1110 (šd). ThWQ III,747–749	śadäh	שדה
Ererbtes Feldgrundstück Lev 27,16 ff.22 (*agros tês katascheseôs)*; mAr III,1; VII,1.5; bAr 14a–b	śedeh ʾaḥûzzah	שדה אחוזה
Geweihtes Feldgrundstück mAr VII,6	śedeh ḥäräm	שדה חרם
Erworbenes (nicht ererbtes) Feldgrundstück Lev 27,22 (*agros hos kektêtai*); mAr VII,5; bAr 14a–b	śedeh miqnah	שדה מקנה
Schaf Lev 22,28; mBQ VII,2; s. שאה	śäh	שה
Als Zeuge aussagen, bezeugen CL 86 (PapYadin 7,48); jRH III,1 58d; jSan I,1 18b.c. S. עוד. DNWSI II,1112 f	ŚHD	שהד
Zeuge TAD B3 1,21; 2,10; B3, 4,22; 5,23; 6,16 f; 8,42; 9,10; 10,26; 11,18 f; 13,13 f; B4, 4,19; 6,19; B5, 5,11 f; B6, 3,13 ff; 4,9 f; Mur 18,10 f; 19,27–29; 40,2; NḤ 9; 7;22; 49,16; CL 86 (PapYadin 7; 74–79); 113 (PapYadin 8,11 f); 126 (PapYadin 10,24 f); CLgr (jeweils am Dokumentende); jŠebu VI,8 37b. DNWSI II,1113. S. עד	śahed	שהד
Zeugenaussage. Gen 31,47; jSan X,1 27d. s. עדות. SokP 570 f	śahadûtaʾ	שהדותא
Feigenart mAZ I,5	śûaḥ	שוח
Mieter LC 40,1–5; mBQ IV,9; mBM III,2; VI,1–5; mŠebu VIII,1.7	śôker	שוכר
Feind Ex 23,5 (*echthros*) Es 23,5 (ShM –270); mBM II,10; mSan III,5; mMak II,3; jBM II,12 8d. SokP 571. Vgl. שנא	śoneʾ, śaneʾah	שונא, שנאה
Hochzeiterfreundeskreis mBB IX,4	śôšbînût	שושבינות
Spielen mSan III,3 (Würfel)	ŚḤQ	שחק
Sach 3,1 f, anfeinden, anklagen LXX. *antikeisthai*, Vulg.: *adversare*, Targ.: ʾasṭanaʾ; Ps 109,20.129 (LXX: *endiaballein*)	ŚṬN	שטן
Sach 3,2 Widersacher, Ankläger, LXX: *diabolos*; Targ.: jaḥaṭaʾ	śaṭan	שטן
Anklage Esr 4,6 LXX: *epistolê*; Vulg. *accusatio*	śiṭnah	שטנה
Hohes Alter, Greis (70 Jahre). Altenehrung: Lev 19,32 (ShM +209 Weisen-Ehrung!); Philon, Spec. 2, 238; Jos.CAp 2,206; Sifra qdwšjm vii; s. זקן, שב	śêbah	שיבה

Abflusskanal mBB II,1.12; III,1.8; IV,4.7	śîᵃḥ	שיח
Profanes Gespräch, Unterhaltung bAZ 19b	śîḥat ḥûllîn	שיחת חולין
Mietling; s. חכיר, LXX *misthôtos*; Targum: אגירא. (A) Lohnarbeiter. LC 60,7–11; 61,14; Ex 12,45; 22,14; Lev 19,13; 22,10; 25,6.40.50; Dtn 15,18; 23,25 f (ShM +201)); 24,14; Mal 3,5; Hiob 7,1 f; Tob 4,14; Mt 20,1–16; Mk 12,1 ff/Mt21,33 ff/Lk 20,9 ff; Mt 24,45 ff/Lk 12,42 ff; 2Tim 2,6; mŠebu VII,1. Lohnzahlung: Lev 19,13 / Dtn 24,14 f; Philon, Decal. 171; Spec. 4,195 f; Virt. 88; mBM VIII,12; IX,11 f; jBM IX,14 12b. (B) Söldner Jer 46,21	śakîr	שכיר
Taglöhner	śᵉkîr jôm	שכיר יום
Nachtlöhner	śᵉkîr lajlah,	שכיר לילה
Stundenlöhner mBM IX,11	śᵉkîr šaʿah	שכיר שעה
Miete bBM 50b. 78a- 80b. 99a. 101b; 103a; lat. *locatio conductio rei*	śᵉkîrût	שכירות
(A) Mieten, anheuern LC 26,a; 38,j.k; 40 f; 51,37–44; 53,vii,34–36; 59,3 f; 60,10; 64,3; 125,234 f; 126,237.239; 127,242–249; 130,268–277; Gen 30,16 (LXX: *misthoomai*); mŠab XX III,2; mBM III,2; IV,9; V,2; VI,1 ff; VII,1; VIII,1 ff; X,6; mBB V,7. hif.: vermieten mBM II,3; IV,2; V,2; VI,3 ff; VII,7–9; VIII,6 ff; IX,2; mAZ I;8 f. (B) nif. ent-/belohnt werden, Gewinn haben, mBQ IV,1; mBM III,2; mAZ V,1. DNWSI II,1135	ŚKR	שכר
Lohn, *misthos*, lat. *salarium*. Dtn 24,15 (ShM +200) LXX: *misthos*; hSir 16,14; 51,30; Philon, Virt. 88; Jos.Ant 20,220; vgl. Mt 20,8; Lk 10,7; 2Tim 2,6; Sifre Dtn § 279; mBM II,9; V,4; VI, 6 ff; IX,11 f; X,6 f; mBQ IV,9; VII,6; mBB X,3; mŠebu VIII,1.7; mAZ V,1; mAbot II,2.14.16; III,2; IV,10; V,1–2, VI,4; Sifra ʾmwr VIII,9	śakar	שכר
Freude; Festfreude Dtn 16,14; mSuk IV,1.8; Sifre Dtn § 141	śimḥah	שמחה
Überkleid, Mantel Dtn 22,3 (LXX: *himation*); Dtn 22,5 śimlat ʾiššah, LXX: *stolê gynaikeia*); mBM II,5	śimlah	שמלה
(A) Hassen, ablehnen, Feindschaft hegen, LXX: *misein* Ex 18,21 Lev 19,17 (ShM –302); Dtn 19,4.6 (Totschlag ist Mord, wenn der Täter gegenüber dem Opfer zuvor schon śaneʾ war); 21,15 ff; 22,13 ff; CD VII,1; VIII,6; XIX,18; 1QS V,24-VI,1; 1Joh 3,12 ff; Jos.Ant 4,249 f; Str.-B. I,353–368; Mt 5,43 ff; 6,24; 18,15; Lk 14,26; Joh 15,23; 1Joh 2,9; MekRJ nᵉzîqîn iv; Massäkät Däräk ʾäräṣ zûṭaʾ X. (B) Ehescheidung Dtn 21,15; 22,16; 24,3; TAD B2,6; B3, 8,21 ff. 34. 39 f; B6,4; s. סני. DNWSI II,1169 f (šnʾ). ThWQ III,781–784. SokP 384	ŚNʾ	שנא
Hass, Feindschaft Num 35,20 Prov 10,18; LXX: *echthra*; 1QS IX,16.21; jAZ I,2 39c; bŚab 116a; bPes 49b; bSan 105b. DNWSI II,1170 (šnʾh).ThWQ III,781–784	śinʾah	שנאה
Gerste Lev 23,10; mBik I,3; mBM IX,8; mSan IX,5; mŠebu VI,3	śᵉʿôrîm	שעורים

Ziegenbock für Sühnopfer Lev 4,23 f; 9,3 u. ö.; 10,16; Num 7,16 u. ö.; 28,15.22.30; 29,5 u. ö.; Ez 43,25; mŠebu I,3 ff; mZeb IV,4; V,2; XII,5; mMe II,3; s. חטאת.	śe'îr	שעיר
„der Bock, der fortgeschickt wird" am Versöhnungstag (יום כיפור) Lev 16; Num 15,24; mJom IV,2; VI; mŠebu I,3	śe'îr ha-mištalle^{a}ḥ	שעיר המשתלח
Haar mBQ VIII,1	śe'ar	שער
(A) Lippe. (B) Rand mBB II,1 (R. der Ofenöffnung)	śafah	שפה
(A) Hoher staatlicher Funktionär oder militärischer Befehlshaber; *archegos*, *archôn* Ex 2,14; 18,21; 1Kön 4,2 ff; 1Chr 28,1; CD VI,3.6; VIII,3/XIX,15; XX,16; 1QpHab IV,3; 1Q28(Sa) I,14; 1QM IV,1 ff; V,2; Landis Gogel 375; mSan I,6. (B) In der Kultorganisation: śarê ha-kohannîm 2Chr 36,14; Esr 8,24.29; 10,5. śarê ha-l^{e}wîjîm 1Chr 15,22. śarê qodäš Jes 43,28; 1Chr 24,5. śarê ha-'^{a}lohîm 1Chr 24,5. ThWQ III,789–792	śar	שר
Sippenchef Esr 8,29; 1Chr29,6	śar (bêt) 'abôt	שר (בית) אבות
Festungskommandant Neh 7,2 (LXX 2Esr 17,2 *archôn tês bira*)	śar ha-bîrah	שר הבירה
Chef der (Arbeits-) Aufseher 1Kön 5,30; 9,23 (LXX: *archôn tôn kathistamenôn*)	ṣar ha-niṣṣabîm	שר הנצבים
Stadtkommandant Ri 9,30 (*archôn tês poleôs*); 1Kön 22,26	śar ha-'îr	שר העיר
Chef der Güterverwaltung 1Chr 27,31 (LXX: *prostatês hyparchontôn*); 28,1 (LXX: *gazophylax*); vgl. śr hml'kh 1Chr 29,6	śar ha-r^{e}kûš	שר הרכוש
Chef der Trabanten 1Kön 14,27	śar ha-raṣîm	שר הרצים
Frondienstaufseher Ex 1,11; 2Sam 20,24; 1Kön 4,6; 5,28; 12,18; 2Chr 10,18	śar 'al ha-mas	שר על המס
Heereskommandant 1Sam 17,55; 1Kön 11,15.21; 2Kön 25,19; 1Chr 25,1; vgl. śar ha-ḥajil 2Sam 24,2 ff; śar ha-räkäb 1Kön 9.22; 22,32 f; s. אלף, מאה, חמישים, עשרה	śar ṣ^{e}ba'	שר צבא
Hauteinschnitt, Hauteinritzung Dtn 14,1 / Lv 19,28; mMak III,5	śäräṭ	שרט
(A) Brand, Verbrennung mAZ I,3. (B) Todesstrafe der Verbrennung mTer VII,2; mSan VII,1 ff; X,3; bSan 49b; s. שרף	ś^{e}rêfah	שריפה
(A) Verbrennen Lev 7,17 (übriggebliebene Opfermaterie). 19 (verunreinigtes Opferfleisch); Apg 19,19 (Bücher); mPes III,8; mSan X,6; jŠan XVI 15c (sifrê mînîm). (B) Verbrennen als Todesstrafe Lev 20,10.14 (SHM +228 Verbrennen wegen Unzucht mit Tochter und deren Mutter); Philon, Spec. 3,26 f; mSan VI,5; VII,1 ff; IX,1 (s. בא על); jSan VII,1 24b; VII,5 24c; bSan 52a. Unzüchtige Priestertochter: Lev 21,9, Jub 30,7–8; mSan VII,2; IX,1. C) Leichnam eines Gesteinigten verbrennen Jos 7,25; bMQ 15a	ŚRP	שרף

	Šin	ש
(A) Frage; Anfrage, Problem jDem IV,3 24a; jSota II,4 18a; jBB VIII,5 16b; bŠab 30a–b. (B) Ausleihe, Leihgegenstand bKet 105b; bBQ 95b. SokP 532 f. SokB 1098 f	šeʾîlah, šeʾêltaʾ	שאילה, שאילתא
(A) Fragen, nachfragen CD XIV,6; 1QS VI,4 ff; VII,21; VIII,25; 11Q19 55,5; bQid 22b. (B) Erfragen (Orakel); 58,18; 60,18. (C) Befragen (vor Gericht) TAD A5,2,3. (D) Leihen mNed IV,6; mBM VIII; mŠebu VIII,1.5 ff; mAZ I,1; bBM 35a;97. (E) hif.: jemandem etwas leihen, 1Sam 1,28; 4Q158 10–12,13; mNed IV,6; mBM III,2; VIII,1; mAZ I,1; jŠebi V,3 36a Geld. (F) Grüßen bBer 13b; s. לוה. DNWSI II,1095 ff. SokB 1098 f; s. שואל		שאל
Fleisch, Fleischportion Ex 21,10. DNWSI II,1099	šeʾar	שאר
Situationsbedingt durch rabbinische Autorität bzw. gerichtlich gebotene Ignorierung eines positiven Gebots bJeb 90a–b; bSan 58b; bMak 13b; bKer 3a; s. קום ועשה	šab we-ʾal taʿaśäh	שב ואל תעשה
nif.: gefangen, entführt mKet II,5 f; IV,9; mŠebu VIII,2	ŠBH	שבה
Gefangener mBM II,11	šabûj	שבוי
Gefangene, Verschleppte mKet I,2; II,5; III,1.2; mŠebu VIII,1; mEd III,6	šebûjah	שבויה
Siebenereinheit der Zeitrechnung CD XVI,4; 1QS X,7 f. Woche 11Q19 19,12. Jahrwoche (7 Jahre) Dan 9,24 ff;10,2 f. Jobelperiode (49 Jahre) s. יובל; 70 Jahrwochen = 490 Jahre Dan 9,24	šabûaʿ	שבוע
Schwur, Eid, LXX: *horkos*. Am häufigsten sind promissorische Schwüre, seltener assertorische, und im alltäglichen Sprachgebrauch wurde zwischen Schwur, Eid und Gelübde weithin nicht unterschieden. (A) LC 20,29; 44,7–8; 62,22; 65,37; 82 f,9; 104,120; 106,131. Ex 22,10; Num 30,3.11.14; Dtn 7,8; 1Sam 14,26; 1Kön 2,43; Koh 9,2; CD III,15; IX,8–12; XI ?-XV,V,5; XVI,6–12; 1QS V,8;1QH VI,17; 4Q416 2 iv,8; 11Q19 53,15 ff; 54,2; Philon, Decal. 82 ff; Spec. 2,2 ff.7–14; Mt 23,16–22; Jos.Ant 3,91; 5,169; CAP I,167; Traktat Šebûʿôt in Ordnung IV; mKet IX,2–7; X,5; XIII,1 ff; mNed I,1 f; II,1 ff.6; III,1 ff.4; IX,3; mGiṭ IV,3; V,3 f; mSan III,2; mŠebi VII,1; mKer II,2; tSan XIII,10; jŠebu VII, 37d; bKet 87a; bNed 65a; bBM 5b; vgl. נדר, מומא, חרם; אסר. (B) Zeugeneid: Lev 5,1; Philon, Spec. 2,26; Traktat Šebûʿôt IV. (C) Eid vor Gott /am Heiligum Ex 22,8–10 (Reinigungseid); Dtn 19,17 f. (D) Eid vor Gericht: Dtn 19,16 ff; Traktat Šebûʿôt VI. (E) Auferlegte Eidesleistungen bei Ansprüchen: Traktat Šebûʿôt VII.	šebûʿah	שבועה

(F) Depositeneid: Lev 6,2 ff.; Traktat Š^{e}bûʿôt V. Eidesleistungen betr. anvertrautem Gut: Traktat Š^{e}bûʿôt VIII. (G) Verwünschungsschwur/Ordal: Num 5,21; Sifre Num § 15 zu Num 5,21b–22, mSoṭah II,3. (H) Selbstverfluchung 2Sam 3,35. (I) Meineid: Lev 5,23 ff.; 19,12 (Entweihung des Gottesnamens); Dtn 19,18 ff. (Strafe: Talio). (J) Versehentlicher Schwur: Lev 5,4. (K) Erweiterung einer zu bezeugenden Sache um eine andere, für sich nicht bezeugbare bQid 28a.	gilgûl š^{e}bûʿah	שבועה גלגול
ThWQ III,815–822. SokP 533 f. SokB 100.		
Rabbinisch vorgeschriebener Schwur/Eid [spät]	š^{e}bûʿah d^{e}-rabbanan	שבועה דרבנן

Verfluchungsschwur Gen 26,28; Num 5,21; vgl. 1Sam 14,24–26 (ʾarûr); vgl. Philon, Spec 4,7	š^{e}bûʿat ʾalah	שבועת אלה
Eidliche Absichtserklärung Lev 5,4; Philon, Somn. 2,296; mŠebu III,5.7.10 f; jŠebu IV,6 35c; VI,8 37b; bŠebu 25b–26b; s. בטוי	š^{e}bûʿat biṭṭûj	שבועת בטוי
Bundesschwur CD XV,2; s. auch אלת ברית	š^{e}bûʿat b^{e}rît	שבועת ברית
Schwur/Eid bei Gott MekRJ n^{e}zîqîn xvi	š^{e}bûʿat JHWH/ ha-ʾ^{ä}lohîm	שבועת יהוה\ האלהים
Biblisch/gerichtlich geforderter Eid (bei Teilgeständnis) mŠebu VI,1; tŠebu III,9 f (Zeugenzwang)	š^{e}bûʿat ha-dajjanîm	שבועת הדיינים
Eid, der bei völliger Bestreitung der Klage verlangt werden kann bQid 43b; bBM 5a; Šebu 40a–b	š^{e}bûʿat hässet	שבועת היסת
Rabbinisch-tannaitisch vorgeschriebener Eid [spät]	š^{e}bûʿat ha-mišnah	שבועת המשנה
Zeugeneid mŠebu IV,3	š^{e}bûʿat ha-ʿedût	שבועת העדות
Lohnarbeiter-Eid jŠebu VII,1 37c; bŠebu 45a; bBM 112b	š^{e}bûʿat ha-śakîr	שבועת השכיר
Verwahrereid [spät]	š^{e}bûʿat ha-šôm^{e}rîm	שבועת השומרים
Biblisch vorgeschriebener Schwur/Eid mŠebu VII,1 34d; bŠ^{e}bû 41a	š^{e}bûʿat ha-tôrah, š^{e}bûʿah de-ʾôrajtaʾ	שבועת התורה, שבועה דאוריתא
Eid eines teilweise Geständigen bBQ 107a	š^{e}bûʿat môdäh be-miqṣat	שבועת מודה במקצת
Schwur/Eid im Zusammenhang mit Geboten mŠebu III,6; s. שבועת רשות	š^{e}bûʿat miṣwah	שבועת מצוה
Zeugenaussage unter Eid Lev 5,1; mŠebu IV; VII,4	š^{e}bûʿat ʿedût	שבועת עדות
Eid im Zusammenhang mit Deposita mŠebu V; VII,4	š^{e}bûʿat piqqadôn	שבועת פקדון
Eid bezüglich frei wählbaren Gegenständen mŠebu III,6; s. שבועת מצוה	š^{e}bûʿat r^{e}šût	שבועת רשות
Ungültige, falsche eidliche Aussage Ex 20,6; Lev 5,1; Dtn 5.10; Philon, Spec. 1,252; 2,12 ff.27 ff.252 ff; mŠebu III,1–11; VII,4	š^{e}bûʿat šawʾ	שבועת שוא

Bewusster Meineid, „Lügeneid" Lev 5,1.22.24; 19,11 (ShM –249); Sach 8,17; Philon, Spec. 2,26.28; mBQ IX,7; mMak I,3; jNed III,2 37d; jŠebu III,1 34b–d; PRE XXXVIII Rabbinisch verordneter Schwur/Eid jŠebu VII,1 34d	šᵉbûʿat šäqär šᵉbûʿat taqqanah	שבועת שקר שבועת תקנה
Wochenfest, Weizenerstlingsfest, Fest der Torahgabe (50. Omer-Tag, 6. Siwan) Lev 23,15 ff. 21 (ShM –325); Num 28,26 ff; Dtn 16,9–11; Jub 6; 15; 22,1 ff; 4Q320 4 iii,5; iv,1.5.13; vi,9; 4Q321 v,1.4; vi,1.4.8; 2Makk 12,31 f; Philon, Spec. 1,183 ff; 2,176 ff; Jos.Ant 3,252 ff; Str.-B. II,597 f; mMeg III,5; s. עצרת. Zusatzopfer: Num 28,26 f	šabûʿôt	שבועות
Feiertagsarbeitsruhe mŠab X;6; mER X,3.15; VI,2; mBeṣah V,2; mRH IV,8	šᵉbût	שבות
Im Wert steigen bBB 54a; af.: den Wert/Betrag steigern mBB IX,3; bBM 39a.104b.110b. SokP 534. SokB 1101	ŠBḤ	שבח
Wert, Preissteigerung, Profit mBQ IX,4.; jGiṭV,3 46d; bBQ 30b.34a.96a; bBB 124b. SokP 534. SokB 1102	šᵉbaḥ	שבח
Stamm. In priesterlicher Tradition v. a. מטה. mSan I,5. Rechtswesen: tSan III,10	šäbäṭ	שבט
Gefangenschaft, Deportation Num 31,26; Dtn 21,10.13; 28,41; 2Chr 28,17; Esr 2,1; 3,8; 8,35; Neh 1,2 f; 7,6; 8,17; mMQ III,2; bBB 38a; bKet 52a	šäbi, šᵉbijjah	שבי, שביה
Ähre Mk 2,18 ff/Mt 12,1 ff/Lk 6,1 ff; mAZ IV,2	šibbôlîm	שבולים
Siebentes Jahr, Erlaßjahr, Sabbatjahr, Brachjahr; Ertrag aus dem 7. Jahr; s. שמיטה. Ex 23,11 (ShM +134); 34,21 (ShM +145); Dtn 15,2 (ShM –230); 15,3 (ShM +141 Schuldenerlaß/ ShM +142, Ausnahme: גר); 15,9 (ShM –231); 25,4 (ShM –220; –221); 25,5 (ShM –222; –223). Philon, Spec. II,71 ff; Jos.Ant 3,280 f; Mur 24 B 14; Traktat der Ordnung I; mDem 3,6; mKil I,9; VII,5; mTer II,3;X,5; mMŠ V,1 ff.; mḤal II,2; IV,7; mBik II,6; mPes IV,2; mŠeq II,2; IV,1;mSuk III,11; mBêṣah IV,7; mRH I,8; mMQ I,1 ff; mNed IV,5; mGiṭ V,9; mBM IX,10 f; mSan III,3; mMak III,9; mŠebu VII,4.8; mEd V,1; mAbot V,8 f; mBek IV,8.10; mAr IX,1; mOh XVIII,7; mNid VI,8; mMakš II,11; MekRJ kaspaʾ iii; bSan 26a; s. פרוזבול. ThWQ III,982–985	šᵉbîʿît	שביעית
Arbeitsruhe, Sabbatruhe bEr 49b	šᵉbîtah	שביתה

Schwören; lat. *iurare*. hif.: schwören lassen, vereidigen; *horkizein;* nif./itp.: schwören Ex 20,7; Ex 13,19; Lev 5,4; Num 5,19.21–24; CD IX,9 ff; 4Q417 Frg. 2 i; XHev/Se 61 a 2; mKet IX,3 f; mNed I,i; mNaz II,1; mBQ IX,8 f;Traktat Šebû'ôt in Ordnung IV. mŠebu IV,3 ff.15; bTa 24a; bGiṭ 35a. Ex 23,13; Lev 19,11; Jub 24,25–27; Philon, Spec. 2,1 f; Mt 5,33–37; 23,16 ff; Jos.Ant 3,91; Jos.Bell 2,135; Str.-B. I, 321–337.931 f; mŠeq II,1; mJeb XV, 9 15b; mGiṭ V,3.4; mQid I,5; mBQ IX,5.7 f; X,3; mBM I,1 f; III,1 f; IV,7 ff; VI,4; VII,8; VIII,2.5; IX,12; mŠebu III,9 f: VI,4 f; VII,1; tSot VII,4; bBM 3a.42b. Beim Namen Gottes schwören Lev 19,12 (ShM –61); Dtn 10,20; CD XV,1 ff; 11Q19 53,14; Philon, Spec. 2,4.7 ff; tNaz II,1; bNed 10a. Bei fremden Göttern schwören Ex 23,13 (SHM –14). ThWQ III,815–822. DNWSI II, 1102; SokP 535 f. SokB 1103 f	ŠB'	שבע
Die sieben Völker Kanaans Dtn 20,17 (ShM +187); Sifre Dtn § 201	šib'ah 'ammîm	שבעה עמים
Siebzig Männer Num 11,16 f; Philon, Fuga 186; Sacr. Abelis 77; Sobr. 20; Lk 10,17 ff; mSan I,6; jSan I,6 18b–c bSan 3b.16b–17a.36b; s. סנהדרין	šib'îm 'îš	שבעים איש
Sieben Arten von Gewächsen, deren Früchte der Erstlingsabgabe unter liegen: Weizen, Gerste, Trauben, Feigen, Granatapfel, Olive(nöl), Dattel(honig) mBik I,3	šib'at ha-mînîm	שבעת המינים
(A) Lassen, verlassen bQid 48a; bBQ 15b. (B) Hinterlassen, bEr 59b; bBM 39b; bBB 125a. (C) Freilassen bAZ 17b. (D) Ehe scheiden Mur 19,2.813.21, jKet VI,1 30c. (E) Gewähren lassen. (F) Vergeben. (G) Nachlassen, befreien von etwas bAZ 4b. DNWSI II,1104 f. SokP 536 f. SokB 1104 ff	ŠBQ	שבק
Erblasser mit Testament bBM 70a	šabqa'	שבקא
Verstoßung, Scheidung NḤ 13,7	šebaqîn	שבקין
Brechen, pi.: zerbrechen mŠebu VIII,2	ŠBR	שבר
Bruch, Schaden mŠebu VIII,1	šäbär	שבר
Irrtum, Fehler bBM 96b	šabbašta'	שבשתא
Arbeit beenden; Arbeitsruhe an Feiertagen einhalten Ex 12,16; Lev23,21–25.28.35 f. DNWSI II,1106 f	ŠBT	שבת
(A) Woche. (B) Sabbat; 7. Tag der Woche, Feiertag mit Arbeitsruhe Ex 16,29 (ShM –321); 20,7–11/Dtn 5 (ShM –320), 12–15; Ex 23,12; 31,13 ff; 34,21; 35,3 (ShM –322); Lev 19,3.30; 26,2; Num 28,9; Dtn 23,1 Jer 17,21 ff; Jes 56,2 ff; Ez 20,12 f.20 ff; 44,24; Neh 13,15 ff; Jub 2,25 ff; 50; YT B 265; CD VI,18; X,14 ff; XI,5 ff; XII,4; 4Q274 2 i; 4321 III;	šabbat	שבת

4Q321A; 4Q324a etc.; 4Q325; 4Q337; 4QShir ʿôlat ha-šabbat; 11Q19 18,11 f;19,12 f; 21,13; Philon, Decal. 96 ff; Spec. 2,39 ff. 56 ff.249; Mk 2,23 ff; 3,1 ff; Mt 12,1 ff; Traktate Šabbat und Erûbîn in Ordnung II; mDem VIII,1 ff; mTer II,3; mMaʿaś IV,2; mPes III,6; VI,1 f; mJom II,5; mSuk III,13 ff; IV,6.10; mBêṣah II,2; V,1 f.5.9; mJT II,1–2.8; mRH I,4; IV,1; mTa I,6; II,7; III,7; IV,3.7; mMeg I,5; III,5; mḤag II,4; III,7; mNed VIII,1; X,8; mBQ III,10; VII,2; mSan VII,4.8 (Entweihung); VIII,7; mŠebu I,1; mMen XI,2 ff; mTem II,1; mKer I,1; III,4.10; mTam VII,4; mNeg I,4; MekRJ ba-ḥodäš vii; kaspaʾ iii; šabbᵉtaʾ.
39 verbotene Verrichtungen am S. Mt 12,2 ff; Str.-B. I, 615–622; 622–630 (heilen); mŠab VII,2.
Sabbatgrenze s. תחום שבת.
Sabbat-Zusatzopfer Num 28,9.
DNWSI II,1107 f. ThWQ III,840–850. SokP 539. SokB 1108

Arbeitszeitverlust mBQ VIII,1	šäbät	שבת
Feiertag mit Arbeitsruhe Ex 16,23; Lev 16,31; 23,3.24.32.39; 25,4 f; 11Q19 27,6 ff	šebatôn	שבתון
Versehentlich bzw. fahrlässig etwas Verbotenes tun Lev 5,18; Num 15,28; 1QS VIII,26; IX,1; 11Q19 35,14; mTer II,3;VI,1; mBQ II,6; mHor I,5; II,1–4; bSan 62b; jTer II,2 f 41c. DNWSI II,1108. ThWQ III,850–855. Sühnopfer: Lev 5,15.21–25; 19, 20 f	ŠGG, ŠGH	שגג, שגה
Versehentliche, fahrlässige Übertretung, irrtümliche Handlung. *planê*, lat. *error*; s. זדון Lev 4,2 ff; Num 15,24 ff; 1QS VII,3; VIII,24;1QS IX,1; mSan VII,8; mMak II,1; mŠebu IV, 2; jŠebu I,9 33b; bŠab 67b; bBQ 26a–27b.32a–33a; bMak 7b–8b. ThWQ III,850–855	šᵉgagah	שגגה
Nebenfrau Dan 52 f.23; s. לחנה	šegal	שגל
Heiratsvermittlung Tob 6,10 ff; jQid III,8 64b	šîddûkîn	שדוכין
Entleiher Ex 22,13; mBQ IV,9; mBM VIII,1 f. mŠebu VIII,1	šôʾel	שואל
hif.: (A) Antworten. (B) Zurückgeben, rückerstatten mŠebu VI,1; jŠab VIII,1 11a. DNWSI II,1114 f. Landis Gogel 376	ŠWB	שוב
Hühner-, Taubenverschlag mBB I,6; II,5.6; III,1; IV,7.9; V,3	šûbaḥ	שובח
Quittung mMQ III,3; mBM I,7; mBB X,3.6; s. נבז	šôber	שובר
(A) Gleich sein. (B) adj.: gleich, gleichwertig; im Wert von.... Spr 3,15; 8,11; Est 7,4. DNWSI II,1116 f. ThWQ III,878–881. SokP 540	ŠWH, ŠWJ	שוה, שוי
Bestechung(sgeld); LXX: *dôron* Ex 23,8; Dtn 16,19 f; 27,25; 1QH VI,19 f; 11Q19 51,12 f.17; 57,20; TAD A4, 2, 4; Philon, Spec. 4,62 ff.70; Jos.CAp 2,207; mPeʾah VIII,9; mAbot IV,22; MekRJ kaspaʾ iii; Sifre Dtn § 28.144; bKet 105a–b. DNWSI II,1120. ThWQ III,881–883	šôḥad	שוחד

Geistig behinderte, nicht zurechnungsfähige Person mEr III,2; mMeg II,4; mḤag I,1; mJeb VII,4; mGiṭ I,5; V,8; mBQ IV,4; VI,2.4; VIII,4; mSan I,1; mŠebu VI,4; Ḥul I,1; mṬoh V,8	šôṭäh, šôṭah	שוטה
Amtmann, Ordnungskraft; LXX: *grammateus;* Targum: סרך. (A) Verwaltungsschreiber, Justizfunktionär Ex 5,6–19; Num 11,16, 29,9; 31,28; Dtn 16,18; Jos 1,10; 3,2; 23,2; 24,1. 1Chr 23,4; 27,1; 2Chr 19,11; 34,13 (von den Leviten!). (B) Lehrer Dtn 1,15; 16,18; 29,9; 31,28; LXX *grammatoeisagôgeus.* (C) Im Heer eine Art Militärpolizei Dtn 20,5.8–9; 2Chr. 26,11; 1Q28a I,15.24.29; 11Q19 51,11; 1QM VII,1.14.16; X,5. ThWQ III,883–885	šôṭer	שוטר
Wert, bewertet bNed 3b; bBQ 115a	šᵉwî	שוי
Tisch mŠeq VI,4; mAZ V,5; mKel XXII,1f	šûlḥan	שולחן
Geldwechsler. *trapezitês*; lat. *argentarius; nummularius* mBM II,4; III,11; III, 11; IX,12; mŠebu VII,5; mEd III,8; mKel XII,5	šûlḥanî	שולחני
Herrscher, Herrschaft bBer 58a. SokP 541. Vgl. שלטון.	šulṭan(a᾽)	שולטנ(א)
Schätzen, den Wert einer Sach abschätzen mGiṭ V,1; bKet 67a; bQid 28a; bBM 87a; bAZ 72a	ŠWM	שום
(A) Wert/Schätzwert einer Sache; Verkaufspreis; die abgeschätzte Sache selbst CL 126 (PapYadin 10,8); mKet VI,3; XI,4; mBM I,8; bKet 66a. (B) Schätzung bKet 66b; bQid 7b. (C) Verfügungsberechtigung eines Gläubigers über das Vermögen des Schuldners bBM 16b; bBB 169a. S. אגרת שום, ערך. SokB 1120. SokB 1120	šûm	שום
„Wiederholte Schätzung" eines zur Schuldbegleichung herangezogenen Grundstücks durch ein Gericht vor der endgültigen Begleichung der Schuld bM 16b,35a–b	šûma᾽ hᵃdara᾽	שומא הדרא
Wächterhütte mBB IV,8	šômîrah	שומירה
(A) Wächter Ez 33,2–9; mBM VII,8. B) Verwahrer mBM II,1.10 ff; IV,9; VI,6 ff; VII,1.8.10; mŠebu VIII,1 ff; jŠebu VIII,1 38a–b. S. אפיטרופוס, שליש; שבועת השומרים; vgl. *kêdemôn, epitropos, epimelêtês*	šômer	שומר
Unentgeltlich Verwahrender, Bewachender Ex 22,6–8; mŠeq IV,1; mBQ IV,9; mBM VI,7 ff; VII,8 ff; mŠebu VI,5; VIII,1–4	šômer ḥinnam	שומר חנם
Bezahlter Verwahrer Ex 22, 9–12; mBQ IV,9; VII,6; mBM IV,9; VI,6 ff	šômer śakar	שומר שכר
Witwe vor Klärung der Schwagerehe mKet VIII,6; mNed X,6	šômärät jabam	שומרת יבם

(A) Hoher Funktionär. (B) Regent Dtn 17,9 (?); Ri 2,17; 1Chr 17,6; 11Q19 56,10. (C) Richter, aram./nachbibl.: דיין; griech.: *kritês, laokritês*; lat. *iudex* Ex 22,27 (ShM −315); Num 35,30 (ShM −291); Dtn 16,18 (ShM +176); LC 30,20b;31,13; 32,30; 66,48; 82 f,5.9; 84,13; 105,127; 113,167;114 f,172;116,177; 147,12; 158, A15; 170 f,45; B 177,180 f,17 f; 191 f,5;Ex 22,27; Num 25,5; Dtn 1,15–18; 16,18 ff; Jes 1,26); 16,18 ff; 33,27; Esr 7,25; Ps 9,5; Spr 29,14; CD IX,10; X,1.4 ff; X,8.18; XV,4.3; XX,16; 1Q28a I,15.24.29; 4Q375 1 i.7; 11Q19 51,11.16 ff; 56,1; 61,8 ff; 62,4 ff; Philon, Spec. 4,55 ff.90 f; mSan I-VI. S. בית דין; DNWSI II,1182 f	šôfeṭ	שופט, שפט
Widderhorn Num 29,1; mRH II,2 ff; IV,1 f; 4 f.8 f; mTan III,1 ff	šôfar	שופר
Gasse, Platz, Marktplatz, Markt Koh 12,4 f; mEr X,9; mEd V,1; mMen X,5; bMQ 13b; bBM 65a. SokP 542. SokB 1123 f	šûq	שוק
Stier, Rind, *moschos* LC 33,34–38; 40 f; 67,53 f; 128,246–250; Ex 20,17; 21,14 (ShM −188). 28 ff.35; 22,8 f.29; 23,4; Lev 9,4;9,18; 17,3; Lev 22,23 ff.28; Num 18,17; Dtn 15,19; 22,1.4.10; 25,4 (ShM −219); Jos.Ant 4,223; mBQ I; II,5; III,8 ff; IV,1 ff.8; V,1.3 f.7; VII,1; VIII,2; mSan I,4; mMak III,9; mŠebu V,5; VIII,2; mAZ V;9; mZeb VIII,1; bBQ 2b.9b–10a.15a.39a.40a.42a.43a–b.45b–46a.53b–54a. 90b–91a; MekRJ n^eẓîqîn x–xii. DNWSI II,1118 f; s. נגח	šôr	שור
(A) Reihe, Linie, Schriftlinie Mass. Sôf^erîm V,17. (B) Sitzreihe mSan IV,4. (C) Striktes Recht GenR LV,8	šûrah	שורה
Wurzel mBB V,4	šôräš	שורש
Rechtsordnung mGiṭ IV,4. „Innerhalb der Rechtsordnung": großzügiger als rechtlich geboten, bKet 97a; bBM 24b; bAZ 4b	šûrat ha-dîn l^e-fanîm mi-šûrat ha-dîn	שורת הדין לפנים משורת הדין
Hochzeitsbeistand, Brautführer jAZ I,9 40b	sôš^ebîn	שושבין
Teilhaber mEr VI,5: mNed V,1; mBB I,1 f; III,7; IX,4; mŠebu VII,8; jDem VI,3 25c; bBer59b; bJoma 86a; bBQ 46b. DNWSI II,1119	šûttaf	שותף
Partnerschaft, Teilhaberschaft CL (58 (PapYadin 45,9); 65,38; 99 f,aa; mBQ VII,5; mBB I,1–6; jBQ VII,5 5d; bMeg 28a; bKet 56a; bBM 104b.105a; bBB 2a ff 13a.42b.143b bSan 63b.143b; s. תשומת יד. DNWSI II,1110	šûttafût	שותפות
hitp.: sich niederwerfen, huldigen; kultische Prostration vollziehen Gen 24,26; Ex 20,4/Dtn 5,8; Ps 81,10; mŠeq VI,3; mSan VII;6; mAbot V,5; jBer VI,2 25b; s. השתחויה	ŠḤH	שחה

Rituell schlachten, schächten Ex 34,25; Lev 22,28 (ShM –101); Dtn 12,21 (ShM +146); Traktat Ḥûllîn der Ordnung V; mEd IV,2; mZeb I,2 ff; II,2 ff; III,1.3 ff; VI,1. ThWQ III,888–891	ŠḤṬ	שחט
Schächtung mPes VI,2; mḤul IV,4	šeḥîṭah	שחיטה
Freilassung LC 17,4;31,25; 103 f,117–119; 113 f, 169–171; Deut.15, 13 f; mGiṭ I,6; bQidd. 17a ff; mBM I,7	šiḥrûr	שחרור
Freilassungsurkunde mGiṭ I,4 ff; mBM I,7	šiḥrûr ᵃbadîm	שחרור עבדים
Freilassen mEd V,6; jJeb XI,6 12a; jŠebu V,6 36c; bGiṭ 40a; bBB 155b	ŠḤRR	שחרר
Fortschwemmen mBM VIII,5.	ŠṬP	שטף
Schreiben, einschreiben DNWSI II,1123 f	ŠṬR	שטר
Urkunde; Vertragsurkunde LC 18,11; 27,28; 82,7; 94,a; 104,122 f; 105,128; 109 f,150–152;112,165;117,178 f; YT B 266; Mur 19,11.24; 20,14; 21,19; 26,7; 28,10; 49,9.12; LD 79–87; CL 82 (PapYadin 7,4.17; 9,11); NṢ 9,11; 21 frg. 5; DJD 38,2,2; NḤ 8,7; 9,11; 21,2; 49, 9.12 f; mKet IV,4; mGiṭ I,5 f; VIII,2; mQid I,1 ff; mBM I,8; IV,9; mBB IX,7; X,3 ff.8; mŠebu VI,5; bKet 21b.28a.56a.85a.203a; bGiṭ 3a; bQid 26a; bBM 104b; bBB 32b. 164b. 175b; bAZ 13a (Erlaubt Rinder, Sklaven, Häuser, Felder und Weingärten von Nichtjuden zu kaufen, Verträge zu schreiben und in ihren Archiven zu deponieren). S. ספר,גט. DNWSI II,1124 f. SokB 1130	šeṭar	שטר
Verlobungsurkunde mBB X,4; bJeb 311b	šeṭar ʾêrûsîn	שטר אירוסין
Pachtvertragsurkunde mBB X,4; s. חכור	šeṭar ʾᵃrîsût	שטר אריסות
Bedingter Schuldschein jKet II,3 26b; bKet 19a; bBB 154b	šeṭar ʾᵃmanah	שטר אמנה
Urkunde betr. Schiedsgerichtsverfahren NḤ 63; mMQ III,3; mBM I,8; mBB X,4	šeṭar bêrûrîm	שטר בירורים
Schuldurkunde bBM 13a. 17b	šeṭar haknaʿah	שטר הכנעה
Schuldschein, Schuldurkunde; vgl. Lk 16,6–8 (*grammata*) u. Kol 2,14 (*cheirographon*); mMQ III,4; mKet IX.9; XIII,8 f; mGiṭVIII,2; mBM I,6; mBB X,5.7; bBB 173a	šeṭar ḥôb	שטר חוב
Urkunde betr. Ablehnung der Schwagerehe mMQ III,3; mBM I,8	šeṭar ḥᵃlîṣah	שטר חליצה
Urkunde betr. Eheschließungsverweigerung einer Minderjährigen Philon, Spec. 3,71; mMQ III,3; mBM I,8	šeṭar meʾûnîm	שטר מאונים
Urkunde betr. Scheingeschäft bKet 79a	šeṭar mabraḥat	שטר מברחת
Darlehensurkunde mGiṭ II,2; mBB X,3	šeṭar milwäh	שטר מלוה
Kaufvertrag CL 113–117 (PapYadin 8); mGiṭ III,2	šeṭar mäqaḥ	שטר מקח
Schenkungsvertrag CL 82.86 (PapYadin 7,17.56)	šeṭar mattanah	שטר מתנה
Heiratsurkunde CLgr 18; 37; NḤ 65; 69; mBB X,4; s. גט	šeṭar nîśśûʾîn	שטר נישואין
Urkunde betr. Scheingeschäft bKet 19b	šeṭar passîm	שטר פסים
Übernahmevertrag mBB X,4	šeṭar qablanût	שטר קבלנות
Retten. SokP 546		שיזב

(A) Reihe, Linie, Zeile (in Schriftstück) Massäkät Sôf^{e}rîm I,16 u. ö.; bGiṭ 5b. (B) Argumentationsweise, Methode, Position bKet 17a. SokP 547	šiṭṭah	שיטה
Mühlstein (Bodenstein) mBB II,1; s. auch רכב, ריחיים	š^{e}kab	שכב
(A) Niederliegen. (B) Beiwohnen Dtn 22,22 f; Jos.Ant 4,244.251; CAP 2,201 f. (C) Sterben bBM 73b. ThWQ III,911–916. SokB 1142	ŠKB	שכב
Verunreinigung durch Sperma Lev 15,13.16.28 f; mMikw VIII,6	šikbah, šikbat zära‘	שכבה, שכבת זרע
Finden; s. מצא. SokP 649 f. SokB 1143	ŠKḤ	שכח
Vergessen DNWSI II,1132 f. ThWQ III,916–920. SokB 1144	ŠKḤ	שכח
„Vergessenes“, Armennachlese Dtn 24,19 (ShM +122); Jos.Ant 4,231 f Traktat Pe᾽ah in der Ordnung I; mGiṭV,8; mEd IV,4	šikḥah	שכחה
Niederlassung, Wohnstatt bGiṭ 6a; bNazir 64b; bMak 12b; bAZ 21a	š^{e}kûnah	שכונה
Schwerkrank mBB IX,6	š^{e}kîb m^{e}ra‘	שכיב מרע
Vorhanden, üblich SokB 1144 f	šakî^{a}ḥ	שכיח
Wohnen; einwohnen; benachbart sein. DNWSI II,1134. ThWQ III,920–930	ŠKN	שכן
(A) Bewohner. (B) Nachbar, Anwohner, *geitôn*; lat. *vicinus*	šaken	שכן
Rauschtrank Lev 10,9; Philon, Spec. 1,98–100; 249; 4,191; Ebr. 2 ff; 129 f.134.138 f; 141; Somn. 2,183; Lk 1,15; Jos.Ant 3,279; Jos.CAp 1,199; Traktat Nazîr in Ordnung III; bBer 12a; bEr 65a; bKet 60b; bBM 90a–91a; s. יין	šekar, šikra᾽	שכר, שכרא
Sein/mein Eigenes mBB II,8.11; mBB III,4	šäl-lô/ šäl-lî	שלו/ שלי
Bevollmächtigter, Bote mRH I,3; mKet IV,5; mQid II,4; IV;9; mBQ IX,5; bGit 23b/bQid 51b. Vgl. חילש B. des Gerichtshofes mBQ IX,5 f	šalû^{a}ḥ, šalî^{a}ḥ š^{e}lûaḥ bêt dîn	שלוח, שליח בית דין
(A) Fortschicken, Verjagen bMeg 8b; jBQ I,1 2b. (B) Entlassung, Freilassung (von Sklaven) bRH 9b	šillû^{a}ḥ	שלוח

(A) Wohlbefinden, Heil. (B) Frieden, *eirênê*, lat. *pax* Mt 10,34 ff; mAZ V,6. (C) Militärisch und politisch: Unterwerfungsfriede Dtn 20,10–15; 11Q19, 42,6; Philon, Spec. 4,220 f; Virt. 110 f; Jos.Ant 4,296.300; Sifre Dtn § 199. Landis Gogel 378. DNWSI II,1146 ff. ThWQ III,932–938. SokB 1151.	šalôm	שלום, שלם
Grüßen, Gruß erwidern mBer II,1; V,1; Šebi IV,3; V,9; mGiṭ V,9	Š'L/-hašîb šalôm	שאל/ השיב שלום
„Um des Friedens willen“: Regelungen zur Vermeidung von Konflikten mGiṭ V,8 f; tPe'ah III,1; tḤul X,13; bBM 102a	mi-p^{e}nê darkê šalôm	מפני דרכי שלום
„wegen Feindschaft“ bKet 58b; bQid 63a.	mi-p^{e}nê 'êbah	מפני איבה
(A) Bezahlung, Begleichung. (B) Heimzahlung. ThWQ III,963–965	šillûm	שלום
(A) Senden, schicken, *apostellein, pempein.* (B) pi.: entlassen, freilassen Dtn 15,12–18; Ex 21,2 (hebr. Sklaven); Jos.Ant 4,273; mNeg XIV,2 (Vogel). (C) Ausschluss Makelbehafteter vom Lager/Heiligtum Num 5,3. DNWSI II,1136 ff. Landis Gogel 377 f. ThWQ III,942–947. SokP 551 f. SokB 1147 f	ŠLḤ	שלח
Sich vergreifen an etwas mBM III,12	šalaḥ jad b^{e}-	שלח יד ב-
Herrschen; besitzen, verfügen über Dan 6,25; YT B 267; jBer IX,2 13b. hitp.: sich in den Besitz von etwas setzen, sich einer Sache bemächtigen; s. שליט. DNWSI II,1142. Hurvitz 228–230. ThWQ III,949–954. SokP 552. SokB 1148	ŠLṬ	שלט
Herrschaft, Verfügungsgewalt TAD D7, 56,12; YT B 267; jTa II,12 15a. DNWSI II,1142. Hurvitz 231–232. Vgl. שולטן.	šilṭôn	שלטון
(A) Bote, Beauftragter, Bevollmächtigter mBik I,5; mGiṭ III,6; IV,1; bEr 31b; bKet 74a; bGiṭ 66b; bQid 42b; bBB 169b; Sifra b^{e}-ḥuqqôtaj xiii (Ende). Vgl. שלוח (B) Ausführender Vertreter bei Straftaten bQid 42b–43a; bBQ 56a.59b. 71a; bBM 10b. DNWSI II,1141. SokP 553. SokB 1148	šalî^{a}ḥ	שליח, שלח
Abholer, Empfangsbevollmächtigter bGiṭ 21a	šalî^{a}ḥ la-qabbalah	שליח לקבלה
(A) Vertreter der Gemeinschaft bEr 92b. (B) Vorbeter, mBer V,5; bŠab 24b	š^{e}lîaḥ ṣibbûr	שליח צבור
Auftragsausübung, Vollmachtausübung, Vertretung. jDem VI,8 26a; jŠebu VIII,1 38c–d; bQid 41b ff; bNed 72b	š^{e}lîḥût	שליחות
Sich an Geweihtem vergreifen, dergleichen unterschlagen mBM III,12	š^{e}lîḥût jad	שליחות יד

Verfügungsgewalt habend; befugt sein zu etwas TAD A6, 4,4; B2, 1,11.14; B3, 3,11 f; 5,19; 6,6; 8,33; 9,5 ff; 10,11.13 f; 11,9.14; 12,23; B6, 3,3.8; CL 82 (PapYadin 7,15);162 (PapYadin 47b 6.9); NḤ 7,15.20.26.53.63; 9,6; 10,21; Dan 2,15. DNWSI II,1143 f. Hurvitz 234–235.1149	šᵉlîṭ	שליט, שלט
Herr(scher); Machthaber: hoher Funktionär Koh 10,5, 4Q252 V 6,1; vgl. Gen 49,10: LXX *archôn*; TO: שולטן; TJ: מלכין ושליטין. SokP 553	šalîṭ	שליט
„Dritter", Treuhänder, in besonderem Vertrauensverhältnis stehender Verwahrer (s. שומר) mKet V,8; VI,7; bGiṭ 64a	šalîš	שליש
hif.: hinwerfen, fortwerfen, preisgeben. ThWQ III,954 f	ŠLK	שלך
Plündern, Beute machen; s. בזז. ThWQ III,956 f	ŠLL	שלל
Beute Dtn 20,14; 11Q19 55,8 f;58,12 ff; 60,7 f; 62,10 f; bḤul 17a. ThWQ III,956 f	šalal	שלל
pi.: (A) Vollenden. (B) Ersatz leisten, bezahlen LC 26 f,d; 28,12 f; 29,18; 32,29; 49,iii,10–15; 62 f,23.25; 82,8;84,12; 85,23 f; 89,42–46; 90 f,50 f; 100 f,101.106 f; 102,112; 104 f,120.124.126; 111,160 f; 112,163 f; 128,254; 130,265; 145 f,7; 161 f,A 24; 174, A55 f; 178, A7–9; 180, B 14. Ex 21,34; 22,2 ff; Philem 19; mTer VI,4; mKet III,2,9; mŠebu VII,1; mBQ I; II; IV,1; V,7; VII,1 ff; VIII,2; IX,1 ff; mBM III,1; mBB II,2; mMak I,2. (C) Heimzahlen, vergelten DNWSI II,1144 ff. ThWQ III, 958–868. SokP 554 f. SokB 1150 f	ŠLM	שלם
Opferart Lev 7,11 ff; 23,19; mŠeq II,5; mḤag II,3; mNazir IV,4; mEd VII,6; mZeb I,4; V,7; mMen V,7; mTem III,1	šᵉlamîm	שלמים
Eingelegtes Gemüse mAZ II,6	šäläq	שלק
(A) Name, Bezeichnung mGiṭ IV,2 (Namenwechsel); bGiṭ 11b.34b. (B) Ruf, Leumund. (C) Bezeichnung Gottes mSan VII,5; X,1 (JHWH). (D) Gottesnamen, die getilgt und die nicht getilgt werden dürfen: bŠebu 35a. (E) ha-šem, „der Name": Ersatzwort für JHWH/Gott; s. אלהים, אל. DNWSI II,1155 ff. ThWQ III,969–979. SokB 1155 ff	šem	שם
Guter Ruf/ Leumund mAbot II,7; IV,13; tTa III,8	šem ṭôb	שם טוב
Name oder Bezeichnung in der Magie bSan 91a	šem ṭûm'ah	שם טומאה
Schlechter Ruf/Leumund Dtn 22,19; mGiṭ IV,7; San I,1.	šem raʿ	שם רע
Verleumder	môṣî šem raʿ	מוציא שם רע

(A) hif.: vernichten, ausrotten. (B) pi.: zur Apostasie bewegen/zwingen jSan II,6 21b; GenR 82,8; pu.: abtrünnig geworden, s. משומד. (C) itp.: abtrünnig werden. Philon, Spec.1l,54 f; mSan VIII,9; tSan XI, jGiṭVII,11 48c; bQid 72a. ThWQ III,980–982	ŠMD	שמד
Verfolgung mit Religionszwang, Zwangsbekehrung jKet I,5 25c bRH 18b.19a; bTa 8b; bBM 86a; bSan 14a	šᵉmad, šamdah, šûmdah	שמד, שמדה, שומדה
(A) Nichtbearbeitung eines Feldes/Ackers. (B) Verzicht auf eine Zahlung bzw. Forderung	šimmûṭ	שמוט
Achtzehngebet, 3-maliges Pflichtgebet Str.-B. IV,205–249; mBer IV-V; mRH IV,5 f; mTam II,2; s. auch עמידה, תפילה	šᵉmôneh ʿeśräh	שמונה עשרה
(A) Nachricht, Gerücht, Hörensagen mBer IX,2; mSan IV,5; bSan 110a. (B) mündliche Überlieferung bPes 104b; bBB 149b; bSan 88a; bMen 43a. SokP 556. SokB 1156	šᵉmûʿah	שמועה
(A) Auslassen, weglassen. (B) Lassen, verlassen Ex 23,11. (C) (Schulden) erlassen Dtn 15,2. (D) pi.: zu Verzicht auf Forderungen bzw. Handlungen verpflichten Šebi X,2.	ŠMṬ	שמט
(A) Erlass(jahr), LXX: *aphesis*. (B) Brachjahr; s. שביעית. DNWSI II,1160.ThWQ III,982–985; SokP 557	šᵉmiṭṭah	שמיטה
Abschluss des Sukkot-Festes; s. סוכות Zusatzopfer: Num 29,35	šᵉmînî ʿᵃṣärät	שמיני עצרת
Aufbewahrung, Bewachung mBQ I,2; jBQ VI,1 5b; bBQ 39b; bBM 42a	šᵉmîrah	שמירה
(A) Öl (Olivenöl), *elaion* mBM II,2; III,8; mBB V,8; mŠebu VI,3; mEd IV,6; V,2; mAZ II,6; IV,2. (B) Als Opferbeigabe, Lev 5,11 (ShM –102); Num 5,15; mMak III,2. DNWSI II,111163. ThWQ III,996–998	šämän	שמן
Salböl Ex 30,31 f (ShM +35; –83; –84); mMak III,2; mHor III,4	šämän ha-mišḥah	שמן המשחה
Hören, hören auf, gehorchen; hif.: zu Gehör bringen, vernehmen lassen. DNWSI II,111164 ff. Landis Gogel 378 f. ThWQ III,999–1005. SokB 1158 ff	ŠMʿ	שמע
„Höre, Israel". Einheitsbekenntnis, Rezitation als Pflichtgebet abends u. morgens Dtn 6,2 (ShM +10).4; Jos.Ant 4,212; Str.-B. IV,189–207; mBer I-II; III,1 ff; mŠab VIII,3; mPes IV,8; mTa IV,3; mMeg IV,3 ff; mSot V,4; VII,1.8; mTam IV,3; V,1; jSota VII,1 21b	šᵉmaʿ jiśraʾel qᵉrîʾat šᵉmaʿ	שמע ישראל קריאת שמע

Falsche Behauptung LC 18,13 f; 81,1–4.9–13.126 f.131 f.161; 155,2; Ex 23,1; Philon, Spec. 4,59; Conf. 141; MekRJ kaspa' ii jŠebu III,9 34d	šäma' šaw'	שמע שוא
Gesetzliche Überlieferung, Praxis bBer 6b.56a; bŠab 125b; bPes 84b.88a; bMeg 28b; bJeb 24b.48b.91a; bKet 53b.bQid 13a; bBQ 92a; bBM 22b.84a; bBB 6a.149b–150b; bMak 4a; bHor 13b; bHul 42b; bNid 18b. SokB 1161 f	šema'ta', šema't'eta'	שמעתא, שמעתתא
(A) Bewahren, beaufsichtigen, bewachen Landis Gogel 380; CD XII,5; 11Q19 58,8; mBM III,10. (B) (Depositen) verwahren Ex 22,6–12 (LXX: *phylassein*); Philon, Spec. 4,33 f; Jos.Ant 4,285–287; CLgr 5;15; 17; 24; MekRJ neziqîn xv–xvi; jBM VI,5 10d. (C) Wahren CD III,2; IV,1; VIII,15 1QS VIII,3; X,25; 1QM XIV,8. (D) beobachten, einhalten CD X,16. (E) Die Gebote (des Bundes) einhalten und den Torahgelehrten Folge leisten Dtn 11,22; 13,1; CD II,8.21; III,2; VI,14.18; XIX,2; 1QpHab V,5; 1QS V,2.9; 1Q28a I,3; 1Q28b I,1; 4Q175 1,3.17; 4Q418 81,8; 11Q19 59,16. (F) pi.: in Gewahrsam, gefangen halten, mSan XI,4. DNWSI II,111.166 f. ThWQ III,1005–1013. SokB 1162; s. auch: נטר	ŠMR	שמר
(A) pi.: dienen, bedienen; hitp.: sich bedienen mBM II,8; mSan XV,8. (B) Beischlaf ausüben bJeb 45b. DNWSI II,1168 f. SokP 559	ŠMŠ	שמש
Bannen, verbannen, aus der Gemeinschaft ausschließen Str.-B. IV,293–333; bKet 28a; bQid 39a; bBM 108b; bBB 174b. SokB 1162 f	ŠMT	שמת
Bann, Verbannung bEr 63a; bMQ 16a–17a; s. נדוי. SokB 1163	šammatta'	שמתא
(A) Anders sein, pi.: ändern, wechseln. (B) Wiederholen, vortragen. DNWSI II,1175 f. Bacher 193–195.II,225–227. SokP 560. SokB 1164 f	ŠNH, ŠNJ	שנה, שני
Schlaf mSan VIII,5	šenah	שנה
Veränderung, Wechsel, Absonderlichkeit mBM II,1	šinnûj	שנוי
Antwort, Lösung einer Problems bŠab 3b; bBB 135a	šînnûja'	שנוייא
pi.: einschärfen, lernen/lehren; Torah lernen/lehren Dtn 6,7 (ShM +11); 1QH XII,10	ŠNN	שנן
Als Sklaven/Sklavin markieren TAD B3, 6,3; 9,6 ff	ŠNT	שנת
Sklavenmarkierung TAD A6, 10,7; B2,11,4.6; Gal 6,17	šenîta'	שנתא, שניתא
(A) Unterwerfen, versklaven jGiṭ IV,4 45d; bSan 106a. (B) Belasten (mit Verpflichtungen, Hypotheken), vgl. lat. *servitus* mGiṭ V,2 f; mBB X,8; bKet 82b; bBQ 56b. (C) Verantwortlich machen für etwas bBB 173b–174b. SokP 561. SokB 1166 f	Š'BD	שעבד

(A) Unterwerfung, Versklavung bŠab 63a; bPes 68a; bJeb 46a. (B) Rechtlich bindende Verpflichtung bKet 19a.44a.70a; bBB 32b. 76b Hypothek bKet 87b; bPes 3a	šiʿbûd šiʿbûdaʾde- Rabbî Natan	שעבוד שעבודא דרבי נתן
Stunde, aktuelle Situation. Die Situation erfordert, ... bJeb 90b. Situationsgemäß; s. auch: הוראת שעה	šaʿah ha-šaʿah ṣ^{e}rîkah l^{e}- l^{e}fî šaʿah	שעה השעה צריכה -ל לפי שעה
Verbotenes Gewebe aus Woll- und Flachsgarn Lev 19,19; Dtn 22,11 (LXX: *kibdêlos*); 4Q396 IV,7; Philon, Spec. 4,203 ff; Jos.Ant 4,208; Traktat Kilʾajim der Ordnung I	šaʿṭnez	שעטנז
(A) Maß, Ausmaß mPeʾah I,1; bŠab 73a; bEr 82a. (B) Betrag bBQ 96a; bSan 109b. DNWSI II,1150. SokP 548. SokB 1138	šiʿûr	שעור, שער
Schätzen, berechnen. SokP 562. SokB 1168	ŠʿR	שער
Tor; aram. תרע. (A) Tor mMa II,2; mJom I,3. (B) Tempeltor 1QM II,3; 4Q365 2 ii; 11Q19 31,6 ff; 33,10 f; 36,8 ff; 37,7; 39,11 ff; 39,16; 40,10 ff; 41,3 ff; 42,7.17; 44,5 ff; mTam V,6; b152a. (C) Palasttor jBer I,1 2c; Schlacht; 1QM III,1.7; XVI,4. (D) Gerichtsplatz Ex 21,19. (E) Maß Gen 25,12; jSan VI,1 23b; bSan 90a. (F) Marktpreis, Zinssatz mBM IV,12; V,1.7	šaʿar	שער
Magd; Sklavin Ex 21,7–11; mMš I,7; mJeb II,8; mKet I,2; III,1 f. 7; V,5; VIII,5; mBM I,5; VIII,4; mEd V,6; mKer II,5; vgl. CPJ I, Nr.1. S. אמה, עבד. ThWQ III,1038–1044	šifḥah	שפחה
(A) Richten Dtn 1,16; 1Kön 3,28 (König); Ps 75,8; Spr 31,9: Jes 16,5; Ps 82,3; Jes 1,17; Jer 5,26; Ez 36,19; Sach 7,9; 8,15; Ez 24,14; Dan 9,12; Esr 7,25; Landis Gogel 382. (B) Regieren Num 13,5 (Stamm): Ri 4,4; 16,31; 1Sam 4,18; 7,17; 2Sam 15,4; 2Kön 15,5; 23,22; 2,3; Jes 3,2; Am 2,3; 2Chr 26,21; Dan 9,12. Rabbinisch: דון/דין. DNWSI II,111.181 f. ThWQ III,1044–1051	ŠPṬ	שפט
Richten, Urteilsfindung bSan 3b	š^{e}fîṭah	שפיטה
Blutvergießen Gen 9,2; mAZ II,1	š^{e}pok dam š^{e}fîkat damîm	שפך דם שפיכת דמים
(A) Trinken (B) hif.: zu trinken geben, tränken mEd V,6 (Num 5,11 ff). SokB 1173		שקה
Gleichgewichtig, gleichwertig, unentschieden, stimmengleich mSan I,6; bSan 3b. Bacher 196 f	šaqûl	שקול
Abwägende Entscheidung jKet IX,2 33a; bSan 33a	šiqqûl daʿat	שקול דעת

Ruhe mSan VIII,5	šäqäṭ	שקט
(A) Abwiegen 4Q418 127,6. (B) Einschätzen; berechnen, zurechnen; zahlen. (C) Die Schekelsteuer entrichten. (D) Nehmen bSan 5a. DNWSI II,1187. ThWQ III,1063–1066. SokB 1174 ff.	ŠQL	שקל
(A) Abgewogenes Silberstück, Zahlungseinheit; Münzeinheit LC passim; Ex 21,12 u. ö.; YT B 271; mMŠ II,9; mŠebu VI,7. (B) Halbschekelsteuer Ex 30,12–13 (ShM +171); 1Q159 1 ii + 9,7; 4Q530 1–2 i.; 11Q19 39,8 ff; Mt 17,21 ff; Str.-B. I, 760–773; Traktat Šeqalîm der Ordnung II; mŠeb III,2; tŠeq II,2. DNWSI II,1187 f.ThWQ III, 1063–1066	šäqäl maḥṣît ha-šäqäl	שקל מחצית השקל
Verabscheuen Lev 11,13; Dtn 7,26 ; mAZ III,6. ThWQ III,1066–1069	ŠQṢ	שקץ
Abscheuliches (unreines) Objekt oder Tier Lev 7,21; 11,43 (ShM -179); LXX: *bdelygma*); mSan VIII,2; mMak III,2	šäqäṣ	שקץ
pi.: lügen, betrügen, täuschen Lev 19,11 (LXX: *sykophantein*); mAbot I,9. DNWSI II,1189 f. ThWQ III,1069–1075. SokP 566. SokB 1177	ŠQR	שקר
Lüge, Täuschung, Betrug LC 65,37; 124,227; 130,265;Ex 23,7; Lev 5,22.24; 19,11 f; Dtn 19,18; mBQ IX,7; jBer V,3 9c; bGiṭ 29a; bBQ 108b. S. שבועת שקר, עד שקר	šäqär, šiqra'	שקר, שקרא
Szepter mSan II,5	šarbîṭ	שרביט
Lösen, freilassen, erlauben; erlaubt; s. אסור. bJeb 7a; bḤul 93b. DNWSI II,1192. SokP 566 f. SWokB 1178 ff	ŠRJ	שרי
Erlaubnis bEr b69b–70a	širjûta'	שריותא
Kleinlebewesen (unrein) Lev 5,2; 11,10.20 f.29.41 (ShM –176).44 (ShM –177) Reptilien; 22,5; Dtn 14,19 (ShM –175 Insekten; LXX: *herpeton*); 11Q19 48,3–5; CD XII.14 f; mMak III,2; mŠebu II,5; mAZ III,6	šäräṣ	שרץ
haf.: Bestätigen, bekräftigen CLgr 15,37 S. 60	ŠRR	שרר
Profitieren bBM 42b. SokB 1182 f	ŠRŠ	שרש
(A) pi.: dienen, untergeben sein, *leitourgein* Jes 60,10. (B) Höfisch 1Kön 1,15; 1Chr 27,1; 28,1; 2Chr 17,19; 22,8; 29,11; 31,2; Est 1,10. (C) Militärisch 2Kön 25,10. (D) Kultisch, *latreuein* Ex 28,35.43; 29,30; 39,1.41; Lev 4,9 u.ö; Num 16,9; 18,2; Dtn 10,8; 17,12; 18,5 ff; 21,5; 1Sam 2,11.18; 3,1; Ez 20,32; 40,46; 42,14; 43,19; 44,11 ff; 45,4 f; 46,24; Jl 1,9.13; 2,17; Neh 10,37.40; 1Chr 6,17; 15,2; 16,37; 23,13; 26,12. DNWSI II,1195 f.ThWQ III,1080–1083	ŠRT	שרת
Trinken, saufen Lv 19,26/Dtn 21,20 (ShM –195)	ŠTH	שתה
Partnerschaft, Teilhaberschaft, gemeinschaftliches Unternehmen mDem I,4; mḤal I,8; mEr III,1; VII,10; VIII,1; vgl. שותפות	šittûf	שתוף

Kind von unbekanntem Vater mQid IV,1.2	šatûqî	שתוקי
2 Brote aus neuer Ernte für das Wochenfest / Weizenerstlingsfest Lev 23,17 f; mPes VII,4; mŠeq I,4; IV,1; mZeb IX,5; XIV,3; mMen V,1 ff; VI,1 ff; VIII,1; XI,1 ff; mMe II,6; mParah II,1	š^e^tê ha-läḥäm	שתי הלחם
Verbinden; eine Partnerschaft praktizieren mEr III,1; VI,8; VII,6.10; VIII,1	ŠTP	שתף

	Taw	ת
„Komm, höre“. Geläufige babylonische Einleitung für die Anführung einer Mischna oder Barajta oder eines frühen Brauchs bei der Erörterung eines Problems bBer 12a; bŠab 29a	ta' šᵉmaʿ	תא שמע
Feigen mBB VI,2; mSan V,2	tᵉ'enîm	תאנים
Ertrag, Ernteertrag Lev 25,15 ff; Dtn 14,28; Jer 2,3 (LXX: *genêma*) mBM IX,8; mBB III,2: IV,8; mŠebu VI,3. ThWQ III,1087–1090	tᵉbû'ah	תבואה
Forderung, Anspruch(erhebung) bŠebu 41b (Rückforderung eines Darlehens); Mahnung, Aufforderung; Klage	tᵉbîʿah, tᵉbîʿûta', tibʿûta'	תביעה, תביעותא, תבעותא
Modell; Nachbildung Ex 25,40 (LXX: *typos*); Dtn 4,16 ff; Jos 22,28; 2Kön 16,10 (LXX: (LXX: *homoiôma*); 1Chr 28,12 (LXX: *paradeigma*); Jes 44,13 (LXX: *morphê*); Ez 8,10; Ps 106,20 (LXX: *homoiôma*); mAZ III,2	tabnit	תבנית
(A) Fordern, verlangen; suchen jTer VIII,10 46b; bJeb 52a. (B) Anspruch erheben CL45,28; mŠebu IV,12; V,3; jJeb VII,3 8a; bBQ III,8 3; mBM IX,12; bBB 125b. Pal. Targumim für דרש. (C) Vor Gericht klagen bGiṭ n74a; bBQ 46b; bBM 51a; s. טען. SokP 574 f. SokB 1191 f	TBʿ	תבע
Quittung bKet 56; bBM 103a; bBB 7b.167b–168a.171b–172a	tabra'	תברא
“Krönchen” auf Buchstaben bŠab 104a (ק); bEr 13a (ד/ר); bMen 29b (ה); bŠab 89a; bEr 21b; Massäkät Sôfᵉrîm IX	tag	תג
Tag des Bart- und Haarschnitts mAZ I,3	tiglaḥat zaqan û-balûrît	תגלחת זקן ובלורית
Händler mBM IV,4.12; jSan III,5 21a; jAZ I,5 39d; bBB 74a; mBM IV,12; bBM 74b; bBB 90a; bAZ 24a. DNWSI II,1204	taggar	תגר
Streit; Rechtsstreit, vgl. חרר Mur 25,7; 26,5; 27,3; 30, II 25; CL 58 (PapYadin 45,28); 66 (PapYadin 46,10); NṢ 9,9.21; jBer V,3 9c; bŠab 130b; bJeb 63a	tiggar	תגר
Formel: „es bestehe und sei“. bBB 135b Formel für Versprechen tBB VIII;10: „Gesetzt den Fall, das ich existiere und lebe“ Griech. in Ms. London Pal. 2 21bb: *eiê [zônt]i kai hygiainonti*	tᵉhe' laʿᵃmôd wᵉ-lihjôt tᵉhe' lî laʿᵃmôd wᵉ-liḥjôt	תהא לעמוד ולחיות תהא לי לעמוד ולחיות
Vorwand, Anlass jSota I,8 17b	tô'ᵃnah	תואנה
af. (A) Antworten. (B) Entgegnen, zurückweisen. (C) Zurückgeben, -stellen. S. שוב. SokP 576 f. SokB 1196	TWB	תוב

Dankopfer Lev 7,12 ff (*ainesis*); 22,29 (*thysia euchês*); Jer 33,11 (LXX: *dôron*); Am 4,5 (LXX: tôrah); 2Chr 29,31; Neh 12,3.8 ff (*ainesis*); mḤal I,6; mPes I,5; II,5; mŠebu II,2; mZeb 5,6; mMen II,3; III,6; V,1; VI,5; VII,1 ff; mTem III,2; mMe IV,2	tôdah	תודה
Zurechtweisung, Warnung Lev 19,17; CD VII,2; IX,3.7; X,18; XX,4; 1QS V,24 – VI,1; 1QpHab V,4.10; 4Q417 Frg. 2 i;4Q477; Sir 19,14 ff; 20,1; Mt 18,15; bSan 97a; bAr 16b. s. התראה, אזהרה	tôkeḥah, tôkaḥat, ʾûkaḥûtaʾ	תוכחה, תוכחת, אוכחותא
Vollkommenheit, Gesamtheit 1QS V,24; XI,2.11; 1Q28a I,17; 1QH XII,30. DNWSI II,1216 f	tôm	תום
(A) Zufügung mBik III,10; Aufpreis, jBQ IV,5 4c. (B) Zusatzbetrag zur Ketûbbah-Summe bKet 89a	tôsäfät, tôsaftaʾ tôsäfät keṭûbbah	תוספת, תוספתא תוספת כתובה
Gräuel: etwas absolut Verabscheuungswürdiges; LXX *bdelygma;* Targumim meist mrḥq, mrḥqh Lev 18,22 ff; 20,13; Dtn 7,2;5 11,10; 14,3; 17,1.4; 18,9 ff;.18; 22,5; 23,19; 24,4; 25,16; 27,15; CD V,12; 1QpHab XII,8; 1QS IV,10.17.21; 1QH XIX,11; 4Q159 2–4+8,7; 4Q169 3–4 iii,1; 4Q219 (Jub) II,28; 4Q221 (Jub) 1,5 f; 4Q257 V,8; 4Q271 3,4; 4Q397 IV,6 f; 4Q418 81,2; 11Q19 48,6; 52,4 ff; 55,6.20; 60,17 ff; 66,14.17; mAZ I,9; jŠab IX,1 11d. ThWQ III,1106–1109	tôʿebah	תועבה
Näher, Schneider mKil IX,9	tôfer	תופר
Ausschau halten nach, nachblicken Num 15,39 (ShM –47)	TWR	תור
Rind, Stier; s. שור	tôr	תור
(A) Torah als offenbartes und somit absolut verbindliches Recht; aram אוריתא; LXX: *nomos* Dtn 4,8; 17,11.18 f; 27,3.8.26; 28,58; CD V,7 V,4.7; IX,13.17; XIX,3 f XX,25.28; 1QpHab V,12; 1QS V,2 f; V,16 (כל תורה ומשפט); VI,6.22; VIII,2; 1QH XII,10; XIII,11; 4Q387 3,8; 4Q389 8 ii,4; 4Q398 11–13,5; 4Q398 14–17 ii,4; 4Q504 XV,14; 11Q5 XXIV,8 11Q19 57,14; 59,9 f; Mt 5.17–20;11,13; Mt 23,2 ff; Lk 16,16; Mk 12,28 ff/Mt 22,34 ff/Lk 10,25 ff; mSan X,1; mŠebu VII,1; mAZ III, s. דורש התורה. (B) Torahpraxis (hlk, ʿśh, šmʿ, šmr), Dtn 4,8; 17,11.19; 28,58; 29,28; 32,46; Jos 1,7; 2Kön 10,31; 17,34; 21,8; 2Chr 6,16; 14,3; 31,4; Esr 10,3; Neh 10,30; Jes 42,24; Jer 32,23; 24,6; 32,23; 44,10.23; 1QS V,21; VI,18; 4Q171 1–10 ii,3; 4Q174 1 ii 3,2; Mt 5,17–20; Apg 21,21 ff; Jak 4,11 f. (C) Priesterliche Einzelanweisung. Lev 6,2 u. ö.; Hag 2,11; Mal 2,7; s. מעשי התורה. (D) Offenbarte gesetzliche Einzelanweisung bzw. höchstrichterliches Urteil im Einzelfall Dtn 17,11 f (ShM +174 Gehorsam gegenüber Sanhedrin); 11Q19 56,3 ff; 56,7; Jos.Ant 3,212 f. (E) Thematisch geordnete Gesetzesbestimmungen Lev 6,2.7.18; 7,1.37; 11,46; 12,7; 13,59; 14,54.57; 15,32; Num 5,29, 6,13,21; 19,2.14; 31,21; CD XIII,5. (E) Gesetz des Mose vom Sinai Lev 26,46, Dtn 4,44. Jos.Ant 3,224–286; IV,196–301; Jos.CAp 2,151–219.	tôrah	תורה

(F) Verfassung Israels, Jos.CAp 2,165. (G) Ein Torahbuch Dtn 4,8; 2Kön 22,8; s. ספר התורה. (H) Das Gesetz im Pentateuch, rabbinisch: die „Schriftliche Torah" bŠab 31a. (I) Torah-Kopie Dtn 17,18; 11Q19 56,21; 57,1, s. ספר תורה. J) Pentateuch; s. ספר תורה. (K) Lehre allgemein, Spr 1,8 ThWQ III,1110–1118		
Einerlei Recht; s. משפט	tôrah ʾaḥat	תורה אחת
Niederschrift der Torah CD XX,6; 1QS VIII,15 s. ספר התורה	midraš ha-tôrah	מדרש התורה
Brauch der Torah CD XIX,3	minhag ha-tôrah	מנהג התורה
Torahpraktiken 4Q171 1–2 i,21,7; 4Q398 14–17 ii,3	maʿaśê tôrah	מעשי תורה
Recht, Gesetzesbestimmung der Torah CD XIV,8; XIX,3; 1Q28a I,11; 11Q19 50,7.17	mišpaṭ ha-tôrah	משפט התורה
Ordnung, Niederschrift der Torah CD VÎI,6.8; CD XIX,3 f	säräk ha-tôrah	סרך התורה
Torahpraktizierender 1QpHab VII,11; VIII,1 XII,5; 4Q171 1–10 ii,15.23	ʿôśê ha-tôrah	עושי התורה
Rat der Torah 1QS IX,9.17	ʿaṣat ha-tôrah	עצת התורה
Detaillierte Darlegung der Torah CD IV,8; VI,14; VII,7 f XIII,5 f	perûš ha-tôrah	פרוש התורה
Schriftliche Torah (im Pentateuch)	tôrah šä-biktab	תורה שבכתב
Mündliche Torah bŠab 31a. Vgl. Philon, Hyp. 6,6	tôrah šä-beʿal päh	תורה שבעל פה
Einzelgesetze der Torah 4Q381 69,5	tôrôt	תורות
Torah Gottes Jos 8,31 f; 23,6; 24,26; 1Chr 8.19; 10,29 f; 2Chr 6,16; Neh 8,8; 1QpHab I,11; 4525 2–3 ii,4 (תורת עליון)	tôrat ʾel/ ʾälohîm	תורת אל\ אלהים
Torah des JHWH Ex 13,9; Jer 8,6; Amos 2,4; 2Kön 10,31; 1Chr 9.3; 16,40; 22,12; 31,3 f; 34,14; 35,26; 2Chr 12,1; 17,9; Esr 7,10; Ps 119,1	tôrat JHWH	תורת יהוה
Dem Mose offenbartes, mit dem Namen des Mose überliefertes Gesetz 1Kön 2,3; 2Kön 14,6; 24,25; 2 Chr 23,18; 30,16; Esr 3,2; 7,6; Dan 9,11.13; CD XV,2 ff; XVI,2 ff 1QS V,8; VIII,22; 4Q513 3–4,5; vgl. Jos.Ant 4,194; bMeg 9a; bSan 91a	tôrat Mošäh	תורת משה
Formularausführung eines Dokuments bGiṭ 21b	tôräf	תורף
Einwohner Gen 23,4 (LXX: *parepidêmos*); Ex 12,45; Lev 22,10; 25,6 ff; (LXX: *paroikos*); TAD C1, 1,160 (תותב); bJeb 70a; s. גר תושב	tôšab	תושב
Bereich, Bereichsgrenze TAD B3 4,7; 5,8.12; 10,12.16; 12,22; 1Q20 XVI,11 u. ö.; Mur 22,12; 30, I,3; II 18; NḤ 7,2; 8,3 f; 8a,8; 9,3; 21,3; 50,6; CL 82 (PapYadin 7) 162 (PapYadin 47b, 7–9); NṢ 9,5; 21,3; mMak II,7; bBB 122a. DNWSI II,1208 f. SokP 579. SokB 1200 f	teḥôm	תחום, תחם
Sabbatgrenze Ex 16,29; mŠab XXIII,3 f; mEr III,4; IV,2 f.10 f; V,4 f; VII,11; VIII,1; X,2; mBeṣah IV,2; mRH IV,8; mKet II,10; mNed VII,5; mSot V,3; mMak II,7	teḥûm šabbat	תחום שבת
(A) Entgegnung, Widerlegung bBer 10b; bBM 48a. (B) Umkehr, Buße. SokB 1204	tejûbtaʾ	תיובתא

Wiederbelebung der Toten Mk 12,18 ff / Mt 22,23 ff / Lk20,27 ff; mSan X,1	t^{e}ḥijjat ha-metîm	תחיית המתים
Kind mBB V,9	tînôq	תינוק
Vorgesetzter TAD A4, 5,9	tîftê	תיפתי
(Das Problem) bleibt (ungelöst stehen) bBer 8; bBQ 19a–b	têqû	תיקו
Neuwein; LXX: *oinos*, wie Korn und Öl zehent- und erstfruchtabgabepflichtig (s. ראשית) Dtn 7,13; 11,14; 12,17, 14,23; 18,4; 28,51; 2Chr 31,5; 32,28; Neh 10,38.40; 13,5.12; 11Q19, 22,7.10; 1QS VI,4 ff; 1Q28a (Sa) 2,17 ff; bNed VII,1 40b. Neuweinfest 11Q191 1 ff; Jub 6,35–37.	tîrôš	תירוש
Bares Geld TAD B3 8,22.27; B6, 1,5	t^{e}kûnah	תכונה
Kosten, Aufwand. DNWSI II,1214	tiklah	תכלה
Grab-, Leichentücher mSan VI,5	takrîkîn	תכריכין
(A) hif. aufhängen, hängen, Gen 41,13; mSan VI,4. LXX: *kremannymi*; Targum: צלב. (B) exegetisch: abhängig sein, machen, bŠab 22a; bBB 143b. DNWSI II,1215 f. ThWQ III,1128–1130. Bacher I,198. II, 233. SokP 582. SokB 1208 f	TLH, TLJ	תלה, תלי
„An das Holz hängen". (A) Leichnam eines Gesteinigten Dtn 21,22–23 (ShM +230) aufhängen und am selben Tag begraben; LXX: *kremannynai*; Targume: צלב; Jos.Ant 4,202.265; Sifre Dtn § 221; mSan VI,4 ff; bSan 34a.45b. (B) Todesstrafe (Pfählung): lebendig „ans Holz hängen" 11Q19 64,6–13 (wegen Volksverrat); 4Q169 Frg. 4+3; Jos.Ant 13,280 f; 4Q270 Frg. 9 Kol. ii,12 f; Philon, Spec. 2,225; 3,150–153; Hyp. 7, 8; Qu.Ex 23,26; Jos.Ant 15,176;18,81; mJeb XVI,3. ThWQ III,1128–1130	talah ʿal ha-ʿ eṣ	תלה על העץ
(A) In der Schwebe. (B) Abhängig, hängend an 4Q385a 15 i,3; mAbot V,18. (C) Gehängter mSan VI,4. Spätrabbinisch: ha-talûj als Bezeichnung für Jesus von Nazareth	talûj	תלוי
Todesstrafe: Aufhängen; s. תלה	t^{e}lijjah	תליה
Furche. mMak III,9	täläm	תלם
(A) Gesetzliche Belehrung, Lehre jPeʾah II,4 17a; 4Q169 3–4 ii,8; 4Q525 14 ii,15; jPes III,7 30b; jHor III,5 48c. (B) Biblische Lehre jŠab XVI,1 1c. (C) Bezeichnung des Corpus aus Mischnah und Gemara. Bacher I,199–203.II,234 f. SokB 1210	talmûd	תלמוד
Einleitung einer biblischen Begründung für eine Entscheidung mSota V,4, mMak I,6–8	talmûd lômar	תלמוד לומר
Gesetzesstudium mAb II,2; IV,13	talmûd tôrah	תלמוד תורה

Schüler, *mathêtês*; Gelehrtenschüler mPes IV,5; mḤag I,7; mSan V,4; mHor III,8. SokP 583.SokB 1210 f	talmîd	תלמיד
Rabbinischer Gelehrter mḤag I,7; mHor III,8; mSota I,3; mSan IV,4	talmîd ḥakam	תלמיד חכם
Tadellos, *teleios*; harmlos; schuldunfähig 1QS I,13; Hi 9,22; mBQ I,4; II,4; III,8; IV,9; Gegenteil s. מועד. DNWSI II,1217 f	tam	תם
Schon einige Zeit zuvor, gewohnheitsmäßig, vorsätzlich Ex 19,5 (stößiges Rin(D); Ex 21,29 (Feindschaft und Mord); bBQ 53a	t^e^mol šilšom, mi-t^e^môl šilšom	תמול שלשם, מתמול שלשם
Bild Ex 20,4/Dtn 5,8 (ShM –2 Kultbild für sich; ShM-3 Kultbild für andere); LXX: *homoiôma*; s. צלם, מסכה, פסל	t^e^mûnah	תמונה
Ersatz, Austausch eines Opfertieres Lev 27,10 (ShM –106).26 (ShM –107).33 (LXX: *allagma*); mPes IX,6; mMen VII,7; mḤul II,2; mBek IX,8; Traktat T^e^mûrah der Ordnung V	t^e^mûrah	תמורה
(A) Regelmäßig, ständig 1QM II,2.5;1QH XX,4.7. (B) Tägliches regelmäßiges Opfer Ex 29,38–46 (LXX: *endelechismos*); Num 28,3 (ShM +39) *endelechôs*); 4Q366 3,2.5 f; 11Q19 25,7; Philon, Spec. 1, 171; Jos.Ant 3,237 f; Traktat der Ordnung V; mPes V,1; mŠeq VIII,8	tamîd	תמיד
Makellos, tadellos, *teleios*; *amômos*. Lev 22,21; CD I,21; Îl,15; VII,5; XV,15, XX,2 ff; 1QS I,8 ; II,2 ff; III,3.9; IV,22; VI,17; VIII,1. 9 f.18 ff; IX,2 f.19; 1Q28a I,28; 1Q28b I,2; V,22; 1QM VII,5; XIV,7; 1QH IX,36; MŠ I,2. ThWQ III,1130–1133.1135–1143	tamîm	תמים
Nehmen, festhalten DNWSI II,1221	TMK	תמך
(A) Vollständig sein. (B) vollkommen sein, ehrlich handeln. DNWSI II,1221. ThWQ III,1135–1143	TMM	תמם
(A) Tradent. (B) Tannaim (rabbinische Gelehrte bis zur Vollendung der Mischna). SokB 1225 f	tanna᾿ tanna᾿îm	תנא תנאים
Bedingung, Auflage, Klausel mQid III,4; bKet 19b. 56a; bGiṭ 34.75.76b; bQid 23b; bBM 66. 94a; bMakk 3b.	t^e^na᾿ah, t^e^naj	תנאה, תנאי, תניי
Unter der Bedingung mGiṭVIII,8; mBM VII,11; MekRJ ʿ^a^maleq iv; vgl. על מנת. SokP 586. SokB 1216	ʿal t^e^naj	על תנאי
Gerichtlich festgelegte Bedingung mŠeq VII,6; mKet IV,7 ff; jBB V,1 15a; bBQ 114b; s. auch תקנה	t^e^naj bêt dîn	תנאי בית דין
Wiederholen, überliefern, zitieren, lernen, lehren, speziell einer tannaitischen Tradition bBer 50a; bSuk 50b; bMeg 28b; bTa 24b; bKet 6b;103b; bQid 72b; bBQ 78b.92b; bBB 87a. SokP 586. SokB 1218 ff. hif./af.: Bedingung stellen. mBM II,9; VII,11; m ṬJ IV,7, jKet VI,5 30d; bBB 7a; bAZ 8b.22a. SokB 1222 f	TNH, TNJ	תנה, תני

Schwenkung (des Opfers) Ex 29,24 ff (LXX: *aphorisma*); Lev 7,30 (LXX: *doma*) u.ö; Num 8,13 (LXX: *apodoma*) u. ö.; mBik II,4; III,6; mSot III,1; mQid I,8; mMen V,5 ff; IX,9; mTem III,1. S. הגבהה, הגשה	t^{e}nûfah	תנופה
SokP 585. Backofen. mŠab III,2; mBB II,1.2; III,5; IV,3; mEd VII,7; mMen V,9; mKel V,2.4 ff; VI,2; VII,2;	tannûr	תנור
Ablehnen, verabscheuen Dtn 7,26; mZ III,6	T'B	תעב
(A) Irren, sich täuschen, irrtümlich handeln. (B) abirren. ThWQ III,1145–1149	T'H	תעה
(A) Bezeugung, Zeugnis Rut 4,7; s. עדות. (B) Mitteilung von Seiten Gottes: Jes 8,16; 1QM III,4; IV,5; XI,8; XIII,8; XIV,4. (C) Schöpfungstheologisch: Bestimmung 1QS I,9; 3,10.16; 1QM XIV,14; 1QH IX,19; XX,9; 4Q491 8,9,11; 4Q511 63–64 ii,2. (D) Kundgabe 1Q28a (SA) I,25 f. (E) Offenbarungs-Zeugnis, Torah Jes 8,20. ThWQ III,1049–1051	t^{e}'ûdah	תעודה
Fasten, Fasttag Lev 16,29; 23,33; Num 29,7; Esr 9,5; CD VI,1; 4Q171 1–10 ii,10; iii,3; 4Q508 2,3; 4Q509 16,3; Mt 6,16 ff; Mk 2,18 ff./ Mt 9,14 ff/Lk 5,23 ff; Str.-B. II,241 ff; IV,77–114; Traktat Ta'^{a}nît der Ordnung II. SokP 587 f. SokB 1223 f	ta'^{a}nît	תענית
Rasiermesser mMak III,5	ta'ar	תער
Gebet Str.-B. II,696–702 (Gebetszeiten)	tafqîdta'	תפילה
Gebetsriemen, Phylakterien; Kopf- und Arm-Tefillin; Torah-Denkzeichen. Kopftefillin mit kleinem Behälter für Pergament mit Texten, Vgl. Dtn 6,8 (ShM+12–13); Mt 23,5. Maximalexte in Qumran-Tefillin: Ex 12,43–13,6; Dtn 5,1–6,9; Ex 20; Dtn 10,12–11,21; Dtn 32. Rabbinisch: Ex 13,1–10; 13,11–16; Dtn 6,4–9; Dtn 11,13–21; Str.-Massäkät T^{e}fillîn; mBer III,1 ff; mŠab VIII,3; XVI,1; mGiṭ IV,6; mEr X,1 f; mMeg I,8; mSan XI,3; mMen III,7; mKel XXIII,1; mMiq X,2 ff; mJad III,3; MekRJ psḥh xvii. SokP 588	t^{e}fillîn	תפילין
(A) Packen, fassen, ergreifen, verhaften bBM 5b. (B) Besitz ergreifen bSan 48a. (C) af.: übergeben, deponieren bKet 7a; bNed 27b; bBB 174b. (D) In einen Zustand versetzen bNed 11b. ThWQ III,1154 f. SokP 588 f	TPS	תפס
Gebot; s. מצוה	tafqîdta'	תפקידתא
(A) Ordnung, Verordnung bJeb 31b. (B) Verbesserung	tiqqûn	תקון
Erhaltung/Verbesserung der Weltordnung. Motiv für gesetzliche Regelungen mGiṭ IV,2 ff; V,2 f	tiqqûn ha-'ôlam	תקון העולם
Bibeltext-Verbesserungen früher Schreiber [spät]	tiqqûn sôf^{e}rîm	תקון סופרים

Periode; Zyklus; Jahresquartal Ex 34,22; Jub 6,23 ff; 1QS X,1 ff; jAZ I,2 39c. ThWQ III,1156–1158	tᵉqûfah	תקופה
Abwägen hebr. s. שקל	TQL	תקל
(A) pi./pa. verbessern. 4Q398 14–17 ii,4; mBQ IX,3; bJeb 46b; bTam 27b. (B) Verordnen, festlegen mRH I,3; jEr I,1 18d; bBer 33b;bRH 20b; bJeb 11a; bBB 90b. (C) hif.: einrichten, bereiten, installieren bRH 34a. Bacher I,204–206.II,241. SokP 588 f. SokB 1228 ff	TQN	תקן
(A) Verbesserung, Lösung eines Problems mGiṭ IV,6; jḤalla I,1 57c; jSan VIII,6 26b; jŠebu VII,1 37a (שבועת תקנה); bBer 33a; bŠab 30a; bMeg 2a; bJeb 68a; bMQ 17a; bSan 109b. (B) Verordung bTa 27b; bJeb 111a; bBQ 8b; bBM 5b.112b; bAZ 36a. S. תנאי, גזרה. SokP 590. SokB 1129	taqqanah, taqqanta'	תקנה, תקנתא
Marktverordnung mBQ X,3 ff; jBQ X,3 7b; bBQ 115a; s. גנבה	taqqanat ha-šûq	תקנת השוק
(A) Schlagen, stoßen mBQ VIII,6. (B) Einschlagen, befestigen. (C) Ein Blasinstrument (Horn, Schofarhorn, Posaune) bespielen mTa II,5; s. שופר	TQ'	תקע
(A) Stark sein; hif.: stärken, angreifen, ergreifen, festhalten. (B) af.: einwenden bBQ 42a. ThWQ III,1158–1162. SokP 590. SokB 1129 f	TQP	תקף
Gültiges Dokument DNWSI II,11229	tᵉqaf	תקף
Dach mBM X,2	tiqrah	תקרה
Marktpreis s. שער	tar'ah	תראה
Verbotenes Tierfett bHul 93a	tarba'	תרבא
Übersetzung, v. a. die aram. Bibelübersetzungen bMeg 3a. Bacher II, 244–246	targûm	תרגום
Zins 4Q267 4,10; mBM V,1; s. נשך, רבית	tarbît	תרבית
Übersetzen. Bacher II,242–244. SokP 591 f, SokB 1231 f	TRGM	תרגם
Warnen, ermahnen; s. auch התראה; תוכחה	TRH	תרה
Kultische Abgabe an Priester; LXX: *aparchê* Ex 25,2 f; 29,27 f; 36,6; Lev 7,32 ff u. ö.; Lev 22,10 (ShM –133–137); Dtn 18,4 (ShM +126); Neh 12,44; 13,5; 1QS IX,4; X,6.14; 1QM IV,1; 4Q217 3 ii; 4Q251 10,9; 11Q19 15,11; 20,14; 60,4. Traktat Tᵉrûmôt der Ordnung I; mBer I,1; mDem I,10; IV,1; V,1 ff; XI,8; mMŠ IV,22,10(-133);11; V,10; mHal III,9; m'Or II,1; mBik II,5; mŠeq II,1 ff; III,1 ff; IV,1 ff; mSota I,2 f; mNed II,4; mBQ IX,2; mBM IV,8; mMak III,2; mEd I,8; III,3.6; mMe IV,2; mṬJ IV,1.4; bSan 91b. ThWQ III,1162–1164	tᵉrûmah	תרומה

pa.: vertreiben; scheiden. TAD B3, 3,14; 7,16; 8,30; Mur 19,2.13; jGiṭ VI,5 48a; bJeb 115b–116a; bGiṭ 85b	TRK	תרך
Scheidung; sefär t^e^rakîn s. גט Mur 19,30; mGiṭ IX,3; jGiṭ IX,2; bGiṭ 49d; bNed 5b	t^e^rakîn	תרכין
Priesterhebe entrichten mEd V,2; s. תרומה	TRM	תרם
Huhn, Geflügel mBQ VII,7; mBM V,4; mBB III,5; mAZ I,5	tarnegôl	תרנגול
(A) Eingang, Tor NṢ 21,4. (B) Marktpreis bBM 74a; bBB 90b; s. שער. SokP 592 f. SokB 1236	t^e^raʿ	תרע
(A) Schande. (B) Nichtjüdischer Markt mAZ II,3	tarpût	תרפות
Kultobjekt Gen 31,19.34 f (LXX: *eidôlon*; TO/TJ: צלמנא); Ri 17,5; 18,17 ff; 1Sam 15,13; 19,13.16; 2Kön 23,24; Ez 21,26; Hos 3,4; Sach 10,2; Philon, All. leg II,46 f; Jos.Ant 1,310.316; jSan VII,13 25c; bSan 65b	t^e^rafîm	תרפים
(A) Ausgleichend ordnen. (B) Ausgleichend interpretieren bBM 63a;95b;115a. SokB 1236 f	TRṢ	תרץ
(A) Anteil an gemeinsamer Sache, Teilhaberschaft. LXX: *koinônia*; TO: שותפות. Lev 5,21; Philon, Spec. 4,31; mŠebu V,3; jBM II,10 8d ; III,2 9a; jBQ VI,7 5c; IX,13; jBQ X,8 7c; jŠebu IV,8 35; V,1 36a; V,3–4 36b; bKet 42a–b; bBQ 105b–106a; bKer 25b. (B) Beitrag zu gemeinschaftlicher Kasse, Kollekte Röm 15,26; Str.-B. III,316 ff	t^e^śûmat jad	תשומת יד
Bezahlung, Zahlung Mur 18,7; 26,6; NḤ 49,10; mBQ I,1.3; VII,1 ff; mBM III,1; IV,9; mSan I,1; mMak I,2; mŠebu IV,6; VI,5; VIII,3 f; bBQ 76a; 78b Vier/fünffache Zahlung mKet III,9; mBQ VII,1 ff; mBM III,1; IV,9; mSan I,1; mŠebu IV,6; VI,5; VIII,4; s. חומש Verdoppelte Zahlung mTer VI,4; mKet III,9; mBQ V,7; VII,1 ff.; IX,8; NM III,1; IV,9; mSan 1,1; mŠebu IV,6; VI,5; VIII,3 f; bBQ 62b–63b.68a–b.75b.106b–108b Dreifache Zahlung mBQ VII,3	tašlûm, tašlûmah, tašlûmîn tašlûmê ʿarbaʾah wa-ḥ^a^mišah tašlûmê kefäl/ kafel tašlûmê š^e^lošah	תשלום, תשלומה, תשלומים תשלומי ארבעה וחמשה תשלומי כפל\ כפיל תשלומי שלשה
Vergeltung, Bestrafung, Bezahlung Mur 18,7; 26,1,6; NḤ 9,10; 49,10; Wadi Sdeir 6; CL PapYadin 42,9; jKet IV,8 29a	tušlamtaʾ	תשלמתא
(A) Benützung, Inanspruchnahme mAZ V,12. (B) Beiwohnung mKet V,6; mEd IV,10; mNid II,4. SokP 593	tašmîš tašmîš ha-miṭṭah	תשמיש תשמיש המטה

www.ingramcontent.com/pod-product-compliance
Lightning Source LLC
Chambersburg PA
CBHW080534300426
44111CB00017B/2720
* 9 7 8 3 1 1 0 6 4 9 8 5 7 *